U0901379

# 2020 福建统计年鉴

# FUJIAN STATISTICAL YEARBOOK

福建省统计局
国家统计局福建调查总队 编

中国统计出版社
China Statistics Press

图书在版编目（CIP）数据

福建统计年鉴. 2020 = Fujian Statistical Yearbook 2020 : 汉英对照 / 福建省统计局, 国家统计局福建调查总队编. -- 北京 : 中国统计出版社, 2020.8
ISBN 978-7-5037-9194-9

Ⅰ. ①福… Ⅱ. ①福… ②国… Ⅲ. ①统计资料－福建－2020－年鉴－汉、英 Ⅳ. ①C832.57-54

中国版本图书馆 CIP 数据核字(2020)第 112434 号

福建统计年鉴-2020

作　　者/ 福建省统计局　国家统计局福建调查总队
责任编辑/ 钟钰
责任校对/ 林宇
装帧设计/ 王琦
出版发行/ 中国统计出版社有限公司
地　　址/ 北京市丰台区西三环南路甲 6 号
邮政编码/ 100073
电　　话/ 邮购（010）63376909　书店（010）68783171
网　　址/ http://www.zgtjcbs.com
印　　刷/ 福州统济印务有限公司
经　　销/ 新华书店
开　　本/ 890mm×1240mm　1/16
字　　数/ 1330 千字
印　　张/ 33.5 印张
版　　别/ 2020 年 8 月第 1 版
版　　次/ 2020 年 8 月第 1 次印刷
定　　价/ 270.00 元　Price:270.00(RMB)

本书附同版本 CD-ROM 一张，光盘内容以书面文字为准。
如有印装差错，由本社发行部调换。

# 编委会及编辑人员

# EDITORIAL BOARD AND STAFF

# 编者说明

一、《福建统计年鉴—2020》，是一部信息高度密集的统计资料书。全书系统收录了2019年福建省全省及各地区、各部门经济和社会发展各方面的统计数据，以及重要年份福建国民经济主要指标的统计数据，是一部全面反映福建经济和社会发展情况的资料性年刊。

二、全书内容分为21个部分：1.综合；2.国民经济核算；3.人口、就业和职工工资；4.对外经济；5.能源；6.人民生活；7.价格指数；8.城市概况；9.财政金融；10.农业；11.工业；12.建筑业和房地产投资；13.交通运输和邮电通信业；14.批发零售、住宿餐饮和旅游业；15.科学和教育；16.文化和体育；17.卫生事业；18.环境保护；19.公共管理和其他社会活动；20.企业调查；21.市县国民经济主要指标。各篇末均附有《主要统计指标解释》。

三、与《福建统计年鉴－2019》相比较，本年鉴在统计内容和编辑上主要做了如下修订：1.主要年份统一调整为2000，2005，2010，2018，2019等五个年份。2.根据年报制度变化的新情况，某些篇章的统计指标进行了规范和调整。

四、金门县统计资料除另有注明外，暂未列入本年鉴。

五、本年鉴重要统计数据的资料来源、计算口径等均在各篇另有注明。

六、本年鉴使用的度量衡单位均采用国家统一的标准计量单位。

七、本年鉴对过去发布的统计资料重新进行了核实，凡与本年鉴数据有出入的，以本年鉴为准。

八、本年鉴中部分合计数或相对数由于单位取舍不同而产生的计算误差，均不做机械调整。

九、本《年鉴》符号使用说明："空格"表示没有、未掌握该指标数据或不足小数位的数据；"＃"表示其中项。

十、本年鉴产值总量指标按当年价格计算，增长速度和产值指数按可比价格计算。

十一、本年鉴计算增长速度、指数均采用"水平法"。

## Editor's Notes

Ⅰ.*Fujian Statistical Yearbook-2020* is an annual statistic publication of comprehensive information with highly density. The yearbook covers very comprehensive data in 2019 and some selected data series in important years of provincial and regional levels and in different departments , reflects various aspects of Fujian social and economic development.

Ⅱ.The yearbook contains 21 chapters: 1.General Survey ; 2.National Economy Accounting ; 3. Population,Employment and Wages; 4.Foreign Trade; 5. Energy; 6. People's Living Conditions; 7.Price Indices; 8.General Survey of Cities; 9.Finance; 10.Agriculture; 11.Industry; 12.Construction and Real Estate ; 13. Transportation, Postal and Telecommunication Services ; 14.Wholesale,Retail Trades, Hotels, Catering Services and Tourism ; 15.Science and Education; 16.Culture and Sports; 17.Health; 18. Environment Protection; 19.Publish Administration and Others; 20. Enterprise Survey; 21.Main Economic Indicators of City Prefecture and County. At the end of each chapter, Explanatory Notes on Main Statistical Indicators are included.

Ⅲ. In comparison with the *Fujian Statistical Yearbook 2019* following revisions have been made in this new version in terms of the statistical contents and in editing:

1.Years mainly uniformed justment 2000,2005,2010,2018,2019 five years. 2. According to the new situation of the annual report system changes, some statistical indexes of the text and the adjustment of the standard.

Ⅳ.The data of Jinmen county are not included in this yearbook except for some additional notes on it.

Ⅴ.Data source, calculation scope for important statistical data in this yearbook are noted in each chapter.

Ⅵ.The units of measurement used in this yearbook are national standard measurement units.

Ⅶ. The statistics data published in the past is re-verified in this book. Any discrepancy between the data of this book, it prevails.

Ⅷ. As a result of the different unit choices,part of the total or relative data produce calculation error in The yearbook,we do not mechanical adjustment.

Ⅸ. Notations used in the yearbook: "Blank Space" indicates absence or ignorance or insufficient decimal place of data indicator; "#" indicates a major breakdown of the total.

Ⅹ.The indicator of production value in this yearbook is calculated according to prices of the year. Growth rate and indices of production value is calculated according to comparable prices.

Ⅺ.Growth rates and indices in this yearbook are calculated by "level approach".

# 目　　录

# Contents

## 特　　载

## ESPECIALLY PRINTED HERE ARE



## 统 计 表

## STATISTICAL TABLE

## 第一篇　综合

## General Survey

## 第二篇　国民经济核算
## National Economy Accounts



## 第三篇　人口、就业和职工工资
## Population,Employment and Wages

## 第四篇 对外经济
## Foreign Trade

## 第五篇　能源
## Energy

## 第六篇 人民生活
## People's Living Conditions

## 第七篇　价格指数
## Price Indices



## 第八篇　城市概况
## General Survey of Cities

## 第九篇　财政金融保险
## Finance,Financial Intermediation and Insurance



## 第十篇　农业
## Agriculture

## 第十一篇 工业
## Industry



## 第十二篇 建筑业和房地产投资
## Construction and Real Estate

## 第十三篇　交通运输和邮电通信业
## Transportation, Postal and Telecommunication Services

## 第十四篇 批发零售、住宿餐饮和旅游业
## Wholesale,Retail Trades, Hotels, Catering Services and Tourism

## 第十五篇　科学和教育
## Science and Education

## 第十六篇　文化和体育
## Culture and Sports

## 第十七篇　卫生事业
## Health

## 第十八篇　环境保护
## Environment Protection



## 第十九篇　公共管理和其他社会活动
## Publish Administration and Others



## 第二十篇　企业调查
## Enterprise Survey

## 第二十一篇　市县国民经济主要指标
## Main Economic Indicators of City Prefecture and County

# 政府工作报告

——2020年1月11日在福建省第十三届人民代表大会第三次会议上

福建省人民政府省长 唐登杰

各位代表：

现在，我代表福建省人民政府，向大会报告政府工作，请予审议，并请省政协委员提出意见。

## 一、2019年工作回顾

2019年是新中国成立70周年，是福建改革发展进程中具有重要意义的一年。习近平总书记亲临十三届全国人大二次会议福建代表团发表重要讲话、亲自给寿宁县下党乡乡亲们回信，给全省人民以巨大鼓舞。在以习近平同志为核心的党中央坚强领导下，我省各级政府坚持以习近平新时代中国特色社会主义思想为指导，全面贯彻落实习近平总书记对福建工作的重要讲话重要指示批示精神，认真落实党中央、国务院和省委决策部署，坚持稳中求进工作总基调，坚定不移贯彻创新、协调、绿色、开放、共享的新发展理念，深化供给侧结构性改革，打好精准脱贫、污染防治、防范化解重大风险三大攻坚战，着力稳就业、稳金融、稳外贸、稳外资、稳投资、稳预期，围绕省十三届人大二次会议明确的目标任务，奋力推进高质量发展落实赶超，机制活、产业优、百姓富、生态美的新福建建设迈出新步伐，全面建成小康社会取得新的重大进展。

初步统计，2019年全省生产总值同比增长8%左右，总量跃上4万亿元台阶；一般公共预算总收入5147亿元，增长2%；地方一般公共预算收入3052亿元，增长1.5%；固定资产投资增长6%；进出口增长7.8%，其中出口增长8.7%；实际使用外资增长3.3%；社会消费品零售总额增长10%；居民消费价格总水平上涨2.6%；城镇登记失业率3.5%；城镇居民人均可支配收入45620元，增长8.3%；农村居民人均可支配收入19568元，增长9.8%；节能减排降碳年度目标可以实现。一年来的主要工作和成效是：

### （一）围绕机制活，着力深化改革扩大开放，高质量发展活力持续增强

重要领域改革取得新突破。全面落实中央改革部署，省委确定的238项改革举措稳步推进。地方政府机构改革全面完成，组织机构和管理体制进一步优化。坚持市场化、法治化、国际化原则，深化“放管服”改革，落实市场准入负面清单制度，推进工程建设项目审批“四统一”，全面推行“双随机、一公开”监管，行政审批和公共服务事项“一趟不用跑”和“最多跑一趟”占比超过90%。全省半数以上县域组建紧密型医共体，率先全省跟进国家药品集中采购和使用试点，率先实行职工医保基金省级统筹，我省和三明市深化医改经验在全国进一步推广。稳步推进普惠金融和绿色金融改革创新，国务院批准宁德、龙岩设立普惠金融改革试验区，金融服务实体经济作用增强。稳妥处置各类金融风险，地方政府债务余额控制在中央核定限额内，不良贷款率比2019年初下降0.33个百分点，区域金融形势总体稳定。推进国有资本投资、运营公司改革试点，混合所有制经济加快发展。农村承包地确权登记颁证全面到户，农村集体产权制度改革覆盖全省，国有林场改革通过国家验收。全面取消高速公路省界收费站。高质量完成第四次全国经济普查。审计“经济体检”作用有效发挥。

供给侧结构性改革进一步深化。落实巩固、增强、提升、畅通的方针，“三去一降一补”成果不断巩固，市场主体活力明显增强，优质产品和服务有效供给持续增加。运用市场化、法治化手段促进产能过剩行业加快出清，规模以上工业增加值增长 8.8%、利润总额增长 8.5%。落实更大规模减税、更大力度降费政策，一般工商业电价降幅超过 10%，用电容量 160 千瓦以下的小微企业用电实现“零费用”接入，省定涉企行政事业性收费实现“零收费”，全年新增减税降费超过 600 亿元，减轻企业负担超过 900 亿元。完成了清理拖欠民营企业中小企业账款的年度目标任务。以有效投资补短板、增后劲，制造业投资增长 16.2%，技改投资增长 19%。

区域协调和城乡融合发展取得新进展。编制完成闽东北、闽西南协同发展区发展规划，实施区域协作项目 226 个，推动区域协作常态化、市场一体化、基本公共服务均等化，区域协调发展向更高层次迈进。平潭海峡公铁大桥正式合龙即将通车，福州至长乐机场城际铁路及双龙铁路开工建设，厦门新机场、长乐机场二期扩建工程立项获批。光电信息、生物医药领域山海协同创新中心启动建设。统筹城乡基础设施建设，新改扩建城市道路 1500 公里、各类市政管网 5700 公里，新增城乡公共停车泊位 8 万个，新建改造城乡公厕 3500 座，新建改建农村公路 1930 公里，全省农村集中供水率 93.4%、高于全国平均水平。深入实施乡村振兴十大行动，50 个重点县、100 个特色乡镇、1000 个建制村试点示范建设取得实效。

对外开放向纵深推进。主动融入国家开放大局，积极发挥多区叠加优势，对外开放水平进一步提升。丝路海运、丝路飞翔等海丝核心区建设八大工程深入实施，丝路海运突破 1800 个航次，丝路飞翔空中航线近 400 条，与共建“一带一路”国家和地区贸易额增长 16.3%。国际友城达 109 对，“朋友圈”进一步扩大。36 项自贸试验区创新成果在全国复制推广，率先建成国际贸易单一窗口 3.0 版，率先开展海关“两步申报”改革试点。积极应对中美经贸摩擦影响，支持企业拓展多元化市场，市场采购贸易、跨境电商等外贸新业态发展壮大。积极参加第二届中国国际进口博览会，采购成交和招商引资成果丰硕，全年亿元以上外资大项目增长 26.9%。外交部福建全球推介活动、2019 厦洽会暨丝路投资大会、海丝博览会成功举办。外事、侨务服务大局能力增强，闽港闽澳交流合作更加密切。

闽台融合发展迈出新步伐。积极探索新路，坚持应通尽通，落实惠台利民政策，闽台交流合作不断深化。全面推开台资企业资本项目便利化试点政策，实际使用台资增长 8.1%。向金门地区供水稳定运行，向马祖近期供水工程启用，与金马通电通气通桥前期工作有序推进。平潭“一岛两窗三区”建设提质增速，对台交流、产业培育、生态优化实现新提升。平潭与台北、台中、高雄三大港口实现客货并行，马尾琅岐对台客运码头建成投用。深化行业标准共通，4500 多名在闽台胞取得国家职业技能资格。厦门长庚医院成为大陆首家台资三甲医院。海峡论坛、世界妈祖文化论坛、海峡青年节、旅博会等成功举办。入闽台胞超过 387 万人次，来闽实习就业创业台湾青年超过 3.6 万人。

（二）围绕产业优，着力创新驱动转型升级，高质量发展支撑更加有力

创新动力持续增强。坚持创新引领，以“用”为导向，打通创新链、产业链、价值链，新动能对稳增长、扩就业、调结构发挥了重要支撑。强化科技创新激励，加强知识产权保护，14 项成果获 2019 年度国家科学技术奖、实现翻番，每万人拥有发明专利 11.1 件、增长 12.8%。全省参与制定和修订国家标准 123 项、行业标准 65 项，新增地方标准 86 项。光电信息、能源材料、化学工程、能源器件等 4 家省创新实验室和 10 个省级科技创新平台启动建设。构建高技术企业成长加速机制，大力培育“双高”企业和“专精特新”企业，高成长企业超过 400 家，高新技术企业达 4500 家。精准帮扶民

营企业，深入开展“三个一百”活动，引导民营企业创新转型，高新技术企业中民营企业占98%。

制造业加快高质量发展。以智能制造为主攻方向，加快传统产业改造升级步伐，智能制造试点示范企业达125家，国家级制造业单项冠军数量居全国第五位。大力推进两化融合，深化“互联网+先进制造”，3.3万家企业用上了云计算平台。推进制造业与现代服务业融合发展，服务型制造示范企业达108家。着力建链、强链、补链，提升产业链水平，新型显示、集成电路、半导体照明等实现全产业链发展，以上汽宁德基地为龙头的新能源汽车产业集群加快形成，中化泉州乙烯、古雷炼化一体化等石化重大项目加快推进。实施百亿龙头成长计划和千亿集群培育计划，主营业务收入超百亿元的工业企业达45家，产值超千亿的产业集群达18个。

新兴产业加速成长。大力实施新兴产业倍增工程，完善“一个行业一个规划一个政策”工作机制，新型功能材料、生物医药等4个集群入围国家战略性新兴产业集群，战略性新兴产业增加值达5400亿元、增长25%。成功举办第二届数字中国建设峰会，中国人工智能大赛永久落户我省，5G商用正式启动，物联网产业产值超千亿元，数字经济规模约1.7万亿元，数字产业化、产业数字化加快推进。国家海洋经济发展示范区建设开局良好，一批智慧海洋、蓝色产业项目加快建设，海洋生产总值增长11%。实施促进平台经济、总部经济发展的政策措施，新业态新模式成为经济发展新亮点，规模以上服务业营业收入增长15.4%。推动文旅深度融合，武夷山、永泰和武平获评首批国家全域旅游示范区，“全福游、有全福”品牌效应显现，游客总量、消费总额分别增长16.5%和22.1%。

特色现代农业提质增效。实施特色现代农业“五千工程”，十大乡村特色产业全产业链总产值达1.78万亿元、千亿产业增至8个，规模以上农产品加工企业销售收入超万亿元，无公害、绿色、有机和地理标志农产品达4450个。出台《关于新时代坚持和深化科技特派员制度的意见》，省级科技特派员覆盖所有乡镇，带动了3.57万户农民创业增收。非洲猪瘟、松材线虫病等重大动植物疫病有效防控，生猪产能加快恢复，猪肉市场供应基本稳定。建成130万亩高标准农田，划定800万亩水稻生产功能区，粮食生产保持稳定。

（三）围绕百姓富，着力保障和改善民生，高质量发展成果全民共享

脱贫攻坚取得重大进展。聚焦“两不愁三保障”，突出精准、注重实效，坚决打好精准脱贫攻坚战，全省建档立卡贫困人口全部脱贫，贫困村全部摘帽，剩下的6个省级扶贫开发工作重点县全部达到退出标准。加快老区苏区脱贫奔小康，老区苏区生产总值增速、农民人均可支配收入增速均高于全省平均水平。少数民族聚居区、海岛等欠发达地区加快发展。援疆援藏援宁援甘扎实有效。

基本公共服务进一步改善。坚持就业优先，加大援企稳岗力度，完成职业技能提升培训30万人次，城镇新增就业64.3万人、失业人员再就业25.3万人，就业形势总体稳定。聚焦办好人民满意的教育，大力促进教育公平，新建公办幼儿园200所、新增学位6万多个，义务教育城乡一体化步伐加快，高考综合改革稳步实施，职业教育改革深入推进，“双一流”建设加快，教育发展主要指标居全国前列。推进医疗资源提质扩容，2家医院进入全国最佳医院百强，69个县（市、区）公立综合医院医疗服务能力进一步提升，福州滨海新城医院、复旦大学附属中山医院厦门医院列入国家区域医疗中心首批建设单位，省儿童医院、妇产医院、疾控中心、川大华西厦门医院等卫生健康重点项目加快建设。城乡居民基本医疗保险和城乡医疗救助省级财政补助超过100亿元。城乡居民省级基础养老金最低标准提高到123元、高出国家标准35元，城镇职工养老保

险退休人员基本养老金提高 5%,居家、社区、机构养老服务覆盖面进一步扩大。退役军人五级服务保障体系实现全覆盖，合法权益得到有效维护。坚持“房住不炒”定位，强化精准调控，完成棚户区改造 6.4 万套，新增供应租赁住房和共有产权房超过 1 万套，多主体供给、多渠道保障、租购并举的住房制度加快建立。完善公共文化服务体系，基层综合性文化服务中心实现乡镇（街道）全覆盖，新增全国文物保护单位 32 处、中国历史文化名镇名村 34 个、传统村落 265 个，6 部作品获中宣部“五个一工程”奖、获奖数全国第二，金鸡奖落户厦门精彩开局。成功举办国际大体联足球世界杯，在第二届全国青运会上获得金牌和奖牌数量均实现倍增，全民健身广泛开展。

社会治理能力稳步提高。坚持和发展新时代“枫桥经验”，福州军门和厦门深田社区治理经验在全国推广。扫黑除恶专项斗争深入推进，群众安全感率达 98.9%。严格落实安全生产责任和管理制度，强化安全风险分级管控和隐患排查治理双重预防，安全生产形势总体稳定，生产安全事故起数、死亡人数分别下降 17.7%和 9.5%。加强应急管理和防灾减灾救灾能力建设，防抗台风强降雨、地灾等自然灾害有力有效。坚持“四个最严”要求，深化“餐桌污染”治理，有效保障食品药品安全。民族团结进步事业深入推进，宗教工作法治化水平不断提升。工会、共青团、妇女、儿童、老年人工作持续加强，社会福利、残疾人、慈善、人防等工作取得新成效，社会救助标准实现城乡一体化。深入推进军民融合发展，双拥共建创新提升，现代化国防动员体系不断完善。

（四）围绕生态美，着力深化生态省建设，高质量发展优势不断拓展

生态文明体制改革成效显著。坚持绿水青山就是金山银山，扎实推进国家生态文明试验区建设，22 项改革经验在全国推广，实现“三年三步走、年年出成果”。武夷山国家公园体制试点有力推进，排污权、碳排放权、用能权交易体系基本健全，区域空间生态环境评价全面推开，生态司法保护机制不断完善，环保垂管改革基本完成，建成全国首个生态环境亲清服务平台。木兰溪系统治理经验在全国宣传推广，南平、三明、龙岩等地绿色发展创新实践取得新实效。

环境保护和污染防治力度加大。实施“1+7+N”污染防治攻坚战计划，蓝天、碧水、净土三大保卫战有力推进。九市一区空气质量达标天数比例 98.3%，PM2.5 年均浓度下降至每立方米 24 微克。12 条主要河流优良水质比例 96.5%，县级以上饮用水水源地水质达标率 100%、饮用水综合合格率 99.8%。土壤环境风险防控体系加快建立，重点行业企业用地调查全面铺开。闽江流域山水林田湖草生态保护修复工程深入实施。中央生态环境保护督察反馈意见整改落实扎实推进，解决群众身边突出生态环境问题的长效机制不断健全。

绿色生产生活方式加快形成。有效落实绿色产业指导目录，水电、核电、风电等清洁能源装机比重超过 56%。推广绿色出行，“电动福建”加快建设，城市公交车中新能源汽车占 65%。城镇新建民用建筑全面执行绿色建筑标准。深入开展“一革命四行动”，农村人居环境持续改善。厦门市、福州五城区垃圾分类全面推行。完成植树造林超过 107 万亩，城市绿道超过 1100 公里，人均公园绿地面积 14.6 平方米，九市一区全部晋级国家森林城市，全省森林覆盖率继续保持全国首位。

过去一年，我们牢记政府前面的“人民”二字，加快建设廉洁、勤政、务实、高效的服务型政府。扎实开展“不忘初心、牢记使命”主题教育，增强“四个意识”、坚定“四个自信”、做到“两个维护”。认真落实“基层减负年”要求，坚决整治形式主义、官僚主义，积极解决群众最急最忧最盼的问题，一批信访积案有效化解。严格落实中央八项规定及其实施细则精神和我省实施办法，深化落实省委“五抓五看”“八个坚定不移”

具体部署，扎实推进党风廉政建设和反腐败斗争。2019 年，提请省人大常委会审议地方性法规草案 3 件，制定省政府规章 4 件；办理省人大代表建议 892 件、省政协提案 825 件，办结率均为 100%。

成绩来之不易，靠的是习近平总书记掌舵领航，靠的是以习近平同志为核心的党中央坚强领导，靠的是习近平新时代中国特色社会主义思想科学指引，靠的是全省人民攻坚克难和各方面大力支持。我代表省人民政府，向全省人民，向各民主党派、工商联、各人民团体和各界人士，向中央和国家机关及其驻闽机构，向人民解放军、武警驻闽部队、公安干警和消防救援队伍，向所有关心支持福建发展的台港澳同胞、海外乡亲和国际友人，表示衷心感谢！

我们清醒认识到，当前发展中存在不少困难和挑战，主要是：经济下行压力较大，实体经济发展仍面临不少困难；发展不平衡不充分问题还较突出，区域协作、城乡一体化水平有待提升；巩固拓展生态环境优势还要下更大力气；安全生产风险防控能力和防灾减灾救灾能力还要进一步提高；政府治理能力还需加强，机关效能建设还要进一步深化。我们将坚持底线思维、问题导向，勇于担当、砥砺奋进，全力做好各项工作，不辜负全省人民的期待。

## 二、奋发有为做好 2020 年工作

今年经济社会发展的主要预期目标是：全省生产总值同比增长 7%-7.5%；一般公共预算总收入增长 2.5%左右，地方一般公共预算收入增长 2%左右；固定资产投资增长 7.5%左右；进出口增长 3%，实际使用外资增长 3%；社会消费品零售总额增长 9.5%，居民消费价格总水平涨幅 3.5%左右；城镇登记失业率控制在 4.2%以内；城镇居民、农村居民人均可支配收入分别增长 8%和 8.5%；完成节能减排降碳目标。

2020 年是全面建成小康社会和“十三五”规划收官之年，也是为“十四五”良好开局打下基础的关键之年，做好今年工作意义重大。我们要以习近平新时代中国特色社会主义思想为指导，全面贯彻党的十九大和十九届二中、三中、四中全会精神，坚决贯彻党的基本理论、基本路线、基本方略，增强“四个意识”、坚定“四个自信”、做到“两个维护”，紧扣全面建成小康社会目标任务，坚持稳中求进工作总基调，坚持新发展理念，坚持以供给侧结构性改革为主线，坚持以改革开放为动力，推动高质量发展落实赶超，坚决打赢三大攻坚战，全面做好“六稳”工作，统筹推进稳增长、促改革、调结构、惠民生、防风险、保稳定，保持经济运行在合理区间，努力在营造良好发展环境上再创佳绩，在推动两岸融合发展上作出示范，做好革命老区、中央苏区脱贫奔小康工作，加快建设机制活、产业优、百姓富、生态美的新福建，确保全面建成小康社会和“十三五”规划圆满收官，得到人民认可、经得起历史检验。

（一）坚持创新发展，最大限度释放创新创业创造动能。深入实施创新驱动发展战略，着力营造有利于创新创业创造的良好发展环境，推进质量变革、效率变革、动力变革迈出新步伐，加快建设现代化经济体系。

对标先进打造一流营商环境。贯彻落实国务院《优化营商环境条例》，持续推进简政放权、放管结合、优化服务，营造各类市场主体公平竞争的市场环境、政策环境、法治环境。推进“证照分离”改革，进一步压减行政许可和企业开办时间，基本建成全省统一的工程建设项目审批和管理体系。严格市场监管、质量监管、安全监管，加强信用监管。全面推广证明事项告知承诺制。深化“最多跑一趟”改革，让“马上办、网上办、一次办”成为常态。大力巩固和拓展减税降费成效，进一步清理涉企收费，推动降低企业用电、用气、物流和制度性交易成本，大力减轻企业负担，让企业有更多获得感。深化政银企对接，用好金融服务云平台，发挥政府性融资担保机构作用，引导银行业金融

机构创新产品和服务，推动城商行、农商行、农信社业务回归本源，加大力度培育上市企业，支持符合条件的企业扩大股权融资、知识产权质押融资和债券融资，更好缓解民营和中小微企业融资难融资贵问题。贯彻落实中共中央、国务院《关于营造更好发展环境支持民营企业改革发展的意见》，创新发展“晋江经验”，全面落实各项支持政策，真心实意帮助民营企业实现创新发展。清理与企业性质挂钩的歧视性规定和做法，进一步放开民营企业市场准入，破除招投标隐性壁垒。建立清理和防止拖欠民营企业中小企业账款长效机制。完善构建亲清政商关系的政策体系，建立健全企业家参与涉企政策制定机制，深化“三个一百”活动，提升“政企直通车”服务效能，依法平等保护民营企业和企业家的合法权益。

积极培育充满活力的创新生态。发挥福厦泉国家自主创新示范区改革试验田作用，实施高新区创新提升计划，打造区域创新增长极。实施“三高”企业培育工程，力争高新技术企业突破5000家，涌现更多高成长、高附加值企业。创新管理体制和运行模式，高标准建设省创新研究院、创新实验室，加快建设“国字号”研发机构、重点实验室、工程研究中心、制造业创新中心、企业技术中心等创新平台，发展市场化新型研发机构，完善“基础研究+技术攻关+成果产业化+科技金融”全过程创新生态链，集中突破一批关键共性技术。健全科技成果转化机制，在省科学技术奖中增设科技成果转化奖项，推动重大创新技术和产品应用。抓好国家技术转移海峡中心和中科院科技服务网络福建中心建设，办好第18届“6・18”创新项目成果交易会。支持企业拥有更多的标准制定权，强化知识产权保护，增强知识产权创造能力。

以更大力度更实举措激发人才创造活力。突出“松绑”“放活”，赋予科研机构和创新团队更大的人财物支配权和技术路线决策权。健全以使用和效用为导向，以创新能力、业绩、贡献为重点的人才评价体系，建立与科研人员科研能力和贡献相称的薪酬分配制度，支持以参股、项目合作等方式引进海内外高层次人才团队，促进劳动力和人才社会性流动。深入实施“海纳百川”高端人才聚集计划、“八闽英才”培育工程、高技能人才振兴计划、重点产业精准引才专项行动。积极增加优质教育和高端医疗资源有效供给，完善生活服务等配套设施，提升人才综合服务水平。大力弘扬科学精神和工匠精神，打造优秀企业家队伍。

努力提升产业基础能力和产业链水平。支持龙头企业发挥带动作用，加强上下游产业协同和技术攻关，增强产业链韧性。拓展提升现有主导产业，力争电子信息、机械装备、石油化工产业产值均超万亿元。在数字产业、先进制造、新能源新材料、特色现代农业、时尚消费、康养文旅体育等领域，培育壮大新的主导产业，打造更多千亿级、万亿级产业集群。实施工业互联网“十百千万”工程，大力发展智能制造、服务型制造，推动先进制造业和现代服务业深度融合发展。推动服务业优结构上水平，促进生产性服务业向专业化和价值链高端延伸，促进生活性服务业向高品质和多样化升级。大力发展现代物流业，培育壮大一批国家A级物流企业，完善快递末端网络。围绕改造提升传统产业，开展新一轮技改专项行动，实施500项省重点技改项目，省技改投资基金扩大至200亿元，力争技改投资完成5000亿元。开展工业园区标准化试点建设，依法有序推动工业企业“退城入园”。加快发展新一代信息技术、新能源汽车、生物医药等战略性新兴产业，力争增加值突破6000亿元。加快发展平台经济、总部经济，促进产业链、供应链、金融链贯通融合。深化数字福建建设，高标准办好第三届数字中国建设峰会，高起点建设国家数字经济创新发展试验区，实施区块链技术创新和产业培育专项行动，加快5G商用步伐，促进人工智能、大数据、物联网和经济社会融合发展，力争数字经济规模超2万亿元。加强海洋强省建设，科学开发利用海峡、海湾、海岛、海岸资源，加快完善海洋设施，提升海洋科技水平，壮大深海养殖、海工装备等海洋产业，保护海洋生态，加强海洋管理，力争海洋生产总值突破 1.3 万亿元。大力发展绿色建筑，力争建筑业产值突破 1.3 万亿元。

充分挖掘内需潜力。一是发挥投资的关键作用。创新“五个一批”项目推进机制，实施扩大有效投资“百千万”计划，抓好一批总投资超百亿元重大投资项目，滚动推进千个重点项目，保持在建项目投资规模超万亿元。今年安排省重点项目 1565 个、完成投资 5000 亿元。健全固定资产投资项目资本金管理，按照“资金跟项目走”的原则，用好地方政府专项债券，尽快形成实物工作量。充分发挥工商联、商会桥梁纽带作用，健全常态化民企投资项目对接机制，集中推介一批投资回报机制明确、商业潜力大的投资项目。实施新一轮基础设施补短板工程，加大综合交通网络、轨道交通、市政管网、5G、物流枢纽、冷链物流、海铁联运、港口集疏运等领域投资力度，推动全省基础设施整体水平跃上新台阶。全力创建交通强国先行区，加快打造中心城区至县城 1 小时交通圈，力争高速公路通车里程突破 6000 公里、铁路在建和运营里程突破 5000 公里。二是发挥消费的基础作用。顺应居民消费升级趋势，努力增加高品质、多样化的产品和服务供给，完善促进消费体制机制，改善居民消费能力和预期，力争社会消费品零售总额突破 1.7 万亿元。鼓励汽车、家电、电子产品更新消费，推进老旧机动车报废更新，加快城市停车场建设。完善便利店、社区菜市场等便民消费设施。完善食品检验检测服务机制，健全农产品批发市场体系，扩大农村物流覆盖面，打造更多农村电商亿元村。加快建设一批地标性商圈、高品位步行街、产业直播基地、夜间经济示范区，打响“商博会”“八闽美食嘉年华”“茶酒两红”等品牌。培育主题鲜明的文旅融合新产品新业态，建设一批金牌旅游村、全域旅游小镇，打造特色邮轮航线，扩大“全福游、有全福”品牌效应。

（二）坚持协调发展，推动区域优势互补、城乡融合发展。落实主体功能区战略，完善体制机制，发挥比较优势，加快建立协调联动的城乡区域发展体系，开拓发展新空间，增强发展新动能。

加快构建区域协调发展新机制。发挥福州、厦门龙头带动作用，加快闽东北和闽西南协同发展区建设。以实施 200 个区域协作项目为抓手，全力推进基础设施联通、产业配套协作、公共资源共享和生态协同保护。加快建设福平铁路、衢宁铁路、福厦客专、兴泉铁路、厦门地铁 6 号线漳州角美延伸段、沙埕湾跨海通道等在建项目，加快推进漳汕高铁、温武吉铁路、温福高铁等前期项目，实现天然气“县县通”。推进福州新区全域开发，加快滨海新城重点组团建设。支持厦门建设金砖国家新工业革命伙伴关系创新基地。统筹推进以人为核心的新型城镇化，提高中心城市综合承载能力，优化城区、做强县城、培育小镇，促进城市建设与乡村振兴战略联动。全面对接粤港澳大湾区建设，积极融入长三角一体化发展，更好服务国家重大战略的实施。

带着感情带着责任促进老区苏区振兴发展。发扬“滴水穿石”精神，做好革命老区、中央苏区脱贫奔小康工作。落实《福建省促进革命老区发展条例》，坚持同等优先、适当倾斜，支持老区苏区加快建设铁路、高速公路、“四好农村路”，支持老区苏区改善基本公共服务、补齐民生短板、保护生态环境，支持老区苏区强化产业支撑、人才支撑和红色文化支撑。开展千家社会组织“一对一”帮扶老区村行动。

加快推进城乡融合发展。坚持农业农村优先发展，建立健全城乡融合发展体制机制和政策体系，推动城乡各类要素合理配置、基本公共服务普惠共享、基础设施一体化发展，走具有福建特色的乡村振兴之路。坚持和深化新时代科技特派员制度，用科技助力脱贫攻坚和乡村振兴。因地制宜、突出特色，加快建设特色现代农业，推动农村一二三产业深度融合发展，力争十大乡村特色产业全产业链总产值突破 2 万亿元。抓好“米袋子”“菜篮子”，加强高标准农田建设，巩固提升粮食产能，保障生猪等重要农产品供给，打造更多“福”字号优质农产品。完善面向小农户的社会化服务体系，发展多种形式规模经营。实施乡镇便捷通高速工程，让更多乡镇、产业园区、旅游景区 30 分钟内上高速，进一步织密路网、提速增效。

推动军民融合深度发展。支持国防和军队改革发展，全力支持驻闽部队改革落地和练兵备战，加强国防基础设施建设。落实国防动员体制和征兵工作改革。持续落实干部转业、家属就业、子女入学等政策，完善退役军人服务保障体系，维护军人军属合法权益，做好新一届全国双拥模范城创建工作，巩固军政军民团结良好局面。积极创建军民融合创新示范基地，加快建设海洋船舶产业军民融合试验基地，办好“中国航天日”主场活动。

（三）坚持绿色发展，确保生态美成为新福建的永续优势。深入践行习近平生态文明思想，做好经济发展与生态保护相协调相促进的文章，让青山常在、绿水长流、空气常新。

积极建设生态文明先导区。全面总结国家生态文明试验区建设成效，持续推出更多创新举措。全面建立资源高效利用制度，强化能源消费总量和强度“双控”。健全生态保护和修复制度，落实生态补偿和生态环境损害赔偿制度，推进山水林田湖草系统治理，建立以国家公园为主体的自然保护地体系。大力弘扬长汀经验，推进新一轮水土流失治理。深化生态云平台建设，实施生态环境监管能力提升行动。完善污染防治区域联动机制和陆海统筹的生态环境治理体系。加大对绿色环保产业的支持力度，培育绿色经济增长点。

坚决打好污染防治攻坚战。认真整改落实中央生态环境保护督察反馈意见，坚决打赢蓝天、碧水、净土保卫战。深化工业、机动车等污染源综合治理，完善臭氧污染防控体系。深入践行木兰溪治水理念，全面落实河湖长制，实行全省水系治理“一张图”，共抓闽江、九龙江流域大保护大治理，加强重点流域、重点海域综合治理，彻底消除小流域“牛奶溪”，地级城市建成区消灭黑臭水体。实施饮用水安全“六个 100%”工程，提升城乡饮用水水质。严格建设用地环境准入，推进耕地安全利用与治理修复。优化危废利用处置设施布局。全省普遍推行垃圾分类处理，积极倡导绿色生产生活方式。

下更大力气提升城乡面貌品质。加快编制省市县三级国土空间规划，注重留白、留绿、留旧、留文、留魂，强化“多规合一”，提升城乡规划建设和管理服务水平。推进“两违”综合治理，加快处置批而未供和闲置土地。加大城市更新和存量住房改造提升力度，以设施配套、功能提升、环境美化、安全宜居为重点，统筹推进老旧小区、街区片区和老城区改造。加快改造老旧水电气和通信管线管网，新建改建城市供水管网 1000 公里、污水管网 1000 公里。编制新一轮农村供水规划，新建改建农村供水管网 6000 公里。强化乡村规划引领，实施村庄基础设施建设工程。高质量完成农村人居环境整治三年行动计划。实施“百城千村、百园千道、百区千带”绿化美化行动，为人民群众创造更多生态产品、绿色福利。

（四）坚持开放发展，力争在建设开放型经济新体制上走在前头。抓住新一轮高水平对外开放的机遇，深度融入“一带一路”建设，着力形成全面开放新格局，以开放促改革、促发展、促创新。

加快打造新时代对外开放新高地。实施海丝核心区建设提升行动，持续推进数字丝路、丝路投资、丝路贸易、人文海丝、生态海丝、海丝茶道等八大工程。加快建设“一带一路”两国双园。积极推动我省和印度泰米尔纳德邦、泉州市和金奈城建立友好省城关系，谱写海上丝绸之路新篇章。鼓励自贸试验区大胆试大胆闯，培育发展一批重点平台和重点业态，力争取得更多标识度高、影响力大的制度创新成果。着力稳外贸，积极引导和支持企业开拓多元化市场，大力发展外贸新业态和新兴服务贸易，推进贸易高质量发展。借力中国国际进口博览会，扩大高质量产品和服务进口。拓展国际贸易单一窗口功能，进一步提升贸易便利化水平。着力稳外资，全面贯彻外商投资法及配套法规，创新招商方式，加大招商力度，促进开发区高质量发展，推动中沙古雷乙烯等一批大项目好项目落地建设，加快集中集聚优质生产要素。精耕细作第 21 届“9·8”投洽会，打造国际化、专业化、品牌化的精品。发挥闽籍侨亲、侨商优势，在深化闽港闽澳合作、共建“一带一路”上有更大作为。

积极探索海峡两岸融合发展新路。认真落实、持续完善推动两岸融合发展的政策措施，加快建设台胞台企登陆的第一家园。一是以“通”促融。推进经贸合作畅通，促进优势产业融合发展，加快对台金融合作先行先试，推动对台农业合作持续走前头，提升对台贸易便利化水平。持续推进金门、马祖同福建沿海地区通水通电通气通桥，促进厦金、福马率先融合发展。加快平潭开放开发和国际旅游岛建设。二是以“惠”促融。贴近台胞需求，推进基本公共服务均等化、普惠化、便捷化。发挥各类闽台交流基地、台青就业创业基地等作用，支持台湾各类人才来闽实习就业创业，扩大对台招生规模。三是以“情”促融。办好海峡论坛、海峡青年节等活动，加强基层民众交流交往。办好“福建文化宝岛行”、林博会、文博会、旅博会等，促进心灵契合。

推动全面深化改革落细落实。围绕推进新时代新福建治理现代化，认真落实省委十届九次全会部署，更加注重系统集成、协同高效，把坚持和完善社会主义基本经济制度、统筹城乡的民生保障制度、生态文明制度体系等 11 个方面 53 项重点任务落到实处。完善风险防控机制，把防范化解重大风险工作做实做细做好。健全金融风险应急处置和防控协作机制，完善地方金融监管体系，加强金融诚信体系建设，加强地方政府债务管理，打好防范化解金融风险攻坚战。认真贯彻积极的财政政策，大力提质增效，坚持以收定支，更加注重结构调整，全面实施预算绩效管理，探索运用零基预算理念。各级政府要带头过紧日子，精打细算、厉行节约，坚决压缩一般性支出，严控“三公”经费预算，有效保障重点支出。落实全面深化医药卫生体制改革“1+8”政策，推动医改工作继续走在全国前列。完善企业职工养老保险省级统筹，持续推进机关事业单位养老保险制度改革，健全城乡居民养老保险缴费激励机制。实施国企改革三年行动，完善以管资本为主的国有资产监管体制，促进国有企业做强做优做大。坚持市场化、法治化处置，实现“僵尸企业”基本出清。落实保持土地承包关系稳定并长久不变的政策，深化农村集体产权、集体林权等改革。统筹推进自然资源产权制度改革。高质量编制“十四五”规划，充分发挥规划的战略导向作用。

（五）坚持共享发展，使改革发展成果更多更公平惠及全体人民。坚持以人民为中心，尽力而为、量力而行，加强普惠性、基础性、兜底性民生建设。今年投入 415.5 亿元，办好 28 件省委省政府为民办实事项目。

确保实现脱贫攻坚目标任务。坚持精准施策、精准发力，突出老区苏区、少数民族聚居区脱贫攻坚，强化产业、就业等长效帮扶措施，补齐“三保障”和饮水安全短板，做到扶贫工作务实、脱贫过程扎实、脱贫结果真实，确保贫困人口、贫困地区与全省一道进入全面小康。坚持摘帽不摘责任、不摘政策、不摘帮扶、不摘监管，巩固脱贫成果。完善返贫监测预警机制，对已脱贫但不够稳定的重点帮扶对象，分户造册、单列管理，强化帮扶、防止返贫。全面落实兜底保障制度。建立解决相对贫困的长效机制，加强脱贫攻坚与乡村振兴的有机衔接。加强东西部对口协作，深化闽宁扶贫协作，做好援疆援藏援甘工作。

深入推进基本公共服务均等化。重点抓

好五个方面：一是健全有利于更充分更高质量就业的促进机制。实施优先的就业政策，抓好高校毕业生、退役军人、下岗失业人员、农民工等重点群体就业，力争城镇新增就业50万人。建立促进创业带动就业、多渠道灵活就业机制，对就业困难人员实行托底帮扶。推动校企深度合作，实施职业技能提升和高职扩招提质两个“三年行动”。二是构建服务全民终身学习的教育体系。发展多种形式的就近便捷托育服务，扩大普惠性学前教育资源供给，有效解决进城务工人员子女上学难问题，改善薄弱中小学校办学条件，促进普通高中多样化有特色发展，加快职业教育改革，提高“双一流”和应用型高校建设水平，办好老年教育、特殊教育。三是完善覆盖全民的社会保障体系。深入实施全民参保计划，扩大社会保障覆盖面，加快落实社保转移接续、异地就医结算制度，探索建立长期护理保险制度试点。改进流浪乞讨人员救助管理，有针对性地帮扶城乡无供养老年人、孤儿、残疾人等特殊困难人群。四是强化提高人民健康水平的制度保障。深入实施健康福建战略，积极增加优质医疗卫生资源供给，全面推进医疗“创双高”建设，加快国家区域医疗中心建设。推进“互联网+医疗健康”示范省建设，加强公共卫生防疫和重大传染病防控，健全重特大疾病医疗保险和救助制度。促进中医药传承创新发展。优化生育政策，提高人口质量。积极应对人口老龄化，加快建设居家社区机构相协调、医养康养相结合的养老服务体系。五是推动房地产市场平稳健康发展。聚焦稳地价、稳房价、稳预期，落实城市主体责任，完善长效调控机制，盘活土地和房屋资源，大力发展租赁住房，稳步推进棚户区改造，新增公租房2.47万套、租赁住房1.3万套。

繁荣发展社会主义先进文化。贯彻《新时代公民道德建设实施纲要》《新时代爱国主义教育实施纲要》，以社会主义核心价值观引领文化建设。繁荣文化艺术创作，弘扬优秀传统文化，打造一批文艺精品，加强公共文化服务体系建设。精心筹办第44届世界遗产大会，像爱惜自己的生命一样保护好文化遗产，落实文化和自然遗产保护利用“六个一批”任务，持续推进历史文化名城名镇名村、传统村落和历史建筑保护利用，推动古泉州（刺桐）史迹申遗和“万里茶道”等文化遗产申遗前期工作，支持三明、龙岩规划建设长征国家文化公园，支持福州船政文化城建设。加快推进智慧广电，发展超高清视频产业，深化拓展中国电影金鸡奖活动，繁荣影视创作，推动影视基地建设。以承办第18届世界中学生运动会为契机，促进全民健身，发展老年体育，扩大体育消费，壮大体育产业。推进哲学社会科学、科普、档案、地方志等事业发展，提升新型智库建设水平。

加快构建共建共治共享的社会治理格局。加强系统治理、依法治理、综合治理、源头治理，建设更高水平的平安福建。完善信访制度，健全人民调解、行政调解、司法调解联动工作体系。加强社会治安防控，有效防范个人极端暴力犯罪，建立健全扫黑除恶长效常治机制。树牢安全发展理念，落实安全生产责任，深化危险化学品、道路交通等重点领域专项整治，建立公共安全隐患排查和安全预防控制体系，坚决防范遏制重特大安全事故发生，切实保障人民群众生命财产安全。优化应急管理能力体系建设，提高防灾减灾救灾能力。贯彻落实食品安全法实施条例和药品管理法，加强和改进食品药品安全监管。开展县域集成改革试点，着力提升县域治理效能，推动社会治理和服务重心向基层下移，不断增强人民群众获得感、幸福感、安全感。做好第七次全国人口普查工作，完成妇女、儿童发展纲要目标，支持工青妇等群团组织更好发挥作用。健全志愿服务体系。推进民族团结进步事业发展，健全宗教工作体制机制。

**三、构建职责明确、依法行政的政府治理体系**

坚持和完善中国特色社会主义制度，推进国家治理体系和治理能力现代化，着力固根基、扬优势、补短板、强弱项，自觉尊崇制度、严格执行制度、坚决维护制度，严格按照制度履行职责、行使权力、开展工作，把制度优势更好转化为治理效能。坚持和完善中国特色社会主义行政体制，坚持一切行政机关为人民服务、对人民负责、受人民监督，建设人民满意的服务型政府。

加强政治建设，做到“两个维护”。不断推动学习贯彻习近平新时代中国特色社会主义思想往深里走、往心里走、往实里走，锤炼忠诚干净担当的政治品格，增强“四个意识”，坚定“四个自信”，坚决维护习近平总书记党中央的核心、全党的核心地位，坚决维护党中央权威和集中统一领导。大力纠治形式主义、官僚主义，大力弘扬“四下基层”“四个万家”“马上就办、真抓实干”优良作风。巩固深化“不忘初心、牢记使命”主题教育成果，把初心和使命变成锐意进取、开拓创新的精气神和埋头苦干、真抓实干的原动力。夯实管党治党政治责任，以勇于自我革命精神推动全面从严治党向纵深发展，一体推进不敢腐、不能腐、不想腐。自觉接受人大监督、民主监督、监察监督，高度重视行政监督、司法监督、群众监督、舆论监督，更好发挥审计监督、统计监督作用，确保党和人民赋予的权力始终用来为人民谋幸福。

创新行政方式，提高行政效能。持续转变政府职能，深化政府权责清单制度，履行好推动经济社会发展、管理社会事务、服务人民群众的重大职责。推进数字政府建设，实施“链上政务”工程，加强数据有序共享和业务协同，提升一体化政务服务平台功能，运用大数据、人工智能、区块链等技术手段进行行政管理，依法保护个人信息。坚持和完善机关效能建设，推行政务服务“好差评”制度。加强重大决策的调查研究、科学论证、风险评估，健全部门协调配合机制，提高政府执行力和公信力。

坚持依法行政，建设法治政府。严格遵守宪法和法律，提高运用法治思维和法治方式深化改革、推动发展、化解矛盾、维护稳定、应对风险的能力。完善行政立法机制，坚持科学民主依法立法。深化行政执法体制改革，进一步整合行政执法队伍，最大限度减少不必要的行政执法事项，严格规范公正文明执法，压减权力设租寻租空间。坚持权责透明，完善各领域办事公开制度。加大全民普法工作力度，完善公共法律服务体系。

各位代表，确保全面建成小康社会和“十三五”规划圆满收官，使命光荣、责任重大。让我们更加紧密地团结在以习近平同志为核心的党中央周围，在中共福建省委的领导下，不忘初心、牢记使命，锐意进取、开拓创新，奋力谱写新福建建设新篇章，为实现“两个一百年”奋斗目标、实现中华民族伟大复兴的中国梦而努力奋斗！

# 关于福建省2019年国民经济和社会发展计划执行情况及2020年国民经济和社会发展计划草案的报告

——2020年1月11日在福建省第十三届人民代表大会第三次会议上

福建省发展和改革委员会

各位代表：

受福建省人民政府委托，现将福建省2019年国民经济和社会发展计划执行情况及2020年国民经济和社会发展计划草案提请省十三届人大三次会议审议，并请省政协各位委员和其他列席人员提出意见。

## 一、2019年国民经济和社会发展计划执行情况

2019年，全省各级各部门坚持以习近平新时代中国特色社会主义思想为指导，全面贯彻党的十九大和十九届二中、三中、四中全会精神，深入贯彻落实习近平总书记对福建工作的重要讲话重要指示批示精神，增强“四个意识”、坚定“四个自信”、做到“两个维护”，按照党中央、国务院和省委决策部署，坚持稳中求进工作总基调，坚持新发展理念，坚持以供给侧结构性改革为主线，坚持高质量发展落实赶超，认真执行省十三届人大二次会议审议批准的《政府工作报告》和2019年国民经济和社会发展计划，落实省人大财政经济委员会的审查意见，全力做好“六稳”工作，全省经济运行总体平稳、稳中提质。

初步统计，2019年全省生产总值同比增长8%左右，总量跃上4万亿元台阶；一般公共预算总收入增长2%，地方一般公共预算收入增长1.5%；固定资产投资增长6%；进出口增长7.8%，其中出口增长8.7%;实际使用外资增长3.3%；社会消费品零售总额增长10%；居民消费价格总水平上涨2.6%；城镇登记失业率3.5%；城镇居民人均可支配收入增长8.3%，农村居民人均可支配收入增长9.8%；节能减排降碳年度目标可以实现。

一年来国民经济和社会发展成效主要体现在六个方面：

### （一）着力提升产业素质，供给质量得到改善

创新能力进一步增强。制定营造有利于创新创业创造良好发展环境实施意见，高成长企业达406家，全年新增高新技术企业700家，每万人发明专利拥有量11.1件、增长12.8%。实施福建省工程研究中心三年行动计划，推动223项关键技术开展攻关，宁德时代国家工程研究中心技术攻关步伐加快。加快组建省创新研究院。打造高水平实验室，光电信息、能源材料、化学工程、能源器件等首批4家省创新实验室启动建设。第十七届中国·海峡创新项目成果交易会共对接合同项目7106项、总投资1786亿元。科技特派员制度深入实施，乡镇覆盖率达到100%。实施数字经济领跑行动，成功举办第二届数字中国建设峰会，获批设立国家数字经济创新发展试验区，5G商用正式启动，人工智能双百工程顺利实施，数字经济规模约1.7万亿元。

制造业高质量发展取得新成效。开展主导产业研究和梳理，实施千亿产业集群推进

计划，规上工业增加值增长 8.8%,高技术产业和三大主导产业增加值分别增长 12.3%、9.8%，产值超千亿元集群达 18 个、主营业务收入超百亿元工业企业 45 家，国家专精特新“小巨人”企业 10 家、国家级制造业单项冠军企业（产品）22 家。福州新型功能材料、厦门新型功能材料、厦门生物医药及莆田新型功能材料等四个集群纳入国家战略性新兴产业集群发展工程，战略性新兴产业增加值达 5400 亿元。海洋生产总值 1.18 万亿元、增长 11%。中化泉州乙烯、古雷炼化一体化等石化重大项目加快推进，中沙古雷乙烯项目正式列入国家石化产业规划布局，上汽宁德基地、莆田钧石能源 HDT 高效异质结太阳能电池一期项目投产，组织实施重点技改项目 738 项，省技改基金扩大至 120 亿元。

现代服务业平稳增长。新增国家 A 级物流企业 54 家,总数达 377 家，居全国第四位；厦门市入选2019年国家物流枢纽建设名单；厦门市、泉州市入选家政服务业提质扩容“领跑者”行动重点推进城市。金融业运行平稳，不良贷款率下降至 1.14%，“海峡科创板”推出，118 家科创型企业举行签约挂牌仪式。“全福游、有全福”品牌打响，全省接待国内外游客5.36亿人次、增长16.5%，旅游总收入 8058 亿元、增长 22%。新经济领域服务业加快发展，规上互联网平台营业收入增长 39.9%。

农业生产保持稳定。粮食安全省长责任制考核取得优异成绩，得到国家通报表扬。划定 800 万亩水稻生产功能区，建成高标准农田 130 万亩。十大乡村特色产业全产业链总产值突破 1.7 万亿元、千亿产业增至 8 个。全面实施特色现代农业“五千工程”，累计创建省级以上特色农产品优势区 84 个、现代农业产业园 60 个，形成安溪铁观音、古田食用菌等一批产值超百亿元产业强县。优质绿色农产品供给明显增加，质量安全监测总体合格率 98.6%。非洲猪瘟疫情有效防控。

（二）着力拓展内需市场，需求结构逐步改善

投资结构继续优化。围绕万亿有效投资计划，实施稳投资 26 条措施，加大基础设施重点领域补短板力度。制造业投资增长 16.2%，其中高技术制造业投资增长 17%。

全力推进“五个一批”项目攻坚。深化“五个一批”项目推进机制，强化正向激励，全省入库“五个一批”项目 34915 个，总投资 18.4 万亿元，其中本年新增开工项目 3083 个、总投资 8004 亿元。1200 个省在建重点项目完成投资 4948 亿元，完成年度计划的 108%。宁德时代一汽动力电池、泉州泉港百宏年产 250 万吨精对苯二甲酸、漳州古雷奇美化工 ABS 及 AS、龙岩龙净环保输送装备及智能制造等项目开工建设。福州地铁 2 号线开通试运营，平潭海峡公铁大桥正式合龙即将通车，泉州三安半导体、三明建宁明一生态乳业加工、南平铝业轻量化车厢和物流车等项目投产或部分投产。厦门新机场、长乐机场二期扩建工程立项获批。

消费市场持续增长。出台完善促进消费体制机制进一步激发居民消费潜力实施方案及进一步促进消费增长若干措施。成功举办首届福建商圈（步行街）博览会暨消费品采购会，打造“闽货卖全球、全球买闽货”商贸对接平台。实施促进夜间消费用电激励举措，因地制宜培育一批富有地方特色的夜间经济集聚区。建立“电商富农”产销机制，新创建 8 个国家级电子商务进农村综合示范县，网上商品零售额增长 24.1%。

（三）着力推进改革开放，发展活力不断增强

营商环境持续优化。聚焦企业关切，持续减环节减时限减负担，实现开办企业时间、不动产一般登记和抵押登记时间压缩至 5 个工作日以内。切实减轻企业负担，全年新增减税降费超过 600 亿元。完成清理拖欠民营企业中小企业账款年度目标任务。企业养老保险缴费费率降至 16%。全年新登记各

类市场主体97.6万户，增长9.4%。社会信用体系建设稳步推进。

深化“放管服”改革。推行“政府做的好不好群众来打分”的“好差评”制度。落实市场准入负面清单制度，推动“非禁即入”普遍实现。加快推进“互联网+政务服务”，全省依申请审批服务事项网上可办率97.55%。推进投资项目审批制度改革，企业投资项目前置审批事项从原来的76项减少至40项。推进工程建设项目审批“四统一”，全面推行“双随机、一公开”监管，行政审批和公共服务事项“一趟不用跑”和“最多跑一趟”占比超过90%。推进全省政务服务事项“四级四同”，“放管服”改革标准化工作走在全国前列。

重点领域改革取得新进展。财税改革持续深化，明确共同财政事权转移支付项目，出台基本公共服务保障地区标准备案办法。完善金融风险监测、评估和处置机制，设立总规模150亿元的省级纾困基金，互联网金融风险专项整治扎实有效。稳步推进电力体制改革，加快实施增量配电业务试点项目。水、电、天然气等价格改革持续推进，全面完成工商业用电并类，全省一般工商业电价降幅达10.02%。大力推进公共资源交易机制改革。加快完善国有企业法人治理结构，推进国有资本投资、运营公司改革试点，推动国有企业混合所有制改革。

积极应对经贸摩擦。建立“六稳”情况部门通报会商机制，加快落实稳定和促进外经贸发展政策措施，进出口13306.7亿元，其中出口8277.9亿元、进口5028.8亿元，进口规模跃居全国第7位。新设外商投资企业2300家，实际使用外资315.4亿元。

海丝核心区、福建自贸试验区等改革试点加快推进。深入推进海丝核心区建设，积极实施丝路海运、丝路飞翔、数字丝路等八大工程。成功举办首届丝路海运国际合作论坛，加入丝路海运的国际集装箱航线达到60条，突破1800个航次。丝路飞翔空中航线近400条。继续扩大海上丝绸之路博览会、国际电影节等影响。扩大经贸合作，与共建“一带一路”国家和地区贸易额增长16.3%。积极推进自贸试验区改革创新，深化方案136项重点试验任务实施率达92%；累计推出410项创新举措，其中全国首创157项，对台89项。

闽台、闽港澳侨交流不断深化。落实落细惠台措施，获批设立“海峡两岸集成电路产业合作试验区”和“海峡两岸生技和医疗健康产业合作区”，平潭至高雄货运、客运航线实现首航并常态化运营。向金门地区供水稳定运行，向马祖近期供水工程启用，与金马通电通气通桥前期工作有序推进。入闽台胞超过387万人次，来闽实习就业创业台湾青年超过3.6万人。闽港、闽澳新一轮交流合作取得新进展，成功举办闽港“一带一路”高峰研讨会，第六届世界闽商大会顺利召开。

（四）着力优化区域布局，城乡发展更趋协调

闽东北、闽西南协同发展区建设加快推进。深入贯彻落实中央财经委员会第五次会议精神，推动形成优势互补高质量发展的区域经济布局，出台关于建立更加有效的区域协调发展新机制的实施方案，编制完成闽东北、闽西南协同发展区发展规划，实施区域协作项目226个。重大协作项目取得突破，福州至长乐机场城际铁路、厦门地铁6号线漳州角美延伸段、双龙铁路开工建设；漳汕高铁完成预可研审查。

脱贫攻坚取得新成效。深入贯彻习近平总书记给下党乡乡亲的回信精神，严格按照“一个都不掉队”“两不愁三保障”要求，全面实施精准扶贫精准脱贫基本方略，全省建档立卡贫困人口全部脱贫，贫困村全部摘帽，剩下的6个省级扶贫开发工作重点县全部达到退出标准。做好产业扶贫、就业扶贫、金融扶贫、教育扶贫、医疗扶贫、低保兜底等精准帮扶工作。出台关于做好革命老区中

央苏区脱贫奔小康工作的实施意见。理顺对口支援工作机制，加大工作推进力度。

深入实施乡村振兴战略。深入实施乡村振兴十大行动，推进50个重点县（市、区）、100个特色乡镇、1000个建制村试点示范建设。实施农村人居环境整治“一革命四行动”，开展村庄清洁行动，农村无害化卫生户厕覆盖率达95%，83个村开展生活垃圾干湿分类试点。发布首批30个“金牌旅游村”，寿宁县下党村等11个村入选全国乡村旅游重点村。农村承包地确权登记颁证全面到户，农村集体产权制度改革覆盖全省。

新型城镇化建设扎实有序推进。常住人口城镇化率、户籍人口城镇化率分别达到66.5%、50.3%。制定促进城乡融合发展实施方案，持续推动国家级、省级新型城镇化试点，继续探索新型城镇化路径。特色小镇创建取得新进展，宁德锂电新能源小镇创建经验被国家选为全国典型示范小镇总结推广。

（五）着力推进生态文明建设，生态环境保持优良

扎实推进国家生态文明试验区建设。38项重点改革任务全面组织实施，连江生态产品市场化改革等第三批12项改革成果在全省复制推广，莆田木兰溪系统治理、南平深化集体林权制度改革等22项改革经验在全国复制推广，实现“三年三步走、年年出成果”。试验区创新探索实践入选十大“2019中国改革年度案例”。

大力推动绿色发展。统筹推进省市县国土空间规划编制工作，全面推开全省区域空间生态环境评价。加强滨海湿地保护，推动武夷山国家公园体制试点。组织实施绿色产业指导目录，在8个县开展生态产品市场化改革试点。建立多元化、市场化生态保护补偿机制，落实全流域生态保护补偿。落实能耗总量与强度“双控”，有序发展新能源和可再生能源。完善环境权益交易体系,全省排污权累计成交金额13.13亿元。全面推进生活垃圾分类，厦门市连续六个季度在住建部考评中排名全国第一。

坚决打好污染防治攻坚战。实施“1+7+N”污染防治攻坚战作战计划，九市一区城市空气质量优良天数比例98.4%，全省12条主要河流143个水质评价断面总体水质为优，Ⅰ—Ⅲ类水质比例96.5%；全省近岸海域优良水质比例80%。坚决打赢蓝天保卫战，加快推进核电、天然气等清洁能源项目建设，有效减少60%以上的污染天数。坚决打好碧水保卫战，深入推进闽江流域山水林田湖草生态保护修复，加大九龙江、木兰溪等重点流域整治力度，县级及以上饮用水水源地水质达标率100%，全省9个设区市建成区87条黑臭水体基本消除黑臭。坚决推进净土保卫战，完成农用地土壤详查工作，全部完成2385个重点行业企业地块的基础信息采集，实现乡镇生活垃圾转运系统全覆盖，行政村生活垃圾治理常态化。

（六）着力保障和改善民生，人民群众获得感持续增加

为民办实事项目全面落实。27件省委省政府为民办实事项目完成年度目标任务，省级以上补助资金下达140.7亿元，占年度计划的126.8%。民生相关支出占一般公共预算支出比重为76.7%。修订缓解生猪市场价格周期性波动调控预案，将冻肉储备调节工作纳入“菜篮子”市长负责制，强化猪肉市场应急保障能力。全面启动平价商店销售机制，严格落实物价上涨挂钩联动机制，累计向547万余人次困难群众发放价格临时补贴2.8亿元。房地产市场保持平稳健康发展，完成棚户区改造6.4万套。严格落实安全生产责任，各类生产安全事故起数、死亡人数分别下降17.3%和8.2%，没有发生重大以上事故。

就业保持稳定。落实创业带动就业政策，新建10家省级创业孵化基地。做好高校毕业生、退役军人、农民工、就业困难人员等重点群体就业工作。实施职业技能提升

行动，推进重点群体职业技能提升培训。城镇新增就业 64.3 万人，城镇失业人员再就业 25.3 万人，就业困难人员就业 3.74 万人，均完成年度任务。

教育事业稳步发展。教育事业发展主要指标稳中有升、位居全国前列，学前三年入园率 98.6%，九年义务教育巩固率 99%，高中阶段毛入学率 97.2%，高等教育毛入学率 56.7%，主要劳动年龄人口受过高等教育比重达 26.3%。统筹推进县域内城乡义务教育一体化改革发展，制定实施高中教育质量提升计划，扎实推进高考综合改革，深入推进国家和省级“双一流”建设。落实扩大普惠性学前教育资源、推进义务教育质量提升、职业院校基础能力建设工程，完成 200 所公办幼儿园建设任务。义务教育阶段大班额数占比下降到 1.6%，超过 70%小规模学校达到省定基本办学标准。

医疗健康服务更加完善。福州滨海新城医院、复旦中山厦门医院列入首批国家区域医疗中心。实施全民健康保障工程，省儿童医院、妇产医院、疾控中心、川大华西厦门医院等医疗卫生项目加快建设。进一步推广三明医改经验，率先全省跟进国家药品集中采购和使用试点，全省半数以上县域组建紧密型医共体。推进县级公立医院能力提升项目，69 个县（市、区）已建成 33 个县域消毒供应中心、37 个县域临床检验中心、45 个县域病理检查中心、46 个县域医学影像中心、55 个县域心电诊断中心和 34 个县域远程会诊中心。新建 130 个基层医疗卫生机构中医馆。积极创建国家“互联网＋医疗健康”示范省，三级医疗机构 39 项检查检验结果实现网络互认。

养老、文旅、体育等社会事业加快发展。推进居家和社区养老服务改革试点，全面取消养老机构设立许可，实施社会服务兜底工程、城企联动普惠养老专项行动，新增各类养老服务床位 1.5 万张，街道和中心乡镇居家养老服务照料中心覆盖率由 80.1%提高到 90.7%，建制村养老服务设施覆盖率由 53%提高到 64.5%。文化公共服务建设迈出新步伐，广播电视业加快发展，福州成功申办 2020 年第 44 届世界遗产大会，第 28 届金鸡百花电影节在厦门成功举办。全域生态旅游和优质旅游加快发展，武夷山市、永泰县、武平县列入首批国家全域旅游示范区，平潭国际旅游岛加快建设。新建 90 个多功能运动场、60 个笼式足球场、30 个笼式篮球场和 30 个门球场，漳州市、南安市入选全国社会足球场地设施建设专项行动试点城市。

总的看，2019 年全省经济运行保持在合理区间，主要指标增速好于全国，经省十三届人大二次会议审议通过的国民经济和社会发展计划主要预期指标完成情况总体较好。GDP、进出口、城乡居民人均可支配收入、就业、物价、节能减排等指标运行情况符合或好于年度预期目标，投资指标与预期目标存在一些差距，经济社会发展还面临不少困难和问题。一是经济下行压力较大。受中美经贸摩擦、全球经济下行等因素影响，企业投资、生产、经营更趋谨慎。二是实体经济发展仍较困难。企业竞争力有待提高，实体经济特别是中小企业融资难融资贵问题依然存在，原材料、劳动力等成本仍然较高。三是高质量发展短板制约仍有待突破。全社会研发投入仍然低于全国平均水平，科技成果转化率不高，创新资源相对薄弱，创新领军人才匮乏，企业创新引领能力不强，发展新动能有待进一步增强。教育、医疗、养老等公共服务领域短板还不少。四是营商环境仍需不断优化。对标国际国内先进水平、对标企业和群众的期待，营商环境还有不少短板弱项，“放管服”改革有待进一步深化，市场主体的获得感、满意度还有待提高。面对这些困难和问题，我们要高度重视，着力加以解决。

## 二、2020 年国民经济和社会发展主要预期目标和任务

政府工作报告提出 2020 年经济社会发展工作的总体要求是：以习近平新时代中国特色社会主义思想为指导，全面贯彻党的十

九大和十九届二中、三中、四中全会精神，坚决贯彻党的基本理论、基本路线、基本方略，增强“四个意识”、坚定“四个自信”、做到“两个维护”，紧扣全面建成小康社会目标任务，坚持稳中求进工作总基调，坚持新发展理念，坚持以供给侧结构性改革为主线，坚持以改革开放为动力，推动高质量发展落实赶超，坚决打赢三大攻坚战，全面做好“六稳”工作，统筹推进稳增长、促改革、调结构、惠民生、防风险、保稳定，保持经济运行在合理区间，努力在营造良好发展环境上再创佳绩，在推动两岸融合发展上作出示范，做好革命老区、中央苏区脱贫奔小康工作，加快建设机制活、产业优、百姓富、生态美的新福建，确保全面建成小康社会和“十三五”规划圆满收官，得到人民认可、经得起历史检验。

2020 年经济社会发展的主要预期目标是：全省生产总值同比增长 7%-7.5%；一般公共预算总收入增长 2.5%左右，地方一般公共预算收入增长 2%左右；固定资产投资增长 7.5%左右；进出口增长 3%，实际使用外资增长 3%；社会消费品零售总额增长 9.5%，居民消费价格总水平涨幅 3.5%左右；城镇登记失业率控制在 4.2%以内；城镇居民、农村居民人均可支配收入分别增长 8%和 8.5%；完成节能减排降碳目标。

为实现上述目标，重点要做好七个方面工作：

（一）切实加快构建现代化经济体系

深入实施创新驱动发展战略。大力实施质量强省、知识产权强省战略，加快提升企业技术创新能力，扶持一批国家级企业技术中心，完善科技人才、技能人才发现培养激励机制，建立与科研人员科研能力和贡献相称的薪酬分配制度，大力引进海内外高层次科技人才团队，提升人才综合服务水平。打造国家级、省级梯次布局的高水平创新平台体系，力争在新材料、新能源领域再获批设立国家工程研究中心。以高端人才为先导、机制创新为引擎，高标准建好省创新研究院、创新实验室。全社会研发经费投入增长 22%，力争高新技术企业突破 5000 家。深入实施科技创新链和产业链精准对接，办好第 18 届中国 • 海峡创新项目成果交易会。实施军民融合产业发展专项行动，推动军民融合深度发展和国防动员体系建设。坚持和深化新时代科技特派员制度。

大力推动制造业高质量发展。发挥优势提升产业基础能力，对接国家工业强基工程专项行动，实施一批省级工业强基工程重点项目，争取形成 20 个产值超千亿元集群。提升产业链发展水平，梳理主要产业链缺失与薄弱环节，加强建链、延链、补链、壮链。加快主导产业梳理，推动现有三大主导产业内涵深化、外延拓展，围绕战略性新兴产业、数字经济、海洋经济、生态经济等领域进行扶持培育，推动形成新的主导产业。推进传统制造业优化升级，促进传统产业向数字化、网络化、智能化、绿色化、服务化升级，组织实施 500 项省重点技改项目，省技改投资基金扩大至 200 亿元，力争技改投资增长 10%以上。加快培育和发展新兴产业，战略性新兴产业增加值突破 6000 亿元。开展工业园区标准化建设试点，盘活园区土地，落实退城入园政策。推动海洋产业发展，海洋生产总值突破 1.3 万亿元。

依靠市场机制和现代科技创新推动服务业发展。推动先进制造业和现代服务业深度融合发展。继续发展总部经济，大力争取闽商回归，吸引央企和省外大型民企在闽设立区域总部。推动生产性服务业向专业化和价值链高端延伸，推进冷链物流、港区物流基础设施建设以及高速公路服务区和落地互通服务业示范工程项目。支持银行业金融机构加强产品创新和信贷服务，支持符合条件的企业扩大区域性股权融资、知识产权质押融资和债券融资。推动生活性服务业向高品质和多样化升级，打造全域生态旅游省，深入实施“放心游福建”服务承诺。

发展特色现代农业。推进 800 万亩水稻生产功能区建设，实施地力提升“3323 工程”，粮食指导性计划播种面积 1250 万亩、总产 500 万吨。推动农村一二三产业深度融合，力争十大乡村特色产业全产业链总产值突破 2 万亿元。大力发展农产品深加工，积极培育休闲农业、乡村物流、乡村旅游等新产业新业态。创建 250 个优质农产品标准化示范基地。加强农产品质量安全监管，大力推进源头赋码、“一品一码”。实施生猪产业转型升级三年行动计划，生猪存栏恢复到 900 万头。

推动数字经济加快发展。高标准办好第三届数字中国建设峰会。总结推广“数字福建”20 年建设经验，高水平推进国家数字经济创新发展试验区建设，深化政务数据和社会数据融合应用，围绕数字丝路、智慧海洋、卫星应用等方面组织开展区域特色试验。实施区块链技术创新和产业培育专项行动，支持 5G 技术创新、产品研发和示范应用，建成百项人工智能应用示范项目，推动中电、华为、浪潮等自主生态基地、京东数字经济产业园、百度人工智能、海康威视物联网产业基地、比特大陆区域总部等一批数字经济重点项目加快建设，力争数字经济规模超 2 万亿元。

（二）切实培育内需新增长点

强化“五个一批”机制。狠抓产业项目特别是新兴产业、现代服务业项目储备招商，大力推进产业链延伸、产业群壮大项目建设，推动形成项目滚动接续良好态势。紧盯关键环节，聚焦要素制约，促进项目尽早开工、多形成实物工作量。全力协调服务，做好竣工验收，推动尽快投产达产。谋划梳理一批战略性、基础性、支撑性和投资带动力强的重大项目，对部分拟在“十四五”实施的重大项目，积极创造条件争取提前实施。

深化重大项目攻坚。深入开展重大项目集中开工、“重中之重”项目集中协调，初步计划安排全省重点项目 1565 个、年度投资 5000 亿元，计划新开工重点项目 155 个，建成或部分建成 155 个。重点推进福厦客专、福平铁路、衢宁铁路、兴泉铁路、福州地铁、厦门地铁、莆炎高速公路尤溪中仙至建宁段、霞浦核电、漳州核电、省委党校新校区、省儿童医院、省妇产医院等在建重大项目加快建设，推动厦门新机场、长乐机场二期扩建工程等重大项目尽快开工建设。全年新增高速公路通车里程 400 公里、铁路营业里程 260 公里、电力装机容量 200 万千瓦。

强化项目资金和要素保障。加强重大工程项目与财政性建设资金、债券资金、银行贷款、社会资本等匹配。用好用足地方政府专项债券资金，继续谋划后续批次专项债券项目。加强用地用林用海等协调服务，提高用地环评等前期手续办理效率，做好征地拆迁、市政配套、水电接入等准备工作，推动项目加快实施。

拓展补短板领域投资。实施新一轮基础设施补短板工程，加大综合交通网络、轨道交通、市政管网、5G、物流枢纽、冷链物流、海铁联运、港口集疏运等领域投资力度。加大城镇老旧小区改造、城乡历史风貌保护利用、城市停车场、农村饮水安全巩固提升、新一轮农网改造升级等补短板力度，优化生成一批新的补短板投资工程包。落实鼓励民间投资各项政策措施，推介一批优质项目，激发民间有效投资活力。

促进消费扩容提质。完善促进消费体制机制，挖掘消费潜力，力争社会消费品零售总额突破 1.7 万亿元。扩大智能产品和绿色产品供给，推进老旧家用汽车、家电、公交车等报废更新升级，支持新能源汽车、5G 手机等消费。加快线上线下融合等新消费发展，鼓励建设一批新消费体验馆，创建一批省级示范商圈、步行街，推动便利店品牌化连锁化发展。大力发展夜间经济，培育特色精品夜市，建设一批夜间经济示范区。推动文化旅游消费升级，推动创建文化旅游消费示范和试点城市。推动医养结合，着力培育一批家政龙头企业。促进户外运动等体育消费。进一步释放农村网购和乡村旅游消费潜力，推动工业品下乡、农产品进城双向流动。加强商品流通网络建设，推动冷链物流、智慧物流、国际物流发展。组织好中国品牌日活动。

### （三）切实推进更高水平对外开放

统筹推进海丝核心区建设。扩大丝路海运品牌效应,办好第二届丝路海运国际合作论坛。加快推进丝路飞翔，加密空中航线。加快实施数字丝路，拓展数字经济合作领域。培育丝路投资品牌，引导我省优势产能行业加快全球布局。支持跨境电商仓储物流企业加快“一带一路”沿线海外仓布局。推动实施人文海丝等重点工程。推动与日本关西地区合作，探索建立福建至关西地区“海空大通道”，高位对接“神户医疗产业都市”。推动福建和印度泰米尔纳德邦、泉州市和金奈城建立友好关系。

促进进出口平衡发展。落实落细国务院和我省稳外贸系列措施，保护产业链稳定发展。继续深入实施“百展万企”“助力万企成长”工程，加快壮大市场主体，支持企业拓展多元市场。大力推进市场采购贸易方式、跨境电商等新业态。鼓励企业通过进博会、海关特殊监管区等平台扩大进口。

优化双向投资水平。加强外商投资促进和保护，落实外商投资法及配套法规，推动新开放领域招商引资，全面落实外商投资准入前国民待遇加负面清单管理制度。统筹用好国外优惠贷款，谋划确定新一批备选项目。引导境外投资健康有序发展，切实规范企业境外经营行为。发挥自贸试验区改革开放试验田作用，力争取得更多标识度高、影响力大的制度创新成果。

深化闽台港澳交流合作。加快应通尽通，探索闽台经贸合作畅通、基础设施联通、能源资源互通、行业标准共通新路径。推动闽台优势产业融合发展，增强各类载体和平台承载能力。完善福建自贸试验区、平潭综合实验区等对台先行先试的制度创新体系，继续推进与金门马祖通水、通电、通气、通桥。落实落细各项惠台利民政策措施，持续推进基本公共服务均等化、普惠化、便捷化，健全台湾青年来闽实习就业创业的开放机制和市场机制，逐步构建完善台胞台企登陆的第一家园服务体系。深化闽台文化交流，完善海峡论坛等民间交流机制化平台。发挥闽籍侨亲、侨商优势，加强闽港、闽澳合作会议机制建设，推进“并船出海”，打造综合服务平台，主动对接粤港澳大湾区建设。

### （四）切实深化改革优化环境

打造市场化法治化国际化营商环境。全面落实国务院《优化营商环境条例》，强化评估督导，推出有针对性的营商环境改革举措。完善构建亲清新型政商关系的政策体系，建立政府重大经济决策主动向企业家问计求策的程序性规范。弘扬优秀企业家精神，加大企业家队伍特别是年轻企业家培养力度。制定营造更好发展环境支持民营企业改革发展的实施意见，支持民营企业心无旁骛做实业，营造各种所有制主体依法平等使用资源要素、公开公平公正参与竞争、同等受到法律保护的市场环境。开展“信易贷”平台建设，有效拓宽中小微企业融资渠道。落实减税降费政策，进一步清理规范涉企收费，降低企业用电、用气、物流等成本。继续深化商事制度改革，推进我省商事登记监管条例立法。推动实施分级分类监管，构建以信用为基础的新型监管机制。

深入推进“放管服”改革。践行“马上就办”，努力提高全程网办率、“一趟不用跑”“最多跑一趟”事项占比，增强政务数据汇聚共享、一网通办、异地可办等能力。构建以闽政通 APP 为基础架构的全省一体化掌上便民服务平台。推动“集成套办”，全面梳理“一件事”集成套餐服务涉及多部门服务事项；加快“一窗通办”，加强线上线下融合。深化工程建设项目审批制度改革。进一步压减行政许可和企业开办时间。

扎实推进重点领域改革。推进新时代新福建治理现代化，认真落实省委十届九次全会部署，抓好11个方面53项重点任务的落实。加快金融体制改革，提高上市公司质量，支持符合条件的企业到境内外资本市场上市融资，推动中小银行聚焦主责主业，深化农村信用社改革，鼓励保险公司回归保障功能。坚决落实金融风险防范处置责任，做好重点领域风险防控工作。深化财税体制改革，加快推进我省分领域财政事权和支出责任划分改革，加强政府债务管理，防范化解隐性债务风险。深化国资国企改革，实施国企改革三年行动，加快推进综合改革“双百行动”试点、员工持股试点、国有资本投资运营公司改革试点。推动“僵尸企业”尽快出清，盘活有效资产。深化电力市场化改革，持续推进增量配电业务改革，进一步规范试点项目配电设施建设和运营。修订我省定价目录，进一步缩减政府定价项目。继续推进水电油气等商品价格改革。

（五）切实优化区域发展格局

加快闽东北、闽西南两大协同发展区建设。努力推动都市圈建设和湾区经济发展。抓好闽东北、闽西南协同发展区发展规划实施。加强基础设施互联互通，推进铁路、城际轨道交通、高速公路等基础设施统筹规划和协同建设。加强产业配套协作，完善共建园区利益共享制度，提升32个山海协作产业园建设水平。加强公共服务资源共享，加快建设一批公共服务平台，支持集团化办学办医、远程教学医疗、教师和医护人员轮岗交流，支持有条件的三级医院异地设置分支机构。

深入实施乡村振兴战略。全面推进乡村振兴试点示范，培育各具特色的福建乡村振兴示范样板。持续实施“一革命四行动”，打好村庄清洁行动战役。稳慎推进农村宅基地管理与改革,推进农村承包地“三权分置”、农村集体产权制度改革。建设新型农业经营体系，实施农民合作社规范提升行动、家庭农场培育计划等，引导小农户融入现代农业发展轨道。

统筹推进新型城镇化。优化城镇化空间布局，提升中心城市对周边城市辐射带动作用，加快培育发展中小城市，分类发展小城镇，持续开展特色小镇创建示范。加快推动城乡融合发展，推进城乡要素合理配置、基本公共服务普惠共享、基础设施一体化，推进国家城乡融合发展试验区建设。

加快老区苏区发展步伐。落实做好革命老区中央苏区脱贫奔小康工作的实施意见和推进革命老区发展条例，支持老区苏区加快建设铁路、高速公路、“四好农村路”，办好老区苏区教育，提高医疗卫生服务水平。支持老区苏区强化产业支撑和人才支撑，推进红色旅游景区建设。深化闽粤、闽赣省际边界地区合作。

（六）切实推动绿色发展

加快生态文明先导区建设。总结国家生态文明试验区建设成效，强化改革成果复制推广，继续加强整体设计、提升思路，提炼成行之有效的制度。深入探索生态产品价值实现路径，着力推动生态产品市场化改革，完善多元化市场化生态保护补偿机制和绿色金融支持体系。完善自然资源资产产权制度，探索推进差别化用途管制，完成全省自然生态空间统一确权登记。健全完善生态司法保护制度体系和生态文明法制保障机制，建立更加成熟更加定型的生态文明制度体系。

持续推进生态环境保护治理和修复。突出精准治污、科学治污、依法治污，全面打好污染防治攻坚战，深入实施蓝天保卫战三年作战计划，完善臭氧污染防控体系，强化区域联防联控。深入实施水污染防治行动计划，全面落实河湖长制，共抓闽江、九龙江等重点流域大保护大治理，巩固小流域、饮用水水源地和城市建成区黑臭水体整治等成果，城市污水处理率达94%。持续实施土壤污染防治行动计划，严格建设用地环境准入，推进耕地安全利用与治理修复，新增建设用地控制在国家下达的用地计划指标范围内。加强海洋环境保护陆海统筹，持续加强重点海域综合治理。推进重要湿地生态系统保护和修复，实施生物多样性保护工程。大力实施“三个百千”绿化美化行动，完成植树造林90万亩。

着力推动产业绿色发展。组织实施绿色产业指导目录，探索建立促进绿色发展的政策配套制度。实施绿色制造工程，推进绿色工厂、绿色园区建设，开发绿色设计产品。强化生态红线意识，严禁山区盲目发展落后产能的工业项目或园区。实行资源总量管理和全面节约制度，完成国家下达的万元地区生产总值能耗降低目标，万元地区生产总值用水量降低6.6%。

切实提高全民生态自觉。组织开展绿色生活创建，积极开展节约型机关、绿色家庭、绿色学校、绿色社区、绿色出行、绿色建筑等创建工作。全面推行生活垃圾分类，加快推进市政公用工程设施和城乡公共服务设施绿色化，新增城市公园绿地面积900公顷以上。积极倡导绿色消费，提倡绿色出行。

（七）切实做好惠民生各项工作

确保高质量打赢脱贫攻坚战。加快补齐“三保障”和饮水安全短板，巩固拓展脱贫攻坚成果，确保贫困人口、贫困地区与全省一道进入全面小康社会。构建防止返贫和稳定脱贫长效机制，及时做好返贫人口和新发生贫困人口的监测和帮扶，持续强化产业、就业、教育、健康、生态、兜底保障等精准扶贫措施，促进已脱贫建档立卡贫困人口稳定脱贫。深入推进项目支援、产业合作、智力帮扶、交往交流交融等援疆援藏工作，深度开展闽宁合作，全面提升各领域东西部扶贫协作和对口支援工作水平。

深入落实就业优先政策。稳定就业总量，改善就业结构，提升就业质量。突出抓好重点群体就业，落实好援企稳岗等各项政策，健全失业风险防范应急机制，全面落实促进毕业生就业政策措施，对就业困难人员实行托底帮扶。大力推进职业技能提升行动，计划三年内完成补贴性职业技能培训75万人次，其中2020年完成25万人次。

进一步提高民生领域公共服务水平。完善教育公共服务体系，有效解决进城务工人员子女上学难问题。九年义务教育巩固率保持在98%以上，高中阶段教育毛入学率保持在96%以上。持续推进国家和省级“双一流”建设，打好全面振兴本科教育攻坚战，加快推进天津大学福州国际校区建设。加大省级医疗卫生资金投入力度，加快国家区域医疗中心建设，积极支持省属医院“创双高”。实现紧密型医共体县域全覆盖，推进多层次医保体系建设。积极应对人口老龄化，优化生育政策。完善社会保障体系，参加城镇职工基本养老保险人数和基本医疗保险人数分别增长1.5%、0.35%。推进公共文化服务体系建设取得新突破，继续实施福建省舞台艺术精品工程。加快发展智慧广电，积极发展广播电视和网络视听产业，繁荣影视创作，推动影视基地建设。兜住基本生活底线，确保养老金按时足额发放。重视解决好“一老一小”问题，加强面向社区的养老服务供给和设施建设，全年新增各类养老床位不少于1万张，居家社区养老服务照料中心覆盖所有街道和中心城区乡镇，持续扩大普惠性学前教育资源，支持社会力量发展普惠性托育服务。实施公共体育普及工程，落实全国社会足球场地设施建设专项行动。落实安全生产责任和管理制度，全力防范化解重大安全风险。

全力做好保供稳价工作。继续做好粮食安全省长责任制和“菜篮子”市长负责制工作，实行省级粮食储备订单收购直补和最低收购价政策，继续实行引粮入闽奖励政策，大力实施优质粮食工程，保障粮油肉蛋果蔬等重要农产品市场供应和价格稳定。加强价格监测预警，落实好平价商店销售机制、社会救助和保障标准与物价上涨挂钩联动机制。坚持房子是用来住的原则，加大城市困难群众住房保障工作，加快培育和发展住房租赁市场，做好城镇老旧小区改造。健全稳地价、稳房价、稳预期长效管理调控机制，促进房地产市场平稳健康发展。

各位代表，做好“十四五”规划编制工作是今年一项十分重要的任务。要做深做实前期研究，按照统一规划体系要求，认真谋划一批事关全局发展的重大政策、重大工程和重大举措，同步编制一批省级重点专项规划，凝聚各方智慧力量，高质量推进《纲要》编制，努力使“十四五”规划顺应人民期盼、引领经济社会发展。

各位代表，做好2020年经济社会发展工作意义重大、任务艰巨。我们要更加紧密地团结在以习近平同志为核心的党中央周围，以习近平新时代中国特色社会主义思想为指导，不折不扣贯彻落实党中央、国务院和省委决策部署，认真落实省十三届人大三次会议决议，自觉接受人大法律监督和工作监督、政协民主监督、监察机关监督，高度重视省人大代表和政协委员意见建议，改革创新、锐意进取，为全面建成小康社会，建设机制活、产业优、百姓富、生态美的新福建而努力奋斗！

# 第一篇　综合

# Chapter 1　General Survey

资料整理：魏知量 叶春山 张洪峰
Database Editor: Weizhiliang Yechunshan Zhanghongfeng

# 简 要 说 明

本篇资料的主要内容及来源

本篇包括全省行政区划及国民经济和社会发展综合资料二部分。

行政区划划分资料由福建省民政厅提供。国民经济和社会发展综合部分来源于本年鉴各篇章中的资料，由省统计局综合统计处、省统计局普查中心加工整理。

# Brief Introduction

Main Content and Source of Data

This chapter mainly covers two parts: the data of divisions of administrative areas and general survey of economy and society development.

Data on divisions of administrative areas are provided by the Bureau of Civil Affairs of Fujian Provincial Department. Data on general survey of eco-nomy and society development are compiled and processed by the Division of Comprehensive Statistics of the Fujian Provincial Bureau of Statistics and the Division of General Survey Centre of the Fujian Provincial Bureau of Statistics.

# 1-1 全省行政区划（2019年底）

# Division of Administrative Areas in Fujian(2019)

| 设区市名称 Cities | 县级行政单位数(个) Number of Administrative Units at County Lever | | | | 县级行政单位名称 Name of Administrative Units at County Level |
|---|---|---|---|---|---|
| | 合计 Total | 县 County | 县级市 Cities at County Level | 市辖区 District | |
| 总计 Total | 85 | 44 | 12 | 29 | |
| 福州市 Fuzhou | 13 | 6 | 1 | 6 | 鼓楼区 仓山区 台江区 马尾区 晋安区 长乐区 福清市 闽侯县 连江县 罗源县 闽清县 永泰县 平潭县<br>Gulou Cangshan Taijiang Mawei Jin'an Changle Fuqing Minhou Lianjiang Luoyuan Minqing Yongtai Pintan |
| 厦门市 Xiamen | 6 | | | 6 | 思明区 海沧区 湖里区 集美区 同安区 翔安区<br>Siming Haicang Huli Jimei Tongan Xiang'an |
| 莆田市 Putian | 5 | 1 | | 4 | 城厢区 涵江区 荔城区 秀屿区 仙游县<br>Chengxiang Hanjiang Licheng Xiuyu Xianyou |
| 三明市 Sanming | 12 | 9 | 1 | 2 | 三元区 梅列区 永安市 明溪县 清流县 宁化县 大田县 尤溪县 沙县 将乐县 泰宁县 建宁县<br>Sanyuan Meilie Yong'an Mingxi Qingliu Ninghua Datian Youxi Shaxian Jiangle Taining Jianning |
| 泉州市 Quanzhou | 12 | 5 | 3 | 4 | 鲤城区 丰泽区 洛江区 泉港区 石狮市 晋江市 南安市 惠安县 安溪县 永春县 德化县 金门县<br>Licheng Fengze Luojiang Quangang Shishi Jinjiang Nan'an Huian Anxi Yongchun Dehua Jinmen |
| 漳州市 Zhangzhou | 11 | 8 | 1 | 2 | 芗城区 龙文区 龙海市 云霄县 诏安县 漳浦县 长泰县 东山县 南靖县 平和县 华安县<br>Xiangcheng Longwen Longhai Yunxiao Zhao'an Zhangpu Changtai Dongshan Nanjing Pinghe Hua'an |
| 南平市 Nanping | 10 | 5 | 3 | 2 | 延平区 建阳区 邵武市 武夷山市 建瓯市 顺昌县 浦城县 光泽县 松溪县 政和县<br>Yanping Jianyang Shaowu Wuyishan Jian'ou Shunchang Pucheng Guangze Songxi Zhenghe |
| 龙岩市 Longyan | 7 | 4 | 1 | 2 | 新罗区 永定区 漳平市 长汀县 上杭县 武平县 连城县<br>Xinluo Yongding Zhangping Changting Shanghang Wuping Liancheng |
| 宁德市 Ningde | 9 | 6 | 2 | 1 | 蕉城区 福安市 福鼎市 霞浦县 古田县 屏南县 寿宁县 周宁县 柘荣县<br>Jiaocheng Fu'an Fuding Xiapu Gutian Pingnan Shouning Zhouning Zherong |

# 1-2 国民经济和社会发展总量和速度指标

| 项目 Item | 总量指标 Aggregate Data | | | |
|---|---|---|---|---|
| | 1978 | 1990 | 2000 | 2010 |
| **人口与就业 Population and Employment** | | | | |
| **年末总人口（万人） Population at Year-end(10000 persons)** | **2446** | **3037** | **3410** | **3693** |
| #城镇人口 Urban | | 642 | 1432 | 2109 |
| **年末从业人员（万人） Employment at Year-end(10000 persons)** | **924.41** | **1348.38** | **1660.19** | **2241.59** |
| 城镇登记失业人员（万人） Registered Unemployed Persons in Urban Areas(10000 persons) | 20.82 | 9.00 | 9.10 | 14.49 |
| **城镇单位在岗职工平均工资（元） Average Wage of Staff and Workers on the Job(yuan)** | **567** | **2162** | **10584** | **32647** |
| **国民经济核算 National Accounts** | | | | |
| **地区生产总值（亿元） Gross Domestic Product(100 million yuan)** | **66.37** | **522.28** | **3764.54** | **15002.51** |
| 第一产业 Primary Industry | 23.93 | 147.01 | 616.37 | 1269.87 |
| 第二产业 Secondary Industry | 28.19 | 174.47 | 1622.33 | 7705.25 |
| 第三产业 Tertiary Industry | 14.25 | 200.80 | 1525.83 | 6027.39 |
| 主要行业 Major Industry | | | | |
| 工业 Industry | 23.85 | 150.55 | 1422.34 | 6532.27 |
| 建筑业 Construction | 4.34 | 23.92 | 206.11 | 1201.07 |
| **人均地区生产总值（元） Per Capita GDP(yuan)** | **273** | **1763** | **11194** | **40773** |
| **固定资产投资 Investment in Fixed Assets** | | | | |
| 固定资产投资（亿元） Investment in Fixed Assets(100 million yuan) | 9.45 | 90.51 | 995.38 | 8067.33 |
| 项目投资 Projects Investment | | 77.04 | 788.01 | 6248.48 |
| 房地产投资 Real Estate Development | | 13.47 | 207.37 | 1818.86 |

# Principal Aggregate Indicators on National Economic and Social Development and Growth Rates

| | | 平均增长速度(%)<br>Average Annual Growth Rate(%) | | | | 2019年比上年增长(%)<br>2019 as Percentage of the last Years(%) |
|---|---|---|---|---|---|---|
| 2018 | 2019 | 1979–2019 | 1991–2019 | 2001–2019 | 2011–2019 | |
| **3941** | **3973** | **1.19** | **0.93** | **0.81** | **0.82** | **0.81** |
| 2593 | 2642 | | 5.00 | 3.28 | 2.54 | 1.89 |
| **2791.37** | **2781.26** | **2.72** | **2.53** | **2.75** | **2.43** | **-0.36** |
| 17.33 | 16.81 | -0.52 | 2.18 | 3.28 | 1.66 | -3.00 |
| **76266** | **84374** | **12.98** | **13.47** | **11.55** | **11.13** | **10.63** |
| | | | | | | |
| **38687.77** | **42395.00** | **12.1** | **12.3** | **11.0** | **9.5** | **7.6** |
| 2379.02 | 2596.23 | 5.4 | 4.8 | 3.2 | 3.4 | 3.5 |
| 18847.75 | 20581.74 | 14.6 | 15.2 | 12.9 | 10.6 | 8.3 |
| 17461.00 | 19217.03 | 12.4 | 11.5 | 10.5 | 9.2 | 7.3 |
| 14781.03 | 16170.45 | 15.0 | 15.5 | 13.0 | 10.8 | 8.7 |
| 4131.38 | 4482.03 | 8.6 | 12.8 | 12.1 | 10.0 | 6.4 |
| **98542** | **107139** | **10.8** | **11.2** | **10.0** | **8.7** | **6.7** |
| | | | | | | |
| | | 21.8 | 22.3 | 19.8 | 16.1 | 5.9 |
| | | | 22.1 | 20.0 | 16.8 | 2.3 |
| 4940.34 | 5673.13 | | 23.2 | 19.0 | 13.5 | 14.8 |

# 1-2 续表1

| 项目<br>Item | 总量指标<br>Aggregate Data | | | |
|---|---|---|---|---|
| | 1978 | 1990 | 2000 | 2010 |
| **能源生产与消费**<br>**Production and Consumption of Energy** | | | | |
| 一次能源生产总量（万吨标准煤）<br>Total Energy Production(10000 tons of SCE) | 461.00 | 966.52 | 1654.17 | 3260.42 |
| 能源消费总量（万吨标准煤）<br>Total Energy Consumption(10000 tons of SCE) | 688.00 | 1458.30 | 2942.60 | 9189.42 |
| **财政**<br>**Revenue** | | | | |
| 一般公共预算总收入（亿元）<br>Budgtary Revenue of Local Government(100 million yuan) | 15.13 | 57.06 | 369.67 | 2056.01 |
| 地方一般公共预算收入（亿元）<br>Budgtary Revenue of Local Government(100 million yuan) | | | 234.11 | 1151.49 |
| 一般公共预算支出（亿元）<br>Government Expenditure(100 million yuan) | 15.14 | 68.45 | 324.18 | 1695.09 |
| **金融**<br>**Finance** | | | | |
| **金融机构人民币各项存款余额（亿元）**<br>**Deposits RMB of Financial System(100 million yuan)** | **25.95** | **359.45** | **3114.32** | **18309.45** |
| #财政存款<br>Fiscal Deposits | | | 39.59 | 678.08 |
| **金融机构人民币各项贷款余额（亿元）**<br>**Loans RMB of Financial System(100 million yuan)** | **31.43** | **381.93** | **2438.82** | **15231.36** |
| #短期贷款<br>Short-term Loans | | | 1728.01 | 6594.50 |
| 中长期贷款<br>Medium-term &Long-term Loans | | | 510.32 | 8372.64 |
| **保险公司赔款及给付金额（亿元）**<br>**Payment of Insurance Companies(100 million yuan)** | | | **17.76** | **102.90** |
| **价格指数（上年=100）**<br>**Price Indices(preceding year=100)** | | | | |
| 居民消费价格指数<br>Consumer Price Index | 100.2 | 99.3 | 102.1 | 103.2 |
| 工业生产者出厂价格指数<br>Producer Price Index | | | 100.5 | 103.2 |
| 工业生产者购进价格指数<br>Purchasing Price Index forRaw Material,Fuel and Power | | | 112.4 | 107.7 |
| 固定资产投资价格指数<br>Price Index for Investment in Fixed Assets | | | 100.2 | 103.3 |
| **农业**<br>**Agriculture** | | | | |
| **农林牧渔业总产值（亿元）**<br>**Gross Output Value of Agriculture,Forestry,Animal Husbandry and Fishery(100 million yuan)** | **36.33** | **227.12** | **1037.27** | **2226.41** |

注：2016年一次能源生产总量包括生物质燃料等其他能源，与往年口径不一致。
Note:In 2016, Total Production of Primary Energy including biomass fuel and other energy sources, was not the same as in previous years.

| | | 平均增长速度(%) Average Annual Growth Rate(%) | | | | 2019年比上年增长(%) 2019as Percentage of the last Years(%) |
|---|---|---|---|---|---|---|
| 2018 | 2019 | 1979-2019 | 1991-2019 | 2001-2019 | 2011-2019 | |
| 4083.65 | 4353.87 | 5.6 | 5.3 | 5.2 | 3.3 | 6.6 |
| 13131.01 | 13718.31 | 7.6 | 8.0 | 8.4 | 4.6 | 4.5 |
| | | | | | | |
| 5045.49 | 5147.25 | 15.3 | 16.8 | 14.9 | 10.7 | 2.0 |
| 3007.41 | 3052.93 | | | 14.5 | 11.4 | 1.5 |
| 4832.69 | 5077.93 | 15.2 | 16.0 | 15.6 | 13.0 | 5.1 |
| | | | | | | |
| **44677.70** | **48754.92** | **20.2** | **18.4** | **15.6** | **11.5** | **9.1** |
| 1305.78 | 1017.18 | | | 18.6 | 4.6 | -22.1 |
| **45173.87** | **51396.64** | **19.8** | **18.4** | **17.4** | **14.5** | **13.8** |
| 14726.54 | 16552.98 | | | 12.6 | 10.8 | 12.4 |
| 28439.09 | 32205.10 | | | 24.4 | 16.1 | 13.2 |
| **346.27** | **364.19** | | | **17.2** | **15.1** | **5.2** |
| | | | | | | |
| 101.5 | 102.6 | 4.7 | 3.7 | 2.0 | 2.3 | 2.6 |
| 102.8 | 100.6 | | | 0.2 | 0.3 | 0.6 |
| 102.8 | 99.0 | | | 2.2 | 0.3 | -1.0 |
| 104.9 | 101.5 | | 3.6 | 1.9 | 1.9 | 1.5 |
| | | | | | | |
| **4229.52** | **4636.56** | **5.8** | **5.4** | **3.4** | **3.5** | 3.6 |

# 1-2 续表2

| 项目<br>Item | 总量指标 Aggregate Data | | | |
|---|---|---|---|---|
| | 1978 | 1990 | 2000 | 2010 |
| **主要农产品产量（万吨）**<br>**Output of Major Farm Products(10000 tons)** | | | | |
| 粮食<br>Grain | 744.90 | 879.64 | 854.68 | 584.65 |
| 油料<br>Oil-bearing Crops | 13.80 | 17.66 | 25.79 | 22.08 |
| 甘蔗<br>Sugar Cane | 288.03 | 344.28 | 82.71 | 55.69 |
| 烤烟<br>Tobacco | 1.23 | 4.26 | 9.14 | 11.52 |
| 茶叶<br>Tea | 2.03 | 5.82 | 12.60 | 25.83 |
| 园林水果<br>Fruits | 10.10 | 75.78 | 356.44 | 495.03 |
| 肉类<br>Meat | 24.27 | 71.83 | 145.92 | 192.61 |
| 禽蛋<br>Poultry Eggs | | 12.94 | 40.69 | 30.54 |
| 奶类<br>Milk | 0.93 | 4.87 | 9.91 | 13.24 |
| 水产品<br>Aquatic Products | 54.44 | 145.59 | 527.89 | 587.42 |
| 食用菌<br>Edible Fungus | | 18.24 | 46.25 | 76.27 |
| **造林面积（万亩）**<br>**Areas of Afforestation(10000 mu)** | **292.07** | **455.87** | **36.75** | **44.81** |
| **工业**<br>**Industry** | | | | |
| 工业总产值（亿元）<br>Gross Industrial Output Value(100 million yuan) | 63.14 | 531.49 | 3994.86 | 23805.32 |
| **规模以上工业主要产品产量**<br>**Output of Major Industrial Products** | | | | |
| 原煤(万吨)<br>Coal(10000 tons) | 423.05 | 925.37 | 375.03 | 2442.73 |
| 原盐(万吨)<br>Salt(10000 tons) | 94.67 | 67.21 | 28.37 | 33.39 |
| 罐头(万吨)<br>Canned Food(10000 tons) | 4.10 | 14.41 | 26.78 | 203.21 |
| 布(亿米)<br>Cloth(100 million meters) | 1.12 | 2.26 | 5.59 | 31.20 |
| 纱(万吨)<br>Yarn(10000 tons) | 1.84 | 5.48 | 14.36 | 184.74 |
| 机制纸及纸板(万吨)<br>Machine-made Paper and Paperboard(10000 tons) | 20.08 | 52.09 | 85.07 | 432.06 |

| | | 平均增长速度(%) Average Annual Growth Rate(%) | | | | 2019年比上年增长(%) 2019as Percentage of the last Years(%) |
|---|---|---|---|---|---|---|
| 2018 | 2019 | 1979-2019 | 1991-2019 | 2001-2019 | 2011-2019 | |
| 498.58 | 493.90 | -1.0 | -2.0 | -2.8 | -1.9 | -0.9 |
| 21.24 | 22.03 | 1.1 | 0.8 | -0.8 | 0.0 | 3.7 |
| 26.13 | 26.25 | -5.7 | -8.5 | -5.9 | -8.0 | 0.5 |
| 10.68 | 9.40 | 5.1 | 2.8 | 0.1 | -2.2 | -12.0 |
| 41.83 | 43.99 | 7.8 | 7.2 | 6.8 | 6.1 | 5.2 |
| 639.82 | 681.61 | 10.8 | 7.9 | 3.5 | 3.6 | 6.5 |
| 256.06 | 255.15 | 5.9 | 4.5 | 3.0 | 3.2 | -0.4 |
| 44.32 | 48.58 | | 4.7 | 0.9 | 5.3 | 9.6 |
| 14.31 | 14.99 | 7.0 | 4.0 | 2.2 | 1.4 | 4.8 |
| 782.12 | 814.58 | 6.8 | 6.1 | 2.3 | 3.7 | 4.2 |
| 126.28 | 133.36 | | 7.1 | 5.7 | 6.4 | 5.6 |
| **9.78** | **14.97** | **-7.0** | **-11.1** | **-4.6** | **-11.5** | **53.1** |
| 57732.35 | 63172.56 | 17.6 | 18.1 | 14.9 | 11.3 | 8.8 |
| 918.87 | 831.72 | 1.7 | -0.4 | 4.3 | -11.3 | -9.5 |
| 23.00 | 21.83 | -3.5 | -3.8 | -1.4 | -4.6 | -5.1 |
| 316.18 | 297.96 | 11.0 | 11.0 | 13.5 | 4.3 | -5.8 |
| 107.94 | 102.75 | 11.7 | 14.1 | 16.6 | 14.2 | -4.8 |
| 569.21 | 580.91 | 15.1 | 17.4 | 21.5 | 13.6 | 2.1 |
| 771.41 | 805.13 | 9.4 | 9.9 | 12.6 | 7.2 | 4.4 |

# 1-2 续表3

| 项目<br>Item | 总量指标<br>Aggregate Data<br>1978 | 1990 | 2000 | 2010 |
|---|---|---|---|---|
| 农用化肥(万吨)<br>Chemical Fertilizers(10000 tons) | 16.40 | 43.64 | 61.38 | 57.87 |
| 烧碱(万吨)<br>Caustic Soda(10000 tons) | 4.32 | 8.70 | 15.64 | 20.11 |
| 水泥(万吨)<br>Cement(10000 tons) | 120.45 | 540.04 | 1513.64 | 5921.20 |
| 平板玻璃(万重量箱)<br>Plain Glass(10000 cases) | 43.59 | 66.06 | 479.87 | 2765.35 |
| 生铁(万吨)<br>Pig Iron(10000 tons) | 26.57 | 62.60 | 149.37 | 558.81 |
| 钢材(万吨)<br>Rolled Steel(10000 tons) | 13.82 | 56.28 | 283.79 | 1340.56 |
| 彩色电视机(万台)<br>Color TV(10000 units) | | 123.14 | 204.19 | 903.10 |
| 微型电子计算机（万台）<br>Micro-computers(10000 units) | | | 88.77 | 738.27 |
| 汽车(万辆)<br>Motor Vehicles(10000 sets) | 0.09 | 0.07 | 2.96 | 19.50 |
| 发电量(亿千瓦小时)<br>Electricity(100 million kwh) | 40.69 | 136.65 | 403.73 | 1356.32 |
| **规模以上工业企业主要经济指标（亿元）**<br>**Principal Indicators of Industrial Enterprises above Designated Size(100 million yuan)** | | | | |
| 资产总计<br>Original Value of Fixed Assets | | | 3368.64 | 16058.70 |
| 主营业务收入<br>Revenue from Principal Business | | 352.56 | 2468.69 | 21479.37 |
| 利润总额<br>Total Profits | 6.75 | 16.09 | 110.80 | 1754.18 |
| **建筑业**<br>**Construction** | | | | |
| 建筑业企业从业人员（万人）<br>Number of Employed Persons(10000 persons) | 4.54 | 30.98 | 41.37 | 229.57 |
| 建筑业总产值（亿元）<br>Gross Output Value(100 million yuan) | 3.31 | 32.54 | 271.15 | 3062.17 |
| 房屋施工面积（万平方米）<br>Under Construction(10000 sq.m) | 416.57 | 969.35 | 4085.40 | 28406.86 |
| 房屋竣工面积（万平方米）<br>Completed Construction(10000 sq.m) | 183.40 | 499.30 | 1729.00 | 9095.78 |
| **交通运输邮电**<br>**Transportation,Postal and Telecommunication** | | | | |
| 铁路营业里程（公里）<br>Length of Railways in Operation(km) | 1009 | 1021 | 1454 | 2110 |
| 公路通车里程（公里）<br>Length of Highways in Operation(km) | 29109 | 41011 | 53506 | 91015 |

| | | 平均增长速度(%) Average Annual Growth Rate(%) | | | | 2019年比上年增长(%) 2019as Percentage of the last Years(%) |
|---|---|---|---|---|---|---|
| 2018 | 2019 | 1979-2019 | 1991-2019 | 2001-2019 | 2011-2019 | |
| 68.16 | 90.27 | 4.2 | 2.5 | 2.1 | 5.1 | 32.4 |
| 37.06 | 38.98 | 5.5 | 5.3 | 4.9 | 7.6 | 5.2 |
| 8783.18 | 9443.13 | 11.2 | 10.4 | 10.1 | 5.3 | 7.5 |
| 4949.48 | 5113.94 | 12.3 | 16.2 | 13.3 | 7.1 | 3.3 |
| 982.31 | 1038.08 | 9.4 | 10.2 | 10.7 | 7.1 | 5.7 |
| 2915.94 | 3737.66 | 14.6 | 15.6 | 14.5 | 12.1 | 28.2 |
| 979.49 | 790.85 | | 6.6 | 7.4 | -1.5 | -19.3 |
| 1183.63 | 2192.40 | | | 18.4 | 12.9 | 85.2 |
| 23.95 | 16.95 | 13.6 | 20.8 | 9.6 | -1.5 | -29.2 |
| 2342.54 | 2406.44 | 10.5 | 10.4 | 9.9 | 6.6 | 2.7 |
| 36858.81 | 39551.81 | | | 13.8 | 10.5 | 7.3 |
| 50640.07 | 56787.62 | | 19.2 | 17.9 | 11.4 | 12.1 |
| 4180.27 | 4326.54 | 17.1 | 21.3 | 21.3 | 10.6 | 3.5 |
| 488.76 | 457.00 | 11.9 | 9.7 | 13.5 | 7.9 | -6.5 |
| 11941.56 | 13164.44 | 22.4 | 23.0 | 22.7 | 17.6 | 10.2 |
| 72704.00 | 76606.34 | 13.6 | 16.3 | 16.7 | 11.7 | 5.4 |
| 17644.24 | 17810.53 | 11.8 | 13.1 | 13.1 | 7.8 | 0.9 |
| 3509 | 3509 | 3.1 | 4.3 | 4.7 | 5.8 | 0.0 |
| 108901 | 109785 | 3.3 | 3.5 | 3.9 | 2.1 | 0.8 |

# 1-2 续表4

| 项目<br>Item | 总量指标 Aggregate Data | | | |
|---|---|---|---|---|
| | 1978 | 1990 | 2000 | 2010 |
| #高速公路<br>Expressway | | | 351 | 2351 |
| 内河通航里程（公里）<br>Length of Navigable Inland Waterways in Operation(km) | 3629 | 3888 | 3701 | 3245 |
| **客运量（万人）**<br>**Passenger Traffic(10000 persons)** | **7928** | **39495** | **44203** | **77153** |
| 铁路<br>Railways | 718 | 1234 | 1428 | 3640 |
| 公路<br>Highways | 6285 | 36639 | 41696 | 70714 |
| 水运<br>Waterways | 924 | 1567 | 726 | 1444 |
| 民航<br>Civil Aviation | 1 | 55 | 353 | 1356 |
| **货运量（万吨）**<br>**Freight Traffic(10000 tons)** | **4871** | **20321** | **29483** | **66159** |
| 铁路<br>Railways | 1261 | 1902 | 2475 | 3765 |
| 公路<br>Highways | 2671 | 16710 | 22924 | 45575 |
| 水运<br>Waterways | 929 | 1708 | 4078 | 16803 |
| 民航<br>Civil Aviation | 0.02 | 0.83 | 5.84 | 15.81 |
| **沿海主要港口货物吞吐量（万吨）**<br>**Volume of Freight Handled at Major Coastal Ports (10000 tons)** | **408.13** | **1496.50** | **6944.17** | **32687.01** |
| **邮电业务**<br>**Business Volume of Postal and Telecommunication Services** | | | | |
| 函件（万件）<br>Number of Letters Delivered(10000 piece) | 8790 | 16228 | 24163 | 25198 |
| 移动电话年末用户（万户）<br>Number of Mobile Telephone Subscribers at Year-end (10000 household) | | | 441.00 | 3022.00 |
| 固定电话年末用户（万户）<br>Number of Fixed Telephone Subscribers at Year-end (10000 household) | 5.88 | 22.82 | 562.70 | 1046.00 |
| **国内贸易**<br>**Domestic Trade** | | | | |
| 社会消费品零售总额（亿元）<br>Total Retail Sales of Consumer Goods(100 million yuan) | 30.56 | 207.74 | 1393.93 | 6015.22 |
| **进出口**<br>**Exports and Imports** | | | | |
| 海关进出口总额（亿美元）<br>Total Exports and Imports(customs) | 2.03 | 43.39 | 212.23 | 1087.80 |

| | | 平均增长速度(%)<br>Average Annual Growth Rate(%) | | | | 2019年比上年增长(%)<br>2019as Percentage of the last Years(%) |
|---|---|---|---|---|---|---|
| 2018 | 2019 | 1979-2019 | 1991-2019 | 2001-2019 | 2011-2019 | |
| 5155 | 5347 | | | 15.4 | 9.6 | 3.7 |
| 3245 | 3245 | -0.3 | -0.6 | -0.7 | 0.0 | 0.0 |
| **51435** | **49379** | **4.6** | **0.8** | **0.6** | **-4.8** | **-4.0** |
| 12096 | 12741 | 7.3 | 8.4 | 12.2 | 14.9 | 5.3 |
| 34081 | 31199 | 4.0 | -0.6 | -1.5 | -8.7 | -8.5 |
| 1929 | 1821 | 1.7 | 0.5 | 5.0 | 2.6 | -5.6 |
| 3330 | 3618 | 21.7 | 15.5 | 13.0 | 11.5 | 8.7 |
| **136974** | **133693** | **8.4** | **6.7** | **8.3** | **8.1** | **-2.4** |
| 3518 | 4086 | 2.9 | 2.7 | 2.7 | 0.9 | 16.1 |
| 96576 | 87317 | 8.9 | 5.9 | 7.3 | 7.5 | -9.6 |
| 36854 | 42263 | 9.8 | 11.7 | 13.1 | 10.8 | 14.7 |
| 26.98 | 27.71 | 19.3 | 12.9 | 8.5 | 6.4 | 2.7 |
| **55806.88** | **59483.99** | **12.9** | **13.5** | **12.0** | **6.9** | **6.6** |
| 9301 | 4755 | -1.5 | -4.1 | -8.2 | -16.9 | -48.9 |
| 4553.52 | 4720.32 | | | 13.3 | 5.1 | 3.7 |
| 732.73 | 763.71 | 12.6 | 12.9 | 1.6 | -3.4 | 4.2 |
| 17178.37 | 18896.83 | 17.0 | 16.8 | 14.7 | 13.6 | 10.0 |
| 1875.76 | 1930.86 | 18.2 | 14.0 | 12.3 | 6.6 | 2.9 |

# 1-2 续表5

| 项目<br>Item | 总量指标 Aggregate Data 1978 | 1990 | 2000 | 2010 |
|---|---|---|---|---|
| 出口总额<br>Total Exports | 1.90 | 24.49 | 129.08 | 714.93 |
| 进口总额<br>Total Imports | 0.13 | 18.90 | 83.15 | 372.87 |
| **旅游<br>Tourism** | | | | |
| **接待入境游客人数（万人次）<br>Number of Tourists (Overnight Visitors)** | | **70.79** | **161.33** | **368.14** |
| 外国人<br>Foreigner | | 10.54 | 49.75 | 115.27 |
| 台湾同胞<br>Compatriots from Taiwan | | 36.28 | 47.79 | 156.92 |
| 港澳同胞<br>Compatriots from Hong Kong,Macao | | 23.97 | 63.80 | 95.94 |
| **国际旅游外汇收入（亿美元）<br>Foreign Exchange Earnings from Internationa Tourism (100 million USD)** | | | **8.94** | **29.78** |
| **教育<br>Education** | | | | |
| **在校学生数（万人）<br>Students Enrollment(10000 persons)** | | | | |
| 普通高等学校<br>Regular Institutions of Higher Education | 2.05 | 5.56 | 13.14 | 64.78 |
| 普通中等学校<br>Regular Secondary Schools | 119.98 | 120.69 | 269.46 | 260.22 |
| 普通小学<br>Primary Schools | 370.23 | 337.08 | 369.10 | 238.89 |
| **科技<br>Science and Technology** | | | | |
| 研究与试验发展经费内部支出（亿元）<br>Expenditures on Research and Development (100 million yuan) | | | 21.19 | 170.90 |
| **技术市场成交额（亿元）**<br>Volume of Transaction in Technical Markets (100 million yuan) | | 0.44 | 17.26 | 38.12 |
| **专利情况（项）**<br>Patent | | | | |
| 申请量<br>Number of Applicated | | 540 | 4211 | 21994 |
| 授权量<br>Number of Granted | | 276 | 3003 | 18063 |
| 发明专利拥有量<br>The Ownership of Invention Patents(unit) | | | | 3295 |
| **文化<br>Culture** | | | | |
| 图书出版总印数（万份）<br>Number of Books Published(10000 copies) | 6818 | 16312 | 20298 | 7749 |

| | | 平均增长速度(%) Average Annual Growth Rate(%) | | | | 2019年比上年增长(%) 2019as Percentage of the last Years(%) |
|---|---|---|---|---|---|---|
| 2018 | 2019 | 1979–2019 | 1991–2019 | 2001–2019 | 2011–2019 | |
| 1156.85 | 1201.83 | 17.0 | 14.4 | 12.5 | 5.9 | 3.9 |
| 718.90 | 729.03 | 23.4 | 13.4 | 12.1 | 7.7 | 1.4 |
| | | | | | | |
| **901.24** | **958.28** | | **9.4** | **9.8** | **11.2** | **6.3** |
| 344.19 | 373.23 | | 13.1 | 11.2 | 13.9 | 8.4 |
| 363.50 | 387.64 | | 8.5 | 11.6 | 10.6 | 6.6 |
| 193.55 | 197.40 | | 7.5 | 6.1 | 8.3 | 2.0 |
| **90.92** | **102.43** | | | **13.7** | **14.7** | **12.7** |
| | | | | | | |
| | | | | | | |
| 77.24 | 86.12 | 9.5 | 9.9 | 10.4 | 3.2 | 11.5 |
| 233.77 | 242.69 | 1.7 | 2.4 | -0.5 | -0.8 | 3.8 |
| 321.39 | 334.40 | -0.2 | 0.0 | -0.5 | 3.8 | 4.1 |
| | | | | | | |
| 642.79 | 753.75 | | | 20.7 | 17.9 | 17.3 |
| 110.95 | 145.94 | | 22.2 | 11.9 | 16.1 | 31.5 |
| | | | | | | |
| 166610 | 153279 | | 21.5 | 20.8 | 24.1 | -8.0 |
| 102622 | 98955 | | 22.5 | 20.2 | 20.8 | -3.6 |
| 38522 | 43791 | | | | 33.3 | 13.7 |
| | | | | | | |
| 11461 | 14385 | 1.8 | -0.4 | -1.8 | 7.1 | 25.5 |

# 1-2 续表6

| 项目<br>Item | 总量指标<br>Aggregate Data | | | |
|---|---|---|---|---|
| | 1978 | 1990 | 2000 | 2010 |
| 期刊出版总印数（万份）<br>Number of Magazines Issued(10000 copies) | 388 | 3157 | 4463 | 2940 |
| 报纸出版总印数（万份）<br>Number of Newspaper Issued(10000 copies) | 14784 | 41455 | 68897 | 99982 |
| **电视节目制作时间（小时）**<br>Time for TV Programs Production | | | 16519 | 55424 |
| 公共图书馆（座）<br>Libraries(set) | 23 | 74 | 81 | 86 |
| 博物馆（个）<br>Museums(unit) | 13 | 58 | 81 | 94 |
| **居民生活**<br>**People's Living Conditions** | | | | |
| **城镇居民人均可支配收入（元）**<br>**Per Capita Annual Disposable Income of Urban Households (yuan)** | **371** | **1749** | **7432** | **21781** |
| 城镇居民人均消费支出（元）<br>Per Capita Consumption in Urban Areas | 285 | 1431 | 5639 | 14750 |
| 城镇居民人均住房建筑面积（平方米）<br>Per Capita Floor Space of Residential Buildings(sq.m) | | 18.1 | 28.0 | 38.5 |
| **农村居民人均可支配（纯）收入（元）**<br>**Per Capita Net Income of Rural Residents(yuan)** | **138** | **764** | **3230** | **7427** |
| 农村居民人均生活消费支出(元)<br>Peasants'per Capita Living Consumption Expenditure(yuan) | 113 | 708 | 2410 | 5498 |
| **卫生**<br>**Health Care** | | | | |
| **卫生机构数（个）**<br>Number of Health Institutions(unit) | 3809 | 4885 | 9807 | 6999 |
| #医院、卫生院<br>Hospitals | 1111 | 1198 | 1323 | 1325 |
| **卫生技人员数（人）**<br>Medical Technical Personnel(person) | 54855 | 86772 | 97569 | 140133 |
| 医生<br>Doctor | 22097 | 35696 | 41461 | 55402 |
| **卫生机构床位数（张）**<br>Number of Hospital Beds(set) | 51505 | 68073 | 90091 | 112334 |
| #医院、卫生院<br>Hospitals | 45331 | 60664 | 82389 | 103933 |

| | | 平均增长速度(%) Average Annual Growth Rate(%) | | | | 2019年比上年增长(%) 2019as Percentage of the last Years(%) |
|---|---|---|---|---|---|---|
| 2018 | 2019 | 1979-2019 | 1991-2019 | 2001-2019 | 2011-2019 | |
| 2481 | 2158 | 4.3 | -1.3 | -3.8 | -3.4 | -13.0 |
| 78555 | 73810 | 4.0 | 2.0 | 0.4 | -3.3 | -6.0 |
| 62379 | 70246 | | | 7.9 | 2.7 | 12.6 |
| 91 | 93 | 3.5 | 0.8 | 0.7 | 0.9 | 2.2 |
| 128 | 130 | 5.8 | 2.8 | 2.5 | 3.7 | 1.6 |
| | | | | | | |
| **42121** | **45620** | **12.5** | **11.9** | **10.0** | **8.6** | **8.3** |
| 28145 | 30946 | 12.1 | 11.2 | 9.4 | 8.6 | 10.0 |
| 43.1 | 43.5 | | 3.1 | 2.3 | 1.4 | 0.9 |
| **17821** | **19568** | **12.9** | **11.8** | **9.9** | **11.4** | **9.8** |
| 14943 | 16281 | 12.9 | 11.4 | 10.6 | 12.8 | 9.0 |
| | | | | | | |
| 9308 | 10192 | 2.4 | 2.6 | 0.2 | 4.3 | 9.5 |
| 1522 | 1560 | 0.8 | 0.9 | 0.9 | 1.8 | 2.5 |
| 247346 | 263427 | 3.9 | 3.9 | 5.4 | 7.3 | 6.5 |
| 91100 | 99532 | 3.7 | 3.6 | 4.7 | 6.7 | 9.3 |
| 192513 | 202374 | 3.4 | 3.8 | 4.4 | 6.8 | 5.1 |
| 178757 | 188416 | 3.5 | 4.0 | 4.4 | 6.8 | 5.4 |

# 1-3 国民经济和社会发展结构指标

# Composition Indicators on National Economic and Social Development

单位：% (%)

| 项目 Item | 1978 | 1990 | 2000 | 2010 | 2018 | 2019 |
|---|---|---|---|---|---|---|
| **一、人口** | | | | | | |
| **Population** | | | | | | |
| **（一）性别结构** | | | | | | |
| **Sexual Composition** | | | | | | |
| 男 | 51.7 | 51.4 | 51.5 | 51.4 | 51.2 | 50.9 |
| Male | | | | | | |
| 女 | 48.3 | 48.6 | 48.5 | 48.6 | 48.8 | 49.1 |
| Female | | | | | | |
| **（二）城乡结构** | | | | | | |
| **Urban and Rural Composition** | | | | | | |
| 城镇 | | | 42.0 | 57.1 | 65.8 | 66.5 |
| Urban | | | | | | |
| 乡村 | | | 58.0 | 42.9 | 34.2 | 33.5 |
| Rural | | | | | | |
| **二、就业产业结构** | | | | | | |
| **Employment Industrial Composition** | | | | | | |
| 第一产业 | 75.1 | 58.4 | 46.8 | 28.4 | 21.0 | 19.7 |
| Primary Industry | | | | | | |
| 第二产业 | 13.4 | 20.6 | 24.5 | 36.6 | 35.2 | 32.7 |
| Secondary Industry | | | | | | |
| 第三产业 | 11.5 | 21.1 | 28.7 | 35.0 | 43.8 | 47.6 |
| Tertiary Industry | | | | | | |
| **三、国民经济核算** | | | | | | |
| **National Accounting** | | | | | | |
| **地区生产总值产业结构** | | | | | | |
| **Industrial Composition** | | | | | | |
| 第一产业 | 36.0 | 28.1 | 16.4 | 8.5 | 6.1 | 6.1 |
| Primary Industry | | | | | | |
| 第二产业 | 42.5 | 33.4 | 43.1 | 51.4 | 48.7 | 48.6 |
| Secondary Industry | | | | | | |
| 第三产业 | 21.5 | 38.4 | 40.5 | 40.2 | 45.2 | 45.3 |
| Tertiary Industry | | | | | | |
| **四、固定资产投资** | | | | | | |
| **Investment in Fixed Assets** | | | | | | |
| **（一）产业结构** | | | | | | |
| **Industrial Composition** | | | | | | |
| 第一产业 | | | | 1.6 | 2.0 | 1.8 |
| Primary Industry | | | | | | |
| 第二产业 | | | | 35.8 | 28.3 | 30.5 |
| Secondary Industry | | | | | | |
| 第三产业 | | | | 62.6 | 69.7 | 67.7 |
| Tertiary Industry | | | | | | |

# 1-3 续表1
# Continued

单位：% (%)

| 项目 Item | 1978 | 1990 | 2000 | 2010 | 2018 | 2019 |
|---|---|---|---|---|---|---|
| **（二）登记注册类型结构** | | | | | | |
| **Registration type Composition** | | | | | | |
| #国有企业 | | | | 32.9 | 15.7 | 13.2 |
| Stated-owned | | | | | | |
| 集体企业 | | | | 2.8 | 1.7 | 1.0 |
| Collective-owned | | | | | | |
| 私营企业 | | | | 24.5 | 33.5 | 32.3 |
| Private economy | | | | | | |
| 外商及港澳台投资企业 | | | | 13.3 | 5.6 | 6.0 |
| Enterprises with Funds from HongKong, Macao,TaiWan and Foreign | | | | | | |
| **五、能源** | | | | | | |
| **Energy** | | | | | | |
| **能源消费结构** | | | | | | |
| **Composition of Total Energy Consumption** | | | | | | |
| #煤炭 | 63.7 | 67.0 | 54.4 | 55.4 | 48.4 | 47.3 |
| Coal | | | | | | |
| 石油 | 12.9 | 12.1 | 23.3 | 24.8 | 22.5 | 23.0 |
| Petroleum | | | | | | |
| 天然气 | | | | 4.2 | 5.1 | 4.8 |
| Natural Gas | | | | | | |
| 水电 | 23.4 | 20.9 | 22.3 | 15.2 | 7.4 | 9.6 |
| Hydro power | | | | | | |
| 核电 | | | | | 14.6 | 13.5 |
| Nuclear power | | | | | | |
| **六、农业** | | | | | | |
| **Agriculture** | | | | | | |
| **（一）农林牧渔业产值结构** | | | | | | |
| **Composition of Gross Output Value of Agriculture** | | | | | | |
| 农业 | 77.7 | 52.1 | 40.6 | 40.4 | 39.1 | 38.3 |
| Farming | | | | | | |
| 林业 | 6.4 | 9.5 | 7.9 | 8.5 | 9.2 | 9.0 |
| Forestry | | | | | | |
| 牧业 | 10.5 | 22.9 | 20.1 | 18.6 | 17.0 | 19.7 |
| Animal Husbandry | | | | | | |
| 渔业 | 5.5 | 15.6 | 31.4 | 28.8 | 31.2 | 29.4 |
| Fishery | | | | | | |
| 农林牧渔服务业 | | | | 3.7 | 3.5 | 3.6 |
| Services of Agriculture , Forestry , Animal Husbandry and Fishery | | | | | | |
| **（二）农作物播种面积** | | | | | | |
| **Total Sown Areas of Farm Crops** | | | | | | |
| 粮食作物 | 81.9 | 75.8 | 65.5 | 55.3 | 51.4 | 49.9 |
| Grain Crops | | | | | | |
| 非粮作物 | 19.1 | 24.2 | 34.5 | 44.7 | 48.6 | 50.1 |
| Non-Grain Crops | | | | | | |
| **七、工业** | | | | | | |
| **Industry** | | | | | | |
| 规模以上工业企业资产结构 | | | | | | |
| Composition of Capital of Industrial Enterprises | | | | | | |
| 大型企业 | | | 22.0 | 23.7 | 40.1 | 38.5 |
| Large Enterprises | | | | | | |

# 1-3 续表2

## Continued

单位：% (%)

| 项目 Item | 1978 | 1990 | 2000 | 2010 | 2018 | 2019 |
|---|---|---|---|---|---|---|
| 中型企业 Medium-sized Enterprises | | | 13.5 | 40.9 | 28.2 | 27.9 |
| 小微企业 Small Enterprises | | | 64.5 | 35.4 | 31.7 | 33.6 |
| **八、建筑业 Construction** | | | | | | |
| **建筑业总产值结构 Composition of Gross Output Value ofConstruction Industry** | | | | | | |
| 国有企业 State-owned Enterprise | 56.8 | 41.1 | 48.6 | 14.6 | 5.3 | 5.6 |
| 集体企业 Collective-owned Enterprises | 39.9 | 34.7 | 33.0 | 2.0 | 1.1 | 1.3 |
| 港澳台商投资企业 Enterprises with Funds from Hong Kong, Macao & Taiwan | | | | 1.1 | 0.3 | 0.2 |
| 外商投资企业 Foreign Funded Enterprises | | | | 0.08 | 0.03 | 0.01 |
| 其他 Other Enterprises | | | | 82.2 | 93.3 | 92.8 |
| **九、交通运输业 Transportation** | | | | | | |
| **（一）货运量结构 Composition of Freight Traffic** | | | | | | |
| 铁路 Railways | 25.9 | 9.4 | 8.4 | 5.7 | 2.6 | 3.1 |
| 公路 Highways | 54.8 | 82.2 | 77.8 | 68.9 | 70.5 | 65.3 |
| 水运 Waterways | 19.1 | 8.4 | 13.8 | 25.4 | 26.9 | 31.6 |
| 民航 Civil Aviation | | | 0.020 | 0.024 | 0.020 | 0.021 |
| **（二）客运量结构 Composition of Passenger Traffic** | | | | | | |
| 铁路 Railways | 9.1 | 3.1 | 3.2 | 4.7 | 23.5 | 25.8 |
| 公路 Highways | 79.3 | 92.8 | 94.3 | 91.7 | 66.3 | 63.2 |
| 水运 Waterways | 11.7 | 4.0 | 1.6 | 1.9 | 3.7 | 3.7 |
| 民航 Civil Aviation | 0.0 | 0.1 | 0.8 | 1.8 | 6.5 | 7.3 |

# 1-3 续表3

# Continued

单位：%　　　　　　　　　　　　　　　　　　　　　　　　　　　　　　(%)

| 项目　Item | 1978 | 1990 | 2000 | 2010 | 2018 | 2019 |
|---|---|---|---|---|---|---|
| **十、国内贸易 Domestic Trade** | | | | | | |
| **社会消费品零售总额结构 Composition of Retail Sales of Consumer Goods** | | | | | | |
| 按销售单位所在地分组 By Place of Sales Unit | | | | | | |
| 城镇 Urban | | | | 86.8 | 86.8 | 86.6 |
| 乡村 Rural | | | | 13.2 | 13.2 | 13.4 |
| 按商品形态分 By Commodity Form | | | | | | |
| 餐饮收入额 Catering Income | | | | | 10.9 | 11.0 |
| 商品零售额 Retail Sale | | | | | 89.1 | 89.0 |
| **十一、海关货物进出口 Imports and Exports of Goods** | | | | | | |
| **（一）进口货物总额 Composition of Imports** | | | | | | |
| 初级产品 Primary Goods | | | 12.3 | 27.5 | 46.5 | 56.1 |
| 工业制成品 Manufactured Goods | | | 87.7 | 72.5 | 53.5 | 43.9 |
| **（二）出口货物总额 Composition of Exports** | | | | | | |
| 初级产品 Primary Goods | | | 10.6 | 7.4 | 9.4 | 8.3 |
| 工业制成品 Manufactured Goods | | | 89.4 | 92.6 | 90.6 | 91.7 |
| **十二、国际旅游 International Tourism** | | | | | | |
| **来华旅游人数结构 Composition of Tourists Visiting China** | | | | | | |
| 外国人 Foreigners | | 14.9 | 30.8 | 31.3 | 38.2 | 38.9 |
| 台湾同胞 Taiwan Compatriots | | 51.3 | 29.6 | 42.6 | 40.3 | 40.5 |
| 港澳同胞 Hong Kong and Macao Compatriots | | 33.9 | 39.5 | 26.1 | 21.5 | 20.6 |
| **十三、科技 Science and Technology** | | | | | | |
| **（一）研究与试验发展经费来源 Composition of Funds for Scientific andTechnological Activities** | | | | | | |
| #政府资金 Government Funds | | | 14.6 | 10.3 | 10.7 | 11.1 |
| 企业资金 Enterprises Funds | | | 74.5 | 86.9 | 86.6 | 86.9 |

# 1-3 续表4

## Continued

单位：%  (%)

| 项目 Item | 1978 | 1990 | 2000 | 2010 | 2018 | 2019 |
|---|---|---|---|---|---|---|
| 国外资金 Abroad Funds | | | 1.7 | 0.8 | 0.2 | |
| （二）研究与试验发展经费支出 Composition of Expenditure onR&D | | | | | | |
| 基础研究 Basic Research | | | 3.1 | 2.5 | 3.9 | 4.8 |
| 应用研究 Applied Research | | | 6.7 | 5.6 | 7.4 | 6.7 |
| 试验发展 Experimental Development | | | 86.4 | 92.0 | 88.8 | 88.5 |
| **十四、居民消费 People's Consumption Conditions** | | | | | | |
| **（一）城镇居民消费结构 Consumption Composition of Urban Residents** | | | | | | |
| 食品烟酒 Food | | | 44.7 | 39.3 | 32.0 | 30.8 |
| 衣着 Clothing | | | 8.7 | 8.7 | 5.5 | 5.4 |
| 居住 Residence | | | 9.4 | 10.9 | 27.4 | 28.9 |
| 生活用品及服务 Household Appliances and Service | | | 8.6 | 6.6 | 5.4 | 5.0 |
| 交通通信 Transport and Communications | | | 8.6 | 14.9 | 12.9 | 12.0 |
| 教育文化娱乐服务 Education, Cultural and Recreation Services | | | 10.4 | 12.1 | 9.7 | 9.9 |
| 医疗保健 Health Care and Medical Services | | | 4.7 | 4.2 | 4.9 | 5.5 |
| 其他用品及服务 Other Goods and Services | | | 4.9 | 3.4 | 2.2 | 2.5 |
| （二）农村居民消费结构 Consumption Composition of Rural Residents | | | | | | |
| 食品烟酒 Food | | | 48.7 | 46.1 | 35.7 | 35.5 |
| 衣着 Clothing | | | 4.9 | 5.6 | 4.5 | 4.8 |
| 居住 Residence | | | 14.6 | 15.7 | 24.4 | 23.3 |
| 生活用品及服务 Household Appliances and Services | | | 4.6 | 5.3 | 5.1 | 5.0 |
| 交通通信 Transport and Telecommunications | | | 8.6 | 11.6 | 12.2 | 11.7 |
| 教育文化娱乐服务 Education, Cultural and Recreation and Services | | | 10.6 | 8.4 | 9.1 | 9.9 |
| 医疗保健 Health Care and Medical Services | | | 3.6 | 4.6 | 6.8 | 7.4 |
| 其他用品及服务 Other Goods and Services | | | 4.6 | 2.6 | 2.1 | 2.4 |

# 1-4 国民经济和社会发展比例和效益指标

# Indicators on National Economic and Social Development

| 项目 Item | 1978 | 1990 | 2000 | 2010 | 2018 | 2019 |
|---|---|---|---|---|---|---|
| **一、人口与就业** | | | | | | |
| **Population and Employment** | | | | | | |
| 出生率（‰） | 25.35 | 24.44 | 11.60 | 11.27 | 13.20 | 12.90 |
| Birth Rate(‰) | | | | | | |
| 死亡率（‰） | 6.31 | 6.71 | 5.85 | 5.16 | 6.20 | 6.10 |
| Death Rate(‰) | | | | | | |
| 自然增长率（‰） | 19.04 | 17.73 | 5.75 | 6.11 | 7.00 | 6.80 |
| Natural Growth Rate(‰) | | | | | | |
| 城镇登记失业率（%） | 9.10 | 2.60 | 2.60 | 3.77 | 3.71 | 3.50 |
| Registered Unemployment Rate in Urban Areas(%) | | | | | | |
| **二、国民经济核算** | | | | | | |
| **National Accounting** | | | | | | |
| 工业增加值占地区生产总值比重(%) | 35.9 | 28.8 | 37.8 | 43.5 | 38.2 | 38.1 |
| Proportion of Value added of Industry to GDP(%) | | | | | | |
| 人均地区生产总值（元） | 273 | 1763 | 11194 | 40773 | 98542 | 107139 |
| Per Capita GDP(yuan) | | | | | | |
| **三、财政金融** | | | | | | |
| **Finance** | | | | | | |
| 一般公共预算总收入相当于地区生产总值比例（%） | 22.8 | 10.9 | 9.8 | 13.7 | 13.0 | 12.1 |
| Proportion of Government Revenue to GDP（%） | | | | | | |
| 一般公共预算支出相当于地区生产总值比例（%） | 22.8 | 13.1 | 8.6 | 11.3 | 12.5 | 12.0 |
| Proportion of Government Expenditures to GDP（%） | | | | | | |
| 金融机构年末人民币存款余额相当于地区生产总值比例（%） | 39.1 | 68.8 | 82.7 | 122.0 | 115.5 | 115.0 |
| Bank Deposits as Percentage of GDP（%） | | | | | | |
| 金融机构年末人民币贷款余额相当于地区生产总值比例（%） | 47.4 | 73.1 | 64.8 | 101.5 | 116.8 | 121.2 |
| Bank Loans as Percentage of GDP（%） | | | | | | |
| **四、能源** | | | | | | |
| **Energy** | | | | | | |
| 能源消费弹性系数 | | 0.52 | 0.66 | 0.72 | 0.55 | 0.59 |
| Elasticity Ratio of Energy Consumption | | | | | | |
| 电力消费弹性系数 | | 0.73 | 1.45 | 1.14 | 1.15 | 0.51 |
| Elasticity Ratio of Electricity Consumption | | | | | | |

# 1-4 续表1

## Continued

| 项目 Item | 1978 | 1990 | 2000 | 2010 | 2018 | 2019 |
|---|---|---|---|---|---|---|
| 单位地区生产总值能耗上升或下降(±%) |  |  |  | -3.42 | -3.47 | -2.85 |
| Energy Consumption per Unit of GDP（ton of SCE/ 10 000 yuan) |  |  |  |  |  |  |
| **五、农业** |  |  |  |  |  |  |
| **Agriculture** |  |  |  |  |  |  |
| 每亩农产品产量（千克） |  |  |  |  |  |  |
| Output of Farm Crops per Hectare of Sown Area(kg) |  |  |  |  |  |  |
| 粮食 | 219 | 282 | 312 | 363 | 399 | 400 |
| Grain |  |  |  |  |  |  |
| 油料 | 85 | 105 | 138 | 160 | 188 | 190 |
| Oil-bearing Crops |  |  |  |  |  |  |
| **六、工业** |  |  |  |  |  |  |
| **Industry** |  |  |  |  |  |  |
| 规模以上工业 |  |  |  |  |  |  |
| Industrial Enterprises above Designated Size |  |  |  |  |  |  |
| 总资产贡献率（%） |  |  | 9.26 | 18.80 | 16.68 | 15.55 |
| Ratio of Total Assets to Industrial Output Value(%) |  |  |  |  |  |  |
| 资产负债率（%） |  |  | 57.52 | 52.74 | 51.58 | 50.65 |
| Assets-LiabilityRatio(%) |  |  |  |  |  |  |
| 流动资产周转次数（次） |  |  | 1.89 | 2.87 | 2.70 | 2.87 |
| Number of Times of Annual of TurnoverCirculating Funds (time) |  |  |  |  |  |  |
| 成本费用利润率（%） |  |  | 4.76 | 8.83 | 8.93 | 8.17 |
| Ratio of Profits to Industrial Cost(%) |  |  |  |  |  |  |
| 产品销售率（%） |  |  | 96.95 | 97.76 | 97.27 | 97.15 |
| Proportion of Products Sold(%) |  |  |  |  |  |  |
| **七、建筑业** |  |  |  |  |  |  |
| **Construction** |  |  |  |  |  |  |
| 建筑业劳动生产率(按产值计算)（元/人） |  |  | 64884 | 134520 | 244332 | 288059 |
| Overall Labor Productivity(in terms of value-added per employee)(yuan/person) |  |  |  |  |  |  |
| 产值利税率（%） |  | 1.5 | 5.2 | 6.4 | 7.1 | 6.1 |
| Ratio of Pre-tax Profit to Gross Output Value(%) |  |  |  |  |  |  |
| **八、交通运输业** |  |  |  |  |  |  |
| **Transportation** |  |  |  |  |  |  |
| 铁路网密度（公里/万平方公里） | 81.37 | 82.34 | 117.26 | 170.24 | 282.98 | 283.00 |
| Railway Density(km/sq.km) |  |  |  |  |  |  |
| 公路网密度（公里/万平方公里） | 2347.5 | 3307.34 | 4315.00 | 7339.92 | 8782.34 | 8853.60 |
| Highway Density(km/sq.km) |  |  |  |  |  |  |

# 1-4 续表2

## Continued

| 项目 Item | 1978 | 1990 | 2000 | 2010 | 2018 | 2019 |
|---|---|---|---|---|---|---|
| **九、对外贸易** | | | | | | |
| **Trade** | | | | | | |
| 进出口总额相当于地区生产总值比例 | | 43.4 | 46.7 | 49.1 | 31.9 | 31.4 |
| Proportion of Total Value of Imports & Exports to GDP | | | | | | |
| #出口总额相当于地区生产总值比例（%） | | 24.5 | 28.4 | 32.3 | 19.7 | 19.5 |
| Proportion of Total Value of Exports to GDP(%) | | | | | | |
| 机电产品出口占出口总额的比重（%） | | | | 41.1 | 36.6 | 36.4 |
| Proportion of Total Value of Mechanical and Electrical Products to Total Exports(%) | | | | | | |
| 高新技术产品出口占出口总额的比重（%） | | | | 18.4 | 13.5 | 11.8 |
| Proportion of Total Value of High and New-tech Products to Total Exports(%) | | | | | | |
| **十、自然资源** | | | | | | |
| **Natural Resources** | | | | | | |
| 森林覆盖率（%） | 39.50 | 43.20 | 60.50 | 63.10 | 66.80 | 66.80 |
| Forest Coverage(%) | | | | | | |
| **十一、居民生活** | | | | | | |
| **People's Living Conditions** | | | | | | |
| 城镇恩格尔系数（%） | | 63.5 | 44.7 | 39.3 | 32.0 | 30.8 |
| Engle Coefficient of Urban(%) | | | | | | |
| 农村恩格尔系数（%） | | 60.0 | 48.7 | 46.1 | 35.7 | 35.5 |
| Engle Coefficient of Rural(%) | | | | | | |
| 城镇居民人均可支配收入与农村居民人均可支配（纯）收入之比（以农民人均纯收入为1） | 2.70 | 2.29 | 2.30 | 2.93 | 2.36 | 2.33 |
| Proportion of Income in Urban Areas to in Rural Areas (Rural=1) | | | | | | |
| **十二、科技教育卫生** | | | | | | |
| **Science and Technology ,Education,Health Care** | | | | | | |
| 每万人口发明专利拥有量（件） | | | | 0.89 | 9.85 | 11.11 |
| The Ownership of Invention Patents per 10000 Persons(piece) | | | | | | |
| 学龄前儿童毛入学率（%） | | 99.10 | 99.86 | 100.00 | 98.37 | 98.53 |
| Rough Enrollment Rate of Pre-primary Schools(%) | | | | | | |
| 小学毕业生升学率（%） | | 64.96 | 97.27 | 96.70 | 98.85 | 99.05 |
| Graduation Rate of Primary Schools(%) | | | | | | |
| 初中毕业生升学率（%） | | 49.71 | 49.97 | 92.90 | 86.16 | 88.12 |
| Graduation Rate of Junior high schools(%) | | | | | | |
| 每千人口拥有卫生技术人员数（人） | 2.23 | 2.92 | 2.82 | 3.79 | 6.28 | 6.63 |
| Number of Licensed(Assistant) Doctors per 1000 Population (person) | | | | | | |
| #医生 | 0.9 | 1.2 | 1.2 | 1.5 | 2.3 | 2.5 |
| Doctor | | | | | | |
| 每千人口拥有卫生机构床位数（张） | 2.1 | 2.2 | 2.6 | 3.0 | 4.9 | 5.1 |
| Number of Hospital Beds per 1000 Population(set) | | | | | | |

# 1-5 平均每天主要社会经济活动

## Selected Indicators on Average Daily Social and Economic Activities

| 项目　Item | 1978 | 1990 | 2000 | 2010 | 2018 | 2019 |
|---|---|---|---|---|---|---|
| **一、全省每天创造的财富**<br>**Daily Provice Production** | | | | | | |
| 地区生产总值（亿元）<br>Gross Domestic Product(100 million yuan) | 0.18 | 1.43 | 10.29 | 41.10 | 105.99 | 116.15 |
| 农林牧渔总产值（亿元）<br>Gross Output Value of Farming,Forestry, AnimalHusbandry and Fishery(100 million yuan) | 0.10 | 0.62 | 2.83 | 6.10 | 11.59 | 12.70 |
| 工业总产值（亿元）<br>Gross Output Value of Industry(100 million yuan) | 0.17 | 1.46 | 10.91 | 65.22 | 158.17 | 173.08 |
| 一般公共预算总收入（亿元）<br>Government Revenue(100 million yuan) | 0.04 | 0.16 | 1.01 | 5.63 | 13.82 | 14.10 |
| #地方一般公共预算收入<br>Local Government Revenue | | | 0.64 | 3.15 | 8.24 | 8.36 |
| 一般公共预算支出（亿元）<br>Government Expenditure(100 million yuan) | 0.04 | 0.19 | 0.89 | 4.64 | 13.24 | 13.91 |
| 原煤(吨)<br>Coal(ton) | 11590 | 25353 | 10247 | 66924 | 25142 | 22787 |
| 原盐(吨)<br>Salt(ton) | 2594 | 1841 | 775 | 915 | 630 | 598 |
| 发电量(万千瓦时)<br>Electricity(10000 kwh) | 1114.79 | 3743.84 | 11030.87 | 37159.45 | 63392.33 | 65929.81 |
| 粗钢(吨)<br>Crude Steel(ton) | 443 | 1415 | 3414 | 29778 | 57553 | 65487 |
| 钢材(吨)<br>Rolled Steel(ton) | 379 | 1542 | 7754 | 36728 | 79889 | 102402 |
| 生铁(吨)<br>Pig Iron(ton) | 728 | 1715 | 4081 | 15310 | 26913 | 28441 |
| 水泥(吨)<br>Cement(ton) | 3300 | 14796 | 41356 | 158718 | 240635 | 258716 |
| 平板玻璃(重量箱)<br>Plain Glass(weigh case) | 1194 | 1810 | 13111 | 74385 | 135602 | 140108 |
| 布(万米)<br>Cloth(10000 m) | 30.68 | 61.92 | 152.64 | 854.80 | 2951.78 | 2815.20 |
| 纱(吨)<br>Yarn(ton) | 50 | 150 | 392 | 5061 | 15595 | 15915 |
| 服装(万件)<br>Clothes(10000 pcs) | | 30.46 | 108.95 | 800.75 | 1293.17 | 1452.06 |
| 机制纸及纸板(吨)<br>Machine-made Paper and Paperboard(ton) | 550 | 1427 | 2324 | 11837 | 21135 | 22058 |
| 农用化肥(吨)<br>Chemical Fertilizers(ton) | 449 | 1196 | 1677 | 1586 | 1867 | 2473 |
| 烧碱(吨)<br>Caustic Soda(ton) | 118 | 238 | 427 | 551 | 1015 | 1068 |

# 1-5 续表1

## Continued

| 项目 Item | 1978 | 1990 | 2000 | 2010 | 2018 | 2019 |
|---|---|---|---|---|---|---|
| 彩色电视机(台) Color TV(set) | | 3374 | 5579 | 24742 | 26835 | 21667 |
| 卷烟(箱) Tobacco(unit) | 558 | 2093 | 2695 | 4623 | 4686 | 4816 |
| 罐头(吨) Canned Food(ton) | 112 | 395 | 732 | 5567 | 8662 | 8163 |
| 粮食(吨) Grain(ton) | 20408 | 24100 | 23352 | 16018 | 13660 | 13532 |
| 油料(吨) Oil-bearing Crops(ton) | 378 | 484 | 705 | 605 | 582 | 604 |
| 甘蔗(吨) Sugar Cane(ton) | 7891 | 9432 | 2260 | 1526 | 716 | 719 |
| 茶叶(吨) Tea(ton) | 56 | 159 | 344 | 747 | 1146 | 1205 |
| 水果(吨) Fruits(ton) | 277 | 2076 | 9765 | 13993 | 17529 | 18674 |
| 肉类（吨） Meat(ton) | | 1968 | 3987 | 5277 | 7015 | 6990 |
| 水产品（吨） Aquatic Products(ton) | 1492 | 3989 | 14423 | 16094 | 21428 | 22317 |
| 食用菌（吨） Edible Fungus(ton) | | 500 | 1264 | 2090 | 3461 | 3654 |
| **二、全省每天消费量 Daily Provice Consumption** | | | | | | |
| 能源消费量（万吨标准煤） Energy Consumption(10000 tons of SCE) | 1.88 | 4.00 | 8.04 | 25.18 | 35.98 | 37.58 |
| 社会消费品零售总额（亿元） Total Retail Sales of Consumer Goods(100 million yuan) | 0.08 | 0.57 | 3.81 | 16.48 | 47.06 | 51.77 |
| **三、每天其他经济活动 Other Daily Economic Activities** | | | | | | |

# 1-5 续表2

## Continued

| 项目　Item | 1978 | 1990 | 2000 | 2010 | 2018 | 2019 |
|---|---|---|---|---|---|---|
| 国际旅游外汇收入（万美元）<br>Foreign Exchange Earnings from International Tourism(USD 10000) | | | 244.21 | 815.96 | 2490.85 | 2806.43 |
| 能源生产总量（万吨标准煤）<br>Total Energy Production(10000 tons of SCE) | 1.26 | 2.65 | 4.52 | 8.93 | 11.19 | 11.93 |
| 货运周转量（亿吨公里）<br>Freight Traffic(100 million ton-km) | 0.20 | 0.75 | 1.88 | 8.17 | 20.97 | 22.73 |
| 客运周转量（万人公里）<br>Passenger Traffic(10000 person-km) | 978.90 | 4805.48 | 9124.86 | 17774.25 | 31596.71 | 32603.29 |
| 货物进出口总额（万美元）<br>Total Value of Imports and Exports(USD 10000) | 55.62 | 1188.79 | 5798.72 | 29802.81 | 51390.58 | 52900.35 |
| 出口总额（万美元）<br>Total Exports | 52.05 | 670.98 | 3526.85 | 19587.16 | 31694.62 | 32926.90 |
| 进口总额（万美元）<br>Total Imports | 3.56 | 517.81 | 2271.87 | 10215.66 | 19695.96 | 19973.45 |
| 主要港口货物吞吐量（万吨）<br>Freight Handled at Principal Seaports(10000 tons) | 1.12 | 4.10 | 18.97 | 89.55 | 152.90 | 162.97 |
| 邮电业务总量（万元）<br>Business Volume of Postal and Telecommunication Services(10000 yuan) | 27.67 | 200.55 | 6730.60 | 32717.53 | 69124.11 | 106322.19 |
| 邮寄函件（万件）<br>Number of Letters(10000 piece) | 24.08 | 44.46 | 66.02 | 69.04 | 25.48 | 13.03 |
| 图书出版总印数（万份）<br>Books(10000 copies) | 18.68 | 44.69 | 55.46 | 21.23 | 31.40 | 39.41 |
| 杂志出版总印数（万份）<br>Magazines(10000 copies) | 1.06 | 8.65 | 12.19 | 8.06 | 6.80 | 5.91 |
| 报纸出版总印数（万份）<br>Newspapers(10000 copies) | 40.50 | 113.58 | 188.24 | 273.92 | 215.22 | 202.22 |
| **四、全省每天婚姻变动**<br>**Daily Marriages Changes** | | | | | | |
| 结婚对数（对）<br>Marriages(couples) | | | 714 | 1038 | 750 | 658 |
| 离婚对数（对）<br>Divorces(couples) | | | 33 | 120 | 251 | 267 |

# 1-6 全省法人单位数和从业人员数（2019年）

# Number of Legal Entities and Employed(2019)

| 项目 | Item | 法人单位数（个） Number of Legal Entities (unit) | 单产业法人 Single Industry | 多产业法人 Multi-Industry | 从业人员数（万人） Number of Employed Persons (10000 persons) |
|---|---|---|---|---|---|
| **按登记注册类型分** | **Grouped by Status of Registration** | **941290** | **921351** | **19939** | **1793.72** |
| 内资 | Domestically funded enterprises | 926938 | 907577 | 19361 | 1628.04 |
| 国有 | State-owned Enterprises | 36747 | 33497 | 3250 | 122.20 |
| 集体 | Collective-owned Enterprises | 7359 | 6703 | 656 | 12.61 |
| 股份合作 | Cooperative Enterprises | 375 | 319 | 56 | 5.68 |
| 联营 | Joint Ownership Enterprises | 324 | 322 | 2 | 0.47 |
| 国有联营 | State-owned | 38 | 38 | | 0.08 |
| 集体联营 | Collective-owned | 97 | 96 | 1 | 0.15 |
| 国有与集体联营 | State-owned and Collective-owned | 28 | 28 | | 0.03 |
| 其他联营 | Others | 161 | 160 | 1 | 0.21 |
| 有限责任公司 | Limited-Liability Corporations | 25809 | 24088 | 1721 | 227.67 |
| 国有独资公司 | Limited-Liability Corporations | 2191 | 1960 | 231 | 33.80 |
| 其他责任有限公司 | State-owned | 23618 | 22128 | 1490 | 193.87 |
| 股份有限公司 | Share Holding Corporations Ltd. | 2090 | 1634 | 456 | 47.23 |
| 私营 | Private Enterprises | 775297 | 763564 | 11733 | 1140.59 |
| 私营独资 | Private-owned | 51455 | 51060 | 395 | 39.71 |
| 私营合伙 | Private-cooperative | 10260 | 10204 | 56 | 9.15 |
| 私营有限责任公司 | Private-limited liability | 708780 | 697746 | 11034 | 1065.61 |
| 私营股份有限公司 | Private-share holding | 4802 | 4554 | 248 | 26.12 |
| 其他 | Other Enterprises | 78937 | 77450 | 1487 | 71.59 |
| 港澳台商投资 | Funds from HongKong, Macao,TaiWan | 9647 | 9332 | 315 | 105.69 |
| 合资经营（港或澳、台资） | Joint Venture | 2309 | 2213 | 96 | 22.58 |
| 合作经营（港或澳、台资） | Cooperative Operation | 76 | 73 | 3 | 0.58 |
| 港、澳、台商独资经营 | Venture Exclusively | 7092 | 6895 | 197 | 77.82 |
| 港、澳、台商投资股份有限公司 | Share Holding | 98 | 84 | 14 | 4.23 |
| 其他港澳台商投资 | Others | 72 | 67 | 5 | 0.48 |
| 外商投资 | Foreign Funded Enterprises | 4705 | 4442 | 263 | 59.99 |
| 中外合资 | Joint Venture | 1315 | 1243 | 72 | 14.49 |
| 中外合作 | Cooperative Operation | 33 | 32 | 1 | 0.51 |
| 外商独资 | Venture Exclusively with Foreign | 3189 | 3019 | 170 | 40.13 |
| 外商投资股份有限公司 | Share Holding with Foreign Investment | 80 | 66 | 14 | 3.31 |
| 其他外商投资 | Others | 88 | 82 | 6 | 1.55 |
| **按机构类型分** | **Grouped by Type of Institution** | **941290** | **921351** | **19939** | **1793.72** |
| 企业 | Enterprise | 819712 | 804242 | 15470 | 1602.47 |
| 事业单位 | Institution | 26728 | 25534 | 1194 | 79.15 |

# 1-6 续表1

## Continued

| 项目 | Item | 法人单位数（个）Number of Legal Entities (unit) | 单产业法人 Single Industry | 多产业法人 Multi-Industry | 从业人员数（万人）Number of Employed Persons (10000 persons) |
|---|---|---|---|---|---|
| 机关 | Agencies Organizations | 7717 | 5876 | 1841 | 34.35 |
| 社会团体 | Community Organization | 16479 | 16436 | 43 | 8.08 |
| 其他 | Others | 70654 | 69263 | 1391 | 69.67 |
| **按行业分** | **Grouped by Sector** | **941290** | **921351** | **19939** | **1793.72** |
| 农、林、牧、渔业 | Farming, Forestry, Animal Husbandry and Fishery | 51198 | 51080 | 118 | 43.98 |
| 农业 | Agriculture | 26884 | 26837 | 47 | 24.70 |
| 林业 | Forestry | 5960 | 5930 | 30 | 5.99 |
| 畜牧业 | Animal Husbandry | 7378 | 7362 | 16 | 5.19 |
| 渔业 | Fishery | 6161 | 6149 | 12 | 4.85 |
| 农、林、牧、渔服务业 | Service of Farming,Forestry,Animal Husbandy and Fishery | 4815 | 4802 | 13 | 3.25 |
| 采矿业 | Mining | 1569 | 1532 | 37 | 6.91 |
| 煤炭开采和洗选业 | Coal Mining and Dressing | 120 | 114 | 6 | 2.37 |
| 石油和天然气开采业 | Petroleum and Natural Gas Mining | | | | |
| 黑色金属矿采选业 | Ferrous Metals Mining and Dressing | 227 | 215 | 12 | 1.18 |
| 有色金属矿采选业 | Nonferrous Metals Mining and Dressing | 167 | 162 | 5 | 0.61 |
| 非金属矿采选业 | Nonmetal Minerals Mining and Dressing | 998 | 984 | 14 | 2.70 |
| 开采辅助活动 | Subsidiary Action | 38 | 38 | | 0.02 |
| 其他采矿业 | Others Mining and Quarrying | 19 | 19 | | 0.03 |
| 制造业 | Manufacturing | 135042 | 133765 | 1277 | 541.18 |
| 农副食品加工业 | Agricultural and Sideline Products | 5485 | 5398 | 87 | 25.14 |
| 食品制造业 | Food Manufacturing | 3976 | 3907 | 69 | 18.93 |
| 酒、饮料和精制茶制造业 | Wine，Drink and Tea Manufacturing | 5117 | 5034 | 83 | 13.26 |
| 烟草制品业 | Tobacco Processing | 11 | 10 | 1 | 0.59 |
| 纺织业 | Textile Industry | 5055 | 5015 | 40 | 29.79 |
| 纺织服装、服饰业 | Textile Garments Products | 9704 | 9597 | 107 | 49.85 |
| 皮革、毛皮、羽毛及其制品和制鞋业 | Leather , Furs , Down and Relate Products | 10566 | 10506 | 60 | 69.63 |
| 木材加工和木、竹、藤、棕、草制品业 | Timber Processing,Bamboo,Cane,Palm Fiber and Straw Products | 5476 | 5433 | 43 | 15.51 |
| 家具制造业 | Furniture Manufacturing | 4272 | 4239 | 33 | 10.67 |
| 造纸和纸制品业 | Papermaking and Paper Products | 3553 | 3532 | 21 | 12.08 |
| 印刷和记录媒介复制业 | Printing and Record Medium Reproduction | 2969 | 2929 | 40 | 7.50 |

# 1-6 续表2

## Continued

| 项目 | Item | 法人单位数（个）Number of Legal Entities (unit) | 单产业法人 Single Industry | 多产业法人 Multi-Industry | 从业人员数（万人）Number of Employed Persons (10000 persons) |
|---|---|---|---|---|---|
| 文教、工美、体育和娱乐用品制造业 | Cultural , Educational and Sports Goods | 9341 | 9271 | 70 | 32.23 |
| 石油加工、炼焦和核燃料加工业 | Petroleum Processing , Coking and Nuclear Fuel Processing | 250 | 244 | 6 | 1.38 |
| 化学原料和化学制品制造业 | Raw Chemical Materials and Chemical Products | 3492 | 3437 | 55 | 12.78 |
| 医药制造业 | Medical and Pharmaceutical Products | 670 | 654 | 16 | 4.29 |
| 化学纤维制造业 | Chemical Fiber | 231 | 231 | | 4.28 |
| 橡胶和塑料制品业 | Rubber and Plastic Products | 6788 | 6750 | 38 | 23.98 |
| 非金属矿物制品业 | Nonmetal Minerals Products | 16995 | 16883 | 112 | 47.16 |
| 黑色金属冶炼和压延加工业 | Smelting and Pressing of Ferrous Metals | 493 | 487 | 6 | 7.52 |
| 有色金属冶炼和压延加工业 | Smelting and Pressing of Nonferrous Metals | 660 | 647 | 13 | 6.32 |
| 金属制品业 | Metal Products | 10794 | 10720 | 74 | 23.93 |
| 通用设备制造业 | General Equipment | 7171 | 7114 | 57 | 18.34 |
| 专用设备制造业 | Special Purpose Equipment | 6548 | 6493 | 55 | 16.43 |
| 汽车制造业 | Car Manufacturing | 1740 | 1724 | 16 | 12.06 |
| 铁路、船舶、航空航天和其他运输设备制造业 | Railway,Watercraft,Aviation and others transportation Manufacturing | 871 | 868 | 3 | 4.15 |
| 电气机械和器材制造业 | Electric Equipment and Machinery | 4395 | 4351 | 44 | 24.31 |
| 计算机、通信和其他电子设备制造业 | Computer,Communication and other Electronic Equipment | 3551 | 3482 | 69 | 34.76 |
| 仪器仪表制造业 | Instruments and Meters Machinery | 1016 | 996 | 20 | 4.09 |
| 其他制造业 | Others Manufacturing | 2126 | 2114 | 12 | 6.90 |
| 废弃资源综合利用业 | Waste Resources and Materials Recovering | 656 | 648 | 8 | 1.09 |
| 金属制品、机械和设备修理业 | Metals,Machinery and Equipment maintenance | 1070 | 1051 | 19 | 2.23 |
| 电力、热力、燃气及水生产和供应业 | Production and Supply of Electric Power and Hot Power | 6424 | 6228 | 196 | 16.40 |
| 电力、热力生产和供应业 | Production and Supply of Electric Power and Hot Power | 5202 | 5068 | 134 | 13.18 |
| 燃气生产和供应业 | Production and Supply of Gas | 172 | 141 | 31 | 0.80 |
| 水的生产和供应业 | Production and Supply of Water | 1050 | 1019 | 31 | 2.42 |
| 建筑业 | Construction | 45252 | 42563 | 2689 | 443.64 |
| 房屋建筑业 | Building Engineering | 13407 | 12035 | 1372 | 291.18 |
| 土木工程建筑业 | Civil Engineering | 8729 | 7943 | 786 | 77.30 |
| 建筑安装业 | Installation | 3924 | 3726 | 198 | 10.16 |
| 建筑装饰和其他建筑业 | Building Decontion and Others | 19192 | 18859 | 333 | 65.00 |
| 批发和零售业 | Wholesale and Retail Trade | 317458 | 313146 | 4312 | 212.11 |

# 1-6 续表3

## Continued

| 项目 | Item | 法人单位数（个）Number of Legal Entities (unit) | 单产业法人 Single Industry | 多产业法人 Multi-Industry | 从业人员数（万人）Number of Employed Persons (10000 persons) |
|---|---|---|---|---|---|
| 批发业 | Wholesale | 181867 | 180011 | 1856 | 123.61 |
| 零售业 | Retail Trade | 135591 | 133135 | 2456 | 88.50 |
| 交通运输、仓储和邮政业 | Transport,Storage and Post | 19662 | 18885 | 777 | 45.18 |
| 铁路运输业 | Railways | 39 | 37 | 2 | 0.08 |
| 道路运输业 | Highways | 11239 | 10956 | 283 | 24.71 |
| 水上运输业 | Waterways | 1206 | 1163 | 43 | 3.28 |
| 航空运输业 | Civil Aviation | 123 | 115 | 8 | 3.01 |
| 管道运输业 | Pipeline | 7 | 7 | | 0.01 |
| 多式联运和运输代理业 | Multimodal Transport | 4341 | 4197 | 144 | 5.04 |
| 装卸搬运和仓储业 | Handing and Storages | 1731 | 1694 | 37 | 3.84 |
| 邮政业 | Posts | 976 | 716 | 260 | 5.21 |
| 住宿和餐饮业 | Hotels and Catering Services | 14732 | 14093 | 639 | 28.09 |
| 住宿业 | Hotels | 5126 | 4980 | 146 | 13.13 |
| 餐饮业 | Catering Services | 9606 | 9113 | 493 | 14.96 |
| 信息传输、软件和信息技术服务业 | Information Transmission,Software and Information Technology Services | 46518 | 46083 | 435 | 43.65 |
| 电信、广播电视和卫星传输服务 | Telecommuni-cations and Others | 802 | 724 | 78 | 5.90 |
| 互联网和相关服务 | Internet Services | 8305 | 8233 | 72 | 7.33 |
| 软件和信息技术服务业 | Software and Information Technology Services | 37411 | 37126 | 285 | 30.42 |
| 金融业 | Financial Intermediation | 3773 | 3263 | 510 | 27.06 |
| 货币金融服务 | Monetary and Financial Services | 1332 | 1074 | 258 | 10.26 |
| 资本市场服务 | Monetary Market Services | 1314 | 1298 | 16 | 1.22 |
| 保险业 | Insurances | 505 | 285 | 220 | 14.84 |
| 其他金融业 | Others | 622 | 606 | 16 | 0.74 |
| 房地产业 | Real Estate | 21837 | 20631 | 1206 | 42.50 |
| 房地产业 | Real Estate | 21837 | 20631 | 1206 | 42.50 |
| 租赁和商务服务业 | Leasing and Business Services | 99757 | 98293 | 1464 | 97.54 |
| 租赁业 | Leasing | 7233 | 7137 | 96 | 5.85 |
| 商务服务业 | Business Services | 92524 | 91156 | 1368 | 91.69 |
| 科学研究和技术服务业 | Scientific Research, Technical Service | 40404 | 39532 | 872 | 33.90 |
| 研究和试验发展 | Research and Development | 7519 | 7474 | 45 | 4.31 |

# 1-6 续表4

# Continued

| 项目 | Item | 法人单位数（个） Number of Legal Entities (unit) | 单产业法人 Single Industry | 多产业法人 Multi-Industry | 从业人员数（万人） Number of Employed Persons (10000 persons) |
|---|---|---|---|---|---|
| 专业技术服务业 | Professional and Technical Services | 17463 | 16734 | 729 | 21.19 |
| 科技推广和应用服务业 | Science and Technology Exchange and Promotion Services | 15422 | 15324 | 98 | 8.40 |
| 水利、环境和公共设施管理业 | Management of Water Conservancy, Environment and Public Facilities | 6225 | 6083 | 142 | 12.23 |
| 水利管理业 | Water resources management | 647 | 627 | 20 | 0.68 |
| 生态保护和环境治理业 | Environmental management | 947 | 926 | 21 | 0.99 |
| 公共设施管理业 | Public Facilities Management | 4064 | 3971 | 93 | 10.25 |
| 土地管理业 | Land Management | 567 | 559 | 8 | 0.31 |
| 居民服务、修理和其他服务业 | Services to Households and Other Services | 17847 | 17445 | 402 | 21.34 |
| 居民服务业 | Residents service | 7770 | 7555 | 215 | 10.50 |
| 机动车、电子产品和日用产品修理业 | Repair Services of Vehicle,Electronic Products and Daily Necessities | 7097 | 6963 | 134 | 5.76 |
| 其他服务业 | Others | 2980 | 2927 | 53 | 5.08 |
| 教育 | Education | 22422 | 21397 | 1025 | 66.03 |
| 教育 | Education | 22422 | 21397 | 1025 | 66.03 |
| 卫生和社会工作 | Health, Social Security | 6777 | 6623 | 154 | 21.17 |
| 卫生 | Health | 5087 | 4946 | 141 | 19.54 |
| 社会工作 | Social Security | 1690 | 1677 | 13 | 1.63 |
| 文化、体育和娱乐业 | Culture, Sports and Entertainment | 25113 | 24806 | 307 | 20.32 |
| 新闻和出版业 | News Publish | 335 | 327 | 8 | 0.74 |
| 广播、电视、电影和影视录音制作业 | Radio,Television,Film,Phonotape and Videotape | 2980 | 2930 | 50 | 2.84 |
| 文化艺术业 | Culture art Industry | 8710 | 8638 | 72 | 5.88 |
| 体育 | Sports | 3163 | 3079 | 84 | 2.53 |
| 娱乐业 | Entertainment | 9925 | 9832 | 93 | 8.33 |
| 公共管理、社会保障和社会组织 | Public Management and Social Organizations | 59280 | 55903 | 3377 | 70.49 |
| 中国共产党机关 | The Communist Party of China | 1543 | 1407 | 136 | 2.45 |
| 国家机构 | National Organization | 14881 | 13035 | 1846 | 40.62 |
| 人民政协、民主党派 | People's Political Consultative and Democratic Party | 271 | 259 | 12 | 0.34 |
| 社会保障 | Social Security | 262 | 256 | 6 | 0.37 |
| 群众团体、社会团体和其他成员组织 | Mass Organizations,Social Organizations and Religious Organizations | 24966 | 24906 | 60 | 12.57 |
| 基层群众自治组织 | Grassroots Autonomous Organization of The People | 17357 | 16040 | 1317 | 14.14 |

# 1-7 各设区市按机构类型分的法人单位数（2019年）

## Number of Legal Entities by Type of Institutions and Region(2019)

单位：个 (unit)

| 地区 | Region | 法人单位数 Number of Legal Entities | 企业法人 Business Entity | 事业法人 Institution Entity | 机关法人 Government Entity | 社团法人 Social Organization | 其他法人 Others |
|---|---|---|---|---|---|---|---|
| 福建省 | Fujian | 941290 | 819712 | 26728 | 7717 | 16479 | 70654 |
| 福州市 | Fuzhou | 174456 | 153771 | 4616 | 1275 | 4338 | 10456 |
| 厦门市 | Xiamen | 188781 | 182683 | 1271 | 444 | 1228 | 3155 |
| 莆田市 | Putian | 62711 | 55597 | 2029 | 458 | 833 | 3794 |
| 三明市 | Sanming | 44734 | 30957 | 2895 | 1010 | 1638 | 8234 |
| 泉州市 | Quanzhou | 243683 | 224684 | 4169 | 1087 | 3398 | 10345 |
| 漳州市 | Zhangzhou | 78912 | 63662 | 3939 | 1084 | 1227 | 9000 |
| 南平市 | Nanping | 53527 | 38301 | 3712 | 865 | 1364 | 9285 |
| 龙岩市 | Longyan | 40763 | 30820 | 1964 | 679 | 1378 | 5922 |
| 宁德市 | Ningde | 53723 | 39237 | 2133 | 815 | 1075 | 10463 |

# 1-8 各设区市按营业状态分的企业法人单位数（2019年）

## Number of Business Entities by Region and Operation Status(2019)

单位：个 (unit)

| 地区 | Region | 企业法人单位数 Number of Business Entities | 营业 In Business or Operating | 停业(歇业) Closed | 筹建 In Preparation | 其他 Others |
|---|---|---|---|---|---|---|
| 福建省 | Fujian | 819712 | 678091 | 38846 | 96600 | 6175 |
| 福州市 | Fuzhou | 153771 | 125465 | 6559 | 20874 | 873 |
| 厦门市 | Xiamen | 182683 | 157107 | 9934 | 14676 | 966 |
| 莆田市 | Putian | 55597 | 39545 | 958 | 15046 | 48 |
| 三明市 | Sanming | 30957 | 26284 | 2177 | 2392 | 104 |
| 泉州市 | Quanzhou | 224684 | 189508 | 8598 | 24960 | 1618 |
| 漳州市 | Zhangzhou | 63662 | 52064 | 2497 | 8956 | 145 |
| 南平市 | Nanping | 38301 | 31135 | 2561 | 4166 | 439 |
| 龙岩市 | Longyan | 30820 | 26018 | 1586 | 1391 | 1825 |
| 宁德市 | Ningde | 39237 | 30965 | 3976 | 4139 | 157 |

# 1-9 各设区市按行业门类分的法人单位数（2019年）

# Number of Legal Entities by Region and Sector(2019)

单位：个 (unit)

| 项目 Item | 福建省 Fujian | 福州市 Fuzhou | 厦门市 Xiamen | 莆田市 Putian | 三明市 Sanming | 泉州市 Quanzhou | 漳州市 Zhangzhou | 南平市 Nanping | 龙岩市 Longyan | 宁德市 Ningde |
|---|---|---|---|---|---|---|---|---|---|---|
| 农、林、牧、渔业 Farming, Forestry, Animal Husbandy and Fishery | 51198 | 6208 | 1515 | 2269 | 7228 | 6668 | 7092 | 7342 | 3638 | 9238 |
| 采矿业 Mining | 1569 | 51 | 10 | 18 | 534 | 232 | 132 | 149 | 356 | 87 |
| 制造业 Manufacturing | 135042 | 13461 | 21757 | 7105 | 5321 | 56094 | 12369 | 6704 | 4279 | 7952 |
| 电力、热力、燃气及水生产和供应业 Production and Supply of Electric Power and Hot Power | 6424 | 642 | 171 | 161 | 1285 | 831 | 789 | 838 | 1021 | 686 |
| 建筑业 Construction | 45252 | 11547 | 8884 | 2511 | 1827 | 9501 | 3857 | 2742 | 2024 | 2359 |
| 批发和零售业 Wholesale and Retail Trade | 317458 | 52597 | 69037 | 30658 | 9998 | 94992 | 22726 | 13172 | 11806 | 12472 |
| 交通运输、仓储和邮政业 Transport,Storage and Post | 19662 | 4134 | 5156 | 728 | 1089 | 3601 | 1945 | 1157 | 883 | 969 |
| 住宿和餐饮业 Lodgings and Catering Services | 14732 | 3234 | 4127 | 878 | 448 | 2966 | 1160 | 582 | 652 | 685 |
| 信息传输、软件和信息技术服务业 Information Transmission,Software,Information Technology Services | 46518 | 12745 | 15829 | 2316 | 1105 | 7801 | 2393 | 1577 | 1372 | 1380 |
| 金融业 Financial Intermediation | 3773 | 1263 | 1216 | 92 | 149 | 453 | 183 | 134 | 140 | 143 |
| 房地产业 Real Estate | 21837 | 4656 | 4906 | 1168 | 1128 | 4432 | 2058 | 1246 | 1084 | 1159 |
| 租赁和商务服务业 Leasing and Business Services | 99757 | 25492 | 24624 | 4377 | 2886 | 23748 | 6663 | 4478 | 3022 | 4467 |
| 科学研究和技术服务业 Scientific Research, Technical Service | 40404 | 10565 | 10594 | 1971 | 1545 | 7673 | 3276 | 1723 | 1424 | 1633 |
| 水利、环境和公共设施管理业 Management of Water Conservancy,Environment and Public Facilities | 6225 | 1006 | 919 | 353 | 620 | 992 | 880 | 560 | 419 | 476 |
| 居民服务、修理和其他服务业 Services to Households and Other Services | 17847 | 4020 | 5322 | 888 | 579 | 3423 | 1370 | 818 | 640 | 787 |
| 教育 Education | 22422 | 4073 | 4690 | 1573 | 1152 | 4128 | 2842 | 1381 | 1387 | 1196 |
| 卫生和社会工作 Health, Social Security | 6777 | 1816 | 782 | 330 | 585 | 1051 | 616 | 717 | 455 | 425 |
| 文化、体育和娱乐业 Culture, Sports and Entertainment | 25113 | 5158 | 6518 | 1164 | 983 | 5749 | 1920 | 1429 | 1110 | 1082 |
| 公共管理、社会保障和社会组织 Public Management and Social Organizations | 59280 | 11788 | 2724 | 4151 | 6272 | 9348 | 6641 | 6778 | 5051 | 6527 |
| 国际组织 International Organizations | | | | | | | | | | |

# 1-10 各设区市按登记注册类型分的企业法人单位数（2019年）

# Number of Business Entities by Region and Status of Registration(2019)

单位：个 (unit)

| 地区 | Region | 企业法人单位数 Number of Business Entities | 内资企业 Domestic Funded Enterprises | #国有企业 State-owned Enterprises | #集体企业 Collective-owned Enterprises | #股份合作企业 Cooperative Enterprises |
|---|---|---|---|---|---|---|
| 福建省 | Fujian | 819712 | 805368 | 2577 | 4008 | 339 |
| 福州市 | Fuzhou | 153771 | 150871 | 611 | 1041 | 55 |
| 厦门市 | Xiamen | 182683 | 177607 | 183 | 190 | 39 |
| 莆田市 | Putian | 55597 | 55170 | 77 | 192 | 21 |
| 三明市 | Sanming | 30957 | 30680 | 265 | 470 | 27 |
| 泉州市 | Quanzhou | 224684 | 221126 | 360 | 637 | 40 |
| 漳州市 | Zhangzhou | 63662 | 62240 | 318 | 454 | 73 |
| 南平市 | Nanping | 38301 | 38063 | 403 | 457 | 27 |
| 龙岩市 | Longyan | 30820 | 30524 | 155 | 304 | 34 |
| 宁德市 | Ningde | 39237 | 39087 | 205 | 263 | 23 |

## 1-10 续表

## Continued

单位：个 (unit)

| 地区 | Region | #联营企业 Joint Ownership | #有限责任公司 Limited-Liability Corporations | #股份有限公司 Share Holding Corporations Ltd. | #私营企业 Private Enterprises | 港澳台商投资企业 Funds from HongKong, Macao,TaiWan | 外商投资企业 Foreign Funded Enterprises |
|---|---|---|---|---|---|---|---|
| 福建省 | Fujian | 104 | 25729 | 2079 | 769865 | 9642 | 4702 |
| 福州市 | Fuzhou | 31 | 5501 | 635 | 142846 | 1886 | 1014 |
| 厦门市 | Xiamen | 15 | 6463 | 421 | 170197 | 3317 | 1759 |
| 莆田市 | Putian | 6 | 3324 | 144 | 51397 | 291 | 136 |
| 三明市 | Sanming | 7 | 1303 | 123 | 28478 | 202 | 75 |
| 泉州市 | Quanzhou | 17 | 3548 | 230 | 216227 | 2570 | 988 |
| 漳州市 | Zhangzhou | 6 | 1679 | 146 | 59552 | 948 | 474 |
| 南平市 | Nanping | 13 | 1163 | 114 | 35782 | 146 | 92 |
| 龙岩市 | Longyan | 5 | 1279 | 154 | 28552 | 210 | 86 |
| 宁德市 | Ningde | 4 | 1469 | 112 | 36834 | 72 | 78 |

# 主要统计指标解释

**行政区划** 指国家对行政区域的划分.根据宪法规定,我国的行政区域划分如下:(1)全国分为省、自治区、直辖市;(2)省、自治区分为自治州、县、自治县、市;(3)自治州分为县、自治县、市;(4)县、自治县分为乡、民族乡、镇;(5)直辖市和较大的市分为区、县;(6)国家在必要时设立的特别行政区。

**平均增长速度** 我国计算平均增长速度有两种方法:一种是习惯上经常使用的“水平法”,又称几何平均法,是以间隔期最后一年的水平同基期水平对比来计算平均每年增长(或下降)速度;另一种是“累计法”,又称代数平均法或方程法,是以间隔期内各年水平的总和同基期水平对比来计算平均每年增长(或下降)速度。在一般正常情况下,两种方法计算的平均每年增长速度比较接近;但在经济发展不平衡、出现大起大落时,两种方法计算的结果差别较大。

本《年鉴》所列的平均增长速度,均用“水平法”计算。从某年到某年平均增长速度的年份,均不包括基期年在内。如建国四十三年的平均增长速度是以1949年为基期计算的,则写为1950-1992年平均增长速度,其余类推。

**国民经济行业分类** 自2003年定期报表开始使用新的《国民经济行业分类》(GB/T4754-2002),该分类是由国家统计局组织修订,经国家质量监督检验检疫总局批准,于2002年5月10日发布实施。这次修订是在1994年分类标准的基础上,参照联合国《全部经济活动的国际标准产业分类》(ISIC/Rev.3)进行的。修订后的《国民经济行业分类》(GB/T4754-2002)共有门类20个,大类95个,中类396个,小类913个。新增门类4个,大类增加3个,中类增加28个,小类增加67个。2017年,国家统计局发布了新修订的国家标准《国民经济行业分类》(GB/T4754-2017)。

**企业(单位)登记注册类型** 是以在工商行政管理机关登记注册的各类企业为划分对象,以工商行政管理部门对企业登记注册的类型为依据,将企业登记注册类型分为内资企业、港澳台商投资企业和外商投资企业三大类。内资企业包括国有企业、集体企业、股份合作企业、联营企业、有限责任公司、股份有限公司、私营公司和其他企业;港澳台商投资企业和外商投资企业分别包括合资经营企业、合作经营企业、独资经营企业和股份有限公司。对不在工商行政管理部门进行登记注册的行政机关、事业单位和社会团体,主要按其经费来源和管理方式进行划分。

**国有企业** 指企业全部资产归国家所有,并按《中华人民共和国企业法人登记管理条例》规定登记注册的非公司制的经济组织。不包括有限责任公司中的国有独资公司。

**集体企业** 指企业资产归集体所有,并按《中华人民共和国企业法人登记管理条例》规定登记注册的经济组织。

**股份合作企业** 指以合作制为基础,由企业职工共同出资入股,吸收一定比例的社会资产投资组建,实行自主经营,自负盈亏,共同劳动,民主管理,按劳分配与按股分红相结合的一种集体经济组织。

**联营企业** 指两个及两个以上相同或不同所有制性质的企业法人或事业单位法人,按自愿、平等、互利的原则,共同投资组成的经济组织。联营企业包括国有联营企业、集体联营企业、国有与集体联营企业和其他联营企业。

**有限责任公司** 指根据《中华人民共和国公司登记管理条例》规定登记注册,由两个以上、五十个以下的股东共同出资,每个股东以其所认缴的出资额对公司承担有限责任,公司以其全部资产对其债务承担责任的经济组织。有限责任公司包括国有独资公司以及其他有限责任公司。

**股份有限公司** 指根据《中华人民共和国公司登记管理条例》规定登记注册,其全部注册资本由等额股份构成并通过发行股票筹集资本,股东以其认购的股份对公司承担有限责任,公司以其全部资产对其债务承担责任的经济组织。

**私营企业** 指由自然人投资设立或由自然人控股,以雇佣劳动为基础的营利性经济组织。包括按照《公司法》、《合伙企业法》、《私营企业暂行条例》规定登记注册的私营有限责任公司、私营股份有限公司、私营合伙企业和私营独资企业。

**其他内资企业** 指上述企业之外的其他内资经济组织。

**与港澳台商合资经营企业**　指港澳台地区投资者与内地企业依照《中华人民共和国中外合资经营企业法》及有关法律的规定，按合同规定的比例投资设立、分享利润和分担风险的企业。

**与港澳台商合作经营企业**　指港澳台地区投资者与内地企业依照《中华人民共和国中外合作经营企业法》及有关法律的规定，依照合作合同的约定进行投资或提供条件设立、分配利润和分担风险的企业。

**港澳台商独资经营企业**　指依照《中华人民共和国外资企业法》及有关法律的规定，在内地由港澳台地区投资者全额投资设立的企业。

**港澳台商投资股份有限公司**　指根据国家有关规定，经外经贸部依法批准设立，其中港、澳、台商的股本占公司注册资本的比例达25% 以上的股份有限公司。凡其中港、澳、台商的股本占公司注册资本的比例小于 25%的，属于内资企业中的股份有限公司。

**中外合资经营企业**　指外国企业或外国人与中国内地企业依照《中华人民共和国中外合资经营企业法》及有关法律的规定，按合同规定的比例投资设立、分享利润和分担风险的企业。

**中外合作经营企业**　指外国企业或外国人与中国内地企业依照《中华人民共和国中外合作经营企业法》及有关法律的规定，依照合作合同的约定进行投资或提供条件设立、分配利润和分担风险的企业。

**外资企业**　指依照《中华人民共和国外资企业法》及有关法律的规定，在中国内地由外国投资者全额投资设立的企业。

**外商投资股份有限公司**　指根据国家有关规定，经外经贸部依法批准设立，其中外资的股本占公司注册资本的比例达25% 以上的股份有限公司。凡其中外资股本占公司注册资本的比例小于25%的，属于内资企业中的股份有限公司。

**行政机关、事业单位和社会团体**　参照企业登记注册类型，主要按其经费来源和管理方式划分。具体规定如下：

⑴行政机关：包括国家机关和政党机关，原则上均列为“国有”。但有特殊规定的，如供销社等，则列为“集体”。

⑵事业单位：包括经国家机构编制部门和有关业务主管部门批准成立的各类事业单位，不包括实行企业化管理的事业单位。事业单位的划分办法如下：

①由国家财政预算拨款或列入财政预算外资金管理以及经费主要来源于国有主管部门或国有上级单位的事业单位，列为“国有”。

②经费主要来源于集体单位的事业单位，列为“集体”。

③公民个人(或个人合伙)开办的事业单位，列为“私营”。

④上述以外的其他事业单位，如果其经费来源不明确，按管理方式进行归类。

⑶社会团体：包括经民政部门批准成立以及未纳入社会团体管理条例范围的工会、妇联等各类社会团体。社会团体的划分办法如下：

①未纳入民政部社会团体管理条例范围的工会、妇联、共青团、青联、工商联、科协、侨联等社会团体，国家拨款设立的基金会或基金管理组织以及经费主要来源于国有业务主管部门或国有上级单位的社会团体，列为“国有”。

②经费主要来源于集体单位的社会团体，列为“集体”。

③公民个人(或个人合伙)开办的社会团体，划为“私营”。

④上述以外的其他社会团体，如果其经费来源不明确，改按管理方式进行归类。

# Explanatory Notes on Main Statistical Indicators

**Administrative Division** refers to the division of administrative areas by the state. The Constitution of the People's Republic of China stipulates that the administrative areas in China are divided as:1) The whole Country is divided into provinces, autonomous regions and municipalities directly under the central government; 2) Provinces and autonomous regions are divided into autonomous prefectures, counties, autonomous counties and cities; 3) Autonomous prefectures are divided into counties, autonomous counties and cities; 4) Counties and autonomous counties are divided into townships, nationality townships and towns; 5) Municipalities and large cities are divided into districts and counties, 6) The state shall, when necessary, establish special administrative regions.

**Average Annual Growth Rate** Two methods for calculating average annual growth rate are applied in China,one is often called level approachor the method of calculating geometric average,which is derived by comparing the level of the last year of the interval with that of the beginning year;the other is calledaccumulative approach or algebraic average or equation method,which is derived by the summation of the actual figure of each year in the interval divided by the figure in the base year.Usually the results calculated by the two methods are fairly close, but they differed sharply when uneven economic development occurred with striking fluctuations in growth.

The average annual growth rates listed in this statistical yearbook are calculated by level approach except for the growth rate of investment in fixed assets. The base years are not listed when the years are listed for average annual growth rates. For instance,the average annual growth rate of 43 years since 1949 is listed as average annual growth rate of 1950-1992 without listing the base year 1949.And the analogy of this is also the same for the rest of the years.

**Industrial Classification of the National Economy** The new *Industrial Classification of the National Economy* (GB/T 4754-2002) is introduced starting from the compilation of 2003 annual statistics. The new revision was based on the 1994 classification and organized by the National Bureau of Statistics taking into consideration of the *International Standards of the Industrial Classification of All Economic Activities* (ISIC/Rev.3) of the United Nations, and the new Classification was promulgated by the National Administration of Quality Supervision, Inspection and Quarantine on May 10, 2002. The revised version of the *Industrial Classification of the National Economy* (GB/T 4754-2002) is composed of 20 major divisions, 95 divisions, 396 major groups and 913 groups, including 4 new major divisions, 3 new divisions, 28 major groups and 67 groups.In 2017, the National Bureau of Statistics inspected *Industrial Classification of the National Economy* (GB/T 4754-2017).

**Registration Status of Enterprises** Enterprises are classified into 3 categories, namely domestic-funded enterprises, enterprises with investment from Hong Kong, Macau and Taiwan, and enterprises with foreign investment, in the light of the registration status of an enterprise in industrial and commercial administration agencies. Domestic-funded enterprises include state-owned enterprises, collective-owned enterprises, cooperative enterprises, joint ownership enterprises, limited liability corporations, share-holding corporations Ltd., private enterprises and other enterprises. Included in the enterprises with investment from Hong Kong, Macau and Taiwan and enterprises with foreign investment are joint-venture enterprises, cooperative enterprises, sole investment enterprises and share-holding corporations Ltd. For government agencies, institutions and social organizations which are not requested to be registered in industrial and commercial administration agencies, they are classified mainly by their sources of funds and way of management.

**State-owned Enterprises** refer to

registered in accordance with the *Regulation of the Peoples Republic of China on the Management of Registration of Corporate Enterprises*. Excluded from this category are sole state-funded corporations in the limited liability corporations.

**Collective-owned Enterprises** refer to economic units where the assets are owned collectively and which have registered in accordance with the *Regulation of the Peoples Republic of China on the Management of Registration of Corporate Enterprises.*

**Cooperative Enterprises** refer to a form of collective economic units (enterprises) where capitals come mainly from employees as their shares, with certain proportion of capital from the outside, where production is organized on the basis of independent operation, independent accounting for profits and losses, joint work, democratic management, and a distribution system that integrates remuneration according to work with dividend according to capital share.

**Joint Ownership Enterprises** refer to economic units established by two or more corporate enterprises or corporate institutions of the same or different ownership, through joint investment on the basis of equality, voluntary participation and mutual benefits. They include state joint ownership enterprises, collective joint ownership enterprises, joint state-collective enterprises, other joint ownership enterprises.

**Limited Liability Corporations** refer to economic units established with investment from 2-50 investors and registered in accordance with the *Regulation of the Peoples Republic of China on the Management of Registration of Corporations*, each investor bearing limited liability to the corporation depending on its share of investment, and the corporation bearing liability to its debt to the maximum of its total assets. Limited liability corporations include exclusive state-funded limited liability corporations and other limited liability corporations.

**Share-holding Corporations Ltd.** refer to economic units registered in accordance with the *Regulation of the Peoples Republic of China on the Management of Registration of Corporations*, with total registered capitals divided into equal shares and raised through issuing stocks. Each investor bears limited liability to the corporation depending on the holding of shares, and the corporation bears liability to its debt to the maximum of its total assets.

**Private Enterprises** refer to profit-making economic units invested and established by natural persons, or controlled by natural persons using employed labour. Included in this category are private limited liability corporations, private share-holding corporations Ltd., private partnership enterprises and private-funded enterprises registered in accordance with the *Corporation Law, Partnership Enterprises Law and Interim Regulations on Private Enterprises*.

**Other Domestic-funded Enterprises** refer to domestic-funded economic units other than those mentioned above.

**Joint-venture Enterprises with Funds from Hong Kong, Macau and Taiwan** refer to enterprises jointly established by investors from Hong Kong, Macau and Taiwan with enterprises in the mainland of China in accordance with the *Law of the Peoples Republic of China on Sino-foreign Joint Venture Enterprises* and other relevant laws, where the share of investment, profits and risks is stipulated in the contract.

**Cooperative Enterprises with Funds from Hong Kong Macau and Taiwan** established by investors from Hong Kong, Macau and Taiwan with enterprises in the mainland of China in accordance with the *Law of the Peoples Republic of China on Sino-foreign Cooperative Enterprises* and other relevant laws, where the investment or provision of facilities, and the share of profits and risks is stipulated in the cooperative contract.

**Enterprises with Sole (exclusive) Investment from Hong Kong, Macau and Taiwan** refer to enterprises established in the mainland of China with exclusive investment from investors from Hong Kong, Macau and Taiwan in accordance with the *Law of the Peoples Republic of China on Foreign-Funded Enterprises* and other relevant laws.

**Share-holding Corporations Ltd. with Investment from Hong Kong, Macau and Taiwan** refer to share-holding corporations Ltd. established with the approval from the Ministry of Foreign Trades and Economic Relations in line with relevant state regulations, where the share of investment from Hong Kong, Macau or Taiwan businessmen exceeds 25% of the total registered capital of the corporation. In case the share of investment from Hong Kong, Macau or Taiwan is less than 25% of the total registered capital, the enterprise is to be classified as domestic-funded share-holding corporation Ltd.

**Joint-venture Enterprises with Foreign Investment** refer to enterprises jointly established by foreign enterprises or foreigners with enterprises in the mainland of China in accordance with the *Law of the Peoples Republic of China on Sino-foreign Joint Venture Enterprises* and other relevant laws, where the share of investment, profits and risks is stipulated in the contract.

**Cooperation Enterprises with Foreign Investment** refer to enterprises jointly established by foreign enterprises or foreigners with enterprises in the mainland of China in accordance with the *Law of the Peoples Republic of China on Sino-foreign Cooperative Enterprises* and other relevant laws,where the investment or provision of facilities, and the share of profits and risks is stipulated in the cooperative contract.

**Enterprises with Sole (exclusive) Foreign Investment** refer to enterprises established in the mainland of China with exclusive investment from foreign investors in accordance with the *Law of the Peoples Republic of China on Foreign-Funded Enterprises* and other relevant laws.

**Share-holding Corporations Ltd. with Foreign Investment** refer to share-holding corporations Ltd. established with the approval from the Ministry of Foreign Trades and Economic Relations in line with relevant state regulations, where the share of investment from foreign investors exceeds 25% of the total registered capital of the corporation. In case the share of foreign investment is less than 25% of the total registered capital, the enterprise is to be classified as domestic-funded share-holding corporation Ltd.

**Government Agencies, Institutions and Social Organizations** are classified into following categories by source of funds and way of management taking reference of the registration status of enterprises:

(1) Government Agencies: include state and party agencies, classified in principle as "state-owned". There are exceptions, such as supply and marketing cooperatives which are classified as "collective".

(2) Institutions: include institutions of various types established with the approval by organization and staffing departments of the government, but exclude institutions where enterprise management system is introduced. Institutions are further classified as follows:

(a) Institutions whose main budget is listed in the government budget appropriations or extra-budget funds, or allocated from the budget of their competent government agencies. Such institutions are classified as "state-owned".

(b) Institutions whose budget mainly comes from collective units. Such institutions are classified as "collective".

(c) Institutions other than those mentioned above whose source of budget is not clear. Such institutions are classified by way of management.

(3) Social Organizations: include social organizations established with the approval from the Ministry of Civil Affairs, and organizations that are not covered by social organization management regulations such as Trades unions, women's federations etc.. Social organizations are further classified as follows:

(a) Social organizations that are not covered by social organization management regulations of the Ministry of Civil Affairs such as Trades unions, women's federations, communist youth leagues, youth associations, industrial and commerce associations, scientists associations, overseas

Chinese associations, etc., foundations and fund management organizations established with funds from the state, and social organizations whose funds mainly come from the budget of their competent government agencies. Such institutions are classified as “state-owned”.

(b) Social organizations whose budget mainly comes from collective units. Such institutions are classified as “collective”.

(c) Social organizations established by individual or a group of citizens, which are classified as “private”.

(d) Social organizations other than those mentioned above whose source of budget is not clear. Such organizations are classified by manner of management.

# 第二篇　国民经济核算

# Chapter 2　National Economy Accounting

资料整理：张凌远 孙晶洁

Database Editor: Zhanglingyuan Sunjingjie

# 简 要 说 明

本篇资料的主要内容及来源

国民经济核算篇主要包括福建省地区生产总值及其增长、结构、三次产业对经济增长的贡献等方面的资料。

1992 年及以后福建省地区生产总值的数据已按照国家统计局制定的统一方案，根据第四次经济普查结果进行了历史数据修订。

# Brief Introduction

Main Content and Source of Data

Data in the chapter reflect the overall situation and development of economy on the macro level, including growth rate and components of GDP, share of the three industries to the increase of GDP.

Since 1992,Historical data of GDP were recompiled in accordance with the 4th economic census.

# 2-1 主要社会经济效益指标

## Main Indicators on Economic Efficiency

| 项目 Item | 2000 | 2005 | 2010 | 2015 | 2018 |
|---|---|---|---|---|---|
| **社会劳动生产率（元/人）<br>Overall Labor Productivity(yuan/person)** | **22878** | **34843** | **68032** | **99021** | **138242** |
| **总产出中间投入率（%）<br>Ratio of Input to Total Output(%)** | **62.0** | **61.3** | **61.9** | **65.0** | **62.1** |
| 第一产业<br>Primary Industry | 38.2 | 39.7 | 40.8 | 41.0 | 41.7 |
| 第二产业<br>Secondary Industry | 73.5 | 71.9 | 71.5 | 74.6 | 72.3 |
| 第三产业<br>Tertiary Industy | 45.2 | 40.3 | 41.3 | 41.8 | 41.7 |
| 按主要行业分<br>By Sector | | | | | |
| 工业<br>Industry | 73.9 | 72.0 | 72.1 | 75.4 | 73.4 |
| 建筑业<br>Construction | 70.9 | 71.7 | 67.5 | 71.0 | 67.9 |
| 交通运输、仓储和邮政业<br>Transport,Storage and Post Services | 47.2 | 46.9 | 55.5 | 59.5 | 57.9 |
| 批发和零售业<br>Wholesale,Retail Trade | 44.0 | 23.0 | 26.9 | 30.9 | 34.8 |
| **增加值率（%）<br>Value-added Rate(%)** | **38.0** | **38.8** | **38.1** | **35.0** | **37.9** |
| 第一产业<br>Primary Industry | 61.8 | 60.4 | 59.2 | 59.0 | 58.3 |
| 第二产业<br>Secondary Industry | 26.5 | 28.1 | 28.6 | 25.4 | 27.7 |
| 第三产业<br>Tertiary Industy | 54.8 | 59.7 | 58.8 | 58.2 | 58.4 |
| 按主要行业分<br>By Sector | | | | | |
| 工业<br>Industry | 26.1 | 28.0 | 27.9 | 24.6 | 26.6 |
| 建筑业<br>Construction | 29.1 | 28.3 | 32.5 | 29.0 | 32.1 |
| 交通运输、仓储和邮政业<br>Transport,Storage and Post Services | 52.8 | 53.1 | 44.5 | 40.5 | 42.1 |
| 批发和零售业<br>Wholesale and Retail Trade | 56.0 | 77.0 | 73.1 | 69.1 | 65.2 |

注：1.本表均按当年价格计算。

Note:a)Data in this table are caculated at current prices.

# 2-2 地区生产总值

## Gross Domestic Product

单位：亿元 (100 million yuan)

| 年份 Year | 地区生产总值 Gross Domestic Product | 第一产业 Primary Industry | 第二产业 Secondary Industry | 第三产业 Tertiary Industy | 工业 Industry | 建筑业 Construction | 人均GDP（元） Per Capita GDP (yuan) |
|---|---|---|---|---|---|---|---|
| 1952 | 12.73 | 8.39 | 2.42 | 1.92 | 2.17 | 0.25 | 102 |
| 1957 | 22.03 | 12.31 | 5.20 | 4.52 | 4.23 | 0.97 | 154 |
| 1962 | 22.12 | 10.26 | 5.12 | 6.74 | 4.00 | 1.12 | 137 |
| 1965 | 28.81 | 13.48 | 8.31 | 7.02 | 6.55 | 1.76 | 166 |
| 1970 | 34.70 | 15.34 | 10.64 | 8.72 | 8.56 | 2.08 | 173 |
| 1975 | 46.48 | 19.43 | 17.81 | 9.24 | 14.29 | 3.52 | 203 |
| 1978 | 66.37 | 23.93 | 28.19 | 14.25 | 23.85 | 4.34 | 273 |
| 1979 | 74.11 | 27.97 | 31.37 | 14.77 | 26.20 | 5.17 | 300 |
| 1980 | 87.06 | 31.95 | 35.68 | 19.43 | 29.55 | 6.13 | 348 |
| 1981 | 105.62 | 39.30 | 39.75 | 26.57 | 33.16 | 6.59 | 416 |
| 1982 | 117.81 | 44.24 | 42.92 | 30.65 | 35.25 | 7.67 | 457 |
| 1983 | 127.76 | 47.27 | 46.05 | 34.44 | 37.76 | 8.29 | 487 |
| 1984 | 157.06 | 55.72 | 56.39 | 44.95 | 44.47 | 11.92 | 591 |
| 1985 | 200.48 | 68.13 | 72.56 | 59.79 | 62.09 | 10.47 | 737 |
| 1986 | 222.54 | 72.24 | 82.19 | 68.11 | 67.06 | 15.13 | 809 |
| 1987 | 279.24 | 89.24 | 101.28 | 88.72 | 82.69 | 18.59 | 999 |
| 1988 | 383.21 | 118.16 | 141.82 | 123.23 | 120.45 | 21.37 | 1349 |
| 1989 | 458.40 | 135.77 | 163.82 | 158.81 | 142.45 | 21.37 | 1589 |
| 1990 | 522.28 | 147.01 | 174.47 | 200.80 | 150.55 | 23.92 | 1763 |
| 1991 | 619.87 | 168.64 | 217.74 | 233.49 | 188.29 | 29.45 | 2041 |
| 1992 | 784.68 | 188.70 | 290.56 | 305.42 | 241.78 | 49.82 | 2533 |
| 1993 | 1114.20 | 246.25 | 454.15 | 413.80 | 381.95 | 73.84 | 3556 |
| 1994 | 1644.39 | 351.24 | 718.31 | 574.84 | 618.06 | 102.91 | 5193 |
| 1995 | 2094.90 | 449.77 | 879.12 | 766.01 | 748.92 | 133.42 | 6536 |
| 1996 | 2484.25 | 519.84 | 1022.88 | 941.53 | 875.50 | 151.14 | 7658 |
| 1997 | 2870.90 | 556.45 | 1210.34 | 1104.11 | 1039.62 | 175.19 | 8775 |
| 1998 | 3159.91 | 586.99 | 1330.18 | 1242.75 | 1132.79 | 202.26 | 9603 |
| 1999 | 3414.19 | 607.07 | 1429.01 | 1378.11 | 1230.22 | 204.08 | 10323 |
| 2000 | 3764.54 | 616.37 | 1622.33 | 1525.83 | 1422.34 | 206.11 | 11194 |
| 2001 | 4072.85 | 624.15 | 1796.68 | 1652.02 | 1586.48 | 217.02 | 11883 |
| 2002 | 4467.55 | 659.51 | 2029.19 | 1778.85 | 1808.95 | 228.02 | 12910 |
| 2003 | 4999.59 | 682.06 | 2329.67 | 1987.86 | 2059.30 | 279.24 | 14330 |
| 2004 | 5712.08 | 762.85 | 2738.71 | 2210.52 | 2422.22 | 326.91 | 16248 |
| 2005 | 6415.47 | 792.53 | 3095.92 | 2527.02 | 2744.68 | 363.03 | 18107 |
| 2006 | 7468.57 | 828.83 | 3629.68 | 3010.06 | 3189.45 | 453.94 | 20915 |
| 2007 | 9325.62 | 951.21 | 4521.78 | 3852.63 | 3956.44 | 582.36 | 25915 |
| 2008 | 10931.80 | 1096.10 | 5386.98 | 4448.72 | 4676.93 | 730.16 | 30153 |
| 2009 | 12418.09 | 1108.80 | 6129.07 | 5180.22 | 5218.63 | 932.88 | 33999 |
| 2010 | 15002.51 | 1269.87 | 7705.25 | 6027.39 | 6532.27 | 1201.07 | 40773 |
| 2011 | 17917.70 | 1492.21 | 9316.55 | 7108.94 | 7823.21 | 1526.98 | 48341 |
| 2012 | 20190.73 | 1628.94 | 10527.00 | 8034.79 | 8711.23 | 1853.23 | 54073 |
| 2013 | 22503.84 | 1745.18 | 11805.50 | 8953.16 | 9650.19 | 2196.81 | 59835 |
| 2014 | 24942.07 | 1855.85 | 13165.07 | 9921.15 | 10682.19 | 2528.81 | 65810 |
| 2015 | 26819.46 | 1932.84 | 13735.68 | 11150.94 | 11008.70 | 2774.37 | 70162 |
| 2016 | 29609.43 | 2145.10 | 14683.72 | 12780.61 | 11711.98 | 3022.46 | 76778 |
| 2017 | 33842.44 | 2215.12 | 16290.02 | 15337.30 | 12864.85 | 3481.15 | 86943 |
| 2018 | 38687.77 | 2379.02 | 18847.75 | 17461.00 | 14781.03 | 4131.38 | 98542 |
| 2019 | 42395.00 | 2596.23 | 20581.74 | 19217.03 | 16170.45 | 4482.03 | 107139 |

# 2-3 地区生产总值构成

# Composition of Gross Domestic Product

单位：%　　　　(%)

| 年份 Year | 地区生产总值 Gross Domestic Product | 第一产业 Primary Industry | 第二产业 Secondary Industry | 第三产业 Tertiary Industy | 工业 Industry | 建筑业 Construction |
|---|---|---|---|---|---|---|
| 1952 | 100.0 | 65.9 | 19.0 | 15.1 | 17.0 | 2.0 |
| 1957 | 100.0 | 55.9 | 23.6 | 20.5 | 19.2 | 4.4 |
| 1962 | 100.0 | 46.4 | 23.1 | 30.5 | 18.1 | 5.1 |
| 1965 | 100.0 | 46.8 | 28.8 | 24.4 | 22.8 | 6.1 |
| 1970 | 100.0 | 44.2 | 30.7 | 25.1 | 24.7 | 6.0 |
| 1975 | 100.0 | 41.8 | 38.3 | 19.9 | 30.7 | 7.6 |
| 1978 | 100.0 | 36.0 | 42.5 | 21.5 | 35.9 | 6.5 |
| 1979 | 100.0 | 37.8 | 42.3 | 19.9 | 35.4 | 7.0 |
| 1980 | 100.0 | 36.7 | 41.0 | 22.3 | 33.9 | 7.0 |
| 1981 | 100.0 | 37.2 | 37.6 | 25.2 | 31.4 | 6.2 |
| 1982 | 100.0 | 37.6 | 36.4 | 26.0 | 29.9 | 6.5 |
| 1983 | 100.0 | 37.0 | 36.0 | 27.0 | 29.6 | 6.5 |
| 1984 | 100.0 | 35.5 | 35.9 | 28.6 | 28.3 | 7.6 |
| 1985 | 100.0 | 34.0 | 36.2 | 29.8 | 31.0 | 5.2 |
| 1986 | 100.0 | 32.5 | 36.9 | 30.6 | 30.1 | 6.8 |
| 1987 | 100.0 | 31.9 | 36.3 | 31.8 | 29.6 | 6.7 |
| 1988 | 100.0 | 30.8 | 37.0 | 32.2 | 31.4 | 5.6 |
| 1989 | 100.0 | 29.6 | 35.7 | 34.7 | 31.1 | 4.7 |
| 1990 | 100.0 | 28.1 | 33.4 | 38.4 | 28.8 | 4.6 |
| 1991 | 100.0 | 27.2 | 35.1 | 37.7 | 30.4 | 4.8 |
| 1992 | 100.0 | 24.0 | 37.0 | 38.9 | 30.8 | 6.3 |
| 1993 | 100.0 | 22.1 | 40.8 | 37.1 | 34.3 | 6.6 |
| 1994 | 100.0 | 21.4 | 43.7 | 35.0 | 37.6 | 6.3 |
| 1995 | 100.0 | 21.5 | 42.0 | 36.6 | 35.7 | 6.4 |
| 1996 | 100.0 | 20.9 | 41.2 | 37.9 | 35.2 | 6.1 |
| 1997 | 100.0 | 19.4 | 42.2 | 38.5 | 36.2 | 6.1 |
| 1998 | 100.0 | 18.6 | 42.1 | 39.3 | 35.8 | 6.4 |
| 1999 | 100.0 | 17.8 | 41.9 | 40.4 | 36.0 | 6.0 |
| 2000 | 100.0 | 16.4 | 43.1 | 40.5 | 37.8 | 5.5 |
| 2001 | 100.0 | 15.3 | 44.1 | 40.6 | 39.0 | 5.3 |
| 2002 | 100.0 | 14.8 | 45.4 | 39.8 | 40.5 | 5.1 |
| 2003 | 100.0 | 13.6 | 46.6 | 39.8 | 41.2 | 5.6 |
| 2004 | 100.0 | 13.4 | 47.9 | 38.7 | 42.4 | 5.7 |
| 2005 | 100.0 | 12.4 | 48.3 | 39.4 | 42.8 | 5.7 |
| 2006 | 100.0 | 11.1 | 48.6 | 40.3 | 42.7 | 6.1 |
| 2007 | 100.0 | 10.2 | 48.5 | 41.3 | 42.4 | 6.2 |
| 2008 | 100.0 | 10.0 | 49.3 | 40.7 | 42.8 | 6.7 |
| 2009 | 100.0 | 8.9 | 49.4 | 41.7 | 42.0 | 7.5 |
| 2010 | 100.0 | 8.5 | 51.4 | 40.2 | 43.5 | 8.0 |
| 2011 | 100.0 | 8.3 | 52.0 | 39.7 | 43.7 | 8.5 |
| 2012 | 100.0 | 8.1 | 52.1 | 39.8 | 43.1 | 9.2 |
| 2013 | 100.0 | 7.8 | 52.5 | 39.8 | 42.9 | 9.8 |
| 2014 | 100.0 | 7.4 | 52.8 | 39.8 | 42.8 | 10.1 |
| 2015 | 100.0 | 7.2 | 51.2 | 41.6 | 41.0 | 10.3 |
| 2016 | 100.0 | 7.2 | 49.6 | 43.2 | 39.6 | 10.2 |
| 2017 | 100.0 | 6.5 | 48.1 | 45.3 | 38.0 | 10.3 |
| 2018 | 100.0 | 6.1 | 48.7 | 45.2 | 38.2 | 10.7 |
| 2019 | 100.0 | 6.1 | 48.6 | 45.3 | 38.1 | 10.6 |

# 2-4 分行业地区生产总值

## Gross Domestic Product by Sector

单位：亿元 (100 million yuan)

| 项目 Item | 2000 | 2005 | 2010 | 2018 | 2019 |
|---|---|---|---|---|---|
| **地区生产总值 Gross Domestic Product** | **3764.54** | **6415.47** | **15002.51** | **38687.77** | **42395.00** |
| 第一产业 Primary Industry | 616.37 | 792.53 | 1269.87 | 2379.02 | 2596.23 |
| 第二产业 Secondary Industry | 1622.33 | 3095.92 | 7705.25 | 18847.75 | 20581.74 |
| 第三产业 Tertiary Industy | 1525.83 | 2527.02 | 6027.39 | 17461 | 19217.03 |
| 按主要行业分 By Sector | | | | | |
| 农、林、牧、渔业 Agriculture , Forestry , Animal Husbandry and Fishery | 640.57 | 827.36 | 1317.45 | 2464.27 | 2690.85 |
| 工业 Industry | 1422.34 | 2744.68 | 6532.27 | 14781.03 | 16170.45 |
| 采矿业 Mining and Quarrying | | 81.56 | 287.94 | 219.38 | 240.00 |
| 制造业 Manufacturing | | 2445.76 | 5885.09 | 13912.62 | 15220.41 |
| 电力、热力、燃气及水生产和供应业 Supply of Electric Power, Gas,Water | | 217.36 | 359.24 | 649.03 | 710.04 |
| 建筑业 Construction | 206.11 | 363.03 | 1201.07 | 4131.38 | 4482.03 |
| 交通运输、仓储和邮政业 Transport, Storage and Post Services | 348.32 | 435.33 | 846.83 | 1376.22 | 1484.58 |
| 信息传输、软件和信息技术服务业 Information Transmission, Software and Information Technology Services | | 180.05 | 315.50 | 782.38 | 944.08 |
| 批发和零售业 Wholesale and Retail Trade | 356.68 | 554.12 | 1464.87 | 3891.85 | 4242.89 |
| 住宿和餐饮业 Lodgings and Catering Services | 67.70 | 117.22 | 286.33 | 611.83 | 656.65 |
| 金融业 Finance | 118.85 | 180.53 | 742.19 | 2581.1 | 2875.35 |
| 房地产业 Real Estate | 147.60 | 321.83 | 714.38 | 2435.96 | 2689.62 |
| 租赁和商务服务业 Rent and Business Services | | 79.86 | 237.82 | 1063.42 | 1263.16 |
| 科学研究和技术服务业 Scientific Reseach, Ploytechnic Services | | 37.18 | 105.86 | 526.53 | 547.25 |
| 水利、环境和公共设施管理业 Water Conservancy, Environment and Public Facilities Management | | 17.73 | 46.70 | 141.09 | 153.11 |
| 居民服务、修理和其他服务业 Resident Services,Repairing and Others | | 110.24 | 247.16 | 669.24 | 788.17 |
| 教育 Education | | 165.93 | 276.53 | 1089.56 | 1163.66 |
| 卫生和社会工作 Health Care, Social Ensure | | 65.98 | 170.92 | 526.61 | 557.71 |
| 文化、体育和娱乐业 Culture, Sports and Entertainment | | 44.55 | 103.89 | 293.13 | 334.13 |
| 公共管理、社会保障和社会组织 Public Management and Social Organizations | | 169.86 | 392.74 | 1322.17 | 1351.29 |

# 2-5 地区生产总值指数（上年=100）

# Indices of Gross Domestic Product(preceding year=100)

单位：以上年为100 (preceding year=100)

| 年份 Year | 地区生产总值 Gross Domestic Product | 第一产业 Primary Industry | 第二产业 Secondary Industry | 第三产业 Tertiary Industy | 工业 Industry | 建筑业 Construction | 人均GDP Per Capita GDP |
|---|---|---|---|---|---|---|---|
| 1952 | 123.3 | 112.1 | 131.5 | 119.3 | 145.7 | 138.9 | 121.1 |
| 1957 | 106.7 | 109.5 | 95.3 | 117.3 | 124.2 | 50.4 | 103.0 |
| 1962 | 98.6 | 107.6 | 94.2 | 94.6 | 79.4 | 155.7 | 96.4 |
| 1965 | 110.9 | 111.5 | 120.3 | 100.4 | 126.2 | 101.2 | 107.5 |
| 1970 | 109.9 | 105.0 | 123.2 | 101.0 | 112.9 | 101.9 | 105.7 |
| 1975 | 102.9 | 100.5 | 106.6 | 101.1 | 108.7 | 98.2 | 100.5 |
| 1978 | 117.8 | 101.5 | 132.4 | 121.5 | 138.7 | 90.4 | 115.6 |
| 1979 | 105.5 | 104.9 | 109.7 | 99.0 | 107.0 | 137.4 | 103.9 |
| 1980 | 118.4 | 113.9 | 118.1 | 125.7 | 113.5 | 155.1 | 117.2 |
| 1981 | 115.5 | 108.5 | 110.3 | 136.3 | 113.8 | 91.0 | 114.0 |
| 1982 | 109.3 | 106.8 | 108.2 | 114.2 | 104.5 | 134.9 | 107.5 |
| 1983 | 106.2 | 104.7 | 107.3 | 106.5 | 107.4 | 106.7 | 104.4 |
| 1984 | 117.9 | 110.1 | 120.3 | 124.3 | 124.9 | 93.7 | 116.3 |
| 1985 | 117.6 | 105.3 | 123.3 | 123.5 | 124.2 | 115.8 | 114.9 |
| 1986 | 105.7 | 102.1 | 113.0 | 99.4 | 105.2 | 177.0 | 104.5 |
| 1987 | 113.6 | 110.5 | 110.0 | 121.9 | 117.1 | 75.4 | 111.8 |
| 1988 | 114.3 | 102.6 | 125.1 | 109.7 | 132.7 | 67.6 | 112.6 |
| 1989 | 107.8 | 109.7 | 104.9 | 110.7 | 108.5 | 51.2 | 106.1 |
| 1990 | 107.5 | 101.7 | 108.1 | 111.4 | 109.3 | 63.6 | 104.7 |
| 1991 | 114.2 | 109.1 | 122.0 | 111.5 | 123.7 | 111.2 | 111.4 |
| 1992 | 120.3 | 110.5 | 128.5 | 120.0 | 126.8 | 140.6 | 119.0 |
| 1993 | 122.6 | 109.4 | 135.5 | 118.1 | 139.1 | 112.8 | 121.2 |
| 1994 | 120.3 | 109.3 | 132.4 | 113.0 | 133.8 | 122.0 | 119.0 |
| 1995 | 114.6 | 109.5 | 117.1 | 114.1 | 116.2 | 125.2 | 113.2 |
| 1996 | 113.3 | 108.8 | 114.2 | 114.5 | 115.0 | 107.6 | 111.9 |
| 1997 | 114.0 | 108.0 | 116.0 | 114.4 | 116.3 | 113.4 | 113.0 |
| 1998 | 110.8 | 106.7 | 112.3 | 110.7 | 112.4 | 111.6 | 110.2 |
| 1999 | 109.9 | 105.7 | 111.3 | 109.8 | 112.4 | 101.9 | 109.3 |
| 2000 | 109.3 | 102.6 | 111.0 | 109.9 | 112.1 | 100.4 | 107.5 |
| 2001 | 108.7 | 103.5 | 110.2 | 109.3 | 110.8 | 105.6 | 106.7 |
| 2002 | 110.2 | 102.7 | 113.8 | 109.1 | 115.1 | 104.2 | 109.1 |
| 2003 | 111.5 | 103.3 | 115.6 | 109.8 | 115.4 | 117.7 | 110.6 |
| 2004 | 111.4 | 104.4 | 115.7 | 108.7 | 116.3 | 111.4 | 110.6 |
| 2005 | 111.6 | 102.7 | 112.3 | 113.6 | 112.4 | 111.6 | 110.7 |
| 2006 | 114.9 | 100.8 | 116.8 | 116.9 | 116.1 | 121.5 | 114.0 |
| 2007 | 115.1 | 102.9 | 118.2 | 114.5 | 118.4 | 116.4 | 114.2 |
| 2008 | 112.9 | 104.1 | 115.2 | 112.2 | 115.1 | 115.6 | 112.1 |
| 2009 | 112.3 | 103.3 | 113.9 | 112.3 | 113.2 | 118.8 | 111.5 |
| 2010 | 113.9 | 103.1 | 118.2 | 110.6 | 118.0 | 119.3 | 113.1 |
| 2011 | 112.3 | 103.1 | 116.3 | 109.2 | 116.9 | 113.3 | 111.5 |
| 2012 | 111.5 | 103.8 | 114.4 | 109.2 | 113.9 | 117.3 | 110.7 |
| 2013 | 111.0 | 103.1 | 113.2 | 109.3 | 112.8 | 115.1 | 110.2 |
| 2014 | 109.9 | 103.6 | 111.9 | 108.1 | 112.1 | 111.0 | 109.1 |
| 2015 | 108.9 | 103.2 | 108.7 | 110.1 | 108.5 | 110.0 | 108.0 |
| 2016 | 108.4 | 103.0 | 107.2 | 111.0 | 107.2 | 107.0 | 107.5 |
| 2017 | 108.1 | 103.7 | 107.2 | 110.0 | 108.0 | 104.1 | 107.1 |
| 2018 | 108.3 | 103.4 | 108.8 | 108.6 | 109.2 | 106.9 | 107.4 |
| 2019 | 107.6 | 103.5 | 108.3 | 107.3 | 108.7 | 106.4 | 106.7 |

# 2-6 地区生产总值指数（1952年=100）

## Indices of Gross Domestic Product(year of 1952=100)

单位：以1952年为100　(year of 1952=100)

| 年份 Year | 地区生产总值 Gross Domestic Product | 第一产业 Primary Industry | 第二产业 Secondary Industry | 第三产业 Tertiary Industy | 工业 Industry | 建筑业 Construction | 人均GDP Per Capita GDP |
|---|---|---|---|---|---|---|---|
| 1952 | 100.0 | 100.0 | 100.0 | 100.0 | 100.0 | 100.0 | 100.0 |
| 1957 | 172.0 | 137.1 | 226.0 | 233.3 | 200.7 | 452.0 | 150.0 |
| 1962 | 159.8 | 86.4 | 259.5 | 317.5 | 193.1 | 885.4 | 122.3 |
| 1965 | 215.1 | 132.1 | 363.8 | 348.9 | 319.7 | 759.5 | 153.2 |
| 1970 | 255.9 | 146.5 | 480.3 | 400.0 | 425.5 | 969.2 | 157.4 |
| 1975 | 331.5 | 171.0 | 810.3 | 423.9 | 723.4 | 1495.8 | 179.7 |
| 1978 | 451.2 | 188.5 | 1207.1 | 698.2 | 1197.8 | 1095.1 | 229.5 |
| 1979 | 476.1 | 197.7 | 1324.7 | 690.9 | 1282.1 | 1505.1 | 238.3 |
| 1980 | 563.9 | 225.3 | 1564.4 | 868.4 | 1455.1 | 2334.6 | 279.3 |
| 1981 | 651.1 | 244.4 | 1725.4 | 1183.8 | 1655.8 | 2124.0 | 318.2 |
| 1982 | 711.6 | 261.1 | 1866.4 | 1351.6 | 1731.0 | 2865.6 | 342.1 |
| 1983 | 755.3 | 273.2 | 2002.4 | 1439.1 | 1858.8 | 3057.8 | 357.2 |
| 1984 | 890.7 | 300.8 | 2408.9 | 1788.3 | 2321.9 | 2865.6 | 415.3 |
| 1985 | 1047.5 | 316.7 | 2968.2 | 2207.8 | 2884.7 | 3318.8 | 477.4 |
| 1986 | 1107.3 | 323.4 | 3354.0 | 2194.6 | 3033.9 | 5873.0 | 498.8 |
| 1987 | 1257.9 | 357.5 | 3689.9 | 2674.7 | 3554.0 | 4426.5 | 557.7 |
| 1988 | 1437.6 | 366.7 | 4616.0 | 2933.4 | 4716.4 | 2993.7 | 627.7 |
| 1989 | 1549.3 | 402.3 | 4842.1 | 3246.6 | 5118.2 | 1533.5 | 665.9 |
| 1990 | 1665.8 | 409.0 | 5233.3 | 3615.6 | 5595.3 | 975.0 | 696.9 |
| 1991 | 1902.8 | 446.1 | 6384.1 | 4030.9 | 6919.7 | 1084.3 | 776.4 |
| 1992 | 2288.8 | 492.8 | 8205.4 | 4835.4 | 8776.3 | 1524.9 | 924.1 |
| 1993 | 2806.1 | 539.1 | 11118.3 | 5710.6 | 12207.8 | 1720.1 | 1120.0 |
| 1994 | 3375.7 | 589.3 | 14720.7 | 6453.0 | 16334.1 | 2098.5 | 1332.8 |
| 1995 | 3868.6 | 645.2 | 17237.9 | 7362.9 | 18980.2 | 2627.3 | 1508.7 |
| 1996 | 4383.1 | 702.0 | 19685.7 | 8430.5 | 21827.2 | 2827.0 | 1688.3 |
| 1997 | 4996.7 | 758.2 | 22835.4 | 9644.5 | 25385.1 | 3205.8 | 1907.8 |
| 1998 | 5536.3 | 809.0 | 25644.1 | 10676.4 | 28532.8 | 3577.7 | 2102.4 |
| 1999 | 6084.4 | 855.1 | 28541.9 | 11722.7 | 32070.9 | 3645.7 | 2297.9 |
| 2000 | 6650.3 | 877.3 | 31681.5 | 12883.3 | 35951.5 | 3660.3 | 2470.2 |
| 2001 | 7228.9 | 908.0 | 34913.0 | 14081.4 | 39834.2 | 3865.2 | 2635.7 |
| 2002 | 7966.2 | 932.6 | 39731.0 | 15362.8 | 45849.2 | 4027.6 | 2875.6 |
| 2003 | 8882.3 | 963.3 | 45929.1 | 16868.4 | 52910.0 | 4740.5 | 3180.4 |
| 2004 | 9894.9 | 1005.7 | 53139.9 | 18335.9 | 61534.3 | 5280.9 | 3517.5 |
| 2005 | 11042.7 | 1032.9 | 59676.1 | 20829.6 | 69164.5 | 5893.4 | 3893.9 |
| 2006 | 12688.1 | 1041.1 | 69701.7 | 24349.8 | 80300.0 | 7160.5 | 4439.0 |
| 2007 | 14604.0 | 1071.3 | 82387.4 | 27880.5 | 95075.2 | 8334.9 | 5069.3 |
| 2008 | 16487.9 | 1115.2 | 94910.3 | 31281.9 | 109431.6 | 9635.1 | 5682.7 |
| 2009 | 18515.9 | 1152.0 | 108102.9 | 35129.6 | 123876.6 | 11446.5 | 6336.2 |
| 2010 | 21089.6 | 1187.8 | 127777.6 | 38853.3 | 146174.4 | 13655.7 | 7166.3 |
| 2011 | 23683.7 | 1224.6 | 148605.3 | 42427.9 | 170877.8 | 15471.9 | 7990.4 |
| 2012 | 26407.3 | 1271.1 | 170004.5 | 46331.2 | 194629.9 | 18148.5 | 8845.4 |
| 2013 | 29312.1 | 1310.5 | 192445.1 | 50640.0 | 219542.5 | 20889.0 | 9747.6 |
| 2014 | 32214.0 | 1357.7 | 215346.1 | 54741.9 | 246107.1 | 23186.7 | 10634.7 |
| 2015 | 35081.0 | 1401.1 | 234081.2 | 60270.8 | 267026.2 | 25505.4 | 11485.4 |
| 2016 | 38027.8 | 1443.2 | 250935.0 | 66900.6 | 286252.1 | 27290.8 | 12346.8 |
| 2017 | 41108.1 | 1496.6 | 269002.4 | 73590.6 | 309152.3 | 28409.7 | 13223.5 |
| 2018 | 44520.1 | 1547.5 | 292674.6 | 79919.4 | 337594.3 | 30370.0 | 14202.0 |
| 2019 | 47903.6 | 1601.6 | 316966.6 | 85753.5 | 366965.0 | 32313.7 | 15153.5 |

# 2-7 三次产业对经济增长的贡献及拉动

# Contribution Share and Contribution of the Three Components of GDP to the Growth of GDP

单位：% (%)

| 年份 Year | 贡献率 Contribution Share 第一产业 Primary Industry | 第二产业 Secondary Industry | 第三产业 Tertiary Industry | 工业 Industry | 地区生产总值增长率 Gross Domestic Product Growth Rate | 拉动（百分点） Contribution(percentage point) 第一产业 Primary Industry | 第二产业 Secondary Industry | 第三产业 Tertiary Industry | 工业 Industry |
|---|---|---|---|---|---|---|---|---|---|
| 1980 | 25.1 | 43.2 | 31.7 | 28.6 | 18.4 | 4.6 | 8.0 | 5.8 | 5.3 |
| 1981 | 20.6 | 26.6 | 52.8 | 29.9 | 15.5 | 3.2 | 4.1 | 8.2 | 4.6 |
| 1982 | 26.0 | 33.5 | 40.5 | 16.3 | 9.3 | 2.4 | 3.1 | 3.8 | 1.5 |
| 1983 | 26.1 | 44.7 | 29.2 | 38.6 | 6.2 | 1.6 | 2.8 | 1.8 | 2.4 |
| 1984 | 19.2 | 43.1 | 37.7 | 45.1 | 17.9 | 3.4 | 7.7 | 6.8 | 8.1 |
| 1985 | 9.5 | 51.4 | 39.1 | 47.3 | 17.6 | 1.7 | 9.0 | 6.9 | 8.3 |
| 1986 | 10.4 | 92.8 | -3.2 | 32.9 | 5.7 | 0.6 | 5.3 | -0.2 | 1.9 |
| 1987 | 21.3 | 32.1 | 46.6 | 45.6 | 13.6 | 2.9 | 4.4 | 6.3 | 6.2 |
| 1988 | 4.9 | 74.1 | 21.0 | 85.3 | 14.3 | 0.7 | 10.6 | 3.0 | 12.2 |
| 1989 | 29.9 | 29.1 | 41.0 | 47.4 | 7.8 | 2.3 | 2.3 | 3.2 | 3.7 |
| 1990 | 5.4 | 48.3 | 46.3 | 55.0 | 7.7 | 0.4 | 3.6 | 3.5 | 4.1 |
| 1991 | 19.0 | 50.9 | 30.1 | 47.4 | 14.4 | 2.7 | 7.2 | 4.3 | 6.7 |
| 1992 | 14.7 | 49.5 | 35.8 | 40.8 | 20.3 | 3.0 | 10.0 | 7.3 | 8.3 |
| 1993 | 9.8 | 59.2 | 31.0 | 56.5 | 22.6 | 2.2 | 13.4 | 7.0 | 12.8 |
| 1994 | 9.7 | 66.5 | 23.8 | 61.6 | 20.3 | 2.0 | 13.5 | 4.8 | 12.5 |
| 1995 | 12.5 | 53.8 | 33.8 | 45.6 | 14.6 | 1.8 | 7.9 | 4.9 | 6.7 |
| 1996 | 12.1 | 50.0 | 37.9 | 47.2 | 13.3 | 1.6 | 6.7 | 5.0 | 6.3 |
| 1997 | 10.0 | 53.9 | 36.1 | 49.2 | 14.0 | 1.4 | 7.5 | 5.1 | 6.9 |
| 1998 | 10.3 | 54.6 | 35.0 | 49.4 | 10.8 | 1.1 | 5.9 | 3.8 | 5.3 |
| 1999 | 9.2 | 55.7 | 35.0 | 55.0 | 9.9 | 0.9 | 5.5 | 3.5 | 5.4 |
| 2000 | 4.3 | 58.3 | 37.4 | 58.3 | 9.3 | 0.4 | 5.4 | 3.5 | 5.4 |
| 2001 | 6.5 | 50.3 | 43.2 | 47.0 | 8.7 | 0.6 | 4.4 | 3.8 | 4.1 |
| 2002 | 4.1 | 59.2 | 36.6 | 57.3 | 10.2 | 0.4 | 6.0 | 3.7 | 5.8 |
| 2003 | 4.2 | 61.4 | 34.5 | 53.9 | 11.5 | 0.5 | 7.1 | 4.0 | 6.2 |
| 2004 | 5.2 | 64.6 | 30.2 | 59.6 | 11.4 | 0.6 | 7.4 | 3.4 | 6.8 |
| 2005 | 2.9 | 51.6 | 45.5 | 46.5 | 11.6 | 0.3 | 6.0 | 5.3 | 5.4 |
| 2006 | 0.6 | 54.5 | 44.9 | 46.5 | 14.9 | 0.1 | 8.1 | 6.7 | 6.9 |
| 2007 | 2.1 | 59.3 | 38.6 | 53.0 | 15.1 | 0.3 | 9.0 | 5.8 | 8.0 |
| 2008 | 3.1 | 59.2 | 37.7 | 52.1 | 12.9 | 0.4 | 7.6 | 4.9 | 6.7 |
| 2009 | 2.4 | 58.1 | 39.6 | 48.8 | 12.3 | 0.3 | 7.1 | 4.9 | 6.0 |
| 2010 | 1.8 | 68.0 | 30.2 | 59.2 | 13.9 | 0.3 | 9.5 | 4.2 | 8.2 |
| 2011 | 2.1 | 68.0 | 29.9 | 59.6 | 12.3 | 0.3 | 8.4 | 3.7 | 7.3 |
| 2012 | 2.5 | 66.5 | 31.0 | 54.6 | 11.5 | 0.3 | 7.6 | 3.6 | 6.3 |
| 2013 | 2.0 | 65.5 | 32.5 | 54.0 | 11.0 | 0.2 | 7.2 | 3.6 | 5.9 |
| 2014 | 2.4 | 66.9 | 30.7 | 57.3 | 9.9 | 0.2 | 6.6 | 3.0 | 5.7 |
| 2015 | 2.3 | 55.6 | 42.2 | 45.8 | 8.9 | 0.2 | 4.9 | 3.8 | 4.1 |
| 2016 | 2.5 | 43.4 | 54.1 | 35.0 | 8.4 | 0.2 | 3.6 | 4.5 | 2.9 |
| 2017 | 3.1 | 44.6 | 52.3 | 39.6 | 8.1 | 0.3 | 3.6 | 4.2 | 3.2 |
| 2018 | 2.7 | 52.6 | 44.7 | 44.7 | 8.3 | 0.2 | 4.4 | 3.7 | 3.7 |
| 2019 | 2.9 | 55.1 | 42.0 | 47.0 | 7.6 | 0.2 | 4.2 | 3.2 | 3.6 |

# 2-8 按收入法计算的地区生产总值

## Gross Domestic Product by Income Approach

单位：亿元 (100 million yuan)

| 年份 Year | 地区生产总值 Gross Domestic Product | 劳动者报酬 Compensation of Employees | 生产税净额 Net Taxes on Production | 固定资产折旧 Depreciation of Fixed Assets | 营业盈余 Operating Surplus | 占地区生产总值比重（%）Ratio(%) 劳动者报酬 Compensation of Employees | 生产税净额 Net Taxes on Production | 固定资产折旧 Depreciation of Fixed Assets | 营业盈余 Operating Surplus |
|---|---|---|---|---|---|---|---|---|---|
| 1978 | 66.37 | 42.16 | 7.07 | 5.85 | 11.29 | 63.5 | 10.7 | 8.8 | 17.0 |
| 1979 | 74.11 | 47.78 | 7.75 | 6.48 | 12.10 | 64.5 | 10.5 | 8.7 | 16.3 |
| 1980 | 87.06 | 55.96 | 8.97 | 7.55 | 14.58 | 64.3 | 10.3 | 8.7 | 16.7 |
| 1981 | 105.62 | 68.13 | 10.45 | 9.22 | 17.82 | 64.5 | 9.9 | 8.7 | 16.9 |
| 1982 | 117.81 | 76.46 | 11.34 | 10.21 | 19.80 | 64.9 | 9.6 | 8.7 | 16.8 |
| 1983 | 127.76 | 82.74 | 12.24 | 11.12 | 21.66 | 64.8 | 9.6 | 8.7 | 17.0 |
| 1984 | 157.06 | 101.47 | 14.80 | 13.84 | 26.95 | 64.6 | 9.4 | 8.8 | 17.2 |
| 1985 | 200.48 | 126.06 | 19.89 | 18.38 | 36.15 | 62.9 | 9.9 | 9.2 | 18.0 |
| 1986 | 222.54 | 139.73 | 21.78 | 20.54 | 40.49 | 62.8 | 9.8 | 9.2 | 18.2 |
| 1987 | 279.24 | 175.22 | 27.25 | 25.84 | 50.93 | 62.7 | 9.8 | 9.3 | 18.2 |
| 1988 | 383.21 | 241.25 | 39.27 | 35.49 | 67.20 | 63.0 | 10.2 | 9.3 | 17.5 |
| 1989 | 458.40 | 281.50 | 46.73 | 43.13 | 87.04 | 61.4 | 10.2 | 9.4 | 19.0 |
| 1990 | 522.28 | 322.04 | 50.90 | 51.24 | 98.10 | 61.7 | 9.7 | 9.8 | 18.8 |
| 1991 | 619.87 | 376.87 | 62.25 | 63.31 | 117.44 | 60.8 | 10.0 | 10.2 | 18.9 |
| 1992 | 784.68 | 423.94 | 70.30 | 87.01 | 203.43 | 54.0 | 9.0 | 11.1 | 25.9 |
| 1993 | 1114.20 | 576.48 | 121.21 | 103.45 | 313.06 | 51.7 | 10.9 | 9.3 | 28.1 |
| 1994 | 1644.39 | 858.45 | 171.81 | 178.81 | 435.33 | 52.2 | 10.4 | 10.9 | 26.5 |
| 1995 | 2094.90 | 1094.20 | 211.90 | 237.18 | 551.63 | 52.2 | 10.1 | 11.3 | 26.3 |
| 1996 | 2484.25 | 1311.17 | 237.22 | 291.85 | 644.00 | 52.8 | 9.5 | 11.7 | 25.9 |
| 1997 | 2870.90 | 1507.84 | 288.60 | 344.54 | 729.92 | 52.5 | 10.1 | 12.0 | 25.4 |
| 1998 | 3159.91 | 1652.74 | 320.90 | 383.87 | 802.40 | 52.3 | 10.2 | 12.1 | 25.4 |
| 1999 | 3414.19 | 1688.61 | 335.12 | 431.62 | 958.85 | 49.5 | 9.8 | 12.6 | 28.1 |
| 2000 | 3764.54 | 1835.51 | 361.92 | 502.41 | 1064.70 | 48.8 | 9.6 | 13.3 | 28.3 |
| 2001 | 4072.85 | 2008.75 | 395.85 | 561.56 | 1106.69 | 49.3 | 9.7 | 13.8 | 27.2 |
| 2002 | 4467.55 | 2188.96 | 466.07 | 646.12 | 1166.40 | 49.0 | 10.4 | 14.5 | 26.1 |
| 2003 | 4999.59 | 2248.49 | 667.47 | 605.60 | 1478.03 | 45.0 | 13.4 | 12.1 | 29.6 |
| 2004 | 5712.08 | 2542.52 | 759.03 | 703.49 | 1707.04 | 44.5 | 13.3 | 12.3 | 29.9 |
| 2005 | 6415.47 | 2870.91 | 824.43 | 899.17 | 1820.96 | 44.7 | 12.9 | 14.0 | 28.4 |
| 2006 | 7468.57 | 3330.79 | 966.38 | 981.57 | 2189.84 | 44.6 | 12.9 | 13.1 | 29.3 |
| 2007 | 9325.62 | 4082.61 | 1273.04 | 1095.24 | 2874.73 | 43.8 | 13.7 | 11.7 | 30.8 |
| 2008 | 10931.80 | 5802.55 | 1295.52 | 1356.17 | 2477.56 | 53.1 | 11.9 | 12.4 | 22.7 |
| 2009 | 12418.09 | 6633.42 | 1483.13 | 1470.66 | 2830.87 | 53.4 | 11.9 | 11.8 | 22.8 |
| 2010 | 15002.51 | 7576.97 | 1790.95 | 1623.59 | 4011.00 | 50.5 | 11.9 | 10.8 | 26.7 |
| 2011 | 17917.70 | 8953.11 | 2209.26 | 1892.74 | 4862.58 | 50.0 | 12.3 | 10.6 | 27.1 |
| 2012 | 20190.73 | 10259.51 | 2725.27 | 2190.35 | 5015.59 | 50.8 | 13.5 | 10.8 | 24.8 |
| 2013 | 22503.84 | 11663.06 | 2967.55 | 2340.36 | 5532.87 | 51.8 | 13.2 | 10.4 | 24.6 |
| 2014 | 24942.07 | 13084.03 | 3520.22 | 2619.74 | 5718.09 | 52.5 | 14.1 | 10.5 | 22.9 |
| 2015 | 26819.46 | 14606.66 | 3639.92 | 2990.69 | 5582.19 | 54.5 | 13.6 | 11.2 | 20.8 |
| 2016 | 29609.43 | 16300.08 | 3583.90 | 3165.68 | 6559.77 | 55.1 | 12.1 | 10.7 | 22.2 |
| 2017 | 33842.44 | 18497.50 | 3808.55 | 3365.72 | 8170.68 | 54.7 | 11.3 | 9.9 | 24.1 |
| 2018 | 38687.77 | 20515.33 | 4204.66 | 4272.15 | 9695.63 | 53.0 | 10.9 | 11.0 | 25.1 |

# 2-9 第三产业增加值

## Value-added of the Tertiary Industry

单位：亿元 (100 million yuan)

| 年份<br>Year | 第三产业<br>Tertiary Industy | #批发和零售业<br>Wholesale and Retail Trade | #交通运输、仓储和邮政业<br>Transport, Storage and Post Services | #金融业<br>Finance | #房地产业<br>Real Estate |
|---|---|---|---|---|---|
| 1952 | 1.92 | 1.00 | 0.27 | | |
| 1957 | 4.52 | 2.21 | 0.64 | | |
| 1962 | 6.74 | 2.29 | 0.88 | | |
| 1965 | 7.02 | 1.57 | 1.10 | | |
| 1970 | 8.72 | 2.23 | 1.47 | | |
| 1975 | 9.24 | 1.15 | 1.85 | | |
| 1978 | 14.25 | 3.47 | 3.35 | 3.01 | 0.69 |
| 1979 | 14.77 | 3.29 | 3.32 | 3.08 | 0.81 |
| 1980 | 19.43 | 5.08 | 4.40 | 4.03 | 0.92 |
| 1981 | 26.57 | 7.01 | 6.01 | 5.49 | 1.26 |
| 1982 | 30.65 | 8.12 | 6.85 | 6.34 | 1.46 |
| 1983 | 34.44 | 9.38 | 7.29 | 7.19 | 1.65 |
| 1984 | 44.95 | 11.82 | 9.69 | 9.48 | 2.18 |
| 1985 | 59.79 | 15.17 | 12.35 | 13.00 | 2.98 |
| 1986 | 68.11 | 16.53 | 14.54 | 14.98 | 3.43 |
| 1987 | 88.72 | 23.14 | 19.37 | 18.71 | 4.29 |
| 1988 | 123.23 | 40.58 | 32.50 | 17.40 | 4.40 |
| 1989 | 158.81 | 41.31 | 42.60 | 29.06 | 5.23 |
| 1990 | 200.80 | 49.53 | 48.56 | 34.40 | 8.31 |
| 1991 | 233.49 | 60.46 | 55.05 | 40.52 | 12.50 |
| 1992 | 305.42 | 71.17 | 60.09 | 48.34 | 18.89 |
| 1993 | 413.80 | 103.66 | 84.37 | 53.76 | 33.66 |
| 1994 | 574.84 | 131.28 | 114.38 | 90.76 | 52.70 |
| 1995 | 766.01 | 181.50 | 160.66 | 93.76 | 71.37 |
| 1996 | 941.53 | 229.70 | 199.36 | 105.58 | 83.47 |
| 1997 | 1104.11 | 273.66 | 240.35 | 109.07 | 93.27 |
| 1998 | 1242.75 | 304.92 | 276.85 | 114.01 | 105.50 |
| 1999 | 1378.11 | 326.17 | 310.87 | 113.40 | 126.22 |
| 2000 | 1525.83 | 356.68 | 348.32 | 118.85 | 147.60 |
| 2001 | 1652.02 | 383.89 | 364.80 | 124.84 | 165.31 |
| 2002 | 1778.85 | 416.38 | 379.09 | 138.28 | 188.09 |
| 2003 | 1987.86 | 464.76 | 408.85 | 149.94 | 215.63 |
| 2004 | 2210.52 | 515.89 | 412.54 | 168.30 | 244.52 |
| 2005 | 2527.02 | 554.12 | 435.33 | 180.53 | 321.83 |
| 2006 | 3010.06 | 626.07 | 510.94 | 238.19 | 425.01 |
| 2007 | 3852.63 | 772.25 | 631.40 | 387.41 | 513.57 |
| 2008 | 4448.72 | 921.91 | 729.46 | 465.69 | 533.73 |
| 2009 | 5180.22 | 1127.55 | 778.27 | 569.89 | 656.58 |
| 2010 | 6027.39 | 1464.87 | 846.83 | 742.19 | 714.38 |
| 2011 | 7108.94 | 1776.18 | 885.84 | 889.34 | 942.21 |
| 2012 | 8034.79 | 2025.75 | 943.01 | 1130.26 | 1064.95 |
| 2013 | 8953.16 | 2256.55 | 979.59 | 1411.50 | 1108.78 |
| 2014 | 9921.15 | 2531.31 | 1037.93 | 1605.90 | 1184.69 |
| 2015 | 11150.94 | 2747.38 | 1110.20 | 1852.64 | 1258.60 |
| 2016 | 12780.61 | 3043.35 | 1184.67 | 2082.39 | 1508.06 |
| 2017 | 15337.30 | 3426.45 | 1309.33 | 2343.43 | 2155.67 |
| 2018 | 17461.00 | 3891.85 | 1376.22 | 2581.10 | 2435.96 |
| 2019 | 19217.03 | 4242.89 | 1484.58 | 2875.35 | 2689.62 |

# 2-10 第三产业增加值构成

## Composition of Value-added of the Tertiary Industry

单位：% (%)

| 年份 Year | 第三产业 Tertiary Industy | #交通运输、仓储和邮政业 Transport,Storage and Post | #批发和零售业 Wholesale and Retail Trade | #金融业 Finance | #房地产业 Real Estate |
|---|---|---|---|---|---|
| 1978 | 100.0 | 24.4 | 23.5 | 21.1 | 4.8 |
| 1979 | 100.0 | 22.3 | 22.5 | 20.9 | 5.5 |
| 1980 | 100.0 | 26.1 | 22.6 | 20.7 | 4.7 |
| 1981 | 100.0 | 26.4 | 22.6 | 20.7 | 4.7 |
| 1982 | 100.0 | 26.5 | 22.3 | 20.7 | 4.8 |
| 1983 | 100.0 | 27.2 | 21.2 | 20.9 | 4.8 |
| 1984 | 100.0 | 26.3 | 21.6 | 21.1 | 4.8 |
| 1985 | 100.0 | 25.4 | 20.7 | 21.7 | 5.0 |
| 1986 | 100.0 | 24.3 | 21.3 | 22.0 | 5.0 |
| 1987 | 100.0 | 26.1 | 21.8 | 21.1 | 4.8 |
| 1988 | 100.0 | 32.9 | 26.4 | 14.1 | 3.6 |
| 1989 | 100.0 | 26.0 | 26.8 | 18.3 | 3.3 |
| 1990 | 100.0 | 24.7 | 24.2 | 17.1 | 4.1 |
| 1991 | 100.0 | 25.9 | 23.6 | 17.4 | 5.4 |
| 1992 | 100.0 | 19.7 | 23.3 | 15.8 | 6.2 |
| 1993 | 100.0 | 20.4 | 25.1 | 13.0 | 8.1 |
| 1994 | 100.0 | 19.9 | 22.8 | 15.8 | 9.2 |
| 1995 | 100.0 | 21.0 | 23.7 | 12.2 | 9.3 |
| 1996 | 100.0 | 21.2 | 24.4 | 11.2 | 8.9 |
| 1997 | 100.0 | 21.8 | 24.8 | 9.9 | 8.4 |
| 1998 | 100.0 | 22.3 | 24.5 | 9.2 | 8.5 |
| 1999 | 100.0 | 22.6 | 23.7 | 8.2 | 9.2 |
| 2000 | 100.0 | 22.8 | 23.4 | 7.8 | 9.7 |
| 2001 | 100.0 | 22.1 | 23.2 | 7.6 | 10.0 |
| 2002 | 100.0 | 21.3 | 23.4 | 7.8 | 10.6 |
| 2003 | 100.0 | 20.6 | 23.4 | 7.5 | 10.8 |
| 2004 | 100.0 | 18.7 | 23.3 | 7.6 | 11.1 |
| 2005 | 100.0 | 17.2 | 21.9 | 7.1 | 12.7 |
| 2006 | 100.0 | 17.0 | 20.8 | 7.9 | 14.1 |
| 2007 | 100.0 | 16.4 | 20.0 | 10.1 | 13.3 |
| 2008 | 100.0 | 16.4 | 20.7 | 10.5 | 12.0 |
| 2009 | 100.0 | 15.0 | 21.8 | 11.0 | 12.7 |
| 2010 | 100.0 | 14.0 | 24.3 | 12.3 | 11.9 |
| 2011 | 100.0 | 12.5 | 25.0 | 12.5 | 13.3 |
| 2012 | 100.0 | 11.7 | 25.2 | 14.1 | 13.3 |
| 2013 | 100.0 | 10.9 | 25.2 | 15.8 | 12.4 |
| 2014 | 100.0 | 10.5 | 25.5 | 16.2 | 11.9 |
| 2015 | 100.0 | 10.0 | 24.6 | 16.6 | 11.3 |
| 2016 | 100.0 | 9.3 | 23.8 | 16.3 | 11.8 |
| 2017 | 100.0 | 8.5 | 22.3 | 15.3 | 14.1 |
| 2018 | 100.0 | 7.9 | 22.3 | 14.8 | 14.0 |
| 2019 | 100.0 | 7.7 | 22.1 | 15.0 | 14.0 |

# 2-11 第三产业增加值指数（上年=100）

## Indices of Value-added of the Tertiary Industry(preceding year=100)

单位：以上年为100 (preceding year=100)

| 年份<br>Year | 第三产业<br>Tertiary Industy | #交通运输、仓储和邮政业<br>Transport,Storage and Post | #批发和零售业<br>Wholesale and Retail Trade | #金融业<br>Finance | #房地产业<br>Real Estate |
|---|---|---|---|---|---|
| 1979 | 99.0 | 93.8 | 86.8 | 100.0 | 114.3 |
| 1980 | 125.7 | 132.5 | 143.7 | 124.5 | 108.0 |
| 1981 | 136.3 | 136.4 | 136.4 | 136.2 | 136.8 |
| 1982 | 114.2 | 114.2 | 114.1 | 114.1 | 114.6 |
| 1983 | 106.5 | 106.4 | 106.4 | 106.5 | 106.0 |
| 1984 | 124.3 | 124.3 | 124.2 | 124.3 | 124.7 |
| 1985 | 123.5 | 123.5 | 123.5 | 123.4 | 123.4 |
| 1986 | 99.4 | 100.5 | 96.7 | 100.1 | 100.0 |
| 1987 | 121.9 | 120.4 | 125.2 | 121.0 | 121.0 |
| 1988 | 109.7 | 135.7 | 129.5 | 76.1 | 84.0 |
| 1989 | 110.7 | 110.2 | 90.8 | 140.2 | 99.6 |
| 1990 | 111.4 | 98.2 | 110.4 | 103.1 | 138.2 |
| 1991 | 111.5 | 107.2 | 116.7 | 113.8 | 145.4 |
| 1992 | 120.0 | 120.1 | 127.1 | 113.5 | 139.2 |
| 1993 | 118.1 | 121.2 | 121.7 | 99.1 | 164.5 |
| 1994 | 113.0 | 110.5 | 108.4 | 122.8 | 115.3 |
| 1995 | 114.1 | 126.4 | 120.8 | 99.9 | 117.2 |
| 1996 | 114.5 | 118.6 | 118.6 | 104.5 | 108.7 |
| 1997 | 114.4 | 118.9 | 117.9 | 104.6 | 109.1 |
| 1998 | 110.7 | 116.0 | 114.8 | 102.4 | 103.7 |
| 1999 | 109.8 | 114.2 | 111.1 | 97.8 | 116.4 |
| 2000 | 109.9 | 111.1 | 110.5 | 106.0 | 116.8 |
| 2001 | 109.3 | 107.2 | 109.8 | 106.5 | 113.1 |
| 2002 | 109.1 | 104.7 | 109.3 | 110.9 | 112.4 |
| 2003 | 109.8 | 108.3 | 111.5 | 107.8 | 112.5 |
| 2004 | 108.7 | 108.8 | 111.4 | 109.8 | 108.7 |
| 2005 | 113.6 | 106.6 | 108.6 | 107.4 | 130.3 |
| 2006 | 116.9 | 112.7 | 111.9 | 129.5 | 126.2 |
| 2007 | 114.5 | 110.0 | 112.6 | 121.7 | 110.2 |
| 2008 | 112.2 | 108.1 | 110.5 | 118.1 | 99.9 |
| 2009 | 112.3 | 104.9 | 116.1 | 122.5 | 112.7 |
| 2010 | 110.6 | 111.6 | 114.7 | 115.0 | 103.0 |
| 2011 | 109.2 | 105.2 | 109.3 | 110.5 | 109.2 |
| 2012 | 109.2 | 107.4 | 106.7 | 121.7 | 107.6 |
| 2013 | 109.3 | 108.2 | 107.6 | 116.1 | 103.7 |
| 2014 | 108.1 | 110.8 | 107.3 | 114.4 | 99.0 |
| 2015 | 110.1 | 108.7 | 106.4 | 113.1 | 106.3 |
| 2016 | 111.0 | 107.3 | 107.0 | 110.0 | 108.4 |
| 2017 | 110.0 | 108.4 | 107.6 | 106.7 | 107.7 |
| 2018 | 108.6 | 105.0 | 106.9 | 103.3 | 107.0 |
| 2019 | 107.3 | 109.5 | 107.0 | 109.2 | 107.0 |

# 2-12 第三产业增加值指数（1978年=100）

## Indices of Value-added of the Tertiary Industry(year of 1978=100)

单位：以1978年为100　　(year of 1978=100)

| 年份 Year | 第三产业 Tertiary Industy | #交通运输、仓储和邮政业 Transport,Storage and Post | #批发和零售业 Wholesale and Retail Trade | #金融业 Finance | #房地产业 Real Estate |
|---|---|---|---|---|---|
| 1979 | 99.0 | 93.8 | 86.8 | 100.0 | 114.3 |
| 1980 | 124.4 | 124.3 | 124.7 | 124.5 | 123.4 |
| 1981 | 169.6 | 169.5 | 170.1 | 169.6 | 168.9 |
| 1982 | 193.7 | 193.6 | 194.1 | 193.5 | 193.5 |
| 1983 | 206.3 | 206.0 | 206.5 | 206.1 | 205.1 |
| 1984 | 256.4 | 256.0 | 256.5 | 256.1 | 255.8 |
| 1985 | 316.7 | 316.2 | 316.8 | 316.1 | 315.7 |
| 1986 | 314.8 | 317.8 | 306.4 | 316.4 | 315.7 |
| 1987 | 383.7 | 382.6 | 383.6 | 382.8 | 382.0 |
| 1988 | 420.9 | 519.2 | 496.7 | 291.3 | 320.8 |
| 1989 | 466.0 | 572.2 | 451.0 | 408.4 | 319.6 |
| 1990 | 519.1 | 562.0 | 498.1 | 421.1 | 441.6 |
| 1991 | 578.8 | 602.4 | 581.4 | 479.4 | 642.0 |
| 1992 | 694.6 | 723.4 | 738.9 | 543.9 | 893.9 |
| 1993 | 820.3 | 876.8 | 899.2 | 539.0 | 1470.5 |
| 1994 | 927.0 | 968.8 | 974.8 | 661.9 | 1695.4 |
| 1995 | 1057.7 | 1224.6 | 1177.5 | 661.2 | 1987.1 |
| 1996 | 1211.0 | 1452.4 | 1396.6 | 691.0 | 2159.9 |
| 1997 | 1385.4 | 1726.9 | 1646.5 | 722.8 | 2356.5 |
| 1998 | 1533.7 | 2003.2 | 1890.2 | 740.1 | 2443.7 |
| 1999 | 1684.0 | 2287.6 | 2100.0 | 723.8 | 2844.4 |
| 2000 | 1850.7 | 2541.5 | 2320.5 | 767.3 | 3322.3 |
| 2001 | 2022.8 | 2724.5 | 2548.0 | 817.1 | 3757.5 |
| 2002 | 2206.9 | 2852.6 | 2784.9 | 906.2 | 4223.5 |
| 2003 | 2423.1 | 3089.3 | 3105.2 | 976.9 | 4751.4 |
| 2004 | 2633.9 | 3361.2 | 3459.2 | 1072.6 | 5164.8 |
| 2005 | 2992.1 | 3583.0 | 3756.7 | 1152.0 | 6729.7 |
| 2006 | 3497.8 | 4038.1 | 4203.7 | 1491.9 | 8492.9 |
| 2007 | 4005.0 | 4441.9 | 4733.4 | 1815.6 | 9359.2 |
| 2008 | 4493.6 | 4801.7 | 5230.4 | 2144.2 | 9349.8 |
| 2009 | 5046.3 | 5037.0 | 6072.5 | 2626.6 | 10537.2 |
| 2010 | 5581.2 | 5621.3 | 6965.1 | 3020.6 | 10853.3 |
| 2011 | 6094.7 | 5913.6 | 7612.9 | 3337.8 | 11851.9 |
| 2012 | 6655.4 | 6351.2 | 8122.9 | 4062.1 | 12752.6 |
| 2013 | 7274.4 | 6872.0 | 8740.3 | 4716.1 | 13224.4 |
| 2014 | 7863.6 | 7614.1 | 9378.3 | 5395.2 | 13092.2 |
| 2015 | 8657.8 | 8276.6 | 9978.5 | 6102.0 | 13917.0 |
| 2016 | 9610.2 | 8880.7 | 10677.0 | 6712.2 | 15086.0 |
| 2017 | 10571.2 | 9626.7 | 11488.5 | 7161.9 | 16247.7 |
| 2018 | 11480.3 | 10108.1 | 12281.2 | 7398.3 | 17385.0 |
| 2019 | 12318.4 | 11068.3 | 13140.9 | 8078.9 | 18601.9 |

## 主要统计指标解释

**国内生产总值(GDP)** 指按市场价格计算的一个国家(或地区)所有常住单位在一定时期内生产活动的最终成果。国内生产总值有三种表现形态，即价值形态、收入形态和产品形态。从价值形态看，它是所有常住单位在一定时期内生产的全部货物和服务价值超过同期投入的全部非固定资产货物和服务价值的差额，即所有常住单位的增加值之和；从收入形态看，它是所有常住单位在一定时期内创造并分配给常住单位和非常住单位的初次收入之和；从产品形态看，它是所有常住单位在一定时期内最终使用的货物和服务价值减去货物和服务进口价值。在实际核算中，国内生产总值有三种计算方法，即生产法、收入法和支出法。三种方法分别从不同的方面反映国内生产总值及其构成。

对于一个地区来说，称为地区生产总值或地区GDP。

**三次产业** 三次产业的划分是世界上较为常用的产业结构分类，但各国的划分不尽一致。我国的三次产业划分是：

第一产业是指农、林、牧、渔业。

第二产业是指采矿业，制造业，电力、煤气及水的生产和供应业，建筑业。

第三产业是指除第一、二产业以外的其他行业。

**劳动者报酬** 指劳动者因从事生产活动所获得的全部报酬。包括劳动者获得的各种形式的工资、奖金和津贴，既包括货币形式的，也包括实物形式的，还包括劳动者所享受的公费医疗和医药卫生费、上下班交通补贴、单位支付的社会保险费、住房公积金等。对于个体经济来说，其所有者所获得的劳动报酬和经营利润不易区分，这两部分统一作为劳动者报酬处理。

**生产税净额** 指生产税减生产补贴后的余额。生产税指政府对生产单位从事生产、销售和经营活动以及因从事生产活动使用某些生产要素(如固定资产、土地、劳动力)所征收的各种税、附加费和规费。生产补贴与生产税相反，指政府对生产单位的单方面转移支出，因此视为负生产税，包括政策亏损补贴、价格补贴等。

**固定资产折旧** 指一定时期内为弥补固定资产损耗按照规定的固定资产折旧率提取的固定资产折旧，或按国民经济核算统一规定的折旧率虚拟计算的固定资产折旧。它反映了固定资产在当期生产中的转移价值。各类企业和企业化管理的事业单位的固定资产折旧是指实际计提的折旧费；不计提折旧的政府机关、非企业化管理的事业单位和居民住房的固定资产折旧是按照统一规定的折旧率和固定资产原值计算的虚拟折旧。原则上，固定资产折旧应按固定资产当期的重置价值计算，但是目前我国尚不具备对全社会固定资产进行重估价的基础，所以暂时只能采用上述办法。

**营业盈余** 指常住单位创造的增加值扣除劳动者报酬、生产税净额和固定资产折旧后的余额。它相当于企业的营业利润加上生产补贴，但要扣除从利润中开支的工资和福利等。

**支出法国内生产总值** 是从最终使用的角度反映一个国家(或地区)一定时期内生产活动最终成果的一种方法，包括最终消费、资本形成总额及货物和服务净出口三部分。计算公式为：

支出法国内生产总值=最终消费+资本形成总额+货物和服务净出口

**最终消费** 指常住单位为满足物质、文化和精神生活的需要，从本国经济领土和国外购买的货物和服务的支出。它不包括非常住单位在本国经济领土内的消费支出。最终消费分为居民消费和政府消费。

**居民消费** 指常住住户在一定时期内对于货物和服务的全部最终消费支出。居民消费除了直接以货币形式购买的货物和服务的消费支出外，还包括以其他方式获得的货物和服务的消费支出，即所谓的虚拟消费支出。居民虚拟消费支出包括如下几种类型：单位以实物报酬及实物转移的形式提供给劳动者的货物和服务；住户生产并由本住户消费了的货物和服务，其中的服务仅指住户的自有住房服务和付酬的家庭雇员提供的家庭和个人服务；金融机构提供的金融媒介服务；保险公司提供的保险服务。

**政府消费** 指政府部门为全社会提供的公共服务的消费支出和免费或以较低的价格向居民住户提供的货物和服务的净支出，前者等于政府服务的产出价值减去政府单位所获得的经营收入的价值，后者等于政府部门免费或以较低价格向居民住户提供的货物和服务的市场价值减去向住户收取的价值。

**资本形成总额**　指常住单位在一定时期内获得减去处置的固定资产和存货的净额，包括固定资本形成总额和存货增加两部分。

**固定资本形成总额**　指生产者在一定时期内获得的固定资产减处置的固定资产的价值总额。固定资产是通过生产活动生产出来的，且其使用年限在一年以上、单位价值在规定标准以上的资产，不包括自然资产。可分为有形固定资本形成总额和无形固定资本形成总额。有形固定资本形成总额包括一定时期内完成的建筑工程、安装工程和设备工器具购置(减处置)价值，以及土地改良、新增役、种、奶、毛、娱乐用牲畜和新增经济林木价值。无形固定资本形成总额包括矿藏的勘探、计算机软件等获得减处置。

**存货增加**　指常住单位在一定时期内存货实物量变动的市场价值，即期末价值减期初价值的差额，再扣除当期由于价格变动而产生的持有收益。存货增加可以是正值，也可以是负值，正值表示存货上升，负值表示存货下降。存货包括生产单位购进的原材料、燃料和储备物资等存货，以及生产单位生产的产成品、在制品和半成品等存货。

**货物和服务净出口**　指货物和服务出口减货物和服务进口的差额。出口包括常住单位向非常住单位出售或无偿转让的各种货物和服务的价值；进口包括常住单位从非常住单位购买或无偿得到的各种货物和服务的价值。由于服务活动的提供与使用同时发生，一般把常住单位从非常住单位得到的服务作为进口，非常住单位从常住单位得到的服务作为出口。货物的出口和进口都按离岸价格计算。

# Explanatory Notes on Main Statistical Indicators

**Gross Domestic Product (GDP)** refers to the final products at market prices produced by all resident units in a country (or a region) during a certain period of time. Gross domestic product is expressed in three different forms, i.e. value, income, and products respectively. GDP in its value form refers to the total value of all goods and services produced by all resident units during a certain period of time, minus the total value of input of goods and services of the nature of non-fixed assets; in other term, it is the sum of the value-added of all resident units. GDP in the form of income includes the income created by all resident units and distributed to resident and non-resident units. GDP in the form of products refers to the value of all goods and services for final consumption by all resident units minus the imports of goods and services during a given period of time. In the practice of national accounting, gross domestic product is calculated with three approaches, i.e. production approach, income approach and expenditure approach, which reflect gross domestic product and its composition from different aspects.

For a Region, Gross Domestic Product. is called Region GDP.

**Three Industries** Classification of economic activities into three branches of industries is a common practice in the world, although the grouping varies to some extent form country to country. In China economic activities are categorized into following industries:

Primary industry: refers to agriculture, forestry, animal husbandry and fishery.

Secondary industry: refers to mining and quarrying, manufacturing, production and supply of electricity, water and gas, and construction.

Tertiary industry: refers to all other economic activities not included in primary or secondary industry.

**Labourers Remuneration** refers to the whole payment of various forms earned by the labourers from the productive activities they are engaged in. It includes wages, bonuses and allowances the labourers earned in monetary form and in kind. It also includes the free medical services provided to the labourers and the medicine expenses, traffic subsidies and social insurance, housing fund paid by the employers. As the individual economy is concerned, since the labourers remuneration is not easily distinguished from the operating profit, both are treated as labourers remuneration.

**Net Taxes on Production** refers to the difference of the taxes on production minus the subsidies on production. The taxes on production refers to the various taxes, extra charges and fees levied on the production units on their production, sale and business activities as well as on the use of some factors of production, such as fixed assets, land and labour in the production activities they are engaged in. In contrast to the taxes on production, the subsidies on production refer to the unilateral government transfer to the production units and are therefore regarded as negative taxes on production. They include subsidies on the loss due to implementation of government policies, price subsidies, etc.

**Depreciation of Fixed Assets** refers to the depreciation of fixed assets of a given period, drawn in accordance with the stipulated depreciation rate for the purpose of compensating the wear loss of the fixed assets or the depreciation of fixed assets calculated in a fictitious way in accordance with the stipulated unified depreciation rate in the national economic accounting system. It reflects the value of transfer of the fixed assets in the production of the current period. The depreciation of fixed assets in various enterprises and institutions managed as enterprises refers to the depreciation expenses actually drawn. In government agencies and institutions not managed as enterprises which do not draw the depreciation expenses, as well as for the houses of residents, the depreciation of fixed assets is the imputed depreciation, which is calculated in accordance with the stipulated unified depreciation rate. In principle, the depreciation of fixed assets should be calculated on the basis of the re-purchased value of the fixed assets. However, there is no actual condition to re-evaluate all the fixed assets in China. Therefore, the above-mentioned methods are temporarily adopted at present.

**Operating Surplus** refers to the balance of the value added created by the resident units after deducting the labourers remuneration, net taxes on production and the depreciation of fixed assets. It is equivalent to the business profit of the enterprises plus subsidies on production, but the wages and welfare expenses paid from the profits should be deducted.

**GDP by Expenditure Approach** refers to the method of measuring the final results of production activities of a country (region) during a given period from the perspective of final use. It includes final consumption, gross capital formation and net export of goods and services, i.e.:

GDP by expenditure approach = final consumption + gross capital formation + net export of goods and services

**Final Consumption** refers to the total expenditure of resident units for purchases of goods and services from domestic economic territory and abroad to meet the requirements of material, cultural and spiritual life. It excludes the expenditure of non-resident units on consumption in the economic territory of the country. The final consumption is broken down into household consumption and government consumption.

**Households Consumption** refers to the total expenditure of resident households on the final consumption of goods and services. In addition to the consumption of goods and services bought by the households directly with money, the households consumption also includes expenditure on goods and services obtained by the households in other ways, i.e. the so-called imputed consumption expenditure, which includes the following: (a) the goods and services provided to the households by the employer in the form of payment in kind and transfer in kind; (b) goods and services produced and consumed by the households themselves, in which the services refer only to the owner-occupied housing and domestic and individual services provided by the paid household workers; (c) financial intermediate services provided by financial institutions; (d) insurance services provided by insurance companies.

**Government Consumption** refers to the expenditure on the consumption of the public services provided by the government to the whole society and the net expenditure on the goods and services provided by the government to the households free of charge or at low prices. The former equals to the output value of the government services minus the value of operating income obtained by the government departments. The latter equals to the market value of the goods and services provided by the government free of charge or at low prices to the households minus the value received by the government from the households.

**Gross Capital Formation** refers to the fixed assets acquired minus those disposed of and the net value of inventory, including the gross fixed capital formation and the increase in inventory.

**Gross Fixed Capital Formation** refers to the value of fixed assets acquired minus those disposals of during a given period. Fixed assets are the assets produced through production activities with specified unit value which could be used for over one year, excluding natural assets. Gross fixed capital formation can be categorized into total tangible capital formation and total intangible capital formation. The total tangible capital formation include the value of the construction projects, installation projects completed and the equipment, apparatus and instruments purchased as well as the value of land improved, the value of draught animals, breeding stock, animals for milk, for wool and for recreational purpose, and the newly increased forest with economic value during a given period. The total intangible capital formation includes the prospecting of minerals, the acquisition of computer software minus the disposal of them.

**Increase in Inventory** refers to the market value of the change in inventory of resident units during a given period, i.e. the difference of value minus the current gains due to the change in prices. The increase in inventory can be positive or negative. A positive value indicates the increase in inventory while a negative value indicates the decrease in inventory. The inventory includes the raw materials, fuels and reserve materials purchased by the production units as well as the inventory of finished products, semi-finished products, work-in-progress, etc.

**Net Export of Goods and Services** refers to the difference of the exports of goods and services minus the imports of goods and services. The imports include the value of various goods and services sold or gratuitously transferred by the resident units to the non-resident units. The imports include the value of various goods and services purchased or gratuitously acquired by the resident units from the non-resident units. Because the provision of services and the use of them happen simultaneously, the acquisition of services by the resident units from abroad is usually treated as import while the acquisition of services by non-resident units in this country is usually treated as export. The export and import of goods are calculated at FOB.

# 第三篇　人口、就业和职工工资

# Chapter 3　Population,Employment and wages

资料整理：林增武 李丽精 徐林

Database Editor: linzengwu Lilijing Xulin

# 简要说明

本篇资料的主要内容及来源

本篇主要包括人口、就业、工资等资料。人口资料还包括了建国以来进行的六次人口普查主要数据。

户籍人口数由省公安厅提供；失业统计资料由省人力资源和社会保障厅提供；常住人口数由省统计局根据人口抽样调查推算，人口普查主要数据、就业和工资资料由省统计局提供。

# Brief Introduction

Main Content and Source of Data

Data in this chapter show the basic condition of population, employment ,wage of staff and works. Data of population include the six national population censuses.

The data on household registered population are provided by Fujian Provincial Department of Public Security. Total region population are estimated by Fujian Provincial Bureau of Statistics in according with the annual national sample survey on population changes. The data of population census, employment and wages are provided by Fujian Provincial Bureau of Statistics.

# 3-1 年末常住人口及人口变动

## Total Population and Changes at the Year-end

| 年份 Year | 常住总人口（万人） Total Population (10000 persons) | 按性别分类 By Sex | | 按城乡分 By Rural | | 人口出生率（‰） Birth Rate (‰) | 人口死亡率（‰） Death Rate (‰) | 人口自然增长率（‰） Natural Growth Rate (‰) | 人口密度（人/平方公里） Population of Per Sq.km(Person/Sq.km) |
|---|---|---|---|---|---|---|---|---|---|
| | | 男 Male | 女 Female | 城镇 Urban | 乡村 Rural | | | | |
| 1952 | 1270 | | | | | 37.92 | 13.32 | 24.60 | 102 |
| 1957 | 1461 | | | | | 37.56 | 9.80 | 27.76 | 118 |
| 1962 | 1602 | | | | | 41.14 | 11.65 | 29.49 | 129 |
| 1965 | 1759 | | | | | 41.19 | 7.92 | 33.27 | 142 |
| 1970 | 2020 | | | | | 34.23 | 6.98 | 27.25 | 163 |
| 1975 | 2297 | | | | | 29.19 | 6.58 | 22.61 | 185 |
| 1978 | 2446 | | | | | 25.35 | 6.31 | 19.04 | 197 |
| 1979 | 2487 | | | | | 22.91 | 6.28 | 16.63 | 201 |
| 1980 | 2519 | | | | | 18.68 | 6.27 | 12.41 | 203 |
| 1981 | 2563 | | | | | 23.40 | 6.25 | 17.15 | 207 |
| 1982 | 2620 | | | | | 27.91 | 6.35 | 21.56 | 211 |
| 1983 | 2668 | | | | | 24.53 | 6.31 | 18.22 | 215 |
| 1984 | 2720 | | | | | 25.68 | 6.25 | 19.43 | 219 |
| 1985 | 2769 | | | | | 23.88 | 6.18 | 17.70 | 223 |
| 1986 | 2820 | | | | | 24.02 | 5.85 | 18.17 | 227 |
| 1987 | 2875 | | | | | 24.91 | 5.79 | 19.21 | 232 |
| 1988 | 2929 | | | | | 24.34 | 5.81 | 18.53 | 236 |
| 1989 | 2984 | | | | | 24.67 | 6.10 | 18.57 | 241 |
| 1990 | 3037 | | | | | 24.44 | 6.71 | 17.73 | 245 |
| 1991 | 3079 | | | | | 20.03 | 6.26 | 13.77 | 248 |
| 1992 | 3116 | | | | | 18.18 | 6.02 | 12.16 | 251 |
| 1993 | 3150 | | | | | 16.72 | 5.62 | 11.10 | 254 |
| 1994 | 3183 | | | | | 16.24 | 5.95 | 10.29 | 257 |
| 1995 | 3227 | | | | | 15.20 | 5.90 | 9.30 | 261 |
| 1996 | 3261 | | | | | 13.22 | 5.94 | 7.28 | 263 |
| 1997 | 3282 | | | | | 12.41 | 6.09 | 6.32 | 265 |
| 1998 | 3299 | | | | | 11.53 | 6.20 | 5.33 | 266 |
| 1999 | 3316 | | | | | 11.06 | 5.85 | 5.21 | 267 |
| 2000 | 3410 | 1757 | 1653 | 1432 | 1978 | 11.60 | 5.85 | 5.75 | 275 |
| 2001 | 3445 | 1775 | 1670 | 1473 | 1972 | 11.56 | 5.52 | 6.04 | 278 |
| 2002 | 3476 | 1790 | 1686 | 1587 | 1889 | 11.35 | 5.57 | 5.78 | 280 |
| 2003 | 3502 | 1805 | 1697 | 1624 | 1878 | 11.43 | 5.58 | 5.85 | 282 |
| 2004 | 3529 | 1818 | 1711 | 1681 | 1848 | 11.58 | 5.62 | 5.96 | 285 |
| 2005 | 3557 | 1793 | 1764 | 1758 | 1799 | 11.60 | 5.62 | 5.98 | 287 |
| 2006 | 3585 | 1810 | 1775 | 1807 | 1778 | 12.00 | 5.75 | 6.25 | 289 |
| 2007 | 3612 | 1824 | 1788 | 1856 | 1756 | 12.00 | 5.90 | 6.10 | 291 |
| 2008 | 3639 | 1830 | 1809 | 1929 | 1710 | 12.20 | 5.90 | 6.30 | 293 |
| 2009 | 3666 | 1848 | 1818 | 2019 | 1647 | 12.20 | 6.00 | 6.20 | 296 |
| 2010 | 3693 | 1900 | 1793 | 2109 | 1584 | 11.27 | 5.16 | 6.11 | 298 |
| 2011 | 3720 | 1912 | 1808 | 2161 | 1559 | 11.41 | 5.20 | 6.21 | 300 |
| 2012 | 3748 | 1927 | 1821 | 2234 | 1514 | 12.74 | 5.73 | 7.01 | 302 |
| 2013 | 3774 | 1938 | 1836 | 2293 | 1481 | 12.20 | 6.01 | 6.19 | 304 |
| 2014 | 3806 | 1936 | 1870 | 2352 | 1454 | 13.70 | 6.20 | 7.50 | 307 |
| 2015 | 3839 | 1949 | 1890 | 2403 | 1436 | 13.90 | 6.10 | 7.80 | 310 |
| 2016 | 3874 | 1970 | 1904 | 2464 | 1410 | 14.50 | 6.20 | 8.30 | 313 |
| 2017 | 3911 | 1997 | 1914 | 2534 | 1377 | 15.00 | 6.20 | 8.80 | 316 |
| 2018 | 3941 | 2016 | 1925 | 2593 | 1348 | 13.20 | 6.20 | 7.00 | 318 |
| 2019 | 3973 | 2021 | 1952 | 2642 | 1331 | 12.90 | 6.10 | 6.80 | 321 |

# 3-2 人口年龄构成

# Population by Age

单位：%　　　　(%)

| 年龄组 Age Group | 1990 | | | 2000 | | | 2010 | | | 2018 | | | 2019 | | |
|---|---|---|---|---|---|---|---|---|---|---|---|---|---|---|---|
| | 合计 Total | 男 Male | 女 Female | 合计 Total | 男 Male | 女 Female | 合计 Total | 男 Male | 女 Female | 合计 Total | 男 Male | 女 Female | 合计 Total | 男 Male | 女 Female |
| **总　计 Total** | **100.00** | **51.36** | **48.64** | **100.00** | **51.53** | **48.47** | **100.00** | **51.45** | **48.55** | **100.00** | **51.15** | **48.85** | **100.00** | **50.87** | **49.13** |
| 0—4岁 Aged 0-4 | 11.28 | 5.91 | 5.37 | 4.76 | 2.63 | 2.13 | 5.77 | 3.20 | 2.57 | 6.64 | 3.50 | 3.14 | 6.63 | 3.49 | 3.13 |
| 5—9岁 Aged 5-9 | 10.35 | 5.35 | 5.00 | 7.44 | 4.07 | 3.37 | 5.03 | 2.73 | 2.30 | 5.12 | 2.72 | 2.40 | 5.26 | 2.74 | 2.53 |
| 10—14岁 Aged 10-14 | 9.84 | 5.07 | 4.77 | 10.80 | 5.59 | 5.21 | 4.67 | 2.55 | 2.12 | 4.95 | 2.71 | 2.24 | 5.01 | 2.75 | 2.26 |
| 15—19岁 Aged 15-19 | 11.00 | 5.63 | 5.37 | 9.77 | 4.91 | 4.86 | 7.63 | 4.03 | 3.60 | 4.39 | 2.38 | 2.01 | 4.47 | 2.41 | 2.06 |
| 20—24岁 Aged 20-24 | 10.78 | 5.43 | 5.35 | 8.95 | 4.51 | 4.44 | 10.62 | 5.32 | 5.30 | 5.32 | 2.89 | 2.43 | 4.83 | 2.62 | 2.21 |
| 25—29岁 Aged 25-29 | 8.91 | 4.51 | 4.40 | 10.60 | 5.43 | 5.17 | 8.94 | 4.50 | 4.44 | 9.39 | 4.78 | 4.61 | 8.49 | 4.36 | 4.13 |
| 30—34岁 Aged 30-34 | 7.57 | 3.93 | 3.64 | 10.11 | 5.18 | 4.93 | 8.26 | 4.23 | 4.03 | 9.33 | 4.67 | 4.67 | 9.70 | 4.81 | 4.88 |
| 35—39岁 Aged 35-39 | 6.89 | 3.56 | 3.33 | 8.34 | 4.28 | 4.06 | 9.77 | 5.01 | 4.76 | 7.98 | 4.03 | 3.95 | 8.19 | 4.09 | 4.09 |
| 40—44岁 Aged 40-44 | 4.73 | 2.55 | 2.18 | 6.49 | 3.38 | 3.11 | 9.29 | 4.75 | 4.54 | 8.70 | 4.44 | 4.26 | 8.39 | 4.25 | 4.14 |
| 45—49岁 Aged 45-49 | 3.61 | 1.98 | 1.63 | 6.04 | 3.11 | 2.93 | 7.54 | 3.85 | 3.69 | 9.52 | 4.83 | 4.69 | 9.49 | 4.79 | 4.70 |
| 50—54岁 Aged 50-54 | 3.67 | 1.99 | 1.68 | 4.13 | 2.21 | 1.92 | 5.76 | 2.98 | 2.78 | 8.32 | 4.21 | 4.11 | 8.56 | 4.31 | 4.25 |
| 55—59岁 Aged 55-59 | 3.35 | 1.77 | 1.58 | 3.02 | 1.63 | 1.39 | 5.30 | 2.68 | 2.62 | 5.85 | 2.95 | 2.90 | 6.35 | 3.16 | 3.18 |
| 60—64岁 Aged 60-64 | 2.95 | 1.52 | 1.43 | 2.87 | 1.52 | 1.35 | 3.52 | 1.83 | 1.69 | 5.50 | 2.75 | 2.75 | 5.33 | 2.66 | 2.67 |
| 65—69岁 Aged 65-69 | 2.10 | 1.01 | 1.09 | 2.49 | 1.26 | 1.23 | 2.47 | 1.29 | 1.18 | 3.73 | 1.84 | 1.89 | 3.98 | 1.94 | 2.05 |
| 70—74岁 Aged 70-74 | 1.44 | 0.63 | 0.81 | 1.99 | 0.96 | 1.03 | 2.16 | 1.09 | 1.07 | 2.15 | 1.07 | 1.08 | 2.26 | 1.11 | 1.15 |
| 75—79岁 Aged 75-79 | 0.90 | 0.34 | 0.56 | 1.23 | 0.53 | 0.70 | 1.64 | 0.77 | 0.87 | 1.47 | 0.71 | 0.76 | 1.47 | 0.70 | 0.77 |
| 80岁及以上 80 and over | 0.63 | 0.18 | 0.45 | 0.97 | 0.33 | 0.64 | 1.63 | 0.65 | 0.98 | 1.65 | 0.69 | 0.95 | 1.59 | 0.67 | 0.93 |

注：1990年、2000年及2010年为人口普查数，2018年和2019年为人口抽样调查样本数。

Note:Data in 1990, 2000 and 2010 are census data.Data in 2018 and 2019 are from Sample Survey Population.

# 3-3 各年龄组人口占总人口的比重

## Percentage of Population Group by Age to Total

单位：% (%)

| 年龄组 Age Group | 1982 | 1990 | 1995 | 2000 | 2010 | 2018 | 2019 |
|---|---|---|---|---|---|---|---|
| **总计 Total** | **100.0** | **100.0** | **100.0** | **100.0** | **100.0** | **100.0** | **100.0** |
| #育龄妇女(15-49岁) Childbearing Age Woman(15-49) | 23.5 | 25.9 | 26.7 | 29.5 | 30.4 | 26.6 | 26.2 |
| 不满周岁婴儿(0岁) Not-Full-One-Year (0) | 2.4 | 2.3 | 1.3 | 1.0 | 1.1 | 1.3 | 1.3 |
| 学龄前儿童(1-6岁) Preschool Age(1-6) | 13.3 | 13.3 | 11.2 | 6.4 | 6.8 | 7.5 | 7.6 |
| 小学学龄组(7-12岁) Primary(7-12) | 15.6 | 11.6 | 13.4 | 11.6 | 5.6 | 6.0 | 6.1 |
| 初中学龄组(13-15岁) Junior Middle School(13-15) | 7.5 | 6.3 | 5.5 | 5.9 | 3.2 | 2.8 | 2.9 |
| **劳动年龄组 Laborous** | | | | | | | |
| 男(16-59岁) Male (16-59) | 28.4 | 30.3 | 29.8 | 33.7 | 36.7 | 34.7 | 34.3 |
| 女(16-54岁) Female (16-54) | 24.3 | 26.6 | 27.6 | 30.5 | 32.6 | 30.3 | 30.0 |
| **超过劳动年龄组 Over-Laborous** | | | | | | | |
| 男（60岁及以上） Male（60 and Over） | 3.0 | 3.7 | 4.5 | 4.6 | 5.6 | 7.1 | 7.1 |
| 女（55岁及以上） Female（55 and Over） | 5.5 | 5.9 | 6.7 | 6.3 | 8.4 | 10.3 | 10.7 |

注：1982年、1990年、2000年及2010年为人口普查数，1995年、2018年和2019年为人口抽样调查样本数。
Note:Data in 1982,1990,2000 and 2010 are Census data,Data in 1995,2018 and 2019 are from Sample Survey Population.

# 3-4 出生孩次构成

## Composition of Women Population by Number of Living Children Born

单位：% (%)

| 项目 Item | 1981 | 1989 | 1995 | 2000 | 2010 | 2018 | 2019 |
|---|---|---|---|---|---|---|---|
| 一孩 1st Birth | 40.9 | 46.2 | 64.6 | 74.5 | 68.2 | 36.0 | 38.8 |
| 二孩 2nd Birth | 29.8 | 32.2 | 28.6 | 23.3 | 28.7 | 56.1 | 50.5 |
| 三孩及以上 3rd Birth and Over | 29.3 | 21.6 | 6.8 | 2.2 | 3.1 | 7.9 | 10.7 |

注：1981年、1989年、2000年及2010年为人口普查数,1995年、2018年和2019年为人口抽样调查样本数。
Note:Data in 1981, 1989，2000 and 2010 are Census data, Data in 1995,2018 and 2019 are from Sample Survey Population.

## 3-5 各种受教育程度人口占总人口的比重

## Percentage of Population by Educational Attainment

单位：% (%)

| 项目 Item | 1982 | 1990 | 1995 | 2000 | 2010 | 2018 | 2019 |
|---|---|---|---|---|---|---|---|
| 大专以上<br>College and Higher Lever | 0.6 | 1.2 | 1.4 | 3.0 | 8.4 | 11.2 | 11.4 |
| 高中(含中专)<br>Senior Secondary School (Specialized Secondary School) | 5.7 | 7.0 | 6.7 | 10.6 | 13.9 | 15.9 | 15.8 |
| 初中<br>Junior Secondary School | 12.6 | 16.9 | 20.4 | 33.5 | 37.9 | 38.6 | 38.7 |
| 小学<br>Primary School | 36.3 | 43.2 | 43.8 | 37.8 | 29.8 | 25.8 | 25.9 |

注：1982年、1990年、2000年及2010年为人口普查数,1995年、2018年和2019年为人口抽样调查样本数。
Note:Data in 1982, 1990，2000 and 2010 are Census data, Data in 1995,2018 and 2019 are from Sample Survey Population.

## 3-6 家庭户类型构成

## Composition of Family Household

单位：% (%)

| 项目 Item | 1982 | 1990 | 2000 | 2010 |
|---|---|---|---|---|
| 一人户<br>One Person | 7.7 | 5.8 | 9.1 | 12.1 |
| 二人户<br>Two Persons | 8.2 | 8.6 | 15.5 | 17.2 |
| 三人户<br>Three Persons | 12.2 | 16.8 | 25.4 | 24.3 |
| 四人户<br>Four Persons | 17.1 | 23.6 | 24.7 | 21.7 |
| 五人户<br>Five Persons | 18.4 | 21.4 | 15.8 | 13.7 |
| 六人户<br>Six Persons | 14.7 | 11.8 | 5.9 | 6.4 |
| 七人户<br>Seven Persons | 10.1 | 5.9 | 2.2 | 2.6 |
| 八人户<br>Eight Persons | 11.6 | 2.9 | 0.8 | 1.1 |
| 九人户<br>Nine Persons | | 1.4 | 0.3 | 0.5 |
| 十人及以上户<br>Ten Persons and Over | | 1.8 | 0.3 | 0.4 |

# 3-7 劳动年龄人口负担系数

## Number of Persons Raised per Capita at Working Age

单位：% (%)

| 项目 Item | 1982 | 1990 | 1995 | 2000 | 2010 | 2018 | 2019 |
|---|---|---|---|---|---|---|---|
| **总负担系数 Total Dependency Ratio** | **69.2** | **57.6** | **57.5** | **42.2** | **30.5** | **34.6** | **35.5** |
| 负担少年系数 The Juvenile and Children Dependency Ratio | 61.8 | 49.6 | 47.3 | 32.7 | 20.2 | 22.5 | 22.9 |
| 负担老年系数 The Aged Dependency Ratio | 7.4 | 8.0 | 10.2 | 9.5 | 10.3 | 12.1 | 12.6 |

注：1982年、1990年、2000年及2010年为人口普查数,1995年、2018年和2019年为人口抽样调查样本数。
Note:Data in 1982，1990，2000 andu 2010 are Census data, Data in 1995,2018 and 2019 are from Sample Survey Population.

# 3-8 15岁以上人口婚姻状况构成

## Composition of Marital Status above Fifteen Age

单位：% (%)

| 项目 | Item | 1982 | 1990 | 1995 | 2000 | 2010 |
|---|---|---|---|---|---|---|
| 未婚 | Single | 28.4 | 25.1 | 22.5 | 24.1 | 22.9 |
| 男 | Male | 33.9 | 29.7 | 26.5 | 27.7 | 26.1 |
| 女 | Female | 22.6 | 20.4 | 18.5 | 20.4 | 19.8 |
| 有配偶 | Married | 63.4 | 67.8 | 70.3 | 69.6 | 70.6 |
| 男 | Male | 61.4 | 66.1 | 69.0 | 68.4 | 70.0 |
| 女 | Female | 65.5 | 69.5 | 71.6 | 70.7 | 71.2 |
| 离婚 | Divorce | 0.6 | 0.6 | 0.6 | 0.7 | 1.1 |
| 男 | Male | 1.0 | 0.9 | 1.0 | 1.0 | 1.2 |
| 女 | Female | 0.2 | 0.2 | 0.3 | 0.5 | 0.9 |
| 丧偶 | Wid owed | 7.6 | 6.5 | 6.6 | 5.6 | 5.4 |
| 男 | Male | 3.7 | 3.3 | 3.5 | 2.9 | 2.7 |
| 女 | Female | 11.7 | 9.9 | 9.6 | 8.4 | 8.1 |

# 3-9 六次全国人口普查人口基本情况

## Basic Statistics on National Population Census in 1953,1964,1982,1990,2000 and 2010

| 项目　Item | 1953 | 1964 | 1982 | 1990 | 2000 | 2010 |
|---|---|---|---|---|---|---|
| **一、总户数和总人口**<br>**Total Population and Family Household** | | | | | | |
| 家庭户（万户）<br>Family Household(10000 household) | 320 | 360 | 514 | 658 | 874 | 1121 |
| 总人口（万人）<br>Total Population (10000 persons) | 1285 | 1676 | 2587 | 3005 | 3410 | 3689 |
| 男<br>Male | 662 | 869 | 1331 | 1543 | 1757 | 1898 |
| 女<br>Female | 623 | 807 | 1256 | 1462 | 1653 | 1791 |
| 性别比（女性=100）<br>Sex Ratio (female=100) | 106.4 | 107.8 | 105.9 | 105.6 | 106.3 | 106.0 |
| 平均每户人数（人／户）<br>Population by Age Group(person/household) | 4.0 | 4.7 | 4.9 | 4.4 | 3.6 | 3.0 |
| **二、城乡人口（万人）**<br>**Population by Residence (10000 persons)** | | | | | | |
| 城镇人口<br>Urban Population | | 223 | 548 | 642 | 1432 | 2106 |
| 乡村人口<br>Rural Population | | 1453 | 2039 | 2363 | 1978 | 1583 |
| 城镇化率（%）<br>Proportion of Urban Population in Total Population(%) | | 13.3 | 21.2 | 21.4 | 42.0 | 57.1 |
| **三、民族人口（万人）**<br>**Population by Ethnicity(10000 persons)** | | | | | | |
| 汉族人口<br>Han | | | 2562 | 2958 | 3351 | 3610 |
| 占总人口比重(%)<br>Percentage to Total Population(%) | | | 99.0 | 98.4 | 98.3 | 97.8 |
| 少数民族人口<br>Ethnic Minorities | | | 25 | 47 | 59 | 80 |
| 占总人口比重(%)<br>Percentage to Total Population(%) | | | 1.0 | 1.6 | 1.7 | 2.2 |
| **四、人口年龄构成**<br>**Population by Age Group** | | | | | | |
| 0-14岁人口(万人)<br>Aged 0-14(10000 persons) | 460 | 709 | 945 | 946 | 760 | 571 |
| 占总人口比重(%)<br>Percentage to Total Population(%) | 35.8 | 42.3 | 36.5 | 31.5 | 22.3 | 15.5 |
| 15－64岁人口(万人)<br>Aged 15-64(10000 persons) | 782 | 914 | 1530 | 1907 | 2422 | 2828 |

# 3-9 续表1

## Continued

| 项目 Item | 1953 | 1964 | 1982 | 1990 | 2000 | 2010 |
|---|---|---|---|---|---|---|
| 占总人口比重(%) Percentage to Total Population(%) | 60.9 | 54.5 | 59.1 | 63.5 | 71.0 | 76.7 |
| 65岁及65岁以上人口(万人) Aged 65 and Ovre(10000 persons) | 43 | 53 | 113 | 152 | 228 | 291 |
| 占总人口比重(%) Percentage to Total Population(%) | 3.3 | 3.2 | 4.4 | 5.0 | 6.7 | 7.9 |
| 百岁老年人口(人) Population of 100 and over (persons) | 16 | 14 | 45 | 143 | 373 | 1058 |
| 男 Male | 3 | 2 | 7 | 16 | 46 | 221 |
| 女 Female | 13 | 12 | 38 | 127 | 327 | 837 |
| **总抚养比（%） Total Dependency Ratio(%)** | **64.2** | **83.3** | **69.2** | **57.6** | **42.2** | **30.5** |
| 少儿抚养比 The Juvenile and Children Dependency Ratio | 58.8 | 77.6 | 61.8 | 49.6 | 32.7 | 20.2 |
| 老年抚养比 The Aged Dependency Ratio | 5.4 | 5.8 | 7.4 | 8.0 | 9.5 | 10.3 |
| 老少比（%） Population in Juvenile and Children to Aged(%) | 9.2 | 7.4 | 12.0 | 16.1 | 30.1 | 51.0 |
| **平均预期寿命(岁) Life Expectancy(year old)** | | | **68.50** | **70.50** | **72.55** | **75.76** |
| 男 Male | | | 66.20 | 68.40 | 70.30 | 73.27 |
| 女 Female | | | 70.70 | 72.60 | 75.07 | 78.64 |
| **五、受教育人口 Population with Various Education Attainments** | | | | | | |
| 每十万人拥有小学及以上文化程度人口(人) Population with Various Education Attainments Per 100 000 Persons (person) | | | | | | |
| 小学 Primary School | | 26716 | 36334 | 43213 | 40200 | 29801 |
| 初中 Junior Secondary School | | 5070 | 12601 | 16891 | 35700 | 37886 |
| 高中及中专 Senior Secondary School andTechnical Secondary School | | 1826 | 5716 | 6991 | 11300 | 13876 |
| 大专以上 Junior College and Above | | 439 | 608 | 1228 | 3200 | 8361 |
| 文盲人口 Illiterate Population | | | 651 | 477 | 327 | 90 |
| 文盲率（%） Illiterate Rate(%) | | 58.8 | 25.2 | 15.9 | 9.6 | 2.4 |

# 3-9 续表2

## Continued

| 项目 Item | 1953 | 1964 | 1982 | 1990 | 2000 | 2010 |
|---|---|---|---|---|---|---|
| **六、劳动力和就业状况 Labor and Employment** | | | | | | |
| 劳动适龄人口(万人) Population in suit of Employment | 701 | 816 | 1364 | 1710 | 2188 | 2556 |
| 男(16-59岁) Male (aged 16-59) | 367 | 444 | 736 | 911 | 1148 | 1353 |
| 女(16-54岁) Female(aged 16-54) | 335 | 372 | 628 | 799 | 1040 | 1203 |
| 占总人口比重(%) Percentage to Total Population(%) | 54.6 | 48.7 | 52.7 | 56.9 | 64.2 | 69.3 |
| **七、各种婚姻人口占15岁及以上人口比重(%) Population Aged 15 and Over(%)** | | | **100** | **100** | **100** | **100** |
| 未婚 Never Married | | | 28.4 | 25.1 | 24.1 | 22.9 |
| 有配偶 Married | | | 63.4 | 67.8 | 69.6 | 70.6 |
| 离婚 Divorced | | | 0.6 | 0.6 | 0.7 | 1.1 |
| 丧偶 Widowed | | | 7.6 | 6.5 | 5.6 | 5.4 |
| **八、生育 Fertility** | | | | | | |
| 育龄妇女人数（万人） Childbearing Women(10000 person) | 319 | 354 | 608 | 778 | 1006 | 1121 |
| 生育旺盛期组(女20－29岁) High Ratio of Childbearing Women | 106 | 109 | 212 | 293 | 328 | 359 |
| 生育率（‰） Fertility Rate (‰) | | | 94.4 | 90.8 | 32.9 | |
| 总和生育率 Total Fertility Rate | | | 2.7 | 2.4 | 1.0 | |
| **九、人口自然变动 Natural Growth** | | | | | | |
| 出生率（‰） Birth Rate(‰) | 36.67 | 38.59 | 27.91 | 24.44 | 11.60 | 11.27 |
| 死亡率（‰） Death Rate(‰) | 12.55 | 8.68 | 6.35 | 6.71 | 5.85 | 5.16 |
| 自然增长率（‰） Natural Growth Rate(‰) | 24.12 | 29.91 | 21.56 | 17.73 | 5.75 | 6.11 |

# 3-10 就业基本情况

# Basic Statistics of Employment

| 项目 Item | 2000 | 2005 | 2010 | 2018 | 2019 |
|---|---|---|---|---|---|
| **就业人员合计（万人）Number of Employed Persons(10000 persons)** | **1660.19** | **1868.50** | **2241.59** | **2791.37** | **2781.26** |
| 第一产业 Primary Industry | 776.43 | 702.49 | 636.54 | 584.98 | 548.85 |
| 第二产业 Secondary Industry | 407.05 | 582.31 | 820.89 | 982.23 | 909.65 |
| 第三产业 Tertiary Industry | 476.71 | 583.69 | 784.16 | 1224.15 | 1322.76 |
| **就业人员构成（%）Composition in Percentage(%)** | | | | | |
| 第一产业 Primary Industry | 46.8 | 37.6 | 28.4 | 21.0 | 19.7 |
| 第二产业 Secondary Industry | 24.5 | 31.2 | 36.6 | 35.2 | 32.7 |
| 第三产业 Tertiary Industry | 28.7 | 31.2 | 35.0 | 43.8 | 47.6 |
| **按城乡分就业人数（万人）Employment in Urban and Rural Areas(10000 persons)** | | | | | |
| **城镇非私营单位就业人员 Urban** | **325.88** | **400.07** | **507.14** | **705.36** | **639.58** |
| #国有单位 State-Owned Units | 170.82 | 150.88 | 155.51 | 155.75 | 147.14 |
| 集体单位 Collective-Owned Units | 34.18 | 19.10 | 16.58 | 9.97 | 9.32 |
| 股份合作单位 Cooperative Units | 3.64 | 5.80 | 8.14 | 5.41 | 5.47 |
| 联营单位 Ownership Units | 3.35 | 2.67 | 1.95 | 0.45 | 0.32 |
| 有限责任公司 Limited Liability Corporations | 12.07 | 35.88 | 87.40 | 332.76 | 276.30 |
| 股份有限公司 Share-Holding Corporations Ltd. | 9.32 | 16.19 | 31.28 | 51.17 | 52.97 |
| 港澳台商投资单位 Units With Funds From Hong Kong, Macao and Taiwan | 51.51 | 99.45 | 110.25 | 87.61 | 84.33 |
| 外商投资单位 Foreign Funded Units | 40.26 | 64.05 | 81.88 | 55.50 | 48.58 |
| **城镇私营和个体从业人员 Private Enterprise and Self-employed Individuals** | **90.19** | **155.42** | **338.64** | **691.24** | **833.32** |
| **乡村就业人员 Rural** | **1244.12** | **1313.01** | **1395.81** | **1394.77** | **1308.35** |
| 城镇非私营单位在岗职工人数（万人）Staff and Workers in Urban Units(10000 persons) | 318.00 | 386.99 | 485.94 | 588.80 | 522.82 |
| 国有单位 State-Owned Units | 166.78 | 144.51 | 145.74 | 128.45 | 118.99 |
| 城镇集体单位 Collective-Owned Units | 33.15 | 18.19 | 15.38 | 7.55 | 6.66 |
| 其他经济 Others | 118.07 | 224.29 | 324.83 | 452.79 | 397.16 |
| **私营单位从业人员数（万人）Private Enterprise and Self-employed Individuals (10000 persons)** | | | **362.67** | **579.79** | **617.59** |
| **城镇登记失业人数（万人）Number of Urban Registered Unemployment(10000 persons)** | **9.10** | **14.86** | **14.49** | **17.33** | **16.81** |
| **城镇登记失业率（%）Rate of Urban Registered Unemployment(%)** | **2.60** | **4.00** | **3.77** | **3.71** | **3.50** |

# 3-11 全社会就业情况(年底数)

## Total Employment(End of Year)

| 年份 | 从业人员数（万人） Total(10000 persons) | | | | | | | 城镇登记失业人数（万人） | 城镇登记失业率（%） |
|---|---|---|---|---|---|---|---|---|---|
| | 合计 | #城镇非私营单位在岗职工 | 国有单位 | 城镇集体单位 | 其他单位 | #城镇个私劳动者 | #劳务派遣人员 | Number of Urban Registered Unemploy-ment (10000 persons) | Rate of Urban Registered Unemploy-ment (%) |
| Year | Total | Staff and Workers | State-Owned Units | Urban Collective Owned Units | Others | Self-Employed Individuals and Private Enterprise | Labor Dispatching Personnel | | |
| 1952 | 473.66 | 19.43 | 19.02 | 0.41 | | 32.83 | | | |
| 1957 | 531.68 | 63.05 | 51.40 | 11.65 | | 5.54 | | | |
| 1962 | 582.96 | 103.49 | 77.34 | 26.15 | | 4.75 | | | |
| 1965 | 633.15 | 118.08 | 83.83 | 34.25 | | 4.48 | | | |
| 1970 | 759.43 | 133.12 | 93.36 | 39.75 | | 3.91 | | | |
| 1975 | 854.32 | 160.88 | 111.42 | 49.47 | | 3.24 | | | |
| 1978 | 924.41 | 205.66 | 148.49 | 57.17 | | 1.88 | | 20.82 | 9.10 |
| 1979 | 953.72 | 217.99 | 156.70 | 61.29 | | 1.72 | | 23.35 | 9.60 |
| 1980 | 963.72 | 231.12 | 167.45 | 63.66 | | 2.77 | | 16.76 | 6.70 |
| 1981 | 1001.75 | 242.45 | 176.35 | 66.09 | | 3.22 | | 14.48 | 5.60 |
| 1982 | 1027.96 | 249.80 | 183.03 | 66.77 | | 4.25 | | 12.39 | 4.70 |
| 1983 | 1056.72 | 254.02 | 187.30 | 66.72 | | 7.65 | | 9.10 | 3.40 |
| 1984 | 1101.82 | 262.78 | 182.82 | 79.24 | 0.72 | 9.15 | | | |
| 1985 | 1152.09 | 274.11 | 191.37 | 80.93 | 1.81 | 13.78 | | 16.50 | 5.40 |
| 1986 | 1188.93 | 283.86 | 198.50 | 81.79 | 3.57 | 15.26 | | 17.45 | 2.50 |
| 1987 | 1237.74 | 293.34 | 205.34 | 82.26 | 5.75 | 19.33 | | 5.65 | 1.80 |
| 1988 | 1281.07 | 301.71 | 211.00 | 81.93 | 8.78 | 22.59 | | 7.90 | 2.40 |
| 1989 | 1301.81 | 302.50 | 211.16 | 78.49 | 12.85 | 25.15 | | 9.50 | 2.90 |
| 1990 | 1348.38 | 310.86 | 214.65 | 78.12 | 18.09 | 25.28 | | 9.00 | 2.60 |
| 1991 | 1436.50 | 322.28 | 219.43 | 77.43 | 25.41 | 37.82 | | 7.93 | 2.20 |
| 1992 | 1489.61 | 338.80 | 222.04 | 78.67 | 38.09 | 31.46 | | 7.08 | 1.90 |
| 1993 | 1531.42 | 344.79 | 220.48 | 71.32 | 52.99 | 46.61 | | 7.65 | 1.90 |
| 1994 | 1553.57 | 352.60 | 218.77 | 66.25 | 67.59 | 59.82 | | 7.60 | 1.90 |
| 1995 | 1567.09 | 344.11 | 217.06 | 60.30 | 66.75 | 66.04 | | 7.20 | 1.90 |
| 1996 | 1594.37 | 351.30 | 217.97 | 57.47 | 75.86 | 68.58 | | 8.08 | 1.90 |
| 1997 | 1613.41 | 357.71 | 215.60 | 54.80 | 87.31 | 66.49 | | 7.80 | 1.90 |
| 1998 | 1621.87 | 334.53 | 187.80 | 41.36 | 105.37 | 78.57 | | 7.98 | 2.10 |
| 1999 | 1630.85 | 320.38 | 175.04 | 35.71 | 109.63 | 88.07 | | 7.93 | 2.30 |
| 2000 | 1660.19 | 318.00 | 166.78 | 33.15 | 118.07 | 90.19 | | 9.10 | 2.60 |
| 2001 | 1677.79 | 314.27 | 158.27 | 28.91 | 127.09 | 98.90 | | 13.23 | 3.80 |
| 2002 | 1711.32 | 315.32 | 149.10 | 26.54 | 139.67 | 111.35 | | 14.96 | 4.20 |
| 2003 | 1756.71 | 334.08 | 147.07 | 23.13 | 163.89 | 128.40 | | 14.60 | 4.10 |
| 2004 | 1814.03 | 365.56 | 145.42 | 20.96 | 199.18 | 128.32 | | 14.51 | 4.00 |
| 2005 | 1868.50 | 386.99 | 144.51 | 18.19 | 224.29 | 155.42 | | 14.86 | 4.00 |
| 2006 | 1949.58 | 412.21 | 144.06 | 17.23 | 250.92 | 182.15 | | 15.13 | 3.93 |
| 2007 | 2015.33 | 429.30 | 142.73 | 17.24 | 269.33 | 222.77 | | 14.85 | 3.90 |
| 2008 | 2079.78 | 441.58 | 144.23 | 16.70 | 280.65 | 263.33 | | 14.95 | 3.86 |
| 2009 | 2168.86 | 452.76 | 142.73 | 14.41 | 295.63 | 319.57 | | 15.19 | 3.90 |
| 2010 | 2241.59 | 485.94 | 145.74 | 15.38 | 324.83 | 338.64 | | 14.49 | 3.77 |
| 2011 | 2459.99 | 538.32 | 142.25 | 13.60 | 382.47 | 445.99 | 33.01 | 14.64 | 3.69 |
| 2012 | 2568.93 | 561.29 | 143.75 | 13.17 | 404.36 | 507.48 | 42.88 | 14.55 | 3.63 |
| 2013 | 2555.86 | 555.66 | 133.88 | 10.69 | 411.09 | 485.78 | 47.85 | 14.70 | 3.55 |
| 2014 | 2648.51 | 559.95 | 135.75 | 10.32 | 413.88 | 562.90 | 49.78 | 14.35 | 3.47 |
| 2015 | 2768.41 | 567.50 | 132.70 | 8.94 | 425.85 | 666.49 | 50.25 | 15.41 | 3.66 |
| 2016 | 2797.03 | 569.57 | 133.88 | 8.11 | 427.57 | 691.73 | 49.62 | 16.25 | 3.86 |
| 2017 | 2805.74 | 566.62 | 133.44 | 7.62 | 425.56 | 697.53 | 51.35 | 17.15 | 3.87 |
| 2018 | 2791.37 | 588.80 | 128.45 | 7.55 | 452.79 | 691.24 | 58.14 | 17.33 | 3.71 |
| 2019 | 2781.26 | 522.82 | 118.99 | 6.66 | 397.16 | 833.32 | 55.95 | 16.81 | 3.50 |

注：1.1998年起职工的统计口径为“在岗职工”。1998年以前国有单位统计口径为国有经济单位，集体单位统计口径为集体经济单位，其他单位统计口径为其他各种经济类型单位。2.2006年起乡村劳动者人数为推算数。

Note:a)The statistic scope of staff and workersfrom 1998 refers to staff and workers on the job. Before 1998, the statistic scope of state-owned units refers to state-owned economic units, collective-owned units refers to collective economic units, others refer to the various other economic types.b)Since 2016,Number of Employed Persons in Rural Areas is Computative.

# 3-12 按三次产业分全社会从业人员及构成

## Employment and Compoition by Three Strata of Industry

| 年份 Year | 从业人员数(万人) Number of Employed Persons (10000 Persons) | | | | 构成（%） Composition in Percentage（%） | | |
|---|---|---|---|---|---|---|---|
| | 合计 Total | 第一产业 Primary Industry | 第二产业 Secondary Industry | 第三产业 Tertiary Industry | 第一产业 Primary Industry | 第二产业 Secondary Industry | 第三产业 Tertiary Industry |
| 1952 | 473.66 | 388.16 | 24.79 | 60.71 | 81.9 | 5.2 | 12.8 |
| 1978 | 924.41 | 694.37 | 124.23 | 105.81 | 75.1 | 13.4 | 11.4 |
| 1980 | 963.72 | 702.81 | 130.58 | 130.33 | 72.9 | 13.6 | 13.5 |
| 1985 | 1152.09 | 709.10 | 223.80 | 219.19 | 61.5 | 19.4 | 19.0 |
| 1986 | 1188.93 | 723.44 | 236.75 | 228.74 | 60.8 | 19.9 | 19.2 |
| 1987 | 1237.74 | 741.67 | 253.70 | 242.37 | 59.9 | 20.5 | 19.6 |
| 1988 | 1281.07 | 756.38 | 269.08 | 255.61 | 59.0 | 21.0 | 20.0 |
| 1989 | 1301.81 | 764.93 | 275.45 | 261.43 | 58.8 | 21.2 | 20.1 |
| 1990 | 1348.38 | 786.95 | 277.09 | 284.34 | 58.4 | 20.6 | 21.1 |
| 1991 | 1436.50 | 829.55 | 300.81 | 306.14 | 57.7 | 20.9 | 21.3 |
| 1992 | 1489.61 | 837.82 | 326.87 | 324.92 | 56.2 | 21.9 | 21.8 |
| 1993 | 1531.42 | 819.53 | 355.25 | 356.64 | 53.5 | 23.2 | 23.3 |
| 1994 | 1553.57 | 795.03 | 371.87 | 386.67 | 51.2 | 23.9 | 24.9 |
| 1995 | 1567.09 | 788.09 | 371.03 | 407.98 | 50.3 | 23.7 | 26.0 |
| 1996 | 1594.37 | 786.86 | 383.50 | 424.00 | 49.4 | 24.1 | 26.6 |
| 1997 | 1613.41 | 781.38 | 398.69 | 433.34 | 48.4 | 24.7 | 26.9 |
| 1998 | 1621.87 | 785.77 | 390.54 | 445.56 | 48.4 | 24.1 | 27.5 |
| 1999 | 1630.85 | 788.14 | 390.49 | 452.22 | 48.3 | 23.9 | 27.7 |
| 2000 | 1660.19 | 776.43 | 407.05 | 476.71 | 46.8 | 24.5 | 28.7 |
| 2001 | 1677.79 | 766.93 | 420.92 | 489.94 | 45.7 | 25.1 | 29.2 |
| 2002 | 1711.32 | 765.79 | 445.95 | 499.58 | 44.7 | 26.1 | 29.2 |
| 2003 | 1756.71 | 744.79 | 488.32 | 523.60 | 42.4 | 27.8 | 29.8 |
| 2004 | 1814.03 | 728.89 | 533.59 | 551.55 | 40.2 | 29.4 | 30.4 |
| 2005 | 1868.50 | 702.49 | 582.31 | 583.69 | 37.6 | 31.2 | 31.2 |
| 2006 | 1949.58 | 686.28 | 646.87 | 616.43 | 35.2 | 33.2 | 31.6 |
| 2007 | 2015.33 | 658.08 | 707.46 | 649.79 | 32.7 | 35.1 | 32.2 |
| 2008 | 2079.78 | 647.84 | 739.70 | 692.24 | 31.1 | 35.6 | 33.3 |
| 2009 | 2168.86 | 638.63 | 775.68 | 754.55 | 29.5 | 35.8 | 34.8 |
| 2010 | 2241.59 | 636.54 | 820.89 | 784.16 | 28.4 | 36.6 | 35.0 |
| 2011 | 2459.99 | 647.53 | 928.81 | 883.66 | 26.3 | 37.8 | 35.9 |
| 2012 | 2568.93 | 642.23 | 996.75 | 929.95 | 25.0 | 38.8 | 36.2 |
| 2013 | 2555.86 | 615.96 | 999.34 | 940.56 | 24.1 | 39.1 | 36.8 |
| 2014 | 2648.51 | 615.77 | 1011.70 | 1021.04 | 23.2 | 38.2 | 38.6 |
| 2015 | 2768.41 | 617.87 | 1025.70 | 1124.84 | 22.3 | 37.1 | 40.6 |
| 2016 | 2797.03 | 615.52 | 1006.12 | 1175.39 | 22.0 | 36.0 | 42.0 |
| 2017 | 2805.74 | 609.21 | 996.97 | 1199.56 | 21.7 | 35.5 | 42.8 |
| 2018 | 2791.37 | 584.98 | 982.23 | 1224.15 | 21.0 | 35.2 | 43.8 |
| 2019 | 2781.26 | 548.85 | 909.65 | 1322.76 | 19.7 | 32.7 | 47.6 |

# 3-13 按产业和登记注册类型分城镇非私营单位从业人员数(2019年)

# Number of Employed in Urban Units by Registration Status ,Region and Industry(2019)

单位：万人 (10000 persons)

| 行业<br>Sector | 从业人员<br>Employment | 国有单位<br>State- Owned Units | 城镇集体单位<br>Urban Collective-Owned Units | 其他单位<br>Others |
|---|---|---|---|---|
| **总计<br>Total** | **639.58** | **147.14** | **9.32** | **483.13** |
| 第一产业<br>Primary Industry | 1.48 | 1.21 | 0.03 | 0.24 |
| 第二产业<br>Secondary Industry | 347.26 | 5.36 | 3.51 | 338.39 |
| 第三产业<br>Tertiary Industry | 290.84 | 140.58 | 5.77 | 144.50 |
| 按主要行业分<br>By Sector | | | | |
| 农、林、牧、渔业<br>Farming, Forestry, Animal Husbandy and Fishery | 1.48 | 1.21 | 0.03 | 0.24 |
| 采矿业<br>Mining and Quarrying | 1.40 | 0.23 | 0.30 | 0.87 |
| 制造业<br>Manufacturing | 170.79 | 0.61 | 1.05 | 169.13 |
| 电力、热力、燃气及水生产和供应业<br>Production and Supply of Electricity Gas and Water | 11.38 | 0.56 | 0.19 | 10.63 |
| 建筑业<br>Construction | 163.69 | 3.96 | 1.97 | 157.76 |
| 批发和零售业<br>Wholesale and Retail Trade | 24.73 | 1.62 | 0.52 | 22.59 |
| 交通运输、仓储和邮政业<br>Transport, Storage and Post Services | 22.87 | 2.92 | 0.17 | 19.78 |
| 住宿和餐饮业<br>Lodgings and Catering Services | 9.19 | 0.50 | 0.06 | 8.63 |
| 信息传输、软件和信息技术服务业<br>Information Transmission, Software and Information Technology Services | 10.78 | 0.52 | 0.02 | 10.24 |
| 金融业<br>Finance | 25.16 | 3.96 | 0.05 | 21.14 |
| 房地产业<br>Real Estate | 17.35 | 0.76 | 0.29 | 16.31 |
| 租赁和商务服务业<br>Rent and Business Services | 19.90 | 3.38 | 0.42 | 16.09 |
| 科学研究和技术服务业<br>Scientific Reseach and Ploytechnic Services | 7.88 | 3.18 | 0.14 | 4.57 |
| 水利、环境和公共设施管理业<br>Water Conservancy, Environment and Public Facilities Management | 6.92 | 2.43 | 0.10 | 4.40 |
| 居民服务、修理和其他服务业<br>Resident Services and Others | 3.47 | 0.23 | 0.05 | 3.19 |
| 教育<br>Education | 60.74 | 46.75 | 2.18 | 11.82 |
| 卫生和社会工作<br>Health Care and Social Work | 25.75 | 21.15 | 1.58 | 3.03 |
| 文化、体育和娱乐业<br>Culture, Sports and Entertainment | 4.19 | 2.38 | 0.04 | 1.76 |
| 公共管理、社会保障和社会组织<br>Public Management, Social Ensure and Social Organizations | 51.91 | 50.80 | 0.16 | 0.95 |

注：本表国民经济行业分类标准采用GB/T 4754-2017。

Note: The classified Standards of national ecomonic sector are adopted GB/T 4754-2017.

# 3-14 按产业分城镇非私营单位在岗职工人数(年底数)

# Number of Staff and Workers in Urban Units by Sector(End of Years)

单位：万人 (10000 persons)

| 行业 Sector | 2003 | 2005 | 2010 | 2018 | 2019 |
|---|---|---|---|---|---|
| **总计 Total** | **334.08** | **386.99** | **485.94** | **588.80** | **522.82** |
| 第一产业 Primary Industry | 7.32 | 7.04 | 4.47 | 2.05 | 0.96 |
| 第二产业 Secondary Industry | 187.93 | 237.95 | 309.03 | 348.61 | 280.35 |
| 第三产业 Tertiary Industry | 138.84 | 142.00 | 172.44 | 238.14 | 241.52 |
| 按主要行业分 By Sector | | | | | |
| 农、林、牧、渔业 Farming, Forestry, Animal Husbandy and Fishery | 7.32 | 7.04 | 4.47 | 2.05 | 0.96 |
| 采矿业 Mining and Quarrying | 3.49 | 4.14 | 4.69 | 1.20 | 1.33 |
| 制造业 Manufacturing | 152.14 | 197.82 | 238.99 | 205.87 | 163.32 |
| 电力、热力、燃气及水生产和供应业 Production and Supply of Electricity Heat Gas and Water | 7.81 | 7.79 | 9.02 | 9.83 | 9.98 |
| 建筑业 Construction | 24.49 | 28.20 | 56.33 | 131.71 | 105.73 |
| 批发和零售业 Wholesale and Retail Trade | 11.72 | 10.54 | 13.47 | 27.08 | 22.41 |
| 交通运输、仓储和邮政业 Transport, Storage and Post Services | 13.56 | 13.73 | 15.55 | 19.76 | 19.98 |
| 住宿和餐饮业 Lodgings and Catering Services | 4.00 | 4.69 | 7.45 | 10.75 | 8.82 |
| 信息传输、软件和信息技术服务业 Information Transmission,Software and Information Technology Services | 2.97 | 2.92 | 4.18 | 11.42 | 10.23 |
| 金融业 Finance | 8.14 | 8.33 | 10.01 | 12.28 | 13.65 |
| 房地产业 Real Estate | 3.31 | 4.78 | 8.60 | 16.24 | 16.08 |
| 租赁和商务服务业 Rent and Business Services | 3.41 | 4.66 | 12.07 | 15.56 | 16.97 |
| 科学研究和技术服务业 Scientific Reseach and Ploytechnic Services | 3.53 | 3.70 | 5.16 | 6.95 | 7.08 |
| 水利、环境和公共设施管理业 Water Conservancy, Environment and Public Facilities Management | 3.11 | 3.53 | 4.06 | 4.72 | 5.72 |
| 居民服务、修理和其他服务业 Resident Services, Repair and Others | 1.26 | 1.16 | 1.38 | 2.82 | 3.24 |
| 教育 Education | 41.69 | 41.44 | 43.24 | 48.68 | 52.71 |
| 卫生和社会工作 Health Care and Social Work | 10.89 | 11.53 | 14.56 | 21.05 | 22.67 |
| 文化、体育和娱乐业 Culture, Sports and Entertainment | 3.03 | 3.04 | 3.45 | 3.65 | 3.46 |
| 公共管理、社会保障和社会组织 Public Management, Social Ensure and Social Organizations | 28.23 | 27.95 | 29.26 | 37.19 | 38.50 |

注：本表国民经济行业分类标准采用GB/T 4754-2017。

Note: The classified Standards of national ecomonic sector are adopted GB/T 4754-2017.

# 3-15 按登记注册类型和产业分城镇非私营单位在岗职工人数(2019年)

# Number of Staff and Workers in Urban Units by Status of Registration and Industry(2019)

单位：万人　　(10000 persons)

| 行业<br>Sector | 在岗职工<br>Staff and Workers of Urban Units on the Job | 国有单位<br>State- Owned Units | 城镇集体单位<br>Urban Collective-Owned Units | 其他单位<br>Others |
|---|---|---|---|---|
| **总计<br>Total** | **522.82** | **118.99** | **6.66** | **397.16** |
| 第一产业<br>Primary Industry | 0.96 | 0.75 | 0.03 | 0.18 |
| 第二产业<br>Secondary Industry | 280.35 | 4.09 | 1.85 | 274.41 |
| 第三产业<br>Tertiary Industry | 241.52 | 114.16 | 4.79 | 122.57 |
| 按主要行业分<br>By Sector | | | | |
| 农、林、牧、渔业<br>Farming, Forestry, Animal Husbandy and Fishery | 0.96 | 0.75 | 0.03 | 0.18 |
| 采矿业<br>Mining and Quarrying | 1.33 | 0.23 | 0.29 | 0.80 |
| 制造业<br>Manufacturing | 163.32 | 0.56 | 1.03 | 161.73 |
| 电力、热力、燃气及水生产和供应业<br>Production and Supply of Electricity Heat Gas and Water | 9.98 | 0.51 | 0.18 | 9.29 |
| 建筑业<br>Construction | 105.73 | 2.79 | 0.35 | 102.58 |
| 批发和零售业<br>Wholesale and Retail Trade | 22.41 | 1.52 | 0.48 | 20.41 |
| 交通运输、仓储和邮政业<br>Transport, Storage and Post Services | 19.98 | 2.29 | 0.12 | 17.57 |
| 住宿和餐饮业<br>Lodgings and Catering Services | 8.82 | 0.47 | 0.05 | 8.30 |
| 信息传输、软件和信息技术服务业<br>Information Transmission,Software and Information Technology Services | 10.23 | 0.47 | 0.01 | 9.75 |
| 金融业<br>Finance | 13.65 | 3.48 | 0.04 | 10.12 |
| 房地产业<br>Real Estate | 16.08 | 0.65 | 0.24 | 15.19 |
| 租赁和商务服务业<br>Rent and Business Services | 16.97 | 2.34 | 0.39 | 14.24 |
| 科学研究和技术服务业<br>Scientific Reseach and Ploytechnic Services | 7.08 | 2.74 | 0.12 | 4.22 |
| 水利、环境和公共设施管理业<br>Water Conservancy, Environment and Public Facilities Management | 5.72 | 1.84 | 0.05 | 3.83 |
| 居民服务、修理和其他服务业<br>Resident Services, Repair and Others | 3.24 | 0.15 | 0.03 | 3.05 |
| 教育<br>Education | 52.71 | 40.15 | 1.82 | 10.74 |
| 卫生和社会工作<br>Health Care and Social Work | 22.67 | 18.56 | 1.30 | 2.82 |
| 文化、体育和娱乐业<br>Culture, Sports and Entertainment | 3.46 | 1.87 | 0.04 | 1.56 |
| 公共管理、社会保障和社会组织<br>Public Management, Social Ensure and Social Organizations | 38.50 | 37.63 | 0.09 | 0.78 |

注：本表国民经济行业分类标准采用GB/T 4754-2017。

Note: The classified Standards of national ecomonic sector are adopted GB/T 4754-2017.

# 3-16 按产业分城镇非私营单位女性从业人员数(年底数)

## Number of Employed Women in the Urban Units by Sector(End of Years)

单位：万人 (10000 persons)

| 行业 Sector | 2003 | 2005 | 2010 | 2018 | 2019 |
|---|---|---|---|---|---|
| **总计 Total** | **151.30** | **180.04** | **216.84** | **262.18** | **245.73** |
| 第一产业 Primary Industry | 2.87 | 2.66 | 2.33 | 1.10 | 0.43 |
| 第二产业 Secondary Industry | 92.68 | 119.19 | 138.74 | 133.26 | 107.03 |
| 第三产业 Tertiary Industry | 55.76 | 58.20 | 75.77 | 127.82 | 138.27 |
| 按主要行业分 By Sector | | | | | |
| 农、林、牧、渔业 Farming, Forestry, Animal Husbandy and Fishery | 2.87 | 2.66 | 2.33 | 1.10 | 0.43 |
| 采矿业 Mining and Quarrying | 0.95 | 0.88 | 0.77 | 0.29 | 0.24 |
| 制造业 Manufacturing | 85.42 | 111.28 | 125.70 | 101.36 | 79.03 |
| 电力、热力、燃气及水生产和供应业 Production and Supply of Electricity Heat Gas and Water | 2.43 | 2.46 | 2.71 | 3.08 | 2.99 |
| 建筑业 Construction | 3.87 | 4.58 | 9.56 | 28.53 | 24.76 |
| 批发和零售业 Wholesale and Retail Trade | 4.96 | 4.46 | 6.21 | 14.97 | 12.78 |
| 交通运输、仓储和邮政业 Transport, Storage and Post Services | 4.06 | 4.08 | 4.32 | 5.89 | 5.76 |
| 住宿和餐饮业 Lodgings and Catering Services | 2.49 | 2.84 | 4.30 | 6.15 | 5.24 |
| 信息传输、软件和信息技术服务业 Information Transmission,Software and Information Technology Services | 1.26 | 1.27 | 1.71 | 4.67 | 3.97 |
| 金融业 Finance | 4.39 | 4.61 | 6.63 | 11.46 | 14.54 |
| 房地产业 Real Estate | 1.08 | 1.46 | 2.88 | 6.54 | 6.62 |
| 租赁和商务服务业 Rent and Business Services | 1.19 | 1.68 | 4.87 | 6.05 | 6.63 |
| 科学研究和技术服务业 Scientific Reseach and Ploytechnic Services | 1.06 | 1.09 | 1.80 | 2.18 | 2.29 |
| 水利、环境和公共设施管理业 Water Conservancy, Environment and Public Facilities Management | 1.30 | 1.44 | 1.70 | 2.31 | 2.93 |
| 居民服务、修理和其他服务业 Resident Services, Repair and Others | 0.57 | 0.46 | 0.44 | 2.07 | 2.26 |
| 教育 Education | 19.34 | 19.75 | 22.42 | 32.27 | 38.72 |
| 卫生和社会工作 Health Care and Social Work | 6.45 | 7.07 | 9.60 | 15.98 | 17.80 |
| 文化、体育和娱乐业 Culture, Sports and Entertainment | 1.24 | 1.28 | 1.50 | 2.00 | 1.99 |
| 公共管理、社会保障和社会组织 Public Management, Social Ensure and Social Organizations | 6.38 | 6.72 | 7.40 | 15.29 | 16.76 |

注：本表国民经济行业分类标准采用GB/T 4754-2017。

Note: The classified Standards of national ecomonic sector are adopted GB/T 4754-2017.

# 3-17 城镇私营及个体劳动者人数(年底数)

# Number of Employed Persons in Private Enterprises and Self-employed Individuals in Urban Areas(End of Years)

单位：万人　(10000 persons)

| 行业 Sector | 2005 | 2010 | 2015 | 2017 | 2018 | 2019 |
|---|---|---|---|---|---|---|
| **合　计 Total** | **155.42** | **338.64** | **666.49** | **697.53** | **691.24** | **833.32** |
| 第一产业 Primary Industry | 2.81 | 6.13 | 14.08 | 12.54 | 11.47 | 13.56 |
| 第二产业 Secondary Industry | 42.68 | 81.91 | 143.44 | 126.95 | 102.65 | 134.56 |
| 第三产业 Tertiary Industry | 109.93 | 250.60 | 508.98 | 558.04 | 577.12 | 685.20 |
| 按主要行业分 By Sector | | | | | | |
| 农、林、牧、渔业 Farming, Forestry, Animal Husbandy and Fishery | 2.81 | 6.13 | 14.08 | 12.54 | 11.47 | 13.56 |
| 采矿业 Mining and Quarrying | 0.69 | 0.86 | 1.10 | 0.86 | 0.71 | 0.30 |
| 制造业 Manufacturing | 36.12 | 70.43 | 111.13 | 92.65 | 75.03 | 66.87 |
| 电力、燃气及水的生产和供应业 Production and Supply of Electricity Gas and Water | 1.73 | 2.00 | 2.23 | 1.84 | 1.53 | 0.31 |
| 建筑业 Construction | 4.15 | 8.62 | 28.98 | 31.59 | 25.38 | 67.09 |
| 交通运输、仓储和邮政业 Transport, Storage and Post Services | 2.52 | 5.06 | 13.11 | 12.17 | 9.87 | 20.67 |
| 信息传输、计算机服务和软件业 Information Transmission, Computer Software and Services | 3.62 | 6.20 | 19.78 | 22.78 | 16.65 | 18.16 |
| 批发和零售业 Wholesale and Retail Trade | 66.62 | 162.39 | 287.13 | 298.17 | 313.75 | 360.41 |
| 住宿和餐饮业 Lodgings and Catering Services | 8.68 | 17.06 | 41.69 | 60.74 | 65.81 | 104.02 |
| 金融业 Finance | | 1.11 | 2.64 | 2.31 | 1.82 | 0.89 |
| 房地产业 Real Estate | 3.23 | 6.22 | 11.65 | 11.58 | 9.33 | 21.25 |
| 租赁和商务服务业 Rent and Business Services | 8.72 | 22.74 | 64.24 | 64.34 | 83.02 | 54.49 |
| 科学研究、技术服务和地质勘查业 Scientific Reseach, Ploytechnic Services and Geological Prospecting | | 4.67 | 24.04 | 30.22 | 21.96 | 10.82 |
| 水利、环境和公共设施管理业 Water Conservancy, Environment and Public Facilities Management | | 0.79 | 1.81 | 1.88 | 1.39 | 2.71 |
| 居民服务和其他服务业 Resident Services and Others | 15.03 | 20.58 | 32.48 | 39.72 | 41.66 | 64.40 |
| 教育 Education | | 0.33 | 0.80 | 1.20 | 1.09 | 9.99 |
| 卫生、社会保障和社会福利业 Health Care, Social Ensure and Walfare | 0.40 | 0.79 | 1.33 | 1.86 | 1.83 | 5.74 |
| 文化、体育和娱乐业 Culture, Sports and Entertainment | 1.12 | 2.61 | 8.26 | 11.08 | 8.92 | 11.64 |
| 公共管理和社会组织 Public Management and Social Organizations | | 0.04 | 0.02 | 0.01 | 0.01 | |

注：本表国民经济行业分类标准采用GB/T 4754-2017。

Note:The classified Standards of national ecomonic sector are adopted GB/T 4754-2017.

# 3-18 城镇非私营单位企业 事业 机关年末在岗职工人数

## Number of Staff and Workers in Enterprises, Institutions and Agencies in Ubran Units

单位：万人 (10000 persons)

| 年份<br>Year | 总计<br>Total | 企业<br>Enterprise | 事业<br>Institution | 机关<br>Agencies Organizations |
|---|---|---|---|---|
| 1990 | 310.86 | 231.35 | 56.08 | 23.43 |
| 1991 | 322.28 | 238.78 | 58.89 | 24.60 |
| 1992 | 338.80 | 251.24 | 62.27 | 25.29 |
| 1993 | 344.79 | 259.72 | 58.90 | 26.18 |
| 1994 | 352.60 | 263.95 | 61.56 | 27.09 |
| 1995 | 344.11 | 252.76 | 64.44 | 26.91 |
| 1996 | 351.30 | 255.42 | 68.51 | 27.38 |
| 1997 | 357.71 | 260.51 | 69.76 | 27.44 |
| 1998 | 334.53 | 236.48 | 71.29 | 26.76 |
| 1999 | 320.38 | 223.23 | 70.58 | 26.57 |
| 2000 | 318.00 | 221.41 | 69.62 | 26.97 |
| 2001 | 314.27 | 216.69 | 69.81 | 27.78 |
| 2002 | 315.32 | 220.38 | 67.52 | 27.42 |
| 2003 | 334.08 | 238.72 | 67.09 | 28.27 |
| 2004 | 365.56 | 269.41 | 67.68 | 28.47 |
| 2005 | 386.99 | 291.09 | 67.40 | 28.51 |
| 2006 | 412.21 | 315.43 | 68.14 | 28.63 |
| 2007 | 429.30 | 331.12 | 69.42 | 28.76 |
| 2008 | 441.58 | 341.83 | 70.48 | 29.27 |
| 2009 | 452.76 | 361.24 | 62.52 | 28.84 |
| 2010 | 485.94 | 385.88 | 70.50 | 29.27 |
| 2011 | 538.32 | 436.91 | 72.20 | 28.12 |
| 2012 | 561.29 | 457.33 | 72.60 | 29.70 |
| 2013 | 555.66 | 450.40 | 72.70 | 31.00 |
| 2014 | 559.95 | 452.39 | 74.10 | 31.50 |
| 2015 | 567.50 | 459.86 | 73.78 | 31.87 |
| 2016 | 569.57 | 459.61 | 75.77 | 32.00 |
| 2017 | 566.62 | 455.58 | 76.43 | 32.19 |
| 2018 | 588.80 | 477.25 | 75.75 | 33.10 |
| 2019 | 522.82 | 407.65 | 75.74 | 33.93 |

注：1.1998年起“职工人数”统计口径为“在岗职工人数”。2.2009年起按机构类型分组有变化，企业、事业、机关合计比总计小。
Note:Statistic scope of staff and workers from 1998 refers to staff and workers on the job.

# 3-19 按登记注册类型分城镇非私营单位在岗职工含劳务派遣人员平均工资

## Average Wage of Staff and Workers in Urban Units by Status of Registration

| 年份 Year | 平均货币工资（元） Average Earning (yuan) | | | | 指数(上年=100) Indices (preceding year=100) | | | |
|---|---|---|---|---|---|---|---|---|
| | 总计 Total | 国有单位 State-owned Units | 集体单位 Collective-owned Units | 其他单位 Others | 合计 Total | 国有单位 State-owned Units | 集体单位 Collective-owned Units | 其他单位 Others |
| 1978 | 567 | 594 | 520 | | | | | |
| 1979 | 610 | 642 | 530 | | 107.6 | 108.1 | 101.9 | |
| 1980 | 703 | 737 | 613 | | 115.2 | 114.8 | 115.7 | |
| 1981 | 715 | 746 | 637 | | 101.7 | 101.2 | 103.9 | |
| 1982 | 765 | 792 | 691 | | 107.0 | 106.2 | 108.5 | |
| 1983 | 827 | 861 | 730 | | 108.1 | 108.7 | 105.6 | |
| 1984 | 921 | 966 | 813 | 1742 | 111.4 | 112.2 | 111.4 | |
| 1985 | 1059 | 1115 | 912 | 1855 | 115.0 | 115.4 | 112.2 | 106.5 |
| 1986 | 1243 | 1328 | 1027 | 1498 | 117.4 | 119.1 | 112.6 | 80.8 |
| 1987 | 1319 | 1402 | 1097 | 1571 | 106.1 | 105.6 | 106.8 | 104.9 |
| 1988 | 1644 | 1742 | 1342 | 2100 | 124.6 | 124.3 | 122.3 | 133.7 |
| 1989 | 1895 | 2009 | 1499 | 2532 | 115.3 | 115.3 | 111.7 | 120.6 |
| 1990 | 2162 | 2288 | 1704 | 2674 | 114.1 | 113.9 | 113.7 | 105.6 |
| 1991 | 2420 | 2502 | 1936 | 3217 | 111.9 | 109.4 | 113.6 | 120.3 |
| 1992 | 2780 | 2846 | 2192 | 3649 | 114.9 | 113.7 | 113.2 | 113.4 |
| 1993 | 3480 | 3506 | 2735 | 4420 | 125.2 | 123.2 | 124.8 | 121.1 |
| 1994 | 4890 | 5001 | 3644 | 5763 | 140.5 | 142.6 | 133.2 | 130.4 |
| 1995 | 5857 | 5790 | 4481 | 7305 | 119.8 | 115.8 | 123.0 | 126.8 |
| 1996 | 6683 | 6608 | 5078 | 8076 | 114.1 | 114.1 | 113.3 | 110.6 |
| 1997 | 7559 | 7621 | 5582 | 8636 | 113.1 | 115.3 | 109.9 | 106.9 |
| 1998 | 8531 | 8682 | 6662 | 8999 | 112.9 | 113.9 | 119.3 | 104.2 |
| 1999 | 9490 | 9867 | 7320 | 9587 | 111.2 | 113.6 | 109.9 | 106.5 |
| 2000 | 10584 | 11170 | 8140 | 10422 | 111.5 | 113.2 | 111.2 | 108.9 |
| 2001 | 12013 | 13313 | 9098 | 11028 | 113.5 | 119.2 | 111.8 | 105.6 |
| 2002 | 13306 | 15026 | 10119 | 11987 | 110.8 | 112.9 | 111.2 | 108.7 |
| 2003 | 14310 | 16460 | 11386 | 12719 | 107.5 | 109.5 | 112.5 | 106.1 |
| 2004 | 15603 | 18529 | 12307 | 13745 | 109.0 | 112.6 | 108.1 | 108.1 |
| 2005 | 17146 | 20897 | 13811 | 14947 | 109.9 | 112.8 | 112.2 | 108.7 |
| 2006 | 19318 | 23926 | 15695 | 16880 | 112.7 | 114.5 | 113.6 | 112.9 |
| 2007 | 22283 | 28011 | 18856 | 19443 | 115.3 | 117.1 | 120.1 | 115.2 |
| 2008 | 25702 | 33097 | 22108 | 22205 | 115.3 | 118.2 | 117.2 | 114.2 |
| 2009 | 28666 | 37345 | 25588 | 24556 | 111.5 | 112.8 | 115.7 | 110.6 |
| 2010 | 32647 | 41689 | 27234 | 28802 | 113.9 | 111.6 | 106.4 | 117.3 |
| 2011 | 38989 | 48587 | 34527 | 35550 | 119.4 | 116.5 | 126.8 | 123.4 |
| 2012 | 44979 | 55957 | 39774 | 41231 | 115.4 | 115.2 | 115.2 | 116.0 |
| 2013 | 49328 | 60317 | 43145 | 45960 | 109.7 | 107.8 | 108.5 | 111.5 |
| 2014 | 54235 | 65170 | 50570 | 50796 | 109.9 | 108.0 | 117.2 | 110.5 |
| 2015 | 58719 | 73714 | 54201 | 54138 | 108.3 | 113.1 | 107.2 | 106.6 |
| 2016 | 63138 | 80833 | 59466 | 57629 | 107.5 | 109.7 | 109.7 | 106.4 |
| 2017 | 69029 | 91651 | 65427 | 61790 | 109.3 | 113.4 | 110.0 | 107.2 |
| 2018 | 76266 | 103649 | 74621 | 68238 | 110.5 | 113.1 | 114.1 | 110.4 |
| 2019 | 84374 | 111211 | 79508 | 76019 | 110.6 | 107.3 | 106.5 | 111.4 |

注：本表1998年起“职工平均工资”统计口径为“在岗职工平均工资”。1998年以前“国有单位”统计口径为“国有经济单位”，“集体单位”统计口径为“集体经济单位”，“其他单位”统计口径为“其他各种经济类型单位”，不含私营企业。

Note:The statistic scope from 1998 in this table refers to average wages of staff and workers on the job.Before 1998, the statistic scope of state-owned units refers to state-owned economic units, collective-owned units refers to collective economic units, others refer to the various other economic types.This table is not including Private Enterprises.

# 3-20 城镇非私营单位企业 事业 机关在岗职工含劳务派遣人员平均工资

# Average Wage of Staff and Workers in Urban Enterprises, Institution and Government Agencies

| 年份 | 平均货币工资（元） Average Wage(yuan) | | | | 指数(上年=100) Indices (preceding year=100) | | | |
|---|---|---|---|---|---|---|---|---|
| Year | 总计 Total | 企业 Enterprises | 事业 Institutions | 机关 Agencies & Organizations | 合计 Total | 企业 Enterprises | 事业 Institutions | 机关 Agencies & Organizations |
| 1978 | 567 | 565 | 526 | 657 | | | | |
| 1979 | 610 | 609 | 587 | 672 | 107.6 | 107.8 | 111.6 | 102.3 |
| 1980 | 703 | 691 | 725 | 828 | 115.2 | 113.5 | 123.5 | 123.2 |
| 1981 | 715 | 710 | 729 | 777 | 101.7 | 102.8 | 100.6 | 93.8 |
| 1982 | 765 | 752 | 826 | 805 | 107.0 | 105.9 | 113.3 | 103.6 |
| 1983 | 827 | 807 | 887 | 949 | 108.1 | 107.3 | 107.4 | 117.9 |
| 1984 | 921 | 866 | 955 | 995 | 111.4 | 107.3 | 107.7 | 104.8 |
| 1985 | 1059 | 1035 | 1167 | 1119 | 115.0 | 119.5 | 122.2 | 112.5 |
| 1986 | 1243 | 1217 | 1343 | 1334 | 117.4 | 117.6 | 115.1 | 119.2 |
| 1987 | 1319 | 1261 | 1585 | 1412 | 106.1 | 103.6 | 118.0 | 105.8 |
| 1988 | 1644 | 1576 | 1997 | 1649 | 124.6 | 125.0 | 126.0 | 116.8 |
| 1989 | 1895 | 1834 | 2408 | 1960 | 115.3 | 116.4 | 120.6 | 118.9 |
| 1990 | 2162 | 2048 | 2698 | 2235 | 114.1 | 111.7 | 112.0 | 114.0 |
| 1991 | 2420 | 2310 | 3003 | 2376 | 111.9 | 112.8 | 111.3 | 106.3 |
| 1992 | 2780 | 2656 | 3439 | 2723 | 114.9 | 115.0 | 114.5 | 114.6 |
| 1993 | 3480 | 3403 | 4049 | 3222 | 125.2 | 128.1 | 117.7 | 118.3 |
| 1994 | 4890 | 4626 | 5979 | 5435 | 140.5 | 135.9 | 147.7 | 168.7 |
| 1995 | 5857 | 5983 | 5470 | 5605 | 119.8 | 129.3 | 91.5 | 103.1 |
| 1996 | 6683 | 6809 | 6304 | 6476 | 114.1 | 113.8 | 115.2 | 115.5 |
| 1997 | 7559 | 7562 | 7470 | 7752 | 113.1 | 111.1 | 118.5 | 119.7 |
| 1998 | 8531 | 8555 | 8302 | 8922 | 112.9 | 113.1 | 111.1 | 115.1 |
| 1999 | 9490 | 9298 | 9671 | 10604 | 111.2 | 108.7 | 116.5 | 118.9 |
| 2000 | 10584 | 10306 | 10990 | 11812 | 111.5 | 110.8 | 113.6 | 111.4 |
| 2001 | 12013 | 11468 | 13000 | 13794 | 113.5 | 111.3 | 118.3 | 116.8 |
| 2002 | 13306 | 12641 | 14614 | 15251 | 110.8 | 110.2 | 112.4 | 110.6 |
| 2003 | 14310 | 13766 | 15221 | 16627 | 107.5 | 108.9 | 104.2 | 109.0 |
| 2004 | 15603 | 14900 | 17151 | 18416 | 109.0 | 108.2 | 112.7 | 110.8 |
| 2005 | 17146 | 16157 | 19520 | 21357 | 109.9 | 108.4 | 113.8 | 116.0 |
| 2006 | 19318 | 18208 | 22232 | 24413 | 112.7 | 112.7 | 113.9 | 114.3 |
| 2007 | 22283 | 20822 | 26501 | 28809 | 115.3 | 114.4 | 119.2 | 118.0 |
| 2008 | 25702 | 23804 | 31422 | 34587 | 115.3 | 114.3 | 118.6 | 120.1 |
| 2009 | 28666 | 26491 | 35557 | 40448 | 111.5 | 111.3 | 113.2 | 116.9 |
| 2010 | 32647 | 30488 | 39905 | 43063 | 113.9 | 115.1 | 112.2 | 106.5 |
| 2011 | 38989 | 37102 | 47060 | 48038 | 119.4 | 121.7 | 117.9 | 111.6 |
| 2012 | 44979 | 43011 | 53371 | 55692 | 115.4 | 115.9 | 113.4 | 115.9 |
| 2013 | 49328 | 47338 | 58392 | 58983 | 109.7 | 110.1 | 109.4 | 105.9 |
| 2014 | 54235 | 52219 | 63753 | 62516 | 109.9 | 110.3 | 109.2 | 106.0 |
| 2015 | 58719 | 55562 | 73414 | 71808 | 108.3 | 106.4 | 115.1 | 114.9 |
| 2016 | 63138 | 59167 | 80308 | 80540 | 107.5 | 106.5 | 109.4 | 112.2 |
| 2017 | 69029 | 63578 | 90614 | 93891 | 109.3 | 107.5 | 112.8 | 116.6 |
| 2018 | 76266 | 69939 | 101857 | 107169 | 110.5 | 110.0 | 112.4 | 114.1 |
| 2019 | 84374 | 77020 | 111146 | 112462 | 110.6 | 110.1 | 109.1 | 104.9 |

注：本表1998年起“职工平均工资”统计口径为“在岗职工平均工资”。

Note:The statistic scope from 1998 in this table refers to average wages of staff and workers on the job.

# 3-21 城镇非私营单位在岗职工含劳务派遣人员平均工资

## Average Wage of Staff and Workers contains Labor dispatch in Urban Units

单位：元 (yuan)

| 行业 Sector | 2003 | 2005 | 2010 | 2015 | 2017 | 2018 | 2019 |
|---|---|---|---|---|---|---|---|
| **合　计 Total** | **14310** | **17146** | **32647** | **58719** | **69029** | **76266** | **84374** |
| **按企事业机关分 Grouped by Enterprises, Institutions and Agencies** | | | | | | | |
| 企业 Enterprises | 13766 | 16157 | 30488 | 55562 | 63578 | 69939 | 77020 |
| 事业 Institutions | 15221 | 19520 | 39905 | 73414 | 90614 | 101857 | 111146 |
| 机关 Agencies & Organizations | 16627 | 21357 | 43063 | 71808 | 93891 | 107169 | 112462 |
| **按国民经济行业分 By Sector** | | | | | | | |
| 农、林、牧、渔业 Farming, Forestry, Animal Husbandy and Fishery | 7975 | 10017 | 22923 | 45764 | 58068 | 60510 | 61785 |
| 采矿业 Mining and Quarrying | 10860 | 16664 | 29399 | 44558 | 49690 | 57485 | 61117 |
| 制造业 Manufacturing | 12217 | 14229 | 26383 | 50514 | 59015 | 64732 | 71297 |
| 电力、热力、燃气及水生产和供应业 Production and Supply of Electricity Heat Gas and Water | 20562 | 26695 | 51335 | 81889 | 94194 | 118006 | 125627 |
| 建筑业 Construction | 13779 | 16161 | 30344 | 51191 | 55685 | 61339 | 64935 |
| 交通运输、仓储和邮政业 Transport, Storage and Post Services | 18181 | 22623 | 41046 | 66657 | 79143 | 87852 | 90909 |
| 信息传输、软件和信息技术服务业 Information Transmission,Software and Information Technology Services | 33158 | 40326 | 61552 | 85318 | 99928 | 109062 | 124902 |
| 批发和零售业 Wholesale and Retail Trade | 13373 | 16491 | 33155 | 56162 | 62996 | 71327 | 83311 |
| 住宿和餐饮业 Lodgings and Catering Services | 10333 | 12570 | 22175 | 39738 | 41577 | 45543 | 46676 |
| 金融业 Finance | 26245 | 34993 | 84307 | 130422 | 144584 | 158282 | 169030 |
| 房地产业 Real Estate | 16582 | 18944 | 36990 | 63167 | 70538 | 74812 | 82669 |
| 租赁和商务服务业 Rent and Business Services | 14538 | 16986 | 24595 | 52281 | 63361 | 63460 | 64124 |
| 科学研究和技术服务业 Scientific Reseach and Ploytechnic Services | 19913 | 24346 | 42553 | 78987 | 94477 | 106558 | 121195 |
| 水利、环境和公共设施管理业 Water Conservancy, Environment and Public Facilities Management | 12948 | 16433 | 28073 | 48662 | 63164 | 63448 | 64577 |
| 居民服务、修理和其他服务业 Resident Services, Repair and Others | 15009 | 15707 | 34346 | 46997 | 49694 | 60174 | 66815 |
| 教育 Education | 15029 | 19111 | 41333 | 71615 | 88435 | 98650 | 101280 |
| 卫生和社会工作 Health Care and Social Work | 16589 | 21733 | 42629 | 82945 | 99249 | 113156 | 122947 |
| 文化、体育和娱乐业 Culture, Sports and Entertainment | 16919 | 21018 | 36812 | 64064 | 77528 | 86957 | 88407 |
| 公共管理、社会保障和社会组织 Public Management, Social Ensure and Social Organizations | 16567 | 21616 | 43077 | 71704 | 93216 | 105052 | 111509 |
| **按三次产业分 By Three Strata of Industry** | | | | | | | |
| 第一产业 Primary Industry | 7839 | 10017 | 22923 | 45764 | 58068 | 60510 | 61785 |
| 第二产业 Secondary Industry | 12711 | 14914 | 27828 | 51447 | 58517 | 64760 | 70476 |
| 第三产业 Tertiary Industry | 16710 | 21131 | 41457 | 70779 | 84573 | 93480 | 100826 |

# 3-22 城镇非私营单位从业人员平均劳动报酬(2019年)

## Per Capita Payment in Urban Units(2019)

单位：元 (yuan)

| 项目 Item | 单位从业人员 Persons Employed in Units | 在岗职工 Staff and Workers on the Job | 劳务派遣人员 Labor dispatch | 其他从业人员 Other Employed Persons |
|---|---|---|---|---|
| **合　计 Total** | **81814** | **87117** | **58066** | **56546** |
| **按企事业机关分 Grouped by Enterprises, Institutions and Agencies** | | | | |
| 企业 Enterprises | 75384 | 78465 | 61906 | 60254 |
| 事业 Institutions | 105976 | 116863 | 50633 | 39276 |
| 机关 Agencies & Organizations | 106713 | 128508 | 46516 | 38576 |
| 按国民经济行业分 By Sector | | | | |
| 农、林、牧、渔业 Farming, Forestry, Animal Husbandy and Fishery | 51430 | 64591 | 36718 | 22859 |
| 采矿业 Mining | 61314 | 60062 | 99019 | 68664 |
| 制造业 Manufacturing | 71641 | 71600 | 60486 | 92491 |
| 电力、热力、燃气及水生产和供应业 Production and Supply of Electric Power and Hot Power | 119694 | 128380 | 68142 | 51331 |
| 建筑业 Construction | 64846 | 65818 | 61506 | 64442 |
| 批发和零售业 Wholesale and Retail Trade | 82363 | 84072 | 60094 | 68165 |
| 交通运输、仓储和邮政业 Transport, Storage and Post Services | 90085 | 93558 | 69366 | 54885 |
| 住宿和餐饮业 Lodgings and Catering Services | 46387 | 46648 | 49291 | 37374 |
| 信息传输、软件和信息技术服务业 Information Transmission, Software and Information Technology Services | 124370 | 126897 | 70158 | 94147 |
| 金融业 Finance | 116732 | 173602 | 83150 | 44222 |
| 房地产业 Real Estate | 81052 | 83526 | 57568 | 46095 |
| 租赁和商务服务业 Rent and Business Services | 62639 | 65659 | 48127 | 41335 |
| 科学研究和技术服务业 Scientific Reseach and Ploytechnic Services | 118649 | 124193 | 76120 | 59562 |
| 水利、环境和公共设施管理业 Water Conservancy, Environment and Public Facilities Management | 62162 | 67133 | 41359 | 35423 |
| 居民服务、修理和其他服务业 Resident Services and Others | 66063 | 67087 | 50975 | 56294 |
| 教育 Education | 96557 | 104712 | 47526 | 36420 |
| 卫生和社会工作 Health Care and Social Work | 119961 | 127791 | 62951 | 61996 |
| 文化、体育和娱乐业 Culture, Sports and Entertainment | 84160 | 93254 | 47049 | 36344 |
| 公共管理、社会保障和社会组织 Public Management,Social Ensure and Social Organizations | 106176 | 127501 | 46858 | 37764 |
| **按三次产业分 By Three Strata of Industry** | | | | |
| 第一产业 Primary Industry | 51430 | 64591 | 36718 | 22859 |
| 第二产业 Secondary Industry | 70108 | 71486 | 61501 | 66536 |
| 第三产业 Tertiary Industry | 95811 | 105315 | 53443 | 44688 |

# 3-23 城镇非私营单位在岗职工含劳务派遣人员平均工资(2019年)

## Average Wage of Staff and Workers on the Job in Urban Units(2019)

单位：元 (yuan)

| 行业<br>Sector | 在岗职工平均工资<br>Average Wage | 国有单位<br>Stated-owned units | 集体单位<br>Collective-owned units | 其他单位<br>Others |
|---|---|---|---|---|
| **合　计**<br>**Total** | **84374** | **111211** | **79508** | **76019** |
| **按企事业机关分**<br>**Grouped by Enterprises, Institutions Agencies** | | | | |
| 企业<br>Enterprises | 77020 | 102299 | 63278 | 75972 |
| 事业<br>Institutions | 111146 | 112805 | 98182 | 95902 |
| 机关<br>Agencies & Organizations | 112462 | 112687 | 85940 | 93505 |
| 按国民经济行业分<br>By Sector | | | | |
| 农、林、牧、渔业<br>Farming, Forestry, Animal Husbandy and Fishery | 61785 | 65800 | 43930 | 48183 |
| 采矿业<br>Mining | 61117 | 53403 | 58305 | 63983 |
| 制造业<br>Manufacturing | 71297 | 98692 | 82671 | 71136 |
| 电力、热力、燃气及水生产和供应业<br>Production and Supply of Electric Power and Hot Power | 125627 | 96285 | 38031 | 128890 |
| 建筑业<br>Construction | 64935 | 79221 | 63027 | 64512 |
| 批发和零售业<br>Wholesale and Retail Trade | 83311 | 123622 | 39386 | 81280 |
| 交通运输、仓储和邮政业<br>Transport, Storage and Post Services | 90909 | 85199 | 49160 | 92045 |
| 住宿和餐饮业<br>Lodgings and Catering Services | 46676 | 54736 | 33626 | 46290 |
| 信息传输、软件和信息技术服务业<br>Information Transmission, Software and Information Technology Services | 124902 | 116186 | 61847 | 125462 |
| 金融业<br>Finance | 169030 | 150950 | 231092 | 174890 |
| 房地产业<br>Real Estate | 82669 | 73600 | 51919 | 83550 |
| 租赁和商务服务业<br>Rent and Business Services | 64124 | 66874 | 48120 | 64050 |
| 科学研究和技术服务业<br>Scientific Reseach and Ploytechnic Services | 121195 | 127738 | 122854 | 116593 |
| 水利、环境和公共设施管理业<br>Water Conservancy, Environment and Public Facilities Management | 64577 | 71551 | 46091 | 61121 |
| 居民服务、修理和其他服务业<br>Resident Services and Others | 66815 | 82956 | 59130 | 65939 |
| 教育<br>Education | 101280 | 109153 | 100044 | 71121 |
| 卫生和社会工作<br>Health Care and Social Work | 122947 | 130399 | 85808 | 89870 |
| 文化、体育和娱乐业<br>Culture, Sports and Entertainment | 88407 | 101031 | 66133 | 72581 |
| 公共管理、社会保障和社会组织<br>Public Management,Social Ensure and Social Organizations | 111509 | 111944 | 98052 | 90369 |
| **按三次产业分**<br>**By Three Strata of Industry** | | | | |
| 第一产业<br>Primary Industry | 61785 | 65800 | 43930 | 48183 |
| 第二产业<br>Secondary Industry | 70476 | 82030 | 70857 | 70282 |
| 第三产业<br>Tertiary Industry | 100826 | 112636 | 82826 | 89609 |

# 3-24 私营单位从业人员平均劳动报酬

## Per Capita Payment in Urban Units

单位：元 (yuan)

| 项目 Item | 2010 | 2018 | 2019 | 2019年比上年增长(%) |
|---|---|---|---|---|
| **合　计 Total** | **21039** | **52930** | **57141** | **8.0** |
| **按国民经济行业分 By Sector** | | | | |
| 农、林、牧、渔业 Farming, Forestry, Animal Husbandy and Fishery | 18670 | 40488 | 41032 | 1.3 |
| 采矿业 Mining and Quarrying | 20428 | 48945 | 54269 | 10.9 |
| 制造业 Manufacturing | 20082 | 52325 | 56924 | 8.8 |
| 电力、燃气及水的生产和供应业 Production and Supply of Electricity Gas and Water | 21435 | 38695 | 44688 | 15.5 |
| 建筑业 Construction | 23914 | 55760 | 59959 | 7.5 |
| 交通运输、仓储和邮政业 Transport, Storage and Post Services | 21681 | 50855 | 58038 | 14.1 |
| 信息传输、计算机服务和软件业 Information Transmission, Computer Software and Services | 27749 | 78363 | 81306 | 3.8 |
| 批发和零售业 Wholesale and Retail Trade | 21512 | 48181 | 52206 | 8.4 |
| 住宿和餐饮业 Lodgings and Catering Services | 16881 | 40428 | 44796 | 10.8 |
| 金融业 Finance | 32156 | 58423 | 64487 | 10.4 |
| 房地产业 Real Estate | 24411 | 54779 | 56501 | 3.1 |
| 租赁和商务服务业 Rent and Business Services | 20618 | 50329 | 57330 | 13.9 |
| 科学研究、技术服务和地质勘查业 Scientific Reseach, Ploytechnic Services and Geological Prospecting | 23329 | 56024 | 64121 | 14.5 |
| 水利、环境和公共设施管理业 Water Conservancy, Environment and Public Facilities Management | 18073 | 40299 | 46284 | 14.9 |
| 居民服务和其他服务业 Resident Services and Others | 19168 | 41385 | 44235 | 6.9 |
| 教育 Education | 24306 | 38301 | 43723 | 14.2 |
| 卫生、社会保障和社会福利业 Health Care, Social Ensure and Walfare | 23527 | 53030 | 59677 | 12.5 |
| 文化、体育和娱乐业 Culture, Sports and Entertainment | 19582 | 38296 | 42862 | 11.9 |
| 公共管理和社会组织 Public Management and Social Organizations | 17113 | | | |
| **按三次产业分 By Three Strata of Industry** | | | | |
| 第一产业 Primary Industry | 18670 | 40488 | 41032 | 1.3 |
| 第二产业 Secondary Industry | 20940 | 53948 | 58417 | 8.3 |
| 第三产业 Tertiary Industry | 21502 | 50088 | 54882 | 9.6 |

## 主要统计指标解释

**常住人口数**　指一定时点、一定地区范围内的有生命的个人的总和。年度统计的年末常住人口数指每年 11 月 1 日 0 时的人口数。

**出生率（又称粗出生率）**　指在一定时期内(通常为一年)平均每千人所出生的人数的比率，一般用千分率表示。计算公式为：

出生率＝(年出生人数 / 年平均人数)×1000‰

式中：出生人数指活产婴儿，即胎儿脱离母体时(不管怀孕月数)，有过呼吸或其他生命现象。年平均人数指年初、年底人口数的平均数，也可用年中人口数代替。

**死亡率（又称粗死亡率）**　指在一定时期内(通常为一年)一定地区的死亡人数与同期平均人数(或期中人数)之比，一般用千分率表示。计算公式为：

死亡率＝(年死亡人数 / 年平均人数)×1000‰

**人口自然增长率**　指在一定时期内(通常为一年)人口自然增加数(出生人数减死亡人数)与该时期内平均人数(或期中人数)之比，一般用千分率表示。计算公式为：

人口自然增长率＝[(本年出生人数－本年死亡人数) / 年平均人数]×1000‰＝人口出生率－人口死亡率

**就业人口**　指十五周岁及十五周岁以上人口中从事一定的社会劳动并取得劳动报酬或经营收入的人口。

**经济活动人口**　指在 16 岁以上，有劳动能力，参加或要求参加社会经济活动的人口；包括就业人员和失业人员。

**各单位的就业人员**　指在各级国家机关、政党机关、社会团体及企业、事业单位中工作，取得工资或其他形式的劳动报酬的全部人员。包括在岗职工、再就业的离退休人员、民办教师以及在各单位中工作的外方人员和港澳台方人员、兼职人员、借用的外单位人员和第二职业者。不包括离开本单位仍保留劳动关系的职工。各单位的从业人员反映了各单位实际参加生产或工作的全部劳动力。

**城镇私营和个体就业人员**　指在工商管理部门注册登记，其经营地址设在县城关镇(含城关镇)以上的私营企业从业人员；包括私营企业投资者和雇工。城镇个体就业人员指在工商管理部门注册登记，并持有城镇户口或在城镇长期居住，经批准从事个体工商经营的从业人员；包括个体经营者和在个体工商户劳动的家庭帮工和雇工。

**城镇登记失业人员**　指有非农业户口，在一定的劳动年龄内，有劳动能力，无业而要求就业，并在当地就业服务机构进行求职登记的人员。

**城镇登记失业率**　指城镇登记失业人数同城镇从业人数与城镇登记失业人数之和的比。计算公式为：

城镇登记失业率=城镇登记失业人数 / (城镇从业人数+城镇登记失业人数)×100%

**职工**　指在国有经济、城镇集体经济、联营经济、股份制经济、外商和港、澳、台投资经济、其他经济单位及其附属机构工作，并由其支付工资的各类人员，不包括返聘的离退休人员、民办教师、在国有经济单位工作的外方人员和港、澳、台人员(1998 年以后的数据均为在岗职工数据，其他相关指标如职工工资总额，职工平均工资等指标也从 1998 年按此口径进行了相应调整)。

**国有单位职工**　指在国有经济单位及其附属机构工作，并由其支付工资的各类人员。

**城镇集体单位职工**　指在城镇集体经济单位及其管理部门工作，并由其支付工资的各类人员。

**其他单位职工**　指在联营经济、股份制经济、外商投资经济、港、澳、台投资经济单位工作，并由其支付工资的各类人员。

**在岗职工**　指在本单位工作并由单位支付工资的人员，以及有工作岗位，但由于学习、病伤产假等原因暂未工作，仍由单位支付工资的人员。

**工资总额**　指各单位在一定时期内直接支付给本单位全部职工的劳动报酬总额。工资总额的计算原则应以直接支付给职工的全部劳动报酬为根据。各单位支付给职工的劳动报酬以及其他根据有关规定支付的工资，不论是计入成本的还是不计入成本的，不论是按国家规定列入计征奖金税项目的，还是未列入计征奖金税项目的，不论是以货币形式支付的还是以实物形式支付的，均包括在工资总额内。

**奖金** 指支付给职工的超额劳动报酬和增收节支的劳动报酬。

**津贴和补贴** 指为了补偿职工特殊或额外的劳动消耗和因其他特殊原因支付给职工的津贴，以及为了保证职工工资水平不受物价影响支付给职工的物价补贴。

**平均工资** 指企业、事业、机关单位的职工在一定时期内平均每人所得的货币工资额。它表明一定时期职工工资收入的高低程度，是反映职工工资水平的主要指标。计算公式为：

职工平均工资＝报告期实际支付的全部职工工资总额／报告期全部职工平均人数

**平均工资指数** 指报告期职工平均工资与基期职工平均工资的比率，是反映不同时期职工货币工资水平变动情况的相对数。计算公式为：

职工平均工资指数＝报告期职工平均工资／基期职工平均工资

**平均实际工资指数** 指扣除物价变动因素后的职工平均工资。职工平均实际工资指数是反映实际工资变动情况的相对数，表明职工实际工资水平提高或降低的程度。计算公式为：

职工平均实际工资指数＝(报告期职工平均工资指数／报告期城镇居民消费价格指数)×100%

# Explanatory Notes on Main Statistical Indicators

**Total Population** refers to the total number of people alive at a certain point of time within a given area.The annual statistics on total population is taken at midnight,the 3lst of December.

**Birth Rate( or Crude Birth Rate)** refers to the ratio of the number of births to the average population during a certain period of time(usually a year) which is often expressed in ‰. The following formula is used:

Brith Rate= (Number of Births/Annual Average Number of Population) ×1000‰

Number of births refers to live births i.e. the births when babies had showed any vital phenomena regardless of the length of pregnancy.

Annual average number of population is the average of the number of population at the beginning of the year and that at the end of the year. Sometimes it is substituted for with the mid year population.

**Death Rate(or Crude Death Rate)** refers to the ratio of the number of deaths to the average population (or mid year population) during a certain period of time (usually a year) which is often expressed in‰. The following formula is used:

Death Rate =(Number of Deaths/ Annual Average Number of Population)×1000‰

**Natural Growth Rate of Population** refers to the ratio of natural increase in population(number of births minus number of deaths)in a certain period of time(usually a year)to the average population(or mid year population)of the same period which is often expressed in‰. The following formula is applied:

Natural Growth Rate of Population= [(Number of Births-Number of Deaths )/ Average Number of Population]×1000‰

Natural Growth Rate of Population=Birth Rate-Death Rate

**Employed Population** refers to population aged 15 or over engaging in social labour which generates income.

**Economically Active Population** refers to the population aged 16 and over who are capable to work, are participating in or willing to participate in economic activities, including employed persons and unemployed persons.

**Persons Employed in Various Units** refer to all the persons working in government agencies of various levels, political and party organizations, social organizations, enterprises and institutions, and receiving wages or other forms of payment. They include fully-employed staff and workers , re-employed retirees, teachers in schools run by the local people, foreigners and Chinese compatriots from Hong Kong, Macao, and Taiwan working in various units, part-time employees, employees of other units working temporarily at current posts, and employees holding the second job, but exclude staff and workers who have left their working units while keeping their labour contract (employment relation) unchanged. This indicator reflects the total number of laborers actually engaged in production or other operations in various units.

**Persons Employed in Private Enterprises and Self-Employed Individuals in Urban Areas Persons employed in private enterprises** refer to the persons employed in the private enterprises which have been registered at the departments of industrial and commercial administration and are situated at a County town (i.e. a town where the County government is located) for business operation or at urban areas with the level higher than a County town. The self-employed individuals in urban areas refer to persons who hold the certificates of residence in urban areas or have resided in the urban areas for a long time and have been registered at the departments of industrial and commercial administration and approved to be engaged in individual industrial or commercial business, including self-employed persons as well as helpers and hired labourers who work in the individual households engaged in industrial or commercial business.

**Registered Urban Unemployed Persons** The

registered unemployed persons in urban areas refer to the persons who are registered as permanent residents in the urban areas engaged in non-agricultural activities, aged within the range of working age, capable to labour, unemployed but desirous to be employed and have been registered at the local employment service agencies to apply for a job.

**Registered Urban Unemployment Rate** Registered unemployment rate in urban areas refers to the ratio of the number of the registered unemployed persons to the sum of the number of employed persons and the registered unemployed persons . The formula is as follows:

Registered urban unemployment rate = [number of registered urban unemployed persons/(number of urban employed persons + number of registered urban unemployed persons) ]×100%

**Staff and Workers** refer to the persons who work in(and receive payment therefrom)enterprises and institutions of state ownership， collective ownership， joint ownership， share holding， foreign ownership， and ownership by entrepreneurs from Hong Kong， Macao， and Taiwan， and other types of ownership and their affiliated units， excluding the retired persons invited to work in the units again, teachers in the schools run by the local people and foreigners and persons coming from Hong Kong, Macao and Taiwan and working in the state-owned economic units. (Number of staff and workers in this yearbook include only fully employed staff and workers, excluding those who have left their working units while keeping their labour contract/employment relation unchanged).

**Staff and Workers in State-owned Economic Units** refer to the persons who work in the state-owned economic units or their attached units and are listed in their payrolls.

**Staff and Workers of Collective Owned Units in Urban Areas** refer to the persons who work in collective owned units in urban areas and their administration departments and receive payment therefrom.

**Staff and Workers in Units of Other Types of Ownership** refer to those who work in(and receive payment therefrom)enterprises and institutions of joint ownership， share holding， foreign ownership， and ownership by entrepreneurs from Hong Kong， Macao， and Taiwan.

Fully Employed Staff and Workers refer to persons who work in, and receive wages from their working units, as well as persons who have their work posts, but are temporarily absent from work for reasons of study or on sick, injury or maternal leave and still receive wages from their working units.

**Total Wages** refer to the total remuneration payment to staff and workers in various units during a certain period of time. The calculation of total wages is based on the total remuneration payment to the staff and workers. Therefore， all the wages and salaries and other payments to staff and workers are included in the total wages regardless of their sources， category， and forms (in kind or cash). (Total wages of staff and workers in this yearbook include only total wages of fully employed staff and workers, excluding the living allowances distributed to those who have left their working units while keeping their labour contract/employment relation unchanged).

**Bonus** refers to remuneration payment to workers for extra work and for increasing earnings and practicing economy.

**Subsidies and Allowances** refer to subsidies paid to staff and workers for compensating special or extra labour and allowances paid to staff and workers to offset the impact of inflation on real wages.

**Average Wage** refers to the average wage in money terms per person during a certain period of time for staff and workers in enterprises, institutions, and government agencies, which reflects the general level of wage income during a certain period of time and is calculated as follows:

Average Wage of Staff and Workers =Total Wages of Staff and Workers in Reference Period/Average Number of Staff and Workers in Reference Period

**Index of Average Wage** refers to the ratio of average wage of staff and workers at the report time to that at the reference time. It reflects the relative changing degree of average wage in money terms at the various of time, which is calculated as following:

Index of Average Wage of Staff and Worker = average wage of staff and workers at the report time/average wage of staff and workers at the reference time

**Index of Average Real Wage** refers to the average wage which has removed the factor of price change. Index of average real wage of staff and worker reflects the relative changing degree of average real wage, and indicates the degree of the rising or declining degree of real wage of staff and worker, which is calculated as following:

Index of Average Real Wage of Staff and Worker = (Index of Average Wage of Staff and Worker at the Report Time/Urban Consumer Prices Index at the Report Time) ×100%.

# 第四篇　对外经济

# Chapter 4　Foreign Trade

资料整理：李志君 叶玲

Database Editor: Lizhijun Yeling

# 简 要 说 明

本篇资料的主要内容及来源

本篇资料反映了全省外经外贸，主要包括进出口、利用外资、对外承包工程和劳务合作、人民币外汇牌价基本情况等方面的内容。

进、出口数据来源于海关统计，利用外资、对外承包工程和劳务合作等资料来源于省商务厅,外商投资企业工商注册数、资本金、投资总额数据来源于省市场监督管理局。历年人民币对主要外币的年平均汇价资料来源于国家外汇管理局，是根据当年国家外汇管理局提供的每日汇价进行加权平均计算而得出的当年年平均汇价。

自 2018 年起，我省利用外资以商务部外资统计口径为基准，加上外资投资性公司、再投资等的实际投资。外方服务境外贷款等不再纳入统计，以保持与商务部口径的一致性。

本篇资料由省统计局贸易外经统计处整理提供。

# Brief Introduction

Main Content and Source of Data

Data in this chapter show the basic conditions of foreign trade and  tourism , mainly including imports and exports, utilization of foreign capitals, contracted projects and labor services cooperation, exchange rate of RMB to other currencies etc.

Data on foreign trade are based on the statements made by the Administration of Customs. Data on utilization of foreign capitals, contracted projects and labor services cooperation are provided by Fujian Department Foreign Trade and Economic Cooperation. Data on Registered Foreign Funded Enterprises are provided by Fujian Industrial and Commercial Bureau. Average exchange rates of RMB yuan to other currencies over the years come from the State Administration of Exchange Control. The annual average exchange rate is calculated as the weighted mean of the daily exchange rates provided by the State Administration of Exchange Control.

Since 2018,the statistical caliber of foreign investment is based on the Ministry of Commerce.within the actual investment of foreign investment companies,reinvestments, etc. Foreign services are no longer included in the statistics.

Data in this chapter are collected and compiled by the Division of Trade and External Economic Relations Statistics of Fujian Provincial Bureau of Statistics.

# 4-1 对外经济基本情况

## Basic Statisics on Foreign Trade

| 项目 Item | 2000 | 2005 | 2010 | 2018 | 2019 |
|---|---|---|---|---|---|
| **海关货物进出口总额（亿元）** | **1756.87** | **4457.21** | **7363.88** | **12357.29** | **13307.35** |
| **Total Value of Imports and Exports in Customs (100 million yuan)** | | | | | |
| 出口总额 | 1068.55 | 2854.15 | 4839.73 | 7624.07 | 8281.55 |
| Exports | | | | | |
| 进口总额 | 688.32 | 1603.06 | 2524.15 | 4733.21 | 5025.81 |
| Imports | | | | | |
| 进出口差额 | 380.23 | 1251.09 | 2315.57 | 2890.86 | 3255.74 |
| Balance | | | | | |
| **海关货物进出口总额（亿美元）** | **212.23** | **544.11** | **1087.80** | **1875.76** | **1930.86** |
| **Total Value of Imports and Exports in Customs(USD 100 million)** | | | | | |
| 出口总额 | 129.08 | 348.42 | 714.93 | 1156.85 | 1201.83 |
| Exports | | | | | |
| 初级产品 | | 21.52 | 52.98 | 108.78 | 99.24 |
| Primary Goods | | | | | |
| 工业制品 | | 326.90 | 661.95 | 1048.08 | 1102.59 |
| Industry Goods | | | | | |
| 进口总额 | 83.15 | 195.69 | 372.87 | 718.90 | 729.03 |
| Imports | | | | | |
| 初级产品 | | 33.32 | 102.41 | 334.38 | 409.09 |
| Primary Goods | | | | | |
| 工业制品 | | 162.37 | 270.45 | 384.52 | 319.88 |
| Industry Goods | | | | | |
| 进出口差额 | 45.93 | 152.73 | 342.06 | 437.95 | 472.80 |
| Balance | | | | | |
| **外商直接投资** | | | | | |
| **Foreign Investment Utilized** | | | | | |
| 新签合同数（个） | | 1988 | 1139 | 2419 | 2391 |
| Number of Projects for Contracted Foreign Direct Investment(unit) | | | | | |
| 合同投资金额（亿美元） | | 59.57 | 73.76 | 159.18 | 160.54 |
| Total Amount of Contracted Foreign Investment(USD 100 million) | | | | | |
| 实际利用外资（亿美元） | | 26.08 | 58.03 | 44.55 | 46.10 |
| Foreign Investment Actually Utilized(USD 100 million) | | | | | |
| **外商投资企业工商注册情况** | | | | | |
| **Registration Status of Foreign Funded Enterprises** | | | | | |
| 年末注册数（个） | 16013 | 17854 | 17886 | 30144 | 31608 |
| Number of Enterprises(unit) | | | | | |
| 投资总额（亿美元） | 470.84 | 753.31 | 1248.31 | 2786.95 | 2974.71 |
| Total Investment(USD 100 million) | | | | | |
| 注册资本（亿美元） | 275.85 | 430.75 | 693.58 | 1638.44 | 1765.59 |
| Registered Capital(USD 100 million) | | | | | |
| **对外承包工程（亿美元）** | | | | | |
| **Contracted Projects(USD 100 million)** | | | | | |
| 合同金额 | 1.25 | 2.47 | 0.86 | 6.41 | 17.34 |
| Contracted Value | | | | | |
| 完成营业额 | 1.04 | 1.95 | 2.35 | 10.85 | 10.18 |
| Value of Turnover Fulfilled | | | | | |
| **对外劳务合作（亿美元）** | | | | | |
| **Labor Services(USD 100 million)** | | | | | |
| 劳务人员合同工资总额 | 2.96 | 3.25 | 2.06 | 7.86 | 6.93 |
| Contracted Pay | | | | | |
| 劳务人员实际收入总额 | 3.45 | 3.10 | 2.32 | 8.87 | 8.51 |
| Value of Real Income | | | | | |

注：1.劳务人员合同工资总额、劳务人员实际收入总额，2012年以前分别为对外劳务合作合同金额、对外劳务合作完成营业额。2.外商投资企业年末注册数、投资总额、注册资本2013年以前不含其他外商投资企业和外商投资企业分支机构。

Note:a) Before 2012,the Contract Pay is Contracted Value,the Real Income is Value of Turnover Fulfilled. b) Before 2013,Number of Foreign Funded Enterprise Registrations,Total Amount of Investment and Registered Capital Exclude other Foreign Funded Enterprises and Branches.

# 4-2 进出口总额

## Gross Value of Imports and Exports

| 年份<br>Year | 进出口总额（亿美元）<br>Total Imports and Exports(USD 100 million) | 出口<br>Exports | 进口<br>Imports | 进出口总额（亿元）<br>Total Imports and Exports (100 million yuan) | 出口<br>Exports | 进口<br>Imports |
|---|---|---|---|---|---|---|
| 1981 | 6.08 | 4.01 | 2.07 | 10.83 | 7.14 | 3.68 |
| 1982 | 5.51 | 3.70 | 1.80 | 10.63 | 7.15 | 3.48 |
| 1983 | 5.64 | 3.70 | 1.94 | 11.05 | 7.25 | 3.80 |
| 1984 | 6.65 | 3.92 | 2.73 | 18.55 | 10.93 | 7.62 |
| 1985 | 9.01 | 5.57 | 3.44 | 26.39 | 16.33 | 10.07 |
| 1986 | 13.48 | 6.86 | 6.61 | 50.13 | 25.54 | 24.60 |
| 1987 | 18.45 | 9.04 | 9.41 | 68.63 | 33.63 | 35.01 |
| 1988 | 28.43 | 14.16 | 14.27 | 105.76 | 52.68 | 53.08 |
| 1989 | 34.22 | 18.28 | 15.94 | 161.18 | 86.10 | 75.08 |
| 1990 | 43.39 | 24.49 | 18.90 | 226.50 | 127.84 | 98.66 |
| 1991 | 57.48 | 31.47 | 26.00 | 311.53 | 170.91 | 140.62 |
| 1992 | 80.59 | 43.87 | 36.72 | 463.38 | 252.23 | 211.14 |
| 1993 | 100.42 | 51.59 | 48.83 | 581.42 | 298.69 | 282.73 |
| 1994 | 121.90 | 64.30 | 57.59 | 1039.77 | 548.50 | 491.27 |
| 1995 | 144.46 | 79.08 | 65.38 | 1210.55 | 662.70 | 547.85 |
| 1996 | 155.20 | 83.82 | 71.37 | 1288.14 | 695.74 | 592.40 |
| 1997 | 179.53 | 102.56 | 76.97 | 1486.13 | 848.96 | 637.17 |
| 1998 | 171.61 | 99.64 | 71.97 | 1420.56 | 824.81 | 595.75 |
| 1999 | 176.20 | 103.52 | 72.68 | 1458.55 | 856.93 | 601.61 |
| 2000 | 212.23 | 129.08 | 83.15 | 1756.87 | 1068.55 | 688.32 |
| 2001 | 226.26 | 139.22 | 87.04 | 1872.98 | 1152.49 | 720.49 |
| 2002 | 283.99 | 173.71 | 110.28 | 2350.85 | 1437.96 | 912.89 |
| 2003 | 353.26 | 211.32 | 141.94 | 2924.25 | 1749.28 | 1174.96 |
| 2004 | 475.27 | 293.95 | 181.32 | 3933.81 | 2433.00 | 1500.81 |
| 2005 | 544.11 | 348.42 | 195.69 | 4457.21 | 2854.15 | 1603.06 |
| 2006 | 626.59 | 412.62 | 213.97 | 4937.55 | 3251.43 | 1686.12 |
| 2007 | 744.51 | 499.40 | 245.10 | 5661.24 | 3797.47 | 1863.77 |
| 2008 | 848.21 | 569.92 | 278.29 | 5890.90 | 3958.14 | 1932.76 |
| 2009 | 796.49 | 533.19 | 263.30 | 5440.85 | 3642.22 | 1798.63 |
| 2010 | 1087.80 | 714.93 | 372.87 | 7363.88 | 4839.73 | 2524.15 |
| 2011 | 1435.22 | 928.38 | 506.85 | 9269.83 | 5996.21 | 3273.62 |
| 2012 | 1559.38 | 978.33 | 581.05 | 9843.58 | 6175.68 | 3667.90 |
| 2013 | 1693.22 | 1064.74 | 628.47 | 10486.43 | 6594.17 | 3892.26 |
| 2014 | 1774.08 | 1134.52 | 639.56 | 10897.33 | 6968.92 | 3928.41 |
| 2015 | 1688.46 | 1126.80 | 561.66 | 10478.39 | 6991.76 | 3486.62 |
| 2016 | 1568.19 | 1036.72 | 531.47 | 10344.96 | 6833.66 | 3511.30 |
| 2017 | 1710.35 | 1049.32 | 661.03 | 11590.98 | 7113.92 | 4477.06 |
| 2018 | 1875.76 | 1156.85 | 718.90 | 12357.29 | 7624.07 | 4733.21 |
| 2019 | 1930.86 | 1201.83 | 729.03 | 13307.35 | 8281.55 | 5025.81 |

## 4-3 按主要贸易方式分进出口商品贸易额（2019年）

## Value of Imports and Exports by Main Trade Mode(2019)

| 项目<br>Item | 总计（万元）<br>Total(10000 yuan) | 总计（万美元）<br>Total(USD 10000) |
|---|---|---|
| **出口总额**<br>**Total Exports** | **82815459** | **12018318** |
| #一般贸易<br>General Trade | 59265645 | 8605826 |
| 来料加工贸易<br>Processing and Assembling with Customer's Materials | 1309053 | 189844 |
| 进料加工贸易<br>Processing and Assembling with Import Materials | 13056660 | 1894705 |
| 保税监管场所进出境货物<br>Import and Export Goods in Bonded Area | 2706824 | 392050 |
| 海关特殊监管区域物流货物<br>Goods in Customs Special Area | 4384086 | 634941 |
| **进口总额**<br>**Total Imports** | **50258054** | **7290309** |
| #一般贸易<br>General Trade | 37776134 | 5478970 |
| 来料加工装配贸易<br>Processing And Assembling With Custormer's Materials | 1055415 | 153031 |
| 进料加工贸易<br>Processing And Assembling With Imports Materials | 6384660 | 926068 |
| 来料加工装配进口的设备<br>Processing Equipments | 293 | 42 |
| 外商投资企业作为投资进口的设备、物品<br>Foreign Funded Equipments | 117906 | 17188 |
| 保税监管场所进出境货物<br>Import and Export Goods in Bonded Area | 3068317 | 446145 |
| 海关特殊监管区域物流货物<br>Goods in Customs Special Area | 1276160 | 185021 |
| 海关特殊监管区域进口设备<br>Import Equipment in Customs Special Area | 7244 | 1059 |

## 4-4 按企业性质分进出口商品贸易额（2019年）

## Value of of Imports and Exports by Ownership of Enterprises(2019)

| 项目 | Item | 总计（万元）<br>Total(10000 yuan) | 总计（万美元）<br>Total(USD 10000) |
|---|---|---|---|
| **进出口总额** | **Total Imports and Exports** | **133073513** | **19308627** |
| **出口总额** | **Exports** | **82815459** | **12018318** |
| #国有企业 | State Owned Enterprises | 8084706 | 1170980 |
| 集体企业 | Collective Owned Enterprises | 375450 | 54474 |
| 私营企业 | Privited Enterprises | 49475033 | 7182328 |
| 外商投资企业 | Foreign Funded Enterprises | 24637042 | 3576397 |
| **进口总额** | **Imports** | **50258054** | **7290309** |
| #国有企业 | State Owned Enterprises | 17129861 | 2482524 |
| 集体企业 | Collective Owned Enterprises | 241629 | 35163 |
| 私营企业 | Privited Enterprises | 14519986 | 2106423 |
| 外商投资企业 | Foreign Funded Enterprises | 18091725 | 2626502 |

# 4-5 进出口主要分类情况（2019年）

# Value of of Imports and Exports by Major Classification(2019)

| 项目 | Item | 总计（万元）Total(10000 yuan) | 总计（万美元）Total(USD 10000) |
|---|---|---|---|
| **进出口总额** | **Imports and Exports** | **133073513** | **19308627** |
| **出口商品总额** | **Exports** | **82815459** | **12018318** |
| 初级产品 | Primary Goods | 6839285 | 992384 |
| 工业制品 | Manufactured Goods | 75976174 | 11025934 |
| **进口商品总额** | **Imports** | **50258054** | **7290309** |
| 初级产品 | Primary Goods | 28214487 | 4090944 |
| 工业制品 | Manufactured Goods | 22039485 | 3198774 |
| **机电产品进出口** | **Total of mechanical and electronic products** | **40949244** | **5943783** |
| 出口总额 | Exports | 30134652 | 4373555 |
| 进口总额 | Imports | 10814592 | 1570228 |
| **高新技术产品进出口** | **High-tech products** | **17421965** | **2529034** |
| 出口总额 | Exports | 9790900 | 1421007 |
| 进口总额 | Imports | 7631066 | 1108027 |
| **外商投资企业进出口** | **Foreign-Funded Enterprises** | **42728767** | **6202900** |
| 出口总额 | Exports | 24637042 | 3576397 |
| 进口总额 | Imports | 18091725 | 2626502 |
| **一般贸易进出口** | **General Trade** | **97041779** | **14084796** |
| 出口总额 | Exports | 59265645 | 8605826 |
| 进口总额 | Imports | 37776134 | 5478970 |
| **加工贸易进出口** | **Processing and Assembling** | **21805788** | **3163649** |
| 出口总额 | Exports | 14365713 | 2084549 |
| 进口总额 | Imports | 7440075 | 1079100 |

# 4-6 按主要国别(地区)分进出口商品贸易额（2019年）

## Value of Exports by Country (Region)(2019)

| 国别(地区) | Country (Region) | 出口总额（万元）(10000 yuan) | 出口总额（万美元）(USD 10000) | 进口总额（万元）(10000 yuan) | 进口总额（万美元）(USD 10000) |
|---|---|---|---|---|---|
| 总计 | Total | 82815459 | 12018318 | 50258054 | 7290309 |
| 亚洲 | Asia | 39283316 | 5700558 | 24626229 | 3575184 |
| #中国香港 | Hong Kong China | 5020443 | 727439 | 73229 | 10574 |
| 中国澳门 | Macao China | 34643 | 5048 | 1273 | 181 |
| 中国台湾 | TaiWan China | 3329220 | 482793 | 4156274 | 603985 |
| 日本 | Japan | 4402746 | 639234 | 2126056 | 308386 |
| 菲律宾 | Philippines | 5514303 | 798668 | 573007 | 83048 |
| 泰国 | Tailand | 1902626 | 276309 | 1075256 | 155911 |
| 马来西亚 | Malaysia | 2051312 | 297672 | 1588336 | 229817 |
| 新加坡 | Singapore | 1260537 | 183146 | 349900 | 50625 |
| 阿拉伯联合酋长国 | United Arab Emirates | 1191064 | 173228 | 134132 | 19421 |
| 欧洲 | Europe | 16610426 | 2410313 | 6409704 | 929435 |
| #德国 | Germany | 2932517 | 425796 | 1103604 | 160155 |
| 法国 | France | 1071865 | 155473 | 326511 | 47190 |
| 意大利 | Italy | 1212610 | 176082 | 281846 | 40883 |
| 芬兰 | Finland | 87798 | 12733 | 172642 | 25001 |
| 英国 | United Kingdom | 2072685 | 300878 | 359246 | 52263 |
| 丹麦 | Denmark | 244838 | 35528 | 37361 | 5415 |
| 瑞典 | Sweden | 332980 | 48430 | 87090 | 12644 |
| 瑞士 | Switzerland | 78954 | 11450 | 792875 | 114624 |
| 西班牙 | Spain | 1123385 | 162975 | 345240 | 49973 |
| 北美洲 | North America | 16353427 | 2374211 | 3752456 | 544662 |
| #加拿大 | Canada | 1271737 | 184708 | 1377699 | 199864 |
| 美国 | United States | 15081436 | 2189466 | 2358702 | 342487 |
| 大洋洲 | Oceania | 1761643 | 255263 | 6498643 | 942137 |
| #澳大利亚 | Australia | 1408864 | 204148 | 5580189 | 808894 |
| 拉丁美洲及非洲 | Latin and Africa | 8806647 | 1277974 | 8931110 | 1293295 |

# 4-7 按类分进出口总额（2019年）

## Value of of Imports and Exports by Category(2019)

| 项目 Item | 出口总额（万元） (10000 yuan) | 出口总额（万美元） (USD 10000) | 进口总额（万元） (10000 yuan) | 进口总额（万美元） (USD 10000) |
|---|---|---|---|---|
| **一、初级产品 Primary Goods** | **6839285** | **992384** | **28214487** | **4090944** |
| 食品及活动物 Food and Live Animals | 6002375 | 870690 | 3538715 | 513002 |
| 活动物 Live Animals | | | 5678 | 825 |
| 肉及肉制品 Meat and Meat Products | 95763 | 13875 | 198394 | 28636 |
| 乳品及蛋品 Dairy Products and Eggs | 11463 | 1667 | 571552 | 82961 |
| 鱼、甲壳及软体类动物及其制品 Fish, Shellfish, Mollusks and Other Aquatic Invertebrates | 3791297 | 550475 | 713439 | 102932 |
| 谷物及其制品 Cereals and Products | 25734 | 3719 | 500550 | 72715 |
| 蔬菜及水果 Vegetable and Fruits | 1319864 | 191029 | 407220 | 59024 |
| 糖、糖制品及蜂蜜 Sugar ,Sugar Products and Honey | 167522 | 24271 | 42935 | 6218 |
| 咖啡、茶、可可、调味料及其制品 Coffee, Tea, Coca, Spices and Their Products | 368366 | 53453 | 40723 | 5887 |
| 饲料 Forage | 13573 | 1969 | 891747 | 129701 |
| 杂项食品 Others | 208792 | 30233 | 166476 | 24103 |
| 饮料及烟类 Beverages and Tobacco | 74620 | 10842 | 334857 | 48514 |
| 饮料 Beverages | 61475 | 8940 | 333243 | 48281 |
| 烟草及其制品 Tobacco and Tobacco Products | 13145 | 1903 | 1614 | 234 |
| 非食用原料 Non-edible Raw Materials | 506408 | 73531 | 15610346 | 2260853 |
| 生皮及生毛皮 Raw Hides and Furs | 1115 | 164 | 145603 | 21181 |
| 油籽及含油果实 Oil Seeds and Kernels | 1461 | 213 | 1340903 | 194284 |
| 生橡胶 Raw Rubber | 7802 | 1130 | 248169 | 36056 |
| 软木及木材 Cork and Wood | 54469 | 7883 | 1463319 | 212392 |
| 纸浆及废纸 Paper Pulp and Waster Paper | 4983 | 723 | 1132425 | 164870 |
| 纺织纤维(羊毛条除外)及其废料 Textile Fiber and Related Scrap (Excluding Fleece) | 145323 | 21185 | 64739 | 9413 |
| 天然肥料及矿物(煤、石油及宝石除外) Natural Fertilizers and Mineral (Excluding Coal, Petroleum and Germ) | 88943 | 12960 | 1594016 | 231317 |
| 金属矿砂及金属废料 Metals Ore and Scrap | 33524 | 4759 | 9522377 | 1376974 |
| 其他动、植物原料 Other Animal And Vegetable Raw Materials | 168790 | 24514 | 98796 | 14366 |
| 矿物燃料、润滑油及有关原料 Mineral Fuels, Lubrication Oil and Related Materials | 230497 | 33643 | 8481397 | 1232549 |

# 4-7 续表1

# Continued

| 项目<br>Item | 出口总额（万元）<br>(10000 yuan) | 出口总额（万美元）<br>(USD 10000) | 进口总额（万元）<br>(10000 yuan) | 进口总额（万美元）<br>(USD 10000) |
|---|---|---|---|---|
| 煤、焦炭及煤砖<br>Coal, Coke and Briquette | 188588 | 27582 | 2185400 | 318727 |
| 石油、石油产品及有关原料<br>Petroleum, Petroleum Products and Related Materials | 41864 | 6055 | 5097072 | 739863 |
| 天然气及人造气<br>Natural Gas and Man-made Gas | 44 | 6 | 1198925 | 173960 |
| 动植物油、脂及蜡<br>Animal and Vegetable Oil ,Fats and Wax | 25385 | 3679 | 249172 | 36026 |
| 动物油、脂<br>Animal Oil and Fats | 12091 | 1742 | 17925 | 2601 |
| 植物油、脂<br>Vegetable Oils and Fats | 6296 | 920 | 220439 | 31854 |
| 已加工的动植物油、脂及动植物蜡<br>Processed Animal and Vegetable Oils,Fats and Wax | 6998 | 1017 | 10807 | 1572 |
| **二、工业制品<br>Industry Goods** | **75976174** | **11025934** | **22039485** | **3198774** |
| 化学成品及有关产品<br>Chemicals and Related Products | 3125092 | 454062 | 4456138 | 647948 |
| 有机化学品<br>Organic Chemicals | 360180 | 52305 | 1561495 | 227424 |
| 无机化学品<br>Inorganic Chemicals | 604932 | 88127 | 205727 | 29849 |
| 染料、鞣料及着色料<br>Dyestuff , Tanning Extracts and Dye Materials | 70270 | 10234 | 99363 | 14445 |
| 医药品<br>Medicines | 212043 | 30823 | 16478 | 2376 |
| 精油、香料及盥洗、光洁制品<br>Essential Oils, Perfumed Materials and Cosmetics | 298920 | 43329 | 125408 | 18200 |
| 肥料<br>Fertilizer | 312470 | 45519 | 1 | |
| 初级形状的塑料<br>Plastics of Primary Pattern | 363689 | 52761 | 1843081 | 267856 |
| 非初级形状的塑料<br>Plastics of non Primary Pattern | 529650 | 76844 | 210137 | 30509 |
| 其他化学原料及产品<br>Other Chemical Raw and Products | 372236 | 54017 | 393900 | 57208 |
| 按原料分类的制成品<br>Products by Raw material | 16955955 | 2463916 | 4521258 | 655499 |
| 皮革、皮革制品及已鞣毛皮<br>Leather, Leather Products and Tanned Hides | 135552 | 19676 | 191479 | 27872 |
| 橡胶制品<br>Rubber Products | 444896 | 64633 | 92144 | 13375 |
| 软木及木制品(家具除外)<br>Cork and Wooden Products | 1016943 | 147425 | 23240 | 3373 |
| 纸及纸板；纸浆、纸及纸板制品<br>Paper and Paperboard, Articles of Paper Pulp or Paper and Paperboard Products | 890940 | 129448 | 199376 | 28978 |
| 纺纱、织物、制成品及有关产品<br>Spin Textile Products and Related Products | 5594818 | 813631 | 904111 | 131685 |
| 非金属矿物制品<br>Non Metal Minerals products | 3596164 | 522453 | 415236 | 60247 |

# 4-7 续表2
# Continued

| 项目<br>Item | 出口总额（万元）<br>(10000 yuan) | 出口总额（万美元）<br>(USD 10000) | 进口总额（万元）<br>(10000 yuan) | 进口总额（万美元）<br>(USD 10000) |
|---|---|---|---|---|
| 钢铁<br>Steel | 1309895 | 190171 | 1316427 | 191098 |
| 有色金属<br>Non-ferrous Metal | 1006414 | 146375 | 1150131 | 165595 |
| 金属制品<br>Metal Products | 2960333 | 430102 | 229114 | 33276 |
| 机械及运输设备<br>Machinery and Transport Equipments | 20472309 | 2970586 | 8452482 | 1226969 |
| 动力机械及设备<br>Power Machinery and Equipments | 1588892 | 230488 | 780673 | 113384 |
| 特种工业专用机械<br>Special Industry Equipment | 1387216 | 201491 | 776676 | 113094 |
| 金工机械<br>Metal working Machinery | 160150 | 23261 | 98808 | 14371 |
| 通用工业机械设备及零件<br>Ordinary Industry Machinery and Parts | 2771695 | 402187 | 605548 | 87895 |
| 办公用机械及自动数据处理设备<br>Clerical Machinery and Automatic Data Processing Equipments | 1828993 | 265403 | 1016370 | 147496 |
| 电信及声音的录制及重放装置设备<br>Telecommunications and Sound Record and Replay Equipment | 4683724 | 679869 | 578840 | 83923 |
| 电力机械、器具及其电气零件<br>Power Machinery and Parts | 5602162 | 812566 | 3873536 | 562061 |
| 陆路车辆(包括气垫式)<br>Land Vehicles | 1654511 | 240298 | 437893 | 63618 |
| 其他运输设备<br>Other Transportation Equipment | 794966 | 115022 | 284139 | 41126 |
| 杂项制品<br>Miscellaneous Manufactured Articles | 34916129 | 5065641 | 2833516 | 411428 |
| 活动房屋、卫生、水道、供热及照明装置<br>Movable Room, Sanitary Equipment, Supply of Hotand Lighting Apparatus | 1994548 | 289837 | 19966 | 2918 |
| 家具及其零件、褥垫及类似填充制品<br>Furniture and Related Parts | 3311432 | 480718 | 140396 | 20373 |
| 旅行用品、手提包及类似品<br>Tour Goods, Handbags and Related Products | 1740294 | 253021 | 6668 | 970 |
| 服装及衣着附件<br>Garments and Related Parts | 9332650 | 1352913 | 53728 | 7798 |
| 鞋靴<br>Footwears | 8080932 | 1171784 | 57959 | 8405 |
| 专业、科学及控制用仪器和装置<br>Special, Scientific and Controlled Instruments and Equipment | 2078176 | 301821 | 1729314 | 251346 |
| 摄影器材、光学物品及钟表<br>Photographic, Optical Instruments and Clocks | 1034891 | 149978 | 546480 | 79345 |
| 未列名杂项制品<br>Other Miscellaneous Manufactured Articles | 7343208 | 1065569 | 279006 | 40273 |
| 未分类的商品及交易品<br>Unclassified Goods | 506690 | 71729 | 1776092 | 256930 |

# 4-8 人民币汇率(年平均价)

## Refercene Exchange Rate of RMB （Period Average）

单位：元 (yuan)

| 年份<br>Year | 100美元<br>100 US Dollars | 100日元<br>100 Japanese Yen | 100港元<br>100 Hong Kong Dollars | 100欧元<br>100 Euros |
|---|---|---|---|---|
| 1985 | 293.66 | 1.25 | 37.57 | |
| 1986 | 345.28 | 2.07 | 44.22 | |
| 1987 | 372.21 | 2.58 | 47.74 | |
| 1988 | 372.21 | 2.91 | 47.70 | |
| 1989 | 376.51 | 2.74 | 48.28 | |
| 1990 | 478.32 | 3.32 | 61.39 | |
| 1991 | 532.33 | 3.96 | 68.45 | |
| 1992 | 551.46 | 4.36 | 71.24 | |
| 1993 | 576.20 | 5.20 | 74.41 | |
| 1994 | 861.87 | 8.44 | 111.53 | |
| 1995 | 835.10 | 8.92 | 107.96 | |
| 1996 | 831.42 | 7.64 | 107.51 | |
| 1997 | 828.98 | 6.86 | 107.09 | |
| 1998 | 827.91 | 6.35 | 106.88 | |
| 1999 | 827.83 | 7.29 | 106.66 | |
| 2000 | 827.84 | 7.69 | 106.18 | |
| 2001 | 827.70 | 6.81 | 106.08 | |
| 2002 | 827.70 | 6.62 | 106.07 | 800.58 |
| 2003 | 827.70 | 7.15 | 106.24 | 936.13 |
| 2004 | 827.68 | 7.66 | 106.23 | 1029.00 |
| 2005 | 819.17 | 7.45 | 105.30 | 1019.53 |
| 2006 | 797.18 | 6.86 | 102.62 | 1001.90 |
| 2007 | 760.40 | 6.46 | 97.46 | 1041.75 |
| 2008 | 694.51 | 6.74 | 89.19 | 1022.27 |
| 2009 | 683.10 | 7.30 | 88.12 | 952.70 |
| 2010 | 676.95 | 7.73 | 89.13 | 897.25 |
| 2011 | 645.88 | 8.11 | 82.97 | 900.11 |
| 2012 | 631.25 | 7.90 | 81.38 | 810.67 |
| 2013 | 619.32 | 6.33 | 79.85 | 822.19 |
| 2014 | 614.28 | 5.82 | 79.22 | 816.51 |
| 2015 | 622.84 | 5.15 | 80.34 | 691.41 |
| 2016 | 664.23 | 6.12 | 85.58 | 734.26 |
| 2017 | 675.18 | 6.02 | 86.64 | 763.03 |
| 2018 | 661.74 | 5.99 | 84.43 | 780.16 |
| 2019 | 689.85 | 6.33 | 88.05 | 772.55 |

注：欧元自2002年开始进入市场流通。
Note:Since 2002,the Euros circulates in market.

# 4-9 外商直接投资合同数和合同金额

## Number and Value of Signed Contracts for Direct Foreign Investment

| 年份 Year | 合同数(项) Numbers (unit) | 合资企业 Joint Ventures | 合作企业 Cooperative Operation | 独资企业 Sole-Foreign Enterprises | 合同外资金额(万美元) Value (USD 10000) | 合资企业 Joint Ventures | 合作企业 Cooperative Operation | 独资企业 Sole-Foreign Enterprises |
|---|---|---|---|---|---|---|---|---|
| 1979 | 5 | 2 | 3 | | 105 | 19 | 86 | |
| 1980 | 15 | 6 | 9 | | 464 | 378 | 86 | |
| 1981 | 16 | 1 | 15 | | 1906 | 56 | 1850 | |
| 1982 | 14 | 4 | 9 | 1 | 1612 | 1034 | 128 | 450 |
| 1983 | 18 | 8 | 10 | | 2120 | 1930 | 190 | |
| 1984 | 236 | 113 | 116 | 7 | 20097 | 12187 | 6473 | 1437 |
| 1985 | 395 | 206 | 182 | 7 | 37681 | 24276 | 12906 | 499 |
| 1986 | 109 | 70 | 34 | 5 | 6456 | 5355 | 941 | 160 |
| 1987 | 215 | 140 | 60 | 15 | 11753 | 7771 | 1950 | 2032 |
| 1988 | 813 | 496 | 188 | 129 | 46260 | 24545 | 7524 | 14191 |
| 1989 | 872 | 436 | 123 | 313 | 90258 | 27039 | 5618 | 57601 |
| 1990 | 1043 | 432 | 94 | 517 | 116183 | 28488 | 7259 | 80436 |
| 1991 | 1219 | 575 | 80 | 564 | 144871 | 36082 | 23457 | 85332 |
| 1992 | 3113 | 1375 | 191 | 1547 | 635101 | 157962 | 91108 | 386031 |
| 1993 | 4714 | 1775 | 264 | 2675 | 1136617 | 239879 | 146164 | 750574 |
| 1994 | 3026 | 1017 | 179 | 1830 | 717946 | 211903 | 87943 | 418100 |
| 1995 | 2728 | 829 | 119 | 1780 | 890647 | 175384 | 101147 | 614116 |
| 1996 | 1987 | 505 | 67 | 1415 | 653572 | 97635 | 32303 | 523634 |
| 1997 | 2298 | 408 | 41 | 1849 | 453751 | 89035 | 25428 | 338988 |
| 1998 | 2006 | 420 | 45 | 1541 | 500150 | 105163 | 36999 | 357988 |
| 1999 | 1439 | 281 | 41 | 1117 | 489996 | 103378 | 37356 | 349262 |
| 2000 | 1463 | 281 | 27 | 1155 | 431373 | 51242 | 9971 | 370160 |
| 2001 | 1670 | 260 | 14 | 1395 | 500717 | 100566 | 9592 | 388661 |
| 2002 | 1825 | 233 | 66 | 1526 | | | | |
| 2003 | 2274 | 330 | 18 | 1922 | | | | |
| 2004 | 2277 | 318 | 16 | 1942 | | | | |
| 2005 | 1988 | 301 | 24 | 1663 | | | | |
| 2006 | 2164 | 385 | 10 | 1766 | | | | |
| 2007 | 1722 | 298 | 3 | 1418 | | | | |
| 2008 | 1101 | 185 | 9 | 906 | | | | |
| 2009 | 939 | 153 | 5 | 779 | | | | |
| 2010 | 1139 | 242 | 4 | 890 | | | | |
| 2011 | 1039 | 230 | 6 | 803 | | | | |
| 2012 | 916 | 222 | 3 | 684 | | | | |
| 2013 | 840 | 225 | 3 | 608 | | | | |

注：1997年起外商直接投资含股份制。

Note:The data of foreign direct investment from 1997 include share holding enterprises.

# 4-9 续表

## Continued

| 年份 | Year | 合同数(项) Numbers (unit) | 合资企业 Joint Ventures | 合作企业 Cooperative Operation | 独资企业 Sole-Foreign Enterprises | 合同外资金额(万美元) Value (USD 10000) | 合资企业 Joint Ventures | 合作企业 Cooperative Operation | 独资企业 Sole-Foreign Enterprises |
|---|---|---|---|---|---|---|---|---|---|
| 2014 | | 1044 | 256 | 2 | 784 | | | | |
| 2015 | | 1689 | 440 | | 1242 | | | | |
| 2016 | | 2355 | 587 | 3 | 1759 | | | | |
| 2017 | | 2041 | 628 | 1 | 1405 | | | | |
| 2018 | | 2419 | 867 | 2 | 1536 | | | | |
| 2019 | | 2391 | 819 | 5 | 1552 | | | | |
| **报表口径** | **New Scope** | | | | | | | | |
| 2002 | | | | | | 390089 | 45016 | 21686 | 317205 |
| 2003 | | | | | | 477321 | 63373 | 6168 | 403697 |
| **历史可比口径** | **Old Scope** | | | | | | | | |
| 2002 | | | | | | 694419 | 71616 | 28398 | 588223 |
| 2003 | | | | | | 725117 | | | |
| 2004 | | | | | | 754307 | | | |
| 2005 | | | | | | 855655 | | | |
| 2006 | | | | | | 1080190 | | | |
| 2007 | | | | | | 1233624 | | | |
| 2008 | | | | | | 1141475 | | | |
| 2009 | | | | | | 907597 | | | |
| 2010 | | | | | | 1211979 | | | |
| 2011 | | | | | | 1357766 | | | |
| 2012 | | | | | | 1525389 | | | |
| **全口径** | **Full Scope** | | | | | | | | |
| 2004 | | | | | | 537299 | 48124 | 3247 | 477771 |
| 2005 | | | | | | 595715 | 77223 | 20319 | 496142 |
| 2006 | | | | | | 862069 | 87666 | 15165 | 745280 |
| 2007 | | | | | | 867422 | 190832 | 4093 | 649397 |
| 2008 | | | | | | 715201 | 62787 | 11403 | 633626 |
| 2009 | | | | | | 536095 | 61881 | 7592 | 463511 |
| 2010 | | | | | | 737557 | 101453 | 2472 | 599438 |
| 2011 | | | | | | 921880 | 167519 | 10836 | 743631 |
| 2012 | | | | | | 929083 | 136383 | 757 | 667066 |
| 2013 | | | | | | 833644 | 164356 | -294 | 671119 |
| 2014 | | | | | | 849079 | 208541 | 12182 | 609880 |
| 2015 | | | | | | 1446277 | 269111 | 2000 | 976580 |
| 2016 | | | | | | 1566337 | 512379 | 1140 | 1015696 |
| 2017 | | | | | | 1487858 | 461952 | 2660 | 1006257 |
| 2018 | | | | | | 1591814 | 391376 | 1426 | 1180204 |
| 2019 | | | | | | 1605398 | 464225 | 248 | 1065516 |

# 4-10 按行业分外商直接投资合同数

# Number of Signed Contracts for Direct Foreign Investment by Sector

单位：个　　(unit)

| 年份<br>Year | 总计<br>Total | 农业<br>Agriculture | 工业<br>Industry | 建筑业<br>Construction | 交通运输仓储及邮电通信业<br>Transport, Storage,Post and Telecommunica-tions | 批发和零售贸易餐饮业<br>Wholesale & Retail Trade and Catering Services | 其他服务业<br>Other Services |
|---|---|---|---|---|---|---|---|
| 1979 | 5 | 2 | 1 | | | | 2 |
| 1980 | 15 | 1 | 5 | 1 | 3 | | 5 |
| 1981 | 16 | | 5 | 1 | 4 | | 6 |
| 1982 | 14 | | 10 | | 1 | 1 | 2 |
| 1983 | 18 | 1 | 6 | | 2 | 1 | 8 |
| 1984 | 236 | 13 | 113 | 15 | 11 | 22 | 62 |
| 1985 | 395 | 21 | 266 | 24 | 13 | 63 | 8 |
| 1990 | 1043 | 42 | 930 | 1 | 5 | 10 | 55 |
| 1991 | 1219 | 57 | 1077 | | 6 | 11 | 68 |
| 1992 | 3113 | 134 | 2520 | 21 | 11 | 22 | 405 |
| 1993 | 4714 | 161 | 3536 | 67 | 21 | 124 | 805 |
| 1994 | 3026 | 133 | 2068 | 41 | 22 | 176 | 586 |
| 1995 | 2728 | 166 | 1973 | 29 | 15 | 130 | 415 |
| 1996 | 1987 | 114 | 1431 | 14 | 10 | 184 | 234 |
| 1997 | 2298 | 140 | 1755 | 28 | 6 | 179 | 190 |
| 1998 | 2006 | 168 | 1482 | 12 | 21 | 98 | 225 |
| 1999 | 1439 | 132 | 1052 | 11 | 9 | 40 | 195 |
| 2000 | 1463 | 117 | 1129 | 5 | 4 | 55 | 153 |
| 2001 | 1670 | 102 | 1304 | 5 | 15 | 34 | 210 |
| 2002 | 1825 | 97 | 1382 | 14 | 14 | 50 | 268 |
| 2003 | 2274 | 110 | 1839 | 14 | 25 | 60 | 226 |
| 2004 | 2277 | 93 | 1837 | 11 | 26 | 100 | 210 |
| 2005 | 1988 | 81 | 1570 | 4 | 25 | 92 | 216 |
| 2006 | 2164 | 85 | 1633 | 12 | 34 | 207 | 193 |
| 2007 | 1722 | 69 | 1204 | 3 | 21 | 234 | 191 |
| 2008 | 1101 | 67 | 627 | 10 | 15 | 229 | 153 |
| 2009 | 939 | 73 | 431 | 4 | 39 | 258 | 134 |
| 2010 | 1139 | 79 | 504 | 5 | 23 | 320 | 208 |
| 2011 | 1039 | 69 | 374 | 7 | 22 | 345 | 222 |
| 2012 | 916 | 77 | 270 | 7 | 12 | 320 | 230 |
| 2013 | 840 | 45 | 200 | 8 | 17 | 353 | 217 |
| 2014 | 1044 | 53 | 190 | 11 | 8 | 475 | 307 |
| 2015 | 1689 | 95 | 199 | 20 | 19 | 790 | 566 |
| 2016 | 2355 | 80 | 229 | 27 | 17 | 934 | 1068 |
| 2017 | 2041 | 57 | 212 | 33 | 21 | 631 | 1087 |
| 2018 | 2419 | 107 | 276 | 28 | 26 | 737 | 1245 |
| 2019 | 2391 | 71 | 276 | 17 | 29 | 745 | 1253 |

# 4-11 按行业分外商直接投资合同金额

## Value of Signed Contracts for Direct Foreign Investment by Sector

单位：万美元 (USD 10000)

| 年份 | Year | 总计 Total | 农业 Agriculture | 工业 Industry | 建筑业 Construction | 交通运输仓储及邮电通信业 Transport, Storage, Post and Telecommunications | 批发和零售贸易餐饮业 Wholesale & Retail Trade and Catering Services | 其他服务业 Other Services |
|---|---|---|---|---|---|---|---|---|
| 1979 | | 105 | 78 | 10 | | | | 17 |
| 1980 | | 464 | 33 | 247 | 5 | 12 | | 167 |
| 1981 | | 1906 | | 99 | 72 | 206 | | 1529 |
| 1982 | | 1612 | | 1542 | | 50 | 13 | 7 |
| 1983 | | 2120 | 10 | 900 | | 62 | 25 | 1123 |
| 1984 | | 20097 | 245 | 7080 | 918 | 779 | 1110 | 9965 |
| 1985 | | 37681 | 1228 | 15977 | 1254 | 586 | 12085 | 6551 |
| 1990 | | 116183 | 3462 | 90126 | 91 | 331 | 488 | 21685 |
| 1991 | | 144871 | 5256 | 98215 | | 978 | 737 | 39685 |
| 1992 | | 635101 | 8128 | 338783 | 1088 | 2817 | 27068 | 257217 |
| 1993 | | 1136617 | 17482 | 574966 | 6931 | 2692 | 23151 | 511395 |
| 1994 | | 717946 | 11607 | 394043 | 4132 | 7683 | 11583 | 288898 |
| 1995 | | 890647 | 20790 | 660166 | 3187 | 17270 | 27927 | 161307 |
| 1996 | | 653572 | 12678 | 469257 | 15031 | 8825 | 21286 | 126495 |
| 1997 | | 453751 | 15932 | 323558 | 21977 | 17486 | 28839 | 45959 |
| 1998 | | 500150 | 31810 | 336922 | 21773 | 8597 | 7308 | 93740 |
| 1999 | | 489996 | 28748 | 359611 | 4806 | 2161 | 8877 | 85793 |
| 2000 | | 431373 | 18083 | 318217 | 1666 | 2038 | 7481 | 83888 |
| 2001 | | 500717 | 17589 | 371725 | 1464 | 7915 | 2420 | 99604 |
| 报表口径 | New Scope | | | | | | | |
| 2002 | | 390089 | 12453 | 310522 | 6224 | 7404 | 3866 | 49620 |
| 2003 | | 477321 | 14166 | 398730 | 7144 | 7288 | 4076 | 45917 |
| 历史可比口径 | Old Scope | | | | | | | |
| 2002 | | 694419 | 19599 | 581954 | 11153 | 8799 | 4812 | 68102 |
| 全口径 | Full Scope | | | | | | | |
| 2004 | | 537299 | 12674 | 426684 | 321 | 15651 | 13838 | 68131 |
| 2005 | | 595715 | 22415 | 467697 | 754 | 21674 | 15222 | 67953 |
| 2006 | | 862069 | 17158 | 659295 | 6121 | 26289 | 38025 | 115181 |
| 2007 | | 867422 | 16497 | 648414 | -197 | 12301 | 36543 | 153864 |
| 2008 | | 715201 | 27219 | 444674 | 3221 | 36966 | 56566 | 146555 |
| 2009 | | 536095 | 23235 | 316771 | 1455 | 31770 | 38370 | 124494 |
| 2010 | | 737557 | 24439 | 452840 | 813 | 16826 | 93832 | 148807 |
| 2011 | | 921880 | 41513 | 542046 | 2571 | 16260 | 86200 | 233290 |
| 2012 | | 929083 | 67531 | 364064 | 17019 | 35616 | 154028 | 290825 |
| 2013 | | 833644 | 22851 | 415880 | 12501 | 28152 | 125156 | 229104 |
| 2014 | | 849079 | 34766 | 367882 | 10625 | 19551 | 133299 | 282956 |
| 2015 | | 1446277 | 71592 | 411956 | 653 | 24364 | 322761 | 614951 |
| 2016 | | 1566337 | 60688 | 377264 | 53100 | 167 | 283161 | 791957 |
| 2017 | | 1487858 | 25612 | 397418 | 99249 | 18704 | 102566 | 844309 |
| 2018 | | 1591814 | 52312 | 492241 | 33099 | 25668 | 211578 | 776916 |
| 2019 | | 1605398 | 22265 | 310031 | 4758 | 17487 | 348630 | 902227 |

# 4-12 分国别(地区)外商直接投资合同数和合同金额

## Number and Value of Contracts for Signed Direct Foreign Investment by Country(Region)

| 国别(地区) | Country(Region) | 2000 | 2005 | 2010 | 2015 | 2017 | 2018 | 2019 |
|---|---|---|---|---|---|---|---|---|
| **合同数（个）** | **Number(unit)** | **1463** | **1988** | **1139** | **1689** | **2041** | **2419** | **2391** |
| #中国香港 | Hong Kong China | 602 | 921 | 446 | 468 | 530 | 684 | 531 |
| 中国澳门 | Macao China | 28 | 66 | 16 | 19 | 25 | 50 | 43 |
| 中国台湾 | Taiwan China | | | 408 | 890 | 1074 | 1316 | 1382 |
| 日本 | Japan | 72 | 64 | 22 | 21 | 15 | 23 | 16 |
| 菲律宾 | Philippines | 60 | 96 | 11 | 7 | 6 | 5 | 20 |
| 泰国 | Tailand | 5 | 2 | | 2 | 5 | 3 | 2 |
| 马来西亚 | Malaysia | 14 | 25 | 18 | 14 | 42 | 39 | 33 |
| 新加坡 | Singapore | 58 | 41 | 27 | 37 | 51 | 39 | 53 |
| 印度尼西亚 | Indonesia | 9 | 13 | 5 | 10 | 4 | 8 | 4 |
| 德国 | Germany | 8 | 8 | 6 | 11 | 9 | 3 | 10 |
| 法国 | France | 3 | 7 | 2 | 2 | 3 | 4 | 6 |
| 英国 | United Kingdom | 20 | 9 | 2 | 13 | 13 | 16 | 14 |
| 加拿大 | Canada | 15 | 31 | 11 | 10 | 19 | 20 | 23 |
| 美国 | United States | 79 | 98 | 33 | 52 | 49 | 53 | 40 |
| 澳大利亚 | Australia | 18 | 28 | 18 | 27 | 22 | 16 | 12 |
| **合同金额（万美元）** | **Volume（10000 USD)** | **431373** | **595715** | **737557** | **1446277** | **1487858** | **1591814** | **1605398** |
| #中国香港 | Hong Kong China | 212533 | 286810 | 559446 | 765753 | 803295 | 945726 | 1129009 |
| 中国澳门 | Macao China | 4958 | 15623 | 8243 | 8158 | 2034 | 4748 | 7145 |
| 中国台湾 | Taiwan China | | | 76162 | 282112 | 307108 | 221977 | 225491 |
| 日本 | Japan | 16943 | 10575 | 4135 | 4676 | 4994 | 4257 | 13038 |
| 菲律宾 | Philippines | 17611 | 19213 | -6765 | -421 | 1002 | 184 | 2352 |
| 泰国 | Thailand | 270 | 292 | -85 | 53 | 643 | 683 | -100 |
| 马来西亚 | Malaysia | 4643 | 7559 | 5728 | 6675 | 11943 | 1541 | 19148 |
| 新加坡 | Singapore | 10246 | 12343 | 21747 | 27949 | 39126 | 116136 | 65333 |
| 印度尼西亚 | Indonesia | 1026 | 1892 | 730 | 462 | 2172 | -189 | 354 |
| 德国 | Germany | 3107 | 251 | 261 | 1428 | 5464 | 157 | -2637 |
| 法国 | France | 102 | 881 | 429 | 31 | 28 | 52 | 179 |
| 英国 | United Kingdom | 15504 | -4364 | 260 | 3246 | 11320 | 4116 | 4507 |
| 加拿大 | Canada | 2495 | 3510 | 6948 | 2292 | 11805 | 41301 | 3699 |
| 美国 | United States | 21012 | 25534 | 1288 | 28221 | 14148 | 15778 | 6279 |
| 澳大利亚 | Austrialia | 985 | 5138 | 4493 | 73995 | 2552 | 5873 | 1691 |

注：当期外商投资企业减资或外商股权转让金额超过当期新批合同外资或外商投资企业增资金额，差额部分用负数表示。

Note:When the data of reduction of Signed Value or the transfer stock value surpass the data of Signed Value or the supplementary value of direct foreigh investment, the discrepancy is expressed by negative number.

# 4-13 实际利用外商直接投资金额

# Direct Foreign Capital Actually Used

单位：万美元 (USD 10000)

| 年份 Year | 合计 Total | 合资企业 Joint Ventures | 合作企业 Cooperative Operation | 独资企业 Sole-Foreign Enterprises |
|---|---|---|---|---|
| 1979 | 83 | 15 | 68 | |
| 1980 | 363 | 288 | 75 | |
| 1981 | 150 | 40 | 110 | |
| 1982 | 121 | 5 | 16 | 100 |
| 1983 | 1438 | 1026 | 158 | 254 |
| 1984 | 4828 | 3526 | 1179 | 123 |
| 1985 | 11782 | 8566 | 2950 | 266 |
| 1986 | 6149 | 4121 | 1913 | 115 |
| 1987 | 5139 | 3097 | 1479 | 563 |
| 1988 | 13017 | 9273 | 2369 | 1375 |
| 1989 | 32880 | 13814 | 6384 | 12682 |
| 1990 | 29002 | 12617 | 2780 | 13605 |
| 1991 | 64449 | 22682 | 14775 | 26992 |
| 1992 | 141633 | 48528 | 26132 | 66973 |
| 1993 | 286745 | 98484 | 33498 | 154763 |
| 1994 | 371200 | 145518 | 34469 | 191213 |
| 1995 | 403881 | 124872 | 54073 | 224936 |
| 1996 | 407876 | 129778 | 50497 | 227601 |
| 1997 | 419666 | 112293 | 60175 | 247198 |
| 1998 | 421211 | 90295 | 50778 | 280138 |
| 1999 | 402403 | 99542 | 42121 | 260180 |
| 2000 | 380386 | 74548 | 13263 | 291365 |
| 2001 | 391804 | 74092 | 7248 | 309068 |
| 历史可比口径 (Old Scope) | | | | |
| 2002 | 424995 | 84669 | 11587 | 316240 |
| 2003 | 499329 | | | |
| 2004 | 531802 | | | |
| 2005 | 622984 | | | |
| 2006 | 718489 | | | |
| 2007 | 813093 | | | |
| 2008 | 1002556 | | | |
| 2009 | 1006481 | | | |
| 2010 | 1031552 | | | |
| 2011 | 1104447 | | | |
| 2012 | 1218541 | | | |
| 全口径 (Full Scope) | | | | |
| 2004 | 222120 | 41952 | 4324 | 163490 |
| 2005 | 260775 | 31021 | 670 | 222422 |
| 2006 | 322047 | 49684 | 2327 | 268789 |
| 2007 | 406058 | 68686 | 4670 | 332015 |
| 2008 | 567171 | 137758 | 2284 | 416441 |
| 2009 | 573747 | 104761 | 1372 | 458815 |
| 2010 | 580279 | 97974 | 2126 | 475199 |
| 2011 | 620111 | 94469 | 774 | 479782 |
| 2012 | 633774 | 130747 | 1325 | 399721 |
| 2013 | 667896 | 93411 | 3349 | 554906 |
| 2014 | 711499 | 136702 | 1200 | 558117 |
| 2015 | 768339 | 176361 | 2010 | 504258 |
| 2016 | 819465 | 191096 | 307 | 515657 |
| 2017 | 857672 | 265543 | 1306 | 471358 |
| 2018 | 445477 | 154603 | 202 | 259092 |
| 2019 | 460953 | 110641 | 291 | 313507 |

# 4-14 分国别(地区)实际利用外商直接投资金额

## Direct Foreign Capital Actually Used by Country(Region)

单位：万美元 (USD 10000)

| 国别(地区) | Country (Region) | 2000 | 2005 | 2010 | 2018 | 2019 |
|---|---|---|---|---|---|---|
| **总计** | **Total** | **380386** | **260775** | **580279** | **445477** | **460953** |
| 亚洲 | Asia | | | | | |
| #中国香港 | Hong Kong China | 151678 | 121783 | 354634 | 249171 | 298274 |
| 中国澳门 | Macao China | 2689 | 6162 | 5156 | 62 | 1588 |
| 中国台湾 | Taiwan China | | | 23805 | 9054 | 9793 |
| 印度尼西亚 | Indonesia | 1760 | 593 | 1883 | 33 | 10 |
| 日本 | Japan | 7655 | 7445 | 6287 | 7165 | 679 |
| 新加坡 | Singapore | 12282 | 7727 | 25545 | 11122 | 26808 |
| 韩国 | Korea | 410 | 1069 | 3254 | 3218 | 2342 |
| 泰国 | Tailand | 979 | 662 | 153 | 33 | 20 |
| 欧洲 | Europe | | | | | |
| #英国 | United Kingdom | 16179 | 1352 | 1007 | 90 | 1167 |
| 德国 | Germany | 4553 | 48 | 1443 | 339 | 134 |
| 法国 | France | 74 | 708 | 278 | | |
| 俄罗斯 | Russian | | 109 | | 19 | |
| 拉丁美洲 | Latin America | | | | | |
| #巴哈马 | Bahamas | 431 | | 1769 | | |
| 开曼群岛 | Cayman Islands | 20552 | 9242 | 12662 | 60692 | 20361 |
| 墨西哥 | Mexico | | | 957 | | |
| 英属维尔京群岛 | British Virgin Islands | 21766 | 35134 | 42153 | 12886 | 12081 |
| 北美洲 | North America | | | | | |
| #加拿大 | Canada | 1851 | 424 | 1099 | 117 | 979 |
| 美国 | United States | 64652 | 17015 | 5096 | 3486 | 2580 |
| 大洋洲 | Oceania | | | | | |
| #澳大利亚 | Australia | 2212 | 988 | 1823 | 32 | 82 |
| 新西兰 | New Zealand | | 467 | 336 | | |

注：2005年及以后年份为全口径。

Note:Since 2005,Scope by Fund Examination.

# 4-15 外商投资企业工商注册数

## Number of Registered Foreign Funded Enterprises

单位：个 (unit)

| 项目 Item | 2005 | 2010 | 2015 | 2016 | 2017 | 2018 | 2019 |
|---|---|---|---|---|---|---|---|
| **总计 Total** | **17854** | **17886** | **25895** | **28351** | **28264** | **30144** | **31608** |
| **按企业登记注册类型分 Grouped by Status of Registration** | | | | | | | |
| #中外合资 Joint Venture | 3844 | 3674 | 4142 | 4537 | 4739 | 5380 | 5963 |
| 中外合作 Cooperative Operation | 396 | 230 | 193 | 190 | 140 | 133 | 132 |
| 外商独资 Venture Exclusively with Foreign Investment | 13598 | 13924 | 14933 | 16456 | 16474 | 17388 | 18164 |
| **按行业分 Grouped by Sector** | | | | | | | |
| 农、林、牧、渔业 Agriculture, Forestry, Animal Husbandryand Fishery | 646 | 596 | 695 | 736 | 745 | 812 | 826 |
| 采矿业 Mining | 61 | 46 | 35 | 35 | 34 | 34 | 34 |
| 制造业 Manufacturing | 13762 | 13103 | 11854 | 11696 | 10689 | 10247 | 9890 |
| 电力、燃气及水的生产和供应业 Production and Supply of Electric Power, Gas and Water | 169 | 146 | 196 | 203 | 213 | 218 | 217 |
| 建筑业 Construction | 152 | 137 | 235 | 268 | 265 | 291 | 289 |
| 交通运输、仓储和邮政业 Transport,Storage and Post | 265 | 205 | 618 | 638 | 637 | 662 | 675 |
| 信息传输、计算机服务和软件业 Information Transmission, Computer Software and Services | 209 | 330 | 958 | 1173 | 1243 | 1399 | 1434 |
| 批发和零售业 Wholesale and Retail Trade | 234 | 1153 | 5721 | 6655 | 6650 | 7165 | 7800 |
| 住宿和餐饮业 Lodgings and Catering Services | 307 | 300 | 1146 | 1268 | 1325 | 1387 | 1435 |
| 金融业 Financial Intermediation | 6 | 24 | 337 | 385 | 429 | 505 | 455 |
| 房地产业 Real Estate | 1283 | 1057 | 1105 | 1117 | 1075 | 1070 | 1076 |
| 租赁和商务服务业 Leasing and Business Services | 212 | 415 | 1780 | 2376 | 2547 | 3150 | 3472 |
| 科学研究、技术服务和地质勘查业 Scientific Research, Technical Service and Geologic Prospecting | 117 | 160 | 681 | 1121 | 1566 | 2123 | 2697 |

注：2013年以前不含其他外商投资企业和外商投资企业分支机构。
Note:Before 2013, Exclude other Foreign Funded Enterprises and Branches.

# 4-15 续表

## Continued

单位：个 (unit)

| 项目 Item | 2005 | 2010 | 2015 | 2016 | 2017 | 2018 | 2019 |
|---|---|---|---|---|---|---|---|
| 水利、环境和公共设施管理业 Management of Water Conservancy,Environment and Public Facilities | 54 | 56 | 82 | 96 | 109 | 116 | 116 |
| 居民服务和其他服务业 Services to Households and Other Services | 119 | 125 | 230 | 246 | 230 | 242 | 257 |
| 教育 Education | 11 | 2 | 12 | 20 | 32 | 53 | 64 |
| 卫生、社会保障和社会福利业 Health, Social Security and Social Welfare | 9 | 3 | 11 | 13 | 25 | 46 | 59 |
| 文化、体育和娱乐业 Culture, Sports and Entertainment | 204 | 28 | 196 | 302 | 448 | 614 | 805 |
| 其他行业 Others | 34 |  | 3 | 3 | 2 | 10 | 7 |
| **按国别（地区）分 By Country** |  |  |  |  |  |  |  |
| #中国香港 Hong Kong China | 8586 | 8443 | 8769 | 9095 | 8976 | 9228 | 9311 |
| 中国澳门 Macao China | 400 | 387 | 403 | 424 | 445 | 466 | 489 |
| 中国台湾 TaiWan China | 3879 | 3796 | 4906 | 6238 | 6815 | 8049 | 9137 |
| 日本 Japan | 610 | 558 | 495 | 484 | 433 | 432 | 419 |
| 英国 United Kingdom | 90 | 87 | 83 | 93 | 103 | 114 | 120 |
| 德国 Germany | 51 | 74 | 81 | 88 | 82 | 76 | 78 |
| 加拿大 Canada | 148 | 185 | 193 | 202 | 190 | 200 | 222 |
| 美国 United States | 706 | 730 | 680 | 704 | 646 | 651 | 661 |
| 澳大利亚 Australia | 150 | 198 | 210 | 227 | 208 | 214 | 205 |

# 4-16 外商投资企业工商注册资本金

# Registered Capitals of Foreign Funded Enterprises

单位：万美元　　(USD 10000)

| 项目 Item | 2005 | 2010 | 2015 | 2016 | 2017 | 2018 | 2019 |
|---|---|---|---|---|---|---|---|
| **总计 Total** | **4307474** | **6935845** | **11090110** | **13212653** | **15026839** | **16384415** | **17655891** |
| **按企业登记注册类型分 Grouped by Status of Registration** | | | | | | | |
| #中外合资 Joint Venture | 1143952 | 1776709 | 3478528 | 4516309 | 5499040 | 5995632 | 6759959 |
| 中外合作 Cooperative Operation | 158309 | 103869 | 105447 | 108456 | 95412 | 93726 | 95790 |
| 外商独资 Venture Exclusively with Foreign Investment | 2920326 | 4697783 | 6803156 | 7717032 | 8430865 | 9262721 | 9702058 |
| **按行业分 Grouped by Sector** | | | | | | | |
| 农、林、牧、渔业 Agriculture,Forestry,Animal Husbandry and Fishery | 103957 | 120696 | 238271 | 261609 | 290674 | 336736 | 350585 |
| 采矿业 Mining | 7155 | 11496 | 22900 | 26532 | 26936 | 25936 | 24270 |
| 制造业 Manufacturing | 2917604 | 4681053 | 5907219 | 6289411 | 6516630 | 6616701 | 6770426 |
| 电力、燃气及水的生产和供应业 Production and Supply of Electric Power,Gas and Water | 140493 | 201131 | 244888 | 253731 | 256481 | 256137 | 265232 |
| 建筑业 Construction | 57264 | 66442 | 103441 | 149856 | 224018 | 262598 | 266790 |
| 交通运输、仓储和邮政业 Transport,Storage and Post | 115210 | 205581 | 374779 | 381020 | 406839 | 422068 | 435148 |
| 信息传输、计算机服务和软件业 Information Transmission, Computer Software and Services | 27189 | 132824 | 221456 | 233797 | 264928 | 331362 | 445483 |
| 批发和零售业 Wholesale and Retail Trade | 23880 | 196146 | 861339 | 1042545 | 1249412 | 1411428 | 1335161 |
| 住宿和餐饮业 Lodgings and Catering Services | 87187 | 116264 | 149615 | 156378 | 152260 | 199198 | 318301 |
| 金融业 Financial Intermediation | 16391 | 94131 | 352692 | 443446 | 499104 | 547584 | 468733 |
| 房地产业 Real Estate | 662639 | 793120 | 1204345 | 1212906 | 1209355 | 1255992 | 1564289 |
| 租赁和商务服务业 Leasing and Business Services | 28410 | 153048 | 806390 | 1721568 | 2516375 | 2992761 | 3442412 |

注：2013年以前不含其他外商投资企业和外商投资企业分支机构。

# 4-16 续表

# Continued

单位：万美元 (USD 10000)

| 项目 Item | 2005 | 2010 | 2015 | 2016 | 2017 | 2018 | 2019 |
|---|---|---|---|---|---|---|---|
| 科学研究、技术服务和地质勘查业 Scientific Research, Technical Service and Geologic Prospecting | 18376 | 42605 | 214465 | 600401 | 785832 | 1034122 | 1301987 |
| 水利、环境和公共设施管理业 Management of Water Conservancy,Environment and Public Facilities | 13758 | 52069 | 72330 | 92572 | 144210 | 149199 | 133079 |
| 居民服务和其他服务业 Services to Households and Other Services | 11442 | 40136 | 64785 | 68365 | 164527 | 169922 | 194926 |
| 教育 Education | 1240 | 125 | 617 | 2871 | 21833 | 23664 | 23784 |
| 卫生、社会保障和社会福利业 Health, Social Security and Social Welfare | 6603 | 5189 | 11527 | 15762 | 23737 | 63985 | 172391 |
| 文化、体育和娱乐业 Culture, Sports and Entertainment | 55245 | 23788 | 231930 | 252761 | 273567 | 282960 | 140878 |
| 其他行业 Others | 13431 | | 7119 | 7119 | 119 | 2062 | 2017 |
| **按国别（地区）分 By County** | | | | | | | |
| #中国香港 Hong Kong China | 2185021 | 3720362 | 6428139 | 7916418 | 8906249 | 9823928 | 10772879 |
| 中国澳门 Macao China | 72789 | 100150 | 127430 | 148265 | 147890 | 154852 | 163969 |
| 中国台湾 TaiWan China | 574517 | 527170 | 949004 | 1304298 | 1623114 | 1906749 | 2105367 |
| 日本 Japan | 104534 | 146104 | 141422 | 148279 | 150116 | 158175 | 184669 |
| 英国 United Kingdom | 59149 | 52014 | 137182 | 134462 | 161644 | 168490 | 168300 |
| 德国 Germany | 24018 | 31011 | 32791 | 34898 | 53301 | 53279 | 48351 |
| 加拿大 Canada | 28771 | 44392 | 41104 | 42805 | 54497 | 95566 | 101379 |
| 美国 United States | 220843 | 195581 | 224771 | 247131 | 227542 | 235849 | 223318 |
| 澳大利亚 Australia | 25066 | 37420 | 109590 | 117812 | 117799 | 124470 | 52428 |

# 4-17 外商投资企业工商注册投资总额

# Total Registered Investment Value of Foreign-Funded Enterprises

单位：万美元 (USD 10000)

| 项目 Item | 2005 | 2010 | 2015 | 2016 | 2017 | 2018 | 2019 |
|---|---|---|---|---|---|---|---|
| **总计 Total** | **7533131** | **12483059** | **19671281** | **22631550** | **26072064** | **27869529** | **29747115** |
| **按企业登记注册类型分 Grouped by Status of Registration** | | | | | | | |
| #中外合资 Joint Venture | 1987294 | 3455996 | 6547303 | 8164446 | 10537604 | 10985537 | 12293013 |
| 中外合作 Cooperative Operation | 303047 | 190773 | 189572 | 195591 | 177411 | 178465 | 180529 |
| 外商独资 Venture Exclusively with Foreign Investment | 5151428 | 8456761 | 12320789 | 13506981 | 14478945 | 15768727 | 16308470 |
| **按行业分 Grouped by Sector** | | | | | | | |
| 农、林、牧、渔业 Agriculture,Forestry,Animal Husbandry and Fishery | 170682 | 208623 | 402367 | 440930 | 477715 | 518733 | 525965 |
| 采矿业 Mining | 10786 | 22242 | 48768 | 54287 | 54668 | 52168 | 51020 |
| 制造业 Manufacturing | 4727634 | 8350872 | 11277703 | 12181801 | 12684424 | 12896877 | 13313063 |
| 电力、燃气及水的生产和供应业 Production and Supply of Electric Power, Gas and Water | 444184 | 617253 | 751810 | 768670 | 774777 | 775424 | 715237 |
| 建筑业 Construction | 89864 | 133944 | 203600 | 277580 | 405910 | 482713 | 482483 |
| 交通运输、仓储和邮政业 Transport,Storage and Post | 198500 | 356884 | 758250 | 748525 | 787524 | 800466 | 824484 |
| 信息传输、计算机服务和软件业 Information Transmission, Computer Software and Services | 58572 | 167493 | 426674 | 471271 | 500139 | 579414 | 708278 |
| 批发和零售业 Wholesale and Retail Trade | 35960 | 330624 | 1197492 | 1409078 | 1926947 | 2149863 | 1826692 |
| 住宿和餐饮业 Lodgings and Catering Services | 157919 | 212732 | 258433 | 266247 | 257139 | 393582 | 454530 |
| 金融业 Financial Intermediation | 16393 | 98633 | 242006 | 322523 | 373712 | 471624 | 406370 |
| 房地产业 Real Estate | 1366522 | 1430093 | 2063174 | 2144679 | 2140853 | 2200389 | 2908038 |
| 租赁和商务服务业 Leasing and Business Services | 42397 | 247703 | 1042150 | 2005251 | 3469202 | 3799726 | 4411616 |

注：2013年以前不含其他外商投资企业和外商投资企业分支机构。

# 4-17 续表

# Continued

单位：万美元 (USD 10000)

| 项目 Item | 2005 | 2010 | 2015 | 2016 | 2017 | 2018 | 2019 |
|---|---|---|---|---|---|---|---|
| 科学研究、技术服务和地质勘查业<br>Scientific Research, Technical Service and Geologic Prospecting | 33317 | 72538 | 366765 | 810823 | 1105920 | 1597948 | 2021605 |
| 水利、环境和公共设施管理业<br>Management of Water Conservancy,Environment and Public Facilities | 24334 | 85376 | 143795 | 193401 | 331193 | 325429 | 274164 |
| 居民服务和其他服务业<br>Services to Households and Other Services | 16226 | 92034 | 152374 | 159996 | 320382 | 319322 | 344976 |
| 教育<br>Education | 2061 | 161 | 961 | 3220 | 59080 | 60912 | 61031 |
| 卫生、社会保障和社会福利业<br>Health, Social Security and Social Welfare | 17165 | 14907 | 30486 | 43258 | 53643 | 96026 | 204605 |
| 文化、体育和娱乐业<br>Culture, Sports and Entertainment | 95283 | 40948 | 295306 | 320842 | 348669 | 346069 | 210160 |
| 其他行业<br>Others | 25332 | | 9169 | 9169 | 169 | 2844 | 2799 |
| **按国别（地区）分**<br>**By County** | | | | | | | |
| #中国香港<br>Hong Kong, China | 3517597 | 6484905 | 11285092 | 13459444 | 15244547 | 16424954 | 17996485 |
| 中国澳门<br>Macao ,China | 110177 | 158195 | 197072 | 237611 | 232051 | 241278 | 252677 |
| 中国台湾<br>TaiWan China | 996935 | 860503 | 1462385 | 1885124 | 2333658 | 2623998 | 2878763 |
| 日本<br>Japan | 184722 | 253939 | 283398 | 308508 | 320140 | 331363 | 411151 |
| 英国<br>United Kingdom | 131979 | 110470 | 169509 | 158731 | 230974 | 237896 | 235139 |
| 德国<br>Germany | 52451 | 65886 | 64286 | 68607 | 123668 | 123702 | 110810 |
| 加拿大<br>Canada | 47181 | 73944 | 64188 | 67248 | 81051 | 194552 | 200858 |
| 美国<br>United States | 547389 | 321559 | 387364 | 431077 | 388355 | 395698 | 361150 |
| 澳大利亚<br>Austrial | 40684 | 62774 | 137682 | 143400 | 141330 | 147077 | 74467 |

# 4-18 涉外税收主要指标

## Basic Statistics of Taxes on Enterprises with Foreign Capital

单位：万元 (10000 yuan)

| 年份<br>Year | 合计<br>Total | 工商统一税<br>Industrial and Commercial Tax | 外商投资企业和外国企业所得税<br>Income Tax of Foreign Capital Enterprises | 个人所得税<br>Individual Income Tax | 城市房地产税<br>Tax on Urban Real Estate | 车船使用牌照税<br>Tax on License of Vehicle Use | 其他各税<br>Others |
|---|---|---|---|---|---|---|---|
| 1980 | 3 | 2 | | 1 | | | |
| 1981 | 15 | 7 | 2 | 4 | 1 | | 1 |
| 1982 | 100 | 71 | 21 | 5 | 2 | 1 | |
| 1983 | 466 | 406 | 51 | 6 | 2 | 1 | |
| 1984 | 1595 | 1322 | 256 | 11 | 3 | 3 | |
| 1985 | 3294 | 2833 | 388 | 48 | 9 | 16 | |
| 1986 | 5019 | 3511 | 1288 | 119 | 76 | 25 | |
| 1987 | 7539 | 6432 | 570 | 305 | 200 | 32 | |
| 1988 | 15201 | 12928 | 1552 | 396 | 290 | 35 | |
| 1989 | 31979 | 28087 | 3557 | 86 | 216 | 33 | |
| 1990 | 64361 | 43075 | 4310 | 403 | 759 | 74 | 15740 |
| 1991 | 69004 | 57651 | 6008 | 686 | 1296 | 88 | 3275 |
| 1992 | 96684 | 80544 | 10440 | 796 | 1928 | 108 | 2868 |
| 1993 | 165151 | 141073 | 18734 | 1171 | 3142 | 135 | 896 |
| 1994 | 241239 | 196943 | 33886 | 2945 | | 195 | 7270 |
| 1995 | 314491 | 253985 | 40346 | 6433 | 8221 | 223 | 5283 |
| 1996 | 321385 | 259037 | 36909 | 10512 | 10290 | 222 | 4415 |
| 1997 | 399596 | 270700 | 49891 | 16566 | 10712 | 143 | 51584 |
| 1998 | 427978 | 323294 | 61466 | 23612 | 15188 | 153 | 4265 |
| 1999 | 615278 | 480920 | 80203 | 31404 | 17197 | 160 | 5394 |
| 2000 | 805058 | 606864 | 128522 | 41010 | 20717 | 137 | 7808 |
| 2001 | 1185431 | 943648 | 149662 | 58104 | 24468 | 324 | 9225 |
| 2002 | 1752684 | 1388974 | 259337 | 59850 | 31262 | 295 | 12966 |
| 2003 | 2083532 | 1647965 | 310246 | 73144 | 35981 | 233 | 15963 |
| 2004 | 2750440 | 2205541 | 396195 | 93732 | 37712 | 129 | 17131 |
| 2005 | 3297179 | 2647888 | 451434 | 117050 | 47531 | 149 | 33127 |
| 2006 | 3762352 | 2970472 | 550005 | 126135 | 54669 | 158 | 60913 |
| 2007 | 4432889 | 3431652 | 662730 | 164291 | 63786 | 146 | 110284 |
| 2008 | 5583964 | 4148765 | 915063 | 199179 | 70376 | 677 | 249904 |
| 2009 | 6352558 | 4831800 | 1032001 | 186644 | 76143 | 931 | 225039 |
| 2010 | 7621798 | 5551535 | 1450124 | 236470 | 89401 | 845 | 293423 |
| 2011 | 8837795 | 5962118 | 1890808 | 279397 | 115425 | 920 | 589127 |
| 2012 | 10367041 | 7679230 | 1973281 | 222036 | 81930 | 1113 | 409451 |
| 2013 | 10888732 | 7930345 | 2051444 | 242027 | 197124 | 3058 | 464734 |
| 2014 | 11387280 | 8181647 | 2194065 | 279574 | 156912 | 4100 | 570982 |
| 2015 | 10951399 | 7798575 | 2219127 | 302050 | 158093 | 4532 | 469022 |
| 2016 | 10233969 | 6896807 | 2146357 | 391378 | 152080 | 4634 | 642713 |
| 2017 | 11452717 | 7585350 | 2390552 | 427001 | 190182 | 4928 | 854704 |
| 2018 | 11866512 | 7808392 | 2559616 | 496225 | 204706 | 5178 | 792395 |
| 2019 | 11254806 | 7383525 | 2501123 | 537759 | 208224 | 5166 | 619009 |

注：1.1988年后含海关代征税；2.2016年以前，工商统一税含增值税、营业税、消费税。3.2016年以后，工商统一税含增值税、消费税。

Note:a)Tax from 1998 Includes Commissioned Customs Tax .b)Before 2016,The Industrial and Commercial Tax has contained Value-added Tax, Operation Tax and Consumption Tax.c)Since 2016,The Industrial and Commercial Tax has contained Value-added Tax and Consumption Tax.

# 4-19 对外承包工程和劳务合作主要指标

## Contracted Projects and Labor Service Cooperation with Foreign Countries

| 年份<br>Year | 对外承包工程合同金额（万美元）<br>Contracted Projects(USD 10000) | 劳务人员合同工资总额（万美元）<br>Labor Services Cooperation(USD 10000) | 年末在外人数（人）<br>Number of Persons Abroad at the Year-end (person) | 承包工程<br>Contracted Projects | 劳务合作<br>Labor Services Cooperation |
|---|---|---|---|---|---|
| 1980 | | 113 | 34 | | 34 |
| 1981 | 4 | 93 | 213 | 4 | 209 |
| 1982 | 7 | 145 | 341 | 6 | 335 |
| 1983 | 139 | 632 | 447 | 8 | 439 |
| 1984 | 716 | 2894 | 2157 | 20 | 2137 |
| 1985 | 3175 | 1093 | 2432 | 72 | 2360 |
| 1986 | 8232 | 2331 | 4134 | 85 | 4049 |
| 1987 | 6620 | 2398 | 6206 | 103 | 6103 |
| 1988 | 9816 | 6612 | 8109 | 189 | 7920 |
| 1989 | 12884 | 5753 | 9144 | 143 | 9001 |
| 1990 | 11098 | 6499 | 9686 | 125 | 9561 |
| 1991 | 16378 | 15281 | 16262 | 66 | 16196 |
| 1992 | 33190 | 16627 | 21439 | 93 | 21346 |
| 1993 | 43596 | 24426 | 29791 | 82 | 29709 |
| 1994 | 48461 | 22464 | 34289 | 85 | 34204 |
| 1995 | 35641 | 27544 | 43859 | 148 | 43711 |
| 1996 | 24890 | 23419 | 48337 | 38 | 48299 |
| 1997 | 14068 | 28680 | 55358 | 137 | 55221 |
| 1998 | 19436 | 24356 | 54618 | 119 | 54497 |
| 1999 | 6227 | 29805 | 56757 | 117 | 56638 |
| 2000 | 12486 | 29562 | 53847 | 162 | 53685 |
| 2001 | 16262 | 36934 | 59688 | 126 | 59561 |
| 2002 | 23765 | 17141 | 50513 | 329 | 50184 |
| 2003 | 27047 | 39024 | 52586 | 239 | 52347 |
| 2004 | 25013 | 31770 | 50478 | 216 | 50262 |
| 2005 | 24713 | 32539 | 50528 | 236 | 50292 |
| 2006 | 26108 | 31844 | 50964 | 335 | 50629 |
| 2007 | 26395 | 32003 | 51371 | 350 | 51021 |
| 2008 | 41862 | 26348 | 27842 | 560 | 27282 |
| 2009 | 14476 | 27884 | 28063 | 223 | 27840 |
| 2010 | 8607 | 20580 | 24240 | 367 | 23873 |
| 2011 | 49016 | 63444 | 27601 | 571 | 27030 |
| 2012 | 49828 | 52926 | 35162 | 1787 | 33375 |
| 2013 | 31044 | 58675 | 41787 | 2795 | 38992 |
| 2014 | 35842 | 113856 | 56199 | 4074 | 52125 |
| 2015 | 57701 | 67482 | 59213 | 3714 | 55499 |
| 2016 | 58143 | 85110 | 60359 | 3967 | 56392 |
| 2017 | 131113 | 63631 | 75944 | 4518 | 71426 |
| 2018 | 64107 | 78644 | 64045 | 3400 | 60645 |
| 2019 | 173362 | 69306 | 68168 | 2581 | 65587 |

注：劳务人员合同工资总额，2012年以前为对外劳务合作合同金额。
Note:Before 2012,Value of Labor Services Cooperation is Labour Services

# 4-20 各设区市进出口商品总额（2019年）

# Total Exports by City(2019)

| 年份 | Year | 进出口总额（万元）(10000 yuan) | 进出口总额（万美元）(USD 10000) | 出口总额（万元）(10000 yuan) | 出口总额（万美元）(USD 10000) | 进口总额（万元）(10000 yuan) | 进口总额（万美元）(USD 10000) |
|---|---|---|---|---|---|---|---|
| 福州市 | Fuzhou | 25266087 | 3674123 | 18040464 | 2625522 | 7225623 | 1048601 |
| 厦门市 | Xiamen | 64134114 | 9302413 | 35303173 | 5120655 | 28830941 | 4181758 |
| 莆田市 | Putian | 3925316 | 569632 | 2304272 | 334419 | 1621044 | 235213 |
| 三明市 | Sanming | 1844682 | 267818 | 1766491 | 256438 | 78192 | 11381 |
| 泉州市 | Quanzhou | 21118163 | 3061637 | 14534960 | 2105750 | 6583203 | 955886 |
| 漳州市 | Zhangzhou | 7259087 | 1053040 | 4695771 | 681290 | 2563316 | 371750 |
| 南平市 | Nanping | 1218734 | 176754 | 1139789 | 165295 | 78945 | 11460 |
| 龙岩市 | Longyan | 3039800 | 439608 | 1798820 | 260290 | 1240980 | 179317 |
| 宁德市 | Ningde | 4266999 | 618451 | 2842466 | 412298 | 1424533 | 206153 |
| 平潭综合实验区 | Pingtan | 1000530 | 145153 | 389254 | 56362 | 611276 | 88790 |

# 4-21 各设区市外商直接投资合同数

# Number of Signed Contracts for Direct Foreign Investment by City

单位：项 (Unit)

| 年份 Year | 福州市 Fuzhou | 厦门市 Xiamen | 莆田市 Putian | 三明市 Sanming | 泉州市 Quanzhou | 漳州市 Zhangzhou | 南平市 Nanping | 龙岩市 Longyan | 宁德市 Ningde |
|---|---|---|---|---|---|---|---|---|---|
| 2000 | 295 | 259 | 56 | 36 | 416 | 257 | 84 | 29 | 31 |
| 2001 | 319 | 343 | 64 | 35 | 513 | 261 | 81 | 30 | 24 |
| 2002 | 385 | 380 | 65 | 52 | 578 | 217 | 92 | 24 | 32 |
| 2003 | 360 | 374 | 52 | 66 | 904 | 268 | 178 | 40 | 32 |
| 2004 | 414 | 435 | 66 | 87 | 776 | 269 | 134 | 58 | 38 |
| 2005 | 326 | 364 | 71 | 107 | 561 | 344 | 136 | 47 | 32 |
| 2006 | 327 | 569 | 81 | 83 | 524 | 342 | 110 | 88 | 40 |
| 2007 | 234 | 472 | 43 | 71 | 394 | 346 | 80 | 64 | 18 |
| 2008 | 155 | 355 | 36 | 53 | 140 | 191 | 68 | 84 | 19 |
| 2009 | 144 | 325 | 25 | 46 | 103 | 154 | 61 | 64 | 17 |
| 2010 | 186 | 398 | 25 | 65 | 156 | 186 | 46 | 58 | 19 |
| 2011 | 170 | 368 | 35 | 32 | 170 | 149 | 44 | 28 | 20 |
| 2012 | 148 | 331 | 25 | 42 | 106 | 129 | 43 | 16 | 18 |
| 2013 | 135 | 331 | 14 | 37 | 111 | 84 | 30 | 17 | 20 |
| 2014 | 126 | 416 | 11 | 40 | 126 | 94 | 26 | 18 | 20 |
| 2015 | 339 | 726 | 24 | 27 | 102 | 125 | 19 | 25 | 18 |
| 2016 | 483 | 1278 | 26 | 26 | 124 | 115 | 14 | 32 | 10 |
| 2017 | 362 | 1145 | 23 | 27 | 196 | 121 | 10 | 33 | 20 |
| 2018 | 514 | 1215 | 37 | 45 | 280 | 120 | 21 | 54 | 25 |
| 2019 | 310 | 1322 | 41 | 30 | 314 | 109 | 36 | 50 | 20 |

# 4-22 各设区市外商直接投资合同金额

## Value of Signed Contracts for Direct Foreign Investment by City

单位：万美元　(USD 10000)

| 年份 Year | 福州市 Fuzhou | 厦门市 Xiamen | 莆田市 Putian | 三明市 Sanming | 泉州市 Quanzhou | 漳州市 Zhangzhou | 南平市 Nanping | 龙岩市 Longyan | 宁德市 Ningde |
|---|---|---|---|---|---|---|---|---|---|
| 2000 | 95479 | 100400 | 20744 | 6596 | 87014 | 94420 | 18586 | 2601 | 5533 |
| 2005 | 116672 | 129492 | 22852 | 14594 | 170025 | 69657 | 44437 | 15978 | 12008 |
| 2008 | 148883 | 190847 | 14216 | 21470 | 186888 | 77214 | 39325 | 22556 | 13802 |
| 2009 | 122969 | 139531 | 15034 | 20401 | 95910 | 78500 | 39067 | 17567 | 7116 |
| 2010 | 167297 | 166157 | 36294 | 24499 | 161089 | 102339 | 43001 | 28321 | 8560 |
| 2011 | 176966 | 225037 | 39283 | 24513 | 198154 | 126049 | 51542 | 43336 | 26963 |
| 2012 | 205643 | 225010 | 35891 | 31682 | 120592 | 141580 | 56251 | 25335 | 28747 |
| 2013 | 205700 | 190805 | 26725 | 35644 | 132803 | 130555 | 35294 | 18653 | 31653 |
| 2014 | 146368 | 285337 | 3666 | 26113 | 154609 | 98080 | 42784 | 34039 | 37301 |
| 2015 | 317473 | 416303 | 26662 | 24286 | 99498 | 131223 | 53806 | 56501 | 45068 |
| 2016 | 163075 | 756798 | 64730 | 15610 | 135553 | 162953 | 14532 | 67468 | 8624 |
| 2017 | 586287 | 481683 | 2002 | 16026 | 68777 | 101942 | 22974 | 30317 | 7944 |
| 2018 | 397233 | 714111 | 14901 | 49253 | 181596 | 116530 | 17471 | 17304 | 9200 |
| 2019 | 393993 | 514164 | 49154 | 45768 | 225256 | 85587 | 43710 | 28380 | 25580 |

# 4-23 各设区市实际利用外商直接投资金额

## Direct Foreign Capital Actually Used by City

单位：万美元　(USD 10000)

| 年份 Year | 福州市 Fuzhou | 厦门市 Xiamen | 莆田市 Putian | 三明市 Sanming | 泉州市 Quanzhou | 漳州市 Zhangzhou | 南平市 Nanping | 龙岩市 Longyan | 宁德市 Ningde |
|---|---|---|---|---|---|---|---|---|---|
| 2003 | 68751 | 42200 | 13235 | 4855 | 74406 | 40585 | 12948 | 2841 | 1497 |
| 2005 | 64017 | 70740 | 7152 | 4632 | 70974 | 31017 | 5356 | 5161 | 1726 |
| 2008 | 100150 | 204244 | 13038 | 6600 | 169991 | 50051 | 5857 | 13426 | 3814 |
| 2009 | 103227 | 168674 | 18302 | 7460 | 172002 | 55018 | 6167 | 15225 | 5672 |
| 2010 | 118524 | 169651 | 22952 | 8635 | 149342 | 70076 | 6787 | 16506 | 7098 |
| 2011 | 127745 | 172583 | 25264 | 9201 | 161511 | 88739 | 7794 | 17762 | 9512 |
| 2012 | 133877 | 177453 | 25559 | 10300 | 131960 | 89025 | 8733 | 19908 | 12007 |
| 2013 | 143063 | 187204 | 30164 | 12500 | 139112 | 94552 | 10501 | 21598 | 14433 |
| 2014 | 154651 | 197101 | 34092 | 14033 | 148950 | 101207 | 12000 | 24082 | 17463 |
| 2015 | 167852 | 209373 | 37750 | 15636 | 158036 | 108500 | 14532 | 26853 | 21007 |
| 2016 | 181372 | 222401 | 40020 | 17090 | 162780 | 116366 | 16249 | 29540 | 23120 |
| 2017 | 198525 | 237830 | 45413 | 18441 | 159194 | 121662 | 23446 | 32788 | 6708 |
| 2018 | 77987 | 172500 | 12629 | 3978 | 59584 | 82305 | 5807 | 4482 | 1814 |
| 2019 | 94116 | 197995 | 13370 | 1941 | 64112 | 55246 | 8147 | 4784 | 2080 |

# 主要统计指标解释

**进出口总额** 指实际进出我国国境的货物总金额。包括对外贸易实际进出口货物，来料加工装配进出口货物，国家间、联合国及国际组织无偿援助物资和赠送品，华侨、港澳台同胞和外籍华人捐赠品，租赁期满归承租人所有的租赁货物，进料加工进出口货物，边境地方贸易及边境地区小额贸易进出口货物(边民互市贸易除外)，中外合资企业、中外合作经营企业、外商独资经营企业进出口货物和公用物品，到、离岸价格在规定限额以上的进出口货样和广告品(无商业价值、无使用价值和免费提供出口的除外)，从保税仓库提取在中国境内销售的进口货物，以及其他进出口货物。进出口总额用以观察一个国家在对外贸易方面的总规模。我国规定出口货物按离岸价格统计，进口货物按到岸价格统计。

**外商直接投资** 指外国企业和经济组织或个人(包括华侨、港澳台胞以及我国在境外注册的企业)按我国有关政策、法规，用现汇、实物、技术等在我国境内开办外商独资企业、与我国境内的企业或经济组织共同举办中外合资经营企业、合作经营企业或合作开发资源的投资(包括外商投资收益的再投资)，以及经政府有关部门批准的项目投资总额内企业从境外借入的资金。

**对外承包工程** 指各对外承包公司以招标议标承包方式承揽的下列业务:(1)承包国外工程建设项目，(2)承包我国对外经援项目，(3)承包我国驻外机构的工程建设项目,(4)承包我国境内利用外资进行建设的工程项目,(5)与外国承包公司合营或联合承包工程项目时我国公司分包部分,(6)对外承包兼营的房屋开发业务。对外承包工程的营业额是以货币表现的本期内完成的对外承包工程的工作量，包括以前年度签订的合同和本年度新签订的合同在报告期内完成的工作量。

**对外劳务合作** 指以收取工资的形式向业主或承包商提供技术和劳动服务的活动。我国对外承包公司在境外开办的合营企业，中国公司同时又提供劳务的，其劳务部分也纳入劳务合作统计。劳务合作营业额按报告期内向雇主提交的结算数(包括工资、加班费和奖金等)统计。

# Explanatory Notes on Main Statistical Indicators

**Total Imports and Exports at Customs** refer to the value of commodities imported into and exported from the boundary of China. They include the actual imports and exports through foreign Trades, imported and exported goods under the processing and assembling Trades and materials, supplies and gifts as aid given gratis between governments and by the United Nations and other international organizations, and contributions donated by overseas Chinese, compatriots in Hong Kong and Macao and Chinese with foreign citizenship, leasing commodities owned by tenant at the expiration of leasing period, the imported and exported commodities processed with imported materials, commodities trading in border areas(excluding mutual exchange goods), the imported and exported commodities and articles for public use of the Sino-foreign joint ventures, cooperative enterprises and ventures exclusively with foreign own investment .Also included are import or export of samples and advertising goods for whose CIF or FOB value are beyond the permitted ceiling (excluding goods of no trading or use value and free commodities for export),imported goods sold in China from bonded warehouses and other imported or exported goods.The indicator of the total imports and exports at customs can be used to observe the total size of external Trades in a country.In accordance with the stipulation of the Chinese government,imports are calculated at CIF, while exports are calculated at FOB

**Foreign Direct Investment** refers to the investments inside China by foreign enterprises and economic organizations or individuals(including overseas Chinese,compatriots from Hong Kong and Macao,and Chinese enterprises registered abroad), following the relevant policies and laws of China, for the establishment of ventures exclusively with foreign own investment, Sino-foreign joint ventures and cooperative enterprises or for co-operative exploration of resources with enterprises or economic organizations in China. It includes the re investment of the foreign entrepreneurs with the profits gained from the investment and the funds that enterprises borrow from abroad in the total investment of projects which are approved by the relevant department of the government.

**Contracted Projects with Foreign Countries** refer to projects undertaken by Chinese contractors (project contracting companies)through bidding process.They include: (1)overseas civil engineering construction projects financed by foreign investors; (2)overseas projects financed by the Chinese government through its foreign aid programs; (3)construction projects of Chinese diplomatic missions,Trades offices and other institutions stationed abroad; (4)construction projects in China financed by foreign investment; (5)sub-contracted projects to be taken by Chinese contractors through a joint umbrella project with foreign contractor(s); (6)housing development projects.The business income from international contracted projects is the work volume of contracted projects completed during the reference period, expressed in monetary terms, including completed work on projects signed in previous years.

**Foreign Exchange Earnings from International Tourism** refer to the total expenditures of foreigners, overseas Chinese, Chinese compatriots from Hong Kong, Macao and Taiwan during their stay in the mainland of China, which are earnings of foreign exchange from international tourism from the point of view from China.

# 第五篇　能源

# Chapter 5　Energy

资料整理：林红 陈浩明 周琴

Database Editor:Linhong Chenhaoming Zhouqin

# 简 要 说 明

本篇资料的主要内容及来源

本篇资料主要包括能源生产、消费及品种构成，能源和电力消费弹性系数，生活用能源消费量及综合能源平衡表，全省及各设区市主要发展约束性指标，以及规模以上工业分行业能耗情况。

行业分类采用现行统一的国民经济行业分类国家标准。综合能源平衡表中的库存量、进口量、出口量和消费量，根据有关部门和企业提供的数据综合评估得出。本篇出现的“煤炭”，包括原煤、洗精煤、其它洗煤和煤制品（即型煤），不包括焦炭。

本篇资料 2005-2013 年数据，根据全国第三次经济普查资料进行相应调整，相关数据以本年鉴公布数据为准。

本篇资料由省统计局能源统计处依据能源年报整理提供。

# Brief Introduction

Main Content and Source of Data

Data in this chapter show the mainly energy production and consumption and their composition of Fujian Province, the elasticity ratio of energy consumption, the consumption of energy for residential use, main binding indicators on development of administrative areas of Fujian, and the energy consumption of industrial enterprises grouped by sector over designated size.

Data by industries in this chapter are based on the new National Industrial Classification of All Economic Activities; In the energy balance, data on stock, imports, exports and consumption are based on data provide by relevant departments and enterprises; Coal includes crude coal, washing coal, other washing coal and coal products and excludes coke.

According to the National Econimic Sensus III,the data had been adjusted from 2005 to 2013.

Data on this chapter are provided and processed in accordance with the statistical reporting scheme on energy by the Division of Energy of the Fujian Provincial Bureau of Statistics.

# 5-1 一次能源生产总量及构成

# Total Production of Primary Energy and Its Composition

| 年份 Year | 能源生产总量（万吨标准煤） Total Energy Production(10000 tons of SCE) | 占能源生产总量的比重(%) Percentage of Total Energy Production(%) | | | | |
|---|---|---|---|---|---|---|
| | | 原煤 Coal | 一次电力及其他能源 Primary Power and Others | #水电 Hydro-power | 风电 Wind Power | 核电 Nuclear Power |
| 1978 | 461.00 | 65.5 | 34.5 | 34.5 | | |
| 1979 | 491.00 | 69.9 | 30.1 | 30.1 | | |
| 1980 | 492.00 | 67.3 | 32.7 | 32.7 | | |
| 1981 | 493.00 | 60.2 | 39.8 | 39.8 | | |
| 1982 | 522.00 | 60.5 | 39.5 | 39.5 | | |
| 1983 | 609.00 | 61.4 | 38.6 | 38.6 | | |
| 1984 | 641.00 | 64.3 | 35.7 | 35.7 | | |
| 1985 | 690.00 | 62.7 | 37.3 | 37.3 | | |
| 1986 | 724.00 | 67.0 | 33.0 | 33.0 | | |
| 1987 | 806.00 | 69.7 | 30.3 | 30.3 | | |
| 1988 | 918.00 | 67.2 | 32.8 | 32.8 | | |
| 1989 | 950.00 | 71.0 | 29.0 | 29.0 | | |
| 1990 | 966.52 | 68.4 | 31.6 | 31.6 | | |
| 1991 | 854.43 | 71.7 | 28.3 | 28.3 | | |
| 1992 | 1013.39 | 64.1 | 35.9 | 35.9 | | |
| 1993 | 1051.43 | 66.7 | 33.3 | 33.3 | | |
| 1994 | 1169.96 | 59.7 | 40.3 | 40.3 | | |
| 1995 | 1396.24 | 58.0 | 42.0 | 42.0 | | |
| 1996 | 1406.04 | 59.3 | 40.7 | 40.7 | | |
| 1997 | 1256.30 | 44.1 | 55.9 | 55.9 | | |
| 1998 | 1177.00 | 44.1 | 55.9 | 55.9 | | |
| 1999 | 1634.16 | 59.9 | 40.1 | 40.1 | | |
| 2000 | 1654.17 | 60.3 | 39.7 | 39.7 | | |
| 2001 | 1850.44 | 49.9 | 50.1 | 50.1 | | |
| 2002 | 1923.40 | 61.3 | 38.7 | 38.7 | | |
| 2003 | 1816.80 | 68.4 | 31.6 | 31.6 | | |
| 2004 | 1805.75 | 72.6 | 27.4 | 27.4 | | |
| 2005 | 2488.47 | 61.5 | 38.5 | 38.5 | | |
| 2006 | 2668.15 | 57.8 | 42.2 | 42.2 | | |
| 2007 | 2625.28 | 61.5 | 38.5 | 38.1 | 0.4 | |
| 2008 | 2989.93 | 60.1 | 39.9 | 39.3 | 0.6 | |
| 2009 | 2939.48 | 61.2 | 38.8 | 37.9 | 0.9 | |
| 2010 | 3260.42 | 56.1 | 43.9 | 42.8 | 1.1 | |
| 2011 | 2802.72 | 66.8 | 33.2 | 30.8 | 2.4 | |
| 2012 | 2989.65 | 49.0 | 51.0 | 48.2 | 2.8 | |
| 2013 | 2765.64 | 44.3 | 55.7 | 43.6 | 3.9 | 8.1 |
| 2014 | 2948.49 | 39.3 | 60.7 | 42.3 | 3.9 | 14.5 |
| 2015 | 3613.52 | 32.2 | 67.8 | 36.7 | 3.7 | 24.2 |
| 2016 | 4456.75 | 23.4 | 76.6 | 42.6 | 3.4 | 27.5 |
| 2017 | 4162.06 | 20.5 | 79.5 | 29.9 | 4.6 | 40.3 |
| 2018 | 4083.65 | 17.4 | 82.6 | 23.8 | 5.3 | 47.2 |
| 2019 | 4353.87 | 14.8 | 85.2 | 30.2 | 6.0 | 42.4 |

注：2015年一次能源生产量包括生物质燃料等其他能源，与往年口径不一致，若不含其他能源，2015年一次能源生产量为3503.91万吨标准煤。

Note:In 2015, Total Production of Primary Energy including biomass fuel and other energy sources, was not the same as in previous years. If there were no other energy sources, otal Production of Primary Energy in 2015 was 3503.91 10thousand tons of SCE.

# 5-2 能源消费总量及构成

## Total Consumption of Energy and Its Composition

| 年份<br>Year | 能源消费总量（万吨标准煤）<br>Total Energy Consumption(10000 tons of SCE) | 占能源消费总量的比重(%)<br>As Percentage of Total Energy Production(%) | | | | | |
|---|---|---|---|---|---|---|---|
| | | 原煤<br>Coal | 石油<br>Crude Oil | 天然气<br>Natural Gas | 一次电力及其他能源<br>Primary Power and Others | #水电<br>Hydro-power | 核电<br>Nuclear Power |
| 1978 | 688.00 | 63.7 | 12.9 | | 23.4 | 23.4 | |
| 1979 | 731.00 | 66.9 | 13.1 | | 20.0 | 20.0 | |
| 1980 | 710.00 | 64.0 | 13.9 | | 22.1 | 22.1 | |
| 1981 | 729.00 | 59.1 | 13.6 | | 27.3 | 27.3 | |
| 1982 | 780.00 | 60.6 | 12.8 | | 26.6 | 26.6 | |
| 1983 | 861.00 | 61.5 | 11.8 | | 26.7 | 26.7 | |
| 1984 | 930.00 | 63.0 | 12.7 | | 24.3 | 24.3 | |
| 1985 | 1043.00 | 64.0 | 11.2 | | 24.8 | 24.8 | |
| 1986 | 1114.00 | 66.3 | 12.2 | | 21.5 | 21.5 | |
| 1987 | 1215.00 | 67.0 | 12.9 | | 20.1 | 20.1 | |
| 1988 | 1363.30 | 65.9 | 12.0 | | 22.1 | 22.1 | |
| 1989 | 1404.00 | 68.3 | 12.1 | | 19.6 | 19.6 | |
| 1990 | 1458.30 | 67.0 | 12.1 | | 20.9 | 20.9 | |
| 1991 | 1530.56 | 70.9 | 13.3 | | 15.8 | 15.8 | |
| 1992 | 1624.05 | 64.1 | 13.5 | | 22.4 | 22.4 | |
| 1993 | 1848.00 | 61.9 | 19.2 | | 18.9 | 18.9 | |
| 1994 | 1953.54 | 59.9 | 18.7 | | 21.4 | 21.4 | |
| 1995 | 2279.91 | 54.8 | 19.5 | | 25.7 | 25.7 | |
| 1996 | 2452.18 | 55.4 | 21.3 | | 23.3 | 23.3 | |
| 1997 | 2499.11 | 50.8 | 21.1 | | 28.1 | 28.1 | |
| 1998 | 2578.62 | 51.9 | 22.2 | | 25.9 | 25.9 | |
| 1999 | 2771.64 | 53.9 | 22.7 | | 23.4 | 23.4 | |
| 2000 | 2942.60 | 54.4 | 23.3 | | 22.3 | 22.3 | |
| 2001 | 3163.09 | 51.4 | 22.0 | | 26.6 | 26.6 | |
| 2002 | 3615.33 | 55.6 | 23.8 | | 20.6 | 20.6 | |
| 2003 | 4062.55 | 61.4 | 24.5 | | 14.1 | 14.1 | |
| 2004 | 4527.80 | 63.8 | 25.1 | 0.2 | 10.9 | 10.9 | |
| 2005 | 5753.99 | 59.4 | 23.8 | 0.1 | 16.7 | 16.7 | |
| 2006 | 6396.85 | 59.8 | 22.5 | 0.1 | 17.6 | 17.6 | |
| 2007 | 7109.26 | 62.9 | 22.8 | 0.1 | 14.2 | 14.1 | |
| 2008 | 7734.20 | 62.6 | 20.1 | 0.3 | 17.0 | 16.8 | |
| 2009 | 8353.67 | 65.5 | 19.5 | 1.4 | 13.6 | 13.3 | |
| 2010 | 9189.42 | 55.4 | 24.8 | 4.2 | 15.6 | 15.2 | |
| 2011 | 9980.23 | 62.0 | 24.0 | 4.6 | 9.4 | 8.7 | |
| 2012 | 10479.44 | 57.1 | 23.5 | 4.8 | 14.6 | 13.7 | |
| 2013 | 10898.51 | 56.8 | 23.3 | 5.8 | 14.1 | 11.1 | 2.1 |
| 2014 | 11794.37 | 53.0 | 25.8 | 5.7 | 15.5 | 10.6 | 3.6 |
| 2015 | 11862.79 | 49.9 | 24.8 | 5.1 | 20.2 | 11.2 | 7.4 |
| 2016 | 12035.99 | 42.9 | 23.8 | 5.4 | 27.9 | 15.8 | 10.2 |
| 2017 | 12554.74 | 45.1 | 24.1 | 5.3 | 25.5 | 9.9 | 13.4 |
| 2018 | 13131.01 | 48.4 | 22.5 | 5.1 | 24.0 | 7.4 | 14.6 |
| 2019 | 13718.31 | 47.3 | 23.0 | 4.8 | 24.9 | 9.6 | 13.5 |

注：2013-2017年数据根据第四次全国经济普查资料进行相应调整（下同）。

Note:The data of 2013-2017 are adjusted according to the fourth national economic census,the same as below.

# 5-3 综合能源平衡表

# Overall Energy Balance Sheet

单位：万吨标准煤 (10000 tons of SCE)

| 项目 Item | 2000 | 2005 | 2010 | 2018 | 2019 |
|---|---|---|---|---|---|
| **可供消费的能源总量 Total Energy Available for Comsumption** | **2962.28** | **5752.29** | **9189.40** | **13131.00** | **13718.32** |
| 一次能源生产量 Primary Energy Output | 1654.17 | 2488.47 | 3260.42 | 4083.65 | 4353.87 |
| 省外调入量 Take-in Quantity from Outside of the Province | 1531.68 | 3638.98 | 6726.75 | 10659.01 | 11844.72 |
| 本省调出量(-) Take-out Quantity from Native Province(-) | 246.59 | 323.32 | 786.26 | 1593.77 | 2666.75 |
| 年末年初库存差额 Stock Changes in The Year | 23.04 | -51.84 | -11.51 | -17.89 | 186.48 |
| **能源消费总量 Total Energy Consumption** | **2942.60** | **5753.99** | **9189.42** | **13131.01** | **13718.31** |
| **在总量中: Consumption by Sector** | | | | | |
| 1.农、林、牧、渔、水利业 Farming,Forestry,Animal Husbandry,Fishery And water Conservancy | 99.36 | 107.14 | 179.41 | 243.74 | 252.57 |
| 2.工业 Industry | 1923.19 | 4030.36 | 6487.70 | 8739.14 | 9050.14 |
| 3.建筑业 Construction | 30.07 | 72.48 | 190.23 | 294.16 | 311.57 |
| 4.交通运输、仓储和邮政业 Transport,Storage,Post And Telecommunication Services | 223.94 | 469.40 | 753.38 | 1287.04 | 1389.93 |
| 5.批发、零售业和住宿、餐饮业 Wholesale and Retail Trades,Hotels and Catering Services | 63.80 | 148.85 | 228.58 | 379.34 | 411.46 |
| 6.其他行业 Others Sectors | 214.72 | 286.71 | 334.50 | 566.67 | 607.30 |
| 7.生活消费 Residential Consumption | 387.52 | 639.05 | 1015.62 | 1620.92 | 1695.34 |
| **在总量中: Consumption by Sector** | | | | | |
| 1.终端消费 Final Consumption | 2833.43 | 5545.55 | 9064.35 | 13056.19 | 13699.08 |
| #工业 Industy | 1814.00 | 3821.92 | 6417.98 | 8664.31 | 9030.90 |
| 2.加工转换损失量 Losses in Processing And Transformation | -7.97 | -20.17 | 126.87 | 149.86 | 214.56 |
| #炼焦 Coking | -0.08 | -2.45 | -14.61 | -8.94 | -11.32 |
| 炼油 Petroleum Refining | -7.55 | -16.88 | -64.12 | -171.09 | -116.45 |
| 回收能 Recovery of Energy | | 202.62 | 236.55 | 408.60 | 470.76 |
| 3.损失量 Other Losses | 101.20 | 188.27 | 251.94 | 224.68 | 233.79 |
| **平衡差额 Balance** | **19.67** | **-1.70** | **-0.02** | **-0.01** | **0.01** |

注： 1.电力、热力按等价热值折算。2.省外调入量包括进口量，本省调出量包括出口量。

Note:a)Electric Power and Heat are calculated by Caloric Value of Equal Price. b)Take-in quantity from outside of the province includes imports; Take-out quantity from native province includes exports.

# 5-4 电力平衡表

# Electricity Balance Sheet

单位：亿千瓦小时 (100 million kmh)

| 项目 Item | 2000 | 2005 | 2010 | 2018 | 2019 |
|---|---|---|---|---|---|
| **可供量 Total Available Energy** | **403.01** | **756.24** | **1315.08** | **2313.82** | **2402.34** |
| 生产量 Output | 405.21 | 778.25 | 1356.32 | 2461.88 | 2572.95 |
| 火电 Thermal Power | 208.45 | 486.88 | 890.61 | 1405.13 | 1406.13 |
| 水电、风电、核电、其它发电 Hydro-power, Wind-Power, Nuclear-Power and Others | 196.76 | 291.37 | 465.71 | 1056.75 | 1166.82 |
| 本省调出量(-) Take-out Quantity from Native Province(-) | 2.20 | 26.64 | 42.95 | 149.36 | 171.86 |
| 省外调入量 Take-in Quantity from Outside of the Province | | 4.98 | 1.71 | 1.30 | 1.25 |
| **消费量 Consumption** | **403.02** | **756.59** | **1315.08** | **2313.82** | **2402.34** |
| **在总量中: Consumption by Sector** | | | | | |
| 1.农、林、牧、渔业、水利业 1.Agriculture,Forestry,Animal Husbandry, and Fishery | 15.91 | 8.78 | 13.35 | 34.89 | 38.35 |
| 2.工业 2.Industry | 273.77 | 537.90 | 892.81 | 1476.45 | 1503.16 |
| 3.建筑业 3.Construction | 6.06 | 6.59 | 20.73 | 35.11 | 38.54 |
| 4.交通运输.仓储和邮政业 4.Transport, Storage and Post | 8.78 | 11.44 | 17.43 | 39.66 | 44.08 |
| 5.批发、零售业和住宿、餐饮业 5.Wholesale and Retail Trades, Hotels and Catering Services | 11.83 | 23.20 | 48.29 | 115.79 | 127.11 |
| 6.其他行业 6.Others | 21.46 | 46.71 | 83.59 | 172.26 | 186.98 |
| 7.生活消费 7.Household Consumption | 65.21 | 121.97 | 238.88 | 439.67 | 464.12 |
| **在总量中: Consumption by Use** | | | | | |
| 1.终端消费 1.End-use Consumption | 372.67 | 699.43 | 1233.09 | 2238.50 | 2323.70 |
| #工业 Industry | 243.42 | 480.74 | 810.82 | 1401.13 | 1424.52 |
| 2.输配电损失量 2.Losses in Transmission | 30.35 | 57.16 | 81.99 | 75.32 | 78.64 |
| **平衡差额 Balance** | **-0.01** | **-0.35** | | | |

# 5-5 能源消费弹性系数

## Elasticity Ratio of Energy

| 年份<br>Year | 能源消费比上年增长(%)<br>Growth Rate of Energy Consumption over Preceding Year (%) | 电力消费比上年增长(%)<br>Growth Rate of Electricity Consumption over Preceding Year (%) | 能源消费弹性系数<br>Elasticity Ratio of Energy Consumption | 电力消费弹性系数<br>Elasticity Ratio of Electricity Consumption |
|---|---|---|---|---|
| 1990 | 3.87 | 5.48 | 0.52 | 0.73 |
| 1991 | 4.96 | 11.03 | 0.35 | 0.78 |
| 1992 | 6.11 | 16.32 | 0.30 | 0.80 |
| 1993 | 13.79 | 10.63 | 0.61 | 0.47 |
| 1994 | 5.71 | 17.24 | 0.28 | 0.85 |
| 1995 | 16.71 | 14.13 | 1.14 | 0.97 |
| 1996 | 7.56 | 9.03 | 0.67 | 0.80 |
| 1997 | 1.91 | 8.88 | 0.14 | 0.63 |
| 1998 | 3.18 | 3.78 | 0.29 | 0.35 |
| 1999 | 7.49 | 10.36 | 0.76 | 1.05 |
| 2000 | 6.17 | 13.44 | 0.66 | 1.45 |
| 2001 | 7.49 | 9.17 | 0.86 | 1.05 |
| 2002 | 14.30 | 21.74 | 1.40 | 2.13 |
| 2003 | 12.37 | 17.73 | 1.08 | 1.54 |
| 2004 | 11.45 | 5.35 | 0.97 | 0.45 |
| 2005 | 13.00 | 13.88 | 1.12 | 1.20 |
| 2006 | 11.17 | 14.57 | 0.75 | 0.98 |
| 2007 | 11.14 | 15.40 | 0.73 | 1.01 |
| 2008 | 8.79 | 7.32 | 0.68 | 0.56 |
| 2009 | 8.01 | 5.72 | 0.65 | 0.47 |
| 2010 | 10.00 | 15.87 | 0.72 | 1.14 |
| 2011 | 8.61 | 15.27 | 0.70 | 1.24 |
| 2012 | 5.00 | 4.20 | 0.44 | 0.37 |
| 2013 | 6.78 | 7.68 | 0.62 | 0.70 |
| 2014 | 8.22 | 9.12 | 0.83 | 0.92 |
| 2015 | 0.58 | -0.21 | 0.06 | |
| 2016 | 1.46 | 6.30 | 0.17 | 0.75 |
| 2017 | 4.31 | 7.32 | 0.53 | 0.91 |
| 2018 | 4.59 | 9.52 | 0.55 | 1.15 |
| 2019 | 4.47 | 3.83 | 0.59 | 0.51 |

注：2015年电力消费负增长，无法计算电力消费弹性系数。

Note:Due to the negative Growth Rate of Electricity Consumption,Elasticity Ratio of Electricity Consumption in 2015 can't be calculated.

# 5-6 能源加工转换效率

## Efficiency of Energy Conversion

单位：%　　(%)

| 年份 Year | 总效率 Total Efficiency | 发电及电站供热 Power Generation and Heating by Power Station | 炼焦 Coking | 炼油 Petroleum Refining |
|---|---|---|---|---|
| 1985 | 36.87 | 25.50 | 86.40 | |
| 1986 | 34.20 | 25.98 | 87.01 | |
| 1987 | 33.32 | 26.60 | 88.94 | |
| 1988 | 33.91 | 27.43 | 88.19 | |
| 1989 | 35.93 | 30.50 | 88.43 | |
| 1990 | 36.74 | 31.43 | 87.00 | |
| 1991 | 37.37 | 31.84 | 88.25 | |
| 1992 | 38.78 | 32.01 | 87.08 | |
| 1993 | 58.38 | 32.26 | 87.35 | 98.00 |
| 1994 | 57.74 | 32.26 | 87.70 | 97.97 |
| 1995 | 61.94 | 32.43 | 90.61 | 94.96 |
| 1996 | 60.54 | 32.51 | 91.10 | 95.41 |
| 1997 | 66.72 | 33.95 | 89.31 | 96.92 |
| 1998 | 59.35 | 33.95 | 97.36 | 96.95 |
| 1999 | 62.08 | 34.62 | 95.28 | 97.69 |
| 2000 | 63.63 | 36.04 | 98.01 | 95.38 |
| 2001 | 62.55 | 35.94 | 97.13 | 93.47 |
| 2002 | 57.24 | 36.25 | 97.95 | 94.74 |
| 2003 | 54.42 | 37.02 | 97.90 | 92.91 |
| 2004 | 54.81 | 39.65 | 95.39 | 96.44 |
| 2005 | 55.00 | 39.77 | 97.88 | 96.61 |
| 2006 | 55.23 | 39.84 | 98.32 | 99.46 |
| 2007 | 53.14 | 40.52 | 94.74 | 99.45 |
| 2008 | 52.21 | 41.16 | 96.84 | 99.15 |
| 2009 | 58.63 | 42.48 | 93.88 | 97.97 |
| 2010 | 63.50 | 42.72 | 92.08 | 96.06 |
| 2011 | 57.39 | 42.48 | 94.62 | 94.12 |
| 2012 | 61.30 | 43.24 | 95.83 | 96.21 |
| 2013 | 57.07 | 42.91 | 89.09 | 92.14 |
| 2014 | 64.40 | 44.05 | 93.28 | 95.19 |
| 2015 | 68.21 | 44.24 | 95.98 | 94.64 |
| 2016 | 71.43 | 44.69 | 96.88 | 96.43 |
| 2017 | 68.79 | 44.34 | 95.99 | 96.29 |
| 2018 | 66.24 | 44.78 | 95.96 | 96.48 |
| 2019 | 69.99 | 46.23 | 95.39 | 97.00 |

# 5-7 平均每天能源消费量

## Average Daily Energy Consumption by Type of Energy

| 年份<br>Year | 合计(万吨标准煤)<br>Total (10000 tons of SCE) | 煤炭(万吨)<br>Coal (10000 tons) | 焦炭(万吨)<br>Coke (10000 tons) | 原油(万吨)<br>Crude Oil (10000 tons) | 燃料油(万吨)<br>Fuel Oil (10000 tons) | 汽油(万吨)<br>Gasoline (10000 tons) | 柴油(万吨)<br>Diesel Oil (10000 tons) | 液化石油气(万吨)<br>Liquefied Gas (10000 tons) | 天然气(万立方米)<br>Natural Gas (10000 m3) | 电力(亿千瓦小时)<br>Electricity (100 million kwh) |
|---|---|---|---|---|---|---|---|---|---|---|
| 1990 | 4.00 | 3.57 | 0.15 | | 0.04 | 0.11 | 0.17 | | | 0.37 |
| 1995 | 6.25 | 4.59 | 0.22 | 0.62 | 0.09 | 0.19 | 0.43 | 0.05 | | 0.72 |
| 2000 | 8.06 | 5.92 | 0.27 | 0.98 | 0.15 | 0.29 | 0.58 | 0.11 | | 1.10 |
| 2003 | 11.13 | 8.96 | 0.36 | 0.99 | 0.26 | 0.38 | 0.73 | 0.22 | | 1.60 |
| 2004 | 12.40 | 10.43 | 0.56 | 1.07 | 0.22 | 0.53 | 0.89 | 0.24 | | 1.77 |
| 2005 | 15.76 | 11.63 | 0.77 | 0.95 | 0.44 | 0.55 | 1.01 | 0.27 | | 2.07 |
| 2006 | 17.53 | 13.06 | 0.82 | 1.03 | 0.48 | 0.57 | 1.07 | 0.26 | | 2.37 |
| 2007 | 19.48 | 15.31 | 0.98 | 0.97 | 0.34 | 0.72 | 1.30 | 0.29 | | 2.74 |
| 2008 | 21.19 | 16.42 | 1.01 | 0.85 | 0.39 | 0.69 | 1.19 | 0.28 | 41.92 | 2.94 |
| 2009 | 22.89 | 17.57 | 1.79 | 1.93 | 0.45 | 0.72 | 1.13 | 0.25 | 232.60 | 3.11 |
| 2010 | 25.18 | 17.76 | 1.88 | 3.13 | 0.50 | 0.91 | 1.40 | 0.23 | 797.26 | 3.60 |
| 2011 | 27.34 | 21.89 | 2.00 | 2.64 | 0.52 | 1.02 | 1.46 | 0.23 | 1038.08 | 4.15 |
| 2012 | 28.71 | 21.01 | 1.78 | 3.03 | 0.51 | 1.09 | 1.41 | 0.22 | 1027.12 | 4.33 |
| 2013 | 29.86 | 22.13 | 1.80 | 2.76 | 0.50 | 1.12 | 1.43 | 0.22 | 1301.37 | 4.66 |
| 2014 | 32.31 | 22.46 | 1.85 | 5.60 | 0.48 | 1.21 | 1.32 | 0.22 | 1376.99 | 5.08 |
| 2015 | 32.50 | 20.99 | 1.71 | 5.93 | 0.48 | 1.27 | 1.22 | 0.17 | 1243.29 | 5.07 |
| 2016 | 32.98 | 18.70 | 1.67 | 5.72 | 0.49 | 1.36 | 1.18 | 0.19 | 1330.14 | 5.39 |
| 2017 | 34.40 | 20.67 | 1.81 | 5.71 | 0.40 | 1.46 | 1.19 | 0.19 | 1374.25 | 5.89 |
| 2018 | 35.98 | 23.45 | 2.14 | 5.87 | 0.48 | 1.50 | 1.20 | 0.16 | 1422.47 | 6.34 |
| 2019 | 37.58 | 23.89 | 2.39 | 7.01 | 0.49 | 1.54 | 1.24 | 0.16 | 1445.75 | 6.58 |

# 5-8 生活能源消费量

## Average Annual Energy Consumption for Households

| 年份<br>Year | 合计(万吨标准煤)<br>Total (10000 tons of SCE) | 煤炭(万吨)<br>Coal (10000 tons) | 汽油(万吨)<br>Gasoline (10000 tons) | 柴油(万吨)<br>Kerosene (10000 tons) | 天然气(亿立方米)<br>Natural Gas (100 million tons) | 液化石油气(万吨)<br>Liquefied Gas (10000 tons) | 电力(亿千瓦小时)<br>Electricity (100 million kwh) |
|---|---|---|---|---|---|---|---|
| 1990 | 219.38 | 196.00 | | | | 1.57 | 18.48 |
| 1995 | 290.95 | 181.17 | | | | 14.22 | 34.68 |
| 2000 | 387.52 | 155.00 | | | | 30.96 | 65.21 |
| 2003 | 504.29 | 138.70 | 6.72 | | | 53.80 | 98.11 |
| 2004 | 558.71 | 135.98 | 12.63 | | | 58.17 | 110.12 |
| 2005 | 639.05 | 145.26 | 13.65 | 3.58 | | 53.68 | 121.97 |
| 2006 | 701.06 | 139.00 | 16.95 | 4.91 | | 57.57 | 141.12 |
| 2007 | 766.85 | 124.50 | 18.07 | 6.58 | | 61.37 | 163.08 |
| 2008 | 845.62 | 112.78 | 22.33 | 6.12 | 0.05 | 64.14 | 188.78 |
| 2009 | 912.85 | 107.79 | 47.13 | 6.41 | 0.25 | 57.94 | 209.65 |
| 2010 | 1015.62 | 106.90 | 67.52 | 9.93 | 0.77 | 45.24 | 238.88 |
| 2011 | 1088.21 | 89.00 | 68.60 | 10.50 | 0.94 | 50.78 | 266.09 |
| 2012 | 1157.69 | 83.00 | 70.00 | 10.77 | 0.96 | 50.38 | 289.86 |
| 2013 | 1224.10 | 54.95 | 84.50 | 10.89 | 1.18 | 50.37 | 311.19 |
| 2014 | 1306.86 | 31.30 | 89.77 | 11.20 | 1.25 | 45.30 | 345.03 |
| 2015 | 1324.57 | 30.10 | 93.80 | 13.30 | 1.43 | 47.90 | 344.96 |
| 2016 | 1440.42 | 26.86 | 99.80 | 14.29 | 1.55 | 47.60 | 381.12 |
| 2017 | 1558.37 | 24.00 | 104.30 | 15.40 | 1.90 | 47.15 | 419.70 |
| 2018 | 1620.92 | 23.00 | 108.20 | 16.10 | 2.06 | 46.98 | 439.67 |
| 2019 | 1695.34 | 21.35 | 113.40 | 17.50 | 2.33 | 44.11 | 464.12 |

# 5-9 人均生活能源消费量

## Annual per Capita Energy Consumption of Households

| 年份<br>Year | 合计（千克标准煤）<br>Total (kg of SCE) | 煤炭(千克)<br>Coal(kg) | 汽油(千克)<br>Gasoline(kg) | 液化石油气(千克)<br>Liquefied Petroleum Gas(kg) | 天然气(立方米)<br>Natural Gas(cu.m) | 电力(千瓦小时)<br>Electricity(Kwh) |
|---|---|---|---|---|---|---|
| 1990 | 72.87 | 65.11 | | 0.52 | | 61.39 |
| 1991 | 74.70 | 62.86 | | 0.59 | | 71.09 |
| 1992 | 84.79 | 63.92 | | 0.66 | | 95.69 |
| 1993 | 59.66 | 57.95 | | 2.86 | | 102.23 |
| 1994 | 63.32 | 57.79 | | 4.19 | | 106.77 |
| 1995 | 90.78 | 56.53 | | 4.44 | | 108.21 |
| 1996 | 101.97 | 50.40 | | 8.35 | | 130.02 |
| 1997 | 106.12 | 50.44 | | 7.46 | | 150.42 |
| 1998 | 114.26 | 48.97 | | 8.86 | | 171.74 |
| 1999 | 120.30 | 48.37 | | 8.88 | | 191.56 |
| 2000 | 115.23 | 46.09 | | 9.21 | | 193.90 |
| 2001 | 127.20 | 44.93 | | 9.62 | | 209.69 |
| 2002 | 136.03 | 42.32 | 1.19 | 13.49 | | 244.41 |
| 2003 | 144.82 | 39.83 | 1.93 | 15.45 | | 281.75 |
| 2004 | 159.19 | 38.74 | 3.60 | 16.57 | | 313.75 |
| 2005 | 180.37 | 41.00 | 3.85 | 15.15 | | 344.26 |
| 2006 | 196.32 | 38.92 | 4.75 | 16.12 | | 395.18 |
| 2007 | 213.10 | 34.60 | 5.02 | 17.05 | | 453.19 |
| 2008 | 233.24 | 31.11 | 6.16 | 17.69 | 0.14 | 520.70 |
| 2009 | 249.92 | 29.51 | 12.90 | 15.86 | 0.68 | 573.99 |
| 2010 | 276.02 | 29.05 | 18.35 | 12.30 | 2.09 | 649.22 |
| 2011 | 293.60 | 24.01 | 18.51 | 13.70 | 2.54 | 717.90 |
| 2012 | 310.04 | 22.23 | 18.75 | 13.49 | 2.57 | 776.27 |
| 2013 | 325.47 | 14.61 | 22.47 | 13.39 | 3.14 | 827.41 |
| 2014 | 344.82 | 8.26 | 23.69 | 11.95 | 3.30 | 910.37 |
| 2015 | 346.47 | 7.87 | 24.54 | 12.53 | 3.74 | 902.33 |
| 2016 | 373.46 | 6.96 | 25.88 | 12.34 | 4.02 | 988.13 |
| 2017 | 400.30 | 6.16 | 26.79 | 12.11 | 4.88 | 1078.09 |
| 2018 | 412.87 | 5.86 | 27.56 | 11.97 | 5.25 | 1119.89 |
| 2019 | 428.44 | 5.40 | 28.66 | 11.15 | 5.89 | 1172.91 |

# 5-10 规模以上工业企业能源购进、消费及库存（2019年）

# Purchases, Consumption and Inventory of Energy in Industrial Enterprises above Designated Size(2019)

| 项目 Item | 购进量 Purchases | 消费量 Consumption | 工业生产消费 Industry Consumption | 非工业生产消费 Non-Industry Consumption | 年末库存 Inventory at the Year-end |
|---|---|---|---|---|---|
| 原煤(吨) Coal(tons) | 83954740 | 83559074 | 83342688 | 216387 | 4868380 |
| 洗精煤(吨) Concentratc Coal Washing(tons) | 2074510 | 2052627 | 2052627 | | 150061 |
| 其他洗煤(吨) Other Coal Washing(tons) | 25129 | 22001 | 22001 | | 4936 |
| 煤制品（吨） Coal Products | 275641 | 284829 | 284816 | 13 | 8508 |
| 焦炭(吨) Coke(tons) | 8141897 | 8713493 | 8713489 | 4 | 311300 |
| 其他焦化产品(吨) Other Coke Ratio Products(tons) | 22514 | 23347 | 23347 | | 1243 |
| 焦炉煤气(万立方米) Coking Gas(10000 cu.m) | 16493 | 47030 | 47030 | | |
| 高炉煤气(万立方米) Furnace Gas(10000 cu.m) | 148375 | 2364311 | 2364311 | | |
| 其他煤气(万立方米) Other Gas(10000 cu.m) | 20868 | 225725 | 225725 | | |
| 天然气(万立方米) Natural Gas(10000 cu.m) | 446804 | 446810 | 444719 | 2091 | 85 |
| 液化天然气(吨) Liquefied Natural Gas(tons) | 2308339 | 134656 | 134028 | 627 | 323897 |
| 原油(吨) Crude Oil(tons) | 25512630 | 25593622 | 25593619 | 3 | 1189737 |
| 汽油(吨) Gasoline(tons) | 82326 | 80593 | 50022 | 30571 | 461 |
| 煤油(吨) Kerosene(tons) | 4441 | 5281 | 5264 | 17 | 134 |
| 柴油(吨) Diesel Oil(tons) | 299628 | 368625 | 335638 | 32987 | 9308 |
| 燃料油(吨) Fuel Oil(tons) | 385760 | 519875 | 519836 | 39 | 155529 |
| 液化石油气(吨) Liquefied Petroleum Gas(tons) | 27683 | 67077 | 66613 | 464 | 61 |
| 炼厂干气(吨) Dry Gas from Refinery(tons) | 42 | 1733344 | 1733344 | | 1 |
| 其他石油制品(吨) Other(tons) | 1691579 | 2165097 | 2165077 | 20 | 177734 |
| 热力(百万千焦) Heat(million kilo joule) | 53988188 | 103840309 | 103823617 | 16692 | |
| 电力(万千瓦小时) Electricity(10000 kmh) | 10432980 | 13242663 | 13118134 | 124529 | |
| 其他燃料(吨标准煤) Other(ton of SCE) | 2357367 | 2383143 | 2383139 | 4 | 11614 |

注：本表“规模以上”指“年主营业务收入2000万元及以上工业法人企业”。

Note:Industrial enterprises above designated size are those with annual revenue from principal business over 20 million yuan.

# 5-11 按行业分规模以上工业企业主要能源产品消费量（2019年）

# Consumption of Major Energy in Industrial Enterprises above Designated Size by Industrial sector(2019)

单位：吨 (ton)

| 行业 Sector | 原煤 Coal | 焦炭 Coke | 汽油 Gasoline | 煤油 Kerosene | 柴油 Diesel Oil | 燃料油 Fuel Oil | 电力（万千瓦小时） Electricity (10000 kwh) |
|---|---|---|---|---|---|---|---|
| **合　计 Total** | **83559074** | **8713493** | **80593** | **5281** | **368625** | **519875** | **13242663** |
| 煤炭开采和洗选业 Coal Mining and Dressing | 661128 | | 48 | | 314 | | 23708 |
| 石油和天然气开采业 Petroleum and Natural Gas Mining | | | | | | | |
| 黑色金属矿采选业 Ferrous Metals Mining and Dressing | 5448 | 14078 | 424 | | 8881 | | 40974 |
| 有色金属矿采选业 Nonferrous Metals Mining and Dressing | | | 11 | | 2490 | | 23485 |
| 非金属矿采选业 Nonmetal Minerals Mining and Dressing | 101081 | | 1116 | | 7664 | 234 | 26057 |
| 开采辅助活动 Subsidiary Action | | | | | | | |
| 其他采矿业 Others Mining and Quarrying | | | | | | | |
| 农副食品加工业 Agricultural and Sideline Products Processing | 276854 | 491 | 4026 | 720 | 10927 | 1126 | 282527 |
| 食品制造业 Food Manufacturing | 157250 | | 871 | | 2830 | 3301 | 143531 |
| 酒、饮料和精制茶制造业 Wine，Drink and Tea Manufacturing | 71224 | | 1216 | | 639 | 120 | 80139 |
| 烟草制品业 Tobacco Processing | 4410 | | 119 | | 789 | | 13602 |
| 纺织业 Textile Industry | 836337 | | 3389 | 3 | 3238 | 18474 | 912300 |
| 纺织服装、服饰业 Textile Garments Products | 34056 | | 3811 | | 2360 | 180 | 169376 |
| 皮革、毛皮、羽毛及其制品和制鞋业 Leather , Furs , Down and Relate Products | 41713 | | 7059 | | 3831 | 613 | 329765 |
| 木材加工和木、竹、藤、棕、草制品业 Timber Processing , Bamboo , Cane , Palm Fiber and Straw Products | 81644 | | 842 | | 2243 | | 107291 |
| 家具制造业 Furniture Manufacturing | 410 | | 961 | | 695 | | 53200 |
| 造纸和纸制品业 Papermaking and Paper Products | 2238945 | | 1549 | | 7189 | 4907 | 469215 |
| 印刷和记录媒介复制业 Printing and Record Medium Reproduction | 858 | | 2444 | 8 | 2632 | | 49083 |
| 文教、工美、体育和娱乐用品制造业 Cultural , Educational and Sports Goods | 9457 | | 3691 | 7 | 4410 | 108 | 139299 |
| 石油加工、炼焦和核燃料加工业 Petroleum Processing , Coking and Nuclear Fuel Processing | 401532 | | 226 | | 74157 | 388779 | 351204 |

# 5-11 续表

# Continued

单位：吨 (ton)

| 行业<br>Sector | 原煤<br>Coal | 焦炭<br>Coke | 汽油<br>Gasoline | 煤油<br>Kerosene | 柴油<br>Diesel Oil | 燃料油<br>Fuel Oil | 电力（万千瓦小时）<br>Electricity (10000 kwh) |
|---|---|---|---|---|---|---|---|
| 化学原料和化学制品制造业<br>Raw Chemical Materials and Chemical Products | 6928911 | | 6110 | 2067 | 10927 | 1244 | 1137167 |
| 医药制造业<br>Medical and Pharmaceutical Products | 64288 | | 815 | | 2249 | 141 | 62153 |
| 化学纤维制造业<br>Chemical Fiber | 830701 | | 703 | 130 | 1439 | 20 | 600600 |
| 橡胶和塑料制品业<br>Rubber and Plastic Products | 403220 | | 4339 | | 4842 | 2407 | 445456 |
| 非金属矿物制品业<br>Nonmetal Minerals Products | 8778694 | 2528 | 4621 | 144 | 146250 | 92628 | 1393985 |
| 黑色金属冶炼和压延加工业<br>Smelting and Pressing of Ferrous Metals | 3736721 | 7567473 | 360 | 1 | 10927 | 137 | 1420626 |
| 有色金属冶炼和压延加工业<br>Smelting and Pressing of Nonferrous Metals | 1621682 | 1117772 | 1524 | 1162 | 16588 | 104 | 1024396 |
| 金属制品业<br>Metal Products | 29841 | 10694 | 2662 | 12 | 4948 | 550 | 311229 |
| 通用设备制造业<br>General Equipment | 750 | 440 | 3595 | 524 | 6096 | 75 | 159968 |
| 专用设备制造业<br>Special Purpose Equipment | 1501 | | 2265 | 80 | 3456 | | 95938 |
| 汽车制造业<br>Automobile manufacturing industry | 1035 | | 2796 | 21 | 5669 | 6 | 146932 |
| 铁路、船舶、航空航天和其他运输设备制造业<br>Railway,Watercraft,Aviation and others transportation Manufacturing | 2 | | 977 | 121 | 3121 | 44 | 38101 |
| 电气机械和器材制造业<br>Electric Equipment and Machinery | 3007 | 15 | 3403 | 2 | 1902 | | 341330 |
| 计算机、通信和其他电子设备制造业<br>Computer,Communication and other Electronic Equipment | | | 2707 | | 915 | 358 | 639259 |
| 仪器仪表制造业<br>Instruments and Meters Machinery | | 2 | 1171 | 10 | 61 | 51 | 17239 |
| 其他制造业<br>Others Manufacturing | 2924 | | 993 | 3 | 1607 | | 34928 |
| 废弃资源综合利用业<br>Waste Resources and Materials Recovering | 42955 | | 157 | 10 | 845 | | 28840 |
| 金属制品、机械和设备修理业<br>Metals,Machinery and Equipment maintenance | | | 76 | 256 | 2029 | 1671 | 10764 |
| 电力、热力生产和供应业<br>Production and Supply of Electric Power and Hot Power | 56176499 | | 8923 | 1 | 9109 | 2598 | 2022709 |
| 燃气生产和供应业<br>Production and Supply of Gas | 14000 | | 265 | | 235 | | 7723 |
| 水的生产和供应业<br>Production and Supply of Water | | | 329 | | 123 | | 88564 |

# 5-12 按行业分规模以上工业综合能源消费量（2019年）

# Consumption of Energy in Industrial Enterprises above Designated Size by Sector(2019)

单位：吨标准煤 (ton of SCE)

| 项目 | Item | 综合能耗 Consumption of Energy | 比上年增长(%) Ratio(%) |
|---|---|---|---|
| **合计** | **Total** | **82590041** | **5.7** |
| 采矿业 | Mining and Quarrying | 261026 | 4.3 |
| 煤炭开采和洗选业 | Coal Mining and Dressing | 29226 | -1.6 |
| 石油和天然气开采业 | Petroleum and Natural Gas Mining | | |
| 黑色金属矿采选业 | Ferrous Metals Mining and Dressing | 81273 | 9.9 |
| 有色金属矿采选业 | Nonferrous Metals Mining and Dressing | 32440 | -5.0 |
| 非金属矿采选业 | Nonmetal Minerals Mining and Dressing | 118088 | 5.1 |
| 开采辅助活动 | Subsidiary Action | | |
| 其他采矿业 | Others Mining and Quarrying | | |
| 制造业 | Manufacturing | 58022792 | 8.4 |
| 农副食品加工工业 | Agricultural and Sideline Products Processing | 761722 | -9.6 |
| 食品制造业 | Food Manufacturing | 502284 | -13.8 |
| 酒、饮料和精制茶制造业 | Wine，Drink and Tea Manufacturing | 211157 | -9.8 |
| 烟草制品业 | Tobacco Processing | 35677 | -3.4 |
| 纺织业 | Textile Industry | 2171406 | 0.1 |
| 纺织服装、服饰业 | Textile Garments Products | 252094 | -5.2 |
| 皮革、毛皮、羽毛及其制品和制鞋业 | Leather , Furs , Down and Relate Products | 502944 | -4.3 |
| 木材加工和木、竹、藤、棕、草制品业 | Timber Processing , Bamboo , Cane , Palm Fiber and Straw Products | 437135 | -16.0 |
| 家具制造业 | Furniture Manufacturing | 79073 | -1.6 |
| 造纸和纸制品业 | Papermaking and Paper Products | 2104263 | 25.5 |
| 印刷和记录媒介复制业 | Printing and Record Medium Reproduction | 97191 | -8.0 |
| 文教、工美、体育和娱乐用品制造业 | Cultural , Educational and Sports Goods | 246240 | -8.6 |
| 石油加工、炼焦和核燃料加工业 | Petroleum Processing , Coking and Nuclear Fuel Processing | 9782064 | 6.1 |
| 化学原料和化学制品制造业 | Raw Chemical Materials and Chemical Products | 7976658 | 57.9 |
| 医药制造业 | Medical and Pharmaceutical Products | 222188 | 3.4 |
| 化学纤维制造业 | Chemical Fiber | 1422580 | 8.1 |
| 橡胶和塑料制品业 | Rubber and Plastic Products | 1315393 | 2.7 |
| 非金属矿物制品业 | Nonmetal Minerals Products | 11118947 | -4.6 |
| 黑色金属冶炼和压延加工业 | Smelting and Pressing of Ferrous Metals | 12380141 | 10.3 |
| 有色金属冶炼和压延加工业 | Smelting and Pressing of Nonferrous Metals | 3821802 | 4.1 |
| 金属制品业 | Metal Products | 512962 | 0.1 |
| 通用设备制造业 | General Equipment | 219198 | -4.2 |
| 专用设备制造业 | Special Purpose Equipment | 135566 | -6.5 |
| 汽车制造业 | Automobile manufacturing industry | 233959 | -11.6 |
| 铁路、船舶、航空航天和其他运输设备制造业 | Railway,Watercraft,Aviation and others transportation Manufacturing | 61325 | 0.0 |
| 电气机械和器材制造业 | Electric Equipment and Machinery | 432123 | 10.9 |
| 计算机、通信和其他电子设备制造业 | Computer,Communication and other Electronic Equipment | 827742 | 3.6 |
| 仪器仪表制造业 | Instruments and Meters Machinery | 23138 | -3.9 |
| 其他制造业 | Others Manufacturing | 49001 | -9.7 |
| 废弃资源综合利用业 | Waste Resources and Materials Recovering | 68491 | -7.7 |
| 金属制品、机械和设备修理业 | Metals,Machinery and Equipment maintenance | 18328 | 6.5 |
| 电力、热力、燃气及水生产和供应业 | Production and Supply of Electric Power,Hot Power and Water | 24306223 | -0.3 |
| 电力、热力生产和供应业 | Production and Supply of Electric Power and Hot Power | 24180103 | -0.3 |
| 燃气生产和供应业 | Production and Supply of Gas | 17088 | -17.5 |
| 水的生产和供应业 | Production and Supply of Water | 109032 | -0.7 |

注：1.规模以上工业电力折算标准煤的系数用当量系数1.229。2.本表“比上年增长”以当量值计算。

Note:a)The coefficient for conversion of electric power into SCE is 1.229.b)The ratio of energy is calculated on the basis of the data on average consumption in the same year.

## 5-13 各设区市万元地区生产总值能耗升降情况

## Indicators of Energy Consumption per 10000 yuan of GDP by City

单位：% (%)

| 地区 | Area | 2010 | 2015 | 2016 | 2017 | 2018 | 2019 |
|---|---|---|---|---|---|---|---|
| **全　省** | **Total** | **-3.42** | **-7.70** | **-6.45** | **-3.55** | **-3.47** | **-2.85** |
| 福州市 | Fuzhou | -2.78 | -7.00 | -3.52 | -0.12 | -1.09 | -2.03 |
| 厦门市 | Xiamen | -1.76 | -8.33 | -1.90 | -1.60 | -2.52 | -4.32 |
| 莆田市 | Putian | -2.14 | -5.94 | -1.05 | -0.13 | -1.06 | -2.27 |
| 三明市 | Sanming | -3.65 | -12.17 | -7.55 | -3.02 | -5.48 | -1.35 |
| 泉州市 | Quanzhou | -2.40 | -4.78 | -6.98 | -3.71 | -6.95 | -5.54 |
| 漳州市 | Zhangzhou | -2.21 | -27.30 | -14.22 | -4.48 | 1.91 | 12.68 |
| 南平市 | Nanping | -3.62 | -6.85 | -6.18 | -4.11 | -4.29 | -8.02 |
| 龙岩市 | Longyan | -3.19 | -6.07 | -6.37 | -2.08 | -4.60 | -6.75 |
| 宁德市 | Ningde | -0.48 | -1.64 | 1.41 | -6.95 | 4.09 | -0.11 |

## 5-14 各设区市万元地区生产总值电耗升降情况

## Indicators of Electricity Consumption per 10000 yuan of GDP by City

单位：% (%)

| 地区 | Area | 2010 | 2015 | 2016 | 2017 | 2018 | 2019 |
|---|---|---|---|---|---|---|---|
| **全　省** | **Total** | **1.73** | **-8.42** | **-1.96** | **-0.69** | **1.14** | **-3.86** |
| 福州市 | Fuzhou | 0.09 | -8.23 | -0.93 | 2.51 | 0.48 | -2.77 |
| 厦门市 | Xiamen | 1.32 | -6.32 | 0.46 | 0.73 | 0.58 | -6.71 |
| 莆田市 | Putian | 5.69 | 5.67 | 5.75 | 1.69 | 7.20 | 0.96 |
| 三明市 | Sanming |  | -11.02 | -7.08 |  | -2.39 | -4.76 |
| 泉州市 | Quanzhou | 0.86 | -8.58 | -4.05 | -1.03 | -2.08 | -2.81 |
| 漳州市 | Zhangzhou | -1.83 | -12.21 | -3.94 | -1.51 | 3.26 | -2.81 |
| 南平市 | Nanping | 7.56 | -13.43 | -3.76 | 0.98 | 3.99 | -10.02 |
| 龙岩市 | Longyan | 3.43 | -11.20 | -6.52 | -1.74 | -0.02 | -3.18 |
| 宁德市 | Ningde | 7.11 | 0.08 | 8.15 | -12.17 | 3.50 | 5.22 |

## 5-15 各设区市规模以上工业万元增加值能耗升降情况

## Indicators of Energy Consumption per 10000 yuan of Value-added of Industrial Enterprises above Designated Size by City

单位：%

| 地区 | Area | 2010 | 2015 | 2016 | 2017 | 2018 | 2019 |
|---|---|---|---|---|---|---|---|
| **全　省** | **Total** | **-6.08** | **-16.43** | **-13.83** | **0.05** | **-1.04** | **-2.86** |
| 福州市 | Fuzhou | -11.97 | -18.97 | -15.24 | 9.15 | 3.18 | -0.58 |
| 厦门市 | Xiamen | -6.42 | -16.81 | -11.89 | -1.54 | -1.47 | -6.75 |
| 莆田市 | Putian | -6.19 | -16.92 | -10.53 | 14.86 | 35.24 | -0.23 |
| 三明市 | Sanming | -12.81 | -18.19 | -9.75 | -4.80 | -7.11 | -2.17 |
| 泉州市 | Quanzhou | 13.49 | -2.87 | -10.39 | -3.83 | -9.05 | -8.01 |
| 漳州市 | Zhangzhou | -7.65 | -40.34 | -28.91 | 0.63 | 8.94 | 17.11 |
| 南平市 | Nanping | -5.83 | -9.97 | -13.03 | -9.69 | -8.01 | -10.67 |
| 龙岩市 | Longyan | -4.36 | -16.52 | -11.95 | -1.23 | -0.51 | -13.92 |
| 宁德市 | Ningde | -7.19 | -10.50 | -13.53 | 9.53 | 5.96 | -7.21 |

注：本表以当量值计算。

Note:The data of the table is Equivalent Value calculation.

## 主要统计指标解释

**能源生产总量**　指一定时期内一次能源生产量的总和。一次能源生产量指本地区原煤、原油、天然气、水电、风电、核电和其他非燃料能源发电（地热电、太阳能电）的生产量。

**能源消费总量**　指一定地域（行政或地理区域）内，国民经济各行业和居民家庭在一定时期消费的各种能源的总和。能源消费总量在消费环节上包括终端能源消费量、能源加工转换损失量、能源运输和管理过程的损失量；在能源类别上包括全部化石能源，以及作为能源使用、作为商品流通并使用的可再生能源和新能源。

(1)终端能源消费量：指一定时期内生产和生活消费的各种能源在扣除了用于加工转换二次能源消费量和损失量以后的数量。

(2)能源加工转换损失量：指一定时期内投入加工转换的各种能源数量之和与产出各种能源产品之和的差额，是观察能源在加工转换过程中损失量变化的指标。

(3)能源损失量：指一定时期内能源在输送、分配、储存过程中发生的损失和由客观原因造成的各种损失量，不包括各种气体能源放空、放散量。

**能源生产弹性系数**　指研究能源生产增长速度与国民经济增长速度之间关系的指标。计算公式为：

能源生产弹性系数＝能源生产总量年增长速度／国民经济年增长速度

国民经济年增长速度，可根据不同的目的或需要，用国民生产总值、国内生产总值等指标来计算，本年鉴是采用国内生产总值指标计算的。

**电力生产弹性系数**　指研究电力生产增长速度与国民经济增长速度之间关系的指标。计算公式为：

电力生产弹性系数＝电力生产量年增长速度／国民经济年增长速度

**能源消费弹性系数**　指反映能源消费增长速度与国民经济增长速度之间比例关系的指标。计算公式为：

能源消费弹性系数＝能源消费量年增长速度／国民经济年增长速度

**电力消费弹性系数**　指反映电力消费增长速度与国民经济增长速度之间比例关系的指标。计算公式为：

电力消费弹性系数＝电力消费量年增长速度／国民经济年增长速度

**能源加工转换效率**　指一定时期内能源经过加工、转换后，产出的各种能源产品的数量与同期内投入加工转换的各种能源数量的比率。它是观察能源加工转换装置和生产工艺先进与落后、管理水平高低等的重要指标。计算公式为：

能源加工转换效率＝(能源加工、转换产出量／能源加工、转换投入量)×100%

**单位地区生产总值能耗**　指一定时期内，一个国家或地区每生产一个单位的地区生产总值所消耗的能源。计算公式为：

单位地区生产总值能耗=能源消费总量/地区生产总值

**单位工业增加值能耗**　指一定时期内，一个国家或地区每生产一个单位的工业增加值所消耗的能源。计算公式为：

单位工业增加值能耗=工业能源消费量/工业增加值

**单位地区生产总值电耗**　指一定时期内，一个国家或地区每生产一个单位的地区生产总值所消耗的电力。计算公式为：

单位地区生产总值电耗=全社会用电量/地区生产总值

# Explanatory Notes on Main Statistical Indicators

**Total Energy Production** refers to the total production of primary energy by all energy producing enterprises in the region in a given period of time. It is a comprehensive indicator to show the capacity, scale, composition and development of energy production of the region. The production of primary energy includes that of coal, crude oil, natural gas, hydropower and electricity generated by nuclear energy and other means such as wind power and geothermal power. However, it excludes the production of fuels of low calorific value, bio-energy, solar energy and the secondary energy converted from the primary energy.

**Total Domestic Energy Consumption** refers to the total consumption of energy of various kinds by material production sectors, non material production sectors and households in the region in a given period of time. It is a comprehensive indicator to show the scale, composition and development of energy consumption. The total energy consumption includes that of coal, crude oil and their products, natural gas and electricity. However it excludes the consumption of fuel of low calorific value, bio-energy and solar energy. Total domestic energy consumption can be divided into three parts:

(1) Final Energy Consumption: It refers to the total energy consumption by material production sectors, non material production sectors and households in the region (region) in a given period of time, but excludes the consumption in conversion of the primary energy into the secondary energy and the loss in the process of energy conversion.

(2) Loss During the Process of Energy Conversion: It refers to the total input of various kinds of energy for conversion, minus the total output of various kinds of energy in the region in a given period of time. It is an indicator to show the loss that occurs during the process of energy conversion.

(3) Energy Loss: It refers to the total of the loss of energy during the course of energy transport, distribution and storage and the loss caused by any objective reason in a given period of time. The loss of various kinds of gas due to gas discharges and stocktaking is excluded.

**Elasticity Ratio of Energy Production** is an indicator to show the relationship between the growth rate of energy production and the growth rate of the national economy. The formula is:

Elasticity Ratio of Energy Production= Annual Growth Rate of Energy Production/ Annual Growth Rate of National Economy

The annual growthrate of the national economy can be shown by the gross national product, gross domestic product and other indicators, depending upon the purposes or needs. The gross domestic product is used in calculation of the ratio in this chapter.

**Elasticity Ratio of Electricity Production** is an indicator to show the relationship between the growth rate of electricity production and the growth rate of the national economy. Generally speaking, the growth rate of electricity production should be higher than that of the national economy.The formula is:

Elasticity Ratio of Electricity Production= Annual Growth Rate of Electricity Production/ Annual Growth Rate of National Economy

**Elasticity Ratio of Energy Consumption** is an indicator to show the relationship between the growth rate of energy consumption and the growth rate of the national economy. The formula is:

Elasticity Ratio of Energy Consumption= Annual Growth Rate of Energy Consumption/ Annual Growth Rate of National Economy

**Elasticity Ratio of Electricity Consumption** is an indicator to show the relationship between the growth rate of electricity consumption and the growth rate of the national economy. The formula is:

Elasticity Ratio of Electricity Consumption= Annual Growth Rate of Electricity/ Annual Growth Rate of National Economy

**Efficiency of Energy Processing and Conversion** refers to the ratio of the total output of energy products of various kinds after processing and conversion and the total input of energy of various kinds for processing and conversion in the same reference period. It is an important indicator to show the current conditions of energy processing and conversion equipment, production technique and management. The formula is:

Efficiency of Energy Processing & Conversion=(Output of Energy After Processing & Conversion/Input of Energy for Processing & Conversion)×100%

**Energy Consumption per Unit of GDP** refers to the energy consumption per unit of gross domestic production in a country or the gross region production in the same reference period. The formula is:

Energy Consumption per Unit of GDP=Total Energy Consumption/Gross Domestic Production

**Electricity Consumption per Unit of Industrial Value-added** refers to the energy consumption per unit of industrial value-added in a country or region in the same reference period. The formula is:

Energy Consumption per Unit of Industrial Value-added=Total Energy Consumption/Industrial Value-added

**Electricity Consumption per Unit of GDP** refers to the electricity consumption per unit of gross domestic production in a country or the gross region production in the same reference period. The formula is:

Electricity Consumption per Unit of GDP=Total Electricity Consumption/Gross Domestic Production

# 第六篇　人民生活

# Chapter 6　People's Living Conditions

资料整理：杨威 范春霞 陈思

Database Editor: Yangwei Fanchunxia Chensi

# 简 要 说 明

本篇资料的主要内容及来源

本篇资料反映了全省城乡人民生活状况，分为城镇居民生活和农村居民生活两个部分，主要包括居民家庭基本情况，家庭收入、支出情况，主要商品购买数量及支出金额，居住状况和耐用消费品的拥有量等。

城镇居民家庭相关资料来源于城乡住户一体化调查年报，农村居民家庭相关资料来源于城乡住户一体化调查年报，均由国家统计局福建调查总队居民收支调查处整理提供。

# Brief Introduction

Main Content and Source of Data

Data in this chapter show the basic conditions of the people's livelihood in Fujian Province , consisting of two parts on the life of urban and rural households respectively ,including mainly basic condition of people's household , income and expenditure of the household, the quantity and the expenditure on major commodities purchased, the housing condition and the possession of the durable consumer goods, etc.

Data on the livelihood of urban resident and Data on the livelihood of rural residents are prepared and provided by the Division of Residents Payments Survey of Survey Office of the National Bureau of Statistics in Fujian.

# 6-1 城乡居民家庭人均收入

# Per Capita Annual Income of Urban and Rural Households

单位：元 (yuan)

| 年份<br>Year | 居民人均可支配收入 Annual Per Capita Disposable Income of Households | | | 城镇居民人均可支配收入 Annual Per Capita Disposable Income of Urban Households | | | 农村居民人均可支配（纯）收入 Annual Per CapitaNet Income of Rural Households | | |
|---|---|---|---|---|---|---|---|---|---|
| | 数值<br>Vaule | 比上年增长（%）Ratio(%) 名义<br>Ration | 实际<br>Actual | 数值<br>Vaule | 比上年增长（%）Ratio(%) 名义<br>Ration | 实际<br>Actual | 数值<br>Vaule | 比上年增长（%）Ratio(%) 名义<br>Ration | 实际<br>Actual |
| 1978 | | | | 371 | | | 138 | | |
| 1979 | | | | | | | 142 | 3.4 | 0.4 |
| 1980 | | | | 450 | | | 172 | 20.8 | 15.5 |
| 1981 | | | | 452 | 0.4 | -3.4 | 232 | 34.9 | 32.4 |
| 1982 | | | | 520 | 15.0 | 11.6 | 268 | 15.8 | 11.7 |
| 1983 | | | | 573 | 10.2 | 8.0 | 302 | 12.6 | 11.6 |
| 1984 | | | | 582 | 1.6 | -1.2 | 345 | 14.3 | 13.0 |
| 1985 | | | | 733 | 25.9 | 10.5 | 396 | 14.9 | 6.9 |
| 1986 | | | | 929 | 26.7 | 18.6 | 419 | 5.6 | 0.2 |
| 1987 | | | | 1021 | 9.9 | -0.6 | 485 | 15.9 | 7.4 |
| 1988 | | | | 1236 | 21.1 | -4.7 | 613 | 26.5 | 0.4 |
| 1989 | | | | 1555 | 25.8 | 5.9 | 697 | 13.7 | -4.4 |
| 1990 | | | | 1749 | 12.5 | 12.4 | 764 | 9.6 | 11.2 |
| 1991 | | | | 1953 | 11.7 | 6.8 | 850 | 11.2 | 8.6 |
| 1992 | | | | 2351 | 20.4 | 11.5 | 984 | 15.8 | 11.2 |
| 1993 | | | | 2923 | 24.3 | 6.4 | 1211 | 23.0 | 7.7 |
| 1994 | | | | 3935 | 34.6 | 7.6 | 1578 | 30.3 | 3.9 |
| 1995 | | | | 4853 | 23.3 | 6.0 | 2049 | 29.8 | 13.5 |
| 1996 | | | | 5574 | 14.9 | 7.4 | 2492 | 21.7 | 15.4 |
| 1997 | | | | 6144 | 10.2 | 7.5 | 2786 | 11.8 | 10.3 |
| 1998 | | | | 6486 | 5.6 | 5.6 | 2946 | 5.8 | 6.3 |
| 1999 | | | | 6860 | 5.8 | 7.2 | 3091 | 4.9 | 5.8 |
| 2000 | | | | 7432 | 8.3 | 5.0 | 3230 | 4.5 | 3.2 |
| 2001 | | | | 8313 | 11.9 | 13.8 | 3381 | 4.7 | 5.4 |
| 2002 | | | | 9189 | 10.5 | 11.4 | 3539 | 4.7 | 4.9 |
| 2003 | | | | 10000 | 8.8 | 8.1 | 3734 | 5.5 | 4.5 |
| 2004 | | | | 11175 | 11.8 | 7.7 | 4089 | 9.5 | 5.0 |
| 2005 | | | | 12321 | 10.3 | 8.2 | 4450 | 8.8 | 5.9 |
| 2006 | | | | 13753 | 11.6 | 10.4 | 4835 | 8.6 | 8.3 |
| 2007 | | | | 15505 | 15.7 | 10.1 | 5467 | 13.1 | 7.3 |
| 2008 | | | | 17961 | 15.8 | 10.8 | 6196 | 13.3 | 8.3 |
| 2009 | | | | 19577 | 9.0 | 10.9 | 6680 | 7.8 | 10.1 |
| 2010 | | | | 21781 | 11.3 | 8.0 | 7427 | 11.2 | 7.5 |
| 2011 | | | | 24907 | 14.4 | 8.7 | 8779 | 18.2 | 12.3 |
| 2012 | | | | 28055 | 12.6 | 10.0 | 9967 | 13.5 | 10.8 |
| 2013 | 21218 | | | 28174 | 9.8 | 7.0 | 11405 | 12.2 | 9.7 |
| 2014 | 23331 | 10.0 | 7.8 | 30722 | 9.0 | 6.8 | 12650 | 10.9 | 8.8 |
| 2015 | 25404 | 8.9 | 7.1 | 33275 | 8.3 | 6.5 | 13793 | 9.0 | 7.2 |
| 2016 | 27608 | 8.7 | 6.9 | 36014 | 8.2 | 6.3 | 14999 | 8.7 | 7.1 |
| 2017 | 30048 | 8.8 | 7.5 | 39001 | 8.3 | 6.9 | 16335 | 8.9 | 8.0 |
| 2018 | 32644 | 8.6 | 7.0 | 42121 | 8.0 | 6.4 | 17821 | 9.1 | 7.5 |
| 2019 | 35616 | 9.1 | 6.3 | 45620 | 8.3 | 5.6 | 19568 | 9.8 | 6.9 |

注：2012年及以前为老口径数据。

Note:Data before 2012 are adopted Old Scope.

# 6-2 城镇居民家庭基本情况

## Basic Conditions of Urban Households

| 年份<br>Year | 平均每户家庭人口(人)<br>Number of Average per Household Persons(person) | 平均每户就业人数(人)<br>Average Number of Employed Persons Per Household (person) | 平均每户就业面(%)<br>Percentage of Employment Per Household(%) | 平均每一就业者负担人数(人)<br>Number of Persons Supported By Each Employee(person) | 平均每人全年可支配收入(元)<br>Per Capita Annual Disposable Income(yuan) | 平均每人消费性支出(元)<br>Per Capita Living Ex- penditures for Consumption (yuan) | 平均每人住房建筑面积(平方米)<br>Per Capita Floor Space of Residential Buildings(sq.m) |
|---|---|---|---|---|---|---|---|
| 1952 | | | | | 106 | 96 | |
| 1957 | | | | | 165 | 131 | |
| 1959 | 4.72 | 1.40 | 29.7 | 3.37 | 206 | 190 | |
| 1962 | 5.46 | 1.72 | 31.5 | 3.17 | 203 | 186 | |
| 1963 | 5.40 | 1.50 | 27.8 | 3.60 | 207 | 189 | |
| 1964 | 5.33 | 1.53 | 28.8 | 3.48 | 211 | 194 | |
| 1965 | 5.13 | 1.65 | 32.2 | 3.12 | 217 | 201 | |
| 1966 | 5.00 | 1.40 | 28.0 | 3.40 | 223 | 186 | |
| 1975 | 4.97 | 2.05 | 41.3 | 2.42 | 333 | 297 | |
| 1978 | 3.87 | 2.40 | 62.0 | 1.61 | 371 | 285 | |
| 1980 | 4.53 | 2.32 | 51.2 | 1.95 | 450 | 392 | 11.3 |
| 1981 | 4.51 | 2.40 | 53.2 | 1.88 | 452 | 405 | 11.7 |
| 1982 | 4.44 | 2.48 | 55.9 | 1.79 | 520 | 466 | 12.1 |
| 1983 | 4.36 | 2.41 | 55.3 | 1.80 | 573 | 504 | 13.2 |
| 1984 | 4.27 | 2.37 | 55.5 | 1.80 | 582 | 494 | 14.3 |
| 1985 | 4.06 | 2.25 | 55.4 | 1.81 | 733 | 675 | 15.3 |
| 1986 | 4.00 | 2.23 | 55.8 | 1.79 | 929 | 790 | 15.7 |
| 1987 | 3.97 | 2.25 | 56.6 | 1.77 | 1021 | 893 | 16.5 |
| 1988 | 3.77 | 2.10 | 55.7 | 1.79 | 1236 | 1077 | 17.2 |
| 1989 | 3.70 | 2.09 | 56.5 | 1.77 | 1555 | 1340 | 17.6 |
| 1990 | 3.64 | 2.09 | 57.4 | 1.74 | 1749 | 1431 | 18.1 |
| 1991 | 3.43 | 2.00 | 58.3 | 1.72 | 1953 | 1659 | 19.5 |
| 1992 | 3.39 | 2.03 | 59.9 | 1.67 | 2351 | 1942 | 20.9 |
| 1993 | 3.35 | 2.01 | 60.0 | 1.67 | 2923 | 2418 | 21.5 |
| 1994 | 3.29 | 1.92 | 58.4 | 1.71 | 3935 | 3351 | 24.1 |
| 1995 | 3.27 | 1.93 | 59.0 | 1.69 | 4853 | 4132 | 24.3 |
| 1996 | 3.25 | 1.94 | 59.7 | 1.68 | 5574 | 4568 | 24.5 |
| 1997 | 3.28 | 1.96 | 59.8 | 1.67 | 6144 | 4936 | 25.6 |
| 1998 | 3.23 | 1.90 | 58.8 | 1.70 | 6486 | 5181 | 26.8 |
| 1999 | 3.22 | 1.90 | 59.0 | 1.69 | 6860 | 5267 | 27.2 |
| 2000 | 3.23 | 1.80 | 55.7 | 1.79 | 7432 | 5639 | 28.0 |
| 2001 | 3.20 | 1.80 | 55.3 | 1.78 | 8313 | 6015 | 28.2 |
| 2002 | 3.13 | 1.73 | 55.3 | 1.81 | 9189 | 6632 | 28.4 |
| 2003 | 3.08 | 1.72 | 55.8 | 1.79 | 10000 | 7356 | 29.8 |
| 2004 | 3.05 | 1.58 | 51.8 | 1.93 | 11175 | 8161 | 31.1 |
| 2005 | 3.04 | 1.60 | 52.6 | 1.90 | 12321 | 8794 | 31.4 |
| 2006 | 3.04 | 1.64 | 53.9 | 1.86 | 13753 | 9808 | 32.1 |
| 2007 | 3.01 | 1.60 | 53.2 | 1.90 | 15505 | 11055 | 33.5 |
| 2008 | 3.14 | 1.69 | 53.8 | 1.86 | 17961 | 12501 | 37.5 |
| 2009 | 3.12 | 1.72 | 55.1 | 1.81 | 19577 | 13451 | 37.5 |
| 2010 | 3.08 | 1.71 | 55.5 | 1.80 | 21781 | 14750 | 38.5 |
| 2011 | 3.12 | 1.68 | 53.8 | 1.86 | 24907 | 16661 | 37.9 |
| 2012 | 3.10 | 1.68 | 54.2 | 1.85 | 28055 | 18593 | 38.2 |
| 2013 | 2.97 | 1.58 | 53.2 | 1.88 | 28174 | 20565 | 38.7 |
| 2014 | 2.99 | 1.61 | 53.8 | 1.86 | 30722 | 22204 | 40.7 |
| 2015 | 3.08 | 1.59 | 51.7 | 1.93 | 33275 | 23520 | 42.5 |
| 2016 | 3.13 | 1.62 | 51.8 | 1.93 | 36014 | 25006 | 42.7 |
| 2017 | 3.14 | 1.62 | 51.6 | 1.94 | 39001 | 25980 | 43.4 |
| 2018 | 2.93 | 1.53 | 52.2 | 1.92 | 42121 | 28145 | 43.1 |
| 2019 | 3.08 | 1.56 | 50.6 | 1.97 | 45620 | 30946 | 43.5 |

注：2012年及以前为老口径数据。

Note:Data before 2012 are adopted Old Scope.

## 6-3 城镇居民人均可支配收入及构成

## Per Capita Income of Urban Households

| 项目 | Item | 2015 | 2016 | 2017 | 2018 | 2019 |
|---|---|---|---|---|---|---|
| **可支配收入（元）** | **Disposable Income(yuan)** | **33275.34** | **36014.26** | **39001.36** | **42121.31** | **45620.46** |
| 工资性收入 | Wages and Salaries | 20714.28 | 22213.41 | 23886.01 | 25890.87 | 27992.19 |
| 经营净收入 | Net Income from Business | 4571.46 | 4919.35 | 5158.96 | 5573.90 | 6210.88 |
| 财产净收入 | Property Income | 3822.24 | 4199.43 | 4579.48 | 4983.24 | 5511.99 |
| 转移净收入 | Transfer Net Income | 4167.37 | 4682.07 | 5376.90 | 5673.30 | 5905.4 |
| **可支配收入构成(%)** | **Composition(%)** | **100.00** | **100.00** | **100.00** | **100.00** | **100.00** |
| 工资性收入 | Wages and Salaries | 62.25 | 61.68 | 61.24 | 61.47 | 61.36 |
| 经营净收入 | Net Income from Business | 13.74 | 13.66 | 13.23 | 13.23 | 13.61 |
| 财产净收入 | Property Income | 11.49 | 11.66 | 11.74 | 11.83 | 12.08 |
| 转移净收入 | Transfer Net Income | 12.52 | 13.00 | 13.79 | 13.47 | 12.94 |

## 6-4 城镇居民按收入五等分分组的人均可支配收入

## Per Capita Income of Urban Households of Five Groups Divided Equally by Income Lever

单位：元 (yuan)

| 项目 | Item | 2015 | 2016 | 2017 | 2018 | 2019 |
|---|---|---|---|---|---|---|
| 低收入户 | Low Income | 14231.34 | 15831.44 | 16508.31 | 15855.77 | 17838.80 |
| 中等偏下户 | Lower Middle Income | 23307.42 | 25304.04 | 27089.69 | 27959.43 | 30099.36 |
| 中等收入户 | Middle Income | 31234.26 | 34091.43 | 36652.81 | 40407.97 | 42288.81 |
| 中等偏上户 | Upper Middle Income | 41306.30 | 45198.52 | 49165.58 | 55902.07 | 58850.19 |
| 高收入户 | High Income | 69131.21 | 73392.01 | 80839.04 | 99663.73 | 107290.65 |

# 6-5 城镇居民人均生活消费支出

## Per Capita Expenditure of Urban Households

单位：元　　(yuan)

| 项目 | Item | 2015 | 2016 | 2017 | 2018 | 2019 |
|---|---|---|---|---|---|---|
| 生活消费支出 | Total Consumption Expenditures | 23520.19 | 25005.52 | 25980.45 | 28145.13 | 30945.55 |
| 食品烟酒 | Food,Cigarettes and Drinks | 7759.14 | 8299.57 | 8551.59 | 9000.74 | 9536.7 |
| 衣着 | Clothing | 1489.82 | 1443.55 | 1438.00 | 1554.12 | 1659.44 |
| 居住 | Residence | 5811.38 | 6530.52 | 6829.11 | 7716.27 | 8954.9 |
| 生活用品及服务 | Supplies and Services | 1336.95 | 1393.43 | 1478.07 | 1516.21 | 1556.8 |
| 交通通信 | Transport and Communication | 3021.53 | 3205.69 | 3353.04 | 3630.66 | 3715.12 |
| 教育文化娱乐 | Education,Culture and Recreation | 2314.00 | 2461.45 | 2483.46 | 2727.62 | 3066.29 |
| 医疗保健 | Health Care and Medical Services | 1165.30 | 1178.47 | 1235.07 | 1374.81 | 1691.54 |
| 其他用品及服务 | Other Appliances and Services | 622.07 | 492.83 | 612.13 | 624.70 | 764.75 |

# 6-6 城镇居民人均生活消费支出构成

## Composition of Per Capita Expenditure of Urban Households

单位：%　　(%)

| 项目 | Item | 2015 | 2016 | 2017 | 2018 | 2019 |
|---|---|---|---|---|---|---|
| 生活消费支出 | Composition | 100.00 | 100.00 | 100.00 | 100.00 | 100.00 |
| 食品烟酒 | Food,Cigarettes and Drinks | 32.99 | 33.19 | 32.92 | 31.98 | 30.82 |
| 衣着 | Clothing | 6.33 | 5.77 | 5.53 | 5.52 | 5.36 |
| 居住 | Residence | 24.71 | 26.12 | 26.29 | 27.42 | 28.94 |
| 生活用品及服务 | Supplies and Services | 5.68 | 5.57 | 5.69 | 5.39 | 5.03 |
| 交通通信 | Transport and Communication | 12.85 | 12.82 | 12.91 | 12.90 | 12.01 |
| 教育文化娱乐 | Education,Culture and Recreation | 9.84 | 9.84 | 9.56 | 9.69 | 9.91 |
| 医疗保健 | Health Care and Medical Services | 4.95 | 4.71 | 4.75 | 4.88 | 5.47 |
| 其他用品及服务 | Other Appliances and Services | 2.64 | 1.97 | 2.36 | 2.22 | 2.47 |

# 6-7 城镇居民人均消费主要食品数量

## Per Capita Purchases of Daily Consumer Goods of Urban Residents

单位：千克 (kg)

| 项目 | Item | 2015 | 2016 | 2017 | 2018 | 2019 |
|---|---|---|---|---|---|---|
| 粮食类 | Grain | 105.77 | 104.32 | 99.69 | 100.16 | 94.07 |
| 油脂类 | Oil | 9.19 | 9.61 | 8.86 | 8.68 | 8.21 |
| 蔬菜及菜制品 | Vegetables and Vegetable Products | 89.51 | 91.51 | 88.78 | 86.16 | 80.40 |
| 肉类 | Meat | 32.24 | 32.52 | 32.35 | 34.65 | 27.95 |
| 禽类 | Poultry | 9.50 | 11.26 | 10.70 | 10.71 | 11.67 |
| 水产品类 | Aquatic Products | 29.97 | 29.63 | 28.80 | 26.01 | 26.74 |
| 蛋类及蛋制品 | Eggs | 8.77 | 9.38 | 9.22 | 8.80 | 9.00 |
| 奶和奶制品(千克) | Milk | 13.49 | 13.53 | 13.21 | 14.47 | 12.26 |
| 干鲜瓜果类 | Fresh and Dried Fruits | 43.18 | 45.43 | 46.87 | 52.11 | 48.52 |

# 6-8 城镇居民家庭每百户耐用消费品拥有量

## Number of Major Durable Consumer Goods Owned Per 100 Urban Households

| 项目 | Item | 2015 | 2016 | 2017 | 2018 | 2019 |
|---|---|---|---|---|---|---|
| 家用汽车(辆) | Automobile(unit) | 28.30 | 33.18 | 36.29 | 30.91 | 33.86 |
| 摩托车(辆) | Motorcycle(set) | 46.00 | 45.34 | 44.63 | 35.14 | 35.47 |
| 电冰箱(台) | Refrigerator(set) | 94.34 | 97.43 | 98.58 | 96.07 | 101.13 |
| 洗衣机(台) | Washing Machine(set) | 84.51 | 87.57 | 89.66 | 85.58 | 91.04 |
| 热水器(台) | Shower(unit) | 97.53 | 100.17 | 102.55 | 108.72 | 114.04 |
| 空调机(台) | Air Conditioner(unit) | 157.21 | 165.54 | 171.06 | 175.92 | 193.47 |
| 彩色电视机(台) | Color TV Set(set) | 138.74 | 140.82 | 142.46 | 120.74 | 128.55 |
| 照相机(台) | Camera(set) | 29.78 | 23.01 | 23.11 | 15.97 | 16.63 |
| 计算机(台) | Computer(set) | 88.67 | 89.23 | 89.17 | 76.44 | 77.45 |
| 接入互联网的计算机(台) | Computer Access to the Internet(set) | 74.96 | 77.33 | 77.25 | 64.08 | 66.88 |
| 中高档乐器(件) | Medium and Grade Musical Instrument(unit) | 5.12 | 5.45 | 6.27 | 8.48 | 10.74 |
| 固定电话(部) | Telephone(unit) | 54.44 | 44.48 | 44.79 | 23.04 | 20.56 |
| 移动电话(部) | Mobile Telephone(unit) | 240.09 | 249.07 | 251.99 | 245.05 | 258.65 |
| 接入互联网的移动电话(部) | Mobile Telephone Access to the Internet(unit) | 129.42 | 159.54 | 170.23 | 209.74 | 222.95 |

# 6-9 农村居民家庭基本情况

## Basic Conditions of Rural Household

| 年份<br>Year | 调查户数（户）<br>(household) | 平均每户常住人口（人）<br>Average Number of Permanent Residents Per Household (person) | 平均每户整半劳动力（人）<br>Average Number of Able-bodied and Semi-able-bodied Laborers Per Household (person) | 平均每个劳动力负担人口（人）<br>Average Number of Persons Supported by a Laborer (person) | 农村居民人均住房使用面积（平方米）<br>Per Capita Use Living Space (sq.m) | 农村居民人均住房建筑面积（平方米）<br>Per Capita Construction Space (sq.m) | 农村居民人均可支配（纯）收入（元）<br>Per Capita Net Income (yuan) | 农村居民人均生活消费支出（元）<br>Per Capita Living Expenditures (yuan) |
|---|---|---|---|---|---|---|---|---|
| 1952 | | | | 2.20 | | | 69.97 | 67.52 |
| 1957 | | | | 2.39 | | | 112.13 | 101.60 |
| 1962 | | | | 2.38 | | | 154.57 | 131.36 |
| 1965 | | | | 2.87 | | | 128.74 | 114.15 |
| 1970 | | | | 2.71 | | | 120.70 | 107.87 |
| 1978 | | 6.50 | 2.22 | 2.92 | | | 137.54 | 112.73 |
| 1979 | | 6.38 | 2.16 | 2.88 | | | 142.20 | 132.57 |
| 1980 | | 6.25 | 2.06 | 3.03 | | | 171.74 | 157.67 |
| 1981 | | 6.23 | 2.10 | 2.97 | 8.30 | | 231.65 | 199.25 |
| 1982 | | 6.27 | 2.27 | 2.76 | 7.67 | | 268.16 | 231.14 |
| 1983 | | 6.29 | 2.60 | 2.42 | 10.44 | | 301.84 | 261.86 |
| 1984 | 1820 | 6.19 | 2.66 | 2.32 | 11.73 | | 344.94 | 287.87 |
| 1985 | 1820 | 5.74 | 2.95 | 1.94 | 14.47 | | 396.45 | 350.57 |
| 1986 | 1820 | 5.69 | 2.99 | 1.90 | 15.10 | | 418.51 | 394.10 |
| 1987 | 1820 | 5.51 | 3.08 | 1.82 | 15.86 | | 484.88 | 442.83 |
| 1988 | 1820 | 5.56 | 3.09 | 1.80 | 16.18 | | 613.41 | 570.73 |
| 1989 | 1820 | 5.54 | 3.09 | 1.79 | 16.65 | | 697.34 | 652.58 |
| 1990 | 1820 | 5.50 | 3.03 | 1.81 | 18.47 | | 764.41 | 707.97 |
| 1991 | 1820 | 5.37 | 3.03 | 1.77 | 19.14 | | 850.05 | 746.99 |
| 1992 | 1820 | 5.31 | 3.05 | 1.74 | 19.64 | | 984.11 | 820.74 |
| 1993 | 1820 | 5.24 | 3.10 | 1.69 | 22.38 | | 1210.51 | 1069.79 |
| 1994 | 1820 | 5.17 | 3.13 | 1.65 | 24.62 | | 1577.74 | 1439.53 |
| 1995 | 1820 | 4.91 | 3.02 | 1.62 | 22.88 | | 2048.59 | 1793.68 |
| 1996 | 1820 | 4.87 | 2.98 | 1.63 | 23.37 | | 2492.49 | 2033.54 |
| 1997 | 1820 | 4.77 | 2.96 | 1.61 | 23.74 | | 2785.67 | 2119.56 |
| 1998 | 1820 | 4.70 | 3.00 | 1.57 | 24.87 | | 2946.37 | 2192.35 |
| 1999 | 1820 | 4.62 | 2.95 | 1.56 | 26.40 | | 3091.39 | 2252.09 |
| 2000 | 1820 | 4.24 | 2.70 | 1.57 | 32.14 | | 3230.49 | 2409.69 |
| 2001 | 1820 | 4.17 | 2.68 | 1.56 | 33.82 | | 3380.72 | 2503.07 |
| 2002 | 1820 | 4.07 | 2.57 | 1.58 | 35.68 | | 3538.74 | 2583.16 |
| 2003 | 1820 | 4.08 | 2.83 | 1.44 | 35.96 | | 3733.93 | 2717.92 |
| 2004 | 1820 | 4.02 | 2.71 | 1.48 | 38.18 | | 4089.38 | 3015.22 |
| 2005 | 1820 | 4.05 | 2.77 | 1.47 | 40.15 | | 4450.36 | 3292.63 |
| 2006 | 1820 | 4.03 | 2.77 | 1.45 | 42.35 | | 4834.75 | 3591.40 |
| 2007 | 1820 | 4.00 | 2.77 | 1.44 | 44.50 | | 5467.08 | 4053.47 |
| 2008 | 1820 | 3.98 | 2.78 | 1.43 | 46.13 | | 6196.07 | 4661.94 |
| 2009 | 1820 | 3.98 | 2.78 | 1.43 | 46.76 | | 6680.18 | 5015.72 |
| 2010 | 1820 | 3.94 | 2.77 | 1.43 | 47.54 | | 7426.86 | 5498.33 |
| 2011 | 1820 | 3.84 | 2.73 | 1.40 | 49.82 | | 8778.55 | 6540.85 |
| 2012 | 1820 | 3.84 | 2.71 | 1.41 | 50.80 | | 9967.17 | 7401.92 |
| 2013 | 1859 | 3.29 | 2.22 | 1.48 | | 63.71 | 11404.85 | 9986.15 |
| 2014 | 1848 | 3.25 | 2.21 | 1.47 | | 60.83 | 12650.19 | 11055.93 |
| 2015 | 1883 | 3.20 | 2.20 | 1.45 | | 63.48 | 13792.70 | 11960.79 |
| 2016 | 1917 | 3.21 | 2.24 | 1.43 | | 66.47 | 14999.19 | 12910.84 |
| 2017 | 1940 | 3.17 | 2.21 | 1.43 | | 68.00 | 16334.79 | 14003.40 |
| 2018 | 1690 | 3.03 | 2.09 | 1.45 | | 78.90 | 17821.19 | 14942.80 |
| 2019 | 1690 | 3.24 | 2.17 | 1.49 | | 76.34 | 19568.35 | 16281.35 |

注：2012年及以前为老口径数据。

Note:Data before 2012 are adopted Old Scope.

# 6-10 农村居民人均可支配收入及构成
# Per Capita Income of Rural Households

| 项目 | Item | 2015 | 2016 | 2017 | 2018 | 2019 |
|---|---|---|---|---|---|---|
| **人均可支配收入（元）** | **Annual Per Capita Disposable Income(yuan)** | **13792.70** | **14999.19** | **16334.79** | **17821.19** | **19568.35** |
| 工资性收入 | Wages and Salaries | 6187.00 | 6785.20 | 7415.90 | 8214.72 | 8949.31 |
| 经营净收入 | Net Income from Business | 5455.57 | 5821.46 | 6275.84 | 6705.62 | 7178.64 |
| 财产净收入 | Property Income | 232.46 | 255.68 | 290.02 | 322.45 | 344.57 |
| 转移净收入 | Transfer Net Income | 1917.68 | 2136.85 | 2353.03 | 2578.40 | 3095.82 |
| **可支配收入构成(%)** | **Composition(%)** | **100.00** | **100.00** | **100.00** | **100.00** | **100.00** |
| 工资性收入 | Wages and Salaries | 44.86 | 45.24 | 45.40 | 46.10 | 45.73 |
| 经营净收入 | Net Income from Business | 39.55 | 38.81 | 38.42 | 37.63 | 36.68 |
| 财产净收入 | Property Income | 1.69 | 1.70 | 1.78 | 1.81 | 1.76 |
| 转移净收入 | Transfer Net Income | 13.90 | 14.25 | 14.40 | 14.47 | 15.82 |

# 6-11 农村居民按收入五等分分组的人均可支配收入
# Per Capita Income of Rural Households of Five Groups Divided Equally by Income Lever

单位：元 (yuan)

| 项目 | Item | 2015 | 2016 | 2017 | 2018 | 2019 |
|---|---|---|---|---|---|---|
| 低收入户 | Low Income | 5099.66 | 5587.86 | 6069.11 | 6422.14 | 7831.41 |
| 中等偏下户 | Lower Middle Income | 9700.01 | 10168.39 | 11228.13 | 11574.66 | 13790.16 |
| 中等收入户 | Middle Income | 12867.71 | 13796.67 | 15102.75 | 16538.50 | 18119.38 |
| 中等偏上户 | Upper Middle Income | 17129.45 | 18491.94 | 20038.63 | 22448.44 | 23636.82 |
| 高收入户 | High Income | 27535.95 | 31015.04 | 33443.99 | 37903.18 | 36954.33 |

# 6-12 农村居民人均生活消费支出

## Per Capita Expenditure of Rural Households

单位：元 (yuan)

| 项目 | Item | 2015 | 2016 | 2017 | 2018 | 2019 |
|---|---|---|---|---|---|---|
| 生活消费支出 | Total Consumption Expenditures | 11960.79 | 12910.84 | 14003.40 | 14942.80 | 16281.35 |
| 食品烟酒 | Food,Cigarettes and Drinks | 4493.83 | 4818.30 | 5162.17 | 5339.76 | 5783.98 |
| 衣着 | Clothing | 610.58 | 567.48 | 630.79 | 677.07 | 774.47 |
| 居住 | Residence | 2907.57 | 3203.95 | 3547.94 | 3649.08 | 3798.93 |
| 生活用品及服务 | Supplies and Services | 620.57 | 687.94 | 721.00 | 764.75 | 809.06 |
| 交通通信 | Transport and Communication | 1248.58 | 1452.10 | 1554.97 | 1817.09 | 1903.36 |
| 教育文化娱乐 | Education,Culture and Recreation | 1003.87 | 1071.34 | 1174.58 | 1359.44 | 1614.99 |
| 医疗保健 | Health Care and Medical Services | 826.94 | 866.95 | 906.50 | 1015.81 | 1210.44 |
| 其他用品及服务 | Other Appliances and Services | 248.87 | 242.78 | 305.44 | 319.80 | 386.12 |

# 6-13 农村居民人均生活消费支出构成

## Composition of Per Capita Expenditure of Rural Households

单位：% (%)

| 项目 | Item | 2015 | 2016 | 2017 | 2018 | 2019 |
|---|---|---|---|---|---|---|
| 生活消费支出 | Total Consumption Expenditures | 100.00 | 100.00 | 100.00 | 100.00 | 100.00 |
| 食品烟酒 | Food,Cigarettes and Drinks | 37.57 | 37.32 | 36.86 | 35.73 | 35.53 |
| 衣着 | Clothing | 5.10 | 4.40 | 4.50 | 4.53 | 4.76 |
| 居住 | Residence | 24.31 | 24.82 | 25.34 | 24.42 | 23.33 |
| 生活用品及服务 | Supplies and Services | 5.19 | 5.33 | 5.15 | 5.12 | 4.97 |
| 交通通信 | Transport and Communication | 10.44 | 11.25 | 11.10 | 12.16 | 11.69 |
| 教育文化娱乐 | Education,Culture and Recreation | 8.39 | 8.30 | 8.39 | 9.10 | 9.92 |
| 医疗保健 | Health Care and Medical Services | 6.91 | 6.71 | 6.47 | 6.80 | 7.43 |
| 其他用品及服务 | Other Appliances and Services | 2.08 | 1.88 | 2.18 | 2.14 | 2.37 |

# 6-14 农村居民人均消费主要食品数量

## Per Capita Purchases of Daily Consumer Goods of Rural Residents

单位：千克 (kg)

| 项目 | Item | 2015 | 2016 | 2017 | 2018 | 2019 |
|---|---|---|---|---|---|---|
| 粮食类 | Grain | 157.52 | 164.45 | 156.24 | 164.10 | 162.11 |
| 油脂类 | Oil | 9.44 | 10.14 | 9.53 | 9.87 | 9.87 |
| 蔬菜及菜制品 | Vegetables and Vegetable Products | 87.43 | 92.09 | 90.62 | 98.14 | 90.27 |
| 肉类 | Meat | 29.86 | 30.54 | 30.91 | 34.82 | 27.55 |
| 禽类 | Poultry | 12.23 | 13.55 | 13.60 | 12.79 | 15.21 |
| 水产品类 | Aquatic Products | 20.14 | 21.95 | 21.29 | 20.73 | 23.04 |
| 蛋类及蛋制品 | Eggs | 7.30 | 8.05 | 7.96 | 8.41 | 9.22 |
| 奶和奶制品(千克) | Milk | 6.88 | 7.30 | 7.06 | 7.49 | 8.14 |
| 干鲜瓜果类 | Fresh and Dried Fruits | 28.78 | 32.17 | 32.58 | 39.49 | 38.75 |

# 6-15 农村居民家庭每百户耐用消费品拥有量

## Number of Major Durable Consumer Goods owned per 100 Rural Households

| 项目 | Item | 2015 | 2016 | 2017 | 2018 | 2019 |
|---|---|---|---|---|---|---|
| 家用汽车(辆) | Automoile(unit) | 12.90 | 16.22 | 17.83 | 15.10 | 16.68 |
| 摩托车(辆) | Motorcycle(unit) | 91.50 | 91.78 | 90.35 | 76.22 | 78.71 |
| 电冰箱(台) | Refrigerator(unit) | 93.80 | 100.12 | 100.64 | 101.48 | 104.04 |
| 洗衣机(台) | Washing Machine(unit) | 73.20 | 79.32 | 82.10 | 84.14 | 89.57 |
| 热水器(台) | Shower(unit) | 81.60 | 88.88 | 90.40 | 97.24 | 103.78 |
| 空调机(台) | Air Conditioner(unit) | 54.30 | 62.33 | 65.31 | 78.36 | 91.55 |
| 彩色电视机(台) | Color TV(unit) | 139.30 | 141.09 | 140.08 | 133.71 | 136.03 |
| 照相机(台) | Camera(unit) | 6.30 | 4.91 | 4.33 | 3.00 | 3.03 |
| 计算机(台) | Computer(set) | 34.90 | 34.55 | 33.99 | 31.93 | 33.81 |
| 接入互联网的计算机(台) | Computer Access to the Internet(unit) | 25.60 | 28.35 | 26.50 | 25.45 | 27.06 |
| 中高档乐器(件) | Medium and High Grade Musical Instrument(unit) | 0.60 | 0.83 | 1.15 | 1.21 | 1.88 |
| 固定电话(部) | Telephone(unit) | 48.90 | 39.36 | 38.46 | 24.86 | 21.17 |
| 移动电话(部) | Mobile Telephone(unit) | 246.40 | 250.09 | 252.55 | 249.47 | 261.49 |
| 接入互联网的移动电话(部) | Mobile Telephone Access to the Internet(unit) | 107.90 | 122.72 | 130.88 | 155.89 | 187.66 |

# 6-16 设区市城镇居民人均可支配收入（2019年）

## Per Capita Income of Urban Households by City(2019)

单位：元 (yuan)

| 地区 | Aera | 人均可支配收入 Per Capita Annual Disposable Income | 工资性收入 Wages and Salaries | 经营净收入 Net Income from Business | 财产净收入 Property Income | 转移净收入 Transfer Net Income |
|---|---|---|---|---|---|---|
| **福建省** | **Fujian** | **45620** | **27992** | **6211** | **5512** | **5905** |
| 福州市 | Fuzhou | 47920 | 30288 | 4123 | 6436 | 7073 |
| 厦门市 | Xiamen | 59018 | 41797 | 5179 | 7273 | 4769 |
| 莆田市 | Putian | 40065 | 21331 | 6693 | 6173 | 5869 |
| 三明市 | Sanming | 37942 | 24250 | 5529 | 2932 | 5231 |
| 泉州市 | Quanzhou | 49592 | 28596 | 11689 | 5596 | 3711 |
| 漳州市 | Zhangzhou | 38975 | 22726 | 6719 | 3623 | 5907 |
| 南平市 | Nanping | 35148 | 20736 | 4203 | 3697 | 6512 |
| 龙岩市 | Longyan | 38815 | 26624 | 4916 | 4172 | 3103 |
| 宁德市 | Ningde | 35887 | 16469 | 10850 | 3808 | 4760 |

# 6-17 设区市城镇居民人均生活消费支出（2019年）

## Per Capita Expenditure of Urban Households by City(2019)

单位：元 (yuan)

| 地区 | Area | 生活消费支出 Total Consumption Expenditures | 食品烟酒 Food,Cigarettes and Drinks | 衣着 Clothing | 居住 Residence | 生活用品及服务 Supplies and Services | 交通通信 Transport and Communication | 教育文化娱乐 Education, Culture and Recreation | 医疗保健 Health Care and Medical Services | 其他用品及服务 Other Appliances and Services |
|---|---|---|---|---|---|---|---|---|---|---|
| **福建省** | **Fujian** | **30946** | **9537** | **1659** | **8955** | **1557** | **3715** | **3066** | **1692** | **765** |
| 福州市 | Fuzhou | 32662 | 10253 | 1634 | 10216 | 1442 | 3773 | 3439 | 1310 | 594 |
| 厦门市 | Xiamen | 38442 | 11239 | 1948 | 12333 | 1838 | 4981 | 3546 | 1595 | 961 |
| 莆田市 | Putian | 26541 | 8831 | 1367 | 7804 | 1461 | 3019 | 2250 | 1262 | 547 |
| 三明市 | Sanming | 26431 | 8787 | 1682 | 6062 | 1642 | 3025 | 2979 | 1627 | 626 |
| 泉州市 | Quanzhou | 30754 | 9579 | 1761 | 8533 | 1775 | 3874 | 2895 | 1416 | 922 |
| 漳州市 | Zhangzhou | 26590 | 8983 | 1370 | 6484 | 1414 | 3060 | 2766 | 1818 | 695 |
| 南平市 | Nanping | 22821 | 7235 | 1458 | 5137 | 1447 | 2472 | 2983 | 1657 | 431 |
| 龙岩市 | Longyan | 25915 | 8747 | 1597 | 6117 | 1226 | 3263 | 2940 | 1543 | 483 |
| 宁德市 | Ningde | 24868 | 8223 | 1769 | 5571 | 1462 | 2575 | 2762 | 1897 | 608 |

# 6-18 设区市农村居民人均可支配收入（2019年）

## Per Capita Income of Rural Households by City(2019)

单位：元 (yuan)

| 地区 | Area | 人均可支配收入 Annual Per Capita Disposable Income | 工资性收入 Wages and Salaries | 经营净收入 Net Income from Business | 财产净收入 Property Income | 转移净收入 Transfer Net Income |
|---|---|---|---|---|---|---|
| **福建省** | **Fujian** | **19568** | **8949** | **7179** | **345** | **3096** |
| 福州市 | Fuzhou | 21320 | 11259 | 5319 | 1120 | 3622 |
| 厦门市 | Xiamen | 24802 | 16526 | 5355 | 1176 | 1745 |
| 莆田市 | Putian | 19687 | 9460 | 4846 | 482 | 4900 |
| 三明市 | Sanming | 18312 | 6860 | 9152 | 371 | 1929 |
| 泉州市 | Quanzhou | 22142 | 11759 | 7924 | 346 | 2113 |
| 漳州市 | Zhangzhou | 19885 | 9740 | 7983 | 183 | 1979 |
| 南平市 | Nanping | 17385 | 6370 | 9337 | 169 | 1510 |
| 龙岩市 | Longyan | 18859 | 7450 | 9011 | 222 | 2175 |
| 宁德市 | Ningde | 17804 | 5502 | 10304 | 196 | 1802 |

# 6-19 设区市农村居民人均生活消费支出（2019年）

## Per Capita Expenditure of Rural Households by City(2019)

单位：元 (yuan)

| 地区 | Area | 生活消费支出 Total Consumption Expenditures | 食品烟酒 Food,Cigarettes and Drinks | 衣着 Clothing | 居住 Residence | 生活用品及服务 Supplies and Services | 交通通信 Transport and Communication | 教育文化娱乐 Education, Culture and Recreation | 医疗保健 Health Care and Medical Services | 其他用品及服务 Other Appliances and Services |
|---|---|---|---|---|---|---|---|---|---|---|
| **福建省** | **Fujian** | **16281** | **5784** | **774** | **3799** | **809** | **1903** | **1615** | **1210** | **386** |
| 福州市 | Fuzhou | 17711 | 6525 | 1078 | 4198 | 1333 | 1544 | 1455 | 1050 | 528 |
| 厦门市 | Xiamen | 20697 | 6955 | 948 | 5481 | 1098 | 3164 | 1639 | 1079 | 332 |
| 莆田市 | Putian | 16251 | 6357 | 718 | 3655 | 927 | 1528 | 2050 | 595 | 421 |
| 三明市 | Sanming | 13473 | 4848 | 641 | 2945 | 692 | 1606 | 1619 | 841 | 281 |
| 泉州市 | Quanzhou | 16794 | 6863 | 710 | 4158 | 742 | 2157 | 1072 | 697 | 397 |
| 漳州市 | Zhangzhou | 13830 | 5279 | 531 | 3488 | 500 | 1436 | 1227 | 1072 | 295 |
| 南平市 | Nanping | 12721 | 4522 | 760 | 2686 | 558 | 1848 | 1250 | 939 | 158 |
| 龙岩市 | Longyan | 13576 | 5241 | 615 | 3033 | 601 | 1616 | 1285 | 857 | 328 |
| 宁德市 | Ningde | 13577 | 5225 | 634 | 3479 | 490 | 1076 | 1167 | 1220 | 285 |

## 主要统计指标解释

**常住人口：**指家庭住户成员中，经常在家居住、或者调查期内居住时间超过一半的人员，以及本住户供养的学生。

常住人口是住户收支的调查对象。

**可支配收入：**指调查户在调查期内获得的、可用于最终消费支出和储蓄的总和，即调查户可以用来自由支配的收入。可支配收入既包括现金，也包括实物收入。按照收入的来源，可支配收入包含四项，分别为：工资性收入、经营净收入、财产净收入和转移净收入。

**工资性收入：**指就业人员通过各种途径得到的全部劳动报酬和各种福利，包括受雇于单位或个人、从事各种自由职业、兼职和零星劳动得到的全部劳动报酬和福利。

**经营净收入：**指住户或住户成员从事生产经营活动所获得的净收入，是全部经营收入中扣除经营费用、生产性固定资产折旧和生产税之后得到的净收入。

**财产净收入：**指住户或住户成员将其所拥有的金融资产、住房等非金融资产和自然资源交由其他机构单位、住户或个人支配而获得的回报并扣除相关的费用之后得到的净收入。

**转移净收入：**计算公式为：转移净收入=转移性收入-转移性支出

**转移性收入：**指国家、单位、社会团体对住户的各种经常性转移支付和住户之间的经常性收入转移。

**转移性支出：**指调查户对国家、单位、住户或个人的经常性或义务性转移支付。包括缴纳的税款、各项社会保障支出、赡养支出、经常性捐赠和赔偿支出以及其他经常转移支出等。

**消费支出：**指住户用于满足家庭日常生活消费需要的全部支出，包括用于消费品的支出和用于服务性消费的支出。根据用途不同，消费支出可划分为食品烟酒、衣着、居住、生活用品及服务、交通通信、教育文化娱乐、医疗保健、其他用品及服务八大类。根据来源不同，消费支出可划分为现金消费支出、实物消费支出（含自产自用、来自单位、来自政府和其他社会组织）。

# Explanatory Notes on Main Statistical Indicators

**Number of Dependents per Urban Employee** refers to the ratio between number of persons in an urban household and the number of employed persons.

**Total Income of Urban Households** refers to the sum of wage and salary, net business income, income from properties, and income from transfers of members of the households, excluding income from selling of properties and income from borrowings.

**Disposable Income of Urban Households** refers to the actual income at the disposal of members of the households which can be used for final consumption, other non-compulsory expenditure and savings. This equals to total income minus income tax, personal contribution to social security and sample household subsidy for keeping diaries. Following formula is used:

Disposable income = total household income - income tax - personal contribution to social security - sample household subsidy for keeping diaries

**Consumption Expenditure of Urban Households** refers to total expenditure of the sample households for consumption in daily life, including expenditure on eight categories such as food, clothing, household appliances and services, health care and medical services, transport and communications, recreation, education and cultural services, housing, miscellaneous goods and services.

**Expenditure of Urban Households on Consumption of Services** refers to expenditure of households on services of various kinds provided by the society.

**Urban Households by Income Group** All households in the sample are grouped, by per capita disposable income of the household, into groups of low income, lower middle income, middle income, upper middle income and high income, each group consisting of 20%, 20%, 20%, 20% and 20% of all households respectively.

**Income from Rural Household Operations** refers to income by the rural households as units of production and operations. Operations by rural households are classified by economic activities as agriculture, forestry, animal husbandry, fishery, manufacturing, construction, transportation, post and telecommunications, wholesale, retail and catering, social service, culture, education, health, and other household operations.

**Income from Properties** refers to the income received as returns by owners of financial assets or tangible non-productive assets by providing capitals or tangible non-productive assets to other institutional units.

**Income from Transfers** refers to the receipt by rural households and their members of goods, services, capital or rights of assets without giving or repaying accordingly, excluding capital provided to them for the formation of fixed assets. In general, it refers to all income received by rural households through redistribution.

**Cash Income** refers to income received by rural households and their members in the form of cash during the reference period. It is classified, by source of income, into income from wages and salaries, cash income from household operations, income from properties and income from transfers.

**Net Income from Rural household** refers to the total income of rural households from all sources minus all corresponding expenses. The formula for calculation is as follows:

Net income = total income – taxes and fees paid - household operation expenses – taxes and fees – depreciation of fixed assets for production – subsidy for participating in household survey – gifts to non-rural relatives

Net income is mainly used as input for reproduction and as consumption expenditure of the year, and also used for savings and non-compulsory expenses of various forms.Per capita net income of farmers is the level of net income averaged by population which reflects the average income level of rural households in a given area.

# 第七篇　价格指数

# Chapter 7　Price Indices

资料整理：林龚华 王娟 郭晓洁 郑明坤

Database Editor: Lingonghua Wangjuan Guoxiaojie Zhengmingkun

# 简 要 说 明

本篇资料的主要内容及来源

本篇资料反映了全省生产、投资、流通、消费等环节价格变动状况，主要包括居民消费、商品零售、生产资料、工业生产者出厂与购进、固定资产投资、农产品生产者等价格指数。

居民消费、商品零售和农业生产资料价格指数来源于流通和消费价格统计调查年报，由国家统计局福建调查总队消费价格调查处整理提供。

工业生产者出厂与购进、固定资产投资、等价格指数来源于工业生产者、固定资产投资价格统计调查，由国家统计局福建调查总队生产价格调查处整理提供。

农产品生产者价格统计调查，由国家统计局福建调查总队农业调查处整理提供。

# Brief Introduction

Main Content and Source of Data

Data on the price indices in this chapter show the changing trend in production, investment, circulation and consumption, including mainly consumer price indices of residents, retail price indices, price indices of means of production, production price indices of industrial producers, purchasing price indices of raw materials, fuels and power, price indices of investment in fixed assets price indices.

Data on consumer price indices of residents, retail price indices and price indices of agricultural means of production are based on yearly report on consumer price and are provided by the Division of Consumer Price Survey of Survey Office of the National Bureau of Statistics in Fujian。

Data on production price indices of industrial products, purchasing price indices of raw materials, fuels and power, price indices of investment in fixed assets price indices are based on yearly report on production price and are provided by the Division of Production Price Survey of Survey Office of the National Bureau of Statistics in Fujian.

Data on Producer Prices Indices for Farm Products are based on yearly report on production price and are provided by the Division of Agriculture Survey of Survey Office of the National Bureau of Statistics in Fujian.

# 7-1 各种价格指数（上年=100）

## Price Indices(Preceding year=100)

单位：以上年为100　　(preceding year=100)

| 年份<br>Year | 居民消费价格指数<br>Consumer Price Index | 城市<br>Urban | 农村<br>Rural | 商品零售价格指数<br>Retail Price Index | 农业生产资料价格指数<br>Price Index of Agricultural Means of Production | 工业生产者出厂价格指数<br>Ex-Factory Price Indices of Industrial Producers | 工业生产者购进价格指数<br>Purchasing Price Indices of Industrial Producers | 固定资产投资价格指数<br>Price Index for Investment in Fixed Assets |
|---|---|---|---|---|---|---|---|---|
| 1951 | 106.6 | 107.8 | 105.8 | 107.3 | 102.9 | | | |
| 1952 | 98.0 | 97.6 | 99.2 | 97.9 | 99.8 | | | |
| 1957 | 100.5 | 100.8 | 100.3 | 100.5 | 98.8 | | | |
| 1962 | 101.8 | 100.5 | 102.6 | 101.6 | 117.8 | | | |
| 1965 | 95.2 | 94.4 | 95.7 | 95.0 | 93.4 | | | |
| 1970 | 98.9 | 99.0 | 98.9 | 99.0 | 100.3 | | | |
| 1975 | 100.1 | 100.1 | 100.1 | 100.2 | 100.2 | | | |
| 1978 | 100.2 | 100.4 | 100.1 | 100.3 | 100.1 | | | |
| 1979 | 102.8 | 102.7 | 102.9 | 103.0 | 100.4 | | | |
| 1980 | 105.3 | 106.3 | 104.6 | 105.6 | 101.0 | | | |
| 1981 | 102.7 | 104.0 | 101.9 | 103.6 | 103.3 | | | |
| 1982 | 103.4 | 103.1 | 103.6 | 103.6 | 104.4 | | | |
| 1983 | 101.3 | 102.0 | 100.9 | 101.3 | 103.0 | | | |
| 1984 | 102.1 | 102.8 | 101.1 | 101.6 | 103.8 | | | |
| 1985 | 111.3 | 114.0 | 107.5 | 111.4 | 105.6 | | | |
| 1986 | 106.5 | 106.9 | 105.4 | 106.3 | 102.5 | | | |
| 1987 | 109.4 | 110.6 | 107.9 | 109.7 | 106.8 | | | |
| 1988 | 126.5 | 127.0 | 126.0 | 127.4 | 121.5 | | | |
| 1989 | 118.9 | 118.8 | 118.9 | 118.6 | 119.5 | | | |
| 1990 | 99.3 | 100.1 | 98.6 | 98.6 | 100.3 | | | |
| 1991 | 103.5 | 104.6 | 102.4 | 103.3 | 105.1 | | | 108.6 |
| 1992 | 105.9 | 108.0 | 104.1 | 105.5 | 102.2 | 102.7 | 109.3 | 114.9 |
| 1993 | 115.4 | 116.8 | 114.2 | 113.8 | 111.4 | 117.1 | 129.6 | 134.1 |
| 1994 | 125.3 | 125.1 | 125.5 | 123.0 | 117.8 | 116.9 | 115.2 | 107.3 |
| 1995 | 115.2 | 116.4 | 114.4 | 114.4 | 120.2 | 115.7 | 119.6 | 104.8 |
| 1996 | 105.9 | 106.9 | 105.4 | 104.5 | 106.2 | 101.8 | 104.3 | 104.7 |
| 1997 | 101.7 | 102.5 | 101.3 | 99.8 | 99.5 | 100.3 | 98.6 | 101.1 |
| 1998 | 99.7 | 100.0 | 99.5 | 98.5 | 94.6 | 95.7 | 92.5 | 98.0 |
| 1999 | 99.1 | 98.7 | 99.2 | 96.5 | 96.1 | 96.6 | 97.9 | 98.5 |
| 2000 | 102.1 | 103.2 | 101.3 | 98.9 | 97.4 | 100.5 | 112.4 | 100.2 |
| 2001 | 98.7 | 98.3 | 99.3 | 98.0 | 98.7 | 98.1 | 96.7 | 99.5 |
| 2002 | 99.5 | 99.2 | 99.8 | 98.3 | 99.9 | 97.6 | 97.6 | 99.7 |
| 2003 | 100.8 | 100.7 | 101.0 | 99.1 | 101.8 | 100.7 | 106.3 | 101.4 |
| 2004 | 104.0 | 103.8 | 104.3 | 102.7 | 112.5 | 102.6 | 113.3 | 103.4 |
| 2005 | 102.2 | 101.9 | 102.8 | 100.6 | 108.1 | 100.2 | 108.1 | 100.7 |
| 2006 | 100.8 | 101.1 | 100.3 | 100.5 | 100.9 | 99.2 | 103.9 | 102.0 |
| 2007 | 105.2 | 105.1 | 105.4 | 104.3 | 110.3 | 100.8 | 104.3 | 105.9 |
| 2008 | 104.6 | 104.5 | 104.6 | 105.7 | 123.6 | 102.7 | 110.2 | 105.9 |
| 2009 | 98.2 | 98.3 | 97.9 | 97.9 | 93.3 | 95.5 | 93.2 | 98.0 |
| 2010 | 103.2 | 103.1 | 103.4 | 103.4 | 102.4 | 103.2 | 107.7 | 103.3 |
| 2011 | 105.3 | 105.2 | 105.3 | 104.8 | 111.8 | 103.9 | 108.0 | 106.2 |
| 2012 | 102.4 | 102.4 | 102.4 | 101.8 | 103.3 | 98.7 | 97.7 | 100.3 |
| 2013 | 102.5 | 102.6 | 102.3 | 101.1 | 99.5 | 98.4 | 98.4 | 100.1 |
| 2014 | 102.0 | 102.1 | 101.9 | 101.1 | 99.5 | 98.6 | 98.3 | 100.4 |
| 2015 | 101.7 | 101.7 | 101.7 | 99.9 | 101.4 | 97.0 | 96.1 | 98.3 |
| 2016 | 101.7 | 101.8 | 101.5 | 100.7 | 100.2 | 99.1 | 98.0 | 100.0 |
| 2017 | 101.2 | 101.3 | 100.8 | 100.6 | 100.0 | 104.1 | 105.3 | 105.6 |
| 2018 | 101.5 | 101.5 | 101.5 | 101.5 | 103.1 | 102.8 | 102.8 | 104.9 |
| 2019 | 102.6 | 102.6 | 102.7 | 101.9 | 102.2 | 100.6 | 99.0 | 101.5 |

注：“工业生产者出厂价格指数”，2010年及以前称“工业品出厂价格指数”。“工业生产者购进价格指数”，2010年及以前称“工业企业原材料、燃料、动力购进价格指数”。

Note:Before 2010,"Ex-Factory Price Indices of Industrial Producers" is called "Ex-Factory Price Indices of Industrial Products"."Purchasing Price Indices of Industrial Producers" is called "Purchasing Price Index for Raw Material,Fuel and Power".

# 7-2 各种价格指数（1978年=100）

## Price Indices(Year of 1978=100)

单位：以1978年为100　　(year of 1978=100)

| 年份 Year | 居民消费价格指数 Consumer Price Index | 城市 Urban | 农村 Rural | 商品零售价格指数 Retail Price Index | 农业生产资料价格指数 Price Index of Agricultural Means of Production |
|---|---|---|---|---|---|
| 1979 | 102.8 | 102.7 | 102.9 | 103.0 | 100.4 |
| 1980 | 108.2 | 109.2 | 107.6 | 108.8 | 101.4 |
| 1981 | 111.2 | 113.5 | 109.7 | 112.7 | 104.8 |
| 1982 | 115.0 | 117.1 | 113.6 | 116.7 | 109.4 |
| 1983 | 116.4 | 119.4 | 114.6 | 118.3 | 112.6 |
| 1984 | 118.9 | 122.7 | 115.9 | 120.2 | 116.9 |
| 1985 | 132.3 | 139.9 | 124.6 | 133.8 | 123.5 |
| 1986 | 140.9 | 149.6 | 131.3 | 142.3 | 126.6 |
| 1987 | 154.2 | 165.4 | 141.7 | 156.1 | 135.2 |
| 1988 | 195.0 | 210.1 | 178.6 | 198.8 | 164.2 |
| 1989 | 231.9 | 249.8 | 212.3 | 235.8 | 196.2 |
| 1990 | 230.3 | 250.1 | 209.3 | 232.5 | 196.8 |
| 1991 | 238.3 | 261.6 | 214.3 | 240.2 | 206.9 |
| 1992 | 252.4 | 282.5 | 223.1 | 253.4 | 211.4 |
| 1993 | 291.3 | 329.9 | 254.8 | 288.4 | 235.5 |
| 1994 | 364.9 | 412.8 | 319.8 | 354.7 | 277.4 |
| 1995 | 420.4 | 480.5 | 365.9 | 405.8 | 333.5 |
| 1996 | 445.2 | 513.6 | 385.6 | 424.1 | 354.2 |
| 1997 | 452.8 | 526.4 | 390.6 | 423.2 | 352.4 |
| 1998 | 451.4 | 526.4 | 388.7 | 416.9 | 333.4 |
| 1999 | 447.4 | 519.6 | 385.6 | 402.3 | 320.4 |
| 2000 | 456.8 | 536.2 | 390.6 | 397.8 | 312.1 |
| 2001 | 450.9 | 527.1 | 387.8 | 389.9 | 308.0 |
| 2002 | 448.6 | 522.9 | 387.1 | 383.3 | 307.7 |
| 2003 | 452.2 | 526.6 | 390.9 | 379.8 | 313.2 |
| 2004 | 470.3 | 546.6 | 407.7 | 390.1 | 352.4 |
| 2005 | 480.6 | 557.0 | 419.1 | 392.4 | 380.9 |
| 2006 | 484.4 | 563.1 | 420.4 | 394.4 | 384.3 |
| 2007 | 509.6 | 591.8 | 443.1 | 411.4 | 423.9 |
| 2008 | 533.0 | 618.4 | 463.5 | 434.8 | 523.9 |
| 2009 | 523.3 | 607.9 | 453.9 | 425.5 | 488.9 |
| 2010 | 540.2 | 627.0 | 469.5 | 439.8 | 500.4 |
| 2011 | 568.6 | 659.9 | 494.5 | 461.1 | 559.6 |
| 2012 | 582.4 | 675.9 | 506.6 | 469.6 | 578.1 |
| 2013 | 596.8 | 693.1 | 518.0 | 474.9 | 575.3 |
| 2014 | 608.8 | 707.5 | 527.7 | 480.1 | 572.6 |
| 2015 | 619.3 | 719.7 | 536.8 | 479.8 | 580.7 |
| 2016 | 629.8 | 732.4 | 544.6 | 483.2 | 581.6 |
| 2017 | 637.2 | 741.8 | 549.0 | 486.3 | 581.3 |
| 2018 | 646.8 | 752.9 | 557.2 | 493.6 | 599.3 |
| 2019 | 663.9 | 772.8 | 572.4 | 502.8 | 612.3 |

# 7-3 分行业工业生产者出厂价格指数

# Ex-Factory Price Indices of Industrial Producers by Sector

单位：以上年为100 (preceding year=100)

| 行业 | Sector | 2018 | 2019 |
|---|---|---|---|
| 煤炭开采和洗选业 | Coal Mining and Dressing | 102.4 | 97.2 |
| 黑色金属矿采选业 | Ferrous Metals Mining and Dressing | 99.3 | 109.9 |
| 有色金属矿采选业 | Nonferrous Metals Mining and Dressing | 111.1 | 93.9 |
| 非金属矿采选业 | Nonmetal Minerals Mining and Dressing | 105.8 | 106.2 |
| 农副食品加工业 | Agricultural and Sideline Products Processing | 101.5 | 102.0 |
| 食品制造业 | Food Manufacturing | 100.8 | 100.6 |
| 酒、饮料和精制茶制造业 | Wine，Drink and Tea Manufacturing | 100.7 | 102.7 |
| 烟草制品业 | Tobacco Processing | 100.6 | 102.3 |
| 纺织业 | Textile Industry | 103.1 | 99.9 |
| 纺织服装、服饰业 | Textile Garments Products | 100.9 | 101.4 |
| 皮革、毛皮、羽毛及其制品和制鞋业 | Leather , Furs , Down and Relate Products | 99.5 | 101.5 |
| 木材加工和木、竹、藤、棕、草制品业 | Timber Processing,Bamboo,Cane,Palm Fiber and Straw Products | 101.5 | 101.0 |
| 家具制造业 | Furniture Manufacturing | 100.5 | 101.2 |
| 造纸和纸制品业 | Papermaking and Paper Products | 105.6 | 100.0 |
| 印刷和记录媒介复制业 | Printing and Record Medium Reproduction | 100.2 | 99.9 |
| 文教、工美、体育和娱乐用品制造业 | Cultural , Educational and Sports Goods | 99.2 | 102.8 |
| 石油加工、炼焦和核燃料加工业 | Petroleum Processing , Coking and Nuclear Fuel Processing | 121.7 | 103.7 |
| 化学原料和化学制品制造业 | Raw Chemical Materials and Chemical Products | 109.5 | 96.7 |
| 医药制造业 | Medical and Pharmaceutical Products | 100.8 | 101.3 |
| 化学纤维制造业 | Chemical Fiber | 104.7 | 96.2 |
| 橡胶和塑料制品业 | Rubber and Plastic Products | 101.8 | 100.7 |
| 非金属矿物制品业 | Nonmetal Minerals Products | 105.9 | 102.3 |
| 黑色金属冶炼和压延加工业 | Smelting and Pressing of Ferrous Metals | 107.4 | 95.9 |
| 有色金属冶炼和压延加工业 | Smelting and Pressing of Nonferrous Metals | 104.6 | 101.0 |
| 金属制品业 | Metal Products | 103.0 | 100.9 |
| 通用设备制造业 | General Equipment | 101.8 | 101.1 |
| 专用设备制造业 | Special Purpose Equipment | 100.5 | 101.3 |
| 汽车制造业 | Car Manufacturing | 100.4 | 99.9 |
| 铁路、船舶、航空航天和其他运输设备制造业 | Railway,Watercraft,Aviation and others transportation Manufacturing | 100.5 | 99.8 |
| 电气机械和器材制造业 | Electric Equipment and Machinery | 99.5 | 100.3 |
| 计算机、通信和其他电子设备制造业 | Computer,Communication and other Electronic Equipment | 99.0 | 98.7 |
| 仪器仪表制造业 | Instruments and Meters Machinery | 99.5 | 101.6 |
| 其他制造业 | Others Manufacturing | 101.8 | 102.2 |
| 废弃资源综合利用业 | Waste Resources and Materials Recovering | 111.3 | 103.5 |
| 金属制品、机械和设备修理业 | Metals,Machinery and Equipment maintenance | 100.0 | 103.1 |
| 电力、热力生产和供应业 | Production and Supply of Electric Power and Hot Power | 99.3 | 100.0 |
| 燃气生产和供应业 | Production and Supply of Gas | 102.8 | 106.4 |
| 水的生产和供应业 | Production and Supply of Water | 101.7 | 102.1 |

注：本表行业分类依据2017年《国民经济行业分类》（GB/T 4754-2017）标准。

Note:The classified Standards of national ecomonic sector are adopted GB/T 4754-2017.

# 7-4 工业生产者出厂价格指数

## Ex-Factory Price Indices of Industrial Producers

单位：以上年为100 (preceding year=100)

| 项目 | Item | 2000 | 2005 | 2010 | 2018 | 2019 |
|---|---|---|---|---|---|---|
| **工业生产者出厂价格总指数** | **Ex-Factory Price Indices of Industrial Producers** | **100.5** | **100.2** | **103.2** | **102.8** | **100.6** |
| **按轻重分** | **By Light and Heavy Industry** | | | | | |
| 轻工业 | Light Industry | 99.9 | 98.4 | 101.5 | 101.2 | 101.0 |
| 以农产品为原料 | Using Farm Products as Raw Materials | 100.9 | 100.5 | 102.5 | 101.4 | 101.3 |
| 以非农产品为原料 | Using Non-farm Products as Raw Materials | 97.7 | 97.4 | 100.6 | 100.7 | 100.5 |
| 重工业 | Heavy Industry | 101.2 | 104.7 | 106.9 | 104.1 | 100.2 |
| 采掘工业 | Mining and Quarrying | 107.5 | 123.4 | 121.1 | 104.2 | 103.4 |
| 原料工业 | Raw Materials Industry | 103.4 | 107.8 | 107.9 | 107.7 | 100.1 |
| 加工工业 | Manufacturing Industry | 97.6 | 100.9 | 104.1 | 102.7 | 100.1 |
| **按两大部类分** | **By Two Parts** | | | | | |
| 生产资料 | Means of Production | 101.6 | 100.9 | 104.1 | 104.2 | 100.1 |
| 采掘工业 | Mining and Quarrying | 107.5 | 123.4 | 121.1 | 104.2 | 103.4 |
| 原料工业 | Raw Materials Industry | 104.3 | 107.5 | 108.9 | 107.2 | 99.6 |
| 加工工业 | Manufacturing Industry | 97.4 | 98.4 | 101.7 | 103.1 | 100.1 |
| 生活资料 | Consumer Goods | 98.7 | 99.1 | 101.7 | 100.2 | 101.5 |
| 食品 | Food | 98.5 | 98.4 | 104.7 | 100.9 | 102.1 |
| 衣着 | Clothing | 101.8 | 101.7 | 100.9 | 99.8 | 101.3 |
| 一般日用品 | Articles for Daily Use | 94.9 | 101.3 | 100.9 | 100.1 | 101.8 |
| 耐用消费品 | Durable Consumer Goods | 94.2 | 93.0 | 98.7 | 99.3 | 99.0 |
| **按工业部门分** | **By Departments** | | | | | |
| 冶金工业 | Metallurgical Industry | 100.8 | 104.3 | 113.0 | 105.7 | 99.0 |
| 电力工业 | Power Industry | 95.3 | 103.5 | 100.3 | 99.3 | 100.0 |
| 煤炭及炼焦工业 | Coal and Coking Industry | 114.1 | 137.3 | 108.4 | 102.8 | 97.0 |
| 石油工业 | Petroleum Industry | 138.4 | 123.5 | 124.4 | 119.3 | 104.2 |
| 化学工业 | Chemical Industry | 100.3 | 104.6 | 107.1 | 104.6 | 98.4 |
| 机械工业 | Machine Building Industry | 94.9 | 95.1 | 98.5 | 100.0 | 99.9 |
| 建筑材料工业 | Building Materials Industry | 95.8 | 98.5 | 103.0 | 106.1 | 102.6 |
| 森林工业 | Timber Industry | 104.2 | 103.0 | 102.7 | 101.2 | 101.1 |
| 食品工业 | Food Industry | 98.2 | 98.4 | 104.4 | 101.2 | 101.9 |
| 纺织工业 | Textile Industry | 108.4 | 100.9 | 102.9 | 103.7 | 99.6 |
| 缝纫工业 | Tailoring Industry | 103.4 | 101.0 | 100.9 | 100.6 | 101.2 |
| 皮革工业 | Leather Industry | 98.0 | 102.7 | 100.9 | 99.1 | 101.7 |
| 造纸工业 | Paper Industry | 105.7 | 101.4 | 104.1 | 105.6 | 100.0 |
| 文教艺术用品工业 | Cultural,Educational & Handicrafts Articles | 96.6 | 100.1 | 99.6 | 100.3 | 99.9 |
| 其它工业 | Others | 94.8 | 101.7 | 102.7 | 100.4 | 103.4 |

# 7-5 工业生产者购进价格指数

## Purchasing Price Indices of Industrial Producers

单位：以上年为100 (preceding year=100)

| 项目 Item | 2000 | 2005 | 2010 | 2018 | 2019 |
|---|---|---|---|---|---|
| **工业生产者购进价格总指数** **Purchasing Price Indices of Industrial Producers** | **112.4** | **108.1** | **107.7** | **102.8** | **99.0** |
| 1.燃料、动力类 Fuel and Power | 137.2 | 125.6 | 108.1 | 107.8 | 98.4 |
| 2.黑色金属材料类 Ferrous Metals Material | 102.4 | 103.5 | 113.5 | 103.1 | 101.5 |
| #钢材 Steel | 103.6 | 106.4 | 109.6 | 104.9 | 97.3 |
| 3.有色金属材料和电线类 Nonferrous Metals Material and Wire | 109.9 | 111.3 | 116.6 | 106.5 | 98.5 |
| 4.化工原料类 Raw Chemical Materials | 112.2 | 106.1 | 110.8 | 104.3 | 95.9 |
| 5.木材及纸浆类 Timber and Paper Pulp | 97.5 | 100.7 | 99.4 | 102.6 | 96.2 |
| 6.建筑材料及非金属矿类 Building Materials and Nonmetal Minerals | 97.0 | 105.9 | 102.8 | 108.4 | 102.2 |
| 7.其他工业原材料及半成品类 Other Industrial Raw and Semi-products | 105.6 | 104.8 | 101.9 | 99.5 | 99.3 |
| 8.农副产品类 Agricultural Products | 96.2 | 94.0 | 117.8 | 97.7 | 105.4 |
| 9.纺织原料类 Textile Materials | 107.8 | 102.9 | 106.9 | 99.4 | 98.5 |

# 7-6 居民消费价格指数（2019年）

## Consumer Price Indices(2019)

单位：以上年为100 (preceding year=100)

| 项目 Item | 全省 Province | 城市 Urban | 农村 Rural |
|---|---|---|---|
| **居民消费价格指数** **Consumer Price Index** | **102.6** | **102.6** | **102.7** |
| **一、按商品和非商品分** **By Good** | | | |
| 消费品价格指数 Consumption Price Index | 103.8 | 103.8 | 103.7 |
| 服务项目价格指数 Services Price Index | 100.8 | 100.7 | 100.9 |
| **二、按类别分** **By Category** | | | |
| 食品烟酒 Food and Tobacco | 107.3 | 107.2 | 107.6 |
| 衣着 Clothing | 102.7 | 103.2 | 101.1 |
| 居住 Residence | 100.5 | 100.4 | 100.6 |
| 生活用品及服务 Articles and Services | 100.6 | 100.7 | 100.4 |
| 交通和通信 Transport and Communication Services | 97.8 | 97.8 | 97.7 |
| 教育文化和娱乐 Education,Cultural Services and Recreation | 101.4 | 101.3 | 101.8 |
| 医疗保健 Medicine and Medical Services | 101.4 | 101.6 | 100.8 |
| 其他用品和服务 Others | 103.1 | 103.0 | 103.6 |

# 7-7 居民消费价格分类指数（2019年）

# Consumer Price Indices by Category(2019)

单位：以上年为100　　(preceding year=100)

| 项目 | Item | 总计 Total | 城市 Urban | 农村 Rural |
|---|---|---|---|---|
| 居民消费价格总指数 | Consumer Price Index | 102.6 | 102.6 | 102.7 |
| 食品烟酒 | Food,Tobacco and Liquor | 107.3 | 107.2 | 107.6 |
| 食品 | Food | 110.0 | 110.0 | 110.2 |
| 粮食 | Grain | 99.4 | 99.1 | 100.2 |
| 薯类 | Tubers | 103.1 | 103.7 | 101.0 |
| 豆类 | Peas and Beans | 101.3 | 101.6 | 100.7 |
| 食用油 | Edible Oil | 101.6 | 100.9 | 103.3 |
| 菜 | Vegetables | 104.0 | 104.2 | 103.2 |
| 畜肉类 | Livestock Meat | 131.9 | 131.8 | 132.3 |
| 禽肉类 | Poultry | 109.1 | 110.1 | 106.0 |
| 水产品 | Aquatic Products | 100.6 | 100.9 | 99.5 |
| 蛋类 | Eggs | 103.9 | 103.7 | 104.5 |
| 奶类 | Dairy | 102.4 | 101.9 | 103.8 |
| 干鲜瓜果类 | Dride and Fresh Melons and Fruits | 116.6 | 116.1 | 118.6 |
| 糖果糕点类 | Sweets and Cakes | 100.7 | 100.5 | 101.1 |
| 调味品 | Flavoring | 100.1 | 100.0 | 100.1 |
| 其他食品类 | Other Foods | 101.0 | 100.9 | 101.3 |
| 茶及饮料 | Tea and Beverages | 100.7 | 100.8 | 100.1 |
| 烟酒 | Tobacco and Liquor | 100.3 | 100.2 | 100.5 |
| 烟草 | Tobacco | 100.2 | 100.0 | 100.6 |
| 酒类 | Liquor | 100.4 | 100.5 | 100.2 |
| 在外餐饮 | Outside Catering | 103.1 | 103.0 | 103.7 |
| 衣着 | Clothing | 102.7 | 103.2 | 101.1 |
| 服装 | Garments | 102.9 | 103.4 | 101.2 |
| 服装材料 | Clothing material | 107.8 | 107.8 | 107.8 |
| 其他衣着及配件 | Others | 100.8 | 101.1 | 99.4 |
| 衣着加工服务费 | Clothing Manufacturing Services | 101.5 | 101.7 | 100.9 |
| 鞋类 | Shoes | 102.4 | 102.9 | 100.9 |
| 居住 | Residence | 100.5 | 100.4 | 100.6 |
| 租赁房房租 | Rental Housing Rent | 100.6 | 100.6 | 100.6 |
| 住房保养维修及管理 | Housing Maintenance | 100.8 | 101.0 | 100.4 |
| 水电燃料 | Water,Electricity ,Fuels | 100.3 | 100.4 | 100.2 |
| 自有住房 | Private Housing | 100.4 | 100.3 | 100.9 |
| 生活用品及服务 | Daily Necessities and Services | 100.6 | 100.7 | 100.4 |
| 家具及室内装饰品 | Furniture and Ornament | 99.6 | 99.5 | 100.0 |
| 家用器具 | Household Facilities | 99.6 | 99.6 | 99.7 |
| 家用纺织品 | Household Textiles | 100.5 | 100.2 | 101.4 |
| 家庭日用杂品 | Daily Use Household Articles | 101.1 | 101.2 | 100.9 |
| 个人护理用品 | Personal Care Articles | 100.8 | 100.9 | 100.2 |
| 家庭服务 | Domestic Services | 104.1 | 104.5 | 102.2 |
| 交通和通信 | Transportation and Communication | 97.8 | 97.8 | 97.7 |
| 交通 | Transportation | 96.7 | 96.8 | 96.6 |
| 通信 | Communication | 99.5 | 99.5 | 99.8 |
| 教育文化和娱乐 | Education Culture and Recreation | 101.4 | 101.3 | 101.8 |
| 教育 | Education | 101.9 | 101.8 | 102.1 |
| 文化娱乐 | Culture and Recreation | 100.7 | 100.7 | 100.8 |
| 医疗保健 | Health Care | 101.4 | 101.6 | 100.8 |
| 药品及医疗器具 | Medicine and Medical Instrument | 103.6 | 103.6 | 103.5 |
| 医疗服务 | Health Services | 100.3 | 100.5 | 99.9 |
| 其他用品和服务 | Others Articles and Services | 103.1 | 103.0 | 103.6 |
| 其他用品类 | Other Articles | 105.1 | 105.4 | 104.3 |
| 其他服务类 | Other Services | 101.6 | 101.2 | 103.0 |

注：本表按国家统计局2015年10月制定的《流通和消费价格统计报表制度》进行分类。

# 7-8 农业生产资料价格指数

## Price Indices of Means Agriculture Production

单位：以上年为100 (preceding year=100)

| 项目 | Item | 2000 | 2005 | 2010 | 2015 | 2018 | 2019 |
|---|---|---|---|---|---|---|---|
| **总指数** | **General Index** | **97.4** | **108.1** | **102.4** | **101.4** | **103.1** | **102.2** |
| 1.农用手工工具 | Small Farm Tools | 102.0 | 107.2 | 101.5 | 101.8 | 101.6 | 105.8 |
| 2.饲料 | Forage | 94.3 | 102.8 | 105.5 | 100.2 | 102.7 | 100.5 |
| 3.仔畜幼禽及产品畜 | Young Livestock & Fowls | 112.3 | 102.5 | 107.8 | 109.8 | 96.4 | 135.4 |
| 4.半机械化农具 | Semi-Mechanized Farm Tools | 98.9 | 100.0 | 101.0 | 100.7 | 100.0 | 97.7 |
| 5.机械化农具 | Mechanized Farm Machinery | 98.4 | 103.0 | 101.5 | 100.1 | 99.9 | 100.8 |
| 6.化学肥料 | Chemical Fertilizer | 92.1 | 114.1 | 97.4 | 100.4 | 107.1 | 98.2 |
| 7.农药及农药器械 | Pesticide & Its Appliances | 95.1 | 108.5 | 100.3 | 99.4 | 105.4 | 102.6 |
| 8.农机用油 | Oil for Farm Machinery | 126.2 | 110.2 | 109.3 | 89.7 | 110.6 | 91.9 |
| 9.其他农业生产资料 | Others | 98.0 | 105.3 | 106.2 | 100.7 | 100.7 | 100.1 |
| 10.农业生产服务 | Agricultural Production Service | | | 105.0 | 104.1 | 100.6 | 101.9 |

注：2016年之前，“仔畜幼禽及产品畜”称为“幼禽家畜”，“农药及农药器械”称为“农药及农药械”，“农机用油”称为“农用机油”。

# 7-9 固定资产投资价格指数

## Price Indices for Investment in Fixed Assets

单位：以上年为100 (preceding year=100)

| 项目 | Item | 2000 | 2005 | 2010 | 2015 | 2018 | 2019 |
|---|---|---|---|---|---|---|---|
| **固定资产投资价格总指数** | **General Index** | **100.2** | **100.7** | **103.3** | **98.3** | **104.9** | **101.5** |
| 1.建筑安装工程投资 | Construction and Installation | 102.4 | 101.1 | 104.9 | 97.6 | 106.7 | 102.0 |
| 人工费 | Labors | 108.5 | 104.9 | 107.0 | 103.8 | 102.6 | 104.3 |
| 材料费 | Materials | 102.0 | 99.8 | 104.7 | 94.4 | 110.0 | 101.5 |
| #钢材 | Steel Products | 103.1 | 98.8 | 105.6 | 87.7 | 114.2 | |
| 水泥 | Cement | 99.5 | 96.7 | 104.3 | 96.5 | 112.1 | |
| 机械费 | Instruments | 100.2 | 100.1 | 102.2 | 101.0 | 101.2 | 100.7 |
| 2.设备、工器具投资 | Purchase of Equipment,Tools And Instruments | 94.9 | 97.6 | 99.8 | 99.5 | 100.8 | 100.9 |
| 3.其他费用投资 | Others | 98.8 | 102.8 | 102.4 | 100.1 | 100.4 | 100.2 |

# 7-10 农产品生产者价格指数

# Producer Price Indices for Farm Products

单位：以上年为100　　(preceding year=100)

| 项目 | Item | 2005 | 2010 | 2015 | 2016 | 2017 | 2018 | 2019 |
|---|---|---|---|---|---|---|---|---|
| **总指数** | **Total Price Index** | **103.9** | **111.5** | **101.2** | **108.3** | **98.9** | **102.6** | **106.9** |
| **一、农业产品** | **Agricultural Products** | **105.1** | **115.3** | **100.8** | **108.8** | **95.9** | **102.6** | **103.8** |
| 谷物 | Rice | 97.6 | 107.6 | 106.3 | 98.8 | 102.1 | 97.9 | 98.9 |
| 早籼稻 | Early Rice | 95.3 | 103.3 | 103.4 | 101.0 | 102.2 | 99.8 | 100.5 |
| 晚籼稻 | Late Rice | 96.7 | 111.2 | 102.8 | 101.1 | 107.5 | 95.1 | 101.3 |
| 薯类 | Potato | 106.9 | 121.9 | 103.0 | 106.8 | 86.1 | 98.5 | 96.9 |
| 油料 | Oil-bearing Crops | 106.3 | 115.8 | 101.5 | 100.5 | 101.4 | 93.9 | 103.3 |
| 蔬菜 | Vegetables | | | 105.3 | 111.7 | 86.5 | 105.0 | 104.8 |
| 烤烟叶 | Flue-cured Tobacco | 101.7 | 98.5 | 103.0 | 103.6 | 94.6 | 100.1 | 104.8 |
| 食用菌（干鲜混合） | Edible Bacterium | 103.0 | 115.7 | 96.9 | 99.6 | 105.3 | 101.0 | 103.3 |
| 水果 | Fruit | 108.8 | 115.2 | 94.8 | 127.8 | 95.5 | 104.3 | 112.4 |
| 茶叶 | Tea | 101.3 | 111.5 | 96.8 | 97.6 | 106.9 | 99.2 | 96.8 |
| **二、林业产品** | **Forest Products** | **104.0** | **107.6** | **93.3** | **95.7** | **100.1** | **110.8** | **103.2** |
| 原木 | Log | 104.7 | 104.3 | 98.6 | 96.6 | 98.3 | 101.7 | 100.0 |
| 竹材 | Bamboo | 104.1 | 108.0 | 87.8 | 96.4 | 93.2 | 100.4 | 104.3 |
| **三、饲养动物及其产品** | **Breeding Animals and Products** | **100.9** | **101.2** | **108.0** | **115.7** | **94.7** | **95.7** | **128.8** |
| 活猪（毛重） | Pigs | 97.4 | 97.9 | 111.2 | 123.5 | 91.8 | 89.3 | 155.0 |
| 家禽（毛重） | Poultry | 104.2 | 107.0 | 103.3 | 102.0 | 99.5 | 105.8 | 110.4 |
| **四、渔业产品** | **Fishery Products** | **103.7** | **113.7** | **100.5** | **107.3** | **105.5** | **103.9** | **98.4** |
| #海水养殖产品 | Seawater Culturing | | | 100.0 | 110.1 | 107.9 | 104.0 | 97.6 |
| 海水捕捞产品 | Seawater Catching | | | 100.9 | 107.8 | 99.9 | 99.3 | 101.2 |
| 淡水养殖产品 | Freshwater Culturing | | | 97.4 | 97.1 | 102.1 | 107.0 | 98.3 |

# 主要统计指标解释

**居民消费价格指数** 是反映一定时期内城乡居民所购买的生活消费品和服务项目价格变动趋势和程度的相对数，是对城市居民消费价格指数和农村居民消费价格指数进行综合汇总计算的结果。通过该指数可以观察和分析消费品的零售价格和服务项目价格变动对城乡居民实际生活费支出的影响程度。

**城市居民消费价格指数** 是反映一定时期内城市居民家庭所购买的生活消费品价格和服务项目价格变动趋势和程度的相对数。通过该指数可以观察和分析消费品的零售价格和服务项目价格变动对城镇居民收入和消费支出的影响。

**农村居民消费价格指数** 是反映一定时期内农村居民家庭所购买的生活消费品价格和服务项目价格变动趋势和程度的相对数。该指数可以观察农村消费品的零售价格和服务项目价格变动对农村居民收入和生活消费支出的影响。

**商品零售价格指数** 是反映一定时期内城乡商品零售价格变动趋势和程度的相对数。商品零售价格的变动与国家的财政收入、市场供需的平衡、消费与积累的比例关系有关。因此，该指数可以从一个侧面对上述经济活动进行观察和分析。

**工业生产者出厂价格指数** 是反映一定时期内全部工业产品出厂价格总水平的变动趋势和程度的相对数，包括工业企业售给本企业以外所有单位的各种产品和直接售给居民用于生活消费的产品。该指数可以观察出厂价格变动对工业总产值及增加值的影响。

**工业生产者购进价格指数** 是反映工业企业作为生产投入，而从物资交易市场和能源、原材料生产企业购买原材料、燃料和动力产品时，所支付的价格水平变动趋势和程度的统计指标，是扣除工业企业物质消耗成本中的价格变动影响的重要依据。目前，我国编制的工业生产者购进价格指数所调查的产品包括燃料动力、黑色金属、有色金属、化工、建材等九大类。

**农业生产资料价格指数** 指反映一定时期内农业生产资料价格变动趋势和程度的相对数。其编制目的是了解农业生产中投入物质资料价格的变动状况，服务于国民经济核算。1994 年以前，农业生产资料价格指数仅仅是商品零售价格指数的一个类别，此后，从商品零售价格指数中分离出来，单独编制。

**农产品生产者价格指数** 是反映一定时期内，农产品生产者出售农产品价格水平变动趋势及幅度的相对数。该指数可以客观反映全国农产品生产价格水平和结构变动情况，满足农业与国民经济核算需要。其中某代表品生产价格指数是通过对全部有出售该产品行为的调查单位的个体指数进行几何平均求得的，类价格指数是通过对其所属的类（或代表品）的价格指数进行加权平均求得的。季度累计价格指数的计算方法与分季指数的计算方法相同。

**固定资产投资价格指数** 是反映一定时期内固定资产投资品及取费项目的价格变动趋势和程度的相对数。固定资产投资额是由建筑安装工程投资完成额、设备工器具购置投资完成额和其他费用投资完成额三部分组成的。编制固定资产投资价格指数应首先分别编制上述三部分投资的价格指数，然后采用加权算术平均法求出固定资产投资价格总指数。

# Explanatory Notes on Main Statistical Indicators

**Consumer Price Indices** reflect the trend and degree of changes in prices of consumer goods and services purchased by urban households during a given period,and is a composite index derived from the urban consumer price index and the rural consumer price index. Consumer price index can be used to analyze the impact of consumer price change on actual expenditure for living cost of urban and rural residents.

**Urban Consumer Price Indices** reflect the trend and degree of changes in prices of consumer goods and services purchased by urban households. It can be used to observe and analyze the impact of price changes in consumer goods and services on money wages of staff and workers, and provide basis for policymaking concerning the living cost and wages of staff and workers.

**Rural Consumer Price Indices** reflect the trend and degree of changes in prices of consumer goods and services purchased by rural households. It can be used to observe the impact of change in retail prices of consumer goods and service prices in rural areas on living expenditure of rural households, and to show the changes in the living standard of peasants. It provides basis for analysis and research on condition of life in rural areas.

**Retail Price Indices** reflect the trend and degree of change in retail prices of commodities during a given period. The change in retail prices of commodities directly affect the living expenses of urban and rural residents, government revenue, purchasing power of residents and the equilibrium of market supply and demand, and the ratio of consumption to accumulation. Therefore, the retail price indices are useful from an oblique perspective for observing and analyzing the changes of the above economic activities.

**Ex-factory Price Indices of Industrial Products** reflect the trend and degree of changes in general ex-factory prices of all industrial products during a given period,including sales of industrial products by an industrial enterprise to all units outside the enterprise,as well as sales of consumer goods to residents.It can be used to analyze the impact of ex-factory prices on gross output value and value-added of the industrial sector.

**Price Indices for Means of Agricultural Production** reflect the trend and degree of changes in the prices of the means of agricultural production during a given period. Compilation of these indices helps to understand the price changes of material input in agricultural production and facilitate the compilation of national accounts. Before 1994, price indices for means of agricultural production were a sub-category in the retail price indices for commodities, and it has been compiled separately since 1994.

**Indices of Producers' Prices for Farm Products** reflect the trend and degree of changes in producers' prices received by farmers when they sell farm products during a given period. These indices depict the change in the level and structure of producers' prices of farm products of the country and meet the needs of agriculture statistics and national account statistics. The producers' price index of a given product is calculated through geometrical mean of individual indices of all surveyed units who sell such product, and the indices of a product category is obtained through weighted mean of price indices of all products in the category. Method for calculating accumulative quarterly indices is the same as for calculating the distinctive quarterly indices.

**Producer Prices Indices for Farm Products** reflect the trend and degree of changes in producers' prices received by farmers when they sell farm products during a given period. These indices depict the change in the level and structure of producer prices for farm products of the country and meet the needs of agricultural statistics and national accounts statistics. The producer price index for a given product is calculated as the geometrical mean of individual indices for all surveyed units which sell such product, and the indices for a product category is obtained as the weighted mean of price indices for all products in the category. Method for calculating accumulative quarterly indices is the same as for calculating the individual quarterly indices.

**Price Indices of Investment in Fixed Assets** reflects the trend and degree of changes in prices of investment in fixed assets. The investment in fixed assets consists of three components, namely the investment in construction and installation, the investment in purchases of equipment and instrument,and the investment in other items. Price index of investment in fixed assets is calculated as the weighted arithmetic mean of the price indices of the three components of investment in fixed assets.

Removing the factor of price change in the aggregates of investment at current prices, this indicator shows the changes in the prices of commodities and fees involved in the investment of fixed assets, and can be used to observe the actual size, growth, structure,and efficiency of investment in fixed assets and provides reliable and scientific data for government planning, management, decision making, and further improving the current national accounting system.

# 第八篇　城市概况

# Chapter 8　General Survey of Cities

资料整理：何祥伟

Database Editor: Hexiangwei

# 简 要 说 明

本篇资料的主要内容及来源

本篇资料反映我省社会、经济发展和城市建设的规模、效益及综合水平等基本情况，

城市资料主要包括城市公用事业基本情况，主要经济指标，市场设施，园林绿化，环境卫生，供水供气，公用交通等。

全省数据是全省 21 个城市市辖区的汇总数，21 个城市分别是福州市、厦门市、莆田市、三明市、泉州市、漳州市、南平市、龙岩市、宁德市、福清市、永安市、石狮市、晋江市、南安市、龙海市、邵武市、武夷山市、建瓯市、漳平市、福安市、福鼎市。

本篇资料由省统计局能源统计处根据福建省住房和城乡建设厅、交通运输厅和福建省统计局相关处室提供的年度数据整理。

# Brief Introduction

Main Content and Source of Data

Data in this chapter show the social and economic development as well as the scale, economic efficiency, overall level and other basic conditions of cities at the prefecture in Fujian Province.

Data on the general survey cities include the basic condition of urban public facilities ,main economic indicators, civil greenery , environment and sanitation ,supply of gas and water ,public transportation ,etc.

The total provice data is the sum of 21 cities, 21 cities were Fuzhou、Xiamen、Putian、Shanming、Quanzhou、Zhangzhou、Nanpin、Longyan、Linde、Fuqing、Yongan、Shishi、Jinjiang、Nan'an、Longhai、Shaowu、Wuyishan、Jian'ou、Zhangping、Fuan and Fuding。

Data on chapter are complied by the Division of Energy of the Fujian Bureau of Statistics according to the data of yearly statistics ,which are provided by the Construction Bureau of Fujian, Transportation Bureau of Fujian and related Departments of Fujian Provincial Bureau of Statistics.

# 8-1 各城市建设情况（2018年）

# Statistics on City Construction by City(2018)

| 地区 | Area | 城市面积（平方公里）Area of City (sq km) | #建成区面积 Developed Area | 本年征用土地面积（公顷）Area of The requisition land This Year (hectare) | 城市人口密度（人/平方公里）Population Density of City Districts (person/sq.km) | 年末实有道路长度（公里）Length of Paved Roads (km) | 年末实有道路面积（万平方米）Area of Paved Roads (10000 sq.m) | 城市桥梁数量（座）Number of City Bridges (unit) |
|---|---|---|---|---|---|---|---|---|
| **合　计** | **Total** | **4048.41** | **1587.54** | **5554** | **3238** | **13325** | **26994.71** | **1747** |
| 福州市 | Fuzhou | 758.57 | 292.85 | 911 | 3964 | 2357 | 4042.73 | 594 |
| 福清市 | Fuqing | 224.50 | 52.03 | 305 | 1608 | 424 | 800.20 | 30 |
| 厦门市 | Xiamen | 389.48 | 389.48 | 1964 | 8986 | 3748 | 9049.42 | 259 |
| 莆田市 | Putian | 244.00 | 98.48 | 310 | 3160 | 766 | 1392.15 | 148 |
| 三明市 | Sanming | 220.00 | 39.58 | | 1096 | 325 | 365.08 | 45 |
| 永安市 | Yong'an | 300.00 | 24.86 | 100 | 584 | 191 | 356.32 | 28 |
| 泉州市 | Quanzhou | 539.00 | 226.00 | | 2532 | 1654 | 3638.30 | 158 |
| 石狮市 | Shishi | 48.00 | 39.12 | 125 | 7413 | 326 | 624.42 | 59 |
| 晋江市 | Jinjiang | 60.00 | 38.00 | 200 | 5583 | 490 | 1248.18 | 34 |
| 南安市 | Nan'an | 130.00 | 34.80 | 135 | 2446 | 270 | 480.00 | 22 |
| 漳州市 | Zhangzhou | 89.31 | 67.46 | 162 | 5921 | 482 | 1385.40 | 67 |
| 龙海市 | Longhai | 27.00 | 23.35 | 146 | 8126 | 228 | 460.05 | 29 |
| 南平市 | Nanping | 344.72 | 49.46 | 125 | 1034 | 356 | 457.13 | 41 |
| 邵武市 | Shaowu | 95.00 | 23.49 | 95 | 1293 | 160 | 206.90 | 36 |
| 武夷山市 | Wuyishan | 26.00 | 10.41 | 142 | 3715 | 127 | 199.17 | 17 |
| 建瓯市 | Jian'ou | 35.00 | 16.10 | | 4060 | 145 | 185.75 | 8 |
| 龙岩市 | Longyan | 200.00 | 71.03 | 458 | 2282 | 599 | 889.79 | 82 |
| 漳平市 | Zhangping | 45.00 | 15.00 | 185 | 2873 | 132 | 239.90 | 8 |
| 宁德市 | Ningde | 107.50 | 39.00 | | 2625 | 280 | 554.91 | 20 |
| 福安市 | Fu'an | 41.33 | 16.47 | 100 | 4094 | 137 | 146.45 | 17 |
| 福鼎市 | Fuding | 124.00 | 20.57 | 91 | 1435 | 130 | 272.46 | 45 |

# 8-2 各城市供水情况（2018年）

## Basic Statistics on Tap Water Supply in Cities by City(2018)

| 地区 | Area | 年底供水综合生产能力（万立方米/日）Production Capacity of Top Water Supply at the Year-end (10000cu.m/day) | 年末供水管道长度（公里）Length of Sewage Pipes (km) | 全年供水总量（万立方米）Volume of Top Water Supply (10000 cu.m) | #生活用水 Water Consumption for Residential Use | #生产用水 Water Consumption for Productive Use | 用水人口（万人）Number of Residents with Access to Tap Water (10000 persons) | 人均日生活用水量（升）Per Capital Water Consumption for Residential Use(L) |
|---|---|---|---|---|---|---|---|---|
| **合　计** | **Total** | **781.26** | **26886.49** | **175159.11** | **68667.89** | **31862.57** | **1307.00** | **210.10** |
| 福州市 | Fuzhou | 192.30 | 5782.39 | 46976.25 | 17217.98 | 4165.68 | 300.41 | 250.38 |
| 福清市 | Fuqing | 32.66 | 3124.21 | 6663.65 | 1475.66 | 1427.21 | 36.09 | 204.20 |
| 厦门市 | Xiamen | 171.40 | 4234.34 | 47187.16 | 18078.00 | 11525.00 | 349.98 | 194.93 |
| 莆田市 | Putian | 32.00 | 1659.18 | 7934.44 | 3255.45 | 2381.03 | 77.00 | 145.28 |
| 三明市 | Sanming | 24.00 | 556.61 | 3401.53 | 2121.67 | 357.39 | 24.12 | 296.86 |
| 永安市 | Yong'an | 10.00 | 388.95 | 2206.09 | 883.45 | 461.77 | 17.30 | 245.82 |
| 泉州市 | Quanzhou | 62.50 | 3337.97 | 15048.34 | 6355.58 | 1884.33 | 133.93 | 214.39 |
| 石狮市 | Shishi | 44.00 | 1035.58 | 5119.89 | 2217.57 | 837.49 | 35.58 | 260.74 |
| 晋江市 | Jinjiang | 45.00 | 665.00 | 7100.00 | 2362.00 | 2950.00 | 33.31 | 232.68 |
| 南安市 | Nan'an | 10.00 | 326.08 | 2070.86 | 1002.12 | 563.82 | 31.80 | 98.37 |
| 漳州市 | Zhangzhou | 31.00 | 1114.05 | 8037.00 | 2903.00 | 1012.00 | 52.88 | 244.23 |
| 龙海市 | Longhai | 12.00 | 382.85 | 1150.00 | 779.00 | 30.00 | 21.94 | 118.01 |
| 南平市 | Nanping | 23.50 | 588.76 | 4146.89 | 1821.39 | 643.72 | 35.61 | 199.57 |
| 邵武市 | Shaowu | 7.50 | 246.97 | 1105.21 | 562.38 | 176.74 | 12.28 | 159.65 |
| 武夷山市 | Wuyishan | 4.00 | 306.66 | 1106.26 | 497.55 | 2.68 | 9.65 | 195.28 |
| 建瓯市 | Jian'ou | 4.50 | 105.10 | 768.20 | 373.00 | 51.60 | 14.08 | 117.33 |
| 龙岩市 | Longyan | 31.90 | 2192.83 | 7052.88 | 2446.50 | 2555.04 | 45.62 | 191.83 |
| 漳平市 | Zhangping | 6.00 | 134.91 | 1043.60 | 543.13 | 194.57 | 12.93 | 117.03 |
| 宁德市 | Ningde | 17.00 | 336.35 | 2506.98 | 1793.28 | 178.78 | 28.04 | 179.03 |
| 福安市 | Fu'an | 8.00 | 145.87 | 2065.23 | 1478.18 | 98.00 | 16.81 | 246.13 |
| 福鼎市 | Fuding | 12.00 | 221.83 | 2468.65 | 1554.03 | 365.72 | 17.64 | 272.14 |

# 8-3 各城市排水和污水处理情况（2018年）
# Basic Statistics on Drainage and Swage Treatment in Cities by City(2018)

| 地区 | Area | 排水管道长度（公里）Length of Sewage Pipes (km) | 污水处理厂数（座）Number of Waste Water Treated Factory (unit) | 城市污水厂日处理能力（万立方米／日）Per Day Volume of Waste Water Treated (10000 cu.m/day) | 污水处理总量（万立方米）Volume of Waste Water Treated (10 000 cu.m) | 污水处理率（%）Percentage of Sewage Disposal of City (%) | 污水处理厂集中处理率（%）Percentage of Sewage Collection Disposal in Factory of City (%) |
|---|---|---|---|---|---|---|---|
| **合　计** | **Total** | **16760** | **48** | **392.50** | **120177.11** | **93.6** | **92.3** |
| 福州市 | Fuzhou | 3388 | 8 | 104.00 | 30689.53 | 92.7 | 92.0 |
| 福清市 | Fuqing | 540 | 2 | 18.00 | 5035.4 | 92.7 | 92.7 |
| 厦门市 | Xiamen | 3534 | 7 | 96.25 | 32983.76 | 96.0 | 94.4 |
| 莆田市 | Putian | 1927 | 3 | 26.75 | 6819.72 | 94.1 | 94.1 |
| 三明市 | Sanming | 254 | 2 | 5.50 | 2452 | 90.1 | 75.0 |
| 永安市 | Yong'an | 213 | 1 | 4.00 | 1446.38 | 91.1 | 91.1 |
| 泉州市 | Quanzhou | 1395 | 4 | 29.00 | 10202.42 | 96.8 | 92.5 |
| 石狮市 | Shishi | 488 | 1 | 15.00 | 3035 | 90.1 | 90.1 |
| 晋江市 | Jinjiang | 1185 | 2 | 21.00 | 4803.56 | 92.6 | 92.6 |
| 南安市 | Nan'an | 378 | 1 | 5.00 | 1419.4 | 90.1 | 90.1 |
| 漳州市 | Zhangzhou | 900 | 2 | 17.00 | 4902 | 92.1 | 92.1 |
| 龙海市 | Longhai | 386 | 1 | 2.50 | 759.8 | 94.2 | 94.2 |
| 南平市 | Nanping | 289 | 3 | 9.50 | 2586.48 | 89.1 | 89.1 |
| 邵武市 | Shaowu | 112 | 1 | 2.00 | 712 | 92.0 | 92.0 |
| 武夷山市 | Wuyishan | 244 | 2 | 2.50 | 936.62 | 93.2 | 93.2 |
| 建瓯市 | Jian'ou | 101 | 1 | 1.50 | 479.68 | 89.2 | 89.2 |
| 龙岩市 | Longyan | 558 | 3 | 17.00 | 5962.47 | 93.3 | 93.3 |
| 漳平市 | Zhangping | 151 | 1 | 2.00 | 671.7 | 91.9 | 91.9 |
| 宁德市 | Ningde | 303 | 1 | 4.00 | 1578.55 | 92.0 | 92.0 |
| 福安市 | Fu'an | 216 | 1 | 5.00 | 1350.61 | 88.1 | 88.1 |
| 福鼎市 | Fuding | 200 | 1 | 5.00 | 1350.03 | 88.7 | 88.7 |

# 8-4 各城市公共交通情况（2018年）

## Basic Statistics on Public Transportation in Cities by City(2018)

| 地区 | Area | 公交车标准运营车数（标台）<br>Public Vehicles(set) | 出租车运营车辆数（辆）<br>Taxis(set) | 总客运量（万人次）<br>Total Passengers(10000 person) |
|---|---|---|---|---|
| **合　计** | **Total** | **19633** | **20077** | **259050** |
| 福州市 | Fuzhou | 5370 | 6340 | 64125 |
| 福清市 | Fuqing | 525 | 262 | 3209 |
| 厦门市 | Xiamen | 5727 | 5482 | 101049 |
| 莆田市 | Putian | 1163 | 828 | 8707 |
| 三明市 | Sanming | 487 | 404 | 10480 |
| 永安市 | Yong'an | 207 | 151 | 3887 |
| 泉州市 | Quanzhou | 2193 | 1918 | 13516 |
| 石狮市 | Shishi | 172 | 294 | 1194 |
| 晋江市 | Jinjiang | 457 | 116 | 2636 |
| 南安市 | Nan'an | 233 | 60 | 1906 |
| 漳州市 | Zhangzhou | 759 | 928 | 7869 |
| 龙海市 | Longhai | 199 | 102 | 974 |
| 南平市 | Nanping | 509 | 604 | 9163 |
| 邵武市 | Shaowu | 107 | 174 | 1469 |
| 武夷山市 | Wuyishan | 176 | 174 | 1771 |
| 建瓯市 | Jian'ou | 104 | 130 | 1347 |
| 龙岩市 | Longyan | 500 | 130 | 9452 |
| 漳平市 | Zhangping | 20 | 485 | 114 |
| 宁德市 | Ningde | 375 | 816 | 9414 |
| 福安市 | Fu'an | 182 | 303 | 3272 |
| 福鼎市 | Fuding | 170 | 376 | 2450 |

注：总客运量包含公交车、出租车、地铁、轮渡客运量。
Note:Total Passengers include Public Vehicles,Taxis,Subway and Ferry.

# 8-5 各城市绿地和园林（2018年）

## Basic Statistics on Parks and Green Areas in Cities by City(2018)

| 地区 | Area | 绿化覆盖面积（公顷）Green Areas (hectare) | #建成区 Green Areas of Developed City | 绿地面积（公顷）Green Areas (hectare) | #建成区 Green Areas of Developed City | 公园个数（个）Number of Parks and Zoos (unit) | 公园面积（公顷）Area of Parks and Zoos (hectare) |
|---|---|---|---|---|---|---|---|
| **合　计** | **Total** | **79556** | **70326** | **72103** | **64343** | **675** | **15379** |
| 福州市 | Fuzhou | 14087 | 13159 | 12334 | 12222 | 154 | 4423 |
| 福清市 | Fuqing | 2405 | 2405 | 2250 | 2250 | 38 | 485 |
| 厦门市 | Xiamen | 24667 | 17572 | 22964 | 15888 | 140 | 3659 |
| 莆田市 | Putian | 4433 | 4433 | 4069 | 3995 | 54 | 555 |
| 三明市 | Sanming | 2015 | 1752 | 1790 | 1611 | 8 | 199 |
| 永安市 | Yong'an | 1145 | 1126 | 1047 | 1029 | 8 | 155 |
| 泉州市 | Quanzhou | 9763 | 9763 | 9108 | 9108 | 39 | 841 |
| 石狮市 | Shishi | 1734 | 1734 | 1526 | 1526 | 8 | 1200 |
| 晋江市 | Jinjiang | 1674 | 1674 | 1518 | 1518 | 12 | 440 |
| 南安市 | Nan'an | 1564 | 1564 | 1391 | 1391 | 17 | 346 |
| 漳州市 | Zhangzhou | 3133 | 3066 | 2830 | 2787 | 37 | 731 |
| 龙海市 | Longhai | 1105 | 1009 | 976 | 934 | 16 | 279 |
| 南平市 | Nanping | 2146 | 2094 | 1922 | 1870 | 19 | 348 |
| 邵武市 | Shaowu | 1200 | 934 | 890 | 860 | 11 | 177 |
| 武夷山市 | Wuyishan | 535 | 438 | 440 | 397 | 22 | 132 |
| 建瓯市 | Jian'ou | 667 | 661 | 645 | 644 | 14 | 133 |
| 龙岩市 | Longyan | 3316 | 3131 | 2843 | 2828 | 41 | 389 |
| 漳平市 | Zhangping | 755 | 646 | 624 | 584 | 6 | 157 |
| 宁德市 | Ningde | 1604 | 1569 | 1489 | 1478 | 10 | 404 |
| 福安市 | Fu'an | 747 | 745 | 672 | 653 | 16 | 174 |
| 福鼎市 | Fuding | 862 | 853 | 778 | 769 | 5 | 151 |

# 8-6 各城市市容环境卫生情况（2018年）

# Basic Statistics on Urban Sanitation in Cities by City(2018)

| 地区 | Area | 道路清扫保洁面积（万平方米） Area under Cleaning Program (10000 sq.m) | 生活垃圾清运量（万吨） Volume of Garbage Disposal(10000 tons) | 市容环卫专用车辆设备总数（辆） Number of Special Vehicles for Environmental Sanitation (unit) | 公共厕所（座） Number of Public Lavatories (unit) | #三类以上 Third Grade and Above |
|---|---|---|---|---|---|---|
| **合　计** | **Total** | **19589.19** | **874.94** | **5057** | **4824** | **3407** |
| 福州市 | Fuzhou | 4377.20 | 164.67 | 860 | 469 | 468 |
| 福清市 | Fuqing | 535.00 | 33.21 | 58 | 63 | 63 |
| 厦门市 | Xiamen | 4364.00 | 198.94 | 1801 | 1696 | 897 |
| 莆田市 | Putian | 2400.28 | 90.22 | 591 | 305 | 305 |
| 三明市 | Sanming | 240.00 | 10.56 | 291 | 101 | 101 |
| 永安市 | Yong'an | 154.00 | 7.14 | 55 | 51 | |
| 泉州市 | Quanzhou | 1990.00 | 48.90 | 195 | 520 | 520 |
| 石狮市 | Shishi | 524.00 | 30.27 | 167 | 45 | 42 |
| 晋江市 | Jinjiang | 747.00 | 70.05 | 165 | 264 | 135 |
| 南安市 | Nan'an | 522.00 | 48.35 | 15 | 44 | 12 |
| 漳州市 | Zhangzhou | 1149.00 | 52.40 | 544 | 216 | 216 |
| 龙海市 | Longhai | 162.00 | 12.91 | 38 | 58 | 58 |
| 南平市 | Nanping | 439.18 | 14.64 | 131 | 90 | 90 |
| 邵武市 | Shaowu | 160.50 | 4.30 | 26 | 72 | 51 |
| 武夷山市 | Wuyishan | 180.00 | 7.87 | 65 | 34 | 34 |
| 建瓯市 | Jian'ou | 160.00 | 8.65 | 27 | 43 | 42 |
| 龙岩市 | Longyan | 816.50 | 26.44 | 124 | 155 | 155 |
| 漳平市 | Zhangping | 135.00 | 4.91 | 11 | 21 | 21 |
| 宁德市 | Ningde | 458.00 | 18.11 | 45 | 53 | 50 |
| 福安市 | Fu'an | 147.80 | 12.19 | 32 | 38 | 38 |
| 福鼎市 | Fuding | 261.44 | 10.20 | 42 | 51 | 51 |

# 8-7 各城市设施水平（2018年）

# Level of Public Facilities in Cities by City(2018)

| 地区 | Area | 城市用水普及率（%） Pecentage of Population with Access to Tap Water (%) | 城市燃气普及率（%） Percentage of City Population with Access to Gas (%) | 人均城市道路面积（平方米） Per Area of Paved Roads (sq.m) | 人均公园绿地面积（平方米） Per Capita Public Green Areas (sq.m) | 生活垃圾无害化处理率（%） Percentage of Garbage Disposal with Standard (%) | 建成区绿化覆盖率(%) Ratio of Green Areas to City Areas(%) |
|---|---|---|---|---|---|---|---|
| **合　计** | **Total** | **99.7** | **98.3** | **20.59** | **14.62** | **99.9** | **44.3** |
| 福州市 | Fuzhou | 99.9 | 98.9 | 13.44 | 15.14 | 100.0 | 44.9 |
| 福清市 | Fuqing | 99.9 | 99.0 | 22.16 | 14.71 | 100.0 | 46.2 |
| 厦门市 | Xiamen | 100.0 | 97.9 | 25.86 | 14.85 | 100.0 | 45.1 |
| 莆田市 | Putian | 99.9 | 97.1 | 18.06 | 15.02 | 100.0 | 45.0 |
| 三明市 | Sanming | 100.0 | 98.8 | 15.14 | 14.80 | 100.0 | 44.3 |
| 永安市 | Yong'an | 98.8 | 99.8 | 20.35 | 13.00 | 100.0 | 45.3 |
| 泉州市 | Quanzhou | 98.1 | 97.5 | 26.65 | 14.60 | 100.0 | 43.2 |
| 石狮市 | Shishi | 100.0 | 98.9 | 17.55 | 13.51 | 100.0 | 44.3 |
| 晋江市 | Jinjiang | 99.4 | 97.7 | 37.26 | 13.14 | 100.0 | 44.0 |
| 南安市 | Nan'an | 100.0 | 99.1 | 15.09 | 12.06 | 100.0 | 44.9 |
| 漳州市 | Zhangzhou | 100.0 | 99.5 | 26.20 | 15.83 | 100.0 | 45.5 |
| 龙海市 | Longhai | 100.0 | 98.0 | 20.97 | 15.19 | 100.0 | 43.2 |
| 南平市 | Nanping | 99.9 | 98.2 | 12.82 | 14.49 | 98.3 | 42.3 |
| 邵武市 | Shaowu | 100.0 | 100.0 | 16.85 | 15.39 | 99.1 | 39.8 |
| 武夷山市 | Wuyishan | 99.9 | 96.9 | 20.62 | 13.82 | 100.0 | 42.0 |
| 建瓯市 | Jian'ou | 99.1 | 93.6 | 13.07 | 11.61 | 100.0 | 41.1 |
| 龙岩市 | Longyan | 100.0 | 99.4 | 19.50 | 14.70 | 100.0 | 44.1 |
| 漳平市 | Zhangping | 100.0 | 98.8 | 18.55 | 12.46 | 100.0 | 43.1 |
| 宁德市 | Ningde | 99.4 | 99.1 | 19.66 | 15.02 | 100.0 | 40.2 |
| 福安市 | Fu'an | 99.4 | 98.6 | 8.66 | 14.72 | 96.2 | 45.3 |
| 福鼎市 | Fuding | 99.1 | 98.0 | 15.31 | 9.71 | 97.0 | 41.5 |

## 主要统计指标解释

**供水综合生产能力** 指按供水设施取水、净化、送水、出厂输水干管等环节设计能力计算的综合生产能力。包括在原设计能力的基础上，经挖、革、改增加的生产能力。计算时，以四个环节中最薄弱的环节为主确定能力。

**年末供水管道长度** 指从送水泵到用户水表之间所有管道的长度。但不包括新安装未使用的管道长度。

**全年供水总量** 指报告期供水企业(单位)供出的全部水量。包括有效供水量和漏损水量。

**生活用水量** 包括公共服务用水和居民家庭用水。公共服务用水指为城市社会公共生活服务的用水。包括行政事业单位、部队营区和公共设施服务、社会服务业、批发零售贸易业、旅馆饮食业以及其他公共服务业等单位的用水。居民家庭用水指城市范围内所有居民家庭的日常生活用水。包括城市居民、农民家庭、公共供水站用水。

**城市人口用水普及率** 指城市用水的非农业人口数(不包括临时人口和流动人口)与城市非农业人口总数之比。计算公式为：

用水普及率＝(城市用水的非农业人口数／城市非农业人口数)×100%

**人工煤气生产能力** 指城市煤气厂制气、净化、输送等环节的综合实际生产能力。

**供气管道长度** 指报告期末从气源厂压缩机的出口或门站出口至各类用户引入管之间的全部已经通气投入使用的管道长度。不包括煤气生产厂、输配站、液化气储存站、灌瓶站、储配站、气化站、混气站、供应站等厂(站)内的管道。

**全年供气总量** 指全年燃气企业(单位)向用户供应的燃气数量。包括销售量和损失量。

**城市用气普及率** 指使用煤气(包括人工煤气、液化石油气、天然气)的城市非农业人口数(不包括临时人口和流动人口)与城市非农业人口总数之比。计算公式为：

城市煤气普及率＝(城市用气的非农业人口数／城市非农业人口总数)×100%

**年底实有铺装道路长度** 指除土路外，路面经过铺装宽度在3.5米以上的道路，包括高级、次高级道路和普通道路。

**城市桥梁** 指城市范围内，修建在河道上的桥梁和道路与道路立交、道路跨越铁路的立交桥及人行天桥。包括永久性桥和半永久性桥，不包括临时性桥、铁路桥、涵洞。

**城市下水道总长度** 指所有排水总管、干管、支管及暗渠、检查井、连接井进出水口等长度之和。

**城市污水日处理能力** 指污水处理厂每昼夜处理污水量的设计能力。

**年末实有公共汽(电)车** 指年底可参加营运的全部车辆数，包括营运车辆数和库存查封未参加营运的车辆。不包括非营运车辆，如架线车、油罐车、工程车、货车及其他专用车辆和借入的客运车辆。

**城市园林绿地面积** 指城市公共绿地、专用绿地、生产绿地、防护绿地、郊区风景名胜区的全部面积。

**公共绿地** 指供游览休息的各种公园、动物园、植物园、陵园以及花园、游园和供游览休息用的林荫道绿地、广场绿地，不包括一般栽植的行道树及林荫道的面积。

# Explanatory Notes on Main Statistical Indicators

**Production Capacity of Water Supply** refers to the designed comprehensive production capacity of water facilities, covering the 4 links of water collection, purification, conveyance, and outflow through trunk pipelines. Increase capacity through transformation and innovation projects are included as well. The capacity is determined mainly on the weakest of the above-mentioned 4 links.

**Length of Water Supply Pipelines at the Year-end** refers to the total length of all the pipelines between the water pumps and the user water meters, excluding pipelines newly installed but not used yet.

**Annual Volume of Water Supply** refers to the total volume of water supplied by water-works (units) during the reference period, including both the effective water supply and loss during the water supply.

**Consumption of Water for Residential Use** refers to the water consumption of households for daily life and the water consumption of public service facilities. The latter refers to water consumption for urban public services, including the consumption of government agencies and public institutions, military barracks, public facilities, wholesale and retail outlets, restaurants, hotels, and other units providing public services. Household water consumption refers to consumption of water for daily life of all households in the boundary of cities, including households of urban residents and farmers, and public water supply stations.

**Percentage of Urban Population with Access to Tap Water** refers to the ratio of the urban non-agricultural population (excluing temporary and mobile population) with access to tap water to the total urban non-agricultural population.The formula is:

Percentage of Population with Access to Tap Water ＝（Urban Non-agricultural Population with Access to Tap Water /Urban Non-agricultural Population）×100%

**Production Capacity of Gaswork Gas** refers to the actual comprehensive production capacity of the urban gasworks in gas generation, purification and delivery.

**Length of Gas Pipelines** refers to the total length of pipelines between the outlet of the compressor, blower or gas tank and the gas meters of users. excluding pipelines within gasworks, delivery stations, LPG storage stations, refilling stations, gas-mixing stations and supply stations.

**Volume of Gas Supply** refers to the total volume of gas sold to users in a year, including the volume sold and the volume lost.

**Percentage of Urban Population with Access to Gas** refers to the ratio of the urban non-agricultural population with access to gas (including gas, liquefied petroleum gas and natural gas) to the urban non-agricultural population(excluding temporary and mobile population). The formula is:

Percentage of Population with Access to Gas =(Urban Non-agricultural Population with Access to Gas/Urban Non-agricultural Population)×100%

**Length of Paved Roads at the Year-end** refers to the length of roads with a paved surface, and with a width of more than 3-5 meters, including high quality,medium quality and ordinary roads.

**Urban Bridges** refer to bridges over river courses, great separated junctions and overpasses in urban areas.Permanent bridges and semi-permanent bridges are included.Temporary bridges,railway bridges and culverts are excluded.

**Length of Urban Sewage Pipes** refers to the total length of general drainage, trunks. branch and blind drainage, inspection wells, connection wells, inlets and outlets, etc.

**Daily Disposal Capacity of Urban Sewage** refers to the designed 24 hour capacity of sewage disposal at the sewage treatment works.

**Number of Public Vehicles (Buses and Trolley buses) at the Year-end** refers to the total number of operational buses available at the year-end, including the year-end operational vehicles and vehicles in stock.Non-operational vehicles such as stringing cars,tank cars,machine shop cars,trucks and other special vehicles and the borrowed passenger vehicles are excluded.

**Area of Urban Gardens and Green Areas** refers to the total area of urban public green land,special green land,production green land,protection green land and suburban scenic spots.

**Public Green Area** refers to green areas of various parks, zoos, botanical gardens, cemeteries, amusement parks, tree-flanked boulevards greenland squares for tourism and relaxing.Areas with trees planted along-side the streets and boulevards are excluded.

# 第九篇　财政金融保险

# Chapter 9　Finance,Financial Intermediation and Insurance

资料整理：饶晓燕 廖捷

Database Editor:Raoxiaoyan Liaojie

# 简 要 说 明

本篇资料的主要内容及来源

本篇资料反映了全省财政收支、金融和保险方面的情况，主要包括财政收入、财政支出、金融机构存贷款、现金收支、保险机构、保险业务开展等方面的资料。

财政部分的资料来源于省财政厅；金融方面的资料来源于中国人民银行福州分行;保险方面的资料来源于中国银保监会福建监管局、省人力资源和社会保障厅、省医疗保障管理委员会办公室。

本篇资料由省统计局综合统计处、社会和科技统计处根据以上资料整理。

# Brief Introduction

Main Content and Source of Data

Data in this chapter show the conditions of local government budgetary finance, banking and insurance, including government revenue and expenditure, credit funds, cash income and expenses, statistics on insurance companies.

Data on local government finance are provided by Fujian Provincial Department of Finance; Data on banking are provided by Fuzhou Branch of the People's Bank of China; Data on insurance are provide by China Bank and Insurance Regulatory Commission of Fujian Bureau, Provincial Human Resource and Social Guarantee Bureau Provincial Medical Insurance Management Committee Office.

Data in this chapter are collected and compiled by the Division of Comprehensive Statistics and the Division of Social, Science and Technology Statistics of Fujian Provincial Bureau of Statistics on the basic of data from the relative departments.

# 9-1 一般公共预算收支总额及增长速度

## Budgetary Revenue and Expenditure

单位：亿元 (100 million yuan)

| 年份 | 一般公共预算总收入 Total Revenue | | 地方一般公共预算收入 Expenditure of Local Government | | 一般公共预算支出 Total Expenditure | |
|---|---|---|---|---|---|---|
| Year | 数值 Value | 比上年增长(%) Ratio(%) | 数值 Value | 比上年增长(%) Ratio(%) | 数值 Value | 比上年增长(%) Ratio(%) |
| 1952 | 2.20 | | | | 1.25 | |
| 1957 | 3.22 | | | | 2.47 | |
| 1962 | 5.07 | | | | 3.60 | |
| 1965 | 6.60 | | | | 4.99 | |
| 1970 | 6.45 | | | | 8.34 | |
| 1975 | 9.59 | | | | 9.86 | |
| 1978 | 15.13 | | | | 15.14 | |
| 1979 | 12.72 | -15.9 | | | 16.03 | 5.9 |
| 1980 | 15.33 | 20.5 | | | 15.05 | -6.1 |
| 1981 | 14.52 | -5.3 | | | 14.27 | -5.2 |
| 1982 | 13.67 | -5.9 | | | 16.42 | 15.1 |
| 1983 | 12.37 | -9.5 | | | 17.55 | 6.9 |
| 1984 | 16.78 | 35.7 | | | 20.52 | 16.9 |
| 1985 | 25.08 | 49.5 | | | 30.64 | 49.3 |
| 1986 | 29.14 | 16.2 | | | 37.62 | 22.8 |
| 1987 | 33.16 | 13.8 | | | 39.99 | 6.3 |
| 1988 | 40.16 | 21.1 | | | 49.29 | 23.3 |
| 1989 | 53.01 | 32.0 | | | 60.48 | 22.7 |
| 1990 | 57.06 | 7.6 | | | 68.45 | 13.2 |
| 1991 | 69.70 | 22.2 | | | 78.13 | 14.1 |
| 1992 | 75.35 | 8.1 | | | 84.50 | 8.2 |
| 1993 | 110.58 | 46.8 | | | 113.88 | 34.8 |
| 1994 | 149.66 | 35.3 | | | 137.73 | 20.9 |
| 1995 | 184.58 | 23.3 | 117.37 | | 171.58 | 24.6 |
| 1996 | 215.11 | 16.5 | 142.12 | 21.1 | 200.31 | 16.7 |
| 1997 | 251.30 | 16.8 | 162.91 | 14.6 | 224.36 | 12.0 |
| 1998 | 281.42 | 12.0 | 187.92 | 15.4 | 254.87 | 13.6 |
| 1999 | 312.57 | 11.1 | 208.92 | 11.2 | 279.24 | 9.6 |
| 2000 | 369.67 | 18.3 | 234.11 | 12.1 | 324.18 | 16.1 |
| 2001 | 428.33 | 15.9 | 274.28 | 17.2 | 373.19 | 15.1 |
| 2002 | 476.20 | 11.2 | 272.89 | -0.5 | 397.56 | 6.5 |
| 2003 | 551.00 | 15.7 | 304.71 | 10.6 | 452.30 | 13.8 |
| 2004 | 622.57 | 13.0 | 333.52 | 10.5 | 516.68 | 14.2 |
| 2005 | 788.11 | 26.6 | 432.60 | 29.7 | 593.07 | 14.8 |
| 2006 | 1012.77 | 28.5 | 541.17 | 25.1 | 728.70 | 22.9 |
| 2007 | 1282.84 | 26.7 | 699.46 | 29.2 | 910.64 | 25.0 |
| 2008 | 1516.51 | 18.2 | 833.40 | 19.1 | 1137.72 | 24.9 |
| 2009 | 1694.63 | 11.7 | 932.43 | 11.9 | 1411.82 | 24.1 |
| 2010 | 2056.01 | 21.3 | 1151.49 | 23.5 | 1695.09 | 20.1 |
| 2011 | 2597.01 | 26.3 | 1501.51 | 30.4 | 2198.18 | 29.7 |
| 2012 | 3008.88 | 15.9 | 1776.17 | 18.3 | 2607.50 | 18.6 |
| 2013 | 3430.35 | 14.0 | 2119.45 | 19.3 | 3068.80 | 17.7 |
| 2014 | 3828.40 | 11.6 | 2362.21 | 11.5 | 3306.70 | 7.8 |
| 2015 | 4144.03 | 8.2 | 2544.24 | 7.7 | 4001.58 | 21.0 |
| 2016 | 4295.36 | 3.7 | 2654.83 | 4.3 | 4275.40 | 6.8 |
| 2017 | 4604.69 | 6.9 | 2809.03 | 8.7 | 4684.15 | 9.1 |
| 2018 | 5045.49 | 7.4 | 3007.41 | 7.1 | 4832.69 | 3.2 |
| 2019 | 5147.25 | 2.0 | 3052.93 | 1.5 | 5077.93 | 5.1 |

注：本部分所采用的财政数字均为当年决算定案数。2002年起口径有调整。

Note:Financial figures in this chapter are all final accounts of current year.Since 2002,The Statistic scope had adjusted.

# 9-2 地方一般公共预算收入

## General Budgetary Revenue of Local Government

单位：万元　　(10000 yuan)

| 项目　Item | 2000 | 2005 | 2010 | 2018 | 2019 |
|---|---|---|---|---|---|
| **收入合计 Total Revenue** | **2341061** | **4326003** | **11514923** | **30074087** | **30529297** |
| 1.增值税 Value-added Tax | 353461 | 731267 | 1411033 | 8387410 | 8500081 |
| 2.营业税 Operation Tax | 582053 | 1246076 | 3197000 | 13349 | |
| 3.企业所得税 Enterprises' Income Tax | 321959 | 542646 | 1569118 | 4117518 | 3990164 |
| 4.个人所得税 Individual Income Tax | 247517 | 274137 | 563374 | 1780418 | 1689055 |
| 5.资源税 Resources Tax | 7007 | 21436 | 64550 | 122227 | 91738 |
| 6.城市维护建设税 Tax on Town Maintenance and Construction | 97646 | 185544 | 431149 | 1256766 | 1239005 |
| 7.房产税 Tax on Real Estates | 95496 | 169576 | 317362 | 872014 | 874682 |
| 8.印花税 Stamp Tax | 18309 | 55267 | 171193 | 401048 | 395737 |
| 9.城镇土地使用税 Tax on the Use of Urban Land | 15746 | 29400 | 263343 | 445286 | 348741 |
| 10.土地增值税 Land Value Added Tax | 4326 | 40785 | 628057 | 2623677 | 2545301 |
| 11.车船税 Tax on the Use of Vehicles and Ships | 6055 | 12662 | 59863 | 220938 | 243521 |
| 12.烟叶税 Tobacco Leaf Tax | | | 32896 | 54330 | 51936 |
| 13.耕地占用税 Tax on The Occupancy of Cultivated Land | 13474 | 32003 | 181050 | 152964 | 150255 |
| 14.契税 Contract Tax | 55799 | 209093 | 770908 | 1902847 | 1933138 |
| 15.国有资本经营收入 State-downed Assets Profit | | | 219530 | 326047 | 255253 |
| 16.国有资源(资产)有偿使用收入 Income from use of State-downed resources | | | 414662 | 2149560 | 3179030 |
| 17.行政性收费收入 Income from Adiministr-ative Fees | 74946 | 290876 | 481761 | 942239 | 800676 |
| 18.罚没收入 Penalty and Confiscatory Income | 101764 | 213993 | 292226 | 791305 | 1017392 |
| 19.专项收入 Expert Project Income | 64036 | 120693 | 352274 | 2893006 | 2672608 |
| 20.其他收入 Other Income | 127716 | 48254 | 93574 | 597705 | 550984 |

# 9-3 一般公共预算支出

## General Budgetary Expenditure of Local Government

单位：万元 (10000 yuan)

| 项目 Item | 2010 | 2015 | 2016 | 2017 | 2018 | 2019 |
|---|---|---|---|---|---|---|
| **支出合计 Total Expenditure** | **16950906** | **40015778** | **42754043** | **46841517** | **48326930** | **50779329** |
| 1.一般公共服务 Expenditure for General Public Service | 2119124 | 3080207 | 3382106 | 3808446 | 4294732 | 4587841 |
| 2.外交 Expenditure for Foreign Affairs | | 10646 | 3000 | | | 1127 |
| 3.国防 Expenditure for National Defense | 32680 | 68544 | 63361 | 51409 | 50731 | 60947 |
| 4.公共安全 Expenditure for Public Safety | 1206017 | 2252409 | 2573245 | 3300205 | 3388110 | 3328555 |
| 5.教育 Expenditure for Operating Expense of Education | 3277681 | 7575096 | 7891067 | 8422065 | 9250606 | 9685449 |
| 6.科学技术 Expenditure for Operating Expense of Department of Science | 323057 | 766007 | 802823 | 994414 | 1152537 | 1334065 |
| 7.文化体育与传媒 Expenditure for Operating Expense of Culture , Sport Broadcasting | 271014 | 848159 | 812542 | 873406 | 847306 | 1040040 |
| 8.社会保障和就业 Expenditure for Operating Expense of Social Welfare and Employment | 1482366 | 3417705 | 3489923 | 3945581 | 4681506 | 5078865 |
| 9.医疗卫生 Expenditure for Public Health | 1175835 | 3511905 | 3775786 | 4204356 | 4416958 | 4677641 |
| 10.环境保护 Expenditure for Enviromental Protection | 397865 | 955694 | 1303491 | 1206481 | 1240388 | 1795465 |
| 11.城乡社区事务 Expenditure for Neithbourhood Service Centre of Urbam and Rural | 1076788 | 3786992 | 5722395 | 7280802 | 6235168 | 5588739 |
| 12.农林水事务 Expenditure for Agriculture , Foresty and Water Conservancy | 1603355 | 4418607 | 4105751 | 4477013 | 4315149 | 4420628 |
| 13.交通运输 Expenditure for Transportation | 1252071 | 3461952 | 2876640 | 2636805 | 2689926 | 2550023 |
| 14.工业商业金融等事务 Expenditure for Industry Trade and Finance | 1044916 | 4080809 | 4768708 | 4895770 | 5125957 | 628542 |
| 15.其他支出 Other Expenditure | 1688137 | 1781046 | 1183205 | 744764 | 637856 | 6001402 |

# 9-4 金融机构人民币各项存款和贷款余额

## RMB Deposits and Loans of Financial Institutions

单位：亿元　　(100 million yuan)

| 年份 Year | 各项存款 Total Deposits | 住户存款 Household Deposits | 财政存款 Fiscal Deposits | 各项贷款 Total Loans | #短期贷款 Short-term Loans | 中长期贷款 Medium-term &Long-term Loans |
|---|---|---|---|---|---|---|
| 1990 | 359.45 | | | 381.93 | | |
| 1991 | 477.45 | | | 453.10 | | |
| 1992 | 667.01 | | | 589.74 | | |
| 1993 | 824.37 | | | 774.65 | 554.06 | 153.33 |
| 1994 | 1101.81 | | | 954.73 | 698.86 | 180.89 |
| 1995 | 1451.68 | | | 1176.63 | 860.09 | 221.09 |
| 1996 | 1901.71 | | | 1467.79 | 1060.12 | 294.42 |
| 1997 | 2192.74 | | 15.40 | 1750.38 | 1279.40 | 329.60 |
| 1998 | 2557.30 | | 28.11 | 1942.78 | 1423.39 | 368.87 |
| 1999 | 2924.61 | | 41.24 | 2255.50 | 1612.59 | 476.85 |
| 2000 | 3114.32 | | 39.59 | 2438.82 | 1728.01 | 510.32 |
| 2001 | 3614.26 | | 45.94 | 2864.76 | 1656.70 | 902.35 |
| 2002 | 4253.07 | | 55.21 | 3110.05 | 1809.88 | 1065.11 |
| 2003 | 5178.29 | | 51.74 | 3837.51 | 2039.25 | 1422.42 |
| 2004 | 5984.32 | | 92.63 | 4367.05 | 2213.05 | 1799.83 |
| 2005 | 7248.40 | | 128.33 | 5068.68 | 2366.93 | 2350.80 |
| 2006 | 8836.26 | | 219.38 | 6447.72 | 2956.98 | 3203.04 |
| 2007 | 10040.15 | | 328.32 | 8065.67 | 3555.92 | 4318.81 |
| 2008 | 11804.40 | | 457.26 | 9585.92 | 3895.16 | 5146.37 |
| 2009 | 14702.34 | | 549.46 | 12360.32 | 5215.58 | 6625.53 |
| 2010 | 18309.45 | | 678.08 | 15231.36 | 6594.50 | 8372.64 |
| 2011 | 21055.49 | | 834.38 | 18165.19 | 7836.03 | 9906.51 |
| 2012 | 24283.68 | | 741.75 | 21209.82 | 9451.96 | 11133.74 |
| 2013 | 28043.82 | | 905.62 | 24487.53 | 10752.70 | 13137.82 |
| 2014 | 30747.61 | | 1450.40 | 28417.70 | 11785.72 | 15861.63 |
| 2015 | 35576.06 | 13931.21 | 1169.62 | 32132.96 | 12209.64 | 18530.82 |
| 2016 | 39275.82 | 15122.76 | 1230.32 | 36356.06 | 12620.98 | 21631.79 |
| 2017 | 42794.79 | 16583.08 | 1361.81 | 40484.93 | 14040.45 | 25317.11 |
| 2018 | 44677.70 | 18278.38 | 1305.78 | 45173.87 | 14726.54 | 28439.09 |
| 2019 | 48754.92 | 20954.92 | 1017.18 | 51396.64 | 16552.98 | 32205.10 |

注：1.2004年起含外资银行。

Note:Since 2004,the data include foreign banks.

# 9-5 金融机构年末人民币分项存贷款余额（2019年）

# RMB Deposits and Loans Balance of Financial Institutions by Item(2019)

单位：亿元 (100 million yuan)

| 项目 | Item | 数值<br>Value | 比上年增长（%）<br>Ratio(%) |
|---|---|---|---|
| 金融机构各项存款余额 | Deposits Balance of Financial Institutions | 48754.92 | 9.1 |
| 境内存款 | Domestic Deposits | 48199.27 | 9.0 |
| 住户存款 | Household Deposits | 20954.92 | 14.6 |
| 活期存款 | Demand Deposits | 9907.47 | 12.2 |
| 定期存款 | Time Deposits | 5960.48 | 10.1 |
| 结构性存款 | Structural Deposits | 1036.61 | -19.2 |
| 非金融企业存款 | Non-financial enterprise Deposits | 14338.22 | 6.1 |
| 企业活期存款 | Enterprise Demand Deposits | 5200.68 | 1.9 |
| 企业定期存款 | Enterprise Time Deposits | 1275.97 | -4.5 |
| 企业保证金存款 | Enterprise Margin Deposits | 1462.63 | 29.2 |
| 企业结构性存款 | Enterprise Structural Deposits | 2292.06 | -7.8 |
| 政府存款 | Government Deposits | 7961.38 | 6.3 |
| 财政性存款 | Fiscal Deposits | 1017.18 | -22.1 |
| 非银行业金融机构存款 | Non-banking financial institutions Deposits | 3927.58 | 8.5 |
| 境外存款 | Overseas Deposits | 555.65 | 17.0 |
| 金融机构各项贷款余额 | Loans Balance of Financial Institutions | 51396.64 | 13.8 |
| 境内贷款 | Domestic Loans | 51195.76 | 13.8 |
| 住户贷款 | Household Loans | 25227.50 | 17.7 |
| 短期贷款 | Short-term Loans | 8249.79 | 24.1 |
| 个人消费贷款 | Personal Consumption Loans | 5696.35 | 25.6 |
| 个人经营性贷款 | Personal Business Loans | 2553.43 | 20.8 |
| 中长期贷款 | Medium and Long-term Loans | 16977.71 | 14.8 |
| 个人消费贷款 | Personal Consumption Loans | 13234.02 | 14.0 |
| 个人经营性贷款 | Personal Business Loans | 3743.69 | 18.0 |
| 非金融企业及机关团体贷款 | Non-financial Enterprise and Government Loans | 25734.85 | 9.4 |
| 短期贷款 | Short-term Loans | 8303.20 | 2.8 |
| 单位经营贷款 | Business Loans | 7344.49 | 0.7 |
| 单位固定资产贷款 | Fixed Assets Loans | 80.28 | 12.1 |
| 单位并购贷款 | M&A Loans | 30.66 | 726.5 |
| 贸易融资 | Trade Financing | 841.04 | 19.8 |
| 中长期贷款 | Medium and Long-term Loans | 15227.39 | 11.5 |
| 单位经营贷款 | Business Loans | 2702.86 | 16.4 |
| 单位固定资产贷款 | Fixed Assets Loans | 12114.89 | 11.1 |
| 单位并购贷款 | M&A Loans | 316.15 | -1.3 |
| 贸易融资 | Trade Financing | 93.49 | -11.7 |
| 融资租赁 | Finance Lease | 87.03 | 51.8 |
| 票据融资 | Bill Financing | 2096.33 | 23.5 |
| 各项垫款 | Advances | 20.90 | -35.3 |
| 非银行业金融机构贷款 | Non-banking financial institutions Loans | 233.41 | 341.0 |
| 境外贷款 | Overseas Loans | 200.88 | 19.5 |

# 9-6 商业保险业务情况

## Basic Statistics of Insurance

单位：万元 (10000 yuan)

| 项目 | Item | 2005 | 2010 | 2015 | 2018 | 2019 |
|---|---|---|---|---|---|---|
| **保险费收入** | **Premium Income** | **1490886** | **4236124** | **7775781** | **10814264** | **11747656** |
| 财产保险 | Property Insurance | 413723 | 1327403 | 2745518 | 3440568 | 3825003 |
| #机动车辆险 | Motor Vehicle Insurance | 273882 | 981696 | 2070193 | 2341765 | 2455859 |
| 企业财产险 | Enterprise Property Insurance | 45813 | 84930 | 124024 | 143091 | 158155 |
| 家庭财产险 | Family Property Insurance | 2109 | 8965 | 14044 | 25563 | 26524 |
| 人身保险 | Life Insurance | 1077163 | 2908721 | 5030263 | 7373696 | 7922653 |
| 人寿保险 | Life Insurance | 927841 | 2616312 | 4081091 | 5623298 | 5850023 |
| 健康保险 | Health Insurance | 121248 | 228322 | 784114 | 1515772 | 1839379 |
| 意外伤害 | Accident Insurance | 28074 | 64086 | 165058 | 234626 | 233251 |
| **有效保单赔款及给付金额** | **Claim and Payment** | **405525** | **1028986** | **2450773** | **3462672** | **3641924** |
| 财产保险 | Property Insurance | 272304 | 654417 | 1472506 | 1941317 | 2245098 |
| #机动车辆险 | Motor Vehicle Insurance | 173923 | 460282 | 1068129 | 1325636 | 1445703 |
| 企业财产险 | Enterprise Property Insurance | 56455 | 75590 | 92346 | 86271 | 70104 |
| 家庭财产险 | Family Property Insurance | 743 | 9198 | 9729 | 12854 | 14791 |
| 人身保险 | Life Insurance | 133221 | 374569 | 978267 | 1521355 | 1396826 |
| 人寿保险 | Life Insurance | 89362 | 271750 | 729538 | 1119674 | 840964 |
| 健康保险 | Health Insurance | 33285 | 82822 | 210014 | 349853 | 506089 |
| 意外伤害 | Accident Insurance | 10575 | 19997 | 38716 | 51827 | 49773 |

# 9-7 商业保险系统机构和人员数（2019年）

## Number of Institutions and Members in Insurances System(2019)

| 项目 Item | 财产保险公司 Property Insurance Companies | | | 人寿保险公司 Life Insurance Companies | | |
|---|---|---|---|---|---|---|
| | 机构数（个） Institutions (unit) | 职工人数（人） Staff and Workers (person) | 代理制销售人员数（人） Agent Salesmen (person) | 机构数（个） Institutions (unit) | 职工人数（人） Staff and Workers (person) | 代理制销售人员数（人） Agent Salesmen (person) |
| **保险公司 Total** | **1080** | **20510** | **37631** | **1398** | **15254** | **221747** |
| #省级分公司 Provincial Branches | 46 | 3817 | 2124 | 47 | 5110 | 3567 |
| 中心支公司 Central Branches | 150 | 7571 | 7181 | 131 | 5395 | 21595 |
| 支公司 Branches | 417 | 6828 | 20475 | 277 | 3073 | 75791 |
| 营业部 Business Departments | 6 | 145 | 1891 | 3 | 69 | 924 |
| 营销服务部 Business Services | 459 | 1694 | 5911 | 939 | 1428 | 119818 |

# 9-8 各设区市商业保险业务情况（2019年）

## Statistics of Insurance Business by City(2019)

单位：万元 (10000 yuan)

| 地区 | Area | 保险费收入 Premium Income | 财产保险 Property Insurance | #机动车辆险 Motor Vehicle Insurance | #企业财产险 Enterprise Property Insurance | #家庭财产险 Family Property Insurance | 人身保险 Life Insurance | 人寿保险 Life Insurance | 健康保险 Health Insurance | 意外伤害 Accident Insurance |
|---|---|---|---|---|---|---|---|---|---|---|
| **福建省** | **Fujian** | **11747656** | **3825003** | **2455859** | **158155** | **26524** | **7922653** | **5850023** | **1839379** | **233251** |
| 福州市 | Fuzhou | 3432755 | 1064929 | 552491 | 55899 | 3862 | 2367826 | 1648967 | 646735 | 72125 |
| 厦门市 | Xiamen | 2266752 | 849716 | 561944 | 42233 | 3336 | 1417036 | 1073659 | 300787 | 42590 |
| 莆田市 | Putian | 643161 | 180396 | 129233 | 4812 | 1657 | 462765 | 349407 | 102375 | 10983 |
| 三明市 | Sanming | 523069 | 157688 | 104175 | 5302 | 1407 | 365381 | 295258 | 61829 | 8293 |
| 泉州市 | Quanzhou | 2403846 | 710195 | 542640 | 23592 | 7711 | 1693652 | 1280197 | 363737 | 49717 |
| 漳州市 | Zhangzhou | 816482 | 302577 | 209915 | 9037 | 1954 | 513906 | 380961 | 114677 | 18268 |
| 南平市 | Nanping | 533218 | 174526 | 104443 | 5620 | 1460 | 358692 | 283837 | 66951 | 7904 |
| 龙岩市 | Longyan | 613133 | 241798 | 154802 | 6430 | 2858 | 371335 | 279491 | 79899 | 11945 |
| 宁德市 | Ningde | 515240 | 143178 | 96217 | 5230 | 2278 | 372061 | 258247 | 102388 | 11426 |

# 9-8 续表

## Continued

单位：万元 (10000 yuan)

| 地区 | Area | 有效保单赔款及给付金额 Claim and Payment | 财产保险 Property Insurance | #机动车辆险 Motor Vehicle Insurance | #企业财产险 Enterprise Property Insurance | #家庭财产险 Family Property Insurance | 人身保险 Life Insurance | 人寿保险 Life Insurance | 健康保险 Health Insurance | 意外伤害 Accident Insurance |
|---|---|---|---|---|---|---|---|---|---|---|
| **福建省** | **Fujian** | **3641924** | **2245098** | **1445703** | **70104** | **14791** | **1396826** | **840964** | **506089** | **49773** |
| 福州市 | Fuzhou | 1011106 | 586968 | 355724 | 18037 | 1284 | 424139 | 197238 | 215238 | 11663 |
| 厦门市 | Xiamen | 788141 | 526974 | 362295 | 18653 | 569 | 261167 | 173155 | 77487 | 10524 |
| 莆田市 | Putian | 199676 | 112771 | 74172 | 1508 | 647 | 86905 | 44478 | 39732 | 2696 |
| 三明市 | Sanming | 165539 | 101542 | 58375 | 5307 | 2751 | 63997 | 51318 | 10068 | 2611 |
| 泉州市 | Quanzhou | 647586 | 391487 | 287495 | 9013 | 3049 | 256098 | 181703 | 64727 | 9669 |
| 漳州市 | Zhangzhou | 284200 | 191076 | 113371 | 4956 | 1019 | 93124 | 68139 | 20265 | 4721 |
| 南平市 | Nanping | 177121 | 117614 | 59308 | 7245 | 1888 | 59506 | 43328 | 14114 | 2064 |
| 龙岩市 | Longyan | 210539 | 142655 | 83050 | 3265 | 2125 | 67883 | 47550 | 17089 | 3244 |
| 宁德市 | Ningde | 158016 | 74009 | 51913 | 2120 | 1458 | 84007 | 34055 | 47371 | 2581 |

# 9-9 商业保险公司业务经济技术指标（2019年）

# Economic and Technical Indicators of Insurance Companies(2019)

单位：亿元 (100 million)

| 项目<br>Item | 保险金额<br>Amount Insured | 保费收入<br>Premium | 赔款及给付<br>Claim and Payment |
|---|---|---|---|
| **财产保险公司**<br>**Property Insurance Companies** | **653271.67** | **382.50** | **224.51** |
| # 企业财产险<br>Enterprise Property Insurance | 30285.16 | 15.82 | 7.01 |
| 家庭财产险<br>Family Property Insurance | 10635.18 | 2.65 | 1.48 |
| 机动车辆险<br>Motor Vehicle Insurance | 97979.83 | 245.59 | 144.57 |
| 船舶险<br>Ship Insurance | 2434.71 | 3.09 | 1.70 |
| 货物运输险<br>Freight Transport Insurance | 13939.63 | 3.70 | 1.84 |
| 特殊风险保险<br>Special Risk Insurance | 1663.36 | 2.65 | 0.57 |
| 建筑、安装工程<br>Construction and Installation Projects | 2533.43 | 3.20 | 2.00 |
| 责任险<br>Liability Insurance | 85749.45 | 19.99 | 9.89 |
| 信用险<br>Credit Insurance | 2617.14 | 10.89 | 5.88 |
| 保证保险<br>Guarantee Insurance | 1086.82 | 22.36 | 12.27 |
| 农业险<br>Agriculture Insurance | 1181.94 | 6.08 | 5.12 |
| **人寿保险公司**<br>**Life Insurance Companies** | **259807.69** | **792.27** | **139.68** |
| **人身保险**<br>**Personal Insurance** | **33287.96** | **585.00** | **84.10** |
| 个人业务<br>Ondividual | 29004.32 | 583.20 | 80.71 |
| 团体业务<br>Team | 4283.64 | 1.80 | 3.38 |
| **健康险**<br>**Health Insurance** | **156426.46** | **183.94** | **50.61** |
| **人身意外伤害险**<br>**Unforeseen Human Insurance** | **70093.26** | **23.33** | **4.98** |

# 9-10 各设区市主要社会保险参保人数（2019年）

## Basic Statistics on Social Insurance by City(2019)

单位：万人 (10000 persons)

| 地区 | Area | 参加城镇基本养老保险人数 Basic Pension Insurance in Urban | 参加城乡居民社会养老保险人数 Social Endowment Insurance in Urban and Rural | 参加基本医疗保险人数 Basic Medical Insurance | 参加失业保险人数 Unemployment Insurance | 参加工伤保险人数 Work Injury Insurance | 参加生育保险人数 Maternity Insurance |
|---|---|---|---|---|---|---|---|
| **全　省** | **Total** | **1137.34** | **1554.14** | **3788.10** | **610.62** | **891.15** | **621.73** |
| 省　直 | Province | 52.39 | | 37.81 | | 23.83 | 26.69 |
| 福州市 | Fuzhou | 218.15 | 244.02 | 661.26 | 133.84 | 184.53 | 117.65 |
| #平潭 | Pingtan | 5.77 | 19.15 | 39.69 | 3.08 | 6.91 | 2.96 |
| 厦门市 | Xiamen | 292.77 | 27.43 | 421.88 | 240.66 | 241.95 | 227.70 |
| 莆田市 | Putian | 46.66 | 161.41 | 331.03 | 23.99 | 52.05 | 22.69 |
| 三明市 | Sanming | 62.77 | 124.62 | 262.73 | 23.30 | 40.84 | 22.09 |
| 泉州市 | Quanzhou | 169.27 | 370.96 | 703.16 | 72.89 | 118.66 | 78.69 |
| 漳州市 | Zhangzhou | 104.94 | 216.76 | 480.33 | 44.53 | 78.40 | 46.42 |
| 南平市 | Nanping | 70.48 | 134.78 | 287.76 | 20.46 | 57.70 | 20.84 |
| 龙岩市 | Longyan | 59.62 | 138.67 | 280.94 | 27.78 | 46.99 | 29.18 |
| 宁德市 | Ningde | 60.27 | 135.48 | 321.21 | 23.17 | 46.20 | 29.77 |

注：1.参加城镇基本养老保险人数包含城镇职工参保人数和领取基本养老保险金离退休人数。2.基本医疗保险参保人数含参加医保的城乡居民、企业、事业、机关职工及退休人员。

Note:a)Number of People Participated in Urban Employees Basic Pension Insurance includes Urban Employees and Retirees Beneficiary of Pension Insurance.b)Basic Medical Insurance contains Urban and Rural residents participating in health insurance.

# 9-11 各设区市城镇基本养老保险人数（2019年）

## Basic Statistics on the Coverage of Basic Insurance in Urban area by City(2019)

单位：万人 (10000 persons)

| 地区 | Area | 参加城镇基本养老保险职工人数 Population Vovered Pension Insurance in Urban | 参加城镇企业基本养老保险人数 Coverd Enterprises Pension Insurance in Urban | 参加城镇机关事业养老保险人数 Covered Institutions and state organs Insurance | 期末领取基本养老保险金离退休人数 Retirees Beneficiary of Pension Insurance at the Year-end | 企业单位领取人数 Enterprises | 机关事业单位领取人数 Institutions and State Organs |
|---|---|---|---|---|---|---|---|
| **全　省** | **Total** | **938.21** | **843.20** | **95.01** | **199.13** | **151.08** | **48.05** |
| 省　直 | Province | 35.91 | 22.95 | 12.97 | 16.48 | 9.87 | 6.61 |
| 福州市 | Fuzhou | 177.26 | 163.66 | 13.60 | 40.89 | 32.81 | 8.08 |
| #平潭 | Pingtan | 4.37 | 3.58 | 0.78 | 1.41 | 0.92 | 0.49 |
| 厦门市 | Xiamen | 259.02 | 251.89 | 7.13 | 33.75 | 31.15 | 2.60 |
| 莆田市 | Putian | 38.35 | 31.78 | 6.57 | 8.30 | 5.36 | 2.94 |
| 三明市 | Sanming | 44.40 | 36.53 | 7.88 | 18.37 | 14.09 | 4.28 |
| 泉州市 | Quanzhou | 152.65 | 138.25 | 14.40 | 16.62 | 11.10 | 5.52 |
| 漳州市 | Zhangzhou | 84.46 | 74.82 | 9.64 | 20.47 | 15.66 | 4.81 |
| 南平市 | Nanping | 49.41 | 42.16 | 7.25 | 21.08 | 16.02 | 5.06 |
| 龙岩市 | Longyan | 47.62 | 40.02 | 7.60 | 12.00 | 7.87 | 4.13 |
| 宁德市 | Ningde | 49.12 | 41.15 | 7.97 | 11.16 | 7.14 | 4.02 |

# 9-12 社会保险情况

## Basic Statistics on Social Insurance

| 项目 | Item | 2010 | 2018 | 2019 |
|---|---|---|---|---|
| **养老保险** | **Pension Insurance** | | | |
| **城镇企业职工养老保险** | **Pension Insurance for Staff and Workers of Urban Enterprises** | | | |
| 期末参加基本养老保险职工人数（万人） | Number of Employment Covered at the Year-end(10000 persons) | 466.88 | 789.47 | 843.20 |
| 期末领取基本养老保险离退休人数（万人） | Retiress as Covered at the Year-end(10000 persons) | 93.33 | 144.03 | 151.08 |
| 基本养老保险基金收入（亿元） | Revenue(100 million yuan) | 149.55 | 534.02 | 628.82 |
| 基本养老保险基金支出（亿元） | Expenses(100 million yuan) | 135.85 | 444.96 | 484.92 |
| 基本养老保险基金累计结余（亿元） | Balance(100 million yuan) | 104.63 | 762.65 | 794.55 |
| **机关事业单位养老保险** | **Pension Insurance for Government Agencies and Institutions** | | | |
| 期末参加基本养老保险职工人数（万人） | Number of Staff Covered at the Year-end(10000 persons) | 54.93 | 94.19 | 95.01 |
| 期末领取基本养老保险离退休人数（万人） | Number of Retirees at the Year-end(10000 persons) | 20.13 | 46.58 | 48.05 |
| 基本养老保险基金收入（亿元） | Revenue(100 million yuan) | 55.32 | 216.67 | 195.74 |
| 基本养老保险基金支出（亿元） | Expenses(100 million yuan) | 52.65 | 279.67 | 297.24 |
| 基本养老保险基金累计结余（亿元） | Balance(100 million yuan) | 36.60 | 175.95 | 181.66 |
| **城乡居民社会养老保险** | **Social Endowment Insurance in Urban and Rural** | | | |
| 期末参加基本养老保险人数（万人） | Number of Staff Covered at the Year-end(10000 persons) | | 1525.64 | 1554.14 |
| 基本养老保险基金收入（亿元） | Revenue(100 million yuan) | | 103.61 | 120.12 |
| 基本养老保险基金支出（亿元） | Expenses(100 million yuan) | | 81.97 | 90.20 |
| 基本养老保险基金累计结余（亿元） | Balance(100 million yuan) | | 165.54 | 195.46 |
| **医疗保险** | **Insurance for Medical Care** | | | |
| 期末参加基本医疗保险人数（万人） | Number of Staff Covered at the Year-end(10000 persons) | 1226.25 | 3804.74 | 3788.10 |
| 城镇职工 | Urban Workers | 554.67 | 853.06 | 841.38 |
| 城镇居民 | Urban Non-Retirees employment | 671.58 | 2951.68 | 2946.72 |
| 基本医疗保险基金收入（亿元） | Revenue(100 million yuan) | 113.72 | 537.94 | 588.55 |
| 城镇职工 | Urban Workers | 106.22 | 324.96 | 354.41 |
| 城镇居民 | Urban Non-Retirees employment | 7.50 | 212.98 | 234.14 |

注：2017年起，城镇居民参加基本医疗保险数据包含新农合数据在内。

Note:Since2017,Basic Medical Insurance contains New Rural Cooperative medical System.

# 9-12 续表

# Continued

| 项目 | Item | 2010 | 2018 | 2019 |
|---|---|---|---|---|
| 基本医疗保险基金支出（亿元） | Expenses(100 million yuan) | 96.01 | 455.11 | 520.93 |
| 城镇职工 | Urban Workers | 88.96 | 249.42 | 278.93 |
| 城镇居民 | Urban Non-Retirees employment | 7.05 | 205.69 | 242.00 |
| 基本医疗保险基金累计结余（亿元） | Balance(100 million yuan) | 174.86 | 713.83 | 783.29 |
| 城镇职工 | Urban Workers | 169.99 | 610.23 | 687.55 |
| 城镇居民 | Urban Non-Retirees employment | 4.87 | 103.60 | 95.74 |
| 基本医疗保险基金收缴率（%） | Insurance Paid Rate(%) | 99.29 | 99.50 | 99.60 |
| **失业保险** | **Unemployment Insurance** | | | |
| 期末参加失业保险人数（万人） | Number of Population Covered at the Year-end(10000 persons) | 374.18 | 570.27 | 610.62 |
| 期末领取失业保险金人数（万人） | Number of Beneficiaries Unemployment Insurance at the Year-end(10000 persons) | 3.17 | 5.05 | 5.91 |
| 失业保险基金收入（亿元） | Revenue(100 million yuan) | 11.63 | 22.77 | 24.64 |
| 失业保险基金支出（亿元） | Expenses(100 million yuan) | 5.60 | 16.41 | 19.96 |
| 失业保险基金累计结余（亿元） | Balance(100 million yuan) | 52.25 | 177.95 | 147.03 |
| **工伤、生育保险** | **Insurance for Work Injury and Maternity** | | | |
| 期末参加工伤保险的城镇企业职工人数（万人） | Contributors of Work Injury Insurance at the Year-end (10000 persons) | 417.74 | 853.94 | 891.15 |
| 工伤保险基金收入（亿元） | Revenue of Work Injury Insurance(100 million yuan) | 5.90 | 20.23 | 19.81 |
| 工伤保险基金支出（亿元） | Expenses of Work Injury Insurance(100 million yuan) | 2.86 | 18.60 | 20.88 |
| 工伤保险基金累计结余（亿元） | Balance of Work Injury Insurance(100 million yuan) | 22.37 | 63.92 | 62.85 |
| 期末参加生育保险的职工人数（万人） | Beneficiaries of Maternity at the Year-end(10000 persons) | 374.41 | 651.87 | 621.73 |
| 生育保险基金收入（亿元） | Revenue of Maternity Insurance(100 million yuan) | 4.32 | 17.08 | 18.95 |
| 生育保险基金支出（亿元） | Expenses of Maternity Insurance(100 million yuan) | 2.95 | 19.30 | 18.61 |
| 生育保险基金累计结余（亿元） | Balance of Maternity Insurance(100 million yuan) | 8.18 | 14.86 | 13.38 |

## 主要统计指标解释

**地方一般公共预算收入**　属于地方财政的收入包括营业税，地方企业所得税，个人所得税，城镇土地使用税，固定资产投资方向调节税，城镇维护建设税，房产税，车船使用税，印花税，屠宰税，牧业税，耕地占用税，契税，增值税 25%部分，证券交易税(印花税)50%部分和除海洋石油资源税以外的其他资源税。

**一般公共预算支出**　包括地方行政管理和各项事业费，地方统筹的基本建设、技术改造支出，支援农村生产支出，城市维护和建设经费，价格补贴支出等。

**信贷资金**　指金融机构以信用方式积聚和分配的货币资金。金融机构信贷资金的来源有各项存款、对国际金融机构负债、流通中货币、银行自有资金及当年结益等；信贷资金的运用有各项贷款、黄金占款、外汇占款、财政借款及在国际金融机构中的资产等。

**存款**　指企业、机关、团体或居民根据资金必须收回的原则，把货币资金存入银行或其他信用机构保管并取得一定利息的一种信用活动形式。根据存款对象的不同可划分为企业存款、财政存款、机关团体存款、基本建设存款、城镇储蓄存款、农村存款等科目。它是银行信贷资金的主要来源。

**贷款**　指银行或其他信用机构根据资金必须归还的原则，按一定利率，为企业、个人等提供资金的一种信用活动形式。我国银行贷款分为流动资金贷款、固定资产贷款、城乡个体工商户贷款以及农业贷款等科目。

**保险金额**　指保险人承担赔偿或者给付保险金责任的最高限额。

**保费**　指投保人为取得保险人在约定范围内所承担赔偿责任而支付给保险人的费用。

**赔款**　指保险人根据保险合同的规定，向被保险人支付的赔偿保险责任损失的金额。

**给付**　包括死伤医疗给付和满期给付。死伤医疗给付是指保险人根据人寿保险及长期健康保险合同的规定，因被保险人在保险期内发生保险责任范围内的保险事故支付给被保险人(或受益人)的金额。满期给付是指被保险人生存期满，保险人按人寿保险合同规定支付给被保险人的满期保险金额。

**基本养老保险**

参加基本养老保险人数：指报告期末按照国家法律、法规和有关政策规定参加基本养老保险的职工人数。包括不能正常缴费、已中断缴费但未终止保险关系的职工人数。

**基本医疗保险**

参加基本医疗保险人数：指报告期末按国家有关规定参加基本医疗保险的人数。包括参加保险的职工人数和退休人员人数。

**失业保险**

参加失业保险人数：指报告期末按照国家法律、法规和有关政策规定参加了失业保险的城镇企业事业单位的职工及地方政府规定参加失业保险的其他人员的人数。

# Explanatory Notes on Main Statistical Indicators

**Revenue of the Local Governments** The revenue of the local governments includes business tax, income tax of the enterprises subordinate to the local government, personal income tax, tax on the use of urban land, tax on the adjustment of the investment in fixed assets, tax on town maintenance and construction, tax on real estates, tax on the use of vehicles and ships, stamp tax, slaughter tax, tax on animal husbandry, tax on the occupancy of cultivated land, contract tax, 25% of the value added tax, 50% of the tax on stock dealing (stamp tax) and tax on resources other than the ocean petroleum resources.

**Expenditure of the Local Governments** The expenditure of the local governments includes mainly the administrative expenses and various operating expenses at the vel of local governments, the expenditure for capital construction and technological innovation with the funds raised by the local government, expenditure for supporting rural production, expenditure for city maintenance and construction and expenditure for price subsidies, etc.

**Credit Funds** refer to the funds issued as loans by banking institutions. The sources of credit funds of the banking institutions included deposits, liabilities to international financial institutions, currency in circulation, self-owned funds and current retained profits, etc. The credit funds can be used in forms of loans, gold, foreign exchange, government debt and assets in the international financial institutions.

**Deposit** is a form of credit by which enterprises, institutions, organizations or households can put money into banks and other credit institutions for safekeeping and interest earning under the principle of free withdrawal. According to different depositors, deposits are divided into enterprise deposits,treasury deposits, deposits of government agencies and organizations,capital construction deposits, urban savings deposits, rural deposits and other deposits. Deposits are major sources of the credit funds of banks.

**Loan** is a form of credit by which banks and other credit institutions provide funds at certain interest rate to enterprises and individuals in the light of the principle of unconditional repayment. Loans from Chinese banks include circulating capital loans, fixed assets loans, loans to urban and rural individuals engaged in industrial and commercial business and agricultural loans.

**Amount Insured** refers to the maximum that the insurant will get for the claim of the case insured.

**Premium** is the fee paid by the insurant to the insurer to obtain the obligation of compensation from the insurance within the agreed terms.

**Settled Claim** is the compensation paid by the insurer to the insurant in accordance with the insurance contract.

**Payment** includes payment for death, injury or medical treatment and mature payment. Payment for death, injury or medical treatment refers to the money paid to the insurant (or the beneficiary) in accordance with the life or health insurance contract when the insurant encounters accidents within the insured period covered in the contract. Mature payment refers to the mature payment to the insurant in accordance with the life insurance contract at the end of the insured period.

**Basic Endowment Insurance**

Number of people participating in the insurance program: by the end of reference period, number of staff and workers participating in the insurance program in line with national laws, regulations and related policies, including those who can not make regular payment or interrupt payment but not terminate the insurance program.

**Basic Medical Care Insurance:**

Number of people participated in the insurance program: refer to number of people participated in the basic medical care insurance program according to related regulation by the end of reference period, including: number of staff and workers and retired persons participated in this insurance program.

**Unemployment Insurance**

Number of people participated in unemployment insurance program: number of staff and workers in urban enterprises or institutions and other people according to local government regulations participated in unemployment insurance program in line with national law, regulations and related policies by the end of the reference period.

# 第十篇　农业

# Chapter 10　Agriculture

资料整理：吴新榕 林卿 周万春 陈晓兵 郭宏杨

Database Editor: Wuxinrong Linqing Zhouwanchun Chenxiaobing Guohongyang

# 简 要 说 明

本篇资料的主要内容及来源

本篇资料反映了全省农业生产和农村经济的基本情况，主要包括农林牧渔业总产值、增加值，农村劳动力，主要农产品产量，农业机械年末拥有量，农村电气化以及农田水利建设等方面的统计资料。

本篇资料的统计范围包括省内所属的各种经济类型、各个系统的全部农林牧渔业生产单位以及各非农行业附属的农林牧渔业生产活动单位。军委系统的农业生产（除军马外）也包括在内，但不包括农业科学试验机构进行的农业生产。

本篇资料中 2003 年及以后年份的农林牧渔业总产值、增加值按新口径计算。即取消农业中种植业和其他农业的分类，将原属于其他农业的农民家庭兼营商品性工业剔除，作为附记指标统计；林业中竹木采运统计范围由村及村以下改为全社会；增加农林牧渔服务业统计;2010 年起执行 2010《统计用品分类目录》，坚果类划归农业，采集野生植物划归林业。2007-2017 年主要农产品的生产情况以及农林牧渔业产值等数据，以全省第三次农业普查数据为基础，进行了核定和修订。

本篇资料来源于农村综合统计年报，由省统计局农村统计处整理提供。

# Brief Introduction

Main Content and Source of Data

Data in this chapter show the basic conditions of agricultural production and rural economy, mainly including agricultural output, value added, rural labor force, output of main agricultural produces, cultivated land, agricultural machinery and basic construction on irrigation and drainage.

The coverage of the comprehensive statistical reporting includes all productive units of farming, forestry, animal husbandry and fishery and those related non agricultural affiliated units with various ownership and the activities of horse raising for military purpose and those undertaken by agricultural research institutions are excluded.

Since 2003, data on the gross output value and value added have been calculated under the new classification of economic activities. Crop plantation and other agricultural activities have been excluded according to the classification. Value of industrial output by rural households is not included in agriculture and used only as supplementary indicators. Since 2010, we carry out the product of category statistics,nut fruits belongs to farming and collection of wild plants belongs to forestry. Transport of bamboo and timber cover all the units related. Services to farming, forestry, animal husbandry are included in farming In order to be comparable; data on Farming, Forestry, Animal Husbandry and Fishery in from 2007 to 2017 have been adjusted according to the data obtained from the Third National Agricultural Census.

Data in this chapter are based on the statistical reporting summary tables and are prepared and compiled by the Division of Countryside Statistics of Fujian Provincial Bureau of Statistics.

# 10-1 农村基层组织和劳动力情况

## Basic Rural Units and Resource of Rural Labour

| 项目 Item | 2000 | 2005 | 2010 | 2018 | 2019 |
|---|---|---|---|---|---|
| **农村基层组织情况 Basic Rural Units** | | | | | |
| 乡(镇)政府（个） Township and Town Governments(unit) | 942 | 934 | 929 | 926 | 925 |
| 乡政府 Township Governments | 365 | 341 | 334 | 281 | 271 |
| 镇政府 Town Governments | 577 | 593 | 595 | 645 | 654 |
| 村民委员会（个） Villagers' Committees(unit) | 14988 | 14630 | 14434 | 14388 | 14335 |
| 自来水受益村数（个） Number of Villages which have Running Water(unit) | 8341 | 9589 | 12592 | 13723 | 13825 |
| 通有线电视村数（个） Number of Villages Where TV can used(unit) | | | | 13959 | 14018 |
| 通宽带村数（个） Number of Villages Where Network can used(unit) | | | | 14280 | 14283 |
| **农村劳动力资源情况 Resource of Rural Labour** | | | | | |
| **乡村劳动力资源总数（万人） Amount Resource of Rural Labour (10000 persons)** | **1367.65** | **1490.55** | **1579.32** | **1653.56** | **1645.59** |
| **乡村从业人员（万人） Actural Employment in Rural (10000 persons)** | **1253.46** | **1320.51** | **1395.81** | **1424.69** | **1414.86** |
| 按性别分 By Male | | | | | |
| 男 Male | 674.32 | 712.20 | 752.57 | 765.42 | 761.05 |
| 女 Female | 579.15 | 608.31 | 643.23 | 659.26 | 653.81 |
| #农林牧渔业从业人员 Employment of Farming, Forestry, Animal Husbandy and Fishery | 778.07 | 699.67 | 623.73 | 582.16 | 577.23 |

# 10-2 农业机械化情况

## Statistics on Agriculture Machinery

| 项目 Item | 2000 | 2005 | 2010 | 2018 | 2019 |
|---|---|---|---|---|---|
| **农业机械动力（万千瓦）**<br>**Total Agricultural Machinery(10000kw)** | **873.28** | **999.99** | **1206.16** | **1228.27** | **1237.73** |
| 柴油发动机<br>Diesel Engines | 700.59 | 810.27 | 891.66 | 778.26 | 767.66 |
| 汽油发动机<br>Petrol Engines | 38.46 | 37.47 | 64.01 | 162.47 | 177.15 |
| 电动机<br>Electric Engines | 133.85 | 152.25 | 250.47 | 287.51 | 292.91 |
| 其它机械<br>Other | 0.38 | | 0.03 | 0.02 | 0.02 |
| **农业机械拥有量**<br>**Major Agricultural Machinery and Equipment** | | | | | |
| 大型拖拉机（台）<br>Large Tractors(set) | | | | 251 | 308 |
| 大型拖拉机动力（万千瓦）<br>Capacity(10000kw) | | | | 2.07 | 2.59 |
| 中型拖拉机（台）<br>Medium Tractors(set) | | | | 5070 | 5144 |
| 中型拖拉机动力（万千瓦）<br>Capacity(10000kw) | | | | 19.72 | 20.95 |
| 小型拖拉机（台）<br>Mini-tractors(set) | 153250 | 98806 | 107739 | 87524 | 84730 |
| 小型拖拉机动力（万千瓦）<br>Capacity(10000kw) | 158.70 | 94.01 | 107.02 | 95.15 | 94.06 |
| 联合收割机（台）<br>Combine Harvesters(set) | 577 | 1253 | 4411 | 10122 | 10328 |
| 联合收割机动力（万千瓦）<br>Capacity(10000kw) | 0.80 | 3.02 | 15.48 | 41.02 | 42.68 |
| 机动脱粒机（台）<br>Motorized Threshing Machines(set) | 46512 | 59932 | 93484 | 97526 | 99478 |
| 养殖渔船（艘）<br>Breeding Fishing Boats(set) | | | | 22418 | 21853 |
| 捕捞渔船（艘）<br>Fishing Boats(set) | | | | 26022 | 24154 |
| 机电井（眼）<br>Electrical Wells(set) | 14781 | 15794 | 17866 | 316053 | 316132 |

# 10-3 农业生产条件

# Agricultural Production Basic Conditions

| 年份<br>Year | 农业机械动力（万千瓦）<br>Total Power of Agricultural Machinery (10000 kw) | 耕地灌溉面积（千公顷）<br>Irrigated Area (1000 hectare) | 化肥施用量（吨）<br>Consumption of Chemical Fertilizers (ton) | 农药使用量（吨）<br>Consumption of Chemical Pesticides (ton) | 农村用电量（万千瓦小时）<br>Electricity Consumed in Rural Area(10000 kwh) | 农用塑料薄膜使用量（吨）<br>Plastic Film Use for Agriculture (ton) |
|---|---|---|---|---|---|---|
| 1952 | 0.25 | 643.33 | 7000 | | | |
| 1957 | 1.97 | 774.00 | 20300 | | | |
| 1962 | 6.83 | 950.00 | 24300 | | | |
| 1965 | 15.07 | 1066.67 | 80800 | | 3900 | |
| 1970 | 34.64 | 852.00 | 105800 | | 9800 | |
| 1975 | 87.83 | 904.21 | 118600 | | 32239 | |
| 1978 | 167.72 | 862.55 | 212800 | | 48946 | |
| 1979 | 204.60 | 878.63 | 295075 | | 57597 | |
| 1980 | 240.19 | 933.07 | 369918 | | 64315 | |
| 1981 | 271.27 | 836.05 | 389908 | | 71252 | |
| 1982 | 310.76 | 812.62 | 455196 | | 79882 | |
| 1983 | 323.99 | 822.90 | 475615 | | 80056 | |
| 1984 | 344.42 | 804.22 | 502265 | | 89244 | |
| 1985 | 374.85 | 925.00 | 491010 | | 112380 | |
| 1986 | 455.77 | 917.62 | 572200 | | 146500 | |
| 1987 | 508.10 | 921.66 | 624300 | | 140600 | |
| 1988 | 546.94 | 924.00 | 670606 | | 165286 | |
| 1989 | 574.17 | 910.61 | 749095 | | 200384 | |
| 1990 | 587.09 | 933.63 | 763900 | 30400 | 203900 | 7200 |
| 1991 | 614.44 | 939.67 | 807194 | 34082 | 233902 | 10996 |
| 1992 | 645.62 | 943.87 | 930581 | 34769 | 269194 | 10510 |
| 1993 | 693.50 | 945.20 | 922399 | 37305 | 291718 | 13371 |
| 1994 | 729.70 | 937.57 | 1014537 | 42236 | 360372 | 17229 |
| 1995 | 757.25 | 936.52 | 1049699 | 48000 | 456814 | 18423 |
| 1996 | 786.49 | 935.18 | 1109907 | 55161 | 500352 | 25467 |
| 1997 | 792.42 | 933.66 | 1164151 | 52281 | 578096 | 21455 |
| 1998 | 818.42 | 931.88 | 1180778 | 50298 | 609966 | 19246 |
| 1999 | 838.71 | 932.23 | 1243322 | 56387 | 650923 | 19589 |
| 2000 | 873.28 | 940.18 | 1233311 | 51777 | 724290 | 21152 |
| 2001 | 889.59 | 942.35 | 1173704 | 52841 | 868090 | 22697 |
| 2002 | 915.84 | 938.80 | 1199068 | 55313 | 1065019 | 25553 |
| 2003 | 951.91 | 939.95 | 1202870 | 55266 | 1184550 | 26491 |
| 2004 | 980.99 | 941.45 | 1216646 | 53503 | 1375738 | 29538 |
| 2005 | 999.99 | 949.71 | 1220157 | 56044 | 1605843 | 36023 |
| 2006 | 1027.83 | 950.48 | 1209000 | 56498 | 1720000 | 48452 |
| 2007 | 1063.08 | 952.91 | 1196930 | 56951 | 1834388 | 60881 |
| 2008 | 1112.47 | 955.45 | 1186741 | 57500 | 2096791 | 61800 |
| 2009 | 1175.01 | 960.12 | 1206801 | 57844 | 2300894 | 58350 |
| 2010 | 1206.16 | 964.77 | 1210372 | 58238 | 2574895 | 57053 |
| 2011 | 1250.81 | 967.48 | 1209317 | 58276 | 2705792 | 57814 |
| 2012 | 1286.80 | 1120.98 | 1208660 | 57846 | 3128548 | 58692 |
| 2013 | 1336.76 | 1122.42 | 1205733 | 57804 | 3466813 | 59154 |
| 2014 | 1368.41 | 1118.78 | 1226138 | 56391 | 3676659 | 60932 |
| 2015 | 1384.13 | 1061.65 | 1238017 | 55770 | 3810646 | 62067 |
| 2016 | 1269.09 | 1055.37 | 1238417 | 55387 | 3844476 | 62424 |
| 2017 | 1232.42 | 1064.84 | 1163227 | 52167 | 3883797 | 62415 |
| 2018 | 1228.27 | 1085.18 | 1107377 | 49143 | 4038675 | 60002 |
| 2019 | 1237.73 | 1076.78 | 1062630 | 45477 | 4179238 | 58507 |

# 10-4 农业基础设施
## Agricultural Fundamental Facilities

| 项目　Item | 2000 | 2005 | 2010 | 2018 | 2019 |
|---|---|---|---|---|---|
| **1.农业机械使用 Use of Motorized Cultivation** | | | | | |
| 机耕地面积（千公顷） Cultivated Areas by Tractors(1000 hectare) | 405.49 | 421.85 | 908.68 | 901.55 | 922.43 |
| 机械播种面积（千公顷） Sown Area by Machinery(1000 hectare) | 1.95 | 0.75 | 25.77 | 174.67 | 216.78 |
| 机械收获面积（千公顷） Cut Area by Machinery(1000 hectare) | 18.48 | 64.25 | 222.74 | 509.90 | 557.42 |
| **2.化肥施用量（万吨） Consumption of Chemical Fertilizer(10000 tons)** | | | | | |
| 按折纯量计算 By Pure | 123.33 | 122.02 | 121.04 | 110.74 | 106.26 |
| 氮肥 Nitrogenous Fertilizer | 55.66 | 51.29 | 47.74 | 41.94 | 39.93 |
| 磷肥 Phosphate Fertilizer | 16.83 | 16.48 | 17.06 | 15.53 | 14.88 |
| 钾肥 Potash Fertilizer | 23.78 | 24.41 | 24.67 | 21.91 | 20.77 |
| 复合肥 Compound Fertilizer | 27.07 | 29.84 | 31.56 | 31.36 | 30.68 |
| **3.农用塑料薄膜使用量（万吨） Consumption of Agricultural Plastic Film(10000 tons)** | **2.12** | **3.60** | **5.71** | **6.00** | **5.85** |
| #地膜使用量 Consumption of Agricultural Plastic Film | 0.98 | 1.65 | 2.66 | 3.14 | 3.10 |
| **4.农用柴油使用量（万吨） Consumption of Agricultural Diesel(10000 tons)** | **47.95** | **74.19** | **83.17** | **82.37** | **81.25** |

# 10-5 农作物播种面积

# Total Sown Areas of Farm Crops

单位：千公顷 (1000 hectares)

| 年份 Year | 合计 Total | 粮食作物 Grain Crops | #谷物 Cereal | #稻谷 Rice | 非粮作物 Non-grain Crops | #油料作物 Oil-Bearing Crops |
|---|---|---|---|---|---|---|
| 1952 | 2109.80 | 1938.87 | 1537.27 | 1431.07 | 170.93 | 93.81 |
| 1957 | 2377.67 | 2148.73 | 1646.67 | 1474.49 | 228.94 | 106.71 |
| 1962 | 2061.27 | 1897.60 | 1448.87 | 1303.49 | 163.67 | 74.26 |
| 1965 | 1976.27 | 1726.13 | 1425.40 | 1316.40 | 250.14 | 79.60 |
| 1970 | 2350.53 | 2000.47 | 1611.61 | 1477.67 | 350.06 | |
| 1975 | 2756.40 | 2290.87 | 1892.23 | 1715.40 | 465.53 | 106.08 |
| 1978 | 2701.05 | 2213.13 | 1879.52 | 1689.13 | 487.92 | 108.39 |
| 1979 | 2662.27 | 2149.54 | 1843.79 | 1670.13 | 512.73 | 126.43 |
| 1980 | 2573.93 | 2175.55 | 1800.39 | 1673.87 | 398.38 | 130.30 |
| 1981 | 2526.59 | 2137.51 | 1782.74 | 1650.77 | 389.08 | 135.65 |
| 1982 | 2469.47 | 2083.54 | 1729.99 | 1613.19 | 385.93 | 135.24 |
| 1983 | 2428.38 | 2008.99 | 1738.06 | 1617.99 | 419.39 | 108.36 |
| 1984 | 2386.71 | 2017.04 | 1686.64 | 1587.18 | 369.67 | 102.50 |
| 1985 | 2335.71 | 1888.49 | 1568.08 | 1477.22 | 447.22 | 105.71 |
| 1986 | 2401.03 | 1897.72 | 1602.25 | 1484.61 | 503.31 | 107.76 |
| 1987 | 2543.93 | 1961.53 | 1653.20 | 1493.69 | 582.40 | 119.54 |
| 1988 | 2588.62 | 1961.95 | 1606.84 | 1483.25 | 626.67 | 113.09 |
| 1989 | 2656.64 | 2045.34 | 1647.45 | 1509.22 | 611.30 | 109.20 |
| 1990 | 2745.92 | 2080.57 | 1657.72 | 1512.30 | 665.35 | 111.69 |
| 1991 | 2826.85 | 2087.23 | 1641.69 | 1492.51 | 739.62 | 115.11 |
| 1992 | 2881.05 | 2085.05 | 1628.47 | 1476.97 | 796.00 | 116.76 |
| 1993 | 2786.95 | 1967.21 | 1502.76 | 1383.12 | 819.74 | 114.22 |
| 1994 | 2800.97 | 2002.25 | 1512.07 | 1402.60 | 798.72 | 114.36 |
| 1995 | 2835.09 | 2017.35 | 1510.46 | 1406.25 | 817.74 | 118.19 |
| 1996 | 2900.75 | 2031.85 | 1507.09 | 1405.19 | 868.90 | 121.62 |
| 1997 | 2943.63 | 2041.29 | 1501.25 | 1401.53 | 902.34 | 119.56 |
| 1998 | 2918.81 | 2028.64 | 1484.80 | 1387.95 | 890.17 | 119.81 |
| 1999 | 2915.41 | 2009.52 | 1466.49 | 1373.21 | 905.89 | 121.62 |
| 2000 | 2793.25 | 1828.51 | 1303.21 | 1222.31 | 964.74 | 125.04 |
| 2001 | 2713.07 | 1725.72 | 1227.13 | 1156.57 | 987.35 | 123.65 |
| 2002 | 2661.37 | 1630.28 | 1146.67 | 1082.98 | 1031.09 | 121.87 |
| 2003 | 2486.90 | 1424.40 | 1016.87 | 957.88 | 1062.50 | 123.48 |
| 2004 | 2457.12 | 1389.77 | 1036.27 | 975.54 | 1067.36 | 125.10 |
| 2005 | 2392.92 | 1308.41 | 1003.53 | 937.78 | 1084.52 | 122.40 |
| 2006 | 2236.35 | 1226.94 | 932.99 | 890.25 | 1009.42 | 105.88 |
| 2007 | 2106.95 | 1160.24 | 891.50 | 851.63 | 946.71 | 96.67 |
| 2008 | 2053.15 | 1129.43 | 866.78 | 827.71 | 923.73 | 97.31 |
| 2009 | 2007.47 | 1109.75 | 851.32 | 814.63 | 897.72 | 95.29 |
| 2010 | 1941.20 | 1073.17 | 825.04 | 789.59 | 868.04 | 91.74 |
| 2011 | 1878.36 | 1032.07 | 799.42 | 765.49 | 846.29 | 88.03 |
| 2012 | 1801.75 | 976.15 | 768.59 | 734.70 | 825.60 | 84.58 |
| 2013 | 1758.29 | 943.71 | 744.72 | 711.49 | 814.59 | 81.68 |
| 2014 | 1703.13 | 908.38 | 718.57 | 686.40 | 794.75 | 79.05 |
| 2015 | 1658.18 | 874.20 | 692.99 | 659.91 | 783.98 | 76.48 |
| 2016 | 1589.33 | 832.83 | 661.96 | 630.90 | 756.50 | 73.46 |
| 2017 | 1592.10 | 833.22 | 660.19 | 628.59 | 758.88 | 72.46 |
| 2018 | 1621.42 | 833.51 | 653.23 | 619.61 | 787.91 | 75.42 |
| 2019 | 1648.03 | 822.43 | 634.00 | 599.23 | 825.60 | 77.51 |

# 10-6 粮食作物播种面积

## Sown Areas of Grain Crops

单位：千公顷 (1000 hectares)

| 项目 | Item | 2000 | 2005 | 2010 | 2018 | 2019 |
|---|---|---|---|---|---|---|
| **总　计** | **Total** | **1828.51** | **1308.41** | **1073.17** | **833.51** | **822.43** |
| 按品种分 | By Crop | | | | | |
| #稻谷 | Rice | | | | | |
| 早稻 | Early Rice | 414.30 | 267.94 | 192.14 | 105.48 | 97.36 |
| 中稻 | Middle Rice | 393.59 | 295.91 | 286.37 | 262.71 | 256.69 |
| 晚稻 | Late Rice | 414.41 | 373.92 | 311.08 | 251.42 | 245.18 |
| 大小麦 | Barley and Wheat | 51.13 | 5.49 | 1.85 | 0.23 | 0.16 |
| #小麦 | Wheat | 38.68 | 4.32 | 1.46 | 0.19 | 0.11 |
| 甘薯 | Sweet Potato | 280.73 | 179.33 | 136.45 | 95.48 | 99.27 |
| 马铃薯 | Potato | 88.56 | 69.97 | 57.58 | 46.89 | 49.23 |
| 杂粮 | Food Grains other than Wheat and Rice | 47.03 | 32.71 | 33.60 | 33.39 | 34.61 |
| 大豆 | Soybean | 105.38 | 63.02 | 42.99 | 31.06 | 32.74 |
| 杂豆 | Sundry Soybean | 33.37 | 20.13 | 11.11 | 6.86 | 7.19 |

# 10-7 非粮作物播种面积

## Sown Areas of Non-grain Crops

单位：千公顷 (1000 hectares)

| 项目 | Item | 2000 | 2005 | 2010 | 2018 | 2019 |
|---|---|---|---|---|---|---|
| **总计** | **Total** | **964.74** | **1084.52** | **868.04** | **787.91** | **825.60** |
| 油料 | Oil-bearing Crops | 125.04 | 122.40 | 91.74 | 75.42 | 77.51 |
| #花生 | Peanuts | 106.05 | 107.16 | 83.06 | 69.64 | 71.51 |
| 油菜籽 | Rape Seeds | 17.40 | 13.76 | 7.63 | 5.29 | 5.61 |
| 芝麻 | Sesame | 1.41 | 1.25 | 0.70 | 0.24 | 0.24 |
| 甘蔗 | Sugercane and Fruitcane | 14.40 | 14.93 | 8.91 | 4.90 | 4.83 |
| 麻类 | Fiber Crops | 0.33 | 0.14 | | 0.01 | 0.01 |
| 烟叶 | Tobacco | 55.30 | 66.78 | 59.86 | 48.56 | 50.19 |
| #烤烟 | Flue-cured Tobacco | 53.72 | 65.85 | 59.49 | 48.43 | 50.04 |
| 莲籽 | Lotus Seed | 6.70 | 5.40 | 5.55 | 1.82 | 2.84 |
| 蔬菜 | Vegetables | 538.12 | 632.05 | 578.89 | 558.33 | 579.80 |
| 西瓜 | Watermelon | 25.41 | 29.46 | 23.43 | 14.77 | 15.74 |
| 绿肥 | Green Manure | 71.82 | 43.53 | 17.06 | 4.74 | 7.65 |
| 青饲料 | Greenfeed | 58.24 | 62.18 | 17.74 | 2.97 | 3.23 |

# 10-8 水产品养殖面积

# Culture Areas of Aquatic Products

单位：千公顷 (1000 hectares)

| 项目 | Item | 2000 | 2005 | 2010 | 2018 | 2019 |
|---|---|---|---|---|---|---|
| **总　计** | **Total** | **221.46** | **205.62** | **231.47** | **248.01** | **250.06** |
| 海水养殖 | Seawter Culturing | 130.28 | 124.01 | 137.64 | 162.11 | 163.71 |
| #滩涂养殖 | Beach Culturing | 57.64 | 54.09 | 55.21 | 47.99 | 47.00 |
| 淡水养殖 | Freshwater Culturing | 91.18 | 81.61 | 93.83 | 85.90 | 86.35 |
| #池塘养殖 | Pond Culturing | 35.53 | 32.15 | 34.36 | 34.50 | 35.16 |
| 湖泊养殖 | Lakes Culturing | 0.73 | 0.97 | 0.80 | 0.62 | 0.63 |
| 河沟养殖 | Stream Culturing | 6.20 | 5.16 | 4.91 | 3.96 | 3.88 |
| 水库养殖 | Reservoir Culturing | 44.91 | 40.29 | 51.63 | 43.42 | 43.33 |

# 10-9 年末各类园林水果实有面积

# Actually Areas of Fruit and Subtropical Plant at the Year-end

单位：公顷 (hectare)

| 项目 | Item | 2000 | 2005 | 2010 | 2018 | 2019 |
|---|---|---|---|---|---|---|
| **园林水果合计** | **Fruits** | **563700** | **550669** | **425824** | **331792** | **344079** |
| #柑　桔 | Citrus | 137888 | 170327 | 77007 | 50103 | 52776 |
| 龙　眼 | Longan | 90809 | 81605 | 53284 | 32351 | 31038 |
| 荔　枝 | Lychee | 40210 | 39010 | 27390 | 15409 | 13945 |
| 香　蕉 | Banana | 33017 | 29792 | 19583 | 11321 | 11628 |
| 枇　杷 | Loquat | 19091 | 32728 | 26365 | 19613 | 19679 |
| 菠　萝 | Pineapple | 3609 | 4031 | 2123 | 1229 | 899 |
| 橄　榄 | Chinese Olive | 13027 | 9966 | 8436 | 8154 | 8308 |
| 柿 | Persimmon | 29326 | 27091 | 16009 | 8625 | 9228 |
| 桃 | Peach | 25037 | 25735 | 18071 | 10963 | 11554 |
| 李 | Plum | 35066 | 33593 | 27079 | 24302 | 25140 |
| 梨 | Pear | 20921 | 22956 | 18141 | 13753 | 13949 |
| 葡　萄 | Grape | 2615 | 4993 | 5659 | 9672 | 9905 |
| 杨　梅 | Red Bayberry | 13808 | 15149 | 13799 | 9014 | 9394 |

# 10-10 农林牧渔业总产值和指数

# Gross Output Value and Indices of Farming,Forest,Animal Husbandry and Fishery

| 年份 | 农林牧渔业总产值（亿元） Gross Output Value(100 million yuan) | | | | | 农林牧渔业总产值指数（1952年=100） Indices of Gross Output(Year of 1952=100) | | | | |
|---|---|---|---|---|---|---|---|---|---|---|
| Year | 总产值 Total | #农业 Agriculture | #林业 Forestry | #牧业 Animal Husbandry | #渔业 Fishery | 总指数 Total | #农业 Agriculture | #林业 Forestry | #牧业 Animal Husbandry | #渔业 Fishing |
| 1952 | 11.07 | 8.44 | 0.65 | 1.42 | 0.56 | 100.0 | 100.0 | 100.0 | 100.0 | 100.0 |
| 1957 | 17.05 | 11.32 | 2.16 | 2.35 | 1.22 | 143.8 | 126.6 | 283.6 | 165.0 | 189.6 |
| 1962 | 14.81 | 11.23 | 0.63 | 1.75 | 1.20 | 93.6 | 94.5 | 91.7 | 69.8 | 142.2 |
| 1965 | 18.80 | 13.50 | 1.23 | 2.84 | 1.23 | 140.4 | 130.7 | 188.5 | 162.6 | 175.8 |
| 1970 | 21.12 | 15.49 | 1.49 | 2.66 | 1.48 | 153.6 | 147.4 | 186.8 | 152.3 | 213.3 |
| 1975 | 27.06 | 20.45 | 1.86 | 3.24 | 1.51 | 181.6 | 166.0 | 249.8 | 209.6 | 237.0 |
| 1978 | 36.33 | 28.22 | 2.31 | 3.82 | 1.98 | 217.3 | 204.2 | 280.3 | 216.8 | 282.8 |
| 1979 | 43.11 | 29.29 | 3.27 | 7.00 | 3.55 | 232.0 | 214.5 | 301.1 | 257.0 | 304.1 |
| 1980 | 45.49 | 31.13 | 3.41 | 7.38 | 3.57 | 244.0 | 227.8 | 313.6 | 260.3 | 305.7 |
| 1981 | 56.11 | 37.93 | 4.62 | 8.75 | 4.81 | 258.2 | 239.4 | 366.3 | 276.5 | 312.2 |
| 1982 | 63.73 | 42.74 | 4.90 | 10.38 | 5.71 | 277.8 | 257.5 | 382.4 | 300.2 | 343.6 |
| 1983 | 68.08 | 44.11 | 5.57 | 11.48 | 6.92 | 292.0 | 259.8 | 447.7 | 339.8 | 403.8 |
| 1984 | 80.66 | 50.81 | 7.07 | 14.39 | 8.39 | 332.6 | 286.6 | 593.6 | 410.9 | 447.4 |
| 1985 | 99.05 | 59.34 | 9.13 | 19.62 | 10.96 | 360.6 | 302.9 | 644.5 | 478.7 | 515.5 |
| 1986 | 107.07 | 60.76 | 10.29 | 22.02 | 14.00 | 368.7 | 300.3 | 642.8 | 529.3 | 581.8 |
| 1987 | 132.97 | 72.08 | 13.57 | 27.75 | 19.57 | 402.1 | 324.6 | 703.0 | 553.0 | 722.2 |
| 1988 | 182.00 | 94.08 | 17.50 | 39.65 | 30.77 | 433.1 | 341.2 | 789.5 | 609.7 | 826.0 |
| 1989 | 209.92 | 108.10 | 18.41 | 51.95 | 31.46 | 461.4 | 360.9 | 834.4 | 646.9 | 926.3 |
| 1990 | 227.12 | 118.31 | 21.54 | 51.93 | 35.34 | 478.9 | 368.4 | 911.6 | 675.4 | 991.7 |
| 1991 | 253.51 | 133.34 | 25.40 | 54.36 | 40.40 | 517.7 | 398.6 | 974.0 | 722.0 | 1089.9 |
| 1992 | 295.24 | 150.64 | 29.21 | 61.75 | 53.63 | 560.7 | 424.1 | 1076.1 | 784.1 | 1212.8 |
| 1993 | 386.34 | 190.28 | 36.39 | 74.86 | 84.82 | 621.8 | 453.6 | 1220.0 | 838.2 | 1482.3 |
| 1994 | 574.05 | 260.69 | 46.95 | 113.35 | 153.06 | 710.1 | 493.1 | 1370.9 | 950.5 | 1882.9 |
| 1995 | 738.63 | 340.48 | 59.24 | 144.45 | 194.47 | 806.7 | 547.3 | 1510.7 | 1062.7 | 2288.2 |
| 1996 | 850.67 | 383.18 | 66.94 | 165.50 | 235.05 | 893.0 | 599.8 | 1654.2 | 1122.2 | 2613.1 |
| 1997 | 925.56 | 391.30 | 75.80 | 193.66 | 264.80 | 1002.8 | 645.4 | 1819.6 | 1268.1 | 3138.3 |
| 1998 | 973.37 | 410.96 | 78.35 | 200.18 | 283.78 | 1064.0 | 667.3 | 1874.2 | 1373.4 | 3439.6 |
| 1999 | 1010.82 | 425.19 | 80.16 | 201.99 | 303.48 | 1132.1 | 726.7 | 1932.3 | 1421.5 | 3642.5 |
| 2000 | 1037.27 | 420.98 | 82.29 | 208.18 | 325.82 | 1167.6 | 714.3 | 2046.2 | 1499.1 | 3907.6 |
| 2001 | 1061.61 | 433.25 | 82.34 | 215.50 | 330.52 | 1213.7 | 752.0 | 2021.9 | 1556.7 | 4073.3 |
| 2002 | 1125.29 | 450.75 | 78.49 | 213.08 | 332.92 | 1256.2 | 775.3 | 2064.4 | 1623.6 | 4236.2 |
| 2003 | 1170.54 | 461.72 | 79.25 | 234.54 | 341.40 | 1284.4 | 786.8 | 2095.5 | 1691.1 | 4307.6 |
| 2004 | 1315.10 | 514.53 | 86.18 | 284.86 | 374.26 | 1326.3 | 807.9 | 2217.0 | 1773.1 | 4438.7 |
| 2005 | 1373.01 | 552.74 | 96.92 | 266.81 | 396.78 | 1368.8 | 820.7 | 2383.3 | 1874.9 | 4539.3 |
| 2006 | 1449.78 | 602.00 | 105.78 | 266.75 | 410.75 | 1389.6 | 833.0 | 2500.1 | 1891.7 | 4554.2 |
| 2007 | 1672.67 | 670.95 | 120.81 | 342.47 | 468.06 | 1435.6 | 860.9 | 2696.7 | 1878.0 | 4754.9 |
| 2008 | 1931.36 | 731.60 | 150.00 | 439.87 | 534.94 | 1496.3 | 883.7 | 2927.6 | 1990.4 | 4965.7 |
| 2009 | 1957.62 | 776.16 | 162.59 | 398.00 | 543.86 | 1556.9 | 907.6 | 3127.5 | 2098.4 | 5159.9 |
| 2010 | 2226.41 | 899.39 | 190.13 | 414.49 | 640.19 | 1603.7 | 914.5 | 3350.6 | 2210.6 | 5325.6 |
| 2011 | 2614.57 | 1025.03 | 239.00 | 527.12 | 733.83 | 1653.8 | 938.9 | 3589.4 | 2290.9 | 5443.2 |
| 2012 | 2843.47 | 1119.42 | 258.06 | 533.56 | 836.57 | 1713.8 | 960.0 | 3703.6 | 2442.9 | 5630.8 |
| 2013 | 3057.36 | 1196.59 | 296.02 | 558.67 | 902.18 | 1777.1 | 982.5 | 3911.8 | 2573.9 | 5832.3 |
| 2014 | 3247.11 | 1307.63 | 326.31 | 574.60 | 926.08 | 1843.4 | 1017.5 | 4136.9 | 2636.9 | 6054.3 |
| 2015 | 3399.30 | 1358.58 | 317.70 | 633.83 | 967.02 | 1905.9 | 1051.9 | 4315.3 | 2649.0 | 6324.7 |
| 2016 | 3784.24 | 1474.49 | 318.28 | 768.11 | 1091.29 | 1965.6 | 1068.5 | 4484.7 | 2782.5 | 6540.0 |
| 2017 | 3947.16 | 1527.00 | 327.73 | 750.49 | 1202.05 | 2039.3 | 1110.3 | 4667.9 | 2841.9 | 6827.0 |
| 2018 | 4229.52 | 1653.45 | 389.00 | 718.42 | 1318.20 | 2110.9 | 1162.7 | 4860.7 | 2781.0 | 7173.8 |
| 2019 | 4636.56 | 1774.77 | 417.33 | 914.39 | 1361.68 | 2187.1 | 1209.1 | 5062.1 | 2796.3 | 7485.6 |

注：1.2003年起采用国民经济行业分类GB/T 4754-2002，其他年份均采用GB/T 4754-94。2.2007-2017年数据根据2016年农普结果进行了调整。

Note: a)The data from 2003 are adopted the national economic classified standard of GB/T 4754-2002, others are adopted GB/T 4754-94. b) The data from 2007 to 2017 are adjusted according to the result of Agriculture census in 2016.

# 10-11 农林牧渔业分类产值和增速

# Gross Output Value of and Ratio Farming,Forestry,Animal Husbandry and Fishery by Item

| 项目 | Item | 数值（万元） Value(10000 yuan) | | 比上年增长(%) Ratio(%) | |
|---|---|---|---|---|---|
| | | 2018 | 2019 | 2018 | 2019 |
| **农林牧渔业总产值（万元）** | **Total(10000 yuan)** | **42295209** | **46365647** | **3.5** | **3.6** |
| **农业产值** | **Agriculture** | **16534486** | **17747696** | **4.7** | **4.0** |
| 谷物及其他作物 | Cereal and Others | 2399974 | 2489579 | 2.7 | -1.6 |
| 谷物 | Cereal | 1308512 | 1290981 | | |
| 薯类 | Sweet Potato | 358778 | 365435 | | |
| 油料 | Oil-bearing Crops | 218435 | 243495 | | |
| 豆类 | Bean | 77847 | 81097 | | |
| 棉花 | Cotton | 66 | 54 | | |
| 麻类 | Fiber Crops | 8 | 9 | | |
| 糖料 | Sugar | 33687 | 30811 | | |
| 烟草 | Tobacco | 234463 | 309494 | | |
| 其他农作物 | Other Crops | 168177 | 168203 | | |
| 蔬菜、食用菌及花卉盆景园艺作物 | Vegetable、Edible Fungus and Gardening Crops | 8110338 | 8769037 | 4.4 | 4.6 |
| #蔬菜 | Vegetable | 4789255 | 5206549 | | |
| 食用菌 | Edible Fungus | 2168448 | 2294074 | | |
| 花卉 | Flower | 854330 | 941966 | | |
| 水果、坚果、茶、饮料和香料作物 | Fruit、Tea、Drink and Perfume Crops | 5327899 | 5822914 | 6.0 | 5.3 |
| #水果 | Fruit | 2876950 | 3355957 | | |
| 园林水果 | Gardening Fruit | 2790069 | 3242825 | | |
| 果用瓜 | Fruited Melon | 86881 | 113132 | | |
| 茶叶 | Tea | 2360433 | 2372212 | | |
| 香料原料 | Perfume Crops | 1076 | 1794 | | |
| 中草药材 | Traditional Chinese Medicine Materials | 696275 | 666166 | 6.6 | 6.0 |
| **林业产值** | **Forestry** | **3889991** | **4173334** | **4.1** | **4.1** |
| 林木的培育和种植 | Breeding and Planting of Forest | 382952 | 419455 | -3.1 | 6.5 |
| 木竹采运 | Cutting and Transport of Bamboo and Trees | 1720978 | 1704466 | 7.6 | 2.2 |
| #村及村以下 | Rural and under Rural | 1257502 | 1176490 | | |
| 林产品 | Forest Products | 1786061 | 2049413 | 2.6 | 5.5 |
| **牧业产值** | **Animal Husbandry** | **7184247** | **9143868** | **-2.1** | **0.5** |
| 牲畜饲养 | Livestock Raising | 493393 | 545811 | 4.8 | 6.5 |
| 牛 | Cow | 175399 | 197978 | | |
| 羊 | Sheep | 178230 | 204808 | | |
| 奶类 | Dairy | 139765 | 143025 | | |
| #牛奶 | Milk | 130840 | 133218 | | |
| 猪的饲养 | Hogs Raising | 2362319 | 3318786 | -11.5 | -9.0 |
| 家禽饲养 | Poultry Raising | 4111242 | 5029336 | 3.7 | 5.4 |
| 肉禽 | Meat Poultry | 3502568 | 4256199 | | |
| 禽蛋 | Poultry Eggs | 608674 | 773137 | | |
| 捕猎野兽、野禽 | Hunting Animals | 33708 | 38989 | -16.9 | -3.6 |
| 其他畜牧业 | Other Poultry Products | 183584 | 210946 | 11.7 | 0.0 |
| **渔业产值** | **Fishery** | **13182040** | **13616754** | **5.1** | **4.3** |
| 海水产品 | Seawater Products | 11322733 | 11616927 | 5.0 | 4.2 |
| 淡水产品 | Freshwate Products | 1859307 | 1999827 | 5.4 | 5.3 |
| **农林牧渔服务业产值** | **Services of Agriculture , Forestry ,Animal Husbandry and Fishery** | **1504446** | **1683997** | **5.8** | **6.1** |

# 10-12 主要农业产品产量

## Output of Major Farm Products

单位：万吨 (10000 tons)

| 年份<br>Year | 粮食<br>Grain | 油料<br>Oil- bearing Crops | 蔬菜<br>Vegetable | 园林水果<br>Fruits |
|---|---|---|---|---|
| 1952 | 372.00 | 9.89 | | 6.01 |
| 1957 | 444.00 | 9.42 | | 11.77 |
| 1962 | 358.50 | 6.46 | | 4.64 |
| 1965 | 455.50 | 8.03 | | 8.26 |
| 1970 | 566.50 | 11.14 | | 11.04 |
| 1975 | 640.50 | 13.56 | | 9.01 |
| 1978 | 744.90 | 13.80 | | 10.10 |
| 1980 | 801.90 | 13.48 | | 12.66 |
| 1986 | 751.49 | 17.18 | | 34.72 |
| 1987 | 839.26 | 17.48 | | 45.68 |
| 1988 | 837.43 | 14.89 | | 53.54 |
| 1989 | 884.57 | 16.20 | | 69.90 |
| 1990 | 879.64 | 17.66 | | 75.78 |
| 1991 | 889.65 | 15.64 | | 110.53 |
| 1992 | 897.08 | 19.90 | | 117.18 |
| 1993 | 869.00 | 20.66 | | 153.75 |
| 1994 | 887.40 | 21.60 | | 198.13 |
| 1995 | 919.93 | 23.28 | | 239.33 |
| 1996 | 952.20 | 22.99 | | 283.81 |
| 1997 | 961.78 | 24.36 | | 334.34 |
| 1998 | 958.11 | 24.62 | | 343.04 |
| 1999 | 942.17 | 25.81 | | 394.10 |
| 2000 | 854.68 | 25.79 | 1161.11 | 356.44 |
| 2001 | 817.28 | 26.08 | 1099.96 | 401.19 |
| 2002 | 763.23 | 25.86 | 1233.77 | 424.93 |
| 2003 | 695.04 | 26.03 | 1289.23 | 441.68 |
| 2004 | 699.50 | 27.82 | 1317.83 | 468.90 |
| 2005 | 662.04 | 27.42 | 1346.66 | 479.36 |
| 2006 | 632.90 | 23.63 | 1358.16 | 495.40 |
| 2007 | 615.66 | 22.23 | 1325.10 | 500.59 |
| 2008 | 612.97 | 23.12 | 1306.64 | 518.21 |
| 2009 | 607.61 | 22.82 | 1294.07 | 511.19 |
| 2010 | 584.65 | 22.08 | 1278.82 | 495.03 |
| 2011 | 576.13 | 21.72 | 1276.20 | 514.22 |
| 2012 | 547.33 | 21.18 | 1264.56 | 540.83 |
| 2013 | 534.68 | 20.75 | 1254.22 | 557.68 |
| 2014 | 520.43 | 20.49 | 1254.65 | 481.35 |
| 2015 | 500.05 | 20.10 | 1274.50 | 554.30 |
| 2016 | 477.28 | 19.41 | 1256.78 | 548.51 |
| 2017 | 487.15 | 19.55 | 1292.18 | 601.14 |
| 2018 | 498.58 | 21.24 | 1366.70 | 639.82 |
| 2019 | 493.90 | 22.03 | 1437.33 | 681.61 |

# 10-13 粮食总产量及单产

## Gross Output and Output Per Mu of Grain

| 年份 Year | 粮食总产量（万吨） Total Output of Grain(10000 tons) | | 粮食单产（公斤/亩） Output of Grain Rice per Mu(kg/mu) | |
|---|---|---|---|---|
| | 产量 Value | #稻谷 Rice | 产量 Value | #稻谷 Rice |
| 1952 | 372.00 | 281.00 | 128 | 131 |
| 1957 | 444.00 | 328.50 | 138 | 149 |
| 1962 | 358.50 | 268.50 | 126 | 138 |
| 1965 | 455.50 | 355.00 | 176 | 180 |
| 1970 | 566.50 | 452.50 | 189 | 204 |
| 1975 | 640.50 | 511.00 | 186 | 199 |
| 1978 | 744.90 | 618.69 | 219 | 240 |
| 1980 | 801.90 | 669.25 | 246 | 267 |
| 1986 | 751.49 | 654.95 | 264 | 294 |
| 1987 | 839.26 | 715.80 | 285 | 319 |
| 1988 | 837.43 | 687.74 | 278 | 322 |
| 1989 | 884.57 | 744.36 | 288 | 338 |
| 1990 | 879.64 | 731.24 | 282 | 322 |
| 1991 | 889.65 | 725.66 | 284 | 324 |
| 1992 | 897.08 | 732.96 | 287 | 331 |
| 1993 | 869.00 | 694.47 | 295 | 335 |
| 1994 | 887.40 | 699.17 | 296 | 332 |
| 1995 | 919.93 | 724.92 | 304 | 344 |
| 1996 | 952.20 | 743.34 | 312 | 353 |
| 1997 | 961.78 | 739.24 | 314 | 352 |
| 1998 | 958.11 | 728.81 | 315 | 350 |
| 1999 | 942.17 | 712.28 | 313 | 346 |
| 2000 | 854.68 | 632.75 | 312 | 345 |
| 2001 | 817.28 | 606.80 | 316 | 350 |
| 2002 | 763.23 | 557.52 | 312 | 367 |
| 2003 | 695.04 | 520.89 | 322 | 363 |
| 2004 | 699.50 | 540.32 | 328 | 369 |
| 2005 | 662.04 | 518.91 | 326 | 372 |
| 2006 | 632.90 | 499.00 | 344 | 374 |
| 2007 | 615.66 | 491.15 | 354 | 384 |
| 2008 | 612.97 | 489.01 | 362 | 394 |
| 2009 | 607.61 | 485.55 | 365 | 397 |
| 2010 | 584.65 | 469.18 | 363 | 396 |
| 2011 | 576.13 | 465.58 | 372 | 405 |
| 2012 | 547.33 | 447.22 | 374 | 406 |
| 2013 | 534.68 | 436.91 | 378 | 409 |
| 2014 | 520.43 | 424.10 | 382 | 412 |
| 2015 | 500.05 | 405.69 | 381 | 410 |
| 2016 | 477.28 | 386.61 | 382 | 409 |
| 2017 | 487.15 | 393.19 | 390 | 417 |
| 2018 | 498.58 | 398.31 | 399 | 429 |
| 2019 | 493.90 | 388.79 | 400 | 433 |

注：1988年起粮食总产量及单产中稻谷部分为抽样调查数据。

Note:Total Output of grain and Output of grain Per Mu since 1988 are from the sample survey ,similarly in following tables.

# 10-14 非粮作物总产量及单位播种面积产量

## Gross Output and Output per Mu of Non-grain Crops

| 年份 | 总产量（万吨） Total Output(10000 tons) | | | | 单产（公斤/亩） Output of per(kg/mu) | | | |
|---|---|---|---|---|---|---|---|---|
| Year | 油料 Oil-bearing Grops | 花生 Peanuts | 甘蔗 Sugarcane and Fruit Cane | 烤烟 Flue-cured Tobacco | 油料 Oil-bearing Grops | 花生 Peanuts | 甘蔗 Sugarcane and Fruit Cane | 烤烟 Flue-cured Tobacco |
| 1952 | 9.89 | 9.15 | 71.26 | 0.10 | 70 | 84 | 2620 | 40 |
| 1957 | 9.42 | 8.64 | 123.57 | 0.14 | 59 | 78 | 3325 | 60 |
| 1962 | 6.46 | 6.05 | 41.55 | 0.12 | 58 | 72 | 1721 | 43 |
| 1965 | 8.03 | 7.51 | 130.35 | 0.27 | 67 | 80 | 3656 | 97 |
| 1970 | 11.14 | 10.60 | 125.48 | 0.45 | 91 | 106 | 3244 | 78 |
| 1975 | 13.56 | 12.56 | 120.83 | 0.85 | 85 | 111 | 2868 | 66 |
| 1978 | 13.80 | 12.68 | 288.03 | 1.23 | 85 | 110 | 4500 | 74 |
| 1980 | 13.48 | 11.17 | 351.21 | 1.30 | 69 | 92 | 4985 | 79 |
| 1985 | 17.39 | 16.34 | 536.67 | 3.40 | 110 | 126 | 4882 | 82 |
| 1986 | 17.18 | 16.20 | 472.90 | 2.38 | 106 | 121 | 4593 | 79 |
| 1987 | 17.48 | 16.32 | 413.46 | 2.61 | 97 | 119 | 4735 | 80 |
| 1988 | 14.89 | 13.53 | 387.37 | 3.59 | 88 | 101 | 4586 | 73 |
| 1989 | 16.20 | 14.83 | 338.67 | 3.59 | 99 | 113 | 4570 | 76 |
| 1990 | 17.66 | 16.05 | 344.28 | 4.26 | 105 | 121 | 4595 | 82 |
| 1991 | 15.64 | 13.64 | 385.43 | 5.48 | 91 | 101 | 4813 | 87 |
| 1992 | 19.90 | 17.91 | 364.85 | 8.59 | 114 | 132 | 4803 | 93 |
| 1993 | 20.66 | 19.03 | 279.34 | 12.43 | 121 | 135 | 4625 | 89 |
| 1994 | 21.60 | 20.08 | 276.77 | 6.06 | 126 | 139 | 4602 | 87 |
| 1995 | 23.28 | 21.35 | 248.60 | 5.72 | 131 | 146 | 4416 | 94 |
| 1996 | 22.99 | 20.91 | 253.94 | 7.56 | 126 | 140 | 4467 | 102 |
| 1997 | 24.36 | 22.25 | 249.90 | 12.32 | 136 | 150 | 4568 | 110 |
| 1998 | 24.62 | 22.64 | 219.33 | 7.18 | 137 | 151 | 4461 | 106 |
| 1999 | 25.81 | 23.69 | 138.76 | 8.57 | 142 | 155 | 4153 | 112 |
| 2000 | 25.79 | 23.82 | 82.71 | 9.14 | 138 | 150 | 3830 | 113 |
| 2001 | 26.08 | 24.17 | 95.54 | 9.87 | 141 | 152 | 4116 | 115 |
| 2002 | 25.86 | 24.05 | 117.91 | 10.72 | 141 | 151 | 4258 | 112 |
| 2003 | 26.03 | 24.25 | 118.12 | 10.13 | 141 | 149 | 4316 | 115 |
| 2004 | 27.82 | 25.88 | 101.57 | 11.31 | 148 | 157 | 4260 | 122 |
| 2005 | 27.42 | 25.47 | 93.33 | 11.51 | 149 | 158 | 4169 | 117 |
| 2006 | 23.63 | 25.01 | 58.10 | 12.20 | 148 | 157 | 4127 | 124 |
| 2007 | 22.23 | 20.97 | 54.96 | 12.17 | 153 | 161 | 4122 | 132 |
| 2008 | 23.12 | 21.94 | 67.45 | 13.32 | 158 | 166 | 4416 | 138 |
| 2009 | 22.82 | 21.57 | 61.09 | 13.64 | 159 | 167 | 4282 | 141 |
| 2010 | 22.08 | 20.99 | 55.69 | 11.52 | 159 | 168 | 4166 | 129 |
| 2011 | 21.72 | 20.62 | 49.39 | 12.90 | 163 | 172 | 4060 | 141 |
| 2012 | 21.18 | 20.14 | 48.60 | 13.09 | 165 | 174 | 4044 | 141 |
| 2013 | 20.75 | 19.75 | 49.21 | 14.08 | 167 | 176 | 4077 | 143 |
| 2014 | 20.49 | 19.55 | 43.49 | 13.16 | 170 | 180 | 4126 | 144 |
| 2015 | 20.10 | 19.24 | 34.79 | 12.04 | 172 | 182 | 3873 | 142 |
| 2016 | 19.41 | 18.60 | 28.83 | 11.80 | 172 | 182 | 3636 | 141 |
| 2017 | 19.55 | 18.73 | 26.37 | 11.62 | 180 | 186 | 3559 | 147 |
| 2018 | 21.24 | 20.32 | 26.13 | 10.68 | 188 | 195 | 3552 | 147 |
| 2019 | 22.03 | 21.04 | 26.25 | 9.40 | 190 | 196 | 3620 | 125 |

# 10-15 各类粮食产量

## Output of Grain by Sort

单位：万吨 (10000 tons)

| 项目 | Item | 2000 | 2005 | 2010 | 2015 | 2018 | 2019 |
|---|---|---|---|---|---|---|---|
| **合　计** | **Total** | **854.68** | **662.04** | **584.65** | **500.05** | **498.58** | **493.90** |
| **按品种分** | **By Crop** | | | | | | |
| 稻谷 | Rice | 632.75 | 518.91 | 469.18 | 405.69 | 398.31 | 388.79 |
| 早稻 | Early Rice | 206.63 | 146.33 | 111.11 | 91.28 | 67.06 | 61.59 |
| 中稻 | Middle Rice | 221.96 | 173.12 | 178.15 | 159.26 | 171.98 | 169.38 |
| 晚稻 | Late Rice | 204.16 | 199.46 | 179.92 | 155.15 | 159.27 | 157.81 |
| 大小麦 | Barley and Wheat | 14.29 | 2.40 | 0.53 | 0.10 | 0.07 | 0.04 |
| #小麦 | Wheat | 11.01 | 1.95 | 0.41 | 0.08 | 0.05 | 0.03 |
| 甘薯 | Sweet Potato | 136.81 | 88.20 | 69.79 | 52.37 | 55.39 | 57.89 |
| 马铃薯 | Potato | 29.04 | 25.55 | 19.75 | 18.34 | 19.69 | 20.88 |
| 杂粮 | Food Grains other than Wheat and Rice | 14.15 | 15.05 | 12.41 | 13.23 | 14.30 | 14.93 |
| 豆类 | Bean | 27.57 | 16.76 | 13.01 | 10.31 | 10.83 | 11.37 |
| 大豆 | Soybean | 20.48 | 12.38 | 10.16 | 8.11 | 8.62 | 9.07 |
| 杂豆 | Sundry Soybean | 7.09 | 4.38 | 2.85 | 2.20 | 2.21 | 2.30 |

注：2004年之前中稻含一季晚稻，晚稻为双季晚稻。
Note:The data of middle rice before 2004 include one crop late rice,that of late rice include two crops.

# 10-16 非粮作物产量

## Output of Non-grain Crops

单位：吨 (ton)

| 项目 | Item | 2000 | 2005 | 2010 | 2018 | 2019 |
|---|---|---|---|---|---|---|
| 蔬菜 | Vegetables | 11611096 | 13466611 | 12788200 | 13666962 | 14373288 |
| 油菜籽 | Rape Seeds | 18404 | 18007 | 9859 | 8578 | 9158 |
| 芝麻 | Sesame | 1120 | 1242 | 829 | 317 | 336 |
| 烟叶 | Tobacco | 93996 | 116643 | 115955 | 107056 | 94819 |
| 莲籽 | Lotus Seed | 4678 | 5638 | 6397 | 2939 | 4613 |
| 西瓜 | Watermelon | 533486 | 658063 | 490390 | 351890 | 380779 |

# 10-17 茶叶园林水果实有面积及产量

## Actual Areas and Output of Tea and Fruits

| 年份 | 面积（千公顷）Areas(1000 hectares) | | 产量（万吨）Output(10000 tons) | |
|---|---|---|---|---|
| Year | 茶叶 Tea | 园林水果 Fruit | 茶叶 Tea | 园林水果 Fruit |
| 1952 | 23.16 | 12.10 | 0.49 | 6.01 |
| 1957 | 35.37 | 25.20 | 0.69 | 11.77 |
| 1962 | 31.04 | 31.57 | 0.43 | 4.64 |
| 1965 | 36.40 | 40.98 | 0.56 | 8.26 |
| 1970 | 51.93 | 40.33 | 1.05 | 11.04 |
| 1975 | 70.49 | 57.52 | 1.67 | 9.01 |
| 1978 | 94.15 | 70.84 | 2.03 | 10.10 |
| 1980 | 109.87 | 83.07 | 2.58 | 12.66 |
| 1986 | 119.85 | 183.43 | 4.42 | 34.72 |
| 1987 | 122.52 | 227.89 | 4.99 | 45.68 |
| 1988 | 120.33 | 250.65 | 5.54 | 53.54 |
| 1989 | 118.55 | 278.33 | 5.52 | 69.90 |
| 1990 | 116.74 | 298.40 | 5.82 | 75.78 |
| 1991 | 119.44 | 355.24 | 6.53 | 110.53 |
| 1992 | 125.22 | 415.79 | 7.05 | 117.18 |
| 1993 | 130.74 | 459.18 | 7.70 | 153.75 |
| 1994 | 133.53 | 504.76 | 8.24 | 198.13 |
| 1995 | 132.04 | 532.37 | 9.45 | 239.33 |
| 1996 | 130.41 | 556.55 | 10.18 | 283.81 |
| 1997 | 126.62 | 576.28 | 10.99 | 334.34 |
| 1998 | 124.23 | 568.60 | 11.89 | 343.04 |
| 1999 | 128.91 | 567.08 | 12.35 | 394.10 |
| 2000 | 129.21 | 563.70 | 12.60 | 356.44 |
| 2001 | 130.65 | 558.19 | 13.39 | 401.19 |
| 2002 | 133.35 | 553.81 | 14.33 | 424.93 |
| 2003 | 138.58 | 554.43 | 15.02 | 441.68 |
| 2004 | 145.06 | 547.65 | 16.44 | 468.90 |
| 2005 | 155.23 | 550.67 | 18.48 | 479.36 |
| 2006 | 159.82 | 542.08 | 20.01 | 495.40 |
| 2007 | 166.29 | 506.41 | 22.09 | 500.59 |
| 2008 | 181.42 | 482.52 | 24.07 | 518.21 |
| 2009 | 183.14 | 452.66 | 25.51 | 511.19 |
| 2010 | 185.24 | 425.82 | 25.83 | 495.03 |
| 2011 | 190.61 | 398.26 | 27.67 | 514.22 |
| 2012 | 195.65 | 381.64 | 29.60 | 540.83 |
| 2013 | 201.03 | 362.10 | 31.57 | 557.68 |
| 2014 | 205.94 | 337.41 | 33.40 | 481.35 |
| 2015 | 207.70 | 324.94 | 35.63 | 554.30 |
| 2016 | 204.43 | 304.52 | 37.29 | 548.51 |
| 2017 | 207.11 | 310.45 | 39.49 | 601.14 |
| 2018 | 210.89 | 331.79 | 41.83 | 639.82 |
| 2019 | 219.81 | 344.08 | 43.99 | 681.61 |

# 10-18 各类茶叶 园林水果 食用菌产量

# Output of Tea, Fruits and Edible Fungus by Sort

单位：吨 (ton)

| 项目 | Item | 2000 | 2005 | 2010 | 2018 | 2019 |
|---|---|---|---|---|---|---|
| **茶叶** | **Tea** | **126000** | **184800** | **258289** | **418337** | **439931** |
| #红茶 | Black Tea | 1615 | 1652 | 12765 | 49012 | 52455 |
| 绿茶 | Green Tea | 72431 | 88923 | 97054 | 126175 | 127656 |
| 青茶 | Wulong Tea | 50685 | 85924 | 140022 | 215855 | 227323 |
| **园林水果** | **Fruit** | **3564400** | **4793600** | **4950288** | **6398230** | **6816149** |
| #柑桔 | Critrus | 1306027 | 2153154 | 1038022 | 901185 | 972689 |
| 龙眼 | Longyan | 104068 | 216452 | 200967 | 256108 | 202642 |
| 荔枝 | Lychee | 79580 | 160289 | 127584 | 142683 | 90952 |
| 香蕉 | Banana | 746454 | 855398 | 605545 | 420757 | 447917 |
| 枇杷 | Loquat | 54268 | 112596 | 247500 | 304931 | 315209 |
| 菠萝 | Pineapple | 30267 | 37731 | 25113 | 23909 | 16955 |
| 橄榄 | Chinese Olive | 24009 | 33714 | 61166 | 131562 | 139221 |
| 柿 | Persimmon | 99896 | 160475 | 97226 | 103097 | 114852 |
| 桃 | Peach | 143377 | 199653 | 157890 | 142457 | 151584 |
| 李 | Plum | 179121 | 243224 | 205776 | 307952 | 333623 |
| 梨 | Pear | 96394 | 147755 | 157860 | 174669 | 190986 |
| 苹果 | Apple | 380 | 198 | 309 |  | 15 |
| 葡萄 | Grape | 38702 | 59066 | 100444 | 208422 | 218361 |
| 杨梅 | Red Bayberry | 42734 | 63235 | 110240 | 161497 | 147177 |
| **食用菌** | **Edible Fungus** | **462484** | **559993** | **762663** | **1262792** | **1333623** |
| #蘑菇 | Mushroom | 272106 | 283828 | 341758 | 383256 | 385355 |
| 香菇 | Xianggu Mushroom | 88292 | 77680 | 92345 | 129522 | 134873 |
| 白木耳 | Tremella | 12401 | 16508 | 30589 | 44314 | 45146 |
| 黑木耳 | Black Tremella | 29105 | 28009 | 35491 | 63606 | 71098 |

# 10-19 林业牧业水产品产量

# Output of Forestry,Animal Husbandry and Fishery

| 年份<br>Year | 造林面积（千公顷）<br>Afforested Areas (1000 hectare) | 肉类总产量(万吨)<br>Output of Pork Beef and Mutton (10000 tons) | 猪出栏数（万头）<br>Number of Slaughtered Fattened Hogs(10000 heads) | 奶类产量（万吨）<br>Milk (10000 tons) | 水产品产量（万吨）<br>Output of Aquatic Products (10000 tons) |
|---|---|---|---|---|---|
| 1952 | 34.31 | | | | 15.93 |
| 1957 | 127.60 | | | | 28.34 |
| 1962 | 55.89 | | | | 23.82 |
| 1965 | 172.65 | | | | 32.55 |
| 1970 | 173.49 | | 219.18 | | 38.75 |
| 1975 | 192.75 | | 336.66 | 0.61 | 39.61 |
| 1978 | 194.71 | | 321.86 | 0.93 | 54.44 |
| 1980 | 175.13 | | 401.48 | 1.47 | 59.80 |
| 1985 | 282.83 | 49.70 | 578.09 | 4.21 | 100.26 |
| 1986 | 209.67 | 54.23 | 617.29 | 4.60 | 105.23 |
| 1987 | 166.12 | 59.32 | 665.12 | 5.05 | 126.22 |
| 1988 | 192.39 | 65.07 | 713.40 | 5.08 | 132.66 |
| 1989 | 242.94 | 69.44 | 750.40 | 4.82 | 137.97 |
| 1990 | 303.91 | 71.83 | 766.46 | 4.87 | 145.59 |
| 1991 | 306.02 | 75.07 | 780.72 | 5.12 | 166.23 |
| 1992 | 223.03 | 78.93 | 820.61 | 5.72 | 200.57 |
| 1993 | 63.77 | 84.10 | 863.20 | 5.94 | 237.04 |
| 1994 | 45.56 | 92.23 | 908.78 | 6.06 | 278.78 |
| 1995 | 41.74 | 102.66 | 1000.84 | 6.32 | 317.56 |
| 1996 | 34.45 | 107.49 | 1047.48 | 6.49 | 358.23 |
| 1997 | 29.99 | 125.02 | 1231.98 | 6.07 | 429.31 |
| 1998 | 25.12 | 135.24 | 1365.13 | 6.71 | 475.92 |
| 1999 | 23.93 | 138.84 | 1453.38 | 7.95 | 502.32 |
| 2000 | 24.50 | 145.92 | 1560.81 | 9.91 | 527.89 |
| 2001 | 21.01 | 153.91 | 1665.55 | 11.39 | 542.49 |
| 2002 | 17.49 | 162.09 | 1770.33 | 14.16 | 558.71 |
| 2003 | 16.72 | 161.96 | 1803.61 | 19.28 | 553.13 |
| 2004 | 16.31 | 163.92 | 1850.65 | 20.67 | 551.36 |
| 2005 | 24.22 | 164.85 | 1881.92 | 19.10 | 542.37 |
| 2006 | 23.18 | 161.81 | 1866.14 | 16.65 | 523.59 |
| 2007 | 35.45 | 153.23 | 1669.94 | 13.98 | 532.00 |
| 2008 | 32.81 | 175.28 | 1894.20 | 12.52 | 554.20 |
| 2009 | 33.26 | 184.23 | 2008.31 | 13.09 | 569.67 |
| 2010 | 29.87 | 192.61 | 2080.38 | 13.24 | 587.42 |
| 2011 | 212.72 | 199.06 | 2096.87 | 13.29 | 603.78 |
| 2012 | 63.06 | 223.10 | 2256.85 | 12.95 | 581.49 |
| 2013 | 100.18 | 238.62 | 2315.21 | 12.88 | 609.59 |
| 2014 | 44.34 | 247.56 | 2234.93 | 12.94 | 644.23 |
| 2015 | 87.11 | 258.94 | 1945.47 | 12.95 | 679.75 |
| 2016 | 10.30 | 279.97 | 1988.59 | 13.36 | 711.33 |
| 2017 | 8.09 | 264.91 | 1606.10 | 13.54 | 744.57 |
| 2018 | 6.52 | 256.06 | 1421.34 | 14.31 | 782.12 |
| 2019 | 9.98 | 255.15 | 1297.26 | 14.99 | 814.58 |

# 10-20 造林面积

## Areas of Afforestation

| 项目 | Item | 2000 | 2005 | 2010 | 2015 | 2018 | 2019 |
|---|---|---|---|---|---|---|---|
| 当年造林面积(千公顷) | Afforested Area in Current Year(1000 hectaress) | 24.50 | 24.22 | 29.87 | 87.11 | 6.52 | 9.98 |
| #用材林 | Commercial Forest | 8.07 | 15.20 | 15.34 | 45.81 | 3.24 | 4.42 |
| 经济林 | Economic Forest | 6.47 | 3.14 | 3.35 | 32.47 | 1.28 | 3.45 |
| 防护林 | Shelter Forest | 8.04 | 5.66 | 11.15 | 7.25 | 1.63 | 1.29 |
| 薪炭林 | Fuel Forest | 1.90 | 0.19 | 0.03 | | | 0.16 |
| 迹地更新面积(千公顷) | Areas of Slash Reforestation (1000 hectares) | 54.91 | 80.59 | 103.83 | 53.58 | 55.15 | 47.63 |
| 零星植树(万株) | Fragmentary Forest (10000 plants) | 3559.00 | 1745.14 | 1806.89 | 2845.61 | 4495.64 | 5189.60 |
| 封山育林面积(千公顷) | Areas of Afforestation in Hill (1000 hectares) | 1060.37 | 412.41 | 419.34 | 522.03 | 703.16 | 719.38 |
| 育苗面积(千公顷) | Areas of Grown Seedings (1000 hectares) | 0.32 | 0.54 | 1.40 | 8.40 | 8.48 | 9.50 |
| 幼林抚育作业面积(千公顷) | Areas of Tending Young Forest(1000 hectares) | 232.00 | 223.00 | 340.22 | 471.45 | | |
| 成林抚育作业面积(千公顷) | Areas of Tending Grown Forest(1000 hectares) | 188.05 | 150.56 | 101.93 | 418.11 | 586.68 | 624.90 |

# 10-21 主要林产品产量

## Output of Major Forest Products

| 项目 | Item | 2000 | 2005 | 2010 | 2018 | 2019 |
|---|---|---|---|---|---|---|
| 木材产量（万立方米） | Output of cut wood(10000 m³) | 334.90 | 1446.40 | 1455.38 | 1423.78 | 1453.81 |
| 毛竹采伐量（万根） | Mao Bamboo(10000 roots) | 15872 | 15504 | 26602 | 59501 | 61304 |
| 篙竹采伐量（万根） | Lofty Bamoo(10000 roots) | 6631 | 10061 | 14787 | 31767 | 31572 |
| 油桐籽（吨） | Tung-oil Seeds(ton) | 18121 | 20928 | 23244 | 29009 | 29408 |
| 油茶籽（吨） | Tea-oil Seeds(ton) | 62983 | 72597 | 94815 | 199477 | 215540 |
| 乌桕籽（吨） | Chinese Tallow Tree Seeds(ton) | 121 | 1145 | 532 | 419 | 421 |
| 棕片（吨） | Piece of Palm(ton) | 10891 | 12162 | 14847 | 17424 | 17762 |
| 松脂（吨） | Rosin(ton) | 72949 | 72299 | 87758 | 115706 | 119746 |
| 笋干（吨） | Dried Bamboo Shoots(ton) | 120970 | 153497 | 215123 | 393662 | 417374 |
| 山苍籽（吨） | Litsea Cueba(ton) | 7845 | 9552 | 12174 | 16166 | 16146 |
| 板栗（吨） | Chinese Chestnut(ton) | 19439 | 49134 | 80793 | 84404 | 86677 |

# 10-22 主要畜禽产品产量

# Output of Main Livestock Products

| 项目　Item | 2000 | 2005 | 2010 | 2018 | 2019 |
|---|---|---|---|---|---|
| **肉类产量（万吨）<br>Output of Meat(10000 tons)** | **145.92** | **164.85** | **192.61** | **256.06** | **255.15** |
| #猪肉<br>Pork | 114.79 | 134.69 | 155.36 | 113.12 | 103.03 |
| 牛肉<br>Beaf | 2.12 | 2.17 | 1.69 | 1.94 | 2.14 |
| 羊肉<br>Mutton | 1.33 | 1.45 | 1.62 | 2.04 | 2.22 |
| 禽肉<br>Meat of Poultry | 26.21 | 24.57 | 31.44 | 136.76 | 141.87 |
| 兔肉<br>Rabbit Meat | 1.47 | 1.97 | 1.85 | 1.41 | 1.62 |
| **牛奶产量（万吨）<br>Output of Cow Milk(10000 tons)** | **9.60** | **18.77** | **12.91** | **13.82** | **14.46** |
| **羊奶产量（万吨）<br>Output of Ewe Milk(10000 tons)** | **0.31** | **0.34** | **0.33** | **0.49** | **0.52** |
| **蜂蜜产量（万吨）<br>Output of Honey(10000 tons)** | **0.54** | **0.85** | **0.86** | **1.58** | **1.65** |
| **禽蛋产量（万吨）<br>Output of Poultry Eggs(10000 tons)** | **40.69** | **37.91** | **30.54** | **44.32** | **48.58** |
| **猪出栏数（万头）<br>Number of Slaughtered Hogs (10000 heads)** | **1560.81** | **1881.92** | **2080.38** | **1421.34** | **1297.26** |
| 出栏率(%)<br>Rate of Slaughter(%) | 148.7 | 152.3 | 151.4 | 154.2 | 162.2 |
| **羊出栏数（万头）<br>Number of Slaughtered Sheep(10000 heads)** | **97.80** | **107.00** | **118.47** | **144.28** | **155.86** |
| 出栏率(%)<br>Rate of Slaughter(%) | 104.3 | 96.2 | 125.2 | 162.1 | 163.5 |
| **牛出栏数（万头）<br>Number of Slaughtered Cows(10000 heads)** | **21.31** | **21.60** | **16.80** | **17.87** | **19.57** |
| **家禽出栏数（万只）<br>Number of Slaughtered Poultry(10000 heads)** | **20633.89** | **19140.51** | **23662.83** | **95537.65** | **99437.77** |
| **家兔出栏数（万只）<br>Number of Slaughtered Domestic Rabbit(10000 heads)** | **1178.96** | **1559.27** | **1321.13** | **937.77** | **1066.87** |

# 10-23 畜禽存栏数

## Number of Livestock and Poultry on Hand

| 项目 | Item | 2000 | 2005 | 2010 | 2018 | 2019 |
|---|---|---|---|---|---|---|
| **牛存栏数（万头）** | **Bull(10000 heads)** | **111.44** | **75.63** | **49.70** | **30.92** | **29.71** |
| #乳牛 | Cow | 3.59 | 4.99 | 4.01 | 4.12 | 4.26 |
| **猪存栏数（万头）** | **Number of Hogs on Hand(10000 heads)** | **1087.66** | **1249.83** | **1348.45** | **799.90** | **641.52** |
| #能繁殖母猪 | Number of Female Hogs with Fertility | 76.27 | 97.97 | 133.05 | 74.50 | 60.34 |
| **羊存栏数（万头）** | **Number of sheep on Hand(10000 heads)** | **96.22** | **93.56** | **94.43** | **95.32** | **105.69** |
| **蜜蜂年末箱数（万箱）** | **Number of Beehive at the Year-end(10000 cases)** | **23.09** | **35.32** | **36.26** | **51.78** | **54.02** |
| **家兔年末数（万只）** | **Number of Domestic Rabbit at the Year-end(10000 heads)** | **714.40** | **822.67** | **658.06** | **455.81** | **506.02** |
| **家禽年末数（万只）** | **Number of Poultry at the Year-end(10000 heads)** | **10930.19** | **9937.04** | **9369.41** | **16908.84** | **19451.55** |

# 10-24 淡水产品产量

## Output of Freshwater Products

单位：万吨 (10000 tons)

| 项目 | Item | 2000 | 2005 | 2010 | 2018 | 2019 |
|---|---|---|---|---|---|---|
| **淡水产品产量** | **Output of Freshwater Aquatic Products** | **57.39** | **63.47** | **74.16** | **87.08** | **91.05** |
| #养殖产量 | Output of Freshwater Culturing | 49.73 | 55.81 | 65.97 | 80.09 | 83.94 |
| 按类别分 | By Kind | | | | | |
| #淡水鱼类 | Freshwater-fish | 50.11 | 54.05 | 62.68 | 71.91 | 75.46 |
| 虾蟹类 | Shrimps,Prawns and Crabs | 1.14 | 3.34 | 5.10 | 8.41 | 9.63 |
| 贝类 | Shell-fish | 4.46 | 4.43 | 4.84 | 4.76 | 4.75 |
| **主要品种产量** | **By Product** | | | | | |
| 淡水鳗 | Freshwater Eel | 6.99 | 8.29 | 8.75 | 9.60 | 10.15 |
| 草鱼 | Grass Carp | 10.97 | 12.24 | 13.84 | 16.77 | 17.44 |
| 鲢鱼 | Silver Carp | 8.27 | 6.06 | 6.21 | 7.45 | 7.82 |
| 鲤鱼 | Carp | 4.36 | 5.48 | 5.08 | 5.81 | 6.01 |
| 罗非鱼 | Ribber Carp | 10.56 | 9.50 | 11.08 | 11.71 | 12.07 |

# 10-25 海水产品产量

# Output of Seawater Aquatic Products

单位：吨 (ton)

| 项目 | Item | 2000 | 2005 | 2010 | 2018 | 2019 |
|---|---|---|---|---|---|---|
| **海水产品产量** | **Output of Seawater Aquatic Products** | **4705066** | **4788957** | **5132598** | **6950449** | **7235282** |
| #鱼类 | Fish | 1668816 | 1678551 | 1787085 | 2004670 | 1882461 |
| 虾蟹类 | Shrimps,Prawns and Crabs | 357794 | 319406 | 388610 | 507055 | 500244 |
| 贝类 | Shell-fish | 2318397 | 2226300 | 2221429 | 3068398 | 3274846 |
| 藻类 | Algac | 317830 | 420709 | 599357 | 1120449 | 1189338 |
| **#海水养殖产量** | **Output of Seawater Culturing** | **2627057** | **2782535** | **3038990** | **4788297** | **5107162** |
| #鱼类 | Fish | 102040 | 133450 | 170308 | 391007 | 429386 |
| 虾蟹类 | Shrimps,Prawns and Crabs | 42875 | 64973 | 95816 | 202077 | 212338 |
| 贝类 | Shell-fish | 2161334 | 2163472 | 2171544 | 3028196 | 3237735 |
| 藻类 | Algac | 317106 | 417929 | 598225 | 1118653 | 1187581 |
| **主要品种产量** | **Output of Main Seawater Culturing** | | | | | |
| 大黄鱼 | Big Yellow Croaker | 48146 | 59398 | 75660 | 169027 | 189454 |
| 带鱼 | Hairtail | 173578 | 198905 | 240362 | 150909 | 150737 |
| 鲳鱼 | Butterfish | 52443 | 66244 | 62817 | 64797 | 59800 |
| 鳓鱼 | Chinese Herring | 11477 | 18640 | 15425 | 11659 | 11341 |
| 马鲛鱼 | Spanish Mackerel | 59519 | 40739 | 54226 | 41814 | 40822 |
| 鲷鱼 | Porgy | 10052 | 36078 | 76902 | 99992 | 101940 |
| 鲐鱼 | Chub mackerel | 52789 | 57966 | 62656 | 306294 | 251188 |
| 鳗鱼 | Eel | 50705 | 68734 | 70186 | 62671 | 60065 |
| 墨鱼 | Inkfish | 57263 | 27379 | 30085 | 33397 | 36462 |
| 海蜇皮 | Jellyfish | 13260 | 6944 | 11819 | 14423 | 13409 |
| 对虾 | Prawn | 28490 | 48767 | 72282 | 151438 | 158944 |
| 毛虾 | Shrimp | 65262 | 49057 | 56383 | 58093 | 49909 |
| 梭子蟹 | Swimming Crab | 58705 | 70032 | 89261 | 113880 | 110108 |
| 蛏 | Razor Clam | 168095 | 177891 | 193708 | 279485 | 300755 |
| 蛤 | Clam | 214264 | 260168 | 288793 | 433699 | 472651 |
| 蚶 | Blood Clam | 24203 | 40687 | 37469 | 61458 | 65260 |
| 牡蛎 | Oyster | 1558984 | 1539167 | 1456106 | 1894204 | 2012589 |
| 海带 | Kelp | 276867 | 337892 | 452096 | 768304 | 803131 |
| 紫菜 | Laver | 26828 | 34258 | 51313 | 74628 | 80758 |

## 主要统计指标解释

**农林牧渔业总产值** 指以货币形式表现的农、林、牧、渔业全部产品的总量和对农、林、牧、渔业生产活动进行的各种支持性服务活动的价值，它反映一定时期内农业生产总规模和总成果。农林牧渔业总产值的核算采用“产品法”进行计算，即用产品产量乘以价格求得各种产品的产值，然后把它们加总求得各业的产值，最后相加求得农林牧渔业总产值。1957年以前的农林牧渔业总产值中包括了厩肥和农民自给性手工业(如农民自制衣服、鞋、袜，自己从事粮食初步加工等)。1958年及以后，林业中增加了村及村以下竹木采伐产值；牧业中取消了厩肥产值；副业中取消了农民自给性手工业产值，增加了村及村以下办的工业产值;渔业中增加了海洋捕捞水产品产值。1980 年及以后，在副业中增加了农民家庭兼营工业商品部分的产值。从1984年起村及村以下工业产值划归工业。从 1993 年起取消副业，将野生动物的捕猎划入牧业、野生植物采集和农民家庭兼营商品性工业划归农业。1996 年第一次农业普查以后，由于畜牧业产品年报数据与普查数据之间存在一定的差距，国家统计局对畜牧业年报数据与普查数据进行衔接，相应的畜牧业产值进行调整。2007-2017年农林牧渔业产值，以全省第三次农业普查数据为基础，对农业、林业、牧业、渔业和服务业进行了调整和衔接。

**粮食产量** 指稻谷、小麦、玉米、高粱等谷物及薯类和豆类的全社会产量。包括国有经济经营的、集体统一经营的和农民家庭经营的粮食产量，还包括工矿企业办的农场和其他生产单位的产量。其产量计算方法，豆类按去豆荚后的干豆计算；薯类(包括甘薯和马铃薯，不包括芋头和木薯)1963年以前按每 4 公斤鲜薯折 1 公斤粮食计算，从 1964 年开始改为按 5 公斤鲜薯折 1 公斤粮食计算。城市郊区作为蔬菜的薯类(如马铃薯等)按鲜品计算，并且不作粮食统计。其他粮食一律按脱粒后的原粮计算。1989年以前全国粮食产量数据的取得主要是靠全面报表取得，1989 年以后开始使用抽样调查数据。

**棉花产量** 指春播棉和夏播棉的全社会产量。产量按皮棉计算。3 公斤籽棉折 1 公斤皮棉，不包括木棉。

**油料产量** 指全部油料作物的生产量。包括花生、油菜籽、芝麻、向日葵籽、胡麻籽(亚麻籽)和其他油料。不包括大豆、木本油料和野生油料。花生以带壳干花生计算。

**水产品产量** 指人工养殖的水产品和天然生长的水产品的捕捞量。包括全部海水和淡水鱼类、虾蟹类、贝类、藻类和其他渔业产品的产品的最终产量。1995 年及以前，贝类中牡蛎按鲜肉计算；蚶、蛤、蛏按 5 斤鲜品折 1 斤计算。1996 年以后则统一按鲜品计算。

**猪、牛、羊肉产量** 指当年出栏并已屠宰、除去头、蹄、下水后带骨肉( 即胴体重) 的重量。其统计范围为全社会。1996 年前为各级逐级上报数据。1996 年第一次农业普查以后，由于畜牧业产品年报数据与普查数据之间存在一定的差距，国家统计局对畜牧业年报数据与普查数据进行了衔接。1999 年以后，国家统计局开展了猪、牛、羊、禽等主要畜禽品种的抽样调查，并用抽样数据作为国家定案数据使用。未开展抽样调查的品种，仍使用各级统计部门逐级上报数据。

**期初(末)畜禽存栏头(只)数** 指报告期初(末)农村各种合作经济组织和国营农场、农民个人、机关、团体、学校、工矿企业、部队等单位以及城镇居民饲养的大牲畜、猪、羊、家禽等畜禽的存栏数。数据上报方式及数据调整情况同猪、牛、羊肉产量。

**农作物播种面积** 指实际播种或移植有农作物的面积。凡是实际种植农作物的面积，不论种植在耕地上还是种植在非耕地上，均包括在农作物播种面积中。在播种季节基本结束后，因遭灾而重新改种和补种的农作物面积，也包括在内。该指标可以反映我国耕地面积的利用情况。目前，农作物播种面积主要包括粮食、棉花、油料、糖料、麻类、烟叶、蔬菜和瓜类、药材和其它农作物九大类。

**有效灌溉面积** 指具有一定的水源，地块比较平整，灌溉工程或设备已经配套，在一般年景下当年能够进行正常灌溉的耕地面积。在一般情况下，有效灌溉面积应等于灌溉工程或设备已经配备，能够进行正常灌溉的水田和水浇地面积之和。该指标可以反映我国耕地的抗旱能力。

**农用化肥施用量** 指本年内实际用于农业生产的化肥数量，包括氮肥、磷肥、钾肥和复合肥。化肥施用量要求按折纯量计算数量。折纯量是指把氮肥、磷肥、钾肥分别按含氮、含五氧化二磷、含氧化钾的百分之百成份进行折算后的数量。复合肥按其所含主要成分折算。

公式:折纯量= 实物量×某种化肥有效成份含量的百分比

**农业机械总动力**　指主要用于农、林、牧、渔业的各种动力机械的动力总和。包括耕作机械、排灌机械、收获机械、农用运输机械、植物保护机械、牧业机械、林业机械、渔业机械和其他农业机械〔内燃机按引擎马力折成瓦(特)计算、电动机按功率折成瓦(特)计算〕。不包括专门用于乡、镇、村、组办工业、基本建设、非农业运输、科学试验和教学等非农业生产方面用的动力机械与作业机械。这个指标的统计数据主要来源于农机部门。

**乡村从业人员**　指乡村人口中劳动年龄在 16 周岁以上实际参加生产经营活动并取得实物或货币收入的人员，包括劳动年龄内经常参加劳动的人员，也包括超过劳动年龄但经常参加劳动的人员，但不包括户口在家的在外学生、现役军人和丧失劳动能力的人，也不包括待业人员和家务劳动者。从业人员按从事主业时间最长(时间相同按收入)分为农业从业人员、工业从业人员、建筑业从业人员、交运仓储及邮电业从业人员、批零贸易及住宿餐饮业从业人员、其它行业从业人员。

# Explanatory Notes on Main Statistical Indicators

**Gross Output Value of Farming, Forestry, Animal Husbandry and Fishery** refers to the total value of products of farming, forestry, animal husbandry and fishery, which reflects the total scale and result of agricultural production during a given period. Gross output value of agriculture is obtained by first multiplying the output of each product or by product by its price, resulting in t he output value of each s ingle item. For a small number of products, annual output of which is not available or difficult to get due to the long production growing process involved, t he output value is estimated through an indirect approach. The sum of out put value of all products of farming, forestry, animal husbandry, and fishery is then equal to the gross output value of agriculture. Prior to 1957, Chinas gross agricultural output value included barnyard manure and handicraft products for self-consumption (clothes, shoes, stockings, and initial grain processing undertaken by peasants). Since 1958, cutting and felling of bamboo and trees by villages and other cooperative organizations under villages have been included in forestry; value of barnyard manure has been excluded from animal husbandry; self consumed handicraft s has been excluded from sideline occupations, while the output value of industries run by villages and cooperative organizations under village had been included inside line occupations and the out put value of fish catches by motor fishing boats has been added to fishery. Since 1980, the value of handicraft products made for sale by individuals in households had been added to sideline occupations. Since 1984, industries run by villages and under villages have been included in the sector of industry. Since 1993, the subdivision of sideline occupations has been canceled, and the hunting of wild animals has been classified into animal husbandry, and the gathering of wild plants and commodity industry run by rural household have been included in farming. The Firs t Agriculture Census of China in 1996 revealed some discrepancy between the production of animal products from the annual reports and that from the census. Efforts were made by NBS to adjust the output value of animal husbandry to make the figures from the annual reports consistent with the census data. data on Farming, Forestry, Animal Husbandry and Fishery in from 2007 to 2017 have been adjusted according to the data obtained from the Third National Agricultural Census.

**Grain Output** refers to the total output of rice, wheat, corn, sorghum, millet and other miscellaneous grains as well as tubers and bean in the whole region including grains produced by state farms, collective units, industrial enterprises and mines. Output of beans refers to dry beans without pods. The output of tubers (sweet potatoes and potatoes, not including taros and cassava) was converted into that of grain at the ratio 4:1, i.e. 4 kilograms of fresh tubers was equivalent to 1 kilogram of grain up to 1963. Since 1964 the ratio for conversion has been 5:1.Tubers supplied as vegetables (such as potatoes) in cities and suburbs are calculated as fresh vegetables and their output is not included in the output of grain. Output of all other grains refers to husked grain. Data on grain production before 1989 were obtained through Comprehensive Statistical Reporting System, since then, sample survey data are used.

**Cotton Output** refers to the cotton production in the whole Region including cotton sown in spring and in autumn. Output is measured as the weight of ginned cotton. Three kilograms of seed-cotton are equivalent to 1 kilogram of ginned cotton, excluding ceiba.

**Output of Oil-bearing Crops** refers to the total production of oil-bearing crops of various kinds, including peanuts, (dry, in shell) rapeseeds, sesame, sunflower seeds, flax seeds, and other oil-bearing crops. Soybeans, oil-bearing woody plants, and wild oil-bearing crops are not included.

**Output of Aquatic Products** refers to catches of both artificially cultured and naturally grown aquatic products, including fish, shrimps, crabs and shellfish in sea and inland water as well as seaweed. Freshwater plants are not included. Data on output of aquatic products are reported by aquatic product and statistical agencies level by level. Before 1995, among the shellfish, the oyster was counted as fresh meat; 5 kilograms of ark shell, clams and frogs are equivalent to 1 kilogram of fresh aquatic products; they are all counted as fresh aquatic products since1996.

**Output of Pork, Beef, and Mutton** refers to the meat of slaughtered hogs, cattle, sheep and goats wit h head, feet, and offal taken away. The statistical scope is of the whole society. The first agriculture census of China in 1996 revealed some discrepancy between the production of animal products from the annual reports and that from the census. Efforts were made by NBS to adjust the output value of animal husbandry to make the figures from the annual rep orts consistent with the census data. Since 1999, NBS conducted sample survey for t he major animal husbandry products, such as hogs, cattle, sheep and goats and fowls, and the data from sample surveys are used as national finalized data. Those products, which are not covered by the sample survey, are still reported by statistical agencies level by level.

**Number of Livestock or Poultry in Stock at Beginning (or End) of period** refers to the total number of large animals, pigs, sheep, fowls, etc. raised by rural cooperative organizations, state farms, rural individuals, government agencies, schools, industrial and mining enterprises, army, and urban residents at the beginning (or end) of the reference period. Data reporting system and data adjustment are the same as that in the output of pork, beef and mutton.

**Sown Area of Crops** refers to area of land sown or transplanted with crops regardless of being in cultivated area or no cultivated area. Area of land re-sown due to natural disasters is also included. The indicator can reflect the utilization condition of the cultivated land in China. At p resent, t he sown area of crops mainly include the following 9 categories of crops: grain, cotton, oil-bearing crops, sugar crops, fiber crops, Tobacco, Vegetables and melons, medicinal materials and other farm crops.

**Irrigated Area** refers to areas that are effectively irrigated, i.e. level land, which has water source and complete sets of irrigation facilities to lift and move adequate water for irrigation purpose under normal conditions. Under normal conditions, irrigated area is the sum of watered fields and irrigated fields where irrigation systems or equipment have been installed for regular irrigation purpose. This indicator can reflect drought resistance capacity of the cultivated land in China.

**Consumption of Chemical Fertilizers in Agriculture** refers to the quantity of chemical fertilizers applied in agriculture in the year, including nitrogenous fertilizer, phosphate fertilizer, potash fertilizer, and compound fertilizer. The consumption of chemical fertilizers is required in calculation to convert the gross weight into weight containing 100% effective component (e.g. 100% nitrogen content in nitrogenous fertilizer, 100%phosphorous pent oxide contents in phosphate fertilizer, 100%potassium oxide contents in potash fertilizer). Compound fertilizer is converted with its major component. The formula is:

Volume of effective component = physical quantity×effective component of certain chemical fertilizer (%)

**Total Power of Farm Machinery** refers to total mechanical power of machinery used in farming, forestry, animal husbandry, and fishery, including ploughing, irrigation and drainage, harvesting, transport, plant protection, stock breeding, forestry and fishery. The power of internal combust ion engines is required to convert horsepower into watts and the power of electric motors is required to be converted into watts. Machinery employed for non-agricultural purposes, such as the machines used in township run and village-run industry, construction, nonagricultural transport, scientific experiments and teaching, is excluded. Data are mainly from agricultural machinery agencies.

**Rural Employed Persons** refer to rural labor forces aged over 16 years old who are engaged in real production and management activities and receive payment in kind or wages, including those covered within the age frame and regularly participating in production activities, and those who are out of the range of age frame and also participating in production activities regularly. Excluding students studying in other places with their permanent residence registered in local areas, servicemen and persons incapable of working; also excluding those who are waiting for jobs and those engaged in household work. Persons employed are classified as rural employed persons; industrial employed persons; construction industry employed persons; transport, storage and telecommunications industries employed persons; whole sales and retail sales Trades and catering industry employed persons and others according to the longest period of persons engaged in major activities (or using income indicator when periods are the same).

# 第十一篇　工业

# Chapter 11　Industry

资料整理：林武兴 陈玲 王施
Database Editor: Linwuxing Chenling Wangshi

# 简 要 说 明

本篇资料的主要内容及来源

本篇资料反映了全省工业生产和基本效益情况，主要包括工业总产值及指数、规模以上工业、国有控股工业、国有工业、集体工业、外商投资和港澳台投资工业、大中型工业企业的主要经济指标、相关的财务分析指标和主要工业产品产量等方面的内容。

本篇资料由省统计局工业交通统计处根据工业统计年报中有关资料整理。

# Brief Introduction

Main Content and Source of Data

Data in this chapter show the basic condition of industry in Fujian, the output of major industrial products and major economic and relevant financial indicators of industrial enterprises , mainly including the gross industrial output value and indices.Industrial enterprises include enterprises above designated size, state share holding enterprises, state owned enterprises, collective owned enterprises, foreign funded enterprises, enterprises with funds from Hong Kong, Macao and Taiwan, large and medium sized enterprises.

Data in this chapter are based on the annual report of industrial statistics and are prepared and provide by the Division of Industry and Transport Statistics of Fujian Provincial Bureau of Statistics.

# 11-1 工业总产值

# Gross Industrial Output Value

单位：亿元 (100 million yuan)

| 年份<br>Year | 总计<br>Total | #国有企业<br>State-owned | #集体企业<br>Collective owned | #轻工业<br>Light Industry | #重工业<br>Heavy Industry |
|---|---|---|---|---|---|
| 1952 | 4.20 | 0.51 | 0.02 | 3.74 | 0.46 |
| 1957 | 8.57 | 5.93 | 1.64 | 7.11 | 1.46 |
| 1962 | 11.23 | 8.72 | 2.44 | 8.17 | 3.06 |
| 1965 | 17.24 | 14.27 | 2.97 | 11.89 | 5.35 |
| 1970 | 24.41 | 20.78 | 3.63 | 15.72 | 8.69 |
| 1975 | 43.37 | 33.08 | 10.29 | 25.17 | 18.20 |
| 1978 | 63.14 | 46.85 | 16.29 | 36.91 | 26.23 |
| 1979 | 72.01 | 52.53 | 19.30 | 42.48 | 29.53 |
| 1980 | 81.45 | 57.65 | 23.77 | 49.48 | 31.97 |
| 1981 | 87.76 | 60.50 | 26.11 | 55.52 | 32.24 |
| 1982 | 95.77 | 65.97 | 28.29 | 60.04 | 35.73 |
| 1983 | 103.97 | 70.66 | 30.85 | 65.50 | 38.47 |
| 1984 | 131.11 | 82.74 | 40.53 | 82.60 | 48.51 |
| 1985 | 173.13 | 101.71 | 57.84 | 103.68 | 69.45 |
| 1986 | 205.10 | 114.28 | 72.75 | 122.61 | 82.49 |
| 1987 | 265.87 | 139.55 | 92.48 | 157.85 | 108.02 |
| 1988 | 388.85 | 192.69 | 132.41 | 237.87 | 150.98 |
| 1989 | 488.96 | 242.17 | 156.98 | 296.52 | 192.44 |
| 1990 | 531.49 | 239.82 | 166.91 | 329.72 | 201.77 |
| 1991 | 658.86 | 268.28 | 209.81 | 413.28 | 245.58 |
| 1992 | 915.51 | 314.17 | 323.69 | 587.20 | 328.31 |
| 1993 | 1522.37 | 391.55 | 566.47 | 908.20 | 614.17 |
| 1994 | 2128.61 | 422.58 | 785.29 | 1281.72 | 846.89 |
| 1995 | 2638.52 | 448.93 | 940.41 | 1600.51 | 1038.01 |
| 1996 | 2840.51 | 450.37 | 1060.49 | 1789.69 | 1050.82 |
| 1997 | 3066.76 | 433.55 | 946.14 | 1910.15 | 1156.61 |
| 1998 | 3218.51 | 368.30 | 219.60 | 1993.88 | 1224.63 |
| 1999 | 3479.84 | 376.66 | 202.71 | 2161.94 | 1317.90 |
| 2000 | 3994.86 | 395.67 | 211.49 | 2317.02 | 1677.84 |
| 2001 | 4398.08 | 360.54 | 192.92 | 2374.96 | 2023.12 |
| 2002 | 5260.20 | 329.12 | 216.11 | 2690.10 | 2570.10 |
| 2003 | 6616.61 | 358.20 | 236.63 | 3109.81 | 3506.80 |
| 2004 | 8544.50 | 598.92 | 171.41 | 3809.41 | 4735.09 |
| 2005 | 9995.89 | 403.26 | 185.99 | 4484.89 | 5511.00 |
| 2006 | 11855.68 | 753.56 | 228.55 | 5363.49 | 6492.19 |
| 2007 | 14425.06 | 720.16 | 271.92 | 6515.95 | 7909.11 |
| 2008 | 17141.44 | 750.36 | 221.12 | 7931.00 | 9210.44 |
| 2009 | 18681.48 | 917.66 | 228.10 | 8800.55 | 9880.93 |
| 2010 | 23805.32 | 1102.75 | 262.58 | 10935.92 | 12869.40 |
| 2011 | 30330.59 | 1410.10 | 310.90 | 13860.64 | 16469.95 |
| 2012 | 32379.94 | 1541.29 | 217.10 | 15267.35 | 17112.59 |
| 2013 | 36724.66 | 404.01 | 176.56 | 17611.81 | 19112.55 |
| 2014 | 41579.84 | 276.82 | 180.19 | 19914.45 | 21665.39 |
| 2015 | 43888.84 | 312.77 | 173.55 | 21682.76 | 22206.08 |
| 2016 | 47275.84 | 121.90 | 130.19 | 23713.86 | 23561.88 |
| 2017 | 50061.66 | 135.58 | 128.00 | 25111.30 | 24950.36 |
| 2018 | 57732.35 | 142.54 | 132.81 | 29502.35 | 28230.01 |
| 2019 | 63172.56 | 100.69 | 216.76 | 32062.10 | 31110.46 |

注：1.国有企业、集体企业1997年及以前年份的是按经济类型划分，1998年及以后年份是按登记注册类型划分。2.2013年，按登记注册分国有企业类型有调整。

Note:1.The Stated-owned Enterprises and Collective-owned Enterprises were grouped by ownership before 1997,grouped by status of registration after 1998. 2.In 2013, The Division of the Stated-owned Enterprises grouped by status of Registration has been adjusted.

# 11-2 工业总产值指数

# Realated Indices of Industrial Enterprises

| 年份 Year | 工业总产值指数（1952=100） Indices of Gross Industrial Output Value(1952=100) | | | | | 工业总产值本年比上年增长(%) Growth Rates(%) | | | | |
|---|---|---|---|---|---|---|---|---|---|---|
| | 总计 Total | #国有企业 State-owned | #集体企业 Collective owned | #轻工业 Light Industry | #重工业 Heavy Industry | 总计 Total | #国有企业 State-owned | #集体企业 Collective owned | #轻工业 Light Industry | #重工业 Heavy Industry |
| 1952 | 100.0 | 100.0 | 100.0 | 100.0 | 100.0 | 31.3 | 121.7 | | 25.5 | 109.1 |
| 1957 | 209.8 | 1190.2 | 8550.0 | 195.5 | 326.1 | 17.2 | 25.2 | 14.0 | 13.5 | 38.9 |
| 1962 | 279.5 | 1780.3 | 12929.3 | 228.4 | 694.6 | -18.2 | -22.9 | 2.1 | -10.5 | -33.5 |
| 1965 | 434.2 | 2946.4 | 15953.0 | 336.2 | 1230.6 | 24.2 | 28.0 | 11.3 | 22.7 | 27.8 |
| 1970 | 626.1 | 4371.4 | 19811.0 | 452.8 | 2034.7 | 16.9 | 21.4 | -3.6 | 10.3 | 31.1 |
| 1975 | 1132.5 | 7182.3 | 53688.6 | 750.4 | 4219.4 | 9.4 | 8.9 | 11.2 | 5.2 | 15.9 |
| 1978 | 1635.5 | 10089.1 | 84353.2 | 1091.7 | 6031.6 | 19.7 | 19.9 | 19.2 | 17.1 | 23.6 |
| 1979 | 1830.5 | 11129.4 | 98310.2 | 1233.6 | 6664.9 | 11.9 | 10.3 | 16.5 | 13.0 | 10.5 |
| 1980 | 2068.8 | 12173.9 | 120672.0 | 1435.1 | 7208.0 | 13.0 | 9.4 | 22.7 | 16.4 | 8.2 |
| 1981 | 2260.4 | 12955.7 | 134425.3 | 1632.9 | 7370.9 | 9.3 | 6.4 | 11.4 | 13.8 | 2.3 |
| 1982 | 2425.8 | 13814.7 | 142670.7 | 1739.7 | 8008.3 | 7.3 | 6.6 | 6.1 | 6.5 | 8.6 |
| 1983 | 2640.1 | 14657.1 | 155963.3 | 1851.7 | 9038.7 | 8.8 | 6.1 | 9.3 | 6.4 | 12.9 |
| 1984 | 3308.2 | 16952.0 | 203636.8 | 2311.0 | 11397.2 | 25.3 | 15.7 | 30.6 | 24.8 | 26.1 |
| 1985 | 4149.1 | 19473.0 | 289888.8 | 2944.3 | 13940.1 | 25.4 | 44.9 | 42.4 | 27.4 | 22.3 |
| 1986 | 4786.3 | 21157.8 | 350355.2 | 3404.5 | 16018.8 | 15.4 | 8.7 | 20.9 | 15.6 | 14.9 |
| 1987 | 5894.3 | 23774.3 | 430360.7 | 4213.8 | 19563.2 | 23.1 | 12.4 | 22.8 | 23.8 | 22.1 |
| 1988 | 7854.0 | 27911.6 | 580627.2 | 5825.5 | 24437.9 | 33.2 | 17.4 | 34.9 | 38.2 | 24.9 |
| 1989 | 9044.6 | 29955.4 | 662981.4 | 6661.8 | 28504.2 | 15.2 | 7.3 | 14.2 | 12.0 | 15.2 |
| 1990 | 10205.0 | 30086.1 | 719949.7 | 7689.2 | 30824.9 | 12.8 | 0.4 | 8.6 | 15.4 | 8.1 |
| 1991 | 12489.5 | 32848.3 | 897745.8 | 9498.9 | 37105.3 | 22.4 | 9.2 | 24.7 | 23.5 | 20.4 |
| 1992 | 17149.9 | 37953.2 | 1360582.9 | 13312.9 | 49059.4 | 37.3 | 15.5 | 51.6 | 40.2 | 32.2 |
| 1993 | 25624.1 | 38810.8 | 2193320.1 | 19145.7 | 78531.6 | 49.4 | 2.3 | 61.2 | 43.8 | 60.1 |
| 1994 | 34914.6 | 39505.1 | 3062020.4 | 25873.0 | 108508.9 | 36.3 | 1.8 | 39.6 | 35.1 | 38.2 |
| 1995 | 41709.8 | 38550.9 | 3254811.9 | 30200.8 | 134592.3 | 23.3 | 0.9 | 10.2 | 20.8 | 27.4 |
| 1996 | 50427.1 | 39444.8 | 4293096.9 | 38385.2 | 149397.5 | 20.9 | 2.3 | 31.9 | 27.1 | 11.0 |
| 1997 | 60916.0 | 36994.0 | 4288803.8 | 45678.4 | 185252.9 | 20.8 | -6.2 | -0.1 | 19.0 | 24.0 |
| 1998 | 70175.2 | 33664.5 | 3628328.0 | 53854.8 | 204519.2 | 15.2 | -9.0 | -15.4 | 17.9 | 10.4 |
| 1999 | 80210.3 | 34708.1 | 3726292.9 | 59725.0 | 246650.2 | 14.3 | 3.1 | 2.7 | 10.9 | 20.6 |
| 2000 | 91519.9 | 35228.7 | 3934965.3 | 66653.1 | 290553.9 | 14.1 | 1.5 | 5.6 | 11.6 | 17.8 |
| 2001 | 103234.5 | 31987.7 | 3635907.9 | 71918.7 | 347212.0 | 12.8 | -9.2 | -7.6 | 7.9 | 19.5 |
| 2002 | 121403.8 | 25750.1 | 3857698.3 | 82994.2 | 419432.0 | 17.6 | -19.5 | 6.1 | 15.4 | 20.8 |
| 2003 | 143256.5 | 29303.6 | 4328337.5 | 95443.3 | 507512.8 | 18.0 | 13.8 | 12.2 | 15.0 | 21.0 |
| 2004 | 168183.1 | 32849.3 | 4233114.1 | 112432.2 | 593789.9 | 17.4 | 12.1 | -2.2 | 17.8 | 17.0 |
| 2005 | 196269.7 | 35280.2 | 4643726.2 | 135480.8 | 673951.6 | 16.7 | 7.4 | 9.7 | 20.5 | 13.5 |
| 2006 | 234738.6 | 40783.9 | 5307779.0 | 160680.2 | 810089.8 | 19.6 | 15.6 | 14.3 | 18.6 | 20.2 |
| 2007 | 287789.5 | 45351.7 | 6167639.2 | 193780.4 | 997220.5 | 22.6 | 11.2 | 16.2 | 20.6 | 23.1 |
| 2008 | 337000.9 | 45623.8 | 6846079.5 | 226529.3 | 1168742.5 | 17.1 | 0.6 | 11.0 | 16.9 | 17.2 |
| 2009 | 386877.0 | 50003.7 | 8105758.1 | 266851.5 | 1311329.1 | 14.8 | 9.6 | 18.4 | 17.8 | 12.2 |
| 2010 | 483983.1 | 59654.4 | 9272987.3 | 327960.5 | 1665388.0 | 25.1 | 19.3 | 14.4 | 22.9 | 27.0 |
| 2011 | 563840.3 | 67827.1 | 10775211.2 | 380434.2 | 1948504.0 | 16.5 | 13.7 | 16.2 | 16.0 | 17.0 |
| 2012 | 650107.9 | 70947.1 | 11906608.4 | 441303.7 | 2232985.6 | 15.3 | 4.6 | 10.5 | 16.0 | 14.6 |
| 2013 | 742423.2 | 79602.6 | 11763729.1 | 503968.7 | 2550069.4 | 14.2 | 12.2 | -1.2 | 14.2 | 14.2 |
| 2014 | 832998.8 | 88040.5 | 12610717.6 | 559405.3 | 2886678.6 | 12.2 | 10.6 | 7.2 | 11.0 | 13.2 |
| 2015 | 912966.7 | 89889.4 | 13581742.9 | 615905.2 | 3158026.4 | 9.6 | 2.1 | 7.7 | 10.1 | 9.4 |
| 2016 | 991075.9 | 94811.7 | 13348615.9 | 668016.4 | 3434720.2 | 8.6 | 5.5 | -1.7 | 8.5 | 8.8 |
| 2017 | 1068291.8 | 136333.2 | 13792967.3 | 728773.7 | 3589425.1 | 7.8 | 43.8 | 3.3 | 9.1 | 4.5 |
| 2018 | 1168711.2 | 145331.2 | 14289514.1 | 795820.9 | 3937599.3 | 9.4 | 6.6 | 3.6 | 9.2 | 9.7 |
| 2019 | 1271775.3 | 157940.4 | 15668708.7 | 854992.7 | 4345140.4 | 8.8 | 8.7 | 9.7 | 7.4 | 10.3 |

注：1.国有企业、集体企业1997年及以前年份的是按经济类型划分，1998年及以后年份是按登记注册类型划分。2.2013年度数据是根据企业上报的当年数和上年数计算的。

Note:1.The Stated-owned Enterprises and Collective-owned Enterprises were grouped by ownership before 1997,grouped by status of registration after 1998. 2.The data of 2013 is calculated according to the data reported by Enterprises in this year and previous year.

# 11-3 规模以上工业企业主要指标

## Main Indicators of Industrial Enterprises above Designated Size

单位：亿元 (100 million yuan)

| 年份<br>Year | 企业单位数（个）<br>Number of Enterprises (unit) | 资产总计<br>Total Assets | 流动资产合计<br>Circulating Funds | 主营业务收入<br>Revenue from Principal Business | 利润总额<br>Total Profits | 税金总额<br>Total Tax |
|---|---|---|---|---|---|---|
| 1998 | 6106 | 2626.33 | 1101.12 | 1860.76 | 55.76 | 103.85 |
| 1999 | 5549 | 2890.62 | 1209.61 | 2060.31 | 87.38 | 113.67 |
| 2000 | 6011 | 3368.64 | 1401.27 | 2468.69 | 110.80 | 135.80 |
| 2001 | 6583 | 3632.22 | 1514.43 | 2789.09 | 118.22 | 146.16 |
| 2002 | 7462 | 4059.60 | 1781.70 | 3522.47 | 204.30 | 164.91 |
| 2003 | 9208 | 4902.48 | 2306.49 | 4822.24 | 314.40 | 204.22 |
| 2004 | 11918 | 6034.04 | 2994.25 | 6581.07 | 382.00 | 253.11 |
| 2005 | 12396 | 6841.37 | 3393.30 | 7848.24 | 407.55 | 285.73 |
| 2006 | 13755 | 8168.75 | 4111.21 | 9661.48 | 586.52 | 377.21 |
| 2007 | 15178 | 10157.20 | 5056.06 | 12227.31 | 894.51 | 481.21 |
| 2008 | 17212 | 11694.91 | 5700.78 | 14816.17 | 896.11 | 560.87 |
| 2009 | 18154 | 13344.47 | 6564.47 | 16338.61 | 1104.05 | 649.12 |
| 2010 | 19227 | 16058.70 | 8420.83 | 21479.37 | 1754.18 | 824.27 |
| 2011 | 14116 | 18582.15 | 9797.20 | 26850.95 | 2114.54 | 992.88 |
| 2012 | 15333 | 21385.98 | 11419.24 | 29206.84 | 2023.27 | 1253.05 |
| 2013 | 16115 | 24959.37 | 12904.53 | 33111.10 | 2225.00 | 1396.21 |
| 2014 | 16744 | 27978.35 | 14189.64 | 37097.44 | 2344.27 | 1516.42 |
| 2015 | 17240 | 29647.54 | 14767.63 | 39591.28 | 2359.82 | 1614.97 |
| 2016 | 17262 | 32081.30 | 16286.10 | 42537.24 | 2889.26 | 1453.86 |
| 2017 | 17348 | 34591.63 | 17494.17 | 45658.46 | 3221.82 | 1493.86 |
| 2018 | 17347 | 36858.81 | 18968.09 | 50640.07 | 4180.27 | 1613.05 |
| 2019 | 18373 | 39551.81 | 20046.89 | 56787.62 | 4326.54 | 1503.65 |

注：从2011年起，规模以上工业划分标准由年主营业务收入（销售收入）500万元及以上调整为2000万元及以上。(下同)

Note:Since 2011,Revenue from Principal Business of Industrial Enterprises above Designated Size become 20 million yuan frome 5 million yuan. The same applies to the tables following.

# 11-4 规模以上工业企业主要经济指标

单位：亿元

| 年份 | 固定资产原价 Original Value of Fixed Assets | | | | 固定资产合计 Total Value of Fixed Assets | | | | 主营业务收入 Sale Revenue |
|---|---|---|---|---|---|---|---|---|---|
| Year | 合计 Total | 国有 State-owned | 集体 Collective-owned | 其他 Others | 合计 Total | 国有 State-owned | 集体 Collective-owned | 其他 Others | 合计 Total |
| 1978 | 44.84 | 40.62 | 4.22 | | | 29.52 | | | |
| 1980 | 56.78 | 49.65 | 7.13 | | 41.11 | 35.83 | 5.28 | | 67.25 |
| 1985 | 103.41 | 83.83 | 17.26 | 2.32 | 74.01 | 59.40 | 12.57 | 2.04 | 136.58 |
| 1990 | 244.56 | 173.52 | 38.76 | 32.28 | 180.75 | 127.49 | 26.37 | 26.89 | 352.56 |
| 1995 | 991.98 | 482.24 | 93.97 | 415.77 | 783.88 | 368.76 | 69.46 | 345.66 | 1469.28 |
| 1996 | 1197.03 | 551.93 | 107.01 | 538.09 | 923.98 | 411.57 | 77.81 | 434.60 | 1617.13 |
| 1997 | 1444.47 | 585.53 | 128.06 | 730.88 | 1106.79 | 434.63 | 95.68 | 576.48 | 1858.56 |
| 1998 | 1539.99 | 613.18 | 84.78 | 842.03 | 1150.38 | 450.25 | 62.28 | 637.85 | 1860.76 |
| 1999 | 1768.61 | 681.74 | 82.28 | 1004.59 | 1307.18 | 493.17 | 59.01 | 755.00 | 2060.31 |
| 2000 | 2032.18 | 679.99 | 85.13 | 1267.06 | 1479.53 | 477.71 | 60.21 | 941.61 | 2468.69 |
| 2001 | 2351.09 | 711.63 | 76.29 | 1563.17 | 1690.78 | 492.17 | 53.55 | 1145.06 | 2789.09 |
| 2002 | 2596.43 | 591.72 | 59.92 | 1944.79 | 1812.38 | 410.75 | 41.84 | 1359.79 | 3522.47 |
| 2003 | 2979.24 | 624.78 | 58.20 | 2296.26 | 2020.47 | 416.94 | 40.99 | 1562.54 | 4822.24 |
| 2004 | 3435.92 | 640.44 | 35.79 | 2759.69 | 2343.14 | 427.74 | 22.86 | 1892.53 | 6581.07 |
| 2005 | 3838.40 | 330.01 | 36.72 | 3471.67 | 2565.23 | 204.17 | 24.82 | 2336.23 | 7848.24 |
| 2006 | 4499.35 | 710.81 | 40.54 | 3747.99 | 2970.84 | 450.69 | 25.57 | 2494.57 | 9661.48 |
| 2007 | 5227.60 | 712.79 | 45.22 | 4469.59 | 3504.89 | 472.30 | 28.72 | 3003.87 | 12227.31 |
| 2008 | 5994.98 | 785.89 | 45.36 | 5163.73 | 4043.82 | 507.56 | 28.52 | 3507.74 | 14816.17 |
| 2009 | 7039.82 | 1110.16 | 44.94 | 5884.71 | 4740.79 | 741.70 | 28.74 | 3970.35 | 16338.61 |
| 2010 | 7967.50 | 1146.31 | 54.30 | 6766.88 | 5324.49 | 742.54 | 33.50 | 4548.45 | 21479.37 |
| 2011 | 8855.37 | 1383.56 | 44.60 | 7427.21 | 5826.21 | 890.04 | 27.30 | 4908.86 | 26850.95 |
| 2012 | 10220.10 | 1598.14 | 33.20 | 8588.76 | 6502.59 | 1011.83 | 19.47 | 5471.30 | 29206.84 |
| 2013 | 11806.75 | 240.16 | 26.32 | 11540.27 | 7325.46 | 141.44 | 13.77 | 7170.25 | 33111.10 |
| 2014 | 13572.81 | 128.40 | 22.56 | 13421.85 | 9246.62 | 79.22 | 13.04 | 9154.36 | 37097.44 |
| 2015 | 14677.62 | 386.54 | 23.88 | 14267.20 | 9657.01 | 253.93 | 12.91 | 9390.17 | 39591.28 |
| 2016 | 16342.12 | 129.55 | 15.17 | 16197.40 | 9931.69 | 87.03 | 9.86 | 9834.80 | 42537.24 |
| 2017 | 17685.00 | 234.81 | 14.25 | 17435.94 | 10530.68 | 123.90 | 6.93 | 10399.85 | 45658.46 |
| 2018 | 20143.13 | 191.81 | 42.22 | 19909.10 | 10902.29 | 99.13 | 24.97 | 10778.19 | 50640.07 |
| 2019 | 21474.87 | 67.32 | 75.02 | 21332.53 | 10849.95 | 47.35 | 21.40 | 10781.19 | 56787.62 |

注：1.表内1998年起统计口径为规模以上工业企业,以前为乡及乡以上独立核算工业企业；2.2013年，按登记注册类型分国有企业类型有调整。

Note:a)Statistics scope from 1998 covers industrial enterprises above designated size. b)In 2013, The Division of the Stated-owned Enterprises grouped by status of Registration has been adjusted.

# Main Financial Indicators of Industrial Enterprises above Designated Size

(100 million yuan)

| | | | 利税总额 Total Profit and Tax | | | | 利润总额 Total Profit | | | |
|---|---|---|---|---|---|---|---|---|---|---|
| 国有 State-owned | 集体 Collective-owned | 其他 Others | 合计 Total | 国有 State-owned | 集体 Collective-owned | 其他 Others | 合计 Total | 国有 State-owned | 集体 Collective-owned | 其他 Others |
| | | | 12.21 | 10.25 | 1.96 | | 6.75 | 5.53 | 1.22 | |
| 52.86 | 14.38 | 0.01 | 14.44 | 12.13 | 2.31 | | 8.26 | 6.82 | 1.44 | |
| 99.06 | 30.79 | 6.73 | 25.74 | 21.10 | 3.98 | 0.66 | 13.55 | 11.07 | 2.15 | 0.33 |
| 213.01 | 68.65 | 70.90 | 44.97 | 33.14 | 5.98 | 5.85 | 16.09 | 11.91 | 1.79 | 2.39 |
| 442.04 | 225.29 | 801.95 | 130.54 | 58.91 | 18.30 | 53.33 | 48.16 | 15.17 | 5.35 | 27.64 |
| 438.70 | 242.70 | 935.73 | 145.20 | 72.80 | 18.73 | 53.67 | 55.12 | 25.28 | 5.31 | 24.53 |
| 417.02 | 269.98 | 1171.56 | 170.38 | 75.02 | 21.96 | 73.40 | 68.62 | 30.24 | 6.40 | 31.98 |
| 387.59 | 183.71 | 1289.46 | 159.61 | 69.24 | 12.57 | 77.80 | 55.76 | 18.47 | 3.40 | 33.89 |
| 424.73 | 170.05 | 1465.53 | 201.05 | 74.54 | 12.80 | 113.71 | 87.38 | 22.22 | 4.38 | 60.78 |
| 445.30 | 176.52 | 1846.87 | 246.60 | 81.60 | 14.16 | 150.84 | 110.80 | 24.21 | 5.29 | 81.30 |
| 431.74 | 169.13 | 2188.22 | 264.38 | 86.09 | 14.98 | 163.31 | 118.22 | 26.37 | 6.21 | 85.64 |
| 344.91 | 146.80 | 3030.76 | 369.21 | 73.79 | 12.49 | 282.93 | 204.30 | 20.11 | 5.73 | 178.46 |
| 390.11 | 163.67 | 4268.46 | 518.62 | 85.46 | 16.65 | 416.51 | 314.40 | 24.82 | 7.97 | 281.60 |
| 590.08 | 101.07 | 5889.92 | 635.11 | 91.22 | 8.95 | 534.94 | 382.00 | 21.92 | 3.73 | 356.35 |
| 398.85 | 106.91 | 7342.48 | 693.28 | 85.47 | 9.41 | 598.40 | 407.55 | 19.84 | 3.47 | 384.25 |
| 738.51 | 137.89 | 8785.08 | 963.72 | 113.02 | 16.01 | 834.69 | 586.52 | 26.61 | 8.04 | 551.87 |
| 709.38 | 168.53 | 11349.40 | 1375.71 | 122.57 | 22.34 | 1230.81 | 894.51 | 44.99 | 12.39 | 837.13 |
| 727.08 | 176.15 | 13912.93 | 1456.97 | 101.75 | 20.00 | 1335.22 | 896.11 | 25.45 | 9.68 | 860.98 |
| 898.97 | 192.06 | 15247.58 | 1753.17 | 97.57 | 22.26 | 1633.34 | 1104.05 | 18.37 | 10.18 | 1075.50 |
| 1080.59 | 222.89 | 20175.89 | 2578.45 | 157.13 | 27.55 | 2393.77 | 1754.18 | 53.91 | 15.54 | 1684.73 |
| 1373.72 | 249.65 | 25227.58 | 3107.42 | 240.36 | 31.85 | 2835.21 | 2114.54 | 61.54 | 18.12 | 2034.88 |
| 1508.80 | 171.44 | 27526.60 | 3276.32 | 299.84 | 19.86 | 2956.62 | 2023.27 | 74.82 | 9.57 | 1938.88 |
| 377.08 | 129.97 | 32604.05 | 3621.20 | 129.88 | 15.21 | 3476.11 | 2225.00 | 28.90 | 7.25 | 2188.84 |
| 239.58 | 129.37 | 36728.49 | 3860.69 | 117.12 | 12.78 | 3730.79 | 2344.27 | 17.10 | 5.44 | 2321.73 |
| 302.30 | 128.98 | 39160.00 | 3974.80 | 28.22 | 12.45 | 3934.12 | 2359.82 | 7.61 | 5.81 | 2346.41 |
| 102.16 | 114.65 | 42320.42 | 4343.12 | 6.26 | 8.50 | 4328.36 | 2889.26 | 1.55 | 4.48 | 2883.23 |
| 117.19 | 105.07 | 45436.20 | 4715.68 | 4.38 | 7.16 | 4704.14 | 3221.82 | 0.18 | 3.82 | 3217.82 |
| 73.65 | 162.73 | 50403.69 | 5793.33 | 8.31 | 11.57 | 5773.45 | 4180.27 | 5.34 | 7.29 | 4167.64 |
| 42.40 | 216.57 | 56528.64 | 5830.19 | 5.74 | 10.00 | 5814.46 | 4326.54 | 4.48 | 6.26 | 4315.79 |

# 11-5 规模以上工业企业主要经济效益指标

# Main Indicators on Economic Benefit of Industrial Enterprises above Designated Size

| 年份<br>Year | 总资产贡献率（%）<br>Ratio of Assets to Industrial Output Value (%) | 资产负债率（%）<br>Assets- Liability Ratio (%) | 流动资产周转次数（次/年）<br>Number of Times of Turnover of Circulating Funds(times/year) | 工业成本费用利润率（%）<br>Ratio of Profits to Industrial Cost (%) | 全员劳动生产率（元/人）<br>Overall Labor Productivity(yuan/person) | 产品销售率（%）<br>Proportion of Products Sold (%) |
|---|---|---|---|---|---|---|
| 1998 | 7.95 | 56.10 | 1.76 | 3.13 | 38250 | 95.52 |
| 1999 | 8.95 | 57.35 | 1.78 | 4.50 | 44967 | 96.39 |
| 2000 | 9.26 | 57.52 | 1.89 | 4.76 | 51244 | 96.95 |
| 2001 | 8.84 | 56.76 | 1.91 | 4.47 | 53016 | 96.99 |
| 2002 | 10.91 | 55.82 | 2.10 | 6.22 | 65802 | 97.50 |
| 2003 | 12.74 | 54.34 | 2.30 | 7.07 | 65168 | 97.59 |
| 2004 | 12.74 | 52.96 | 2.39 | 6.21 | 70420 | 97.13 |
| 2005 | 11.89 | 52.71 | 2.41 | 5.52 | 78898 | 97.33 |
| 2006 | 14.08 | 53.81 | 2.51 | 6.58 | 87655 | 96.96 |
| 2007 | 16.27 | 55.53 | 2.58 | 8.05 | 100197 | 97.71 |
| 2008 | 14.86 | 53.72 | 2.67 | 6.44 | 116619 | 97.54 |
| 2009 | 15.27 | 53.44 | 2.66 | 7.28 | 123205 | 97.34 |
| 2010 | 18.80 | 52.74 | 2.87 | 8.83 | 148426 | 97.76 |
| 2011 | 18.04 | 52.20 | 2.77 | 8.42 | 182719 | 97.50 |
| 2012 | 16.70 | 53.39 | 2.58 | 7.40 | 188811 | 97.83 |
| 2013 | 15.79 | 54.43 | 2.59 | 7.16 | 210899 | 97.45 |
| 2014 | 15.02 | 54.37 | 2.64 | 6.74 | 239802 | 97.31 |
| 2015 | 14.65 | 53.56 | 2.71 | 6.38 | 244913 | 96.71 |
| 2016 | 14.63 | 52.30 | 2.64 | 7.29 | 261519 | 96.36 |
| 2017 | 14.61 | 51.95 | 2.64 | 7.55 | 273389 | 97.13 |
| 2018 | 16.68 | 51.58 | 2.70 | 8.93 | 288928 | 97.27 |
| 2019 | 15.55 | 50.65 | 2.87 | 8.17 | 316727 | 97.15 |

# 11-6 规模以上工业企业单位数

# Number of Industrial Enterprises above Designated Size

单位：个 (unit)

| 项目 Item | 2000 | 2005 | 2010 | 2018 | 2019 |
|---|---|---|---|---|---|
| **合 计 Total** | **6011** | **12396** | **19227** | **17347** | **18373** |
| **按轻重分 Grouped by Light &Heavy Industry** | | | | | |
| 轻工业 Light Industry | 3656 | 7131 | 10654 | 10171 | 10642 |
| 重工业 Heavy Industry | 2355 | 5265 | 8573 | 7176 | 7731 |
| **按注册类型分 Grouped by Status of Registration** | | | | | |
| 内资企业 Pomestic Funded Enterprises | 3320 | 7453 | 13524 | 14020 | 15109 |
| 港澳台商投资企业 Enterprises With Funds from HongKong,Macao and TaiWan | 2076 | 3165 | 3705 | 2181 | 2103 |
| 外商投资企业 Foreign Funded Enterprises | 615 | 1778 | 1998 | 1146 | 1161 |
| **按经济类型分 Grouped by Ownership** | | | | | |
| 国有 Stated-owned | 1046 | 481 | 273 | 127 | 122 |
| 集体 Collective-owned | 1077 | 800 | 584 | 95 | 81 |
| 其他 Others | 3888 | 11115 | 18370 | 17125 | 18170 |
| #外商及港澳台商投资 Funds from HongKong,Macao,Taiwan and Foreign Area | 2691 | 4943 | 5703 | 3327 | 3264 |
| **按经济组织分 Grouped by Organization** | | | | | |
| 独资 Sole Funded | 3572 | 4871 | 5631 | 2772 | 2728 |
| 合作、合伙 Cooperated and Partnership | 494 | 715 | 681 | 168 | 134 |
| 股份有限公司 Share Holding Enterprises | 189 | 381 | 444 | 708 | 611 |
| 有限责任公司 Limited Liability Corporations | 1756 | 6429 | 12471 | 13699 | 14900 |
| **按规模分 Grouped by Size** | | | | | |
| 大型 Large Scale | 92 | 60 | 124 | 451 | 451 |
| 中型 Medium Scale | 209 | 1142 | 2116 | 2699 | 2538 |
| 小型 Small Scale | 5710 | 11194 | 16987 | 13144 | 14191 |
| 微型 Micro-Scale | | | | 1053 | 1193 |

# 11-7 规模以上工业企业主要工业产品产量

# Industry Enterprises above Designated Size Output of Major Industrial Products

| 年份<br>Year | 化学纤维(万吨)<br>Chemical Fiber (10000 tons) | 原煤(万吨)<br>Coal (10000 tons) | 发电量(亿千瓦小时)<br>Electricity (100 million kwh) | 粗钢(万吨)<br>Crude Steel (10000 tons) | 水泥(万吨)<br>Cement (10000 tons) | 化学肥料(万吨)<br>Chemical Fertilizer (10000 tons) | 汽车(辆)<br>Motor Vehicles (unit) | 移动通信手持机(万部)<br>Mobile Telephone (10000 unit) | 微型计算机设备(万部)<br>Micro-computer (10000 sets) |
|---|---|---|---|---|---|---|---|---|---|
| 1952 | | 0.30 | 0.12 | | | | | | |
| 1957 | | 8.25 | 0.57 | | 5.26 | | | | |
| 1962 | | 55.77 | 4.99 | 0.12 | 6.05 | 0.31 | | | |
| 1965 | 0.03 | 60.19 | 7.41 | 0.66 | 20.37 | 4.46 | | | |
| 1970 | 0.10 | 110.03 | 13.12 | 3.62 | 32.85 | 5.22 | 317 | | |
| 1975 | 0.28 | 280.67 | 26.83 | 9.84 | 89.13 | 9.54 | 765 | | |
| 1978 | 1.19 | 423.05 | 40.69 | 16.16 | 120.45 | 16.40 | 907 | | |
| 1979 | 1.13 | 479.04 | 44.40 | 20.93 | 139.84 | 19.51 | 1110 | | |
| 1980 | 1.35 | 462.99 | 49.47 | 24.16 | 155.30 | 24.32 | 1029 | | |
| 1981 | 1.50 | 416.55 | 52.46 | 21.90 | 161.62 | 24.88 | 60 | | |
| 1982 | 1.35 | 440.23 | 57.18 | 24.90 | 163.71 | 27.21 | 40 | | |
| 1983 | 1.04 | 524.26 | 61.55 | 23.79 | 206.66 | 28.14 | 257 | | |
| 1984 | 1.03 | 575.94 | 67.53 | 28.71 | 234.03 | 32.37 | 641 | | |
| 1985 | 1.65 | 606.53 | 77.20 | 31.75 | 290.69 | 32.88 | 652 | | |
| 1986 | 2.06 | 678.52 | 86.21 | 34.42 | 321.76 | 32.89 | 870 | | |
| 1987 | 2.50 | 787.19 | 98.54 | 39.23 | 379.50 | 39.93 | 1201 | | |
| 1988 | 2.62 | 864.36 | 114.14 | 40.39 | 452.97 | 40.62 | 3225 | | |
| 1989 | 2.55 | 944.83 | 129.56 | 43.23 | 499.63 | 42.28 | 1607 | | |
| 1990 | 3.13 | 925.37 | 136.65 | 51.66 | 540.04 | 43.64 | 676 | | |
| 1991 | 3.40 | 857.19 | 151.76 | 56.47 | 646.87 | 44.09 | 1796 | | |
| 1992 | 3.56 | 909.68 | 176.55 | 61.87 | 747.62 | 47.31 | 3407 | | |
| 1993 | 3.60 | 982.52 | 195.27 | 61.72 | 902.39 | 44.39 | 3949 | | |
| 1994 | 4.95 | 977.38 | 228.93 | 56.24 | 1104.20 | 47.34 | 3299 | | |
| 1995 | 12.96 | 1134.18 | 261.55 | 55.49 | 1511.17 | 51.04 | 3636 | | |
| 1996 | 24.12 | 1167.97 | 284.10 | 80.49 | 1504.52 | 56.66 | 3223 | | |
| 1997 | 26.91 | 776.04 | 310.18 | 89.34 | 1522.42 | 54.74 | 6083 | | |
| 1998 | 31.59 | 727.18 | 322.70 | 113.32 | 1594.46 | 63.51 | 6276 | | |
| 1999 | 37.17 | 577.14 | 356.00 | 128.98 | 1825.81 | 61.15 | 9279 | | |
| 2000 | 41.22 | 375.03 | 403.73 | 124.94 | 1513.64 | 61.38 | 29606 | | 88.77 |
| 2001 | 47.95 | 512.33 | 446.32 | 155.27 | 1525.53 | 55.84 | 32498 | | 88.79 |
| 2002 | 65.97 | 644.51 | 533.08 | 211.98 | 1698.69 | 60.69 | 48356 | | 174.25 |
| 2003 | 59.39 | 778.22 | 610.70 | 256.04 | 2116.27 | 56.69 | 86679 | | 241.74 |
| 2004 | 71.47 | 1076.05 | 659.64 | 319.20 | 2245.34 | 60.27 | 65811 | | 295.02 |
| 2005 | 79.12 | 1331.74 | 778.25 | 382.33 | 2713.62 | 60.27 | 70260 | 1165.96 | 371.44 |
| 2006 | 106.32 | 1759.18 | 904.25 | 465.48 | 3343.93 | 64.76 | 73215 | 1358.78 | 445.73 |
| 2007 | 137.69 | 1991.74 | 1038.28 | 588.43 | 4449.69 | 62.95 | 86514 | 1097.48 | 513.23 |
| 2008 | 169.78 | 2306.07 | 1085.38 | 727.28 | 4593.36 | 69.60 | 95098 | 716.56 | 647.32 |
| 2009 | 183.66 | 2466.13 | 1170.71 | 765.04 | 5446.50 | 59.67 | 135044 | 671.50 | 607.20 |
| 2010 | 206.15 | 2442.73 | 1356.32 | 1086.88 | 5921.20 | 57.87 | 194963 | 1064.25 | 738.27 |
| 2011 | 223.98 | 2480.86 | 1578.90 | 1166.89 | 6570.86 | 52.14 | 190835 | 1658.82 | 898.56 |
| 2012 | 272.09 | 1947.55 | 1622.62 | 1318.55 | 7197.60 | 48.15 | 186465 | 2968.01 | 929.04 |
| 2013 | 376.65 | 1614.81 | 1643.16 | 1997.16 | 7890.37 | 46.69 | 205764 | 3841.85 | 1284.76 |
| 2014 | 454.94 | 1504.45 | 1746.15 | 1820.79 | 7732.33 | 48.71 | 180947 | 1277.99 | 985.40 |
| 2015 | 576.20 | 1531.77 | 1764.90 | 1586.48 | 7746.18 | 52.06 | 193875 | 2133.56 | 818.78 |
| 2016 | 685.21 | 1346.68 | 1812.95 | 1516.80 | 8091.20 | 51.83 | 220171 | 2568.63 | 847.36 |
| 2017 | 674.38 | 1107.00 | 2062.63 | 1882.85 | 8444.19 | 24.01 | 281198 | 578.25 | 998.42 |
| 2018 | 694.88 | 918.87 | 2342.54 | 2100.70 | 8783.18 | 68.16 | 239457 | 1362.14 | 1183.63 |
| 2019 | 849.31 | 831.72 | 2406.44 | 2390.28 | 9443.13 | 90.27 | 169475 | 1802.92 | 2192.40 |

# 11-8 规模以上工业企业产品产量

# Output of Industrial Products of Industrial Enterprise above Designated size

| 项目　Item | 2000 | 2005 | 2010 | 2018 | 2019 |
|---|---|---|---|---|---|
| 原煤(吨)<br>Coal(ton) | 3750300 | 13317400 | 24427250 | 9188727 | 8317199 |
| 铁矿石原矿量(吨)<br>Primary Iron ore(ton) | 1690400 | 4838600 | 23272585 | 20678899 | 18942331 |
| 硫铁矿(折硫35%)(吨)<br>Sulphur Iron(ton) | 35000 | 16600 | 99177 | 418365 | 384940 |
| 原盐(吨)<br>Salt(ton) | 283700 | 344900 | 333929 | 229984 | 218298 |
| 配混合饲料(吨)<br>Mixed Feed(ton) | 974900 | 2185200 | 4830171 | 9008548 | 9448297 |
| 食用植物油(吨)<br>Eatened Vegetable(ton) | 62400 | 434800 | 1684343 | 2112446 | 2263179 |
| 罐头(吨)<br>Tin(ton) | 267800 | 785700 | 2032091 | 3161780 | 2979613 |
| 啤酒(千升)<br>Beer(1000 L) | 1104000 | 1573300 | 1887767 | 1502750 | 1581156 |
| 软饮料(吨)<br>Soft Drink(ton) | 398200 | 1112800 | 3869623 | 6558563 | 8092001 |
| 精制茶(吨)<br>Highly Finished Tea(ton) | 17000 | 39500 | 103310 | 290807 | 288580 |
| 卷烟(万箱)<br>Cigarette(10000 cases) | 98.62 | 121.00 | 168.75 | 171.03 | 175.80 |
| 纱(吨)<br>Yarn(ton) | 143641 | 680042 | 1847365 | 5692147 | 5809122 |
| 布(万米)<br>Cloth(10000 m) | 55867 | 201266 | 312003 | 1079394 | 1027549 |
| 棉布(万米)<br>Cottoned Cloth(10000 m) | 2938 | 13020 | 39708 | 79511 | 89630 |
| 棉混纺交织布(米)<br>Blending Cloth(m) | 11022 | 35790 | 110002 | 581000 | 508308 |
| 纯化纤布(米)<br>Pure Chemical Fibre Cloth(m) | 41907 | 152456 | 162292 | 418883 | 429612 |
| 印染布(万米)<br>Printing and Dyeing Cloth(10000 m) | 38744 | 162653 | 391229 | 562377 | 561902 |
| 毛线(吨)<br>Kitting Wool(ton) | 7523 | 9997 | 5020 | 1653 | 906 |
| 服装(万件)<br>Clothes(10000 piece) | 39877 | 81539 | 292273 | 472008 | 530003 |
| 轻革(平方米)<br>Light Leather(10000 sq.m) | 3591200 | 33335800 | 43511617 | 27293033 | 34040714 |
| 皮革鞋靴(万双)<br>Leather Shoes(10000 pairs) | 20931 | 50426 | 114358 | 189601 | 205456 |
| 人造板(立方米)<br>Man-made Wood(cu.m) | 677000 | 2664900 | 9979320 | 15463601 | 22224292 |
| 胶合板<br>Plywood | 224800 | 1082700 | 4248677 | 9479959 | 14443612 |
| 纤维板<br>Fiberboond | 294900 | 1145500 | 1936396 | 2258064 | 2399672 |
| 刨花板<br>Honghed Wood | 145000 | 193600 | 2075427 | 1145679 | 1189223 |

# 11-8 续表1

## Continued

| 项目 Item | 2000 | 2005 | 2010 | 2018 | 2019 |
|---|---|---|---|---|---|
| 机制纸及纸板(吨)<br>Machine-made Paper and Paperboard(ton) | 850700 | 1871100 | 4320636 | 7714140 | 8051297 |
| 焦炭(吨)<br>Coke(ton) | 448900 | 909400 | 1430462 | 1741830 | 2019226 |
| 硫酸(折100%)(吨)<br>Sulfuric Acid(ton) | 338700 | 410600 | 597822 | 2266877 | 3426459 |
| 盐酸(含量31%以上)(吨)<br>Hydrochloric(ton) | 124500 | 140200 | 70749 | 199891 | 173730 |
| 烧碱(折100%)(吨)<br>Caustic Soda(ton) | 156400 | 255100 | 201120 | 370605 | 389755 |
| 纯碱(吨)<br>Soda Ash(ton) | 94500 | 192300 | 177867 | 249400 | 290660 |
| 合成氨(吨)<br>Synthetic Ammonia(ton) | 800900 | 941500 | 1021305 | 630538 | 585596 |
| 农用化肥(吨)<br>Chemical Fertilizer(ton) | 613800 | 602700 | 578746 | 681608 | 902684 |
| #氮肥(吨)<br>Nitrogerous Fertilizer(ton) | 509600 | 557000 | 553717 | 512260 | 616690 |
| #尿素(吨)<br>Carbamine(ton) | 278600 | 313400 | 329370 | 352 | |
| 磷肥(吨)<br>Phosphate Fertilizer(ton) | 79600 | 45600 | 25028 | 169348 | 285994 |
| 油漆(吨)<br>Paint(ton) | 19096 | 44851 | 319064 | 990527 | 1296898 |
| 塑料(吨)<br>Plastics(ton) | 143470 | 337876 | 1524961 | 3249061 | 3830255 |
| 合成洗涤剂(吨)<br>Synthetic Detergents(ton) | 68 | 7004 | 39705 | 220789 | 235931 |
| 化学原料药(吨)<br>Chemical Medicine(ton) | 1205 | 2779 | 7266 | 20714 | 20019 |
| 中成药(吨)<br>Mid-product chineses Medicine(ton) | 3781 | 3904 | 6534 | 21861 | 25801 |
| 化学纤维(吨)<br>Chemical Fiber(ton) | 412198 | 791167 | 2061509 | 6948837 | 8493097 |
| 轮胎外胎(条)<br>Tires(pcs) | 9839600 | 17809700 | 27876136 | 42066676 | 35746001 |
| 塑料制品(吨)<br>Plastics(ton) | 557000 | 863000 | 1663088 | 4495432 | 5336145 |
| 水泥(吨)<br>Cement(ton) | 15136400 | 27136200 | 59212000 | 87831847 | 94431346 |
| 砖(万块)<br>Bricks(10000 pcs) | 23400 | 20700 | 303443 | 2158018 | 2784900 |
| 花岗石板材(平方米)<br>Granite board(sq.m) | 11266800 | 68322600 | 145464187 | 88479131 | 73909228 |
| 平板玻璃(重量箱)<br>Plate glass(case) | 4798700 | 6415100 | 27653500 | 49494791 | 51139411 |
| 生铁(吨)<br>Pig Iron(ton) | 1493700 | 3939600 | 5588053 | 9823080 | 10380801 |
| 粗钢(吨)<br>Crude Steel(ton) | 1249400 | 3823300 | 10868830 | 21006964 | 23902775 |

# 11-8 续表2

## Continued

| 项目 Item | 2000 | 2005 | 2010 | 2018 | 2019 |
|---|---|---|---|---|---|
| 钢材(吨) Steel Products(ton) | 2837900 | 7359000 | 13405616 | 29159450 | 37376565 |
| 铁合金(吨) Iron Alloy(ton) | 39700 | 59000 | 240768 | 203702 | 169113 |
| 十种有色金属(吨) Ten Nonferrous Metals Total(ton) | 34474 | 60362 | 138774 | 477617 | 734056 |
| 金属切削机床(台) Metal-cutting Machine Tools(set) | 584 | 1815 | 3146 | 8989 | 13868 |
| 起重机械(吨) Crane Machine(ton) | 1988 | 4105 | 4655 | 13186 | 13640 |
| 叉车(台) Fork Truck(set) | 3301 | 6720 | 11081 | 20970 | 20682 |
| 泵(台) Pump(set) | 1676900 | 4907200 | 8358576 | 3968621 | 3840436 |
| 气体压缩机(台) Gas Compressor(set) | 28506 | 42836 | 50472 | 71048 | 61035 |
| 轴承(万套) Bearing(10000 units) | 1767 | 4690 | 11108 | 14346 | 15306 |
| 汽车(辆) Vehicles(unit) | 29606 | 70260 | 194963 | 239457 | 169475 |
| #载货汽车 Cargo Vehicles | 10244 | 4158 | 8005 | 33001 | 38174 |
| 改装汽车(辆) Refitted Vehicles(unit) | 7107 | 26555 | 16222 | 9368 | 11630 |
| 民用钢质船舶(载重吨) Civil Steelen Boats(tons) | 44457 | 146816 | 727031 | 948388 | 832630 |
| 交流电动机(千瓦) Alternating Current Electromotor(kw) | 1799600 | 2484300 | 5827571 | 4145500 | 3574416 |
| 变压器(千伏安) Power Transformer(kva) | 2549000 | 3489300 | 5728012 | 8249785 | 11015053 |
| 电力电缆(千米) Electric Cable(km) | 14629 | 18381 | 105487 | 152464 | 215025 |
| 电话单机(台) Telephone Set(set) | 6646300 | 9728900 | 8452845 | 2147385 | 1823319 |
| 微型电子计算机(台) Personal Computers(set) | 887678 | 3714387 | 7382707 | 11836288 | 21923992 |
| 集成电路(万块) Semiconductor Integrated Circuit(10000 units) | 6888.00 | 13996.22 | 1158.40 | 20283.20 | 95587.70 |
| 彩色电视机(台) Color TV Sets(set) | 2041900 | 3739000 | 9031009 | 9794931 | 7908489 |
| 照相机(台) Cameras(set) | 3221684 | 1101899 | 4510909 | 1276639 | 1028134 |
| 钟(台) Clocks(set) | 27474800 | 92983300 | 85595769 | 112079904 | 108262218 |
| 发电量(万千瓦小时) Electricity(10000 kwh) | 4037300 | 7782500 | 13563200 | 23425429 | 24064379 |
| #水电 Hydropower | 1952200 | 2910000 | 4536900 | 2314724 | 2969460 |

# 11-9 规模以上工业企业主要指标（2019年）

单位：万元

| 项目<br>Item | 企业单位数(个)<br>Number of Enterprises (unit) | 资产总计<br>Total Assets | 负债合计<br>Liabilities | 固定资产原价<br>Original Value of Fixed Assets |
|---|---|---|---|---|
| **合　计**<br>**Total** | **18373** | **395518138** | **200325905** | **214748667** |
| **#国有控股企业**<br>State-holding Enterprises | 503 | 95406366 | 55324814 | 71690274 |
| **#亏损企业**<br>Deficitted Enterprises | 1181 | 37330245 | 24296295 | 20684048 |
| **按轻重分**<br>**Group by Light & Heary Industry** | | | | |
| 轻工业<br>Light Industry | 10642 | 159338604 | 72993205 | 69067050 |
| 重工业<br>Heavy Industry | 7731 | 236179533 | 127332700 | 145681617 |
| **按经济类型分**<br>**Grouped by Ownership** | | | | |
| 国有<br>Stated-owned | 122 | 23680502 | 13934224 | 26677800 |
| 集体<br>Collective-owned | 81 | 668675 | 311555 | 846012 |
| 股份<br>Share Holding | 1600 | 104824991 | 56206517 | 54566472 |
| 私营<br>Private | 13295 | 143892114 | 67833699 | 65610282 |
| 外商及港澳台商投资<br>Funds from HongKong,Macao,TaiWan and Foreign Area | 3264 | 122394794 | 62031320 | 67033638 |
| 其他<br>Others | 10 | 22372 | 3491 | 13549 |
| **按登记注册分**<br>**Grouped by Status of Registration** | | | | |
| 内资企业<br>Sole Funded | 15109 | 273123344 | 138294585 | 147715029 |
| 港、澳、台商投资<br>Enterprises with Funds from HongKong, Macao and TaiWan | 2103 | 69709038 | 33226972 | 33034445 |
| 外商投资企业<br>Foreign Funded Enterprises | 1161 | 52685756 | 28804348 | 33999193 |
| **按经济组织分**<br>**Grouped by Organization** | | | | |
| 独资企业<br>Sole Funded | 2728 | 82064332 | 39343711 | 42474355 |
| 合作、合伙<br>Cooperated and Partnership | 134 | 1155006 | 453301 | 681176 |
| 股份有限公司<br>Share Holding Enterprises | 611 | 65442820 | 30013102 | 17550814 |
| 有限责任公司<br>Limited Liability Corporations | 14900 | 246855980 | 130515791 | 154042322 |
| **按规模分**<br>**Grouped by Size of Enterprises** | | | | |
| 大型企业<br>Large Scale | 451 | 152139966 | 82876030 | 88427921 |

# Main Indicators of Industrial Enterprises above Designated Size(2019)

(10000 yuan)

| 固定资产净值<br>Net Value of Fixed Assets | 所有者权益合计<br>Owner's equity | 营业收入<br>Revenue | 主营业务收入<br>Sale Revenue | 利润总额<br>Total Profit | 利税总额<br>Total Profits and Tax | 所得税费用<br>Income Tax | 应交增值税<br>Value Added Tax Payable |
|---|---|---|---|---|---|---|---|
| **115158395** | **193740570** | **575525228** | **567876166** | **43265388** | **58301922** | **3660926** | **9578393** |
| 42994439 | 40020513 | 62870093 | 61613736 | 3539142 | 8179085 | 599957 | 2252502 |
| 13466163 | 12967919 | 21696691 | 20488228 | -2062513 | -1767747 | -32325 | 162519 |
| 35409425 | 85482734 | 287293250 | 284217411 | 23146692 | 30595733 | 1589647 | 4439553 |
| 79748970 | 108257836 | 288231978 | 283658755 | 20118696 | 27706189 | 2071279 | 5138839 |
| | | | | | | | |
| 13945825 | 9743078 | 17389680 | 17188719 | 481536 | 2928106 | 44840 | 719940 |
| 268619 | 352903 | 2724009 | 2671043 | 87159 | 137798 | 5480 | 30515 |
| 34369101 | 48515618 | 89667320 | 86852381 | 6889555 | 9622983 | 732327 | 1983173 |
| 34223377 | 75254735 | 292773491 | 290880066 | 21703147 | 27623126 | 1396268 | 4466845 |
| 32340374 | 59825765 | 172802820 | 170116050 | 14090514 | 17976038 | 1481996 | 2377605 |
| 10925 | 18882 | 75721 | 75721 | 4619 | 4681 | | 13 |
| 82818021 | 133914805 | 402722408 | 397760116 | 29174874 | 40325884 | 2178930 | 7200788 |
| 15146403 | 36226910 | 97760468 | 96368620 | 8540843 | 10502222 | 875985 | 1449176 |
| 17193971 | 23598855 | 75042351 | 73747429 | 5549671 | 7473816 | 606011 | 928429 |
| | | | | | | | |
| 20206283 | 42407089 | 121743623 | 120075753 | 10315299 | 12477258 | 1030696 | 1586590 |
| 308070 | 696374 | 2820573 | 2806115 | 192812 | 250736 | 20218 | 41435 |
| 10236693 | 35304479 | 41840915 | 40187517 | 4589586 | 5561778 | 354075 | 734220 |
| 84407348 | 115332629 | 409120117 | 404806780 | 28167692 | 40012149 | 2255937 | 7216149 |
| 49394693 | 69263936 | 164568648 | 162004314 | 14257636 | 21083391 | 1375015 | 3461264 |

# 11-9 续表1

单位：万元

| 项目<br>Item | 企业单位数(个)<br>Number of Enterprises (unit) | 资产总计<br>Total Assets | 负债合计<br>Liabilities | 固定资产原价<br>Original Value of Fixed Assets |
|---|---|---|---|---|
| 中型企业<br>Medium Scale | 2538 | 110432265 | 54168770 | 58704609 |
| 小型企业<br>Small Scale | 14191 | 119358831 | 57266284 | 64432008 |
| 微型企业<br>Micro-Scale | 1193 | 13587077 | 6014821 | 3184129 |
| 按行业分<br>Grouped by Sector | | | | |
| 煤炭开采和洗选业<br>Coal Mining and Dressing | 56 | 1281957 | 481553 | 681294 |
| 石油和天然气开采业<br>Petroleum and Natural Gas Mining | | | | |
| 黑色金属矿采选业<br>Ferrous Metals Mining and Dressing | 68 | 1064830 | 553823 | 1040221 |
| 有色金属矿采选业<br>Nonferrous Metals Mining and Dressing | 41 | 560091 | 210839 | 570296 |
| 非金属矿采选业<br>Nonmetal Minerals Mining and Quarrying | 168 | 1361431 | 371789 | 1193281 |
| 其他采矿业<br>Others Mining and Quarrying | | | | |
| 农副食品加工业<br>Agricultural and Sideline Products Processing | 1175 | 15493417 | 7250283 | 6519447 |
| 食品制造业<br>Food Manufacturing | 632 | 9839769 | 3323603 | 3399748 |
| 酒、饮料和精制茶制造业<br>Wine，Drink and Tea Manufacturing | 575 | 6289252 | 2356581 | 3576421 |
| 烟草制品业<br>Tobacco Processing | 7 | 2568189 | 767003 | 1548158 |
| 纺织业<br>Textile Industry | 985 | 17470906 | 8239925 | 9648054 |
| 纺织服装、服饰业<br>Textile Garments Products | 1378 | 14329588 | 5410105 | 4808574 |
| 皮革、毛皮、羽毛及其制品和制鞋业<br>Leather , Furs , Down and Relate Products | 1342 | 18708423 | 9019814 | 7359613 |
| 木材加工和木、竹、藤、棕、草制品业<br>Timber Processing,Bamboo,Cane,Palm Fiber and Straw Products | 829 | 4040040 | 1730970 | 3234766 |
| 家具制造业<br>Furniture Manufacturing | 373 | 2822283 | 1377796 | 1025855 |
| 造纸和纸制品业<br>Papermaking and Paper Products | 455 | 10050808 | 5880214 | 4569323 |
| 印刷和记录媒介复制业<br>Printing and Record Medium Reproduction | 264 | 2376266 | 1034820 | 1004436 |
| 文教、工美、体育和娱乐用品制造业<br>Cultural , Educational and Sports Goods | 1019 | 8384814 | 3401967 | 3775815 |
| 石油、煤炭及其他燃料加工业<br>Petroleum Processing , Coking and Nuclear Fuel Processing | 43 | 11049372 | 6762943 | 9799802 |

# Continued

(10000 yuan)

| 固定资产净值<br>Net Value of Fixed Assets | 所有者权益合计<br>Owner's equity | 营业收入<br>Revenue | 主营业务收入<br>Sale Revenue | 利润总额<br>Total Profit | 利税总额<br>Total Profits and Tax | 所得税费用<br>Income Tax | 应交增值税<br>Value Added Tax Payable |
|---|---|---|---|---|---|---|---|
| 31292359 | 56262997 | 160726984 | 157816188 | 12748137 | 16140577 | 1195639 | 2533632 |
| 32468794 | 62093256 | 232106835 | 230618051 | 14943899 | 19431586 | 979563 | 3332534 |
| 2002548 | 6120382 | 18122761 | 17437612 | 1315716 | 1646368 | 110710 | 250963 |
| 362208 | 776067 | 950010 | 924574 | 62553 | 133621 | 16270 | 51491 |
| | | | | | | | |
| 571065 | 499697 | 2321519 | 2315148 | 58417 | 116547 | 6980 | 41788 |
| 226710 | 347460 | 813906 | 808663 | 56798 | 98850 | 9176 | 17283 |
| 462809 | 965150 | 3160691 | 3157504 | 194223 | 301414 | 16025 | 50215 |
| 3708557 | 8095875 | 34877169 | 34469936 | 2730533 | 3147504 | 85347 | 321990 |
| 1957960 | 6438641 | 18195903 | 18140401 | 1904811 | 2294855 | 139974 | 323595 |
| 1805278 | 3905916 | 11434198 | 11376545 | 965924 | 1301930 | 72905 | 205998 |
| 796240 | 1801186 | 2959689 | 2889007 | 98890 | 2047582 | 29942 | 288295 |
| 4418756 | 9171600 | 34109404 | 33913994 | 2007776 | 2452490 | 100537 | 328766 |
| 2218984 | 8887452 | 26448961 | 26333319 | 2107140 | 2710690 | 144800 | 473731 |
| 4319286 | 9640323 | 42499169 | 42369025 | 3757855 | 4778755 | 285239 | 783719 |
| 1027194 | 2207892 | 14806384 | 14793058 | 713405 | 956794 | 27823 | 176652 |
| 498278 | 1429258 | 6539830 | 6524738 | 444189 | 566610 | 34405 | 91248 |
| 2532968 | 4099497 | 12875092 | 12699835 | 1086298 | 1389343 | 58954 | 247790 |
| 485899 | 1340331 | 4583076 | 4559850 | 313262 | 406528 | 14848 | 68387 |
| 1785188 | 4905027 | 22467212 | 22421071 | 1804049 | 2283494 | 95720 | 347536 |
| 4886911 | 4277354 | 15515904 | 15467507 | 1009856 | 2975631 | 57097 | 890678 |

# 11-9 续表2

单位：万元

| 项目<br>Item | 企业单位数(个)<br>Number of Enterprises (unit) | 资产总计<br>Total Assets | 负债合计<br>Liabilities | 固定资产原价<br>Original Value of Fixed Assets |
|---|---|---|---|---|
| 化学原料和化学制品制造业<br>Raw Chemical Materials and Chemical Products | 750 | 19758351 | 11645634 | 11277564 |
| 医药制造业<br>Medical and Pharmaceutical Products | 178 | 4318923 | 1305882 | 2024312 |
| 化学纤维制造业<br>Chemical Fiber | 104 | 8528646 | 5141676 | 6549927 |
| 橡胶和塑料制品业<br>Rubber and Plastic Products | 868 | 11629338 | 5465504 | 6333550 |
| 非金属矿物制品业<br>Nonmetal Minerals Products | 1819 | 28580092 | 13301876 | 12585888 |
| 黑色金属冶炼和压延加工业<br>Smelting and Pressing of Ferrous Metals | 140 | 12067244 | 7001663 | 6832969 |
| 有色金属冶炼和压延加工业<br>Smelting and Pressing of Nonferrous Metals | 144 | 19176155 | 10661385 | 5268862 |
| 金属制品业<br>Metal Products | 906 | 10288474 | 4892108 | 4830129 |
| 通用设备制造业<br>General Equipment | 654 | 10162649 | 4104183 | 3501809 |
| 专用设备制造业<br>Special Purpose Equipment | 625 | 9672607 | 5106151 | 3488408 |
| 汽车制造业<br>Car Manufacturing | 378 | 9679716 | 5396023 | 5083789 |
| 铁路、船舶、航空航天和其他运输设备制造业<br>Railway,Watercraft,Aviation and others transportation Manufacturing | 167 | 3461358 | 2229302 | 1265300 |
| 电气机械和器材制造业<br>Electric Equipment and Machinery | 708 | 25552778 | 13110223 | 6886687 |
| 计算机、通信和其他电子设备制造业<br>Computer,Communication and other Electronic Equipment | 709 | 37425791 | 19091086 | 18190498 |
| 仪器仪表制造业<br>Instruments and Meters Machinery | 192 | 2094005 | 782702 | 542735 |
| 其他制造业<br>Others Manufacturing | 153 | 1566022 | 540223 | 415838 |
| 废弃资源综合利用业<br>Waste Resources and Materials Recovering | 77 | 776294 | 434016 | 290722 |
| 金属制品、机械和设备修理业<br>Metals,Machinery and Equipment maintenance | 29 | 1161539 | 378677 | 717116 |
| 电力、热力生产和供应业<br>Production and Supply of Electric Power and Hot Power | 233 | 44071008 | 27360340 | 50386408 |
| 燃气生产和供应业<br>Production and Supply of Gas | 52 | 2779400 | 1544083 | 1782991 |
| 水的生产和供应业<br>Production and Supply of Water | 77 | 5076312 | 2659142 | 2738064 |

# Continued

(10000 yuan)

| 固定资产净值<br>Net Value of Fixed Assets | 所有者权益合计<br>Owner's equity | 营业收入<br>Revenue | 主营业务收入<br>Sale Revenue | 利润总额<br>Total Profit | 利税总额<br>Total Profits and Tax | 所得税费用<br>Income Tax | 应交增值税<br>Value Added Tax Payable |
|---|---|---|---|---|---|---|---|
| 7099722 | 8163325 | 24864347 | 24700021 | 1939516 | 2380462 | 147722 | 329201 |
| 883577 | 2923493 | 4043886 | 4028034 | 597279 | 748215 | 75826 | 121478 |
| 2979578 | 3346151 | 14304490 | 13577465 | 724367 | 817310 | 29792 | 56289 |
| 3134124 | 6078149 | 19535610 | 19150473 | 1158880 | 1549161 | 105484 | 283797 |
| 6274402 | 15136201 | 44423822 | 44098108 | 4095077 | 5379417 | 281495 | 976650 |
| 4095958 | 5053091 | 22377872 | 21630089 | 1680532 | 1980620 | 185678 | 247425 |
| 3319830 | 8496640 | 26183262 | 25604913 | 1927674 | 2254307 | 267668 | 262116 |
| 2406775 | 5363309 | 17706707 | 17353041 | 1064651 | 1368055 | 73291 | 225006 |
| 1734153 | 6009069 | 14519857 | 14433692 | 1303761 | 1565630 | 88791 | 186180 |
| 1570310 | 4554974 | 11568334 | 11485675 | 817739 | 1092499 | 85454 | 205790 |
| 2558521 | 4274035 | 13131308 | 12880858 | 862838 | 1158110 | 123776 | 177483 |
| 721324 | 1221922 | 3028731 | 3008723 | 44956 | 134786 | 13379 | 62588 |
| 3863367 | 12412693 | 25017888 | 24308518 | 2865439 | 3382399 | 329357 | 392884 |
| 10368547 | 18244472 | 45310175 | 43890120 | 2123008 | 2599896 | 267984 | 344420 |
| 292923 | 1307863 | 2780541 | 2765643 | 204507 | 260631 | 16836 | 45126 |
| 239888 | 1023166 | 2789908 | 2782791 | 174057 | 229947 | 11443 | 42582 |
| 179318 | 337069 | 2014224 | 1930388 | 66133 | 235114 | 7882 | 150950 |
| 402127 | 782862 | 2067150 | 2063445 | 177615 | 194639 | 16613 | 8389 |
| 28182030 | 16570877 | 20389608 | 20267853 | 1703418 | 2529030 | 259684 | 707864 |
| 1179582 | 1235317 | 4015296 | 3914643 | 309106 | 334696 | 60368 | 17282 |
| 1608048 | 2417170 | 894095 | 837498 | 108860 | 144359 | 16362 | 25731 |

# 11-10 大中型工业企业主要经济指标（2019年）

单位：万元

| 项目<br>Item | 企业单位数(个)<br>Number of Enterprises (unit) | 资产总计<br>Total Assets | 负债合计<br>Liabilities | 固定资产原价<br>Original Value of Fixed Assets |
|---|---|---|---|---|
| **合　计<br>Total** | **2989** | **262572230** | **137044799** | **147132529** |
| 煤炭开采和洗选业<br>Coal Mining and Dressing | 11 | 806771 | 275223 | 390530 |
| 石油和天然气开采业<br>Petroleum and Natural Gas Mining | | | | |
| 黑色金属矿采选业<br>Ferrous Metals  Mining and Dressing | 5 | 659289 | 380881 | 571456 |
| 非金属矿采选业<br>Nonmetal Minerals Mining and Quarrying | 9 | 501002 | 35507 | 192971 |
| 其他采矿业<br>Others Mining and Quarrying | | | | |
| 农副食品加工业<br>Agricultural and Sideline Products Processing | 149 | 7484382 | 3273358 | 3130377 |
| 食品制造业<br>Food Manufacturing | 117 | 5671888 | 1631356 | 1797802 |
| 酒、饮料和精制茶制造业<br>Wine，Drink and Tea Manufacturing | 77 | 3366463 | 1354618 | 1780578 |
| 烟草制品业<br>Tobacco Processing | 6 | 2551492 | 755459 | 1350068 |
| 纺织业<br>Textile Industry | 209 | 10680912 | 5026368 | 6272423 |
| 纺织服装、服饰业<br>Textile Garments Products | 272 | 9458307 | 3081727 | 3069020 |
| 皮革、毛皮、羽毛及其制品和制鞋业<br>Leather , Furs , Down and Relate Products | 441 | 13144276 | 6305215 | 4868877 |
| 木材加工和木、竹、藤、棕、草制品业<br>Timber Processing,Bamboo,Cane,Palm Fiber and Straw Products | 55 | 1160780 | 512493 | 581235 |
| 家具制造业<br>Furniture Manufacturing | 54 | 1506070 | 774544 | 417091 |
| 造纸和纸制品业<br>Papermaking and Paper Products | 69 | 6261472 | 3831850 | 3370390 |
| 印刷和记录媒介复制业<br>Printing and Record Medium Reproduction | 27 | 1021409 | 410857 | 324653 |
| 文教、工美、体育和娱乐用品制造业<br>Cultural , Educational and Sports Goods | 182 | 4086991 | 1872684 | 1647611 |
| 石油、煤炭及其他燃料加工业<br>Petroleum Processing , Coking and Nuclear Fuel Processing | 6 | 10323366 | 6433047 | 9610726 |
| 化学原料和化学制品制造业<br>Raw Chemical Materials and Chemical Products | 66 | 12841376 | 8445455 | 7303419 |

# Main Financial Indicators of Large and Medium Industrial Enterprises(2019)

(10000 yuan)

| 固定资产净值<br>Net Value of Fixed Assets | 所有者权益合计<br>Owner's equity | 营业收入<br>Revenue | 主营业务收入<br>Sale Revenue | 利润总额<br>Total Profit | 利税总额<br>Total Profits and Tax | 所得税费用<br>Income Tax | 应交增值税<br>Value Added Tax Payable |
|---|---|---|---|---|---|---|---|
| **80687052** | **125526933** | **325295632** | **319820503** | **27005773** | **37223969** | **2570653** | **5994896** |
| 163450 | 531548 | 369011 | 343716 | 11077 | 43340 | 12707 | 22799 |
| 435343 | 278408 | 568448 | 563041 | 21334 | 43032 | 4578 | 15664 |
| 169537 | 465495 | 256351 | 256021 | 55813 | 63990 | 4120 | 5775 |
| | | | | | | | |
| 1823212 | 4211025 | 14046856 | 13808584 | 1521922 | 1709851 | 36784 | 151357 |
| 977255 | 4040531 | 8880233 | 8862977 | 1173949 | 1401824 | 90802 | 194960 |
| 979158 | 2011844 | 5428603 | 5395311 | 506044 | 723532 | 54052 | 131245 |
| 789651 | 1796033 | 2921481 | 2850799 | 98352 | 2045899 | 29942 | 287252 |
| 2870810 | 5654544 | 19191616 | 19155563 | 1253919 | 1513527 | 77597 | 193812 |
| 1442603 | 6376089 | 15275942 | 15170202 | 1406788 | 1786797 | 113988 | 298479 |
| 2891736 | 6839060 | 28650385 | 28579292 | 2455891 | 3180232 | 240344 | 553458 |
| 285441 | 648287 | 3126208 | 3122817 | 175784 | 249592 | 7502 | 53423 |
| 234171 | 731524 | 2983726 | 2974124 | 241782 | 291055 | 19918 | 35797 |
| 1925406 | 2429622 | 7239307 | 7083852 | 758219 | 942471 | 36347 | 152288 |
| 180822 | 610552 | 1572042 | 1562255 | 103946 | 141729 | 3522 | 28094 |
| 870973 | 2214306 | 9708245 | 9670604 | 729950 | 934131 | 49640 | 152177 |
| 4762922 | 3890320 | 14296895 | 14250939 | 946780 | 2891848 | 53482 | 874335 |
| 5165249 | 4395921 | 11096296 | 10977914 | 1182467 | 1371011 | 71493 | 139431 |

# 11-10 续表

单位：万元

| 项目<br>Item | 企业单位数(个)<br>Number of Enterprises (unit) | 资产总计<br>Total Assets | 负债合计<br>Liabilities | 固定资产原价<br>Original Value of Fixed Assets |
|---|---|---|---|---|
| 医药制造业<br>Medical and Pharmaceutical Products | 32 | 2557512 | 611012 | 981294 |
| 化学纤维制造业<br>Chemical Fiber | 33 | 7087387 | 4330353 | 5935260 |
| 橡胶和塑料制品业<br>Rubber and Plastic Products | 115 | 5838786 | 2523076 | 3812433 |
| 非金属矿物制品业<br>Nonmetal Minerals Products | 265 | 14760175 | 6471783 | 6117367 |
| 黑色金属冶炼和压延加工业<br>Smelting and Pressing of Ferrous Metals | 31 | 8698907 | 5796982 | 4805458 |
| 有色金属冶炼和压延加工业<br>Smelting and Pressing of Nonferrous Metals | 30 | 18097978 | 10038293 | 4807421 |
| 金属制品业<br>Metal Products | 81 | 4809913 | 2116422 | 1863258 |
| 通用设备制造业<br>General Equipment | 77 | 5208705 | 2022153 | 1672053 |
| 专用设备制造业<br>Special Purpose Equipment | 62 | 4822424 | 2740905 | 1080227 |
| 汽车制造业<br>Car Manufacturing | 67 | 6979624 | 4250285 | 3614093 |
| 铁路、船舶、航空航天和其他运输设备制造业<br>Railway,Watercraft,Aviation and others transportation Manufacturing | 22 | 2373114 | 1667101 | 659851 |
| 电气机械和器材制造业<br>Electric Equipment and Machinery | 125 | 19640536 | 10120489 | 5350782 |
| 计算机、通信和其他电子设备制造业<br>Computer,Communication and other Electronic Equipment | 198 | 31357531 | 15849788 | 16309658 |
| 仪器仪表制造业<br>Instruments and Meters Machinery | 20 | 689585 | 175948 | 223269 |
| 其他制造业<br>Others Manufacturing | 35 | 891568 | 313391 | 169322 |
| 废弃资源综合利用业<br>Waste Resources and Materials Recovering | 1 | 10654 | 1992 | 1872 |
| 金属制品、机械和设备修理业<br>Metals,Machinery and Equipment maintenance | 6 | 800819 | 223081 | 594620 |
| 电力、热力生产和供应业<br>Production and Supply of Electric Power and Hot Power | 17 | 31810935 | 20800211 | 39491729 |
| 燃气生产和供应业<br>Production and Supply of Gas | 6 | 1925944 | 1076041 | 1359984 |
| 水的生产和供应业<br>Production and Supply of Water | 10 | 2634402 | 1503697 | 1470277 |

# Continued

(10000 yuan)

| 固定资产净值<br>Net Value of Fixed Assets | 所有者权益合计<br>Owner's equity | 营业收入<br>Revenue | 主营业务收入<br>Sale Revenue | 利润总额<br>Total Profit | 利税总额<br>Total Profits and Tax | 所得税费用<br>Income Tax | 应交增值税<br>Value Added Tax Payable |
|---|---|---|---|---|---|---|---|
| 452960 | 1946499 | 2010789 | 2002302 | 397794 | 493572 | 52859 | 78895 |
| 2645736 | 2757035 | 11888461 | 11184354 | 634649 | 714850 | 28332 | 47536 |
| 1903454 | 3315709 | 8479230 | 8355117 | 573860 | 785520 | 64143 | 151044 |
| 2985506 | 8288391 | 17529715 | 17265784 | 2082735 | 2611772 | 156805 | 411451 |
| 2768035 | 2901925 | 17101931 | 16522087 | 1120369 | 1319360 | 96912 | 164013 |
| 3019506 | 8059685 | 18188533 | 17624308 | 1853312 | 2150036 | 258449 | 240850 |
| 1007813 | 2693491 | 6020866 | 5922363 | 406767 | 510952 | 43932 | 77297 |
| 818838 | 3186552 | 6472666 | 6419442 | 785092 | 897234 | 60508 | 81752 |
| 543418 | 2081519 | 3926242 | 3861077 | 280750 | 396457 | 47669 | 91423 |
| 1912873 | 2729339 | 8680990 | 8493913 | 605444 | 817482 | 91938 | 116657 |
| 435633 | 706013 | 1457768 | 1443963 | -42239 | -2014 | 5834 | 28701 |
| 3052392 | 9520046 | 17893820 | 17223055 | 2444541 | 2823866 | 292337 | 286135 |
| 9304925 | 15507742 | 36947265 | 35997094 | 1690957 | 2066737 | 239223 | 269182 |
| 119096 | 513637 | 931733 | 925196 | 72981 | 94579 | 7778 | 18922 |
| 83527 | 578177 | 1638655 | 1638334 | 96157 | 128267 | 7886 | 26556 |
| 737 | 8662 | 132782 | 132782 | 10576 | 21129 | 2585 | 9397 |
| 330399 | 577738 | 1279776 | 1277270 | 102549 | 112127 | 13896 | 3003 |
| 21622260 | 11010724 | 16615190 | 16522434 | 998665 | 1664436 | 150282 | 581223 |
| 848351 | 849904 | 2047582 | 1967551 | 199079 | 208335 | 35417 | 5223 |
| 836550 | 1130705 | 354888 | 330365 | 33052 | 50381 | 3435 | 11783 |

# 11-11 国有控股工业企业主要经济指标（2019年）

单位：万元

| 项目<br>Item | 企业单位数(个)<br>Number of Enterprises (unit) | 资产总计<br>Total Assets | 负债合计<br>Liabilities | 固定资产原价<br>Original Value of Fixed Assets |
|---|---|---|---|---|
| **合计<br>Total** | **503** | **95406366** | **55324814** | **71690274** |
| **按隶属关系分<br>Grouped by Subordination** | | | | |
| 中央企业<br>Central Enterprises | 86 | 42382550 | 29179076 | 43584425 |
| 地方企业<br>Local Enterprises | 417 | 53023816 | 26145738 | 28105849 |
| **按轻重分<br>Grouped by Light &Heavy Industry** | | | | |
| 轻工业<br>Light Industry | 94 | 6202764 | 1902766 | 2749705 |
| 重工业<br>Heavy Industry | 409 | 89203603 | 53422048 | 68940569 |
| **按规模分<br>Grouped by Size of Enterprises** | | | | |
| 大型企业<br>Large Scale | 39 | 58631522 | 36198236 | 46067116 |
| 中型企业<br>Medium Scale | 87 | 17865627 | 9464443 | 12569774 |
| 小型企业<br>Small Scale | 333 | 15063152 | 8202539 | 11151845 |
| 微型企业<br>Micro-Scale | 44 | 3846066 | 1459595 | 1901539 |
| **按行业分<br>Grouped by Sector** | | | | |
| #**煤炭开采和洗选业**<br>Coal Mining and Dressing | 10 | 802677 | 266211 | 313277 |
| 黑色金属矿采选业<br>Ferrous Metals Mining and Dressing | 4 | 625806 | 375354 | 534692 |
| 有色金属矿采选业<br>Nonferrous Metals Mining and Dressing | 8 | 178933 | 52761 | 233240 |
| 非金属矿采选业<br>Nonmetal Minerals Mining and Quarrying | 12 | 562375 | 83299 | 221486 |
| 农副食品加工业<br>Agricultural and Sideline Products Processing | 17 | 195720 | 162450 | 88955 |
| 食品制造业<br>Food Manufacturing | 10 | 518225 | 167164 | 114595 |
| 酒、饮料和精制茶制造业<br>Wine，Drink and Tea Manufacturing | 9 | 127386 | 40184 | 102732 |
| 烟草制品业<br>Tobacco Processing | 6 | 2551492 | 755459 | 1350068 |
| 纺织服装、服饰业<br>Textile Garments Products | 5 | 46202 | 6875 | 17410 |
| 木材加工和木、竹、藤、棕、草制品业<br>Timber Processing,Bamboo,Cane,Palm Fiber and Straw Products | 5 | 432617 | 296844 | 252202 |

# Main Financial Indicators of State-holding Industrial Enterprise(2019)

(10000 yuan)

| 固定资产净值 Net Value of Fixed Assets | 所有者权益合计 Owner's equity | 营业收入 Revenue | 主营业务收入 Sale Revenue | 利润总额 Total Profit | 利税总额 Total Profits and Tax | 所得税费用 Income Tax | 应交增值税 Value Added Tax Payable |
|---|---|---|---|---|---|---|---|
| **42994439** | **40020513** | **62870093** | **61613736** | **3539142** | **8179085** | **599957** | **2252502** |
| 26218024 | 13064754 | 25805551 | 25506693 | 1032375 | 3895919 | 145239 | 1448172 |
| 16776416 | 26955759 | 37064543 | 36107043 | 2506768 | 4283167 | 454718 | 804330 |
| 1551214 | 4299997 | 5572423 | 5419363 | 394471 | 2431071 | 87442 | 355227 |
| 41443225 | 35720516 | 57297670 | 56194373 | 3144672 | 5748014 | 512515 | 1897275 |
| 28315033 | 22433285 | 35049375 | 34442735 | 1512309 | 5481870 | 199932 | 1740510 |
| 6550761 | 8401183 | 11352371 | 11083266 | 798566 | 1116779 | 169433 | 246315 |
| 6891342 | 6860500 | 13181905 | 12966006 | 761663 | 1019615 | 140998 | 190173 |
| 1237303 | 2325545 | 3286443 | 3121730 | 466605 | 560822 | 89594 | 75504 |
| 158864 | 536466 | 240832 | 215419 | 10735 | 38767 | 7291 | 20625 |
| 401190 | 250452 | 314985 | 309579 | 20748 | 40825 | 4585 | 14880 |
| 81702 | 126171 | 291097 | 287617 | 35220 | 63781 | 5705 | 12790 |
| 174929 | 479076 | 140245 | 137327 | 30101 | 39767 | 5892 | 6027 |
| 55856 | 33270 | 672851 | 641436 | -4194 | -984 | 473 | 1684 |
| 76350 | 351061 | 131511 | 128870 | 6119 | 11392 | 2222 | 4174 |
| 54489 | 87202 | 119302 | 118090 | 10998 | 22090 | 2212 | 5853 |
| 789651 | 1796033 | 2921481 | 2850799 | 98352 | 2045899 | 29942 | 287252 |
| 6678 | 39327 | 35039 | 34934 | 5133 | 9219 | 419 | 3182 |
| 155710 | 135774 | 296948 | 296189 | -11412 | -6029 | -16 | 3730 |

# 11-11 续表

单位：万元

| 项目<br>Item | 企业单位数(个)<br>Number of Enterprises (unit) | 资产总计<br>Total Assets | 负债合计<br>Liabilities | 固定资产原价<br>Original Value of Fixed Assets |
|---|---|---|---|---|
| 造纸和纸制品业<br>Papermaking and Paper Products | 4 | 494907 | 152610 | 340209 |
| 印刷和记录媒介复制业<br>Printing and Record Medium Reproduction | 10 | 219503 | 67533 | 80924 |
| 石油、煤炭及其他燃料加工业<br>Petroleum Processing , Coking and Nuclear Fuel Processing | 3 | 6029354 | 4282644 | 2803598 |
| 化学原料和化学制品制造业<br>Raw Chemical Materials and Chemical Products | 23 | 1749654 | 1020034 | 1367934 |
| 医药制造业<br>Medical and Pharmaceutical Products | 11 | 967335 | 150935 | 146384 |
| 化学纤维制造业<br>Chemical Fiber | 3 | 156489 | 118051 | 150776 |
| 非金属矿物制品业<br>Nonmetal Minerals Products | 48 | 1161400 | 535151 | 635628 |
| 黑色金属冶炼和压延加工业<br>Smelting and Pressing of Ferrous Metals | 8 | 5392754 | 2381182 | 3450397 |
| 有色金属冶炼和压延加工业<br>Smelting and Pressing of Nonferrous Metals | 15 | 10635425 | 5250447 | 2046526 |
| 金属制品业<br>Metal Products | 7 | 101226 | 55949 | 26607 |
| 通用设备制造业<br>General Equipment | 12 | 614177 | 262673 | 195333 |
| 专用设备制造业<br>Special Purpose Equipment | 9 | 729469 | 502057 | 152743 |
| 汽车制造业<br>Car Manufacturing | 15 | 3560867 | 2503880 | 1862437 |
| 铁路、船舶、航空航天和其他运输设备制造业<br>Railway,Watercraft,Aviation and others transportation Manufacturing | 9 | 2196318 | 1653288 | 627041 |
| 电气机械和器材制造业<br>Electric Equipment and Machinery | 13 | 703312 | 510955 | 209329 |
| 计算机、通信和其他电子设备制造业<br>Computer,Communication and other Electronic Equipment | 31 | 9256912 | 4674483 | 5580210 |
| 废弃资源综合利用业<br>Waste Resources and Materials Recovering | 6 | 122799 | 86010 | 35752 |
| 金属制品、机械和设备修理业<br>Metals,Machinery and Equipment maintenance | 5 | 133506 | 78088 | 44148 |
| 电力、热力生产和供应业<br>Production and Supply of Electric Power and Hot Power | 120 | 38819746 | 25431964 | 45194986 |
| 燃气生产和供应业<br>Production and Supply of Gas | 8 | 1692113 | 931114 | 1221929 |
| 水的生产和供应业<br>Production and Supply of Water | 47 | 4376597 | 2337044 | 2155443 |

# Continued

(10000 yuan)

| 固定资产净值 Net Value of Fixed Assets | 所有者权益合计 Owner's equity | 营业收入 Revenue | 主营业务收入 Sale Revenue | 利润总额 Total Profit | 利税总额 Total Profits and Tax | 所得税费用 Income Tax | 应交增值税 Value Added Tax Payable |
|---|---|---|---|---|---|---|---|
| 133974 | 342297 | 214240 | 209075 | 13632 | 19620 | 1258 | 4431 |
| 23838 | 151970 | 111948 | 103458 | 17345 | 21599 | 2907 | 3399 |
| 1898352 | 1746710 | 5026678 | 4996289 | 108265 | 1176513 | 29039 | 701643 |
| 881521 | 829319 | 1576287 | 1546981 | 60144 | 102928 | 19016 | 29052 |
| 71921 | 816400 | 478042 | 476665 | 209313 | 250724 | 36270 | 35420 |
| 87475 | 38438 | 285526 | 262464 | -15211 | -14395 |  | 28 |
| 332061 | 620328 | 1145280 | 1115894 | 153081 | 205502 | 25229 | 43064 |
| 2028201 | 3011572 | 6792805 | 6579260 | 677741 | 820495 | 142440 | 118137 |
| 1317252 | 5384978 | 9519342 | 9285916 | 398703 | 593604 | 12564 | 161107 |
| 16136 | 45277 | 326288 | 325982 | 2096 | 4952 | 2028 | 2339 |
| 113254 | 349570 | 299391 | 280283 | 43304 | 51336 | 5489 | 5992 |
| 71776 | 227412 | 290985 | 280305 | -113483 | -106144 | 1044 | 4291 |
| 941513 | 1056988 | 3579755 | 3496723 | 138316 | 262502 | 30827 | 45276 |
| 440404 | 543031 | 681976 | 668153 | -93945 | -89348 | -1502 | 1430 |
| 149137 | 178196 | 533416 | 527330 | 12653 | 16559 | 3890 | 1837 |
| 4033320 | 4582428 | 5456634 | 5352455 | 156380 | 233581 | -6282 | 53557 |
| 23706 | 36789 | 130557 | 49345 | 3628 | 17516 | 656 | 12345 |
| 27908 | 55418 | 166509 | 165311 | 8206 | 9876 | 321 | 1183 |
| 26338628 | 13249062 | 18402085 | 18301670 | 1335056 | 2079554 | 191219 | 644221 |
| 738331 | 760999 | 1735075 | 1664737 | 123037 | 128133 | 28007 | 1779 |
| 1295027 | 2039553 | 572286 | 526115 | 72421 | 95490 | 9805 | 16057 |

# 11-12 规模以上外商及港澳台投资工业企业主要经济指标（2019年）

单位：万元

| 项目 Item | 企业单位数(个) Number of Enterprises (unit) | 资产总计 Total Assets | 负债合计 Liabilities | 固定资产原价 Original Value of Fixed Assets |
|---|---|---|---|---|
| **合计 Total** | **3264** | **122394794** | **62031320** | **67033638** |
| **按登记注册类型分 Grouped by Status of Registration** | | | | |
| **港、澳、台商投资企业 Enterprises with Funds from HongKong, Macao and TaiWan** | **2103** | **69709038** | **33226972** | **33034445** |
| 合资经营企业 Joint Ventures Enterprises | 457 | 16906768 | 9319827 | 6903671 |
| 合作经营企业 Cooperative Operation Enterprises | 9 | 107668 | 46744 | 39140 |
| 独资企业 Sole Investment | 1590 | 47382039 | 21417074 | 23795727 |
| 股份有限公司 Share-holding Corporations Ltd with Investment | 47 | 5312564 | 2443328 | 2295907 |
| **外商投资企业 Foreign Funded Enterprises** | **1161** | **52685756** | **28804348** | **33999193** |
| 中外合资经营企业 Joint Ventures Enterprises | 305 | 17763588 | 10161313 | 16320790 |
| 中外合作经营企业 Cooperative Operation Enterprises | 12 | 440365 | 184125 | 313450 |
| 外资企业 Sole Foreign Investment Enterprises | 813 | 32076073 | 17022967 | 16461518 |
| 外商投资股份有限公司 Foreign Investment share Enterprises | 31 | 2405731 | 1435943 | 903435 |
| **按轻重分 Grouped by Light &Heavy Industry** | | | | |
| 轻工业 Light Industry | 2158 | 61750021 | 29235696 | 26482064 |
| 重工业 Heavy Industry | 1106 | 60644772 | 32795624 | 40551574 |
| **按规模分 Grouped by Size of Enterprises** | | | | |
| 大型企业 Large Scale | 209 | 48830554 | 24810091 | 28238791 |
| 中型企业 Medium Scale | 845 | 44396786 | 23030866 | 25940639 |
| 小型企业 Small Scale | 2062 | 26110767 | 12800149 | 12558179 |

# Main Finanical Indicators of Industrial Enterprises with Foreign Capital above Designated Size(2019)

(10000 yuan)

| 固定资产净值 Net Value of Fixed Assets | 所有者权益合计 Owner's equity | 营业收入 Revenue | 主营业务收入 Sale Revenue | 利润总额 Total Profit | 利税总额 Total Profits and Tax | 所得税费用 Income Tax | 应交增值税 Value Added Tax Payable |
|---|---|---|---|---|---|---|---|
| **32340374** | **59825765** | **172802820** | **170116050** | **14090514** | **17976038** | **1481996** | **2377605** |
| | | | | | | | |
| **15146403** | **36226910** | **97760468** | **96368620** | **8540843** | **10502222** | **875985** | **1449176** |
| 3475028 | 7520620 | 23415744 | 23039827 | 1886351 | 2455106 | 221693 | 389726 |
| 16772 | 60924 | 317241 | 317219 | 15091 | 19507 | 867 | 3035 |
| 10676955 | 25803112 | 68890206 | 68165500 | 6380502 | 7665783 | 625973 | 972744 |
| 977649 | 2842254 | 5137277 | 4846075 | 258900 | 361826 | 27453 | 83671 |
| **17193971** | **23598855** | **75042351** | **73747429** | **5549671** | **7473816** | **606011** | **928429** |
| 7922050 | 7444449 | 24930673 | 24560825 | 1619711 | 2736928 | 159953 | 347032 |
| 131580 | 256240 | 584969 | 577319 | 60530 | 74973 | 14136 | 11475 |
| 8494451 | 14928380 | 46330546 | 45458802 | 3533667 | 4279400 | 393489 | 531394 |
| 645890 | 969787 | 3196164 | 3150483 | 335763 | 382515 | 38433 | 38528 |
| 12890992 | 32220767 | 91325470 | 89831737 | 8739594 | 10605980 | 778992 | 1408662 |
| 19449382 | 27604998 | 81477349 | 80284313 | 5350921 | 7370057 | 703004 | 968943 |
| | | | | | | | |
| 12666410 | 24020463 | 73842092 | 72968230 | 6491976 | 8474851 | 725747 | 986263 |
| 13571985 | 21365918 | 56084236 | 54896501 | 4378446 | 5516210 | 506112 | 816576 |
| 5931000 | 13310508 | 40240481 | 39621401 | 3074034 | 3785977 | 241757 | 533151 |

# 11-12 续表1

单位：万元

| 项目<br>Item | 企业单位数(个)<br>Number of Enterprises (unit) | 资产总计<br>Total Assets | 负债合计<br>Liabilities | 固定资产原价<br>Original Value of Fixed Assets |
|---|---|---|---|---|
| 微型企业<br>Micro-Scale | 148 | 3056686 | 1390213 | 296028 |
| **按行业分**<br>**Grouped by Sector** | | | | |
| 有色金属矿采选业<br>Nonferrous Metals Mining and Dressing | 2 | 5372 | 697 | 3784 |
| 非金属矿采选业<br>Nonmetal Minerals Mining and Quarrying | 5 | 42840 | 8374 | 22856 |
| 其他采矿业<br>Others Mining and Quarrying | | | | |
| 农副食品加工业<br>Agricultural and Sideline Products Processing | 139 | 3862536 | 2003552 | 1882425 |
| 食品制造业<br>Food Manufacturing | 111 | 3934853 | 980363 | 996719 |
| 酒、饮料和精制茶制造业<br>Wine，Drink and Tea Manufacturing | 54 | 2506617 | 1341498 | 1306043 |
| 烟草制品业<br>Tobacco Processing | | | | |
| 纺织业<br>Textile Industry | 221 | 5667242 | 2598940 | 3015868 |
| 纺织服装、服饰业<br>Textile Garments Products | 392 | 6663001 | 2412854 | 2757914 |
| 皮革、毛皮、羽毛及其制品和制鞋业<br>Leather , Furs , Down and Relate Products | 338 | 10178865 | 4732046 | 3841243 |
| 木材加工和木、竹、藤、棕、草制品业<br>Timber Processing,Bamboo,Cane,Palm Fiber and Straw Products | 35 | 357690 | 128372 | 241745 |
| 家具制造业<br>Furniture Manufacturing | 53 | 726756 | 384284 | 274702 |
| 造纸和纸制品业<br>Papermaking and Paper Products | 85 | 5111154 | 3218692 | 1872279 |
| 印刷和记录媒介复制业<br>Printing and Record Medium Reproduction | 26 | 385450 | 164660 | 209960 |
| 文教、工美、体育和娱乐用品制造业<br>Cultural , Educational and Sports Goods | 227 | 2814063 | 1164764 | 1424938 |
| 石油、煤炭及其他燃料加工业<br>Petroleum Processing , Coking and Nuclear Fuel Processing | 7 | 4279934 | 2077584 | 6726726 |
| 化学原料和化学制品制造业<br>Raw Chemical Materials and Chemical Products | 111 | 6896018 | 5411795 | 4107410 |

# Continued

(10000 yuan)

| 固定资产净值<br>Net Value of Fixed Assets | 所有者权益合计<br>Owner's equity | 营业收入<br>Revenue | 主营业务收入<br>Sale Revenue | 利润总额<br>Total Profit | 利税总额<br>Total Profits and Tax | 所得税费用<br>Income Tax | 应交增值税<br>Value Added Tax Payable |
|---|---|---|---|---|---|---|---|
| 170979 | 1128877 | 2636011 | 2629918 | 146058 | 198999 | 8380 | 41615 |
| 2018 | 3172 | 29238 | 29238 | 450 | 1369 | | 471 |
| 13874 | 34466 | 159603 | 159423 | 10299 | 24739 | 360 | 8156 |
| | | | | | | | |
| 969923 | 1840873 | 7312589 | 7240178 | 760343 | 819700 | 19434 | 47025 |
| 526311 | 2935146 | 6091874 | 6077602 | 839056 | 992164 | 59888 | 130147 |
| 685688 | 1156621 | 3223205 | 3182360 | 285315 | 427582 | 37607 | 84365 |
| 1278836 | 3066923 | 8298276 | 8149607 | 527724 | 654063 | 28757 | 89252 |
| 1256713 | 4242570 | 10730484 | 10645555 | 891216 | 1139817 | 75938 | 194375 |
| 2039703 | 5429838 | 19963293 | 19915342 | 2210637 | 2672901 | 189591 | 359819 |
| 77568 | 229318 | 780125 | 776717 | 47839 | 71244 | 2254 | 20779 |
| 130766 | 342472 | 1391261 | 1386684 | 83982 | 110763 | 7990 | 22387 |
| 1008123 | 1830309 | 3743698 | 3585795 | 385067 | 480690 | 33753 | 76944 |
| 90160 | 220790 | 463327 | 461586 | 34456 | 45517 | 2920 | 8637 |
| 661429 | 1617011 | 6411346 | 6373810 | 507861 | 612281 | 27007 | 70976 |
| 2825295 | 2202350 | 8904244 | 8887516 | 812706 | 1678062 | 20810 | 162613 |
| 3081145 | 1466973 | 5949480 | 5851946 | 511662 | 616302 | 53492 | 64984 |

# 11-12 续表2

单位：万元

| 项目<br>Item | 企业单位数(个)<br>Number of Enterprises (unit) | 资产总计<br>Total Assets | 负债合计<br>Liabilities | 固定资产原价<br>Original Value of Fixed Assets |
|---|---|---|---|---|
| 医药制造业<br>Medical and Pharmaceutical Products | 39 | 1236855 | 343187 | 533939 |
| 化学纤维制造业<br>Chemical Fiber | 31 | 3789436 | 2471511 | 3148960 |
| 橡胶和塑料制品业<br>Rubber and Plastic Products | 181 | 5779484 | 2691808 | 3667249 |
| 非金属矿物制品业<br>Nonmetal Minerals Products | 153 | 5787920 | 3082729 | 2701738 |
| 黑色金属冶炼和压延加工业<br>Smelting and Pressing of Ferrous Metals | 19 | 2831502 | 1826668 | 1971236 |
| 有色金属冶炼和压延加工业<br>Smelting and Pressing of Nonferrous Metals | 25 | 2533496 | 1589326 | 1487550 |
| 金属制品业<br>Metal Products | 125 | 3923403 | 1923207 | 1577006 |
| 通用设备制造业<br>General Equipment | 107 | 3411582 | 1363555 | 1346065 |
| 专用设备制造业<br>Special Purpose Equipment | 124 | 2048523 | 961900 | 781023 |
| 汽车制造业<br>Car Manufacturing | 134 | 5531239 | 3081762 | 2905313 |
| 铁路、船舶、航空航天和其他运输设备制造业<br>Railway,Watercraft,Aviation and others transportation Manufacturing | 24 | 392334 | 172497 | 185359 |
| 电气机械和器材制造业<br>Electric Equipment and Machinery | 143 | 9256290 | 4441465 | 2928015 |
| 计算机、通信和其他电子设备制造业<br>Computer,Communication and other Electronic Equipment | 182 | 13821364 | 8401100 | 7900010 |
| 仪器仪表制造业<br>Instruments and Meters Machinery | 37 | 551057 | 134313 | 217123 |
| 其他制造业<br>Others Manufacturing | 65 | 1149005 | 392120 | 226927 |
| 金属制品、机械和设备修理业<br>Metals,Machinery and Equipment maintenance | 10 | 960768 | 308652 | 637141 |
| 电力、热力生产和供应业<br>Production and Supply of Electric Power and Hot Power | 25 | 4600886 | 1537631 | 5180039 |
| 燃气生产和供应业<br>Production and Supply of Gas | 18 | 967306 | 503225 | 509887 |
| 水的生产和供应业<br>Production and Supply of Water | 13 | 323854 | 143515 | 417611 |

# Continued

(10000 yuan)

| 固定资产净值 Net Value of Fixed Assets | 所有者权益合计 Owner's equity | 营业收入 Revenue | 主营业务收入 Sale Revenue | 利润总额 Total Profit | 利税总额 Total Profits and Tax | 所得税费用 Income Tax | 应交增值税 Value Added Tax Payable |
|---|---|---|---|---|---|---|---|
| 296378 | 805673 | 922544 | 915946 | 153903 | 192818 | 20716 | 32461 |
| 1307876 | 1290943 | 5140641 | 4703217 | 127562 | 165416 | 19839 | 28244 |
| 1712540 | 3087673 | 7004826 | 6704874 | 430540 | 603090 | 45255 | 125110 |
| 1492856 | 2692302 | 5761508 | 5739816 | 595975 | 742838 | 49998 | 109152 |
| 1161318 | 1004834 | 4589828 | 4558228 | 266584 | 327520 | 15346 | 49181 |
| 937533 | 944170 | 4185286 | 4130765 | 302956 | 341853 | 38398 | 27651 |
| 805570 | 1999017 | 3871480 | 3760270 | 208154 | 261350 | 27290 | 37951 |
| 559913 | 2004064 | 4560142 | 4525179 | 512253 | 609487 | 47580 | 71210 |
| 340645 | 1086622 | 2448411 | 2422936 | 240997 | 301013 | 32250 | 46992 |
| 1427552 | 2449476 | 7707567 | 7557519 | 575067 | 780420 | 107282 | 118037 |
| 79446 | 219837 | 486175 | 481739 | 33589 | 48465 | 5538 | 11425 |
| 1454147 | 4814824 | 10708077 | 10570360 | 1517917 | 1729205 | 247243 | 155959 |
| 3189828 | 5376283 | 24243556 | 23734433 | 458196 | 607123 | 131622 | 98995 |
| 102833 | 416744 | 865701 | 864129 | 57802 | 73238 | 7102 | 13401 |
| 107304 | 756886 | 1671487 | 1669525 | 104041 | 139178 | 7588 | 28186 |
| 341360 | 652117 | 1603697 | 1601191 | 109339 | 118895 | 12417 | 3849 |
| 1800014 | 2927622 | 2142783 | 2102167 | 358142 | 437136 | 87402 | 64753 |
| 356619 | 464081 | 1261018 | 1182573 | 124197 | 136650 | 16740 | 7835 |
| 204886 | 180338 | 142901 | 134700 | 5427 | 12028 | 2181 | 4999 |

# 11-13 规模以上工业企业主要经济效益指标（2019年）

# Main Indicators of Economic Benefit of Industrial Enterprises above Designated Size(2019)

单位：% (%)

| 项目<br>Item | 总资产贡献率<br>Ratio of Total Assets to Industrial Output Value | 资产负债率<br>Ratio of Assets to Liability | 流动资产周转次数(次/年)<br>Number of Times of Turnover Circulating Funds(times/year) | 工业成本费用利润率<br>Ratio of Profits to Industrial Cost |
|---|---|---|---|---|
| **合计 Total** | **15.55** | **50.65** | **2.87** | **8.17** |
| #国有控股企业 State-holding Enterprises | 9.78 | 57.99 | 2.30 | 6.14 |
| **按轻重分 Group by Light & Heary Industry** | | | | |
| 轻工业 Light Industry | 19.81 | 45.81 | 3.06 | 8.84 |
| 重工业 Heavy Industry | 12.67 | 53.91 | 2.70 | 7.52 |
| **按经济类型分 Grouped by Ownership** | | | | |
| 国有 Stated-owned | 13.46 | 58.84 | 3.79 | 3.15 |
| 集体 Collective-owned | 22.24 | 46.59 | 10.23 | 3.33 |
| 股份 Share Holding | 10.21 | 53.62 | 2.17 | 8.27 |
| 联营 Cooperation | 27.16 | 14.70 | 4.20 | 10.63 |
| 私营 Private | 20.01 | 47.14 | 3.56 | 8.04 |
| 外商及港澳台商投资 Funds from HongKong, Macao,TaiWan and Foreign Area | 15.24 | 50.68 | 2.40 | 8.90 |
| 其他 Others | 21.46 | 15.60 | 8.23 | 6.50 |
| **按登记注册分 Grouped by Status of Registration** | | | | |
| 内资企业 Sole Funded | 15.69 | 50.63 | 3.14 | 7.86 |
| 港、澳、台商投资企业 Enterprises with Funds from HongKong, Macao and TaiWan | 15.60 | 47.67 | 2.34 | 9.53 |
| 外商投资企业 Foreign Funded Enterprises | 14.76 | 54.67 | 2.48 | 8.06 |
| **按经济组织分 Grouped by Organization** | | | | |
| 独资企业 Sole Funded | 15.62 | 47.94 | 2.48 | 9.22 |
| 合作、合伙 Cooperated and Partnership | 22.01 | 39.25 | 4.33 | 7.39 |
| 股份有限公司 Share Holding Enterprises | 9.01 | 45.86 | 1.23 | 12.09 |
| 有限责任公司 Limited Liability Corporations | 17.23 | 52.87 | 3.50 | 7.47 |
| **按规模分 Grouped by Size of Enterprises** | | | | |

# 11-13 续表1

## Continued

单位：%　　(%)

| 项目<br>Item | 总资产贡献率<br>Ratio of Total Assets to Industrial Output Value | 资产负债率<br>Ratio of Assets to Liability | 流动资产周转次数(次/年)<br>Number of Times of Turnover Circulating Funds(times/year) | 工业成本费用利润率<br>Ratio of Profits to Industrial Cost |
|---|---|---|---|---|
| 大型企业<br>Large Scale | 14.63 | 54.47 | 2.32 | 9.57 |
| 中型企业<br>Medium Scale | 15.49 | 49.05 | 2.77 | 8.64 |
| 小型企业<br>Small Scale | 17.11 | 47.98 | 3.62 | 6.91 |
| 微型企业<br>Micro-Scale | 12.61 | 44.27 | 2.45 | 7.81 |
| 按行业分<br>Grouped by Sector | | | | |
| 煤炭开采和洗选业<br>Coal Mining and Dressing | 10.35 | 37.56 | 1.78 | 6.94 |
| 石油和天然气开采业<br>Petroleum and Natural Gas Mining | | | | |
| 黑色金属矿采选业<br>Ferrous Metals Mining and Dressing | 12.84 | 52.01 | 9.31 | 2.61 |
| 有色金属矿采选业<br>Nonferrous Metals Mining and Dressing | 18.43 | 37.64 | 7.92 | 7.68 |
| 非金属矿采选业<br>Nonmetal Minerals Mining and Quarrying | 22.84 | 27.31 | 7.15 | 6.66 |
| 其他采矿业<br>Others Mining and Quarrying | | | | |
| 农副食品加工业<br>Agricultural and Sideline Products Processing | 21.15 | 46.80 | 3.79 | 8.48 |
| 食品制造业<br>Food Manufacturing | 23.65 | 33.78 | 3.20 | 11.53 |
| 酒、饮料和精制茶制造业<br>Wine，Drink and Tea Manufacturing | 21.38 | 37.47 | 3.87 | 9.39 |
| 烟草制品业<br>Tobacco Processing | 79.61 | 29.87 | 1.63 | 8.64 |
| 纺织业<br>Textile Industry | 15.38 | 47.16 | 3.50 | 6.28 |
| 纺织服装、服饰业<br>Textile Garments Products | 19.21 | 37.75 | 3.17 | 8.70 |
| 皮革、毛皮、羽毛及其制品和制鞋业<br>Leather , Furs , Down and Relate Products | 26.24 | 48.21 | 3.82 | 9.71 |
| 木材加工和木、竹、藤、棕、草制品业<br>Timber Processing,Bamboo,Cane,Palm Fiber and Straw Products | 25.06 | 42.85 | 6.57 | 5.08 |
| 家具制造业<br>Furniture Manufacturing | 20.59 | 48.82 | 3.67 | 7.33 |
| 造纸和纸制品业<br>Papermaking and Paper Products | 14.18 | 58.50 | 2.16 | 9.18 |
| 印刷和记录媒介复制业<br>Printing and Record Medium Reproduction | 18.08 | 43.55 | 3.73 | 7.33 |
| 文教、工美、体育和娱乐用品制造业<br>Cultural , Educational and Sports Goods | 28.11 | 40.57 | 4.78 | 8.79 |

# 11-13 续表2

## Continued

单位：% (%)

| 项目<br>Item | 总资产贡献率<br>Ratio of Total Assets to Industrial Output Value | 资产负债率<br>Ratio of Assets to Liability | 流动资产周转次数(次/年)<br>Number of Times of Turnover Circulating Funds(times/year) | 工业成本费用利润率<br>Ratio of Profits to Industrial Cost |
|---|---|---|---|---|
| 石油、煤炭及其他燃料加工业<br>Petroleum Processing , Coking and Nuclear Fuel Processing | 27.83 | 61.21 | 4.13 | 7.46 |
| 化学原料和化学制品制造业<br>Raw Chemical Materials and Chemical Products | 13.23 | 58.94 | 2.72 | 8.42 |
| 医药制造业<br>Medical and Pharmaceutical Products | 17.71 | 30.24 | 1.61 | 17.32 |
| 化学纤维制造业<br>Chemical Fiber | 11.61 | 60.29 | 3.41 | 5.34 |
| 橡胶和塑料制品业<br>Rubber and Plastic Products | 14.05 | 47.00 | 3.08 | 6.34 |
| 非金属矿物制品业<br>Nonmetal Minerals Products | 19.53 | 46.54 | 2.93 | 10.13 |
| 黑色金属冶炼和压延加工业<br>Smelting and Pressing of Ferrous Metals | 16.95 | 58.02 | 3.93 | 8.09 |
| 有色金属冶炼和压延加工业<br>Smelting and Pressing of Nonferrous Metals | 12.80 | 55.60 | 2.87 | 7.89 |
| 金属制品业<br>Metal Products | 13.72 | 47.55 | 2.86 | 6.42 |
| 通用设备制造业<br>General Equipment | 16.05 | 40.38 | 2.25 | 9.88 |
| 专用设备制造业<br>Special Purpose Equipment | 11.88 | 52.79 | 1.86 | 7.68 |
| 汽车制造业<br>Car Manufacturing | 12.52 | 55.75 | 2.33 | 7.11 |
| 铁路、船舶、航空航天和其他运输设备制造业<br>Railway,Watercraft,Aviation and others transportation Manufacturing | 5.44 | 64.41 | 1.29 | 1.51 |
| 电气机械和器材制造业<br>Electric Equipment and Machinery | 13.14 | 51.31 | 1.41 | 12.91 |
| 计算机、通信和其他电子设备制造业<br>Computer,Communication and other Electronic Equipment | 7.49 | 51.01 | 2.05 | 4.88 |
| 仪器仪表制造业<br>Instruments and Meters Machinery | 13.01 | 37.38 | 2.17 | 7.90 |
| 其他制造业<br>Others Manufacturing | 15.20 | 34.50 | 2.90 | 6.68 |
| 废弃资源综合利用业<br>Waste Resources and Materials Recovering | 31.86 | 55.91 | 4.23 | 3.41 |
| 金属制品、机械和设备修理业<br>Metals,Machinery and Equipment maintenance | 17.58 | 32.60 | 3.66 | 9.38 |
| 电力、热力生产和供应业<br>Production and Supply of Electric Power and Hot Power | 7.46 | 62.08 | 3.13 | 9.07 |
| 燃气生产和供应业<br>Production and Supply of Gas | 12.12 | 55.55 | 5.57 | 8.17 |
| 水的生产和供应业<br>Production and Supply of Water | 3.32 | 52.38 | 0.72 | 13.28 |

# 主要统计指标解释

**工业** 指从事自然资源的开采，对采掘品和农产品进行加工和再加工的物质生产部门。具体包括：(1)对自然资源的开采，如采矿、晒盐等(但不包括禽兽捕猎和水产捕捞)；(2)对农副产品的加工、再加工，如粮油加工、食品加工、缫丝、纺织、制革等；(3)对采掘品的加工、再加工，如炼铁、炼钢、化工生产、石油加工、机器制造、木材加工等，以及电力、自来水、煤气的生产和供应等；(4)对工业品的修理、翻新，如机器设备的修理、交通运输工具(包括小卧车)的修理等。

1984 年以前农村的村及村以下办工业归属农业，1984 年以后划归工业。

工业统计调查单位为独立核算法人工业企业。

独立核算法人工业企业指从事工业生产经营活动的单位。独立核算法人工业企业应同时具备以下条件：①依法成立，有自己的名称、组织机构和场所，能够承担民事责任；②独立拥有和使用资产，承担负债，有权与其他单位签订合同；③独立核算盈亏，并能够编制资产负债表。

**轻工业**

指主要提供生活消费品和制作手工工具的工业。按其所使用的原料不同，可分为两大类：(1)以农产品为原料的轻工业，是指直接或间接以农产品为基本原料的轻工业。主要包括食品制造、饮料制造、烟草加工、纺织、缝纫、皮革和毛皮制作、造纸以及印刷等工业；(2)以非农产品为原料的轻工业，是指以工业品为原料的轻工业。主要包括文教体育用品、化学药品制造、合成纤维制造、日用化学制品、日用玻璃制品、日用金属制品、手工工具制造、医疗器械制造、文化和办公用机械制造等工业。

**重工业**

指为国民经济各部门提供物质技术基础的主要生产资料的工业。按其生产性质和产品用途，可以分为下列三类：(1)采掘(伐)工业，是指对自然资源的开采，包括石油开采、煤炭开采、金属矿开采、非金属矿开采等工业；(2)原材料工业，指向国民经济各部门提供基本材料、动力和燃料的工业。包括金属冶炼及加工、炼焦及焦炭、化学、化工原料、水泥、人造板以及电力、石油和煤炭加工等工业；(3)加工工业，是指对工业原材料进行再加工制造的工业。包括装备国民经济各部门的机械设备制造工业、金属结构、水泥制品等工业，以及为农业提供的生产资料如化肥、农药等工业。

根据上述划分原则，修理业中以重工业产品为修理作业对象的划为重工业，反之划为轻工业。

**工业总产值**

(1)定义：工业总产值是以货币形式表现的，工业企业在一定时期内生产的工业最终产品或提供工业性劳务活动的总价值量。它反映一定时间内工业生产的总规模和总水平。

(2)计算原则：

工业生产的原则，即凡是企业在报告期生产的经检验合格的产品，不管是否在报告期销售，均包括在内。

最终产品的原则，即凡是计入工业总产值的产品，必须是本企业生产的经检验合格的，不需要再进行任何加工的最终产品。如果企业有中间产品(半成品)对外销售，则对外销售的中间产品应视为企业的最终产品。

工厂法原则，即工业总产值是以工业企业作为基本计算(核算)单位，即按企业的最终产品计算工业总产值。按这种方法计算的工业总产值，不允许同一产品价值在企业内部重复计算，不能把企业内部各个车间(分厂)生产的成果相加，但允许企业间的重复计算。

(3)内容及计算方法：1995 年全国工业普查对工业总产值(原规定)的内容及计算原则和方法做了某些修订，修订后的工业总产值(新规定)包括三项内容：即本期生产成品价值、对外加工费收入、在制品半成品期末期初差额价值三部分。

本期生产成品价值：指企业本期生产，并在报告期内不再进行加工，经检验、包装入库的全部工业成品(半产品)价值合计，包括企业生产的自制设备及提供给本企业在建工程、其他非工业部门和福利部门等单位使用的成品价值。本期生产成品价值为按自备原材料生产的产品的数量乘以本期不含增值税(销项税额)的产品实际销售平均单价计算；会计核算中按成本价格转帐的自制设备和自产自用的成品，按成本价格计算生产成品价值。生产成品价值中不包括用定货者来料加工的成品(半产品)价值。

对外加工费收入：指企业在报告期内完成的对外承接的工业品加工(包括用定货者来料加工产品)的加工费收入和对外工业修理作业所取得的加工费收入。对外加工费收入按不含增值税(销项税额)的价格计算，可根据会计“主营业务收入”科目的有关资料取得。

对于本企业对内非工业部门提供的加工修理、设备安装的劳务收入，如果企业会计核算基础较好，能取得这部分资料，而且这部分价值所占比重较大，应包括在对外加工费收入中。

自制半成品在制品期末期初差额价值：指企业报告期在制品期末减期初的差额价值，本指标一般可以从会计核算资料中取得。如果会计产品成本核算中不计算半成品、在制品的成本，则总产值中也不包括这部分价值，反之则包括。

(4)工业总产值统计范围变化和计算方法修订情况：

1984 年以前工业总产值不包括村办工业，村办工业总产值划归农业。1984 年以后工业总产值包括村办工业。

1995 年工业普查对工业总产值计算方法做了修订，即从 1995 年始按新修订(新规定)方法计算工业总产值。新规定与原规定的区别如下：

全价与加工费的计算原则不同：新规定为凡自备原材料，不论其生产繁简程度如何，一律按全价计算工业总产值；凡来料加工，允许按加工费计算工业总产值。原规定则视生产加工的繁简程度不同，规定哪些行业按全价，哪些行业按加工费计算工业总产值。

自制半成品、在产品期末期初差额价值的计算原则不同：新规定要求，凡会计产品成本核算时计算了成本的差额价值，总产值中就应包括，否则可不包括；原规定则按生产周期六个月的界限区分，凡生产周期六个月以上的企业，总产值计算中应包括这部分差额价值，否则可不包括。

计算价格不同：新规定按不含增值税(销项税额)的价格计算；原规定则按含增值税(销项税额)的价格计算。

**工业增加值**

指工业企业在报告期内以货币表现的工业生产活动的最终成果。

工业增加值有两种计算方法：一是生产法，即工业总产出减去工业中间投入加上应交增值税；二是收入法，即从收入的角度出发，根据生产要素在生产过程中应得到的收入份额计算，具体构成项目有固定资产折旧、劳动者报酬、生产税净额、营业盈余，这种方法也称要素分配法。本年鉴中的工业增加值是以生产法计算的。

生产法工业增加值的计算方法为：

工业增加值=工业总产出-工业中间投入+应交增值税

(1)工业总产出：指工业企业在一定时期内工业生产活动的总成果。工业总产出包括：成品生产价值，对外加工费收入，自制半成品、在产品期末期初差额价值。1995 年后用新规定计算的工业总产值代替。

(2)工业中间投入：指工业企业在工业生产活动中消耗的外购物质产品和对外支付的服务费用。服务费用包括支付给物质生产部门(工业、农业、批发零售贸易业、建筑业、运输邮电业)的服务费用和支付给非物质生产部门(如保险、金融、文化教育、科学研究、医疗卫生、行政管理等)的服务费用。工业中间投入的确定须遵循以下原则：必须从外部购入的，并已计入工业总产出的产品和服务价值；必须是本期投入生产，并一次性消耗掉(包括本期摊销的低值易耗品等)的产品和服务价值。

工业中间投入包括直接材料费用、制造费用中的工业中间投入、管理费用中的工业中间投入、销售费用中的工业中间投入和利息支出五部分。

**资产总计**

指企业拥有或控制的能以货币计量的经济资源，包括各种财产、债权和其他权利。资产按流动性分为流动资产、长期投资、固定资产、无形资产、递延资产和其他资产。该指标根据企业会计“资产负债表”中“资产总计”项目的期末数增列。

**流动资产平均余额**

指企业在报告期内全部流动资产的平均余额。

**固定资产净值年平均余额**

指固定资产净值在报告期内余额的平均数。计算公式为：

固定资产净值年平均余额=1至12月各月月初、月末固定资产净值之和/24

该指标根据“资产负债表”中“固定资产原价”、“累计折旧”指标的期初、期末数计算填列。

固定资产净值指固定资产原价减去历年已提折旧额后的净额。计算公式为：

固定资产净值=固定资产原价-累计折旧

**负债合计**

指企业所承担的能以货币计量，将以资产或劳务偿付的债务，偿还形式包括货币、资产或提供劳务。负债一般按偿还期长短分为流动负债和长期负债。根据会计“资产负债表”中“负债合计”的年末数填列。

**所有者权益**

指企业投资人对企业净资产的所有权。企业净资产等于企业全部资产减去全部负债后的余额，包括企业投资人对企业的最初投入的实际到位的资产及资本公积金、盈余公积金和未分配利润。所有者权益合计数小于零，表示企业资不抵债。

**主营业务收入**

指企业销售产品和提供劳务等主要经营业务取得的业务总额。

**主营业务成本**

指企业销售产品和提供劳务等主要经营业务的实际成本。

**主营业务税金及附加**

指企业销售产品和提供工业性劳务等主要经营业务应负担的城市维护建设税、消费税、资源税和教育费附加。

**利润总额**

指企业生产经营活动的最终成果，是企业在一定时期内实现的盈亏相抵后的利润总额(亏损以“-”号表示)，它等于营业利润加上补贴收入加上投资收益加上营业外净收入再加上以前年度损益调整。

**本年应交增值税**

指企业在报告期内应交纳的增值税额。它等于本年销项税额加上出口退税加上进项税额转出数减去本年进项税额。小规模纳税企业直接按全年计税销售额乘以征收率计算取得。

**从业人员平均人数**　是指报告期内每天拥有的从业人员人数。其计算公式为：

月平均人数=报告月内每天实有人数之和/报告月日历日数

季平均人数=季内各月平均人数之和/3

年平均人数=年内各月平均人数之和/12

**工业经济效益综合指数**

是指现行综合评价工业经济效益总体水平及工业经济运行质量的指数。它是以若干项代表性经济效益指标，分别除以各项指标的标准值，再乘以各自的权数，加总后除以总权数求得。其计算公式为：

工业经济效益综合指数=(某项经济效益指标报告期数值/该项指标标准值×权数)/总权数

上式总权数为100。

**总资产贡献率**

反映企业全部资产的获利能力，是企业经营业绩和管理水平的集中体现，是评价和考核企业盈利能力的核心指标。计算公式为：

总资产贡献率（%）=(利润总额+税金总额+利息支出/平均资产总额)×100%

公式中：税金总额为产品销售税金及附加与应交增值税之和；平均资产总额为期初期末资产之和的算术平均值。

**资产负债率**

该指标既反映企业经营风险的大小，也反映企业利用债权人提供的资金从事经营活动的能力。计算公式为：

资产负债率（%）=(负债总额/资产总额)×100%

资产与负债均为报告期期末数。

**流动资产周转次数**

指一定时期内流动资产完成的周转次数，反映投入工业企业流动资金的周转速度。计算公式为：

流动资产周转次数=产品销售收入/全部流动资产平均余额

公式中：全部流动资产平均余额为期初和期末的流动资产之和的算术平均值。

**成本费用利润率**

反映企业投入的生产成本及费用的经济效益，同时也反映企业降低成本所取得的经济效益。计算公式为：

成本费用利润率（%）=(利润总额/成本费用总额)×100%

公式中：成本费用总额为产品销售成本、销售费用、管理费用、财务费用之和。

# Explanatory Notes on Main Statistical Indicators

**Industry** refers to the material production sector which is engaged in extraction of natural resources and processing and reprocessing of minerals and agricultural products, including (1) extraction of natural resources, such as mining, salt production (but not including hunting and fishing); (2) processing and reprocessing of farm and sideline produces, such as rice husking, flour milling, wine making, oil pressing, silk reeling, spinning and weaving, and leather making; (3) manufacture of industrial products, such as steel making, iron smelting, chemicals manufacturing, petroleum processing, machine building, timber processing; water and gas production and electricity generation and supply; (4)repairing of industrial products such as the repairing of machinery and means of transport (including cars).

Prior to 1984, the rural industry run by villages and cooperative organizations under village was classified into agriculture. Since 1984, it has been grouped into industry.

Units of industrial statistics survey corporate industrial enterprises with independent accounting system.

Corporate industrial enterprises with independent accounting system refer to enterprises engaging in industrial production activities, which meet the following requirements: ① They are established legally, having their own names, organizations, location, able to take civil liability; ②They possess and use their assets independently, assume liabilities, and are entitled to sign contracts with other units; ③ They are financially independent and compile their own balance sheets.

**Light Industry** refers to the industry that produces consumer goods and hand tools. It consists of two categories, depending on the materials used:

(1) Industries using farm products as raw materials. These are branches of light industry which directly or indirectly use farm products as basic raw materials, including the manufacture of food and beverages, tobacco processing, textile, clothing, fur and leather manufacturing, paper making, printing, etc.

(2) Industries using non farm products as raw materials. These are branches of light industry which use manufactured goods as raw materials, including the manufacture of cultural, educational articles and sports goods, chemicals, synthetic fiber, chemical products for daily use, glass products for daily use, metal products for daily use, hand tools, medical apparatus and instruments, and the manufacture of cultural and office machinery.

**Heavy Industry** refers to the industry which produces capital goods, and provides various sectors of the national economy with necessary material and technical basis. It consists of the following three branches according to the purpose of production or the use of products:

(1) Mining, quarrying and logging industry refers to the industry that extracts natural resources, including extraction of petroleum, coal, metal and non-metal ores.

(2) Raw materials industry refers to the industry that provides various sectors of the national economy with raw materials, fuels and power. It includes smelting and processing of metals, coking and coke chemistry, chemical materials and building materials such as cement, plywood, and power, petroleum refining and coal dressing.

(3) Manufacturing industry refers to the industry that processes raw materials. It includes machine-building industry which equips sectors of the national economy, industries of metal structure and cement products, industries producing means of agricultural production, such as chemical fertilizers and pesticides.

According to the above principle of classification, the repairing tradesss, which are engaged primarily in repairing products of heavy industry are classified as heavy industry while these engaged in repairing products of light industry are classified as light industry.

**Gross Industrial Output Value**

(1) Definition: Gross industrial output value is the total volume of final industrial products produced and industrial services provided during a given period. It reflects the total achievements and overall scale of industrial production during a given period.

(2) Principles for calculation:

Statistics on industrial production follow the principle that all products produced by the enterprises and accepted during the reference period are to be included no matter whether they are sold or not during the reference period.

Determination of final products follow the principle that all products that are included in the calculation of grow industrial output value are the final products of the enterprise which have been accepted through quality check and require no further processing. If an enterprise has intermediate (semi-finished) products to sell, these intermediate products are considered as the final products of the enterprise.

Gross industrial output value is calculated following the principle of factory approach, i.e. industrial enterprise is used as the basic accounting unit in calculating the gross industrial output value. By this approach, value of the same product is not to be double counted, and the output value of different workshops (branch factories) should not be added. However, this approach does not exclude the possibility of double counting between enterprises.

(3) Content and calculation method: The old definition of gross industrial output value was modified during the national industrial census in 1995. The revised (new) definition of gross industrial output value consists of 3 components: value of the finished products during the reference period, income from external processing, and value of change in semi-finished products at the end and at the beginning of the reference period.

Value of the finished products during the reference period: refers to the value of all finished (semi-finished) industrial products that are produced during the reference period without the need for further processing, checked for acceptance, packed and put into the warehouse of the enterprise, including the value of own-produced equipment and the value of products provided to the projects under construction of the enterprise, and to other non-industrial or welfare units. Value of finished products during the reference period is calculated by the quantity of products produced using own materials multiplied by the average unit prices at which products are sold (excluding value-added tax). Own-produced equipment and products produced for own use are value at cost prices as in the case of enterprise accounting. Value of finished products does not include the value of finished products (semi-finished products) that are produced using the materials from the clients who make the orders.

Income from external processing: refers to income from contracted external processing of industrial products (including processing of industrial products using materials from the clients), and the income from industrial repairing work provided to other units. Income from external processing is calculated using information from the item “products sales income” in the enterprise accounting at the prices excluding value-added tax.

For income from services such as processing, repairing and installation of equipment provided to non-industrial units within the enterprise, if the accounting work of the enterprise is good enough to separate it from other records, and the share of such services is significant, it should also be included in the income from external processing.

Value of change in semi-finished products at the end and at the beginning of the reference period: refers to the value of change in semi-finished products at the end and at the beginning of the reference period, which generally can be obtained from accounting records of enterprises. If the enterprise accounting excludes the cost of semi-finished products, then it should not be included in the gross industrial output value, and vice versa.

(4) Changes in the coverage and method of calculation of gross industrial output value

Prior to 1984, the value of rural industry run by villages was classified into agriculture instead of industry. Since 1984, it has been included in the gross industrial output value. Method of calculation for the gross industrial output value was modified in the industrial census in 1995. The difference in the new method as compared with the old one is outlined below:

Principle in using full value vs. processing fee: The new method stipulates that all products produced using own materials are to be calculated with full value in reporting the gross industrial output value irrespective of sophistication of production, and for external processing, it allows calculation using processing fee. In the old method, however, the use of full value or processing fee was determined by the degree of sophistication of production in different branches of industries.

Principle in determining the value of change in semi-finished products: The new method requires that value of the change in semi-finished products should be included in the gross industrial output value if it is included in the accounting record of the enterprise, otherwise it should not be included. By the old method, it is determined by the type of enterprises in terms of production cycle. If the production cycle is over 6 months, the value of change in semi-finished products is included in the gross industrial output value, otherwise it is excluded.

Difference in prices: The new method uses prices excluding value-added tax in the calculation of gross industrial output value, while the old method used prices including value-added tax.

**Value-added of Industry** refers to the final results of industrial production of industrial enterprises in money terms during the reference period.

Industrial value-added can be calculated by two approaches: the production approach, i.e. gross industrial output value minus intermediate input plus value-added tax, and the income approach, i.e. income for various factors used in the course of production, including depreciation of fixed assets, remuneration of labourers, net of production tax, and operating surplus. Value-added of industry in the Yearbook is calculated by production approach as following:

Value-added of industry = gross industrial output industrial intermediate input + value-added tax

(1) Gross industrial output: refers to the total achievements of industrial production during a given period. Gross industrial output includes value of finished products, income from external processing, and value of change in semi-finished products at the end and at the beginning of the reference period. Since 1995, it was substituted by the gross industrial output value by new method.

(2) Industrial intermediate input: refers to purchased goods and paid services consumed during the industrial production of enterprises. Fees paid for services include fees paid for the services provided by material production sectors (industry, agriculture, wholesale and retail Tradess, construction, transport, post and telecommunications) and by non-material production sectors (insurance, banking, culture, education, scientific research, health and medical care, public administration, etc.). The determination of industrial intermediate input follows the principle that the goods and services must be purchased from outside and included in the gross industrial output, and that the goods and services are inputted into production and consumed (include low-value consumables) during the reference period.

Industrial intermediate input includes 5 components, namely direct consumption of materials, industrial intermediate input in manufacturing cost, industrial intermediate input in management cost, industrial intermediate input in marketing cost and expenditure on interest.

**Total Assets** refer to all economic resources, in monetary terms, that is owned or controlled by enterprises, including properties, creditors Equities and other economic rights of all forms. Classified by the degree of equitability, total assets include circulating assets, long-term investment, fixed assets, intangible assets and deferred assets, and other assets. Data on this indicator can be obtained by the year-end figures of total assets in the Assets and Liability Table of accounting records of enterprises.

**Annual Average Value of Working Capitals** refers to the average value of all working capitals of the enterprise during the reference period.

**Annual Average of Net Value of Fixed Assets** refer to average of the net value of fixed assets during the reference period, calculated with the following formula:

Annual Average of Net Value of Fixed Assets = sum of net value of fixed assets at the beginning and at the end of each month from January to December / 24.

Information on this indicator can be obtained from the beginning and ending figures of the original value of fixed assets and cumulative depreciation from the Assets and Liability Table of enterprises.

Net value of fixed assets refers to the original value of fixed assets minus depreciation over the years, i.e.:

Net value of fixed assets = original value of fixed assets -cumulative depreciation

**Total Liabilities** refer to payable liabilities of enterprises that have to repay in terms of money, assets or labour services. In terms of payment, it can be divided into Total Working liabilities and long-term liabilities. Data on this item is obtained from the ending figures on total liabilities from the Assets and Liability Table from the enterprises.

**Owner's Equities** refers to the wonershiip of net assets of enterprises by its investors.The net assets equal the total assets minus total liabilities of the enterprise,including the actual assets invested into the enterprise by investors,accumulation of capitals and operating surplus and non-distributed profits.The enterprise's assets is less than its liabilities if the sum of owner's Equities is smaller than zero.

**Revenue from Principal Business** refers to the annual accumulation of corresponding item in the "profit table"of the accountant. For enterprises that do not follow the 2001 Enterprises Accounting Standards,the year-end accumulation of revenue from the sales of products is used as a substitute.

**Cost of Principal Business** refers to the annual accumulation of corresponding item in the "profit table" of the accountantForenterprises that do not follow the 2001 Enterprise Accounting Standards,the year-end accumulation of cost for the sales of products is used as a substitute.

**Tax and Extra Charges from Principal Business** refers to the annual accumulation of correspongding item in the "profit table"of the accountant.For enterprises that do not follow the 2001 Enerprise Accounting Standards,the year-end accumulation of tax and extra charges from the sales of products is used as a substitute.

**Total Profits** refer to the final achievements of production and operation of the enterprises, represented by the total profits after deducting losses (loss is expressed by the negative figure). It is the sum of profits from operation, income from subsidies, investment earnings, net income from activities other than operation, and adjustment of profits and losses of previous years.

**Value-added Tax Payable** refers to the amount of the value-added tax which should be paid by the enterprises during the reference period. It is the sum of tax on sales, export rebate, and transferred tax on purchases of the current year, minus the tax on purchases of the current year. Value-added tax payable of small-size enterprises is determined by the taxable sales of the year multiplied by the tax rate.

**Average Annual Number of Employed Persons** Employed persons refer to all those who are employed in enterprises and receive remunerations there from, including currently working employees, retirees who are re-employed, teachers of local-run schools, as well as foreigners, staff from Hong Kong, Macao and Taiwan, part-time employees and persons with second job who are employed by the enterprise, and employees of other units temporarily working in the enterprises, but excluding former employees who left the enterprise with their employment records still kept by the enterprises.

Average number of employed persons refers to the number of employees everyday during the reference period, calculated with the following formula:

calendar dates in reference month

Quarterly average number = sum of monthly average number in reference quarter/3

Annual average number = sum of monthly average number in reference year/12

**Aggregative Index on Economic Results of Industry** refers to the current comprehensive index to evaluate the general level of economic results of industry and the performance quality of industrial economy. It is calculated as follows:

Aggregative Index on Economic Results of Industry=(Value of an Indicator on Economic Results in Reference Period/Standard Value of the Indicator×Weight) ÷Total Weight

Total Weight=100

**Ratio of Profits, Taxes and Interests to Average Assets** reflects the profit-making capability of all assets of the enterprise and is a key indicator manifesting the performance and management and evaluating the profit-making potential of the enterprise. It is calculated as follows:

Ratio of Profits, Taxes and Interests to Average Assets (%) = [(total profits + total taxes + interest payment) / average assets ]×100%

In the above formula, total taxes is the sum of tax and extra charges on the sales of products and value-added tax payable; and average assets is the arithmetic mean of the sum of beginning assets and ending assets.

Monthly average number = sum of actual employees everyday in reference month/number of

**Ratio of Debts to Assets** reflect both the operation risk and the capability of the enterprise in making use of the capital from the creditors. It is calculated as follows:

Ratio of Debts to Assets (%) = (total debts / total assets)×100%

Both assets and debts are figures at the end of the reference period.

**Turnover of Working Capita** refers to the number of times of turnover of working capital in a given period of time, which reflects the speed of the turnover of working capital of industrial enterprises, and is calculated as follows:

Turnover of Working Capital=(sales revenue of products) / (average balance of total working capital)

In the above formula, average balance of total working capital refers to the arithmetic mean of the sum of working capital at the beginning and at the end of the reference period.

**Ratio of Profits to Total Industrial Costs** refers to the ratio of profits realized in a given period to the total costs in the same period, which reflects the economic efficiency of input cost and is calculated as follows:

Ratio of Profits to Total Industrial Cost (%)=(total profits/ total costs)×100%

Total Costs in the above formula is the sum of cost of products sold, marketing cost, management cost and financial cost.

# 第十二篇　建筑业和房地产投资

# Chapter 12　Construction and Real Estate

资料整理：洪永华　范李功

Database Editor: Hongyonghua Fanligong

## 简 要 说 明

本篇资料的主要内容及来源

本篇资料反映了全省建筑业基本情况，主要包括主要年份建筑业总产值及从业人员、建筑企业生产指标、财务指标等方面的内容。

本篇资料来源于建筑业统计年报，由省统计局固定资产投资统计处整理提供。

## Brief Introduction

Main Content and Source of Data

Data in this chapter show the basic conditions of the construction industry in Fujian Province, mainly including the gross output value of construction, number of employed persons, major production indices and financial indicators.

Data in this chapter are based on the annual report of construction industry, and are compiled and provided by the Division of Investment and Construction Statistics of Fujian Provincial Bureau of Statistics.

# 12-1 建筑企业基本情况

## Basic Situation of Construction Enterprises

| 年份 Year | 单位数(个) Number of Construction Enterprises (unit) | #国有 State- owned | #集体 Collective - owned | 从业人员(万人) Number of Persons Employed (10000 persons) | #国有 State- owned | #集体 Collective - owned | 总产值(亿元) Gross Output Value (100 million yuan) | #国有 State- owned | #集体 Collective - owned |
|---|---|---|---|---|---|---|---|---|---|
| 1978 | 146 | 65 | 81 | 4.54 | 2.34 | 2.20 | 3.31 | 1.88 | 1.32 |
| 1979 | 152 | 33 | 119 | 12.79 | 6.60 | 6.19 | 4.33 | 2.39 | 1.94 |
| 1980 | 241 | 34 | 207 | 15.15 | 7.11 | 8.04 | 4.93 | 2.30 | 2.63 |
| 1981 | 257 | 41 | 216 | 15.88 | 7.58 | 8.30 | 5.44 | 2.43 | 3.01 |
| 1982 | 273 | 41 | 232 | 15.99 | 7.56 | 8.39 | 6.33 | 2.91 | 3.42 |
| 1983 | 267 | 43 | 224 | 17.06 | 8.30 | 8.76 | 7.11 | 3.49 | 3.62 |
| 1984 | 832 | 51 | 243 | 30.45 | 9.17 | 9.79 | 12.97 | 4.88 | 4.22 |
| 1985 | 956 | 51 | 278 | 30.62 | 9.12 | 11.18 | 16.66 | 6.80 | 5.87 |
| 1986 | 951 | 47 | 280 | 30.48 | 9.17 | 11.01 | 17.40 | 7.44 | 5.78 |
| 1987 | 1037 | 47 | 296 | 33.25 | 10.55 | 11.50 | 20.75 | 9.12 | 6.74 |
| 1988 | 1028 | 47 | 293 | 28.99 | 8.85 | 9.76 | 23.20 | 10.58 | 6.95 |
| 1989 | 1001 | 48 | 307 | 30.67 | 8.48 | 11.17 | 29.87 | 12.33 | 9.95 |
| 1990 | 1009 | 49 | 308 | 30.98 | 8.24 | 11.51 | 32.54 | 13.36 | 11.30 |
| 1991 | 967 | 49 | 315 | 31.75 | 9.07 | 11.98 | 39.11 | 16.32 | 14.09 |
| 1992 | 985 | 70 | 314 | 34.45 | 10.42 | 13.03 | 54.13 | 22.65 | 19.43 |
| 1993 | 1236 | 146 | 441 | 41.00 | 13.37 | 14.81 | 101.97 | 46.89 | 35.61 |
| 1994 | 1379 | 163 | 567 | 40.60 | 13.50 | 14.86 | 149.69 | 73.91 | 53.60 |
| 1995 | 1376 | 170 | 552 | 46.90 | 15.24 | 20.36 | 190.85 | 97.53 | 62.56 |
| 1996 | 1576 | 202 | 1051 | 47.15 | 15.44 | 27.11 | 211.88 | 106.21 | 84.94 |
| 1997 | 1585 | 236 | 1056 | 47.36 | 17.44 | 22.46 | 227.00 | 107.49 | 84.43 |
| 1998 | 1707 | 263 | 1133 | 47.93 | 13.96 | 28.65 | 244.67 | 115.66 | 95.61 |
| 1999 | 1849 | 295 | 1069 | 47.28 | 13.53 | 23.54 | 251.17 | 123.23 | 90.74 |
| 2000 | 1846 | 283 | 976 | 41.37 | 13.46 | 19.99 | 271.15 | 131.82 | 89.53 |
| 2001 | 1708 | 237 | 787 | 44.09 | 12.49 | 19.12 | 369.06 | 139.51 | 129.47 |
| 2002 | 1672 | 224 | 465 | 49.34 | 12.42 | 16.09 | 408.81 | 149.02 | 102.91 |
| 2003 | 1606 | 138 | 326 | 59.99 | 10.48 | 15.15 | 557.31 | 158.37 | 107.40 |
| 2004 | 1782 | 141 | 266 | 58.45 | 9.37 | 9.66 | 679.35 | 181.08 | 91.05 |
| 2005 | 1878 | 132 | 210 | 81.72 | 12.93 | 9.30 | 889.41 | 194.89 | 88.01 |
| 2006 | 1914 | 106 | 113 | 95.33 | 11.05 | 5.99 | 1189.37 | 198.12 | 57.81 |
| 2007 | 2022 | 104 | 114 | 124.97 | 11.96 | 8.09 | 1596.69 | 243.22 | 90.29 |
| 2008 | 2398 | 101 | 90 | 153.90 | 18.15 | 6.51 | 1921.26 | 282.88 | 85.13 |
| 2009 | 2479 | 93 | 75 | 182.97 | 26.39 | 5.41 | 2302.37 | 361.57 | 60.09 |
| 2010 | 2606 | 93 | 73 | 229.57 | 29.32 | 4.21 | 3062.17 | 448.16 | 61.44 |
| 2011 | 2734 | 92 | 79 | 219.09 | 14.82 | 4.28 | 3873.87 | 507.57 | 75.13 |
| 2012 | 2959 | 93 | 81 | 249.64 | 12.49 | 4.50 | 4713.38 | 535.97 | 84.08 |
| 2013 | 3233 | 68 | 50 | 300.60 | 10.97 | 5.70 | 5812.37 | 397.91 | 100.02 |
| 2014 | 3734 | 75 | 46 | 321.76 | 14.48 | 5.89 | 7056.89 | 415.15 | 102.31 |
| 2015 | 4011 | 78 | 43 | 339.06 | 12.48 | 6.02 | 8003.09 | 461.08 | 103.72 |
| 2016 | 4223 | 82 | 39 | 360.63 | 13.01 | 4.16 | 8986.78 | 549.98 | 97.01 |
| 2017 | 4668 | 81 | 35 | 464.50 | 19.95 | 4.99 | 10478.31 | 539.32 | 97.06 |
| 2018 | 5581 | 78 | 33 | 488.76 | 22.76 | 5.35 | 11941.56 | 635.62 | 129.06 |
| 2019 | 6082 | 83 | 26 | 457.00 | 21.84 | 6.41 | 13164.44 | 743.52 | 169.39 |

注：1996年及以前年份含农村建筑队；1997至2002年为乡及乡以上四级以上建筑企业；2003年起统计范围为具有新资质等级的建筑企业。2019年起，统计范围为资质内施工总承包和专业承包建筑企业（下同）。

Note: In this table,the data in 1996 and before include the individual construction team in rural,the data since 1997 to 2002 include the construction enterprises over town and town level, from 2003 the statistical coverage include the construction enterprises with new grade.

# 12-1 续表

## Continued

| 年份<br>Year | 资产合计（亿元）<br>Total Assets (100 million yuan) | 利润总额（亿元）<br>Total Profits (100 million yuan) | 税金总额（亿元）<br>Total Tax (100 million yuan) | 房屋建筑面积(万平方米) Floor Space of Building Construction(10000 sq.m) | | 按总产值计算的劳动生产率（元/人）<br>Overall Labor Productivity by Gross Output Value |
|---|---|---|---|---|---|---|
| | | | | 施工面积<br>Under Construction | 竣工面积<br>Completed | |
| 1978 | | | | 416.57 | 183.40 | 3038 |
| 1979 | | | | 610.14 | 275.90 | 3326 |
| 1980 | | | | 673.38 | 30.70 | 3461 |
| 1981 | | 0.30 | | 758.34 | 358.86 | 3801 |
| 1982 | | 0.46 | | 802.22 | 366.12 | 4083 |
| 1983 | | 0.59 | | 805.37 | 385.80 | 4296 |
| 1984 | | 0.65 | | 832.13 | 426.68 | 7366 |
| 1985 | | 0.70 | | 951.87 | 475.25 | 8425 |
| 1986 | | 0.60 | | 892.56 | 457.40 | 9226 |
| 1987 | | 0.66 | | 930.84 | 463.20 | 9998 |
| 1988 | | 0.44 | | 987.97 | 399.30 | 12053 |
| 1989 | | 0.48 | | 1033.22 | 502.70 | 15359 |
| 1990 | | 0.50 | | 969.35 | 499.30 | 16788 |
| 1991 | | 0.70 | | 1061.58 | 519.10 | 19246 |
| 1992 | | 0.77 | | 1313.86 | 588.73 | 23863 |
| 1993 | 127.32 | 1.69 | 2.96 | 1863.70 | 747.20 | 28480 |
| 1994 | 189.05 | 2.16 | 4.21 | 2462.50 | 1029.30 | 37976 |
| 1995 | 237.86 | 1.86 | 5.43 | 3283.60 | 1371.10 | 48560 |
| 1996 | 312.93 | 2.39 | 7.42 | 3523.30 | 1424.10 | 47347 |
| 1997 | 357.46 | 2.84 | 8.16 | 3478.50 | 1546.70 | 47043 |
| 1998 | 410.03 | 2.61 | 10.34 | 3742.41 | 1494.34 | 56860 |
| 1999 | 427.84 | 2.55 | 9.54 | 3991.20 | 1825.00 | 63364 |
| 2000 | 445.80 | 2.55 | 11.65 | 4085.40 | 1729.00 | 64884 |
| 2001 | 461.10 | 8.85 | 14.72 | 4931.31 | 2436.95 | 86280 |
| 2002 | 511.06 | 9.04 | 13.28 | 5237.11 | 2393.50 | 93020 |
| 2003 | 631.12 | 11.58 | 19.10 | 6440.08 | 2952.12 | 108288 |
| 2004 | 641.72 | 15.70 | 23.10 | 7587.15 | 3587.05 | 117831 |
| 2005 | 784.23 | 19.46 | 31.42 | 10268.29 | 4191.35 | 120406 |
| 2006 | 906.31 | 30.98 | 40.60 | 13854.50 | 4825.62 | 127097 |
| 2007 | 1061.70 | 37.91 | 57.51 | 17743.89 | 6010.26 | 123490 |
| 2008 | 1274.48 | 52.40 | 71.76 | 20028.29 | 7637.76 | 111960 |
| 2009 | 1494.09 | 66.05 | 94.82 | 21690.97 | 7435.06 | 118616 |
| 2010 | 1767.68 | 87.91 | 107.69 | 28406.86 | 9095.78 | 134520 |
| 2011 | 2147.00 | 127.02 | 139.61 | 35674.45 | 10943.78 | 120330 |
| 2012 | 2628.52 | 152.82 | 166.44 | 41821.78 | 12343.77 | 182738 |
| 2013 | 3236.95 | 187.17 | 204.90 | 48254.03 | 13860.99 | 183213 |
| 2014 | 3925.84 | 235.38 | 245.39 | 57385.67 | 15392.71 | 204770 |
| 2015 | 4395.38 | 264.56 | 275.24 | 59277.33 | 16631.27 | 218782 |
| 2016 | 4921.27 | 282.60 | 299.75 | 62920.69 | 18121.20 | 225271 |
| 2017 | 5663.92 | 341.85 | 366.77 | 65711.82 | 16895.04 | 225584 |
| 2018 | 6703.65 | 393.80 | 451.45 | 72704.00 | 17644.24 | 244332 |
| 2019 | 7051.54 | 387.81 | 417.27 | 76606.34 | 17810.53 | 269231 |

# 12-2 建筑企业主要经济指标

## Major Indicators of Construction Enterprises

| 项目 Item | 2000 | 2005 | 2010 | 2018 | 2019 |
|---|---|---|---|---|---|
| **企业单位数（个）** **Number of Enterprises(unit)** | **1846** | **1878** | **2606** | **5581** | **6082** |
| **建筑业总产值（亿元）** **Gross Output Value (100 million yuan)** | **271.15** | **889.41** | **3062.17** | **11941.56** | **13164.44** |
| 建筑业竣工产值 Output Value of Completed | 196.70 | 608.01 | 1742.46 | 5919.16 | 5953.71 |
| **房屋施工面积（万平方米）** **Floor Space of Building under (10000 sq.m)** | **4085.40** | **10268.29** | **28406.86** | **72704.00** | **76606.34** |
| #本年新开工 Newly Started Building in Current Year | 1937.23 | 5282.23 | 14349.31 | 24959.34 | 23872.14 |
| **房屋竣工面积（万平方米）** **Floor Space of Building(10000 sq.m)** | **1729.00** | **4191.35** | **9095.78** | **17644.24** | **17810.53** |
| #住宅 Residential Building | 995.08 | 2257.72 | 5474.72 | 11509.56 | 11752.55 |
| **年末从业人员（万人）** **Number of Staff & Workers at the Year-end(10000 persons)** | **41.37** | **81.72** | **229.57** | **488.76** | **457.00** |
| **全员劳动生产率（元/人）** **Overall Labor productivity (yuan/person)** | | | | | |
| 按总产值计算 In Terms of Gross Output Value | 64884 | 120406 | 134520 | 244332 | 269231 |
| **工资总额（亿元）** **Total Wages(100 million yuan)** | **34.21** | **146.97** | **713.35** | **3088.42** | **2868.30** |
| **财务指标（亿元）** **Financial Indicators(100 million yuan)** | | | | | |
| 资本金合计 Total Capital | 103.39 | 247.70 | 511.59 | 1738.66 | 1751.81 |
| 流动资产年末数 Circulating Funds at Year-end | 343.64 | 608.16 | 1321.15 | 5415.35 | 5856.23 |
| 固定资产原值 Original Value of Fixed Assets | 96.59 | 161.89 | 327.21 | 714.45 | 698.76 |
| 企业总收入 Total Income | 274.06 | 883.22 | 2816.29 | 10284.93 | 10878.45 |
| 工程结算收入 Project Settle Accounts | 267.96 | 872.12 | 2801.82 | 10176.50 | 10796.44 |
| 工程结算成本 Actual Cost of Projects Settle | 239.53 | 787.44 | 2512.58 | 9260.61 | 9870.58 |
| 利润总额 Total Profits | 2.55 | 19.46 | 87.91 | 393.80 | 387.81 |
| #工程结算利润 Profits of Project Settle Accounts | 17.24 | 51.10 | 168.45 | 757.87 | 508.59 |
| 利税总额 Total Pre-Tax Profits | 14.20 | 51.46 | 195.61 | 845.25 | 805.08 |

# 12-3 国有经济建筑企业主要经济指标

## Major Indicators of State-Owned Construction Enterprises

| 项目　Item | 2000 | 2005 | 2010 | 2018 | 2019 |
|---|---|---|---|---|---|
| **企业单位数（个）**<br>**Number of Enterprises(unit)** | **283** | **132** | **93** | **78** | **83** |
| **建筑业总产值（亿元）**<br>**Gross Output Value (100 million yuan)** | **131.82** | **194.89** | **448.16** | **635.62** | **743.52** |
| 建筑业竣工产值<br>Output Value of Completed | 90.38 | 136.78 | 167.59 | 310.16 | 297.50 |
| **房屋施工面积（万平方米）**<br>**Floor Space of Building under (10000 sq.m)** | **1574.56** | **1862.81** | **3063.41** | **2369.81** | **3192.65** |
| #本年新开工<br>Newly Started Building in Current Year | 606.60 | 774.05 | 1417.80 | 697.36 | 1039.63 |
| **房屋竣工面积（万平方米）**<br>**Floor Space of Building(10000 sq.m)** | **546.36** | **655.17** | **498.51** | **737.17** | **713.35** |
| #住宅<br>Residential Building | 381.47 | 401.27 | 376.06 | 541.46 | 484.86 |
| **年末从业人员（万人）**<br>**Number of Staff & Workers at the Year-end(10000 persons)** | **13.46** | **12.93** | **29.32** | **22.76** | **21.84** |
| **全员劳动生产率（元/人）**<br>**Overall Labor productivity (person/yuan)** | | | | | |
| 按总产值计算<br>In Terms of Gross Output Value | 96111 | 140828 | 158901 | 279251 | 180852 |
| **工资总额（亿元）**<br>**Total Wages(100 million yuan)** | **14.46** | **26.56** | **88.03** | **157.72** | **132.18** |
| **财务指标（亿元）**<br>**Financial Indicators(100 million yuan)** | | | | | |
| 资本金合计<br>Total Capital | 29.60 | 33.00 | 44.25 | 70.82 | 70.77 |
| 流动资产年末数<br>Circulating Funds at Year-end | 123.18 | 163.22 | 221.40 | 480.17 | 535.21 |
| 固定资产原值<br>Original Value of Fixed Assets | 41.23 | 38.45 | 59.54 | 63.79 | 64.87 |
| 企业总收入<br>Total Income | 133.52 | 219.39 | 424.75 | 502.73 | 540.13 |
| 工程结算收入<br>Project Settle Accounts | 129.93 | 215.85 | 420.07 | 494.97 | 535.27 |
| 工程结算成本<br>Actual Cost of Projects Settle | 115.89 | 196.03 | 386.16 | 463.77 | 508.25 |
| 利润总额<br>Total Profits | 0.27 | 2.35 | 5.42 | 13.38 | 9.73 |
| #工程结算利润<br>Profits of Project Settle Accounts | 8.08 | 12.19 | 19.06 | 16.09 | 18.41 |
| 利税总额<br>Total Pre-Tax Profits | 6.40 | 9.72 | 19.20 | 28.49 | 18.33 |

# 12-4 集体经济建筑企业主要经济指标

## Major Indicators of Collective Construction Enterprises

| 项目 Item | 2000 | 2005 | 2010 | 2018 | 2019 |
|---|---|---|---|---|---|
| **企业单位数（个）**<br>**Number of Enterprises(unit)** | **976** | **210** | **73** | **33** | **26** |
| **建筑业总产值（亿元）**<br>**Gross Output Value (100 million yuan)** | **89.53** | **88.01** | **61.44** | **129.06** | **169.39** |
| 建筑业竣工产值<br>Output Value of Completed | 69.59 | 63.57 | 43.29 | 66.42 | 100.65 |
| **房屋施工面积（万平方米）**<br>**Floor Space of Building under (10000 sq.m)** | **1783.01** | **1657.55** | **884.06** | **1654.51** | **1914.65** |
| #本年新开工<br>Newly Started Building in Current Year | 944.55 | 724.47 | 339.27 | 554.62 | 515.12 |
| **房屋竣工面积（万平方米）**<br>**Floor Space of Building(10000 sq.m)** | **846.18** | **643.80** | **277.51** | **224.56** | **253.83** |
| #住宅<br>Residential Building | 496.95 | 427.31 | 196.10 | 157.67 | 224.27 |
| **年末从业人员（万人）**<br>**Number of Staff & Workers at the Year-end(10000 persons)** | **19.99** | **9.30** | **4.21** | **5.35** | **6.41** |
| **全员劳动生产率（元/人）**<br>**Overall Labor productivity (yuan/person)** | | | | | |
| 按总产值计算<br>In Terms of Gross Output Value | 44526 | 91269 | 137908 | 241355 | 271852 |
| **工资总额（亿元）**<br>**Total Wages(100 million yuan)** | **15.71** | **15.65** | **13.95** | **32.29** | **36.54** |
| **财务指标（亿元）**<br>**Financial Indicators(100 million yuan)** | | | | | |
| 资本金合计<br>Total Capital | 43.55 | 26.27 | 9.97 | 9.61 | 10.13 |
| 流动资产年末数<br>Circulating Funds at Year-end | 144.02 | 67.18 | 33.75 | 37.56 | 43.88 |
| 固定资产原值<br>Original Value of Fixed Assets | 35.50 | 18.98 | 6.50 | 3.76 | 3.00 |
| 企业总收入<br>Total Income | 93.00 | 89.07 | 51.92 | 90.76 | 102.90 |
| 工程结算收入<br>Project Settle Accounts | 91.48 | 88.05 | 51.61 | 90.41 | 102.72 |
| 工程结算成本<br>Actual Cost of Projects Settle | 82.83 | 80.92 | 46.52 | 85.59 | 98.02 |
| 利润总额<br>Total Profits | 1.03 | 1.39 | 1.10 | 2.46 | 2.07 |
| #工程结算利润<br>Profits of Project Settle Accounts | 5.19 | 3.75 | 3.05 | 2.97 | 3.27 |
| 利税总额<br>Total Pre-Tax Profits | 4.72 | 4.70 | 3.02 | 4.31 | 3.52 |

# 12-5 各种资质等级建筑企业主要经济指标（2019年）

## Major Indicators of Construction Enterprises by Grade(2019)

| 项目<br>Item | 合计<br>Total | 总承包<br>General Contract | 一级及以上<br>First and Above | 二级<br>Second | 三级<br>Third | 专业承包<br>Special Contract | 一级<br>First and Above | 二级<br>Second | 三级及不分等级<br>Third and Others |
|---|---|---|---|---|---|---|---|---|---|
| **企业单位数（个）<br>Number of Enterprises(unit)** | **6082** | **4591** | **376** | **797** | **3418** | **1491** | **268** | **842** | **381** |
| **建筑业总产值（亿元）<br>Gross Output Value (100 million yuan)** | **13164.44** | **12199.46** | **7346.14** | **2555.15** | **2298.18** | **964.97** | **482.03** | **281.35** | **201.59** |
| 建筑业竣工产值<br>Output Value of Completed | 5953.71 | 5566.79 | 3529.04 | 1070.04 | 967.72 | 386.92 | 157.70 | 123.68 | 105.54 |
| **房屋施工面积（万平方米）<br>Floor Space of Building under (10000 sq.m)** | **76606.34** | **75041.16** | **53735.58** | **12995.83** | **8309.75** | **1565.18** | **669.11** | **357.30** | **538.77** |
| #本年新开工<br>Newly Started Building in Current Year | 23872.14 | 23270.33 | 15039.78 | 4607.79 | 3622.75 | 601.82 | 226.31 | 221.62 | 153.89 |
| **房屋竣工面积（万平方米）<br>Floor Space of Building (10000 sq.m)** | **17810.53** | **16890.23** | **10822.92** | **3534.27** | **2533.05** | **920.30** | **478.11** | **114.88** | **327.31** |
| #住宅<br>Residential Building | 11752.55 | 11151.15 | 7966.00 | 2133.22 | 1051.92 | 601.41 | 291.57 | 27.57 | 282.27 |
| **年末从业人员（万人）<br>Number of Staff & Workers at the Year-end(10000 persons)** | **457.00** | **425.14** | **243.36** | **93.22** | **88.56** | **31.86** | **14.52** | **10.60** | **6.74** |
| **全员劳动生产率（元/人）<br>Overall Labor productivity(yuan/person)** | | | | | | | | | |
| 按总产值计算<br>In Terms of Gross Output Value | 269231 | 267920 | 280057 | 264756 | 238099 | 286989 | 307594 | 252689 | 297690 |
| **工资总额（亿元）<br>Total Wages(100 million yuan)** | **2868.30** | **2657.84** | **1655.81** | **594.77** | **407.27** | **210.45** | **103.99** | **66.40** | **40.06** |
| **财务指标（亿元）<br>Financial Indicators (100 million yuan)** | | | | | | | | | |
| 资本金合计<br>Total Capital | 1751.81 | 1492.07 | 611.66 | 425.27 | 455.13 | 259.74 | 111.76 | 95.77 | 52.21 |
| 流动资产年末数<br>Circulating Funds at Year-end | 5856.23 | 5220.03 | 3082.86 | 1281.71 | 855.46 | 636.20 | 329.38 | 181.55 | 125.27 |
| 固定资产原值<br>Original Value of Fixed Assets | 698.76 | 608.86 | 297.93 | 172.11 | 138.82 | 89.90 | 37.63 | 29.12 | 23.15 |
| 企业总收入<br>Total Income | 10878.45 | 9938.20 | 6087.82 | 2287.54 | 1562.83 | 940.25 | 508.83 | 268.35 | 163.07 |
| 工程结算收入<br>Project Settle Accounts | 10796.44 | 9870.38 | 6064.95 | 2256.68 | 1548.76 | 926.06 | 502.56 | 263.86 | 159.64 |
| 工程结算成本<br>Actual Cost of Projects Settle | 9870.58 | 9061.48 | 5648.52 | 2041.67 | 1371.30 | 809.10 | 437.86 | 230.94 | 140.30 |
| 利润总额<br>Total Profits | 387.81 | 347.02 | 188.70 | 89.04 | 69.27 | 40.79 | 24.48 | 9.48 | 6.83 |
| #工程结算利润<br>Profits of Project Settle Accounts | 508.59 | 425.44 | 208.32 | 114.94 | 102.17 | 83.15 | 45.44 | 23.13 | 14.58 |
| 利税总额<br>Total Pre-Tax Profits | 805.08 | 730.48 | 396.82 | 189.10 | 144.56 | 74.60 | 43.74 | 19.27 | 11.59 |

# 12-6 按行业分建筑企业主要经济指标（2019年）

# Major Indicators of Construction Enterprises by Sector(2019)

| 项目<br>Item | 房屋建筑业<br>Building | 土木工程建筑业<br>Civil Engineering | 建筑安装业<br>Installation | 建筑装饰和其他建筑业<br>Building Decontion and Others |
|---|---|---|---|---|
| **企业单位数（个）<br>Number of Enterprises(unit)** | **3232** | **1704** | **336** | **810** |
| **建筑业总产值（亿元）<br>Gross Output Value(100 million yuan)** | **9426.04** | **3083.50** | **255.75** | **399.15** |
| 建筑业竣工产值<br>Output Value of Completed | 4367.81 | 1303.33 | 122.31 | 160.25 |
| **房屋施工面积（万平方米）<br>Floor Space of Building under(10000 sq.m)** | **69565.00** | **6490.32** | **73.94** | **477.08** |
| #本年新开工<br>Newly Started Building in Current Year | 20878.19 | 2651.27 | 45.81 | 296.86 |
| **房屋竣工面积（万平方米）<br>Floor Space of Building(10000 sq.m)** | **15517.59** | **2154.03** | **35.13** | **103.77** |
| #住宅<br>Residential Building | 10487.50 | 1180.13 | 17.37 | 67.56 |
| **年末从业人员（万人）<br>Number of Staff & Workers at the Year-end(10000 persons)** | **337.20** | **99.50** | **7.23** | **13.08** |
| **全员劳动生产率（元/人）<br>Overall Labor productivity (yuan/person)** | | | | |
| 按总产值计算<br>In Terms of Gross Output Value | 272171 | 255115 | 344229 | 278321 |
| **工资总额（亿元）<br>Total Wages(100 million yuan)** | **2088.74** | **650.82** | **45.16** | **83.57** |
| **财务指标（亿元）<br>Financial Indicators(100 million yuan)** | | | | |
| 资本金合计<br>Total Capital | 1070.46 | 490.52 | 81.40 | 109.43 |
| 流动资产年末数<br>Circulating Funds at Year-end | 3943.86 | 1390.18 | 244.20 | 277.99 |
| 固定资产原值<br>Original Value of Fixed Assets | 376.71 | 251.03 | 37.11 | 33.92 |
| 企业总收入<br>Total Income | 7625.50 | 2609.33 | 266.56 | 377.07 |
| 工程结算收入<br>Project Settle Accounts | 7571.24 | 2596.34 | 256.49 | 372.37 |
| 工程结算成本<br>Actual Cost of Projects Settle | 6956.95 | 2365.76 | 221.76 | 326.11 |
| 利润总额<br>Total Profits | 270.26 | 92.22 | 10.37 | 14.97 |
| #工程结算利润<br>Profits of Project Settle Accounts | 307.59 | 141.18 | 25.48 | 34.34 |
| 利税总额<br>Total Pre-Tax Profits | 576.96 | 181.63 | 19.61 | 26.88 |

# 12-7 按经济类型分建筑企业主要经济指标（2019年）

# Major Indicators of Construction Enterprises by Ownership(2019)

| 项目<br>Item | 国有经济<br>State-owned | 集体经济<br>Collect-owned | 港澳台经济<br>Hong Kong, Macao and Taiwan Funded | 外商经济<br>Foreign Funded | 其他经济<br>Others |
|---|---|---|---|---|---|
| **企业单位数（个）<br>Number of Enterprises(unit)** | **83** | **26** | **19** | **4** | **5950** |
| **建筑业总产值（亿元）<br>Gross Output Value(100 million yuan)** | **743.52** | **169.39** | **32.69** | **1.90** | **12216.93** |
| 建筑业竣工产值<br>Output Value of Completed | 297.50 | 100.65 | 7.21 | 2.03 | 5546.32 |
| **房屋施工面积（万平方米）<br>Floor Space of Building under(10000 sq.m)** | **3192.65** | **1914.65** | **69.78** | **18.78** | **71410.49** |
| #本年新开工<br>Newly Started Building in Current Year | 1039.63 | 515.12 | 10.99 | 8.07 | 22298.32 |
| **房屋竣工面积（万平方米）<br>Floor Space of Building(10000 sq.m)** | **713.35** | **253.83** | **9.00** | **7.65** | **16826.70** |
| #住宅<br>Residential Building | 484.86 | 224.27 | 8.97 | | 11034.45 |
| **年末从业人员（万人）<br>Number of Staff & Workers at the Year-end(10000 persons)** | **21.84** | **6.41** | **1.11** | **0.12** | **427.52** |
| **全员劳动生产率（元/人）<br>Overall Labor productivity(yuan/person)** | | | | | |
| 按总产值计算<br>In Terms of Gross Output Value | 180852 | 271852 | 266787 | 127129 | 277502 |
| **工资总额（亿元）<br>Total Wages(100 million yuan)** | **132.18** | **36.54** | **7.72** | **1.15** | **2690.72** |
| **财务指标（亿元）<br>Financial Indicators(100 million yuan)** | | | | | |
| 资本金合计<br>Total Capital | 70.77 | 10.13 | 4.19 | 3.59 | 1663.13 |
| 流动资产年末数<br>Circulating Funds at Year-end | 535.21 | 43.88 | 14.27 | 17.57 | 5245.30 |
| 固定资产原值<br>Original Value of Fixed Assets | 64.87 | 3.00 | 0.79 | 1.53 | 628.58 |
| 企业总收入<br>Total Income | 540.13 | 102.90 | 33.78 | 15.26 | 10186.38 |
| 工程结算收入<br>Project Settle Accounts | 535.27 | 102.72 | 33.66 | 15.25 | 10109.55 |
| 工程结算成本<br>Actual Cost of Projects Settle | 508.25 | 98.02 | 31.94 | 12.42 | 9219.95 |
| 利润总额<br>Total Profits | 9.73 | 2.07 | 0.63 | 1.30 | 374.08 |
| #工程结算利润<br>Profits of Project Settle Accounts | 18.41 | 3.27 | 0.79 | 2.38 | 483.75 |
| 利税总额<br>Total Pre-Tax Profits | 18.33 | 3.52 | 1.56 | 1.74 | 779.93 |

# 12-8 房屋竣工建筑面积

## Floor Space of Completed Building

单位：万平方米 (10000 sq.m)

| 项目 | Item | 竣工面积 Floor Space Completed | | |
|---|---|---|---|---|
| | | 2015 | 2018 | 2019 |
| **合计** | **Total** | **16631.27** | **17644.24** | **17810.53** |
| 住宅房屋 | Residential Building | 10715.31 | 11509.56 | 11752.55 |
| 商业及服务用房屋 | Building for Business and Service | 1150.74 | 1214.47 | 1354.85 |
| 商厦房屋（批发和零售用房） | Wholesal and Retail Trade | 498.94 | 524.07 | 578.38 |
| 宾馆用房屋（住宿用房） | Lodgings | 126.68 | 56.14 | 99.50 |
| 餐饮用房屋（餐饮用房） | Gatering Services | 30.6 | 9.15 | 3.31 |
| 商务会展用房屋 | Business Showing | 59.22 | 38.29 | 23.90 |
| 其他商业及服务用房屋（居民服务业用房） | Others | 435.31 | 586.83 | 649.76 |
| 办公用房屋 | Building for Office | 969.45 | 1029.12 | 1047.27 |
| 科研、教育、医疗用房屋 | Building for Scientific Research, Education,Medical | 527.54 | 617.08 | 527.00 |
| 科学研究用房屋 | Scientific Research | 59.19 | 75.45 | 32.17 |
| 教育用房屋 | Education | 374.83 | 427.06 | 401.47 |
| 医疗用房屋（卫生医疗用房） | Medical | 93.52 | 114.58 | 93.38 |
| 文化、体育、娱乐用房屋 | Building for Culture, Sports and Enterainment | 140.22 | 147.41 | 193.47 |
| 厂房及建筑物 | Factory Building | 2898.59 | 2966.35 | 2707.84 |
| #厂房 | Factory | 1256.84 | 1343.38 | 1365.42 |
| 仓库 | Storehouse | 106.89 | 110.21 | 79.06 |
| 其他未列明的房屋建筑物 | Others | 122.53 | 50.03 | 148.48 |

# 12-9 各设区市建筑企业数（2019年）

## Number of Construction Enterprises by City(2019)

单位：个　(unit)

| 地区 Area | 合计 Total | 总承包 Gereral Contract | 一级及以上 First and Above | 二级 Second | 三级 Third | 专业承包 Special Contract | 一级 First | 二级 Second | 三级及不分等级 Third and Others |
|---|---|---|---|---|---|---|---|---|---|
| **全　省 total** | **6082** | **4591** | **376** | **797** | **3418** | **1491** | **268** | **842** | **381** |
| 福州市 Fuzhou | 1434 | 973 | 92 | 199 | 682 | 461 | 75 | 239 | 147 |
| 厦门市 Xiamen | 897 | 533 | 92 | 122 | 319 | 364 | 64 | 211 | 89 |
| 莆田市 Putian | 507 | 458 | 35 | 46 | 377 | 49 | 1 | 36 | 12 |
| 三明市 Sanming | 498 | 473 | 27 | 73 | 373 | 25 | 3 | 10 | 12 |
| 泉州市 Quanzhou | 875 | 548 | 69 | 105 | 374 | 327 | 95 | 171 | 61 |
| 漳州市 Zhangzhou | 451 | 342 | 18 | 72 | 252 | 109 | 5 | 89 | 15 |
| 南平市 Nanping | 493 | 455 | 4 | 39 | 412 | 38 | 8 | 15 | 15 |
| 龙岩市 Longyan | 543 | 473 | 30 | 92 | 351 | 70 | 13 | 38 | 19 |
| 宁德市 Ningde | 384 | 336 | 9 | 49 | 278 | 48 | 4 | 33 | 11 |

# 12-10 各设区市建筑企业从业人员数（2019年）

## Number of persons employed by Construction Enterprises by City(2019)

单位：人　(person)

| 地区 Area | 合计 Total | 总承包 Gereral Contract | 一级及以上 First and Above | 二级 Second | 三级 Third | 专业承包 Special Contract | 一级 First | 二级 Second | 三级及不分等级 Third and Others |
|---|---|---|---|---|---|---|---|---|---|
| **全　省 total** | **4570026** | **4251396** | **2433568** | **932196** | **885632** | **318630** | **145197** | **106034** | **67399** |
| 福州市 Fuzhou | 1726856 | 1603790 | 947882 | 325106 | 330802 | 123066 | 58280 | 34177 | 30609 |
| 厦门市 Xiamen | 767841 | 696830 | 470871 | 131174 | 94785 | 71011 | 30067 | 21956 | 18988 |
| 莆田市 Putian | 267580 | 265714 | 174424 | 43594 | 47696 | 1866 | 3 | 1247 | 616 |
| 三明市 Sanming | 297617 | 295086 | 119271 | 78197 | 97618 | 2531 | 914 | 269 | 1348 |
| 泉州市 Quanzhou | 610825 | 543791 | 402137 | 78688 | 62966 | 67034 | 41598 | 20267 | 5169 |
| 漳州市 Zhangzhou | 244125 | 228403 | 96973 | 69901 | 61529 | 15722 | 426 | 10879 | 4417 |
| 南平市 Nanping | 110651 | 101118 | 8011 | 49616 | 43491 | 9533 | 3468 | 3452 | 2613 |
| 龙岩市 Longyan | 466931 | 445534 | 201026 | 126397 | 118111 | 21397 | 9199 | 9698 | 2500 |
| 宁德市 Ningde | 77600 | 71130 | 12973 | 29523 | 28634 | 6470 | 1242 | 4089 | 1139 |

# 12-11 各设区市建筑企业劳动生产率（2019年）

# Labor Productivity Construction Enterprises by City(2019)

单位：元/人 (yuan/person)

| 地区 | Area | 按总产值计算 In terms of Total Output value | #国有企业 State- Owned | #集体企业 Collective- Owned |
|---|---|---|---|---|
| **全　省** | **total** | **269231** | **180852** | **271852** |
| 福州市 | Fuzhou | 257535 | 272967 | 272149 |
| 厦门市 | Xiamen | 264595 | 107519 | 269291 |
| 莆田市 | Putian | 305273 | 269055 | |
| 三明市 | Sanming | 264840 | 342284 | |
| 泉州市 | Quanzhou | 314738 | 282037 | 284141 |
| 漳州市 | Zhangzhou | 274366 | 165584 | 143699 |
| 南平市 | Nanping | 179645 | 218238 | 293351 |
| 龙岩市 | Longyan | 263529 | 170714 | |
| 宁德市 | Ningde | 273383 | 266689 | |

# 12-12 各设区市建筑企业房屋施工情况（2019年）

# Basic Statistics on Housing construction of Construction Enterprises by City(2019)

单位：万平方米 (10000 sq.m)

| 地区 | Area | 房屋建筑竣工面积 Floor Space of Buildings Completed | 房屋建筑施工面积 Floor Space of Buildings under | 本年新开工 Newly Started Building in Current Year |
|---|---|---|---|---|
| **全　省** | **total** | **17810.53** | **76606.34** | **23872.14** |
| 福州市 | Fuzhou | 7013.93 | 35635.81 | 10021.80 |
| 厦门市 | Xiamen | 1931.21 | 11174.64 | 3117.58 |
| 莆田市 | Putian | 1402.99 | 5240.81 | 1968.16 |
| 三明市 | Sanming | 905.32 | 3924.62 | 1410.20 |
| 泉州市 | Quanzhou | 3190.39 | 9573.82 | 3371.25 |
| 漳州市 | Zhangzhou | 1081.00 | 3308.39 | 1042.30 |
| 南平市 | Nanping | 376.42 | 1155.55 | 289.22 |
| 龙岩市 | Longyan | 1747.60 | 5817.99 | 2461.10 |
| 宁德市 | Ningde | 161.67 | 774.72 | 190.54 |

# 12-13 各设区市建筑企业总收入（2019年）

## Gross Income of Construction Enterprises by City(2019)

单位：万元　　(10000 yuan)

| 地区<br>Area | 企业总收入<br>Total Incomes of Enterprises | 工程结算收入<br>Incomes of Project Settle Accounts | #工程结算成本<br>Costs ofProject Settle Accounts | #工程结算利润<br>Profits of Project Settle Accounts | 其他业务收入<br>Other Incomes | #其他业务利润<br>Profits of Others |
|---|---|---|---|---|---|---|
| **全　省<br>total** | **108784533** | **107964422** | **98705814** | **5085916** | **820112** | **59643** |
| 福州市<br>Fuzhou | 39671772 | 39184289 | 36231736 | 1682548 | 487483 | 33841 |
| 厦门市<br>Xiamen | 20331211 | 20236340 | 18862209 | 832474 | 94871 | 9796 |
| 莆田市<br>Putian | 6305253 | 6190742 | 5480316 | 378274 | 114511 | 124 |
| 三明市<br>Sanming | 6189132 | 6181152 | 5551656 | 241456 | 7981 | -727 |
| 泉州市<br>Quanzhou | 17266897 | 17226847 | 15413303 | 1044086 | 40050 | 8396 |
| 漳州市<br>Zhangzhou | 4868017 | 4833643 | 4433932 | 220622 | 34374 | 3441 |
| 南平市<br>Nanping | 1887154 | 1865266 | 1659629 | 107774 | 21888 | 710 |
| 龙岩市<br>Longyan | 10569296 | 10554823 | 9514041 | 509844 | 14472 | 3879 |
| 宁德市<br>Ningde | 1695800 | 1691320 | 1558992 | 68837 | 4480 | 184 |

# 12-14 各设区市建筑企业利税总额（2019年）

## Total Pre-tax Profits of Construction Enterprises by City(2019)

单位：万元　　(10000 yuan)

| 地区<br>Area | 利税总额<br>Total Pre-tax Profits | #利润总额<br>Total Profits | #工程结算税金及附加<br>Taxes and Extra Charges on Project Settle Accounts | 产值利税率(%)<br>Ratio of pre-tax Profits to Gross Output Value (%) | 资产利税率(%)<br>Ratio of pre-tax Profit to Assets (%) |
|---|---|---|---|---|---|
| **全　省<br>Total** | **8050811** | **3878119** | **1497336** | **6.1** | **11.8** |
| 福州市<br>Fuzhou | 2429187 | 1159182 | 383321 | 5.2 | 8.8 |
| 厦门市<br>Xiamen | 1061924 | 520268 | 206478 | 4.3 | 8.2 |
| 莆田市<br>Putian | 627578 | 295426 | 144278 | 7.8 | 15.4 |
| 三明市<br>Sanming | 660084 | 272044 | 143798 | 8.1 | 20.5 |
| 泉州市<br>Quanzhou | 1586879 | 817422 | 299179 | 8.0 | 17.9 |
| 漳州市<br>Zhangzhou | 379235 | 200147 | 63869 | 5.4 | 8.2 |
| 南平市<br>Nanping | 198915 | 101053 | 34350 | 10.1 | 13.7 |
| 龙岩市<br>Longyan | 990748 | 459809 | 206897 | 7.8 | 27.5 |
| 宁德市<br>Ningde | 116261 | 52769 | 15166 | 5.6 | 7.4 |

# 12-15 房地产开发企业（单位）主要情况

## Main Situation of Enterprises for Real Estate Development

| 项目 Item | 2000 | 2005 | 2010 | 2018 | 2019 |
|---|---|---|---|---|---|
| **企业个数（个）<br>Number of Enterprises(unit)** | **1922** | **2596** | **3634** | **3351** | **3519** |
| 内资企业<br>Domestically funded enterprises | 1151 | 1866 | 2926 | 3043 | 3208 |
| #国有<br>Stated-owned | 356 | 225 | 216 | 384 | 370 |
| 集体<br>Collective-owned | 170 | 91 | 52 | 26 | 22 |
| 港澳台商投资企业<br>EnterPries with Funds from HongKong,Macao and TaiWan | 543 | 470 | 529 | 217 | 213 |
| 外商投资企业<br>Foreign Funded Enterprises | 228 | 260 | 179 | 91 | 98 |
| **土地开发及购置(万平方米)<br>Development and Purchase of Land (10000 sq.m)** | | | | | |
| 土地购置面积<br>Purchased Land Space | 901.07 | 1822.55 | 1540.42 | 1286.82 | 1031.70 |
| **本年完成投资（亿元）<br>Investment of Completed (100 million yuan)** | **207.37** | **540.39** | **1818.86** | **4940.34** | **5673.13** |
| #住宅<br>Residential Building | 125.07 | 363.72 | 975.13 | 3456.86 | 4076.31 |
| 本年实际到位资金(亿元)<br>Actual Funds this Year | 276.86 | 803.93 | 2631.31 | 6551.03 | 6873.76 |
| #国内贷款<br>Domestic Loans | 44.78 | 156.85 | 432.46 | 856.00 | 822.32 |
| 利用外资<br>Foreign Investment | 24.94 | 14.81 | 18.17 | 3.58 | 22.57 |
| 自筹资金<br>Fundraising | 54.21 | 217.15 | 1099.64 | 2660.60 | 2871.84 |
| **房屋建筑面积（万平方米）<br>Floor Space of Buildings Completed (10000 sq.m)** | | | | | |
| 施工面积<br>Floor Space Under Construction | 3422.88 | 6107.75 | 14189.73 | 32825.97 | 34140.18 |
| 本年房屋竣工面积<br>Floor Space Completed this Year | 1009.36 | 1576.16 | 2242.47 | 3739.02 | 2882.29 |
| 本年新开工面积<br>Newiy Started This Year | 1102.85 | 2196.57 | 4679.56 | 7205.35 | 6398.36 |
| #住宅<br>Residential Buildings | 891.87 | 1727.38 | 3399.53 | 5073.73 | 4615.00 |
| **商品房销售面积（万平方米）<br>Real Floor Spale Building Sold (10000 sq.m)** | **810.65** | **1913.84** | **2575.62** | **6213.40** | **6456.13** |
| #住宅<br>Residential Buildings | 675.73 | 1720.56 | 2139.26 | 4781.58 | 5073.73 |

# 12-16 房地产开发企业（单位）投资和销售情况

# Investment and Sales Situation of Enterprises for Real Estate Development

| 年份<br>Year | 本年完成投资（亿元）<br>Investment of Completed (100 million yuan) | #住宅<br>Residential Buildings | 商品房销售额（亿元）<br>Real Value of House Sold (100 million yuan) | #住宅<br>Residential Buildings | 商品房销售面积（万平方米）<br>Real Floor Space Sold (10000 sq.m) | #住宅<br>Residential Buildings |
|---|---|---|---|---|---|---|
| 1986 | 3.57 | | | | 73.14 | |
| 1987 | 3.25 | | | | 51.33 | |
| 1988 | 7.13 | | | | 92.88 | |
| 1989 | 11.01 | | | | 102.55 | |
| 1990 | 13.47 | | | | 107.79 | |
| 1991 | 21.07 | | 9.16 | | 111.44 | |
| 1992 | 41.03 | | 16.77 | | 134.99 | |
| 1993 | 60.93 | | 26.61 | | 248.91 | |
| 1994 | 101.98 | 69.96 | 39.37 | 26.03 | 241.31 | 188.96 |
| 1995 | 151.37 | 88.51 | 66.16 | 46.14 | 368.65 | 309.44 |
| 1996 | 151.69 | 75.29 | 48.59 | 37.61 | 273.51 | 234.28 |
| 1997 | 148.33 | 72.49 | 83.50 | 62.04 | 426.88 | 346.14 |
| 1998 | 165.63 | 85.44 | 105.10 | 78.71 | 515.20 | 441.67 |
| 1999 | 178.62 | 105.08 | 123.75 | 92.54 | 599.68 | 511.64 |
| 2000 | 207.37 | 125.07 | 168.96 | 119.39 | 810.65 | 675.73 |
| 2001 | 225.49 | 145.22 | 199.08 | 150.75 | 987.81 | 843.00 |
| 2002 | 248.99 | 160.78 | 225.28 | 153.95 | 1047.05 | 882.92 |
| 2003 | 362.07 | 237.67 | 287.16 | 222.46 | 1250.10 | 1083.79 |
| 2004 | 477.79 | 308.45 | 354.47 | 281.26 | 1384.83 | 1224.61 |
| 2005 | 540.39 | 363.72 | 605.09 | 481.90 | 1913.84 | 1720.56 |
| 2006 | 787.36 | 511.68 | 807.46 | 637.34 | 2021.69 | 1743.39 |
| 2007 | 1132.49 | 778.39 | 1134.53 | 938.33 | 2421.97 | 2096.39 |
| 2008 | 1129.09 | 735.93 | 712.61 | 562.26 | 1625.67 | 1250.00 |
| 2009 | 1136.35 | 743.27 | 1477.83 | 1299.09 | 2723.23 | 2420.83 |
| 2010 | 1818.86 | 975.13 | 1611.32 | 1300.13 | 2575.62 | 2139.26 |
| 2011 | 2402.61 | 1591.56 | 2101.58 | 1649.34 | 2706.72 | 2213.30 |
| 2012 | 2824.12 | 1751.98 | 2817.70 | 2293.90 | 3258.94 | 2741.96 |
| 2013 | 3702.97 | 2402.08 | 4232.08 | 3410.57 | 4676.16 | 3957.46 |
| 2014 | 4567.40 | 2917.17 | 3763.52 | 2939.58 | 4119.48 | 3324.10 |
| 2015 | 4469.61 | 2864.95 | 3585.81 | 2839.76 | 4037.76 | 3315.69 |
| 2016 | 4588.83 | 2999.29 | 4530.79 | 3793.41 | 4915.35 | 4134.46 |
| 2017 | 4794.23 | 3236.51 | 5705.19 | 4202.00 | 5854.05 | 4526.13 |
| 2018 | 4940.34 | 3456.86 | 6579.49 | 5074.52 | 6213.40 | 4781.58 |
| 2019 | 5673.13 | 4076.31 | 6938.79 | 5685.25 | 6456.13 | 5073.73 |

# 12-17 房地产开发投资完成情况

## Main Indicators of Enterprises for Real Estate Development

| 年份<br>Year | 企业个数（个）<br>Number of Enterprises (unit) | 本年完成投资（亿元）<br>Investment of Completed (100 million yuan) | 施工面积（万平方米）<br>Floor Space Under Construction (10000 sq.m) | 竣工面积（万平方米）<br>Floor Space Completed (10000 sq.m) | 商品房销售面积（万平方米）<br>Real Floor Spale Building Sold (10000 sq.m) | 商品房销售额（亿元）<br>Real Value of House Sold (100 million yuan) |
|---|---|---|---|---|---|---|
| 1986 | 102 | 3.57 | 220.84 | 133.25 | 73.14 | |
| 1987 | 118 | 3.25 | 216.38 | 98.74 | 51.33 | |
| 1988 | 174 | 7.13 | 368.04 | 154.12 | 92.88 | |
| 1989 | 168 | 11.01 | 413.56 | 183.73 | 102.55 | |
| 1990 | 190 | 13.47 | 427.57 | 193.92 | 107.79 | |
| 1991 | 241 | 21.07 | 561.56 | 215.98 | 111.44 | 9.16 |
| 1992 | 391 | 41.03 | 842.30 | 258.48 | 134.99 | 16.77 |
| 1993 | 856 | 60.93 | 1258.69 | 307.55 | 248.91 | 26.61 |
| 1994 | 1279 | 101.98 | 1889.94 | 470.78 | 241.31 | 39.37 |
| 1995 | 1256 | 151.37 | 2506.77 | 732.63 | 368.65 | 66.16 |
| 1996 | 1407 | 151.69 | 2283.80 | 526.28 | 273.51 | 48.59 |
| 1997 | 1465 | 148.33 | 2401.24 | 662.77 | 426.88 | 83.50 |
| 1998 | 1783 | 165.63 | 2748.79 | 578.74 | 515.20 | 105.10 |
| 1999 | 1909 | 178.62 | 3166.96 | 788.82 | 599.68 | 123.75 |
| 2000 | 1922 | 207.37 | 3422.88 | 1009.36 | 810.65 | 168.96 |
| 2001 | 1941 | 225.49 | 3717.31 | 1280.79 | 987.81 | 199.08 |
| 2002 | 1869 | 248.99 | 4114.64 | 1323.49 | 1047.05 | 225.28 |
| 2003 | 1900 | 362.07 | 4891.04 | 1362.95 | 1250.10 | 287.16 |
| 2004 | 2433 | 477.79 | 5795.69 | 1523.91 | 1384.83 | 354.47 |
| 2005 | 2596 | 540.39 | 6107.75 | 1576.16 | 1913.84 | 605.09 |
| 2006 | 2755 | 787.36 | 6992.74 | 1408.32 | 2021.69 | 807.46 |
| 2007 | 2693 | 1132.49 | 9651.58 | 1711.33 | 2421.97 | 1134.53 |
| 2008 | 3268 | 1129.09 | 11459.72 | 1906.15 | 1625.67 | 712.61 |
| 2009 | 3316 | 1136.35 | 11668.17 | 2240.26 | 2723.23 | 1477.83 |
| 2010 | 3634 | 1818.86 | 14189.73 | 2242.47 | 2575.62 | 1611.32 |
| 2011 | 3576 | 2402.61 | 18937.98 | 2651.71 | 2706.72 | 2101.58 |
| 2012 | 3140 | 2824.12 | 21121.50 | 2232.78 | 3258.94 | 2817.70 |
| 2013 | 3187 | 3702.97 | 26287.28 | 3369.76 | 4676.16 | 4232.08 |
| 2014 | 3280 | 4567.40 | 30051.77 | 3583.57 | 4119.48 | 3763.52 |
| 2015 | 3151 | 4469.61 | 30891.14 | 3436.56 | 4037.76 | 3585.81 |
| 2016 | 3177 | 4588.83 | 31064.14 | 3665.25 | 4915.35 | 4530.79 |
| 2017 | 3240 | 4794.23 | 31939.55 | 4266.69 | 5854.05 | 5705.19 |
| 2018 | 3351 | 4940.34 | 32825.97 | 3739.02 | 6213.40 | 6579.49 |
| 2019 | 3519 | 5673.13 | 34140.18 | 2882.29 | 6456.13 | 6938.79 |

# 12-18 按各类分组房地产开发投资

## Investment of Real Estate Development by Groups

单位：亿元　　(100 million yuan)

| 项目 Item | 2000 | 2005 | 2010 | 2018 | 2019 |
|---|---|---|---|---|---|
| **完成投资额 Investment of Completed** | **207.37** | **540.39** | **1818.86** | **4940.34** | **5673.13** |
| **按登记注册类型分 Grouped by Status of Registration** | | | | | |
| 国有 Stated-owned | 45.28 | 57.28 | 128.22 | 27.49 | 118.63 |
| 集体 Collective-owned | 9.53 | 18.93 | 27.66 | 0.04 | 0.38 |
| 股份合作 Share Holding Cooperative | 4.17 | 2.39 | 2.86 | | |
| 联营 Cooperative | 4.10 | 8.93 | 0.55 | | |
| 有限责任公司 Limited Liability Corporations | 21.49 | 107.28 | 705.67 | 1900.11 | 2977.24 |
| 股份有限公司 Share Holding Enterprises | 10.38 | 7.45 | 58.05 | 51.95 | 25.26 |
| 私营企业 Private Enterprises | 26.42 | 178.55 | 586.39 | 2653.02 | 2168.41 |
| 港澳台商投资企业 Enterprises with Funds from HongKong, Macao and TaiWan | 54.48 | 106.11 | 227.76 | 219.02 | 295.25 |
| 外商投资企业 Foreign Funded Enterprises | 30.42 | 51.47 | 70.15 | 88.71 | 87.02 |
| 其他企业 Other Enterprises | 1.10 | 2.00 | 11.55 | | 0.95 |
| **按构成分 By Type of Construction** | | | | | |
| 建筑工程 Construction | 140.20 | 334.31 | 877.89 | 2495.12 | 3060.19 |
| 安装工程 Installation | 7.78 | 22.60 | 53.72 | 264.51 | 234.26 |
| 设备工器具购置 Purchase of Equitment and Instruments | 3.95 | 3.97 | 9.39 | 53.75 | 66.80 |
| 其他费用 Others | 55.44 | 179.51 | 877.85 | 2126.96 | 2311.88 |
| **按工程用途分 By Use of Project** | | | | | |
| 商业营业用房 House for Busines Use | 29.91 | 47.82 | 162.33 | 457.63 | 450.01 |
| 住宅 Residential Building | 125.07 | 363.72 | 975.13 | 3456.86 | 4076.31 |
| 办公楼 Office Buildings | 15.20 | 10.76 | 49.67 | 215.55 | 272.72 |
| 其他 Others | 37.19 | 118.09 | 631.72 | 810.30 | 874.09 |
| **按隶属关系分 By Ownership** | | | | | |
| 中央 Central | 0.72 | 0.19 | 9.23 | 9.56 | 105.65 |
| 地方 Local Project | 206.65 | 540.20 | 1809.62 | 4930.78 | 671.13 |
| 其他 Others | | | | | 4896.35 |

注：根据《房地产开发统计报表制度》，2019年法人表对按隶属关系进行调整，增加“其他”，并对“中央”、“地方”口径进行调整。

Note:In 2019,the subordinate relationship has been adjusted,Added "Others",the Scope of "Central" and "Local" has been adjusted.

# 12-19 商品房竣工面积

## Main Indicators of Enterprises for Real Estate Development

单位：万平方米 (10000 sq.m)

| 年份<br>Year | 房屋竣工面积<br>Floor Space Completed | 住宅<br>Residential Buildings | #别墅、高档公寓<br>High-grade Apartment | 办公楼<br>Office Buildings | 商业营业用房<br>House for Business Used | 其他<br>Others |
|---|---|---|---|---|---|---|
| 1986 | 133.25 | 112.40 | | | | |
| 1987 | 98.74 | 72.21 | | | | |
| 1988 | 154.12 | 114.75 | | | | |
| 1989 | 183.73 | 145.78 | | | | |
| 1990 | 193.92 | 139.42 | | | | |
| 1991 | 215.98 | 147.03 | | 2.50 | 19.63 | 46.82 |
| 1992 | 258.48 | 181.24 | | 2.90 | 26.91 | 47.43 |
| 1993 | 307.55 | 238.46 | | 4.13 | 28.31 | 36.65 |
| 1994 | 470.78 | 359.14 | 31.86 | 30.97 | 51.67 | 29.00 |
| 1995 | 732.63 | 585.82 | 54.07 | 34.93 | 80.46 | 31.42 |
| 1996 | 526.28 | 419.56 | 47.28 | 28.33 | 61.86 | 16.53 |
| 1997 | 662.77 | 500.07 | 69.60 | 55.37 | 80.41 | 26.92 |
| 1998 | 578.74 | 450.90 | 43.15 | 34.50 | 70.05 | 23.29 |
| 1999 | 788.82 | 604.21 | 45.05 | 64.75 | 82.33 | 37.53 |
| 2000 | 1009.36 | 771.81 | 44.24 | 71.48 | 114.68 | 51.39 |
| 2001 | 1280.79 | 1020.46 | 70.99 | 50.39 | 153.42 | 56.52 |
| 2002 | 1323.49 | 1011.33 | 32.95 | 46.53 | 207.54 | 58.09 |
| 2003 | 1362.95 | 1074.29 | 45.06 | 45.98 | 142.37 | 100.32 |
| 2004 | 1523.91 | 1260.55 | 54.46 | 29.93 | 154.43 | 78.99 |
| 2005 | 1576.16 | 1304.85 | 39.53 | 22.22 | 156.54 | 92.55 |
| 2006 | 1408.32 | 1128.59 | 43.93 | 44.35 | 145.36 | 90.03 |
| 2007 | 1711.33 | 1344.42 | 89.66 | 55.49 | 163.30 | 148.12 |
| 2008 | 1906.15 | 1422.84 | 83.05 | 97.64 | 174.98 | 210.70 |
| 2009 | 2240.26 | 1690.85 | 82.18 | 47.44 | 209.32 | 292.65 |
| 2010 | 2242.47 | 1715.87 | 58.22 | 35.20 | 165.39 | 326.01 |
| 2011 | 2651.71 | 2007.34 | 78.00 | 54.75 | 286.07 | 303.55 |
| 2012 | 2232.78 | 1564.62 | 59.57 | 119.20 | 238.83 | 310.13 |
| 2013 | 3369.76 | 2338.06 | 85.70 | 98.33 | 404.85 | 528.52 |
| 2014 | 3583.57 | 2568.02 | 65.95 | 145.51 | 308.55 | 561.48 |
| 2015 | 3436.56 | 2398.99 | 30.24 | 142.78 | 341.16 | 553.64 |
| 2016 | 3665.25 | 2420.45 | 127.02 | 182.15 | 457.34 | 605.31 |
| 2017 | 4266.69 | 2891.33 | 49.48 | 144.64 | 390.35 | 840.38 |
| 2018 | 3739.02 | 2347.24 | 87.79 | 261.45 | 374.56 | 755.78 |
| 2019 | 2882.29 | 1813.90 | 28.47 | 177.59 | 367.91 | 522.88 |

# 12-20 按工程用途分房地产开发投资

## Main Indicators of Enterprises for Real Estate Development

单位：亿元 (100 million yuan)

| 年份<br>Year | 本年完成投资<br>Investment of Completed | 住宅<br>Residential Buildings | #别墅、高档公寓<br>High-grade Apartment | 办公楼<br>Office Buildings | 商业营业用房<br>House for Business Used | 其他<br>Others |
|---|---|---|---|---|---|---|
| 1986 | 3.57 | | | | | |
| 1987 | 3.25 | | | | | |
| 1988 | 7.13 | | | | | |
| 1989 | 11.01 | | | | | |
| 1990 | 13.47 | | | | | |
| 1991 | 21.07 | | | | | |
| 1992 | 41.03 | | | | | |
| 1993 | 60.93 | | | | | |
| 1994 | 101.98 | 46.23 | | | | |
| 1995 | 151.37 | 88.51 | 18.89 | 18.80 | 19.06 | 25.01 |
| 1996 | 151.69 | 75.29 | 12.63 | 16.80 | 23.57 | 36.03 |
| 1997 | 148.33 | 72.49 | 11.83 | 20.31 | 23.63 | 31.90 |
| 1998 | 165.63 | 85.44 | 10.79 | 19.61 | 22.69 | 37.90 |
| 1999 | 178.62 | 105.08 | 10.47 | 16.08 | 22.78 | 34.68 |
| 2000 | 207.37 | 125.07 | 14.00 | 15.20 | 29.91 | 37.19 |
| 2001 | 225.49 | 145.22 | 13.47 | 12.20 | 30.63 | 37.45 |
| 2002 | 248.99 | 160.78 | 11.27 | 9.99 | 29.85 | 48.37 |
| 2003 | 362.07 | 237.67 | 11.86 | 10.64 | 38.27 | 75.49 |
| 2004 | 477.79 | 308.45 | 24.82 | 9.15 | 43.93 | 116.27 |
| 2005 | 540.39 | 363.72 | 17.79 | 10.76 | 47.82 | 118.09 |
| 2006 | 787.36 | 511.68 | 32.34 | 24.25 | 56.29 | 195.15 |
| 2007 | 1132.49 | 778.39 | 52.75 | 20.91 | 76.35 | 256.84 |
| 2008 | 1129.09 | 735.93 | 46.18 | 24.74 | 80.87 | 287.55 |
| 2009 | 1136.35 | 743.27 | 43.64 | 37.84 | 87.30 | 267.93 |
| 2010 | 1818.86 | 975.13 | 55.26 | 49.67 | 162.33 | 631.72 |
| 2011 | 2402.61 | 1591.56 | 94.07 | 100.19 | 264.51 | 446.34 |
| 2012 | 2824.12 | 1751.98 | 102.13 | 189.22 | 370.38 | 512.54 |
| 2013 | 3702.97 | 2402.08 | 137.86 | 270.28 | 491.43 | 539.18 |
| 2014 | 4567.40 | 2917.17 | 220.01 | 358.58 | 654.88 | 636.77 |
| 2015 | 4469.61 | 2864.95 | 121.27 | 327.76 | 670.97 | 605.92 |
| 2016 | 4588.83 | 2999.29 | 120.56 | 339.01 | 590.95 | 659.58 |
| 2017 | 4794.23 | 3236.51 | 151.31 | 282.37 | 555.87 | 719.48 |
| 2018 | 4940.34 | 3456.86 | 138.64 | 215.55 | 457.63 | 810.30 |
| 2019 | 5673.13 | 4076.31 | 91.83 | 272.72 | 450.01 | 874.09 |

# 12-21 商品房销售面积

## Main Indicators of Enterprises for Real Estate Development

单位：万平方米 (10000 sq.m)

| 年份<br>Year | 商品房销售面积<br>Real Floor Spale Building Sold | 住宅<br>Residential Buildings | #别墅、高档公寓<br>High-grade Apartment | 办公楼<br>Office Buildings | 商业营业用房<br>House for Business Used | 其他<br>Others |
|---|---|---|---|---|---|---|
| 1986 | 73.14 | 73.14 | | | | |
| 1987 | 51.33 | 42.87 | | | | |
| 1988 | 92.88 | 72.65 | | | | |
| 1989 | 102.55 | 92.58 | | | | |
| 1990 | 107.79 | 88.36 | | | | |
| 1991 | 111.44 | 93.98 | | | | |
| 1992 | 134.99 | 113.70 | | | | |
| 1993 | 248.91 | 209.60 | | | | |
| 1994 | 241.31 | 188.96 | | | | |
| 1995 | 368.65 | 309.44 | | 21.36 | 26.67 | 11.18 |
| 1996 | 273.51 | 234.28 | 29.79 | 10.96 | 23.96 | 4.32 |
| 1997 | 426.88 | 346.14 | 26.30 | 27.89 | 41.55 | 11.30 |
| 1998 | 515.20 | 441.67 | 36.87 | 24.70 | 40.39 | 8.45 |
| 1999 | 599.68 | 511.64 | 40.87 | 21.41 | 54.30 | 12.34 |
| 2000 | 810.65 | 675.73 | 45.57 | 41.74 | 77.89 | 15.30 |
| 2001 | 987.81 | 843.00 | 42.54 | 33.31 | 89.66 | 21.84 |
| 2002 | 1047.05 | 882.92 | 29.91 | 31.19 | 114.41 | 18.54 |
| 2003 | 1250.10 | 1083.79 | 66.37 | 34.64 | 104.86 | 26.81 |
| 2004 | 1384.83 | 1224.61 | 32.24 | 21.88 | 100.39 | 37.95 |
| 2005 | 1913.84 | 1720.56 | 37.18 | 21.05 | 120.76 | 51.47 |
| 2006 | 2021.69 | 1743.39 | 113.13 | 41.03 | 141.95 | 95.33 |
| 2007 | 2421.97 | 2096.39 | 149.21 | 80.19 | 155.38 | 90.00 |
| 2008 | 1625.67 | 1250.00 | 62.18 | 66.52 | 94.32 | 214.83 |
| 2009 | 2723.23 | 2420.83 | 116.99 | 32.94 | 121.26 | 148.20 |
| 2010 | 2575.62 | 2139.26 | 83.01 | 82.20 | 176.35 | 177.81 |
| 2011 | 2706.72 | 2213.30 | 78.46 | 109.17 | 183.86 | 200.40 |
| 2012 | 3258.94 | 2741.96 | 84.58 | 150.83 | 209.88 | 156.27 |
| 2013 | 4676.16 | 3957.46 | 98.75 | 211.42 | 242.53 | 264.75 |
| 2014 | 4119.48 | 3324.10 | 92.55 | 181.01 | 286.94 | 327.44 |
| 2015 | 4037.76 | 3315.69 | 91.51 | 155.42 | 296.25 | 270.40 |
| 2016 | 4915.35 | 4134.46 | 104.45 | 181.16 | 305.47 | 294.26 |
| 2017 | 5854.05 | 4526.13 | 146.14 | 354.25 | 412.26 | 561.41 |
| 2018 | 6213.40 | 4781.58 | 182.37 | 304.59 | 457.83 | 669.40 |
| 2019 | 6456.13 | 5073.73 | 126.03 | 331.17 | 425.93 | 625.30 |

# 12-22 房地产开发施工、竣工和销售情况（2019年）

# Condition of Real Estate Under Construction,Completed and Sale(2019)

| 项目<br>Item | 合计<br>Total | 住宅<br>Residential Buildings | #90平方米以下<br>Floor Space Under 90 sq.m | #90-144平方米<br>Floor Space between 99 and 144 sq.m | #144平方米以上<br>Floor Space Over 144 sq.m | #别墅、高档公寓<br>High-grade Apart-ment | 办公楼<br>Office Buildings | 商业营业用房<br>House for Business Used | 其他<br>Others |
|---|---|---|---|---|---|---|---|---|---|
| **房屋施工面积（万平方米）<br>Floor Space Under Construction (10000 sq.m)** | **34140.18** | **22456.97** | **5685.67** | **13993.98** | **2777.32** | **749.18** | **2030.75** | **3253.89** | **6398.57** |
| #新开工面积<br>New Building | 6398.36 | 4615.00 | 1053.38 | 3202.29 | 359.33 | 75.99 | 201.67 | 331.54 | 1250.16 |
| **房屋竣工面积（万平方米）<br>Floor Space of Completed(10000 sq.m)** | **2882.29** | **1813.90** | **362.47** | **1195.45** | **255.98** | **28.47** | **177.59** | **367.91** | **522.88** |
| **商品住宅竣工套数（万套）<br>Set of Completed Buildings(10000 sets)** | **16.43** | | **5.33** | **9.82** | **1.28** | **0.16** | | | |
| **竣工房屋价值（亿元）<br>Value of Completed Buildings (100 million yuan)** | **905.27** | **579.32** | **127.34** | **362.01** | **89.97** | **8.92** | **57.21** | **119.89** | **148.86** |
| **出租房屋面积（万平方米）<br>Floor Space of Houses Leased (10000 sq.m)** | **113.89** | **11.52** | **1.52** | **7.08** | **2.92** | **2.92** | **14.16** | **62.80** | **25.40** |
| **商品房销售面积（万平方米）<br>Floor Space Sold(10000 sq.m)** | **6456.13** | **5073.73** | **1074.16** | **3499.03** | **500.54** | **126.03** | **331.17** | **425.93** | **625.30** |
| #现房销售面积<br>Buildings Now Availabal | 804.31 | 453.92 | 99.93 | 240.47 | 113.53 | 16.68 | 30.81 | 145.44 | 174.13 |
| 期房销售面积<br>Forward Buildings | 5651.82 | 4619.81 | 974.24 | 3258.56 | 387.01 | 109.34 | 300.36 | 280.48 | 451.17 |
| **商品房销售额（亿元）<br>Value of House Sold(100 million yuan)** | **6938.79** | **5685.25** | **1442.23** | **3481.61** | **761.42** | **189.43** | **425.47** | **472.73** | **355.33** |
| #现房销售额<br>Buildings Now Availabal | 679.31 | 410.11 | 77.20 | 188.78 | 144.14 | 24.08 | 43.64 | 145.22 | 80.34 |
| 期房销售额<br>Forward Buildings | 6259.48 | 5275.15 | 1365.03 | 3292.83 | 617.28 | 165.35 | 381.83 | 327.51 | 274.99 |
| **商品住宅销售套数（万套）<br>Set of Commercial Residential Buildings Sold(10000 sets)** | | **47.15** | **14.01** | **30.45** | **2.68** | **0.71** | | | |
| **年末待售面积（万平方米）<br>Floor Space of Buildings no Sold (10000 sq.m)** | **1862.04** | **532.54** | **97.34** | **247.67** | **187.53** | **50.40** | **145.52** | **482.23** | **701.75** |
| #待售1-3年<br>One-three Years | 665.27 | 191.84 | 35.09 | 111.84 | 44.91 | 7.50 | 81.43 | 168.13 | 223.88 |
| 待售3年以上<br>Over Three Years | 835.49 | 195.54 | 28.97 | 70.37 | 96.20 | 35.48 | 36.17 | 230.81 | 372.97 |

## 主要统计指标解释

**建筑业统计单位** 指从事房屋、构筑物建造和设备安装活动的法人企业。建筑业法人企业应同时具备的条件是：①依法成立，有自己的名称、组织机构和场所，能够承担民事责任；②独立拥有和使用资产，承担负债，有权与其他单位签订合同；③独立核算盈亏，能够编制资产负债表。

**建筑业总产值(即自行完成施工产值)** 指以货币表现的建筑安装企业在一定时期内生产的建筑业产品和提供的服务的总和。建筑业总产值包括：

(1)建筑工程产值：指列入建筑工程预算内的各种工程价值。

(2)设备安装工程产值：指设备安装工程价值，不包括被安装设备本身价值。

(3)房屋、构筑物修理产值：指房屋、构筑物修理所完成的价值，但不包括被修理房屋、构筑物本身的价值和生产设备的修理价值。

(4)非标准设备制造产值：指加工制造没有定型的、非标准的生产设备的加工费和原材料价值，以及附属加工厂为本企业承建工程制作的非标准设备的价值。

**房屋建筑施工面积** 指在报告期内施工的全部房屋建筑面积，包括本期新开工的房屋面积、上期施工跨入本期继续施工的房屋面积、上期停缓建在本期恢复施工的房屋面积、本期竣工的房屋面积及本期施工后又停缓建的房屋面积。

**房屋建筑竣工面积** 指在报告期内房屋建筑按照设计要求全部完工，达到了住人和使用条件，经验收鉴定合格，正式移交使用单位的房屋建筑面积。

**工程结算收入** 指企业承包工程实现的工程价款结算收入，以及向发包单位收取的除工程价款以外的按规定列作营业收入的各种款项，如临时设施费、劳动保险费、施工机械调迁费等以及向发包单位收取的各种索赔款。

**工程结算利润** 指已结算工程实现的利润，如亏损以“–”号表示。计算公式为：

工程结算利润＝工程结算收入－工程结算成本－工程结算税金及附加

**企业总收入** 指与企业生产经营直接有关的各项收入，包括工程结算收入和其他业务收入。计算公式为：

企业总收入＝工程结算收入＋其他业务收入

# Explanatory Notes on Main Statistical Indicators

**Statistical Unit in the Construction Industry** refers to corporate enterprise engaged in the construction of buildings and structures and in the installation of equipment.A corporate construction enterprise should have qualification certifieates with independent accounting system,and should meet the following 3 requirements:①being set up in line with relevant legal basis,having its full name,organization and location,and capable of taking civil liabilities;② independently possessing and using its assets and assuming its liabilities,and entitled to sign contracts with other institutions;and ③ making independent accounts of its profits and losses,and capable of compiling its own balance sheet.

**Gross Output Value of Construction (Output Value of Projects Under Construction)** refers to total of construction products and services, expressed in money terms, completed by construction and installation enterprises during a given period of time. It includes:

(1) Output value of construction projects, that is the value of projects covered by the project budgets;

(2) Output value of installation projects, that is the value of the installation of equipment, (excluding the value of the equipment to be installed);

(3) Output value of repair of buildings and structures, that is the value created through the repairs of buildings or structures,but does not include the value of buildings or structures being repaired and the value of the repair of production equipment;

(4) Output value of manufactured non-standard equipment, that is the value of non-standard production equipment (including raw materials and manufacturing cost) made for the construction project, and the equipment manufactured by subsidiary workshops.

**Floor Space of Buildings Under Construction** refers to floor space of buildings under construction during the reference period, including newly started buildings,buildings started earlier and Continued during the reference period,and buildings suspended earlier but restarted during the reference period, buildings completed during the reference period, and buildings under construction and then suspended during the reference period.

**Floor Space of Buildings Completed** refers to the floor space of buildings that are completed in the reference period in accordance with the requirements of the design, up to the standard for putting them into use, and have been checked and accepted by concerned departments as qualified ones.

**Income from Settlement of Projects** refers to the income received by the construction enterprise from the contracted project through settlement procedures, and other charges to the contractoree as operational costs in addition to the value of the project, such as temporary facility fee,labour insurance premium,moving cost of construction equipment,as well as various types of claims to the contractee.

**Profit from Settlement of Projects** refers to profit realized through settled projects. It is calculated with the following formula:

Profit from Settlement of Projects=Income from Settlement of Projects-Settled Cost-Settled Taxes and Other Cost

**Total Revenue of Enterprises** refers to the sum of income from production and operation of enterprises, including income from settlement of projects and other operational income, namely:

Total Revenue of Enterprises=Income from Settlement of Projects+Other Operational Income

# 第十三篇　交通运输和邮电通信业

# Chapter 13　Transportation, Postal and Telecommunication Services

资料整理：陈姿 陈洁 吴渝

Database Editor:Chenzi Chenjie Wuyu

# 简要说明

本篇资料的主要内容及来源

本篇资料反映了全省交通运输业与邮电通讯业发展的基本状况，主要包括交通设施基本情况、客货运量及周转量、交通运输企业主要技术经济指标、沿海主要港口货物吞吐量、邮政和电信基本情况、民用汽车拥有量等方面的内容。

铁路资料来源于南昌铁路局，公路、水路和港口资料来源于福建省交通厅，民航运输资料来源于福建省民航局，邮电信资料来源于福建省通信管理局和福建省邮政管理局。

本篇资料由省统计局服务业处收集整理。

# Brief Introduction

Main Content and Source of Data

Data in this chapter cover mainly the basic conditions of the development of transport, post and telecommunications in Fujian Province, including the basic conditions of transport, the freight traffic and passenger traffic accomplished by various means, major financial indices of related enterprises, cargo handled at principal sea ports and the basic conditions of post and telecommunication services.

Data on railways transportation come from the Nanchang Bureau of the Railway. Data on highways waterway and port come from the Bureau of the Transportation. Data on the civil aviation transport come from the Bureau of Fujian Aviation Administration. Data on telecommunication services come from the Telecommunication Bureau. Data on post are provided by the Post Company.

Data in this chapter are compiled and provided by the Division of Services Statistics of Fujian Provincial Bureau of Statistics.

# 13-1 各类运输总量

# Passenger Traffic and Freight Traffic

| 年份<br>Year | 客运量<br>(万人)<br>Passenger Traffic<br>(10000 persons) | 旅客周转量<br>(亿人公里)<br>Passenger-Kilometers<br>(100 million passenger-km) | 货运量<br>(万吨)<br>Freight Traffic<br>(10000 tons) | 货物周转量<br>(亿吨公里)<br>Freight ton-kilometers<br>(100 million ton-km) |
|---|---|---|---|---|
| 1952 | 251 | 1.72 | 156 | 1.44 |
| 1957 | 1966 | 8.81 | 1553 | 10.07 |
| 1962 | 2634 | 16.97 | 1845 | 21.65 |
| 1965 | 3226 | 16.22 | 2948 | 39.47 |
| 1970 | 3324 | 17.59 | 2862 | 40.92 |
| 1975 | 5887 | 28.36 | 3747 | 53.73 |
| 1978 | 7928 | 35.73 | 4871 | 74.03 |
| 1979 | 9996 | 43.71 | 5149 | 80.63 |
| 1980 | 16676 | 62.37 | 7979 | 100.34 |
| 1981 | 20013 | 73.45 | 8302 | 103.34 |
| 1982 | 22570 | 82.01 | 9077 | 120.39 |
| 1983 | 24620 | 91.50 | 10175 | 131.78 |
| 1984 | 29155 | 109.50 | 11479 | 151.61 |
| 1985 | 33984 | 130.33 | 13317 | 161.97 |
| 1986 | 34426 | 137.09 | 16931 | 195.48 |
| 1987 | 35693 | 159.38 | 18231 | 225.02 |
| 1988 | 37216 | 175.91 | 20131 | 242.02 |
| 1989 | 39622 | 173.66 | 19859 | 270.06 |
| 1990 | 39495 | 175.40 | 20321 | 272.71 |
| 1991 | 34038 | 186.70 | 12124 | 267.26 |
| 1992 | 36283 | 205.17 | 19836 | 347.28 |
| 1993 | 40465 | 232.27 | 25824 | 434.02 |
| 1994 | 36416 | 240.56 | 28447 | 577.73 |
| 1995 | 40080 | 247.65 | 28922 | 608.61 |
| 1996 | 42956 | 267.20 | 30593 | 590.58 |
| 1997 | 43658 | 253.15 | 30496 | 605.78 |
| 1998 | 42047 | 279.76 | 30010 | 661.61 |
| 1999 | 41413 | 301.58 | 28637 | 746.71 |
| 2000 | 44203 | 333.97 | 29483 | 687.65 |
| 2001 | 47393 | 372.72 | 30547 | 779.92 |
| 2002 | 49134 | 392.00 | 31837 | 827.44 |
| 2003 | 48097 | 386.19 | 33422 | 1223.82 |
| 2004 | 53950 | 441.40 | 37279 | 1401.26 |
| 2005 | 55615 | 477.82 | 40400 | 1576.12 |
| 2006 | 59369 | 524.99 | 44304 | 1904.36 |
| 2007 | 64244 | 587.90 | 50500 | 2083.72 |
| 2008 | 72742 | 561.77 | 57254 | 2401.41 |
| 2009 | 76121 | 597.75 | 58231 | 2477.46 |
| 2010 | 77153 | 648.76 | 66159 | 2983.52 |
| 2011 | 81082 | 723.83 | 75272 | 3404.11 |
| 2012 | 83725 | 771.93 | 84417 | 3877.73 |
| 2013 | 56965 | 785.01 | 96718 | 3943.77 |
| 2014 | 60765 | 902.36 | 111779 | 4783.48 |
| 2015 | 54031 | 915.21 | 111063 | 5450.96 |
| 2016 | 54237 | 987.52 | 120379 | 6074.83 |
| 2017 | 54118 | 1086.22 | 132252 | 6785.16 |
| 2018 | 51435 | 1153.28 | 136974 | 7652.89 |
| 2019 | 49379 | 1190.02 | 133693 | 8296.62 |

注：2013年客运量数据因交通运输业统计范围变化有调整。

Note:Because the scope of Transportation Statistics changes, The Data of Traffic Passengers in 2013 has been adjusted.

# 13-2 交通运输业基本情况

## Basic Conditions of Transport

| 项目 | Item | 2000 | 2005 | 2010 | 2018 | 2019 |
|---|---|---|---|---|---|---|
| **铁路营业长度（公里）** | **Length of Railways in Operation(km)** | **1454** | **1613** | **2110** | **3509** | **3509** |
| **公路通车里程（公里）** | **Length of Highway(km)** | **51073** | **58286** | **91015** | **108901** | **109785** |
| #高速公路 | Expressway | 351 | 1208 | 2350 | 5155 | 5347 |
| **内河通航里程（公里）** | **Length of Navigable Inland Waterways(km)** | **3701** | **3245** | **3245** | **3245** | **3245** |
| **客运量（万人）** | **Passenger Traffic(10000 persons)** | **44203** | **55615** | **77153** | **51435** | **49379** |
| 铁路 | Railways | 1428 | 1486 | 3640 | 12096 | 12741 |
| 公路 | Highways | 41696 | 52452 | 70714 | 34081 | 31199 |
| 水运 | Waterways | 726 | 985 | 1444 | 1929 | 1821 |
| 航空 | Civil Aviation | 353 | 692 | 1356 | 3330 | 3618 |
| **旅客周转量（亿人公里）** | **Passenger-kilometers(100 million persons-km)** | **333.97** | **477.82** | **648.76** | **1153.28** | **1190.02** |
| 铁路 | Railways | 71.57 | 87.90 | 137.70 | 385.20 | 396.25 |
| 公路 | Highways | 223.44 | 309.99 | 346.68 | 212.04 | 189.99 |
| 水路 | Waterways | 1.44 | 1.39 | 2.14 | 2.75 | 2.66 |
| 航空 | Civil Aviation | 37.52 | 78.54 | 162.23 | 553.29 | 601.13 |
| **货运量（万吨）** | **Freight Traffic(10000 tons)** | **29483** | **40400** | **66159** | **136974** | **133693** |
| 铁路 | Railways | 2475 | 3601 | 3765 | 3518 | 4086 |
| 公路 | Highways | 22924 | 27579 | 45575 | 96576 | 87317 |
| 水运 | Waterways | 4078 | 9210 | 16803 | 36854 | 42263 |
| 航空 | Civil Aviation | 6 | 10 | 16 | 27 | 28 |
| **货物周转量（亿吨公里）** | **Freight Ton-Kilometers (100 million ton-km)** | **687.65** | **1576.12** | **2983.52** | **7652.89** | **8296.62** |
| 铁路 | Railways | 152.51 | 201.95 | 184.20 | 147.35 | 191.61 |
| 公路 | Highways | 175.83 | 238.25 | 578.32 | 1289.52 | 962.48 |
| 水路 | Waterways | 358.63 | 1134.64 | 2218.88 | 6209.37 | 7135.60 |
| 航空 | Civil Aviation | 0.67 | 1.27 | 2.12 | 6.64 | 6.94 |
| **全社会机动车拥有量（辆）** | **Number of Motor Vehicles(unit)** | **1954426** | **4198416** | **7249619** | **10427044** | **11189434** |
| #汽车 | Automobiles | 321278 | 742611 | 1996529 | 6239188 | 6812772 |
| **沿海主要港口货物吞吐量（万吨）** | **Freight Handled at Principal Seaports (10000 tons)** | **6944.17** | **19605.25** | **32687.01** | **55806.88** | **59483.99** |
| 福州港 | Fuzhou | 2425.48 | 7443.45 | 7124.79 | 17876.32 | 21255.49 |
| 厦门港 | Xiamen | 1965.26 | 4770.76 | 12728.05 | 21719.93 | 21343.91 |
| 泉州港 | Quanzhou | 1712.18 | 4046.16 | 8455.37 | 7839.73 | 7458.88 |
| 漳州港 | Zhangzhou | 418.72 | 2081.31 | 1202.47 | | |
| 湄州湾港 | Meizhouwan | 201.34 | 1050.03 | 1755.99 | 8370.89 | 9425.71 |
| 宁德港 | Ningde | 221.19 | 213.54 | 1420.33 | | |

注：1.2011年起，漳州港并到厦门港，宁德港并到福州港；2.2015年起，泉州市港口中的湄洲湾南岸港区并入湄洲湾港统计，湄洲湾港、泉州港数据与往年不可比。

Note:1.Since 2011, Zhangzhou seaports divided to Xiamen Seaports,Ningde seaports divided to Fuzhou Seaports.2.Since 2015,Meizhouwan seaports and Quanzhou seaports are not comparable with previous years.

# 13-3 运输线路长度（年底数）

# Length of Transportation Routes,End of Year

单位：公里 (km)

| 项目 Item | 2000 | 2005 | 2010 | 2018 | 2019 |
|---|---|---|---|---|---|
| **铁路营业长度 Length of Railways in Operation** | **1454** | **1613** | **2110** | **3509** | **3509** |
| #电气化长度 Electrified Railways | 821 | 821 | 1498 | 2872 | 2883 |
| **公路通车里程 Length of Highway** | **53506** | **58286** | **91015** | **108901** | **109785** |
| #绿化里程 Length of Greened Highways | 28068 | 31010 | 45906 | 94487 | 94946 |
| #养护里程 Length of Maintenced Highways | 52776 | 57430 | 91009 | 108901 | 109785 |
| **按行政等级分 By Administrative Level** | | | | | |
| 国道 National Highways | 2443 | 3129 | 4206 | 10727 | 10875 |
| 省道 Provincial Highways | 5451 | 5763 | 6151 | 5427 | 5520 |
| 县道 County Highways | 12527 | 12814 | 13485 | 15124 | 15151 |
| 乡道 Village Highways | 27101 | 30579 | 35676 | 41905 | 42104 |
| 专用公路 Highway for Special Purpose | 5984 | 6001 | 486 | 123 | 123 |
| **按技术等级分 By Technical Grade** | | | | | |
| # 等级路里程合计 Total of Expressway and Class Highway | 40637 | 47986 | 70655 | 92464 | 93753 |
| 高速公路 Expressway | 351 | 1208 | 2351 | 5155 | 5347 |
| 一级 First Class | 255 | 358 | 603 | 1351 | 1477 |
| 二级 Second Class | 5515 | 6262 | 7373 | 10887 | 11148 |
| 三级 Third Class | 3440 | 4518 | 6419 | 8502 | 8814 |
| 四级 Fourth Class | 31076 | 35640 | 53910 | 66568 | 66968 |
| **内河通航里程 Length of Navigable Inland Waterways** | **3701** | **3245** | **3245** | **3245** | **3245** |

# 13-4 各类运输工具拥有量（年底数）

## Number of Means of Transport, End of Year

| 项目 | Item | 2000 | 2005 | 2010 | 2018 | 2019 |
|---|---|---|---|---|---|---|
| **公路** | **Highway** | | | | | |
| **全社会机动车拥有量（辆）** | **Number of Motor Vehicles(unit)** | **1954426** | **4198416** | **7246919** | **10427044** | **11189434** |
| #民用汽车 | Automobiles | 321278 | 742611 | 1996529 | 6239188 | 6812772 |
| #载客汽车 | Possenger Vehicles | 156890 | 449592 | 1502963 | 5456288 | 5983444 |
| 大型 | Large-Size | | 15623 | 24704 | 35682 | 35619 |
| 中型 | Medium-Size | | 31203 | 39736 | 23568 | 22012 |
| 小型 | Small-Size | | 362861 | 1384498 | 5360949 | 5893693 |
| 微型 | Mini-Size | | 39905 | 54025 | 36089 | 32120 |
| 载货汽车 | Trucks | 154219 | 231351 | 451130 | 747687 | 793208 |
| 重型 | Large-Capacity | | 16437 | 64942 | 130040 | 140999 |
| 中型 | Medium-Capacity | | 40678 | 47062 | 21243 | 20085 |
| 轻型 | Small-Capacity | | 147566 | 329155 | 594600 | 630946 |
| 微型 | Mini-Capacity | | 26670 | 9971 | 1804 | 1178 |
| **水路** | **Waterway** | | | | | |
| **内河** | **Island River** | | | | | |
| 客轮 | Passenger Vesssel | | | | | |
| 艘数（艘） | Number of Passenger Vesssel (unit) | 139 | 465 | 319 | 171 | 165 |
| 载客量（客位） | Passenger Capacity(seat) | 7671 | 15319 | 9395 | 6877 | 7702 |
| 货轮 | Cargo Vessel | | | | | |
| 艘数（艘） | Number of Cargo Vessel(unit) | 865 | 830 | 722 | 406 | 288 |
| 净载重量（吨） | Payload(ton) | 67493 | 154777 | 313962 | 236963 | 158132 |
| **沿海** | **Coastal** | | | | | |
| 客轮 | Passenger Vesssel | | | | | |
| 艘数（艘） | Number of Passenger Vesssel (unit) | 167 | 212 | 259 | 244 | 214 |
| 总吨（吨位） | Total Weight(ton) | 4527 | 10706 | 16617 | 26819 | 24455 |
| 载客量（客位） | Passenger Capacity(seat) | 7221 | 9764 | 15259 | 21561 | 20334 |
| 货轮 | Cargo Vessel | | | | | |
| 艘数（艘） | Number of Cargo Vessel(unit) | 1313 | 1290 | 952 | 898 | 949 |
| 总吨（吨位） | Total Weight(ton) | 787442 | 1681411 | 2593122 | 5912104 | 6611367 |
| 净载重量（吨） | Payload(ton) | 1128810 | 2736521 | 4061378 | 8798884 | 9759191 |
| **远洋** | **Ocean** | | | | | |
| 货轮 | Cargo Vessel | | | | | |
| 艘数（艘） | Number of Cargo Vessel(unit) | 190 | 81 | 91 | 59 | 54 |
| 总吨（吨位） | Total Weight(ton) | 384749 | 543878 | 818337 | 1176529 | 1102970 |
| 净载重量（吨） | Payload(ton) | 589392 | 769838 | 1297002 | 1831354 | 1616380 |

# 13-5 客货平均运距

# Average Transport Distance of Passenger and Freight Traffic

单位：公里 (km)

| 年份<br>Year | 平均运距<br>Average Transport Distance | 铁路<br>Railway | 公路<br>Highway | 水运<br>Waterway | 民用航空<br>Civil Aviation |
|---|---|---|---|---|---|
| **旅客运输平均运距<br>Average Transport Distance of Passenger** | | | | | |
| 1978 | 45 | 184 | 33 | 21 | |
| 1980 | 44 | 212 | 31 | 27 | |
| 1985 | 38 | 261 | 29 | 29 | 71 |
| 1990 | 44 | 309 | 35 | 26 | 897 |
| 1995 | 61 | 403 | 41 | 35 | 949 |
| 1996 | 62 | 400 | 44 | 32 | 963 |
| 1997 | 58 | 429 | 39 | 29 | 967 |
| 1998 | 67 | 438 | 47 | 22 | 982 |
| 1999 | 73 | 449 | 52 | 20 | 995 |
| 2000 | 76 | 501 | 54 | 20 | 1062 |
| 2001 | 79 | 539 | 57 | 17 | 1045 |
| 2002 | 80 | 530 | 57 | 16 | 1040 |
| 2003 | 80 | 528 | 57 | 16 | 1074 |
| 2004 | 82 | 544 | 56 | 15 | 1095 |
| 2005 | 86 | 592 | 59 | 14 | 1135 |
| 2006 | 88 | 570 | 60 | 13 | 1151 |
| 2007 | 92 | 528 | 62 | 13 | 1187 |
| 2008 | 77 | 524 | 49 | 13 | 1182 |
| 2009 | 78 | 497 | 50 | 14 | 1187 |
| 2010 | 84 | 378 | 49 | 15 | 1196 |
| 2011 | 89 | 367 | 49 | 15 | 1234 |
| 2012 | 92 | 349 | 49 | 16 | 1282 |
| 2013 | 138 | 322 | 71 | 17 | 1305 |
| 2014 | 148 | 341 | 69 | 16 | 1367 |
| 2015 | 169 | 330 | 66 | 14 | 1425 |
| 2016 | 182 | 323 | 64 | 13 | 1524 |
| 2017 | 201 | 321 | 61 | 14 | 1615 |
| 2018 | 224 | 318 | 62 | 14 | 1662 |
| 2019 | 241 | 311 | 61 | 15 | 1661 |
| **货物运输平均运距<br>Average Transport Distance of Freight** | | | | | |
| 1978 | 151 | 400 | 31 | 166 | |
| 1980 | 125 | 429 | 41 | 188 | |
| 1985 | 122 | 537 | 42 | 280 | 391 |
| 1990 | 134 | 547 | 55 | 454 | 964 |
| 1995 | 210 | 593 | 62 | 1051 | 1062 |
| 1996 | 193 | 565 | 58 | 908 | 1139 |
| 1997 | 199 | 603 | 57 | 908 | 1008 |
| 1998 | 220 | 611 | 63 | 993 | 1145 |
| 1999 | 261 | 603 | 84 | 1021 | 1086 |
| 2000 | 233 | 616 | 77 | 879 | 1135 |
| 2001 | 255 | 586 | 81 | 942 | 1143 |
| 2002 | 260 | 595 | 81 | 935 | 1132 |
| 2003 | 366 | 606 | 81 | 1320 | 1167 |
| 2004 | 376 | 586 | 83 | 1275 | 1214 |
| 2005 | 390 | 561 | 86 | 1232 | 1254 |
| 2006 | 430 | 553 | 89 | 1324 | 1279 |
| 2007 | 413 | 583 | 91 | 1281 | 1296 |
| 2008 | 419 | 565 | 126 | 1124 | 1326 |
| 2009 | 426 | 503 | 126 | 1251 | 1327 |
| 2010 | 450 | 489 | 127 | 1321 | 1339 |
| 2011 | 452 | 491 | 125 | 1354 | 1399 |
| 2012 | 459 | 469 | 130 | 1385 | 1450 |
| 2013 | 408 | 450 | 118 | 1276 | 1479 |
| 2014 | 428 | 440 | 118 | 1418 | 1505 |
| 2015 | 491 | 456 | 128 | 1513 | 1581 |
| 2016 | 505 | 444 | 128 | 1530 | 1814 |
| 2017 | 513 | 428 | 127 | 1623 | 2182 |
| 2018 | 559 | 419 | 134 | 1685 | 2462 |
| 2019 | 621 | 469 | 110 | 1688 | 2503 |

# 13-6 铁路运输情况

## Railway Transportation

| 年份<br>Year | 营业长度（公里）<br>Length of Railways in Operation (km) | 旅客发送量（万人）<br>Passenger Traffic (10000 persons) | 旅客周转量（亿人公里）<br>Passenger-Kilometers (100 million person/km) | 货物发送量（万吨）<br>Freight Traffic (10000 tons) | 货物周转量（亿吨公里）<br>Freight Ton-kilometers (100 million ton-km) |
|---|---|---|---|---|---|
| 1957 | 644 | 130 | 1.77 | 232 | 3.64 |
| 1962 | 841 | 476 | 8.17 | 267 | 12.47 |
| 1965 | 876 | 376 | 6.65 | 602 | 25.38 |
| 1970 | 876 | 432 | 7.56 | 694 | 27.97 |
| 1975 | 982 | 606 | 10.68 | 962 | 35.49 |
| 1978 | 1009 | 718 | 13.24 | 1261 | 50.40 |
| 1979 | 1009 | 840 | 16.20 | 1318 | 55.17 |
| 1980 | 1009 | 986 | 20.92 | 1320 | 56.56 |
| 1981 | 1009 | 997 | 23.16 | 1268 | 55.54 |
| 1982 | 1006 | 1102 | 24.34 | 1305 | 64.71 |
| 1983 | 1005 | 1223 | 28.44 | 1334 | 70.06 |
| 1984 | 1005 | 1349 | 32.71 | 1477 | 79.98 |
| 1985 | 1006 | 1349 | 35.25 | 1536 | 82.43 |
| 1986 | 1028 | 1363 | 37.18 | 1486 | 90.37 |
| 1987 | 1028 | 1423 | 40.40 | 1802 | 95.69 |
| 1988 | 1028 | 1551 | 46.24 | 1810 | 97.98 |
| 1989 | 1029 | 1485 | 44.49 | 1892 | 101.08 |
| 1990 | 1021 | 1234 | 38.13 | 1902 | 104.01 |
| 1991 | 1015 | 1235 | 41.10 | 1988 | 113.00 |
| 1992 | 1015 | 1332 | 49.01 | 2064 | 125.91 |
| 1993 | 1015 | 1556 | 62.28 | 2216 | 136.04 |
| 1994 | 1024 | 1685 | 68.01 | 2301 | 140.02 |
| 1995 | 1024 | 1662 | 67.05 | 2456 | 145.69 |
| 1996 | 1025 | 1466 | 58.63 | 2500 | 141.18 |
| 1997 | 1068 | 1401 | 60.09 | 2373 | 143.00 |
| 1998 | 1381 | 1399 | 61.25 | 2325 | 141.94 |
| 1999 | 1383 | 1480 | 66.38 | 2389 | 144.09 |
| 2000 | 1454 | 1428 | 71.57 | 2475 | 152.51 |
| 2001 | 1453 | 1372 | 73.90 | 2813 | 164.78 |
| 2002 | 1454 | 1446 | 76.65 | 2856 | 169.96 |
| 2003 | 1467 | 1417 | 74.85 | 3206 | 194.34 |
| 2004 | 1471 | 1568 | 85.30 | 3739 | 219.10 |
| 2005 | 1613 | 1486 | 87.90 | 3601 | 201.95 |
| 2006 | 1613 | 1730 | 98.60 | 3646 | 201.70 |
| 2007 | 1616 | 1911 | 100.98 | 3595 | 209.70 |
| 2008 | 1618 | 2066 | 108.30 | 3681 | 207.80 |
| 2009 | 2110 | 2083 | 103.60 | 3631 | 182.70 |
| 2010 | 2110 | 3640 | 137.70 | 3765 | 184.20 |
| 2011 | 2110 | 4696 | 172.30 | 3826 | 187.93 |
| 2012 | 2255 | 5295 | 184.78 | 3868 | 181.10 |
| 2013 | 2743 | 6502 | 209.21 | 3661 | 164.81 |
| 2014 | 2755 | 8345 | 284.91 | 3403 | 149.80 |
| 2015 | 3197 | 9256 | 305.34 | 2820 | 128.71 |
| 2016 | 3197 | 10496 | 338.61 | 2918 | 129.45 |
| 2017 | 3187 | 11624 | 373.61 | 3175 | 135.90 |
| 2018 | 3509 | 12096 | 385.20 | 3518 | 147.35 |
| 2019 | 3509 | 12741 | 396.25 | 4086 | 191.61 |

# 13-7 公路运输情况

## Highway Transportation

| 年份<br>Year | 公路通车里程（公里）<br>Length of Highways (km) | 汽车数(辆)<br>Number of Vehicles(set) | 客运量（万人）<br>Passenger Traffic (10000 persons) | 旅客周转量（亿人公里）<br>Passenger-Kilometers (100 million person/km) | 货运量（万吨）<br>Freight Traffic (10000 tons) | 货物周转量（亿吨公里）<br>Freight Ton-kilometers (100 million ton-km) |
|---|---|---|---|---|---|---|
| 1952 | 2839 | 1470 | 86 | 0.77 | 39 | 0.27 |
| 1957 | 6034 | 2118 | 1254 | 4.70 | 725 | 1.69 |
| 1962 | 13243 | 4872 | 1096 | 5.93 | 840 | 2.12 |
| 1965 | 14251 | 6304 | 2135 | 8.06 | 1455 | 3.30 |
| 1970 | 18136 | 7490 | 2195 | 8.52 | 1470 | 3.98 |
| 1975 | 24204 | 17189 | 4385 | 15.77 | 1972 | 6.46 |
| 1978 | 29109 | 26148 | 6285 | 20.53 | 2671 | 8.20 |
| 1979 | 32112 | 30611 | 8115 | 25.16 | 2832 | 9.14 |
| 1980 | 32577 | 35999 | 14593 | 38.54 | 5548 | 22.88 |
| 1981 | 32982 | 39862 | 17834 | 46.45 | 6041 | 24.54 |
| 1982 | 33827 | 44316 | 20197 | 53.73 | 6674 | 28.66 |
| 1983 | 34445 | 46662 | 22154 | 58.90 | 7633 | 31.72 |
| 1984 | 35020 | 50966 | 26487 | 72.51 | 8793 | 36.07 |
| 1985 | 35987 | 63062 | 31355 | 91.33 | 10531 | 44.54 |
| 1986 | 37175 | 74490 | 31643 | 96.04 | 13965 | 60.99 |
| 1987 | 38148 | 83405 | 32670 | 111.79 | 14970 | 78.65 |
| 1988 | 39124 | 92218 | 33955 | 121.30 | 16775 | 90.37 |
| 1989 | 39124 | 102413 | 36439 | 119.69 | 16276 | 89.53 |
| 1990 | 41011 | 110208 | 36639 | 128.27 | 16710 | 91.12 |
| 1991 | 41745 | 121247 | 31683 | 135.81 | 8924 | 74.43 |
| 1992 | 41882 | 137272 | 33668 | 142.47 | 15832 | 93.12 |
| 1993 | 43558 | 166299 | 37970 | 150.92 | 21276 | 111.48 |
| 1994 | 44608 | 210404 | 33916 | 149.08 | 23147 | 135.17 |
| 1995 | 46574 | 200765 | 37508 | 153.48 | 23444 | 145.41 |
| 1996 | 47196 | 201210 | 40474 | 177.30 | 24732 | 144.17 |
| 1997 | 47680 | 221208 | 41212 | 160.37 | 24562 | 139.18 |
| 1998 | 48021 | 248062 | 39618 | 187.37 | 23979 | 151.37 |
| 1999 | 50202 | 278218 | 38884 | 201.13 | 22162 | 185.35 |
| 2000 | 51073 | 321278 | 41696 | 223.44 | 22924 | 175.83 |
| 2001 | 53547 | 366707 | 44926 | 254.37 | 23193 | 187.03 |
| 2002 | 54155 | 436254 | 46570 | 264.89 | 24023 | 193.96 |
| 2003 | 54876 | 520751 | 45483 | 257.55 | 23884 | 193.50 |
| 2004 | 56208 | 632739 | 50862 | 286.52 | 25964 | 216.10 |
| 2005 | 58286 | 742611 | 52452 | 309.99 | 27579 | 238.25 |
| 2006 | 86560 | 935410 | 55713 | 335.28 | 29806 | 266.34 |
| 2007 | 86926 | 1143059 | 60088 | 375.46 | 34829 | 317.44 |
| 2008 | 88607 | 1339831 | 68409 | 338.06 | 38367 | 483.57 |
| 2009 | 89504 | 1622123 | 71586 | 360.26 | 40317 | 507.23 |
| 2010 | 91015 | 1996529 | 70714 | 346.68 | 45575 | 578.32 |
| 2011 | 92322 | 2422264 | 73259 | 360.15 | 52558 | 659.52 |
| 2012 | 94661 | 2861244 | 75044 | 368.52 | 59431 | 771.09 |
| 2013 | 99535 | 3349445 | 46895 | 330.64 | 69876 | 821.44 |
| 2014 | 101190 | 3884930 | 48580 | 334.95 | 82573 | 974.80 |
| 2015 | 104585 | 4368030 | 40394 | 267.29 | 79802 | 1020.25 |
| 2016 | 106757 | 4950939 | 39137 | 251.95 | 85770 | 1094.70 |
| 2017 | 108012 | 5582343 | 37585 | 227.83 | 95599 | 1214.05 |
| 2018 | 108901 | 6239188 | 34081 | 212.04 | 96576 | 1289.52 |
| 2019 | 109785 | 6812772 | 31199 | 189.99 | 87317 | 962.48 |

注：1.2006年及以后年份公路通车里程含村道,以前年份不含村道。2.2013年及以后年份公路客运量不包含城市公交，出租车在公路上的客运量。3.2019年福建省交通厅组织开展全省道路货物运输量专项调查，调查范围不包含总质量4.5吨及以下普通货运车辆，故推算出的2019年全省货运量及货物周转量数据与历史数据不具可比性。

Note:1. Lengh of Highways Since 2006 include village highways, but not the before.2.Since 2013, Highway Passengers exclude the city bus、taxi passengers on the highway.3.Freight Trafic and Freight Ton-kilometers of 2019 are not comparable with previous years.

# 13-8 民用汽车拥有量

| 年份 Year | 民用汽车总计（辆） Total(units) | 载客汽车 Passenger Vehicles | 大型 Large | 中型 Medium | 小型 Small | 微型 Minicar | 载货汽车 Trucks |
|---|---|---|---|---|---|---|---|
| 1978 | 26148 | 5436 | | | | | 19056 |
| 1979 | 30611 | 6388 | | | | | 22756 |
| 1980 | 35999 | 7803 | | | | | 26719 |
| 1981 | 39862 | 9101 | | | | | 29226 |
| 1982 | 44316 | 10642 | | | | | 32006 |
| 1983 | 46662 | 11750 | | | | | 33012 |
| 1984 | 50966 | 14755 | | | | | 34710 |
| 1985 | 63062 | 20908 | | | | | 40259 |
| 1986 | 74490 | 25125 | | | | | 47244 |
| 1987 | 83405 | 27341 | | | | | 53716 |
| 1988 | 92218 | 29915 | | | | | 59180 |
| 1989 | 102413 | 33722 | | | | | 63283 |
| 1990 | 110208 | 37351 | | | | | 67320 |
| 1991 | 121247 | 42267 | | | | | 73081 |
| 1992 | 137272 | 50379 | | | | | 81086 |
| 1993 | 166299 | 63815 | | | | | 95476 |
| 1994 | 210404 | 76411 | | | | | 126228 |
| 1995 | 200765 | 82319 | | | | | 111129 |
| 1996 | 201300 | 87416 | | | | | 107480 |
| 1997 | 221808 | 102238 | | | | | 111109 |
| 1998 | 248062 | 115711 | | | | | 125044 |
| 1999 | 278218 | 129613 | | | | | 140924 |
| 2000 | 321278 | 156890 | | | | | 154219 |
| 2001 | 366707 | 174359 | | | | | 172847 |
| 2002 | 436254 | 226854 | 13602 | 31433 | 150756 | 31063 | 198201 |
| 2003 | 520751 | 294034 | 14534 | 32526 | 209701 | 37273 | 214292 |
| 2004 | 632739 | 354640 | 15112 | 32240 | 268634 | 38654 | 221759 |
| 2005 | 742611 | 449592 | 15623 | 31203 | 362861 | 39905 | 231351 |
| 2006 | 935410 | 601426 | 17877 | 35720 | 504444 | 43385 | 272312 |
| 2007 | 1143059 | 773989 | 19171 | 37642 | 672830 | 44346 | 306995 |
| 2008 | 1339836 | 947323 | 20815 | 38216 | 842699 | 45593 | 328518 |
| 2009 | 1622123 | 1192518 | 22393 | 38913 | 1081539 | 49673 | 384572 |
| 2010 | 1996529 | 1502963 | 24704 | 39736 | 1384498 | 54025 | 451130 |
| 2011 | 2422264 | 1863029 | 26795 | 40178 | 1737509 | 58547 | 517735 |
| 2012 | 2861244 | 2244527 | 28079 | 38936 | 2116229 | 61283 | 574870 |
| 2013 | 3349445 | 2685948 | 28376 | 34761 | 2562331 | 60480 | 623600 |
| 2014 | 3884930 | 3180576 | 28833 | 32621 | 3059603 | 59519 | 664812 |
| 2015 | 4368030 | 3677895 | 31511 | 30037 | 3560075 | 56272 | 654994 |
| 2016 | 4950939 | 4271132 | 32201 | 26919 | 4164053 | 47959 | 644292 |
| 2017 | 5582343 | 4864625 | 33241 | 25037 | 4767594 | 38753 | 683473 |
| 2018 | 6239188 | 5456288 | 35682 | 23568 | 5360949 | 36089 | 747687 |
| 2019 | 6812772 | 5983444 | 35619 | 22012 | 5893693 | 32120 | 793208 |

# Possession of Civil Vehicles

| 重型<br>Heavy | 中型<br>Medium | 轻型<br>Light | 微型<br>Minicar | 其他汽车<br>Other | 机动车驾驶员（万人）<br>Number of Motor Drivers (10000 persons) | #汽车<br>Automobile Drivers |
|---|---|---|---|---|---|---|
| | | | | 1656 | 12.93 | 3.41 |
| | | | | 1467 | | |
| | | | | 1477 | 17.81 | 4.69 |
| | | | | 1535 | | |
| | | | | 1668 | | |
| | | | | 1900 | | |
| | | | | 1501 | | |
| | | | | 1895 | 24.39 | 6.46 |
| | | | | 2121 | 33.77 | 8.90 |
| | | | | 2348 | 38.17 | 10.05 |
| | | | | 3123 | 46.10 | 11.09 |
| | | | | 5408 | 49.10 | 11.96 |
| | | | | 5537 | 52.84 | 12.87 |
| | | | | 5899 | 58.13 | 14.16 |
| | | | | 5807 | 64.36 | 26.31 |
| | | | | 7008 | 75.64 | 32.20 |
| | | | | 7765 | 115.40 | 23.39 |
| | | | | 7317 | 143.32 | 31.84 |
| | | | | 6404 | 167.81 | 44.08 |
| | | | | 8461 | 203.33 | 57.30 |
| | | | | 7307 | 228.02 | 65.31 |
| | | | | 7681 | 255.93 | 73.24 |
| | | | | 10169 | 300.43 | 86.84 |
| | | | | 19501 | 282.18 | 91.50 |
| 9808 | 50210 | 99815 | 38368 | 11199 | 315.51 | 104.59 |
| 9261 | 49862 | 117418 | 37751 | 12425 | 350.54 | 119.01 |
| 16420 | 41106 | 130409 | 33824 | 56340 | 379.30 | 148.29 |
| 16437 | 40678 | 147566 | 26670 | 61668 | 442.79 | 176.70 |
| 21261 | 45415 | 183797 | 21839 | 61672 | 485.50 | 201.19 |
| 25951 | 49610 | 213939 | 17495 | 62075 | 537.80 | 242.62 |
| 27647 | 48799 | 238084 | 13986 | 63995 | 571.65 | 248.55 |
| 51124 | 47155 | 274372 | 11921 | 45033 | 632.89 | 335.71 |
| 64942 | 47062 | 329155 | 9971 | 42436 | 692.10 | 395.26 |
| 75986 | 47773 | 385704 | 8272 | 41500 | 753.72 | 461.83 |
| 82234 | 45452 | 440384 | 6800 | 41847 | 818.16 | 533.87 |
| 91710 | 37363 | 487858 | 6669 | 39897 | 876.77 | 586.15 |
| 102045 | 34816 | 522174 | 5777 | 39542 | 943.46 | 662.96 |
| 103154 | 31005 | 516264 | 4571 | 35141 | 1014.52 | 743.58 |
| 102384 | 23700 | 514666 | 3542 | 35515 | 1102.05 | 838.86 |
| 115143 | 21236 | 544741 | 2353 | 34245 | 1184.85 | 931.76 |
| 130040 | 21243 | 594600 | 1804 | 35213 | 1260.00 | 1017.37 |
| 140999 | 20085 | 630946 | 1178 | 36120 | 1342.74 | 1105.65 |

# 13-9 私人汽车拥有量

单位：辆

| 年份 Year | 私人汽车 Total | 载客汽车 Passenger Vehicles | 大型 Large | 中型 Medium | 小型 Small | 微型 Minicar |
|---|---|---|---|---|---|---|
| 1985 | 3610 | 308 | | | | |
| 1986 | 5736 | 697 | | | | |
| 1987 | 10869 | 1579 | | | | |
| 1988 | 17537 | 3718 | | | | |
| 1989 | 24894 | 7969 | | | | |
| 1990 | 26786 | 8826 | | | | |
| 1991 | 38693 | 11464 | | | | |
| 1992 | 43801 | 13996 | | | | |
| 1993 | 54632 | 17609 | | | | |
| 1994 | 70125 | 21444 | | | | |
| 1995 | 63513 | 23572 | | | | |
| 1996 | 55805 | 19519 | | | | |
| 1997 | 67289 | 26304 | | | | |
| 1998 | 59282 | 20945 | | | | |
| 1999 | 71788 | 24743 | | | | |
| 2000 | 151664 | 64490 | | | | |
| 2001 | 180452 | 81197 | | | | |
| 2002 | 228318 | 116503 | 881 | 8759 | 82554 | 24309 |
| 2003 | 287760 | 167499 | 772 | 8896 | 128012 | 29819 |
| 2004 | 341427 | 217712 | 580 | 8422 | 177408 | 31302 |
| 2005 | 420734 | 292894 | 413 | 8327 | 250720 | 33434 |
| 2006 | 569852 | 414642 | 531 | 9812 | 367077 | 37222 |
| 2007 | 775574 | 564416 | 639 | 10879 | 513874 | 39024 |
| 2008 | 945292 | 717899 | 535 | 11349 | 665055 | 40960 |
| 2009 | 1206193 | 943872 | 630 | 12041 | 885907 | 45294 |
| 2010 | 1541509 | 1225667 | 720 | 12662 | 1162370 | 49915 |
| 2011 | 1915787 | 1550413 | 789 | 13364 | 1481737 | 54523 |
| 2012 | 2327918 | 1913841 | 795 | 13081 | 1842456 | 57509 |
| 2013 | 2792295 | 2337830 | 772 | 10528 | 2269122 | 57408 |
| 2014 | 3312330 | 2823431 | 858 | 9204 | 2756514 | 56855 |
| 2015 | 3792753 | 3308677 | 732 | 7540 | 3246439 | 53966 |
| 2016 | 4366767 | 3886916 | 462 | 5766 | 3834767 | 45921 |
| 2017 | 4928775 | 4438450 | 410 | 4664 | 4396505 | 36871 |
| 2018 | 5452399 | 4935482 | 374 | 4279 | 4896731 | 34098 |
| 2019 | 5914008 | 5380036 | 376 | 3566 | 5346021 | 30073 |

# Possession of Private Vehicles

| 载货汽车 Trucks | 大型 Large | 中型 Medium | 小型 Small | 微型 Minicar | 其他汽车 Others |
|---|---|---|---|---|---|
| 3292 | | | | | 10 |
| 5038 | | | | | 1 |
| 9286 | | | | | 4 |
| 13782 | | | | | 37 |
| 16864 | | | | | 61 |
| 17940 | | | | | 20 |
| 26674 | | | | | 555 |
| 29539 | | | | | 266 |
| 36642 | | | | | 381 |
| 48237 | | | | | 444 |
| 39500 | | | | | 441 |
| 35938 | | | | | 348 |
| 38987 | | | | | 1998 |
| 37908 | | | | | 429 |
| 46542 | | | | | 503 |
| 86256 | | | | | 918 |
| 97975 | | | | | 1280 |
| 111078 | 3471 | 28928 | 51773 | 26906 | 737 |
| 119459 | 3113 | 27535 | 62485 | 26326 | 802 |
| 122833 | 5661 | 22336 | 71715 | 23121 | 882 |
| 126890 | 5016 | 19010 | 83288 | 19576 | 950 |
| 153818 | 6135 | 21503 | 109414 | 16766 | 1392 |
| 179081 | 7389 | 23363 | 134076 | 14253 | 32077 |
| 196626 | 7749 | 22467 | 154577 | 11833 | 30767 |
| 234951 | 11450 | 22723 | 190293 | 10485 | 27370 |
| 290366 | 15584 | 23792 | 241991 | 8999 | 25476 |
| 341324 | 18746 | 24986 | 290048 | 7544 | 24050 |
| 390001 | 20770 | 24691 | 338251 | 6289 | 24076 |
| 431485 | 22614 | 20546 | 382194 | 6131 | 22980 |
| 465590 | 26378 | 19895 | 414362 | 4955 | 23309 |
| 464115 | 27890 | 17864 | 414047 | 4314 | 19961 |
| 459121 | 27296 | 13933 | 414521 | 3371 | 20730 |
| 471448 | 27181 | 12253 | 429756 | 2258 | 18877 |
| 498746 | 27844 | 11684 | 457487 | 1731 | 18171 |
| 516944 | 27295 | 10495 | 478031 | 1123 | 17028 |

# 13-10 水路运输情况

## Waterway Transportation

| 年份<br>Year | 内河航运里程（公里）<br>Length of Navigable Inland Waterways (km) | #通航里程<br>Length of Waterways | 客运量（万人）<br>Passenger Traffic (10000 persons) | 旅客周转量（亿人公里）<br>Passenger-Kilometers (100 million person/km) | 货运量（万吨）<br>Freight Traffic (10000 tons) | 货物周转量（亿吨公里）<br>Freight Ton-kilometers (100 million ton-km) |
|---|---|---|---|---|---|---|
| 1952 | 4078 | | 165 | 0.95 | 117 | 1.16 |
| 1957 | 4315 | | 582 | 2.35 | 596 | 4.75 |
| 1962 | 5141 | | 1062 | 2.87 | 742 | 7.06 |
| 1965 | 4723 | | 715 | 1.51 | 891 | 10.79 |
| 1970 | 3726 | | 697 | 1.51 | 698 | 8.97 |
| 1975 | 3793 | | 895 | 1.91 | 812 | 11.78 |
| 1978 | 3629 | | 924 | 1.96 | 939 | 15.43 |
| 1979 | 3857 | | 1040 | 2.35 | 999 | 16.32 |
| 1980 | 3857 | | 1095 | 2.91 | 1111 | 20.90 |
| 1981 | 3857 | | 1179 | 3.54 | 993 | 23.26 |
| 1982 | 3857 | | 1266 | 3.34 | 1098 | 27.02 |
| 1983 | 3857 | | 1237 | 3.36 | 1208 | 30.00 |
| 1984 | 3849 | | 1312 | 3.28 | 1209 | 35.56 |
| 1985 | 3888 | | 1273 | 3.70 | 1250 | 35.00 |
| 1986 | 3888 | | 1401 | 3.74 | 1480 | 44.09 |
| 1987 | 3888 | | 1567 | 4.07 | 1458 | 50.63 |
| 1988 | 3888 | | 1664 | 3.92 | 1545 | 53.59 |
| 1989 | 3888 | | 1646 | 4.44 | 1689 | 79.36 |
| 1990 | 3888 | | 1567 | 4.02 | 1708 | 77.50 |
| 1991 | 3888 | | 1047 | 2.71 | 1211 | 79.72 |
| 1992 | 3888 | | 1174 | 3.08 | 1938 | 128.08 |
| 1993 | 3888 | | 784 | 3.53 | 2330 | 286.26 |
| 1994 | 3888 | | 600 | 2.41 | 2996 | 302.28 |
| 1995 | 3888 | | 649 | 2.30 | 3017 | 317.01 |
| 1996 | 3888 | | 714 | 2.29 | 3355 | 304.57 |
| 1997 | 3725 | | 729 | 2.13 | 3555 | 322.92 |
| 1998 | 3725 | | 728 | 1.60 | 3700 | 367.55 |
| 1999 | 3701 | | 721 | 1.44 | 4079 | 416.48 |
| 2000 | 3701 | | 726 | 1.44 | 4078 | 358.63 |
| 2001 | 3701 | | 680 | 1.13 | 4535 | 427.39 |
| 2002 | 3701 | | 643 | 1.03 | 4950 | 462.62 |
| 2003 | 3955 | 3245 | 707 | 1.11 | 6324 | 835.07 |
| 2004 | 3955 | 3245 | 897 | 1.32 | 7567 | 964.99 |
| 2005 | 3955 | 3245 | 985 | 1.39 | 9210 | 1134.64 |
| 2006 | 3955 | 3245 | 1148 | 1.50 | 10841 | 1434.92 |
| 2007 | 3955 | 3245 | 1320 | 1.75 | 12130 | 1553.84 |
| 2008 | 3955 | 3245 | 1305 | 1.67 | 15193 | 1708.39 |
| 2009 | 3955 | 3245 | 1340 | 1.83 | 14271 | 1785.85 |
| 2010 | 3955 | 3245 | 1444 | 2.14 | 16803 | 2218.88 |
| 2011 | 3955 | 3245 | 1596 | 2.41 | 18872 | 2554.34 |
| 2012 | 3955 | 3245 | 1701 | 2.72 | 21100 | 2922.99 |
| 2013 | 3955 | 3245 | 1711 | 2.85 | 23162 | 2954.71 |
| 2014 | 3955 | 3245 | 1794 | 2.87 | 25782 | 3655.72 |
| 2015 | 3955 | 3245 | 1996 | 2.84 | 28419 | 4298.52 |
| 2016 | 3955 | 3245 | 2016 | 2.72 | 31668 | 4846.44 |
| 2017 | 3955 | 3245 | 1925 | 2.78 | 33453 | 5429.82 |
| 2018 | 3955 | 3245 | 1929 | 2.75 | 36854 | 6209.37 |
| 2019 | 3955 | 3245 | 1821 | 2.66 | 42263 | 7135.60 |

注：2003年起货物运输量及货物周转量含厦门远洋总公司，与往年不可比。

Note: Freight traffic and turnover ton-kilometers from 2003 include the data of Xiaman Ocean Company , and are not comparable with that in previous years.

# 13-11 民用航空情况

# Basic Statistics of Civil Aviation

| 年份 Year | 空港数（个） Number of Air Ports (unit) | 旅客发送量（万人） Passenger Departing (10000 persons) | 货物发送量（万吨） Freight Departing (10000 tons) | 旅客周转量（万人公里） Passenger-kilometers (10000 person km) | 货物周转量（万吨公里） Freight Ton-kilometers (10000 ton-km) |
|---|---|---|---|---|---|
| 1978 | 1 | 1.15 | 0.02 | | |
| 1979 | 1 | 1.10 | 0.04 | | |
| 1980 | 1 | 1.94 | 0.06 | | |
| 1981 | 2 | 3.12 | 0.08 | | |
| 1982 | 2 | 5.11 | 0.11 | | |
| 1983 | 3 | 5.50 | 0.18 | | |
| 1984 | 2 | 6.66 | 0.29 | | |
| 1985 | 2 | 7.00 | 0.11 | 500 | 43 |
| 1986 | 2 | 18.94 | 0.28 | 1300 | 300 |
| 1987 | 2 | 32.61 | 0.54 | 31200 | 500 |
| 1988 | 2 | 45.55 | 0.69 | 44500 | 800 |
| 1989 | 2 | 51.55 | 0.82 | 50400 | 900 |
| 1990 | 2 | 55.49 | 0.83 | 49800 | 800 |
| 1991 | 2 | 72.90 | 1.06 | 70800 | 1100 |
| 1992 | 2 | 108.68 | 1.54 | 106100 | 1700 |
| 1993 | 3 | 155.20 | 2.27 | 155400 | 2400 |
| 1994 | 3 | 214.60 | 2.79 | 210600 | 2600 |
| 1995 | 3 | 261.50 | 4.71 | 248200 | 5000 |
| 1996 | 3 | 301.20 | 5.82 | 289799 | 6627 |
| 1997 | 4 | 316.10 | 5.81 | 305534 | 6856 |
| 1998 | 4 | 301.96 | 6.49 | 295519 | 7432 |
| 1999 | 4 | 327.85 | 7.20 | 326223 | 7816 |
| 2000 | 4 | 353.25 | 5.84 | 375163 | 6700 |
| 2001 | 4 | 414.56 | 6.30 | 433095 | 7200 |
| 2002 | 4 | 475.51 | 7.62 | 494742 | 8623 |
| 2003 | 4 | 490.61 | 7.84 | 526763 | 9146 |
| 2004 | 5 | 623.24 | 8.78 | 682610 | 10655 |
| 2005 | 5 | 692.19 | 10.09 | 785426 | 12655 |
| 2006 | 5 | 778.50 | 10.96 | 896084 | 14017 |
| 2007 | 5 | 924.92 | 12.15 | 1097429 | 15742 |
| 2008 | 5 | 961.89 | 12.41 | 1137307 | 16458 |
| 2009 | 5 | 1112.39 | 12.66 | 1320686 | 16770 |
| 2010 | 5 | 1356.10 | 15.81 | 1622300 | 21200 |
| 2011 | 5 | 1531.65 | 16.65 | 1889700 | 23300 |
| 2012 | 5 | 1684.39 | 17.58 | 2159100 | 25500 |
| 2013 | 5 | 1857.21 | 19.18 | 2423081 | 28087 |
| 2014 | 5 | 2045.90 | 20.98 | 2796316 | 31631 |
| 2015 | 5 | 2385.01 | 22.09 | 3397446 | 34789 |
| 2016 | 6 | 2587.34 | 23.39 | 3942475 | 42424 |
| 2017 | 6 | 2983.98 | 24.72 | 4819880 | 53948 |
| 2018 | 6 | 3329.82 | 26.98 | 5532934 | 66423 |
| 2019 | 6 | 3618.06 | 27.71 | 6011270 | 69365 |

# 13-12 沿海港口货物吞吐量

## Freight Handled at Principal Seaports

单位：万吨　　　　(10000 tons)

| 年份 Year | 总计 Total | 福州港 Fuzhou | 厦门港 Xiamen | 泉州港 Quanzhou | 宁德港 Ningde | 湄州湾港 Meizhouwan | 漳州港 Zhangzhou | 吞吐总量指数(以1950年为100) Index(1950=100) |
|---|---|---|---|---|---|---|---|---|
| 1952 | 56.68 | 32.00 | 5.76 | 6.50 | 5.00 | 7.42 | | 169.6 |
| 1957 | 165.96 | 85.87 | 54.87 | 9.60 | 8.38 | 7.24 | | 496.7 |
| 1962 | 135.14 | 49.33 | 48.68 | 13.49 | 5.56 | 18.08 | | 404.5 |
| 1965 | 239.87 | 57.75 | 110.53 | 34.10 | 10.20 | 27.29 | | 718.0 |
| 1970 | 211.23 | 59.26 | 102.94 | 25.37 | 9.91 | 13.75 | | 632.2 |
| 1975 | 284.26 | 120.00 | 104.27 | 23.26 | 20.33 | 16.40 | | 850.8 |
| 1978 | 408.13 | 172.04 | 120.44 | 29.54 | 18.75 | 22.11 | | 1174.5 |
| 1980 | 685.40 | 208.89 | 164.87 | 31.30 | 25.60 | 19.77 | | 1802.2 |
| 1981 | 761.05 | 217.98 | 162.28 | 25.36 | 26.49 | 17.85 | | 1841.8 |
| 1982 | 816.44 | 259.87 | 190.44 | 21.54 | 28.26 | 21.77 | | 2110.7 |
| 1983 | 869.55 | 311.15 | 200.02 | 24.29 | 29.31 | 22.06 | | 2294.2 |
| 1984 | 943.46 | 347.00 | 250.52 | 23.36 | 30.36 | 22.38 | | 2623.7 |
| 1985 | 1114.09 | 357.15 | 290.97 | 26.02 | 51.53 | 31.60 | 61.84 | 2813.8 |
| 1986 | 1159.90 | 442.46 | 203.89 | 38.04 | 44.39 | 33.52 | 107.90 | 3241.8 |
| 1987 | 1303.36 | 439.61 | 417.01 | 42.24 | 46.36 | 40.79 | 105.63 | 3565.0 |
| 1988 | 1396.79 | 445.36 | 457.12 | 60.01 | 43.67 | 57.88 | 124.34 | 3785.0 |
| 1989 | 1614.99 | 597.90 | 499.45 | 59.78 | 47.71 | 59.58 | 135.90 | 4833.9 |
| 1990 | 1496.50 | 560.89 | 519.11 | 52.65 | 49.27 | 27.55 | 115.60 | 4479.2 |
| 1991 | 1706.38 | 725.07 | 581.87 | 125.28 | 97.64 | 41.26 | 130.04 | 5107.4 |
| 1992 | 1862.12 | 720.51 | 661.07 | 217.27 | 46.53 | 92.75 | 120.24 | 5573.5 |
| 1993 | 2679.09 | 939.66 | 940.39 | 469.54 | 111.53 | 57.23 | 153.47 | 8018.8 |
| 1994 | 3002.33 | 914.39 | 1166.50 | 558.06 | 139.68 | 82.12 | 125.47 | 8986.3 |
| 1995 | 3460.80 | 1098.89 | 1313.87 | 680.47 | 137.94 | 99.65 | 116.61 | 10358.6 |
| 1996 | 3959.00 | 1248.00 | 1553.00 | 804.00 | 138.00 | 86.00 | 130.00 | 11849.7 |
| 1997 | 4485.00 | 1371.00 | 1754.00 | 1006.00 | 124.00 | 78.00 | 151.00 | 13424.1 |
| 1998 | 4518.00 | 1288.00 | 1639.00 | 1111.00 | 183.00 | 108.00 | 189.00 | 13522.9 |
| 1999 | 5285.00 | 1481.00 | 1773.00 | 1521.00 | 182.00 | 136.00 | 192.00 | 15818.9 |
| 2000 | 6944.17 | 2425.48 | 1965.26 | 1712.18 | 221.19 | 201.34 | 418.72 | 20785.1 |
| 2001 | 8278.42 | 2961.29 | 2098.91 | 2102.08 | 261.00 | 320.80 | 534.34 | 24778.7 |
| 2002 | 10200.62 | 3906.72 | 2734.51 | 2122.85 | 185.38 | 480.41 | 770.75 | 30532.2 |
| 2003 | 12495.48 | 4753.07 | 3403.88 | 2511.53 | 141.78 | 600.16 | 1085.06 | 37401.1 |
| 2004 | 15834.76 | 5938.63 | 4261.37 | 3093.82 | 184.17 | 836.04 | 1520.73 | 47396.1 |
| 2005 | 19605.25 | 7443.45 | 4770.76 | 4046.16 | 213.54 | 1050.03 | 2081.31 | 58681.8 |
| 2006 | 23687.61 | 8847.82 | 7792.07 | 5134.93 | 447.00 | 1301.11 | 164.68 | 70901.0 |
| 2007 | 23602.90 | 6433.32 | 8117.20 | 6215.32 | 691.13 | 1612.74 | 533.19 | 70647.5 |
| 2008 | 27070.06 | 6702.59 | 9701.96 | 7224.30 | 1007.26 | 1802.26 | 631.69 | 81025.2 |
| 2009 | 30541.81 | 8094.10 | 11096.28 | 7666.34 | 1240.45 | 1542.38 | 902.26 | 91416.7 |
| 2010 | 32687.01 | 7124.79 | 12728.05 | 8455.37 | 1420.33 | 1755.99 | 1202.47 | 97806.7 |
| 2011 | 37278.95 | 10221.08 | 15653.55 | 9330.48 | | 2073.84 | | 111546.8 |
| 2012 | 41359.23 | 11410.22 | 17227.32 | 10371.51 | | 2350.19 | | 123755.9 |
| 2013 | 45475.19 | 12759.03 | 19087.83 | 10804.09 | | 2824.25 | | 136071.8 |
| 2014 | 49166.24 | 14391.14 | 20503.96 | 11200.70 | | 3070.44 | | 147117.0 |
| 2015 | 50282.09 | 13967.23 | 21022.52 | 7500.21 | | 7792.14 | | 150455.9 |
| 2016 | 50776.09 | 14515.66 | 20910.78 | 7512.28 | | 7837.38 | | 151934.1 |
| 2017 | 51995.49 | 14838.16 | 21116.25 | 7809.64 | | 8231.45 | | 155582.8 |
| 2018 | 55806.88 | 17876.32 | 21719.93 | 7839.73 | | 8370.89 | | 166987.4 |
| 2019 | 59483.99 | 21255.49 | 21343.91 | 7458.88 | | 9425.71 | | 177990.2 |

注：1.2011年起，漳州港并到厦门港，宁德港并到福州港。2.2015年起，泉州市港口中的湄洲湾南岸港区并入湄洲湾港统计，湄洲湾港、泉州港数据与往年不可比。

Note:1.Since 2011,Zhangzhou seaports divided to Xiamen Seaports,Ningde seaports divided to Fuzhou Seaports.2.2.Since 2015,Meizhouwan seaports and Quanzhou seaports are not comparable with previous years.

# 13-13 邮电通信业务情况

## Basic Conditions of Postal and Telecommunication Services

| 年份 Year | 邮电业务总量（亿元） Business Volume of Post and Telecommunications Service (100 million yuan) | 邮政业务总量 Business Volume of Post | 电信业务总量 Business Volume of Telecommunications Service | 函件（亿件） Number of Letters Delivered(100 million piece) | 固定电话用户（万户） Number of Fixed Telephone Subscribers at Year-end (10000 household) | 移动电话用户（万户） Mobile Phones Users (10000 household) |
|---|---|---|---|---|---|---|
| 1952 | 0.13 | | | 0.18 | 0.60 | |
| 1965 | 0.60 | | | 0.80 | 3.24 | |
| 1970 | 0.60 | | | 0.67 | 3.19 | |
| 1975 | 0.86 | | | 0.84 | 4.46 | |
| 1978 | 1.01 | | | 0.88 | 5.88 | |
| 1980 | 1.22 | | | 1.15 | 6.57 | |
| 1981 | 1.35 | | | 1.19 | 6.86 | |
| 1982 | 1.40 | | | 1.19 | 7.28 | |
| 1983 | 1.53 | | | 1.21 | 7.84 | |
| 1984 | 1.72 | | | 1.32 | 8.83 | |
| 1985 | 2.08 | | | 1.52 | 10.14 | |
| 1986 | 2.31 | | | 1.61 | 11.15 | |
| 1987 | 2.80 | | | 1.75 | 11.07 | |
| 1988 | 3.72 | | | 1.90 | 14.45 | |
| 1989 | 5.42 | | | 1.77 | 17.91 | |
| 1990 | 7.32 | | | 1.62 | 22.82 | |
| 1991 | 9.51 | | | 1.68 | 29.04 | |
| 1992 | 14.69 | | | 2.04 | 42.75 | |
| 1993 | 24.22 | | | 2.56 | 75.00 | |
| 1994 | 36.48 | | | 2.84 | 117.73 | |
| 1995 | 52.75 | 4.26 | 48.50 | 3.16 | 168.65 | 15.50 |
| 1996 | 73.02 | 4.85 | 68.17 | 3.29 | 219.26 | 35.65 |
| 1997 | 99.52 | 5.62 | 86.98 | 3.03 | 285.51 | 77.82 |
| 1998 | 131.84 | 6.59 | 125.25 | 2.95 | 347.46 | 142.20 |
| 1999 | 179.93 | 7.98 | 171.95 | 2.50 | 436.25 | 281.29 |
| 2000 | 246.34 | 10.22 | 236.12 | 2.42 | 562.70 | 441.00 |
| 2001 | 194.43 | 17.71 | 176.72 | 2.38 | 750.28 | 619.97 |
| 2002 | 257.49 | 19.49 | 238.00 | 2.70 | 937.10 | 792.04 |
| 2003 | 318.24 | 22.36 | 295.88 | 2.82 | 1124.87 | 965.00 |
| 2004 | 426.76 | 22.62 | 404.14 | 2.62 | 1266.00 | 1134.00 |
| 2005 | 519.76 | 25.61 | 494.15 | 2.29 | 1398.53 | 1302.00 |
| 2006 | 633.04 | 27.93 | 605.11 | 3.05 | 1485.53 | 1538.91 |
| 2007 | 787.79 | 29.24 | 758.55 | 2.54 | 1482.00 | 1809.00 |
| 2008 | 883.43 | 32.65 | 850.78 | 2.67 | 1431.00 | 2368.00 |
| 2009 | 995.77 | 35.66 | 960.11 | 2.60 | 1245.00 | 2639.00 |
| 2010 | 1194.20 | 35.98 | 1158.22 | 2.52 | 1046.00 | 3022.00 |
| 2011 | 513.50 | 59.31 | 454.19 | 2.45 | 1015.00 | 3553.00 |
| 2012 | 594.90 | 78.69 | 516.21 | 2.46 | 1017.00 | 4049.00 |
| 2013 | 667.54 | 114.10 | 553.44 | 2.15 | 984.00 | 4303.00 |
| 2014 | 857.49 | 162.67 | 694.82 | 1.80 | 933.32 | 4276.73 |
| 2015 | 1065.89 | 217.23 | 848.66 | 1.29 | 888.54 | 4240.16 |
| 2016 | 889.21 | 300.69 | 588.52 | 1.09 | 815.70 | 4159.04 |
| 2017 | 1289.86 | 392.86 | 897.00 | 1.16 | 781.75 | 4295.03 |
| 2018 | 2523.03 | 499.04 | 2026.70 | 0.93 | 732.73 | 4553.52 |
| 2019 | 3880.76 | 646.01 | 3234.74 | 0.48 | 763.71 | 4720.32 |

注：2011年起，邮政业务总量按2010年不变价计算；2016年起，电信业务总量按2015年不变价计算。

Note:Since 2011, usiness Volume of Post Services were calculated at 2010 constant prices.Since 2016,Business Volume of Telecommunications Service was calculated at 2015 constant prices.

# 13-14 邮电业务总量

## Business Volume of Postal and Telecommunication Services

| 年份<br>Year | 邮电业务总量（亿元）<br>Business Volume of Post and Telecommunications Service (100 million yuan) | 电信业务总量（亿元）<br>Business Volume of Telecommu-nication Services (100 million yuan) | 快递业务量（万件）<br>Express Mail Services (10000 piece) | 集邮业务（万枚）<br>Stamp Collection Business(10000 pcs) | 互联网用户（万户）<br>Internet Service Users (10000 household) | （固定）互联网宽带接入用户（万户）<br>(10000 household) | 移动互联网用户（万户）<br>(10000 household) |
|---|---|---|---|---|---|---|---|
| 1995 | 52.75 | 48.50 | | | | | |
| 1996 | 73.02 | 68.17 | | | | | |
| 1997 | 99.52 | 86.98 | | | | | |
| 1998 | 131.84 | 125.25 | | 13050.82 | 3.85 | | |
| 1999 | 179.93 | 171.95 | | 13308.40 | 13.10 | | |
| 2000 | 246.34 | 236.12 | | 11007.97 | 70.70 | | |
| 2001 | 194.43 | 176.72 | | 8871.11 | 183.29 | | |
| 2002 | 257.49 | 238.00 | | 7775.50 | 253.57 | | |
| 2003 | 318.24 | 295.88 | | 5409.86 | 298.08 | | |
| 2004 | 426.76 | 404.14 | | 5569.77 | 285.44 | | |
| 2005 | 519.76 | 494.15 | | 4375.56 | 600.21 | | |
| 2006 | 633.04 | 605.11 | | 4364.30 | 760.83 | | |
| 2007 | 787.79 | 758.55 | | 4379.70 | 876.00 | | |
| 2008 | 883.43 | 850.78 | 5577.00 | 4509.00 | 1240.00 | | |
| 2009 | 995.77 | 960.11 | 6961.00 | 4196.80 | 1640.00 | | |
| 2010 | 1194.20 | 1158.22 | 10069.00 | 3526.30 | 2388.00 | | |
| 2011 | 513.50 | 454.19 | 15765.00 | 4567.70 | 2872.00 | | |
| 2012 | 594.90 | 516.21 | 22594.00 | 5267.00 | 3461.00 | | |
| 2013 | 667.54 | 553.44 | 44536.00 | 5606.00 | 3590.00 | | |
| 2014 | 857.49 | 694.82 | 65417.31 | 5423.00 | 3859.04 | | |
| 2015 | 1065.89 | 848.66 | 88786.20 | 5314.95 | 3963.83 | | |
| 2016 | 889.21 | 588.52 | 128985.77 | 6222.02 | 4412.12 | | |
| 2017 | 1289.86 | 897.00 | 166110.69 | 5112.36 | 4882.36 | | |
| 2018 | 2523.03 | 2026.70 | 211613.44 | 3591.30 | 5474.00 | | |
| 2019 | 3880.76 | 3234.74 | 261951.28 | 2803.00 | | 1779.04 | 3915.80 |

注：2011年起，邮政业务总量按2010年不变价计算；2016年起，电信业务总量按2015年不变价计算。

Note:Since 2011, usiness Volume of Post Services were calculated at 2010 constant prices.Since 2016,Business Volume of Telecommunications Service was calculated at 2015 constant prices.

# 13-15 电信主要通信能力

## Condition of Postal and Telecommunication Services

| 年份<br>Year | 局用交换机容量（万门）<br>Capacity of Local Telephone Exchanges (10 000 lines) | 移动电话交换机容量（万户）<br>Capacity of Mobile Telephone Exchanges (10000 household) | 移动电话基站（个）<br>Base Stations of Mobile Telephones (unit) | 光缆线路长度（公里）<br>Length of Optical Cable Lines (km) | 长途光缆线路总长度<br>Length of Long Distance Optical Cable Lines |
|---|---|---|---|---|---|
| 2002 | 1200 | 1109 | 7758 | 93212 | 18322 |
| 2003 | 1409 | 1174 | 9844 | 107085 | 19008 |
| 2004 | 1651 | 1371 | 16992 | 133894 | 23600 |
| 2005 | 1795 | 1574 | 17310 | 152162 | 24532 |
| 2006 | 1908 | 2296 | 20757 | 170943 | 24270 |
| 2007 | 1969 | 3721 | 26963 | 182844 | 18121 |
| 2008 | 1956 | 4629 | 33292 | 237445 | 20314 |
| 2009 | 1925 | 5741 | 50096 | 302749 | 20262 |
| 2010 | 1809 | 6282 | 60136 | 392803 | 21061 |
| 2011 | 1748 | 7180 | 78013 | 484873 | 21622 |
| 2012 | 1630 | 7703 | 87717 | 570312 | 22159 |
| 2013 | 1548 | 7726 | 98495 | 699226 | 21692 |
| 2014 | 1232 | 7895 | 138892 | 738003 | 22471 |
| 2015 | 922 | 8204 | 186535 | 831928 | 23278 |
| 2016 | 400 | 7964 | 218757 | 1025649 | 24282 |
| 2017 | 280 | 5614 | 231161 | 1261460 | 23483 |
| 2018 | 278 | 7418 | 231133 | 1556948 | 25336 |
| 2019 | 90 | 8637 | 290227 | 1589606 | 24733 |

# 13-16 邮政业网点及邮递路线

## Postal Network and Postal Routes

| 项目 | Item | 2010 | 2015 | 2016 | 2017 | 2018 | 2019 |
|---|---|---|---|---|---|---|---|
| 营业网点（处） | Number of Offices (unit) | 2254 | 6467 | 7418 | 9308 | 10255 | 8902 |
| 快递营业网点 | Outlets for Express Services | 2254 | 6453 | 6058 | 7916 | 8782 | 7257 |
| 信筒信箱（个） | Number of Post Boxes(unit) | 14429 | 8730 | 8368 | 8239 | 7584 | 7351 |
| 农村投递路线（公里） | Rural Delivery Routes(km) | 89432 | 92262 | 93164 | 98721 | 102319 | 116760 |
| 城市投递路线（公里） | Urban Delivery Routes(km) | 40401 | 33147 | 37707 | 41005 | 41175 | 75353 |
| 邮政总长度（单程）（公里） | Length of Postal Routes(km) | 218405 | 203778 | 227354 | 456716 | 712096 | 683020 |
| #航空邮路 | Airway | 160227 | 129466 | 129466 | 386390 | 585766 | 585766 |
| 汽车邮路 | Moter | 43770 | 72387 | 96088 | 69992 | 125997 | 96984 |

注：2012年起，航空、汽车邮路不含EMS部分。
Note:Since 2012，Airway and Moter exclude EMS.

## 13-17 设区市交通运输业基本情况（2019年）

## Basic Conditions of Transportation by City(2019)

| 项目 | Item | 客运量（万人） Passenger Traffic (10000 persons) | 旅客周转量（亿人公里） Passenger-Kilometers(100 million passenger-km) | 货运量（万吨） Freight Traffic (10000 tons) | 货物周转量（亿吨公里） Freight Ton-kilometers (100 million ton-km) | 全社会机动车拥有量（万辆） Possession of Motor Vehicles (10000 units) | 汽车 Automobiles |
|---|---|---|---|---|---|---|---|
| **福建省** | **Total** | **33019.85** | **192.6** | **129579.61** | **8098.1** | **1118.94** | **681.28** |
| 福州市 | Fuzhou | 9295.62 | 47.6 | 30841.82 | 2745.3 | 173.39 | 145.93 |
| #平潭 | Pingtan | 778.34 | 4.3 | 4692.51 | 631.4 | 7.55 | 5.83 |
| 厦门市 | Xiamen | 4889.04 | 21.6 | 31671.67 | 2352.1 | 166.44 | 140.53 |
| 莆田市 | Putian | 1901.66 | 21.7 | 4309.95 | 59.6 | 74.57 | 38.77 |
| 三明市 | Sanming | 1650.37 | 8.8 | 8406.66 | 79.5 | 68.75 | 31.08 |
| 泉州市 | Quanzhou | 4081.28 | 31.2 | 28665.74 | 2455.6 | 273.80 | 160.18 |
| 漳州市 | Zhangzhou | 1671.31 | 11.8 | 7603.24 | 92.9 | 116.43 | 60.88 |
| 南平市 | Nanping | 1888.50 | 13.0 | 4013.75 | 92.5 | 76.53 | 29.25 |
| 龙岩市 | Longyan | 2013.29 | 11.7 | 7797.07 | 97.2 | 108.62 | 46.88 |
| 宁德市 | Ningde | 5628.77 | 25.3 | 6269.70 | 123.5 | 60.41 | 27.78 |

## 13-18 设区市邮电通信业务基本情况（2019年）

## Basic Conditions of Postal and Telecommunication by City(2019)

| 项目 | Item | 邮政业务总量（亿元） Business Volume of Postal Services (100 million yuan) | 电信业务总量（亿元） Business Volume of Telecommunication Services (100 million yuan) | 固定电话用户（万户） Number of Fixed Telephone Subscribers at Year-end (10000 household) | 移动电话用户（万户） Number of Mobile Telephone Subscribers at Year-end (10000 household) | （固定）互联网宽带接入用户（万户） Number of fixed Internet Users (10000 household) | 移动互联网用户（万户） Number of mobil Internet Users (10000 household) | 快递业务（万件） Pieces of Express Mail Services (10000 piece) | 邮路总长度（单程）（公里） Length of Postal Route (km) |
|---|---|---|---|---|---|---|---|---|---|
| **福建省** | **Total** | **646.01** | **3234.74** | **763.71** | **4720.32** | **1779.04** | **3915.80** | **261951.28** | **683020** |
| 福州市 | Fuzhou | 119.13 | 785.40 | 168.77 | 1034.09 | 386.78 | 840.97 | 47580.77 | 320261 |
| #平潭 | Pingtan | 1.35 | 29.10 | 5.98 | 40.49 | 17.00 | 35.63 | 244.43 | 362 |
| 厦门市 | Xiamen | 102.25 | 510.22 | 110.73 | 648.77 | 236.33 | 559.33 | 42616.03 | 252031 |
| 莆田市 | Putian | 55.50 | 229.14 | 54.63 | 339.69 | 131.91 | 283.55 | 15557.23 | 1625 |
| 三明市 | Sanming | 11.14 | 153.78 | 41.05 | 263.19 | 102.75 | 217.10 | 3303.17 | 5511 |
| 泉州市 | Quanzhou | 273.27 | 739.37 | 161.42 | 1032.98 | 385.03 | 865.38 | 121653.40 | 86279 |
| 漳州市 | Zhangzhou | 38.26 | 313.53 | 77.09 | 524.11 | 186.73 | 426.96 | 16330.53 | 3332 |
| 南平市 | Nanping | 13.27 | 158.35 | 41.61 | 281.77 | 107.45 | 230.83 | 3860.37 | 5257 |
| 龙岩市 | Longyan | 13.28 | 162.01 | 63.49 | 281.76 | 116.30 | 230.69 | 4092.19 | 4526 |
| 宁德市 | Ningde | 19.92 | 182.98 | 44.93 | 313.96 | 125.76 | 260.98 | 6957.58 | 4199 |

# 主要统计指标解释

**铁路营业里程** 又称营业长度(包括正式营业和临时营业里程)，指办理客货运输业务的铁路正线总长度。凡是全线或部分建成双线及以上的线路，以第一线的实际长度计算复线、站线、段管线、岔线和特殊用途线以及不计算运费的联络线都不计算营业里程。该指标可以反映铁路运输业基础设施的发展水平，也是计算客货周转量、运输密度和机车车辆运用效率等指标的基础资料。

**铁路电气化里程** 指在全部铁路营业里程中已安装了供电线路及设备，可以供电力机车牵引列车运行的区段的总里程。

**公路里程** 指在一定时期内实际达到《公路工程［WTBZ］技术标准 JTJ01-88》规定的等级公路，并经公路主管部门正式验收交付使用的公路里程数。包括大中城市的郊区公路以及通过小城镇街道部分的公路里程和桥梁、渡口的长度，不包括大中城市的街道、厂矿、林区生产用道和农业生产用道的里程。两条或多条公路共同经由同一路段，只计算一次，不得重复计算里程长度。该指标可以反映公路建设的发展规模，也是计算运输网密度等指标的基础资料。

**货(客)运量** 指在一定时期内，各种运输工具实际运送的货物(旅客)数量。该指标是反映运输业为国民经济和人民生活服务的数量指标，也是制定和检查运输生产计划、研究运输发展规模和速度的重要指标。货运按吨计算，客运按人计算。货物不论运输距离长短、货物类别，均按实际重量统计。旅客不论行程远近或票价多少，均按一人一次客运量统计；半价票、小孩票也按一人统计。

**货物(旅客)周转量** 指在一定时期内，由各种运输工具运送的货物(旅客)数量与其相应运输距离的乘积之总和。该指标可以反映运输业生产的总成果，也是编制和检查运输生产计划，计算运输效率、劳动生产率以及核算运输单位成本的主要基础资料。计算货物周转量通常按发出站与到达站之间的最短距离，也就是计费距离计算。计算公式为：

货物(旅客)周转量= 货物(旅客)运输量×运输距离

**民用汽车拥有量** 指报告期末，在公安交通管理部门按照《机动车注册登记工作规范》，已注册登记领有民用车辆牌照的全部汽车数量。汽车拥有量统计的主要分类：根据汽车结构分为载客汽车、载货汽车及其他汽车；根据汽车所有者不同分为个人(私人)汽车、单位汽车；根据汽车的使用性质分为营运汽车、非营运汽车和特种汽车；根据汽车大小规格不同载客汽车分为大型、中型、小型和微型，载货汽车分为重型、中型、轻型和微型。

**邮电业务总量** 指以价值量形式表现的邮电通信企业为社会提供各类邮电通信服务的总数量。邮电业务量按专业分类包括函件、包件、汇票、报刊发行、邮政快件、特快专递、邮政储蓄、集邮、公众电报、用户电报、传真、长途电话、出租电路、无线寻呼、移动电话、分组交换数据通信、出租代维等。计算方法为各类产品乘以相应的平均单价(不变价)之和，再加上出租电路和设备、代用户维护电话交换机和线路等的服务收入。该指标综合反映了一定时期邮电业务发展的总成果，是研究邮电业务量构成和发展趋势的重要指标。计算公式为：

邮电业务总量= Σ(各类邮电业务量×不变单价)+ 出租代维及其他业务收入= 邮电业务总量+电信业务总量

**移动电话用户** 指通过移动电话交换机进入移动电话网、占用移动电话号码的各类电话用户。包括签约用户和智能网预付费用户。一个移动电话号码统计为一户。

**固定电话用户** 指接入本地电信运营商固定电话网上的电话用户。包括：住宅用户、单位用户、公用电话用户等。按电话用户位置又分为市内电话用户和农村电话用户。1997 年以前，“市内电话用户”是指接入县城及县以上城市的电话网上的电话用户；“农村电话用户”是指接入县邮电局农话台及县以下农村电话交换点，以县城为中心(除市话用户外)联通县、乡(镇)、行政村、村民小组的用户。从 1997 年起，电话用户数分组调整为以用户所在区域划分为“城市电话用户”和“乡村电话用户”，与过去的按市内电话和农村电话划分方法不同。而电话用户总数、电话机总部数统计范围不变。

**移动电话交换机容量** 指移动电话交换机根据一定话务模型和交换机处理能力计算出来的最大同时服务用户的数量。

# Explanatory Notes on Main Statistical Indicators

**Length of Railways in Operation** refers to the total length of the trunk line under passenger and freight transportation (including both full operation and temporary operation). The calculation is based on the actual length of the first line even if this line has a full or partial double track or more tracks, excluding double tracks, station sidings, tracks under the charge of stations, branch lines, special-purpose lines and the non-payable connecting lines. The length of railways in operation is an important indicator to show the development of the infrastructure for the railway transport, and also the essential data to calculate volume of passenger freight transport, traffic density and utilization efficiency of the locomotives and carriages.

**Length of Electrified Railways** refers to the length of the section of railways in operation in which the power supply lines and other equipment are installed for the running of electrified locomotives. The proportion of the length of electrified railways to the total length of railways in operation is an important indicator to show the modernization of railways.

**Length of Highways** refers to the length of highways which are built in conformity with the grades specified by the highway engineering standard formulated by the Ministry of Communications, and have been formally checked and accepted by the departments of highways and put into use. The length of highways includes that of the suburb highways at large and medium sized cities, highways passing through streets at small cities and towns, and also the length of bridges and ferries. It does not include the length of streets in big and medium-sized cities and highways built for the production purpose at factories, mines, forest areas and agricultural areas. If two or more highways go the same section of the way, the length of the section is only calculated for once and no duplication is allowed. The length of highways is an important indicator to show the development of the highway construction and to provide essential information to calculate the transport network density.

**Freight (Passenger) Traffic** refers to the volume of freight (passenger) transported with various means within a specific period of time. This indicator reflects the service of the transport industry towards the national economy and people's living conditions, as well as an important indicator used in formulating and monitoring transport production plans and research into the scale and pace of transport development. Freight transport is calculated in tons and passenger traffic is calculated in terms of number of persons. Freight transport is calculated in terms of the actual weight of the goods and takes no account of the type of freight and distance of travel. Passenger traffic is calculated by the principle that one person can be counted only once in one trip and takes no account of the travelling distance and ticket price. The passengers who travel with a half price ticket or a child's ticket is also calculated as one person.

**Freight Ton-kilometers (Passenger-kilometers)** refer to the sum of the products of the volume of transported cargo (passengers) multiplying by the transport distance. It is an important indicator to reflect the achievement of transportation industry. Normally, the shortest distance between the departure station and the destination station (i.e., the payable distance) is the basis to calculate the freight ton-kilometers. This is an import ant indicator to show the total results of the transport industry, to prepare and examine the transport plan and to measure the efficiency, the lab our productivity and t he unit cost of transport.The formula is as follows:

**Possession of Civil Motor Vehicles** refer to the total numbers of vehicles that are registered and received vehicles' license tags according to the Work Standard for Motor Vehicles Registration formulated by transport management office under department of public security at the end of reference period. They are divided into following categories according to the structure of motor vehicles: passenger vehicles, trucks and others; and private vehicles and vehicles for units use according to ownerships; working vehicles, non-working vehicles and special motor vehicles according to kind of usage; large passenger vehicles, medium passenger vehicles and small passenger vehicles, heavy trucks, light-heavy trucks and light trucks according to sizes of vehicles.

**Business Volume of Post and Telecommunications** refers to the total amount of post and telecommunication services, expressed in value terms, provided by the post and telecommunications departments for the society. Post and telecommunication services can be classified as letters, parcels, remittance, issue of newspapers and magazines, fast mail service, express mail service, savings deposits, stamps for collection, public and individual telegraph service, facsimiles, long-distance telephone service, leasing of telephone lines, urban paging service, mobile telephone service, data transfer and transmission, etc. The accounting approach is to multiply the service products of all types with their average unit price (constant price) to get sum of business value, plus income from other services such as leasing of telephone lines and equipment, maintenance of telephone switchboards and lines on behalf of customers . This indicator reflects the overall results of post and telecommunications service during a given period, and is important to study the composition of business service and the development of post and telecommunications service.The formula is as follows:

Business Volume of Post and Telecommunications= ∑(Transaction of Post and Telecommunication Service × Constant Price) + Income from Leasing, Maintenance and other Services

**Mobile Telephone Subscribers** refer to the persons who own mobile telephone numbers and are connected with the mobile telephone communication network through the mobile telephones witch boards, including contracted subscribers and prepaid subscribers for intelligent network. One mobile telephone is taken as a subscriber.

**Local Telephone Subscribers** refer to subscribers that are connected to the local telecommunication service provider through fix line network, including household subscribers, institutional subscribers and public telephones. They are also classified as city subscribers and rural subscribers according to locations. Before 1997, city subscribers referred to those connected to city telephone networks in county towns and cities, while village subscribers referred to those connected to village telephone stations at and below counties. Since 1997, the classification of telephone subscribers was modified on the basis of physical location of the subscribers as urban telephone subscribers and rural telephone subscribers , which is different from the previous classification of categorizing local telephones and rural telephones , while the definition of total subscribers and total number of telephones remain unchanged.

**Capacity of Mobile Telephone Exchanges** refers to the capacity of the maximum services provided to subscribers at onetime basing on a certain model and transacting capacity of the mobile telephone exchanges.

# 第十四篇　批发零售、住宿餐饮和旅游业

# Chapter 14　Wholesales, Retail Sales, Hotels,Catering Service and Tourism

资料整理：戴斌 李志君 叶玲 陈彧

Database Editor: Daibin Lizhijun Yeling Chenyu

## 简要说明

本篇资料的主要内容及来源

本篇资料反映了全省国内市场发展情况、批发和零售业、住宿和餐饮业经营情况和旅游业发展情况，主要包括批发和零售业商品流转情况及财务状况、住宿和餐饮业经营情况及财务状况、社会消费品零售总额、旅游业等内容。

本篇资料中限额以上批发和零售业、住宿和餐饮业资料来源于批发和零售业、住宿和餐饮业统计年报资料，限额以下批发和零售业、住宿和餐饮业经营情况来源于抽样调查，旅游资料来源于省文化和旅游厅。

本篇资料由省统计局贸易外经统计处整理提供。

## Brief Introduction

Main Content and Source of Data

Data in this chapter show the development of Fujian's domestic market, wholesale and retail trade, hotels and catering services, mainly including the circulation of commodities in the wholesale and retail trade, the total retail sales of consumer goods and the financial indices of related businesses and tourism etc.

Except the data noted, all data in this chapter are based on the annual report of wholesale, retail, hotels and catering services and periodic statistical statements of 2011.Data on tourism are provided by Fujian Culture and Tourism Administration.

Data in this chapter are collected and compiled by the Division of Trade and External Economic Relations Statistics of Fujian Provincial Bureau of Statistics.

# 14-1 社会消费品零售总额

## Total Retail Sales of Consumer Goods

| 年份<br>Year | 社会消费品零售总额（亿元）<br>Total Retail Sale of Consumer Goods(100 million yuan) | 社会消费品零售总额指数 Ratio(%)<br>以上年为100<br>Preceding Year=100 | 以1950为100<br>Year of 1950=100 | 年份<br>Year | 社会消费品零售总额（亿元）<br>Total Retail Sale of Consumer Goods(100 million yuan) | 社会消费品零售总额指数 Ratio(%)<br>以上年为100<br>Preceding Year=100 | 以1950为100<br>Year of 1950=100 |
|---|---|---|---|---|---|---|---|
| 1951 | 4.71 | 122.3 | 122.3 | 1996 | 823.57 | 125.0 | 21396.7 |
| 1952 | 5.54 | 117.6 | 143.9 | 1997 | 983.35 | 119.4 | 25547.6 |
| 1957 | 10.70 | 100.5 | 277.9 | 1998 | 1134.53 | 115.4 | 29482.0 |
| 1962 | 13.96 | 118.1 | 362.6 | 1999 | 1256.42 | 110.7 | 32636.6 |
| 1965 | 16.03 | 102.9 | 416.4 | 2000 | 1393.93 | 110.9 | 36193.9 |
| 1970 | 16.91 | 99.1 | 439.2 | 2001 | 1532.47 | 109.9 | 39777.1 |
| 1975 | 23.68 | 108.3 | 615.1 | 2002 | 1704.82 | 111.2 | 44232.2 |
| 1978 | 30.56 | 111.9 | 793.8 | 2003 | 1936.03 | 113.6 | 50247.8 |
| 1979 | 35.92 | 117.6 | 933.0 | 2004 | 2244.97 | 116.0 | 58287.4 |
| 1980 | 45.47 | 126.6 | 1181.0 | 2005 | 2578.37 | 114.9 | 66972.2 |
| 1981 | 51.47 | 113.2 | 1336.9 | 2006 | 2999.96 | 116.4 | 77955.7 |
| 1982 | 56.77 | 110.3 | 1474.5 | 2007 | 3570.30 | 119.0 | 92767.2 |
| 1983 | 62.59 | 110.3 | 1625.7 | 2008 | 4327.60 | 121.2 | 112433.9 |
| 1984 | 74.50 | 119.0 | 1935.1 | 2009 | 5046.81 | 116.6 | 131097.9 |
| 1985 | 96.04 | 128.9 | 2494.5 | 2010 | 6015.22 | 119.2 | 156268.7 |
| 1986 | 109.07 | 113.6 | 2833.0 | 2011 | 7147.86 | 118.8 | 185647.2 |
| 1987 | 126.06 | 115.6 | 3274.3 | 2012 | 8316.03 | 116.3 | 215907.7 |
| 1988 | 173.74 | 137.8 | 4512.7 | 2013 | 9543.49 | 114.8 | 247862.1 |
| 1989 | 202.30 | 116.4 | 5254.5 | 2014 | 10843.47 | 113.6 | 281571.3 |
| 1990 | 207.74 | 102.7 | 5395.8 | 2015 | 12273.03 | 113.2 | 318738.7 |
| 1991 | 230.99 | 111.2 | 5999.7 | 2016 | 13702.96 | 111.7 | 356031.1 |
| 1992 | 289.38 | 125.3 | 7516.4 | 2017 | 15393.90 | 112.3 | 399823.0 |
| 1993 | 376.63 | 130.2 | 9786.4 | 2018 | 17178.37 | 111.6 | 446202.4 |
| 1994 | 511.51 | 135.8 | 13289.9 | 2019 | 18896.83 | 110.0 | 490822.7 |
| 1995 | 658.65 | 128.8 | 17117.3 | | | | |

# 14-2 限额以上批发零售与住宿餐饮业企业基本情况

## Basic Conditions of Enterprises above Designated Size in Wholesale and Retail Trades,Hotels and Catering Services

| 项目 | Item | 2005 | 2010 | 2017 | 2018 | 2019 |
|---|---|---|---|---|---|---|
| **法人企业（个）** | **Number of Corporation(unit)** | **3107** | **4997** | **14390** | **15625** | **18828** |
| 批发和零售业 | Wholesale and Retail Trades | 2499 | 3924 | 12473 | 13566 | 16404 |
| 住宿和餐饮业 | Hotels and Catering Services | 608 | 1073 | 1917 | 2059 | 2424 |
| **批发和零售业（亿元）** | **Wholesale and Retail Trades (100 million yuan)** | | | | | |
| 商品购进总额 | Total Goods Purchase | 2796.41 | 7707.09 | 25582.61 | 29063.79 | 34477.53 |
| 商品销售总额 | Total Goods Sales | 3051.03 | 8304.12 | 28556.93 | 33737.85 | 39334.09 |
| 商品库存总额 | Total Goods Inventory | 192.07 | 657.42 | 1509.67 | 1454.68 | 1753.40 |
| 住宿和餐饮业营业收入（亿元） | Total Sales in Hotels and Catering Services(100 million yuan) | 79.36 | 197.63 | 413.86 | 482.44 | 570.51 |

# 14-3 限额以上批发和零售企业基本情况（2019年）

## Basic Conditions of Wholesale and Retail Trades(2019)

单位：万元　　(10000 yuan)

| 项目 Item | 法人企业（个） Number of Corporation (unit) | 商品购进额 Total Goods Purchase | 商品销售额 Sales | #批发额 Wholesale | 期末商品库存额 Inventory at the Year-end |
|---|---|---|---|---|---|
| **合计 Total** | **16404** | **344775325** | **393340945** | **307810934** | **17533953** |
| 批发业 Wholesale | 9169 | 287952867 | 324215699 | 303219921 | 13001464 |
| 按登记注册类型分 By Registration Category | | | | | |
| 内资企业 Domestic Funded Enterprises | 8905 | 269413248 | 303060086 | 284886291 | 11886363 |
| #国有企业 State-owned Enterprises | 54 | 5155126 | 7015440 | 6997466 | 308749 |
| 集体企业 Collective-owned Enterprises | 23 | 262300 | 290781 | 274317 | 26505 |
| 有限责任公司 Limited Liability Corporations | 1222 | 105898040 | 113789235 | 110202243 | 5471146 |
| 股份有限公司 Share-holding Corporations Ltd. | 57 | 25217099 | 25840332 | 23677410 | 930155 |
| 私营企业 Private Enterprises | 7545 | 132812910 | 156046033 | 143674921 | 5149501 |
| 其他企业 Other Enterprises | 4 | 67774 | 78265 | 59934 | 307 |
| 港澳台商投资企业 Funds from Hong Kong, Macao and Taiwan | 155 | 10491247 | 11730393 | 11289649 | 704886 |
| 外商投资企业 Foreign Funded Enterprises | 109 | 8048371 | 9425220 | 7043982 | 410215 |
| 按行业分 By Sector | | | | | |
| 农、林、牧、渔产品批发 Wholesale of Farming,Forestry,Animal Husbandry Products | 280 | 5963966 | 6488919 | 6045314 | 876575 |
| 食品、饮料及烟草制品批发 Wholesale of Food, Beverages and Tobaccos | 1064 | 24934315 | 29836909 | 27297380 | 1623497 |
| 米、面制品及食用油批发 Sholesale of Rice, Wheat Products and Rdible Oil | 140 | 3643042 | 3990348 | 3793249 | 612887 |
| 烟草制品批发 Wholesale of Tobaccos | 17 | 8252371 | 10385265 | 10385265 | 271892 |
| 纺织、服装及家庭用品批发 Wholesale of Textiles, Garments and Daily Consumer Articles | 2146 | 37725096 | 49092719 | 45140732 | 1354976 |
| 服装批发 Wholesale of Garments | 596 | 8920295 | 11538601 | 10741904 | 465378 |
| 日用家电批发 Wholesale of Family Electrical Equipments | 101 | 985620 | 1107217 | 986591 | 106507 |
| 文化、体育用品及器材批发 Wholesale of Culture, Sports Products and Appliances | 270 | 7994745 | 8717359 | 8124964 | 281520 |
| 医药及医疗器材批发 Wholesale of Medicines and Medical Appliances | 432 | 7132171 | 7989552 | 7517950 | 821147 |
| 矿产品、建材及化工产品批发 Wholesale of Mineral Products, Building Materials and Chemical Products | 3485 | 176391745 | 190008225 | 180884234 | 6236036 |

# 14-3 续表1

## Continued

单位：万元 (10000 yuan)

| 项目<br>Item | 法人企业（个）<br>Number of Corporation (unit) | 商品购进额<br>Total Goods Purchase | 商品销售额<br>Sales | #批发额<br>Wholesale | 期末商品库存额<br>Inventory at the Year-end |
|---|---|---|---|---|---|
| 煤炭及制品批发<br>Wholesale of Coal and Its Products | 252 | 24797109 | 25565081 | 25377592 | 1076798 |
| 石油及制品批发<br>Wholesale of Petroleum and Its Products | 247 | 20753134 | 24714594 | 20607136 | 502542 |
| 金属及金属矿批发<br>Wholesale of Metal and Metal Mineral | 811 | 75021339 | 77613093 | 76842109 | 2419242 |
| 建材批发<br>Wholesale of Building Materials | 1226 | 26702918 | 29661725 | 28091736 | 1012318 |
| 化肥批发<br>Wholesale of Chemical Fertilizer | 79 | 1488743 | 1637011 | 1618555 | 170331 |
| 机械设备、五金产品及电子产品批发<br>Wholesale of Machinery, Equipment, Hardware,Transport and Electic Products | 1136 | 18918568 | 21732411 | 18501019 | 1442092 |
| 汽车及零配件批发<br>Wholesale of Motor Vehicles | 237 | 5593409 | 6058093 | 4099125 | 412292 |
| 计算机、软件及辅助设备批发<br>Wholesale of Computer Software and Supplementary Equipments | 100 | 1342273 | 1505682 | 1410635 | 88448 |
| 贸易经纪与代理<br>Trade Broker and Agent | 41 | 2128997 | 2228574 | 2218369 | 57260 |
| 其他批发业<br>Other Wholesale not Classified Elsewhere | 315 | 6763265 | 8121032 | 7489959 | 308362 |
| 零售业<br>Retail Trade | 7235 | 56822459 | 69125246 | 4591013 | 4532489 |
| 按登记注册类型分<br>By Registration Category | | | | | |
| 内资企业<br>Domestic Funded Enterprises | 7052 | 51012784 | 61757402 | 4128909 | 4062640 |
| #国有企业<br>State-owned Enterprises | 16 | 104562 | 119874 | 2844 | 6261 |
| 集体企业<br>Collective-owned Enterprises | 66 | 420514 | 512136 | 83563 | 10745 |
| 有限责任公司<br>Limited Liability Corporations | 914 | 13767045 | 15716287 | 1230395 | 1255757 |
| 股份有限公司<br>Share-holding Corporations Ltd. | 24 | 1289673 | 1786205 | 189189 | 41256 |
| 私营企业<br>Private Enterprises | 6023 | 35406192 | 43586179 | 2622165 | 2748261 |
| 其他企业<br>Other Enterprises | 4 | 19369 | 28933 | 722 | 175 |
| 港澳台商投资企业<br>Funds from Hong Kong, Macao and Taiwan | 95 | 2316113 | 2990840 | 267667 | 249302 |
| 外商投资企业<br>Foreign Funded Enterprises | 88 | 3493562 | 4377004 | 194436 | 220547 |
| 按行业分<br>By Sector | | | | | |

# 14-3 续表2

## Continued

单位：万元 (10000 yuan)

| 项目<br>Item | 法人企业（个）<br>Number of Corporation (unit) | 商品购进额<br>Total Goods Purchase | 商品销售额<br>Sales | #批发额<br>Wholesale | 期末商品库存额<br>Inventory at the Year-end |
|---|---|---|---|---|---|
| 综合零售<br>General Retail | 628 | 8470645 | 9859320 | 202974 | 562482 |
| 百货零售<br>Retail of Consumer Goods | 188 | 2068936 | 2791086 | 79013 | 111432 |
| 超级市场零售<br>Retail of Supermarkets | 307 | 5790520 | 6315972 | 49686 | 416052 |
| 食品、饮料及烟草制品专门零售<br>Retail of Food, Beverages and Tobaccos | 1246 | 4667769 | 5941005 | 525618 | 318572 |
| 纺织、服装及日用品专门零售<br>Retail of Textiles, Garments, Shoes and Hats | 424 | 3422133 | 4541683 | 465410 | 410545 |
| 服装零售<br>Retail of Garments | 138 | 1258203 | 1699695 | 177827 | 135293 |
| 文化、体育用品及器材专门零售<br>Retail of Culture, Sports Products and Equipments | 260 | 2105537 | 2709338 | 373575 | 217606 |
| 图书、报刊零售<br>Retail of Books,Newspapers and Magazines | 18 | 549388 | 536299 | 246878 | 85337 |
| 医药及医疗器材专门零售<br>Retail of Medicines and Medical Appliances | 182 | 1078265 | 1302286 | 89353 | 129640 |
| 西药零售<br>Retail of Medicines | 136 | 890979 | 1063328 | 68188 | 97022 |
| 中药零售<br>Chinese medicine | 38 | 176637 | 207355 | 2763 | 29268 |
| 汽车、摩托车、零配件和燃料及其他动力销售<br>Retail of Motor Vehicles, Motorcycles Fule and Parts | 1590 | 20243419 | 24053320 | 1557590 | 1700715 |
| 汽车新车零售<br>Retail of Motor Vehicles | 1094 | 15934788 | 18304248 | 718581 | 1342700 |
| 机动车燃油零售<br>Retail of Vehicles Fule | 284 | 2943725 | 3955282 | 640021 | 66633 |
| 家用电器及电子产品专门零售<br>Retail of Family Electric Equipment and Product | 640 | 3547608 | 4299061 | 252010 | 203109 |
| 家用视听设备零售<br>Retail of Family Electric Equipment | 45 | 295085 | 333399 | 3284 | 15147 |
| 日用家电零售<br>Retail of Daily-use Electric Equipment | 297 | 1896514 | 2434707 | 48975 | 109779 |
| 计算机、软件及辅助设备零售<br>Wholesale of Computer Software and Supplementary Equipments | 160 | 552025 | 663094 | 86742 | 21071 |
| 通信设备零售<br>Retail of Telecommunicate Equipment | 91 | 530107 | 583809 | 80599 | 38530 |
| 五金、家具及室内装饰材料专门零售<br>Retail of Hardware, Furniture and Inside Decoration Materials | 652 | 4076611 | 4948496 | 201301 | 354099 |
| 货摊、无店铺及其他零售业<br>Retail of No Stores and Others | 1613 | 9210473 | 11470737 | 923183 | 635722 |

# 14-4 限额以上批发和零售企业年末资产及负债情况（2019年）

# Main Financial Indicators of Wholesale and Retail Trades Corporation Enterprises(2019)

单位：万元 (10000 yuan)

| 项目 Item | 资产总计 Total Assess | #流动资产合计 Total Circulating Funds | 固定资产原价 Oringinal Prices of Fixed Assets | 负债总计 Total Liabilities | 所有者权益合计 Total Creditors Equity |
|---|---|---|---|---|---|
| **合计 Total** | **159508173** | **111203986** | **11190254** | **101128121** | **57066004** |
| 批发业 Wholesale | 134970120 | 95020579 | 7306997 | 86705986 | 47175245 |
| 按登记注册类型分 By Registration Category | | | | | |
| 内资企业 Domestic Funded Enterprises | 123341953 | 87487048 | 5867555 | 79208100 | 43081663 |
| #国有企业 State-owned Enterprises | 3021535 | 2486790 | 553278 | 663422 | 2357294 |
| 集体企业 Collective-owned Enterprises | 88745 | 75877 | 9918 | 72797 | 15948 |
| 有限责任公司 Limited Liability Corporations | 43860727 | 31788601 | 1832725 | 28129517 | 15646231 |
| 股份有限公司 Share-holding Corporations Ltd. | 15132392 | 8508021 | 766430 | 8612105 | 6498098 |
| 私营企业 Private Enterprises | 61230293 | 44622780 | 2700366 | 41728195 | 18557896 |
| 其他企业 Other Enterprises | 8262 | 4979 | 4839 | 2065 | 6197 |
| 港澳台商投资企业 Funds from Hong Kong, Macao and Taiwan | 6749640 | 4111900 | 866572 | 4069315 | 2643702 |
| 外商投资企业 Foreign Funded Enterprises | 4878527 | 3421631 | 572869 | 3428571 | 1449880 |
| 按行业分 By Sector | | | | | |
| 农、林、牧、渔产品批发 Wholesale of Farming,Forestry,Animal Husbandry Products | 3265369 | 2229057 | 228346 | 1963003 | 1278912 |
| 食品、饮料及烟草制品批发 Wholesale of Food, Beverages and Tobaccos | 13480891 | 10221005 | 1396373 | 6701830 | 6734190 |
| 米、面制品及食用油批发 Sholesale of Rice, Wheat Products and Rdible Oil | 1975688 | 1692364 | 109060 | 1545113 | 407365 |
| 烟草制品批发 Wholesale of Tobaccos | 4278937 | 3058799 | 635514 | 744909 | 3534028 |
| 纺织、服装及家庭用品批发 Wholesale of Textiles, Garments and Daily Consumer Articles | 20145812 | 11680607 | 1082532 | 10348842 | 9383481 |
| 服装批发 Wholesale of Garments | 4466660 | 3679755 | 264787 | 3000922 | 1423407 |
| 日用家电批发 Wholesale of Family Electrical Equipments | 523240 | 479064 | 20927 | 418129 | 103162 |
| 文化、体育用品及器材批发 Wholesale of Culture, Sports Products and Appliances | 2855196 | 1970617 | 146358 | 1813857 | 1017461 |
| 医药及医疗器材批发 Wholesale of Medicines and Medical Appliances | 3675745 | 2943346 | 183112 | 2397479 | 1185919 |

# 14-4 续表1

# Continued

单位：万元　　(10000 yuan)

| 项目 Item | 资产总计 Total Assess | #流动资产合计 Total Circulating Funds | 固定资产原价 Oringinal Prices of Fixed Assets | 负债总计 Total Liabilities | 所有者权益合计 Total Creditors Equity |
|---|---|---|---|---|---|
| 矿产品、建材及化工产品批发 Wholesale of Mineral Products, Building Materials and Chemical Products | 78306336 | 55391342 | 2941185 | 54392194 | 23572655 |
| 煤炭及制品批发 Wholesale of Coal and Its Products | 8056030 | 6193155 | 77300 | 5308893 | 2715716 |
| 石油及制品批发 Wholesale of Petroleum and Its Products | 6974762 | 3827788 | 919419 | 4028661 | 2881439 |
| 金属及金属矿批发 Wholesale of Metal and Metal Mineral | 35203465 | 25258147 | 505391 | 25118627 | 10013138 |
| 建材批发 Wholesale of Building Materials | 15459960 | 10620445 | 1117182 | 11213761 | 4130687 |
| 化肥批发 Wholesale of Chemical Fertilizer | 622989 | 575195 | 23971 | 501142 | 121692 |
| 机械设备、五金产品及电子产品批发 Wholesale of Machinery, Equipment, Hardware,Transport and Electic Products | 10228829 | 8051221 | 1177270 | 6713475 | 3422918 |
| 汽车及零配件批发 Wholesale of Motor Vehicles | 2594800 | 1728008 | 355614 | 1640886 | 953351 |
| 计算机、软件及辅助设备批发 Wholesale of Computer Software and Supplementary Equipments | 735008 | 667651 | 99213 | 443251 | 290972 |
| 贸易经纪与代理 Trade Broker and Agent | 881506 | 658699 | 42693 | 640220 | 235234 |
| 其他批发业 Other Wholesale not Classified Elsewhere | 2130435 | 1874686 | 109129 | 1735086 | 344475 |
| 零售业 Retail Trade | 24538053 | 16183407 | 3883258 | 14422136 | 9890759 |
| 按登记注册类型分 By Registration Category | | | | | |
| 内资企业 Domestic Funded Enterprises | 18680534 | 12886318 | 3156349 | 11345678 | 7108729 |
| #国有企业 State-owned Enterprises | 36824 | 21047 | 15262 | 23927 | 12897 |
| 集体企业 Collective-owned Enterprises | 51016 | 30581 | 27779 | 23542 | 27351 |
| 有限责任公司 Limited Liability Corporations | 4718220 | 3293646 | 925105 | 2959728 | 1703413 |
| 股份有限公司 Share-holding Corporations Ltd. | 1469810 | 840216 | 228696 | 757228 | 712582 |
| 私营企业 Private Enterprises | 12394533 | 8693695 | 1958156 | 7574771 | 4649453 |
| 其他企业 Other Enterprises | 8494 | 5926 | 643 | 6226 | 1653 |
| 港澳台商投资企业 Funds from Hong Kong, Macao and Taiwan | 1545424 | 999221 | 328636 | 1002126 | 545665 |
| 外商投资企业 Foreign Funded Enterprises | 4312096 | 2297868 | 398273 | 2074331 | 2236365 |

# 14-4 续表2

## Continued

单位：万元 (10000 yuan)

| 项目 Item | 资产总计 Total Assess | #流动资产合计 Total Circulating Funds | 固定资产原价 Oringinal Prices of Fixed Assets | 负债总计 Total Liabilities | 所有者权益合计 Total Creditors Equity |
|---|---|---|---|---|---|
| 按行业分 By Sector | | | | | |
| 综合零售 General Retail | 6536241 | 3633929 | 1123877 | 3692960 | 2854866 |
| 百货零售 Retail of Consumer Goods | 1840527 | 1087473 | 514321 | 1292133 | 544119 |
| 超级市场零售 Retail of Supermarkets | 4548919 | 2458236 | 573876 | 2324581 | 2234811 |
| 食品、饮料及烟草制品专门零售 Retail of Food, Beverages and Tobaccos | 1888060 | 940688 | 417267 | 582060 | 1247962 |
| 纺织、服装及日用品专门零售 Retail of Textiles, Garments, Shoes and Hats | 1344726 | 912272 | 137994 | 839105 | 492339 |
| 服装零售 Retail of Garments | 549000 | 427561 | 50166 | 368498 | 174018 |
| 文化、体育用品及器材专门零售 Retail of Culture, Sports Products and Equipments | 964190 | 702504 | 191883 | 412566 | 546176 |
| 图书、报刊零售 Retail of Books,Newspapers and Magazines | 496259 | 340251 | 130706 | 191270 | 304989 |
| 医药及医疗器材专门零售 Retail of Medicines and Medical Appliances | 527526 | 407215 | 71926 | 346663 | 180393 |
| 西药零售 Retail of Medicines | 405649 | 317105 | 55716 | 258383 | 146984 |
| 中药零售 Chinese medicine | 103352 | 74216 | 14927 | 75720 | 27632 |
| 汽车、摩托车、零配件和燃料及其他动力销售 Retail of Motor Vehicles, Motorcycles Fule and Parts | 7846977 | 5580165 | 1350818 | 5242506 | 2549617 |
| 汽车新车零售 Retail of Motor Vehicles | 5965112 | 4642028 | 895501 | 4411491 | 1509976 |
| 机动车燃油零售 Retail of Vehicles Fule | 1505798 | 662488 | 309589 | 633086 | 865573 |
| 家用电器及电子产品专门零售 Retail of Family Electric Equipment and Product | 1240562 | 968912 | 108161 | 794715 | 437703 |
| 家用视听设备零售 Retail of Family Electric Equipment | 57274 | 49442 | 8464 | 32272 | 24780 |
| 日用家电零售 Retail of Daily-use Electric Equipment | 824027 | 615827 | 66234 | 547349 | 271149 |
| 计算机、软件及辅助设备零售 Wholesale of Computer Software and Supplementary Equipments | 133656 | 95108 | 18856 | 56601 | 75859 |
| 通信设备零售 Retail of Telecommunicate Equipment | 151022 | 140753 | 11267 | 107646 | 42862 |
| 五金、家具及室内装饰材料专门零售 Retail of Hardware, Furniture and Inside Decoration Materials | 1247724 | 972248 | 198905 | 709914 | 491586 |
| 货摊、无店铺及其他零售业 Retail of No Stores and Others | 2942048 | 2065475 | 282426 | 1801647 | 1090119 |

# 14-5 限额以上批发和零售企业财务状况（2019年）

# Main Financial Indicators of Wholesale and Retail Trades Corporation Enterprises(2019)

单位：万元　(10000 yuan)

| 项目 Item | 主营业务收入 Main Operating Income | 营业成本 Operating Expenses | 税金及附加 Tax and Extra Charges | 营业利润 Profits of Business |
|---|---|---|---|---|
| **合计 Total** | **353854050** | **334701596** | **1349805** | **6444967** |
| 批发业 Wholesale | 292108104 | 279688370 | 1090762 | 4845877 |
| 按登记注册类型分 By Registration Category | | | | |
| 内资企业 Domestic Funded Enterprises | 272654428 | 261619542 | 1058868 | 4392064 |
| #国有企业 State-owned Enterprises | 6307772 | 4830787 | 643129 | 653486 |
| 集体企业 Collective-owned Enterprises | 272507 | 256607 | 550 | 1850 |
| 有限责任公司 Limited Liability Corporations | 101908989 | 99461493 | 154378 | 1014387 |
| 股份有限公司 Share-holding Corporations Ltd. | 22739988 | 22455178 | 14393 | 351611 |
| 私营企业 Private Enterprises | 141351513 | 134551057 | 246171 | 2365034 |
| 其他企业 Other Enterprises | 73660 | 64419 | 247 | 5696 |
| 港澳台商投资企业 Funds from Hong Kong, Macao and Taiwan | 10684594 | 10113987 | 15211 | 194889 |
| 外商投资企业 Foreign Funded Enterprises | 8769081 | 7954841 | 16683 | 258923 |
| 按行业分 By Sector | | | | |
| 农、林、牧、渔产品批发 Wholesale of Farming,Forestry,Animal Husbandry Products | 5854757 | 5645454 | 7329 | 42890 |
| 食品、饮料及烟草制品批发 Wholesale of Food, Beverages and Tobaccos | 26523332 | 24058783 | 740541 | 1288530 |
| 米、面制品及食用油批发 Sholesale of Rice, Wheat Products and Rdible Oil | 3686974 | 3553875 | 3439 | 80811 |
| 烟草制品批发 Wholesale of Tobaccos | 8675407 | 7452692 | 701505 | 791886 |
| 纺织、服装及家庭用品批发 Wholesale of Textiles, Garments and Daily Consumer Articles | 45443542 | 42525783 | 63956 | 877242 |
| 服装批发 Wholesale of Garments | 10772558 | 9721853 | 20839 | 341913 |
| 日用家电批发 Wholesale of Family Electrical Equipments | 991680 | 947688 | 2774 | 18452 |
| 文化、体育用品及器材批发 Wholesale of Culture, Sports Products and Appliances | 8004339 | 7637665 | 11189 | 174348 |
| 医药及医疗器材批发 Wholesale of Medicines and Medical Appliances | 7201116 | 6575247 | 17671 | 183021 |

# 14-5 续表1

## Continued

单位：万元　　　　(10000 yuan)

| 项目<br>Item | 主营业务收入<br>Main Operating Income | 营业成本<br>Operating Expenses | 税金及附加<br>Tax and Extra Charges | 营业利润<br>Profits of Business |
|---|---|---|---|---|
| 矿产品、建材及化工产品批发<br>Wholesale of Mineral Products, Building Materials and Chemical Products | 169729868 | 165290747 | 166738 | 1923207 |
| 煤炭及制品批发<br>Wholesale of Coal and Its Products | 22403597 | 21836871 | 23121 | 128815 |
| 石油及制品批发<br>Wholesale of Petroleum and Its Products | 22437416 | 21741022 | 23535 | 351751 |
| 金属及金属矿批发<br>Wholesale of Metal and Metal Mineral | 68606456 | 67419839 | 45182 | 650483 |
| 建材批发<br>Wholesale of Building Materials | 26989390 | 25761604 | 50477 | 591679 |
| 化肥批发<br>Wholesale of Chemical Fertilizer | 1489428 | 1415448 | 1887 | 21911 |
| 机械设备、五金产品及电子产品批发<br>Wholesale of Machinery, Equipment, Hardware,Transport and Electic Products | 19972567 | 18858874 | 40383 | 308778 |
| 汽车及零配件批发<br>Wholesale of Motor Vehicles | 5351571 | 5190075 | 12826 | -5456 |
| 计算机、软件及辅助设备批发<br>Wholesale of Computer Software and Supplementary Equipments | 1361223 | 1279116 | 2013 | 20750 |
| 贸易经纪与代理<br>Trade Broker and Agent | 2089064 | 2028079 | 2264 | 35764 |
| 其他批发业<br>Other Wholesale not Classified Elsewhere | 7289518 | 7067738 | 40690 | 12097 |
| 零售业<br>Retail Trade | 61745946 | 55013227 | 259043 | 1599091 |
| 按登记注册类型分<br>By Registration Category | | | | |
| 内资企业<br>Domestic Funded Enterprises | 55626669 | 49904112 | 238174 | 1285398 |
| #国有企业<br>State-owned Enterprises | 106873 | 97828 | 352 | 588 |
| 集体企业<br>Collective-owned Enterprises | 493337 | 437122 | 1904 | 15348 |
| 有限责任公司<br>Limited Liability Corporations | 13954948 | 12639545 | 41642 | 179033 |
| 股份有限公司<br>Share-holding Corporations Ltd. | 1477873 | 1427503 | 5076 | -25152 |
| 私营企业<br>Private Enterprises | 39560847 | 35272652 | 189135 | 1114931 |
| 其他企业<br>Other Enterprises | 25749 | 23252 | 35 | 406 |
| 港澳台商投资企业<br>Funds from Hong Kong, Macao and Taiwan | 2752681 | 2177550 | 10617 | 70279 |
| 外商投资企业<br>Foreign Funded Enterprises | 3366596 | 2931565 | 10252 | 243414 |

# 14-5 续表2

## Continued

单位：万元 (10000 yuan)

| 项目<br>Item | 主营业务收入<br>Main Operating Income | 营业成本<br>Operating Expenses | 税金及附加<br>Tax and Extra Charges | 营业利润<br>Profits of Business |
|---|---|---|---|---|
| 按行业分<br>By Sector | | | | |
| 综合零售<br>General Retail | 8591591 | 7487919 | 42263 | 275881 |
| 百货零售<br>Retail of Consumer Goods | 2510207 | 2136271 | 21347 | 42730 |
| 超级市场零售<br>Retail of Supermarkets | 5361751 | 4734195 | 17487 | 208178 |
| 食品、饮料及烟草制品专门零售<br>Retail of Food, Beverages and Tobaccos | 5429476 | 4529170 | 41135 | 364431 |
| 纺织、服装及日用品专门零售<br>Retail of Textiles, Garments, Shoes and Hats | 4193928 | 3439807 | 15251 | 137956 |
| 服装零售<br>Retail of Garments | 1514282 | 1242460 | 4322 | 33251 |
| 文化、体育用品及器材专门零售<br>Retail of Culture, Sports Products and Equipments | 2443292 | 2106637 | 18665 | 122789 |
| 图书、报刊零售<br>Retail of Books,Newspapers and Magazines | 452174 | 374822 | 2441 | 20963 |
| 医药及医疗器材专门零售<br>Retail of Medicines and Medical Appliances | 1173220 | 980306 | 4460 | 14722 |
| 西药零售<br>Retail of Medicines | 952621 | 810074 | 3535 | 16450 |
| 中药零售<br>Chinese medicine | 190913 | 147794 | 809 | -2844 |
| 汽车、摩托车、零配件和燃料及其他动力销售<br>Retail of Motor Vehicles, Motorcycles Fule and Parts | 21082882 | 20003748 | 58668 | 200456 |
| 汽车新车零售<br>Retail of Motor Vehicles | 16368607 | 15576189 | 46544 | 118178 |
| 机动车燃油零售<br>Retail of Vehicles Fule | 3089760 | 2895927 | 7418 | 34155 |
| 家用电器及电子产品专门零售<br>Retail of Family Electric Equipment and Product | 3731308 | 3383097 | 12853 | 74314 |
| 家用视听设备零售<br>Retail of Family Electric Equipment | 308119 | 283939 | 507 | 10815 |
| 日用家电零售<br>Retail of Daily-use Electric Equipment | 2062537 | 1860636 | 5853 | 28559 |
| 计算机、软件及辅助设备零售<br>Wholesale of Computer Software and Supplementary Equipments | 578436 | 520106 | 2120 | 22276 |
| 通信设备零售<br>Retail of Telecommunicate Equipment | 531030 | 495385 | 1128 | 4896 |
| 五金、家具及室内装饰材料专门零售<br>Retail of Hardware, Furniture and Inside Decoration Materials | 4486768 | 3970686 | 36550 | 161187 |
| 货摊、无店铺及其他零售业<br>Retail of No Stores and Others | 10613481 | 9111857 | 29197 | 247355 |

# 14-6 限额以上批发和零售企业主要效益指标（2019年）

# Main Indicators Economic Benefit of Whole Sale Enterprises and Retail Trade above Designated Size(2019)

单位：% (%)

| 项目<br>Item | 资产负债率<br>Assets Liability Rate | 销售毛利率<br>Ratio of Gross Profits to Sales Revenue | 经营费用率<br>Ratio of Operating Costs to Total Costs | 成本费用利润率<br>Ratio of Profits to Costs |
|---|---|---|---|---|
| **合计**<br>**Total** | **63.4** | **5.4** | **4.3** | **1.9** |
| 批发业<br>Wholesale | 64.2 | 4.3 | 3.2 | 1.8 |
| 按登记注册类型分<br>By Registration Category | | | | |
| 内资企业<br>Domestic Funded Enterprises | 64.2 | 4.0 | 3.0 | 1.7 |
| #国有企业<br>State-owned Enterprises | 22.0 | 23.4 | 5.5 | 12.2 |
| 集体企业<br>Collective-owned Enterprises | 82.0 | 5.8 | 5.6 | 0.9 |
| 有限责任公司<br>Limited Liability Corporations | 64.1 | 2.4 | 2.4 | 1.1 |
| 股份有限公司<br>Share-holding Corporations Ltd. | 56.9 | 1.3 | 2.3 | 1.5 |
| 私营企业<br>Private Enterprises | 68.1 | 4.8 | 3.3 | 1.8 |
| 其他企业<br>Other Enterprises | 25.0 | 12.5 | 4.5 | 8.4 |
| 港澳台商投资企业<br>Funds from Hong Kong, Macao and Taiwan | 60.3 | 5.3 | 5.4 | 1.9 |
| 外商投资企业<br>Foreign Funded Enterprises | 70.3 | 9.3 | 7.8 | 3.5 |
| 按行业分<br>By Sector | | | | |
| 农、林、牧、渔产品批发<br>Wholesale of Farming,Forestry,Animal Husbandry Products | 60.1 | 3.6 | 3.4 | 1.1 |
| 食品、饮料及烟草制品批发<br>Wholesale of Food, Beverages and Tobaccos | 49.7 | 9.3 | 5.7 | 5.1 |
| 米、面制品及食用油批发<br>Sholesale of Rice, Wheat Products and Rdible Oil | 78.2 | 3.6 | 3.4 | 2.6 |
| 烟草制品批发<br>Wholesale of Tobaccos | 17.4 | 14.1 | 4.9 | 9.8 |
| 纺织、服装及家庭用品批发<br>Wholesale of Textiles, Garments and Daily Consumer Articles | 51.4 | 6.4 | 4.6 | 2.1 |
| 服装批发<br>Wholesale of Garments | 67.2 | 9.8 | 6.7 | 3.8 |
| 日用家电批发<br>Wholesale of Family Electrical Equipments | 79.9 | 4.4 | 5.3 | 1.9 |
| 文化、体育用品及器材批发<br>Wholesale of Culture, Sports Products and Appliances | 63.5 | 4.6 | 3.2 | 2.3 |
| 医药及医疗器材批发<br>Wholesale of Medicines and Medical Appliances | 65.2 | 8.7 | 6.3 | 2.6 |
| 矿产品、建材及化工产品批发<br>Wholesale of Mineral Products, Building Materials and Chemical Products | 69.5 | 2.6 | 2.1 | 1.2 |

# 14-6 续表1

## Continued

单位：%　　　　(%)

| 项目<br>Item | 资产负债率<br>Assets Liability Rate | 销售毛利率<br>Ratio of Gross Profits to Sales Revenue | 经营费用率<br>Ratio of Operating Costs to Total Costs | 成本费用利润率<br>Ratio of Profits to Costs |
|---|---|---|---|---|
| 煤炭及制品批发<br>Wholesale of Coal and Its Products | 65.9 | 2.5 | 2.3 | 0.6 |
| 石油及制品批发<br>Wholesale of Petroleum and Its Products | 57.8 | 3.1 | 2.2 | 1.6 |
| 金属及金属矿批发<br>Wholesale of Metal and Metal Mineral | 71.4 | 1.7 | 1.7 | 1.0 |
| 建材批发<br>Wholesale of Building Materials | 72.5 | 4.5 | 3.2 | 2.2 |
| 化肥批发<br>Wholesale of Chemical Fertilizer | 80.4 | 5.0 | 3.6 | 1.6 |
| 机械设备、五金产品及电子产品批发<br>Wholesale of Machinery, Equipment, Hardware,Transport and Electic Products | 65.6 | 5.6 | 4.7 | 1.7 |
| 汽车及零配件批发<br>Wholesale of Motor Vehicles | 63.2 | 3.0 | 4.9 | -0.1 |
| 计算机、软件及辅助设备批发<br>Wholesale of Computer Software and Supplementary Equipments | 60.3 | 6.0 | 4.8 | 1.6 |
| 贸易经纪与代理<br>Trade Broker and Agent | 72.6 | 2.9 | 2.9 | 1.8 |
| 其他批发业<br>Other Wholesale not Classified Elsewhere | 81.4 | 3.0 | 2.6 | 1.3 |
| 零售业<br>Retail Trade | 58.8 | 10.9 | 9.5 | 2.7 |
| 按登记注册类型分<br>By Registration Category | | | | |
| 内资企业<br>Domestic Funded Enterprises | 60.7 | 10.3 | 8.6 | 2.4 |
| #国有企业<br>State-owned Enterprises | 65.0 | 8.5 | 7.9 | 0.9 |
| 集体企业<br>Collective-owned Enterprises | 46.1 | 11.4 | 8.0 | 3.2 |
| 有限责任公司<br>Limited Liability Corporations | 62.7 | 9.4 | 9.6 | 1.4 |
| 股份有限公司<br>Share-holding Corporations Ltd. | 51.5 | 3.4 | 7.1 | -1.7 |
| 私营企业<br>Private Enterprises | 61.1 | 10.8 | 8.4 | 2.9 |
| 其他企业<br>Other Enterprises | 73.3 | 9.7 | 8.0 | 1.6 |
| 港澳台商投资企业<br>Funds from Hong Kong, Macao and Taiwan | 64.8 | 20.9 | 20.3 | 2.7 |
| 外商投资企业<br>Foreign Funded Enterprises | 48.1 | 12.9 | 14.7 | 7.2 |
| 按行业分<br>By Sector | | | | |

# 14-6 续表2

# Continued

单位：%　　(%)

| 项目<br>Item | 资产负债率<br>Assets Liability Rate | 销售毛利率<br>Ratio of Gross Profits to Sales Revenue | 经营费用率<br>Ratio of Operating Costs to Total Costs | 成本费用利润率<br>Ratio of Profits to Costs |
|---|---|---|---|---|
| 综合零售<br>General Retail | 56.5 | 12.8 | 15.2 | 3.1 |
| 百货零售<br>Retail of Consumer Goods | 70.2 | 14.9 | 15.8 | 1.4 |
| 超级市场零售<br>Retail of Supermarkets | 51.1 | 11.7 | 15.6 | 3.8 |
| 食品、饮料及烟草制品专门零售<br>Retail of Food, Beverages and Tobaccos | 30.8 | 16.6 | 10.2 | 7.2 |
| 纺织、服装及日用品专门零售<br>Retail of Textiles, Garments, Shoes and Hats | 62.4 | 18.0 | 14.2 | 3.4 |
| 服装零售<br>Retail of Garments | 67.1 | 18.0 | 15.0 | 2.3 |
| 文化、体育用品及器材专门零售<br>Retail of Culture, Sports Products and Equipments | 42.8 | 13.8 | 8.6 | 5.4 |
| 图书、报刊零售<br>Retail of Books,Newspapers and Magazines | 38.5 | 17.1 | 14.1 | 5.0 |
| 医药及医疗器材专门零售<br>Retail of Medicines and Medical Appliances | 65.7 | 16.4 | 16.4 | 1.4 |
| 西药零售<br>Retail of Medicines | 63.7 | 15.0 | 14.5 | 1.8 |
| 中药零售<br>Chinese medicine | 73.3 | 22.6 | 25.1 | -1.0 |
| 汽车、摩托车、零配件和燃料及其他动力销售<br>Retail of Motor Vehicles, Motorcycles Fule and Parts | 66.8 | 5.1 | 5.3 | 1.0 |
| 汽车新车零售<br>Retail of Motor Vehicles | 74.0 | 4.8 | 5.2 | 0.7 |
| 机动车燃油零售<br>Retail of Vehicles Fule | 42.0 | 6.3 | 6.7 | 1.1 |
| 家用电器及电子产品专门零售<br>Retail of Family Electric Equipment and Product | 64.1 | 9.3 | 7.4 | 2.1 |
| 家用视听设备零售<br>Retail of Family Electric Equipment | 56.3 | 7.8 | 4.1 | 3.7 |
| 日用家电零售<br>Retail of Daily-use Electric Equipment | 66.4 | 9.8 | 8.6 | 1.4 |
| 计算机、软件及辅助设备零售<br>Wholesale of Computer Software and Supplementary Equipments | 42.3 | 10.1 | 5.8 | 4.0 |
| 通信设备零售<br>Retail of Telecommunicate Equipment | 71.3 | 6.7 | 6.7 | 0.9 |
| 五金、家具及室内装饰材料专门零售<br>Retail of Hardware, Furniture and Inside Decoration Materials | 56.9 | 11.5 | 7.2 | 3.7 |
| 货摊、无店铺及其他零售业<br>Retail of No Stores and Others | 61.2 | 14.1 | 12.0 | 2.5 |

# 14-7 亿元以上商品交易市场主要经济指标（2019年）

## Statistics on Commodity Markets with Trade over 100 Million Yuan(2019)

| 项目 | Item | 市场数（个）Number of Markets (unit) | 摊位数（个）Number of Stalls (unit) | 营业面积(平方米) Operation Area(sq.m) | 市场成交额（万元）Transaction Value (10000 yuan) |
|---|---|---|---|---|---|
| **总计** | **Total** | **109** | **49044** | **3077703** | **14883949** |
| **按经营环境分** | **By Operating Circumstance** | | | | |
| 封闭式 | Indoor | 89 | 42547 | 2822417 | 13251433 |
| 露天式 | Outdoor | 6 | 1092 | 59787 | 875192 |
| 其他 | Others | 14 | 5405 | 195499 | 757324 |
| **按营业状态分** | **By Operating Status** | | | | |
| 常年营业 | Perennial Operation | 108 | 49016 | 3076203 | 14872549 |
| 季节性营业 | Seasonal Operation | 1 | 28 | 1500 | 11400 |
| 其他 | Others | | | | |
| **按经营方式分** | **By Operating Mode** | | | | |
| 批发（或以批发为主） | Whole Sale | 46 | 25789 | 2189235 | 12325173 |
| 零售（或以零售为主） | Retail | 63 | 23255 | 888468 | 2558776 |
| **按市场类别分** | **By Market Category** | | | | |
| 综合市场 | General Markets | 48 | 25061 | 790972 | 4474318 |
| 生产资料综合市场 | Product Materials Markets | 1 | 200 | 5100 | 10300 |
| 工业消费品综合市场 | Industrial Products Consume Markets | 3 | 5705 | 71638 | 860369 |
| 农副产品综合市场 | Agricaltural Products General Markets | 36 | 14710 | 324008 | 2091440 |
| 其他综合市场 | Other Markets | 8 | 4446 | 390226 | 1512209 |
| 专业市场 | and Hats | 61 | 23983 | 2286731 | 10409631 |
| 生产资料市场 | Markets for Food, Beverage, Tobacco | 7 | 1853 | 369728 | 1645323 |
| 农产品市场 | and Liquor | 29 | 9077 | 721594 | 5255306 |
| 食品饮料及烟酒市场 | Medicine and Medical Insurments | 3 | 2770 | 97221 | 227121 |
| 纺织、服装、鞋帽市场 | Markets for Furnitures | 5 | 5506 | 299809 | 1090501 |
| 日用品及文化用品市场 | Markets for Small Commodities | | | | |
| 黄金、珠宝、玉器等首饰市场 | Markets for Culture Products, VideoProducts | 4 | 1862 | 242569 | 1040743 |
| 电器、通讯器材、电子设备市场 | Newspapers and Magazines | 1 | 719 | 38000 | 95724 |
| 医药、医疗用品及器材市场 | Markets for Second Hand | 1 | 28 | 1500 | 11400 |
| 家具、五金及装饰材料市场 | Markets for Mechanically-propelled Vehicles | 6 | 1736 | 423230 | 466170 |
| 汽车、摩托车及零配件市场 | Markets for Metal Materials | 4 | 380 | 67600 | 566087 |
| 花、鸟、鱼、虫市场 | Markets for Coal | 1 | 52 | 25480 | 11256 |
| 旧货市场 | Markets for Wood | | | | |
| 其他专业市场 | Other Markets | | | | |

# 14-8 亿元以上商品交易市场成交情况（2019年）

# Transaction Value of Commodity Markets with Trade over 100 Million Yuan by Region(2019)

| 项目 | Item | 出租摊位数（个）Number of Stalls (unit) | 市场成交额（万元）Transaction Value (10000 yuan) |
|---|---|---|---|
| **总计** | **Total** | **43062** | **14883949** |
| 粮油、食品类 | Grain,Oil and Foods | 20835 | 7762304 |
| 饮料类 | Beverages | 2883 | 369618 |
| 烟酒类 | Tobacco and Liquor | 320 | 316457 |
| 服装、鞋帽、针纺织品类 | Garments,shoes,Caps and Textiles | 9001 | 1874270 |
| 服装类 | Clothing | 7262 | 1513248 |
| 鞋帽类 | Shoes and Hats | 975 | 145735 |
| 针纺织品类 | Knitwear and Textiles | 764 | 215287 |
| 化妆品类 | Cosmetics | 77 | 10963 |
| 金银珠宝类 | Gold,Silver and Jewelry | 1419 | 955241 |
| 日用品类 | Articles for Daily Use | 1063 | 217443 |
| 五金、电料类 | Hardware and Electrical Materials | 584 | 47821 |
| 体育、娱乐用品类 | Sports and Recreation Articles | 96 | 67703 |
| 书报杂志类 | Newspapers and Magazines | 2 | 42 |
| 电子出版物及音像制品类 | E-journal and Video Products | 7 | 358 |
| 家用电器和音像器材类 | Household Appliances and Video Appliances | 374 | 60551 |
| 中西药品类 | Traditional Chinese and Western Medicines | 85 | 15911 |
| #西药类 | Western Medicines | 4 | 2238 |
| 中草药及中成药类 | Chinese Herbal Medicine and Mid-product Medicine | 76 | 12845 |
| 文化办公用品类 | Cultural and Official Goods | 577 | 88690 |
| 家具类 | Furniture | 676 | 286232 |
| 通讯器材类 | Communication Appliances | 89 | 5797 |
| 煤炭及制品类 | Coal and Related Products | | |
| 木材及制品类 | Wood and Wooden Products | 478 | 75770 |
| 石油及制品类 | Petroleum and Related Products | 2 | 63 |
| 化工材料及制品类 | Raw Chemical Materials | 11 | 2685 |
| 金属材料类 | Metal Materrials | 117 | 402433 |
| 建筑及装潢材料类 | Building and Decoration Materials | 2482 | 1507725 |
| 机电产品及设备类 | Mechanical and Electrical Products and Equipment | 129 | 5108 |
| 汽车类 | Vehicles | 374 | 566087 |
| 种子饲料类 | Seed and Feedstuff | 180 | 37486 |
| 棉麻类 | Cotton and Ramie | | |
| 其他类 | Others | 1201 | 207191 |

# 14-9 限额以上住宿业企业基本情况（2019年）

## Basic Conditions of Enterprises above Designated Size in Hotels(2019)

| 项目 | Item | 法人企业（个）Number of Corporation (unit) | 床位数（个）Number of Beds at the year- end (unit) | 餐位数（位）Number of seats at the year- end |
|---|---|---|---|---|
| 住宿业 | Hotels | 1152 | 276684 | 447639 |
| 按登记注册类型分 | By Registration Category | | | |
| 内资企业 | Domestic Funded Enterprises | 1058 | 243731 | 372871 |
| #国有企业 | State-owned Enterprises | 40 | 8565 | 15614 |
| 集体企业 | Collective-owned Enterprises | 6 | 714 | 1639 |
| 有限责任公司 | Limited Liability Corporations | 156 | 51296 | 81631 |
| 股份有限公司 | Share-holding Corporations Ltd. | 14 | 3067 | 3095 |
| 私营企业 | Private Enterprises | 841 | 179439 | 270030 |
| 港澳台商投资企业 | Funds from Hong Kong, Macao and Taiwan | 59 | 18382 | 53390 |
| 外商投资企业 | Foreign Funded Enterprises | 35 | 14571 | 21378 |
| 按行业分 | By Sector | | | |
| #旅游饭店 | Tourism Hotel | 670 | 190541 | 346936 |
| 一般旅馆 | General Hotel | 451 | 72770 | 70975 |
| 民宿服务 | Home and Lodging Services | 7 | 1683 | 1203 |
| 其他住宿业 | Others | 24 | 11690 | 28525 |

# 14-10 限额以上餐饮业企业基本情况（2019年）

## Basic Conditions of Enterprises above Designated Size in Catering Services(2019)

| 项目 | Item | 法人企业（个）Number of Corporation (unit) | 年末餐饮营业面积（平方米）Operation Area (sq.m) | 餐位数（位）Number of seats at the year- end |
|---|---|---|---|---|
| 餐饮业 | | 1272 | 2223007 | 565166 |
| 按登记注册类型分 | By Registration Category | | | |
| 内资企业 | Domestic Funded Enterprises | 1230 | 1887787 | 483715 |
| #国有企业 | State-owned Enterprises | 4 | 4945 | 1538 |
| 集体企业 | Collective-owned Enterprises | 2 | 10020 | 2100 |
| 有限责任公司 | Limited Liability Corporations | 79 | 146705 | 53529 |
| 股份有限公司 | Share-holding Corporations Ltd. | 1 | 706 | 110 |
| 私营企业 | Private Enterprises | 1144 | 1725411 | 426438 |
| 港澳台商投资企业 | Funds from Hong Kong, Macao and Taiwan | 24 | 153077 | 34227 |
| 外商投资企业 | Foreign Funded Enterprises | 18 | 182143 | 47224 |
| 按行业分 | By Sector | | | |
| 正餐服务 | Dinner | 1140 | 1829846 | 440103 |
| 快餐服务 | Snack | 58 | 290520 | 100195 |
| 饮料及冷饮服务 | Drink and Cold Drink | 24 | 23675 | 3041 |
| 餐饮配送及外卖送餐服务 | Catering distribution | 24 | 22845 | 6349 |
| 其他餐饮业 | Others | 26 | 56121 | 15478 |

# 14-11 限额以上住宿业和餐饮业企业经营情况（2019年）

# Basic Conditions of Enterprises above Designated Size in Hotels and Catering Services(2019)

单位：万元 (10000 yuan)

| 项目 | Item | 营业额 Business Revenue | 客房收入 From Hotel Rooms | 餐费收入 From Meals | 商品销售额 From Commodities Income | 其他收入 From Others |
|---|---|---|---|---|---|---|
| **合计** | **Total** | **5705125** | **1271240** | **4098159** | **155814** | **179912** |
| 住宿业 | Hotels | 2816174 | 1195404 | 1395947 | 89041 | 135783 |
| 按登记注册类型分 | By Registration Category | | | | | |
| 内资企业 | Domestic Funded Enterprises | 2337838 | 993938 | 1156248 | 78445 | 109208 |
| #国有企业 | State-owned Enterprises | 86819 | 38963 | 35857 | 520 | 11479 |
| 集体企业 | Collective-owned Enterprises | 12274 | 3852 | 8255 | | 167 |
| 有限责任公司 | Limited Liability Corporations | 678529 | 279495 | 341945 | 17426 | 39663 |
| 股份有限公司 | Share-holding Corporations Ltd. | 28598 | 16438 | 9857 | 1 | 2303 |
| 私营企业 | Private Enterprises | 1521600 | 650378 | 757442 | 60344 | 53436 |
| 港澳台商投资企业 | Funds from Hong Kong, Macao and Taiwan | 321792 | 133505 | 168552 | 5347 | 14388 |
| 外商投资企业 | Foreign Funded Enterprises | 156544 | 67960 | 71148 | 5250 | 12187 |
| 按行业分 | By Sector | | | | | |
| #旅游饭店 | Tourism Hotel | 2180407 | 852080 | 1142299 | 73055 | 112973 |
| 一般旅馆 | General Hotel | 590152 | 314767 | 239844 | 14194 | 21347 |
| 民宿服务 | Home and Lodging Services | 6942 | 3130 | 2389 | 1107 | 317 |
| 其他住宿业 | Other Hotel | 38673 | 25426 | 11416 | 685 | 1146 |
| 餐饮业 | | 2888951 | 75837 | 2702212 | 66773 | 44129 |
| 按登记注册类型分 | By Registration Category | | | | | |
| 内资企业 | Domestic Funded Enterprises | 2259509 | 69583 | 2094676 | 56896 | 38354 |
| #国有企业 | State-owned Enterprises | 8404 | 859 | 4367 | 3159 | 18 |
| 集体企业 | Collective-owned Enterprises | 3251 | 112 | 2880 | | 259 |
| 有限责任公司 | Limited Liability Corporations | 154336 | 11365 | 131751 | 8282 | 2938 |
| 股份有限公司 | Share-holding Corporations Ltd. | 592 | | 592 | | |
| 私营企业 | Private Enterprises | 2092927 | 57246 | 1955087 | 45455 | 35140 |
| 港澳台商投资企业 | Funds from Hong Kong, Macao and Taiwan | 238069 | 1379 | 229923 | 5955 | 812 |
| 外商投资企业 | Foreign Funded Enterprises | 391372 | 4875 | 377613 | 3922 | 4962 |
| 按行业分 | By Sector | | | | | |
| 正餐服务 | Dinner | 1997996 | 75813 | 1861243 | 43633 | 17307 |
| 快餐服务 | Snack | 711817 | | 699103 | 7895 | 4820 |
| 饮料及冷饮服务 | Drink and Cold Drink | 77970 | | 70058 | 6595 | 1317 |
| 餐饮配送及外卖送餐服务 | Catering distribution | 39237 | | 18313 | 960 | 19963 |
| 其他餐饮业 | Others | 61931 | 24 | 53495 | 7690 | 723 |

# 14-12 限额以上住宿和餐饮业企业年末资产及负债情况（2019年）

# Main Financial Indicators of Hotels and Catering Sevices Corporation Enterprises(2019)

单位：万元 (10000 yuan)

| 项目 | Item | 资产总计 Total Assess | 流动资产合计 Total Circhlating Funds | 固定资产原价 Oringinal Prices of Fixed Assets | 负债总计 Total Liabilities | 所有者权益合计 Total Creditors Equity |
|---|---|---|---|---|---|---|
| **合计** | **Total** | **7419907** | **3007153** | **4449818** | **4674964** | **2704045** |
| 住宿业 | Hotels | 6155715 | 2368694 | 3924494 | 3977895 | 2149392 |
| 按登记注册类型分 | By Registration Category | | | | | |
| 内资企业 | Domestic Funded Enterprises | 4697563 | 1761473 | 2764872 | 2946330 | 1722806 |
| #国有企业 | State-owned Enterprises | 229589 | 62948 | 188104 | 136512 | 90885 |
| 集体企业 | Collective-owned Enterprises | 10895 | 4532 | 7281 | 5321 | 5574 |
| 有限责任公司 | Limited Liability Corporations | 1424364 | 447347 | 870327 | 797889 | 609631 |
| 股份有限公司 | Share-holding Corporations Ltd. | 178347 | 145788 | 38380 | 22601 | 155736 |
| 私营企业 | Private Enterprises | 2826452 | 1087612 | 1629032 | 1973554 | 843517 |
| 港澳台商投资企业 | Funds from Hong Kong, Macao and Taiwan | 980181 | 375200 | 757877 | 766331 | 213851 |
| 外商投资企业 | Foreign Funded Enterprises | 477970 | 232021 | 401746 | 265235 | 212735 |
| 按行业分 | By Sector | | | | | |
| #旅游饭店 | Tourism Hotel | 5044746 | 1895511 | 3348432 | 3320143 | 1699623 |
| 一般旅馆 | General Hotel | 931321 | 337721 | 543927 | 623392 | 304482 |
| 民宿服务 | Home and Lodging Services | 149837 | 124980 | 17578 | 24751 | 125086 |
| 其他住宿业 | Other Hotel | 29811 | 10482 | 14556 | 9609 | 20201 |
| 餐饮业 | | 1264193 | 638459 | 525324 | 697069 | 554653 |
| 按登记注册类型分 | By Registration Category | | | | | |
| 内资企业 | Domestic Funded Enterprises | 938813 | 524046 | 345579 | 471065 | 455518 |
| #国有企业 | State-owned Enterprises | 10125 | 7804 | 2629 | 1613 | 8512 |
| 集体企业 | Collective-owned Enterprises | 655 | 70 | 520 | 155 | 500 |
| 有限责任公司 | Limited Liability Corporations | 90982 | 40646 | 43018 | 58126 | 33170 |
| 股份有限公司 | Share-holding Corporations Ltd. | 844 | 741 | 32 | 829 | 15 |
| 私营企业 | Private Enterprises | 836208 | 474785 | 299380 | 410341 | 413321 |
| 港澳台商投资企业 | Funds from Hong Kong, Macao and Taiwan | 166637 | 44978 | 60761 | 107185 | 59213 |
| 外商投资企业 | Foreign Funded Enterprises | 158742 | 69435 | 118984 | 118819 | 39923 |
| 按行业分 | By Sector | | | | | |
| 正餐服务 | Dinner | 886649 | 486882 | 395988 | 460517 | 413957 |
| 快餐服务 | Snack | 294261 | 104743 | 114608 | 177423 | 116769 |
| 饮料及冷饮服务 | Drink and Cold Drink | 32106 | 19405 | 4130 | 36246 | -4313 |
| 餐饮配送及外卖送餐服务 | Catering distribution | 13248 | 10267 | 4095 | 6647 | 6601 |
| 其他餐饮业 | Others | 37929 | 17162 | 6503 | 16236 | 21640 |

# 14-13 限额以上住宿和餐饮业企业主要财务指标（2019年）

# Main Financial Indicators of Hotels and Catering Sevices Corporation Enterprises(2019)

单位：万元 (10000 yuan)

| 项目 | Item | 主营业务收入 Main Operating Income | 营业成本 Operating Expenses | 税金及附加 Tax and Extra Charges | 营业利润 Profits of Business |
|---|---|---|---|---|---|
| **合计** | **Total** | **5438892** | **3163619** | **64731** | **192630** |
| 住宿业 | Hotels | 2678022 | 1348731 | 42170 | 38413 |
| 按登记注册类型分 | By Registration Category | | | | |
| 内资企业 | Domestic Funded Enterprises | 2230476 | 1171246 | 34387 | 39074 |
| #国有企业 | State-owned Enterprises | 82833 | 35223 | 781 | -1684 |
| 集体企业 | Collective-owned Enterprises | 11935 | 8536 | 134 | 862 |
| 有限责任公司 | Limited Liability Corporations | 643433 | 301318 | 11586 | 6903 |
| 股份有限公司 | Share-holding Corporations Ltd. | 25174 | 7162 | 312 | 1813 |
| 私营企业 | Private Enterprises | 1457664 | 817548 | 21303 | 30960 |
| 港澳台商投资企业 | Funds from Hong Kong, Macao and Taiwan | 305713 | 117728 | 5074 | 1390 |
| 外商投资企业 | Foreign Funded Enterprises | 141833 | 59757 | 2709 | -2051 |
| 按行业分 | By Sector | | | | |
| #旅游饭店 | Tourism Hotel | 2073299 | 1013560 | 34165 | 4874 |
| 一般旅馆 | General Hotel | 560778 | 305643 | 7603 | 32342 |
| 民宿服务 | Home and Lodging Services | 6843 | 7400 | 140 | -1188 |
| 其他住宿业 | Other Hotel | 37101 | 22128 | 263 | 2385 |
| 餐饮业 | | 2760870 | 1814888 | 22561 | 154217 |
| 按登记注册类型分 | By Registration Category | | | | |
| 内资企业 | Domestic Funded Enterprises | 2167384 | 1541679 | 21633 | 109249 |
| #国有企业 | State-owned Enterprises | 7722 | 4171 | 69 | 933 |
| 集体企业 | Collective-owned Enterprises | 3171 | 2094 | 165 | 594 |
| 有限责任公司 | Limited Liability Corporations | 146476 | 92807 | 1158 | 2519 |
| 股份有限公司 | Share-holding Corporations Ltd. | 558 | 234 | 2 | -4 |
| 私营企业 | Private Enterprises | 2009457 | 1442372 | 20239 | 105207 |
| 港澳台商投资企业 | Funds from Hong Kong, Macao and Taiwan | 228618 | 86930 | 329 | 15626 |
| 外商投资企业 | Foreign Funded Enterprises | 364868 | 186279 | 599 | 29342 |
| 按行业分 | By Sector | | | | |
| 正餐服务 | Dinner | 1916380 | 1303271 | 20232 | 116000 |
| 快餐服务 | Snack | 675783 | 405420 | 1397 | 37761 |
| 饮料及冷饮服务 | Drink and Cold Drink | 72049 | 48339 | 309 | -6154 |
| 餐饮配送及外卖送餐服务 | Catering distribution | 38047 | 27401 | 137 | 274 |
| 其他餐饮业 | Others | 58612 | 30456 | 487 | 6337 |

# 14-14 限额以上批发和零售业连锁企业基本经营情况（2019年）

# Basic Conditions of Enterprises above Designated Size of Wholesale and Retail Trades(2019)

| 项目 | Item | 连锁总店数（个）Number of Head Chain Stores (unit) | 年末门店数（个）Number of Stores (unit) | 直营店 Regular Chain | 加盟店 Franchi-se | 年末营业面积（平方米）Operation Area (sq.m) | 年末从业人员（人）Persons Employ (person) | 商品销售总额(万元) Total Sales (10000 yuan) |
|---|---|---|---|---|---|---|---|---|
| **总计** | **Total** | **179** | **12382** | **7692** | **4690** | **10251945** | **144163** | **17413395** |
| 批发业 | Wholesale | 10 | 1227 | 290 | 937 | 378662 | 5620 | 522810 |
| 零售业 | Retail Trade | 169 | 11155 | 7402 | 3753 | 9873283 | 138543 | 16890585 |
| **按登记注册类型分** | **Grouped by Status of Registration** | | | | | | | |
| 内资企业 | Domestic Funded Enterprises | 160 | 8976 | 4414 | 4562 | 3112893 | 54403 | 5585281 |
| #国有企业 | State-owned Enterprises | 6 | 210 | 210 | | 195249 | 1952 | 721821 |
| 有限责任公司 | Limited-Liability Corporations | 65 | 2113 | 1895 | 218 | 1144247 | 19430 | 1983163 |
| 股份有限公司 | Share Holding Corporations Ltd. | 13 | 1208 | 481 | 727 | 622493 | 4335 | 1215307 |
| 私营企业 | Private Enterprises | 75 | 5423 | 1814 | 3609 | 1110986 | 28259 | 1593222 |
| 港澳台商投资企业 | Funds from HongKong,Macao,TaiWan | 3 | 584 | 465 | 119 | 100749 | 1591 | 35398 |
| 外商投资企业 | Foreign Funded Enterprises | 16 | 2822 | 2813 | 9 | 7038303 | 88169 | 11792716 |

# 14-15 限额以上住宿和餐饮业连锁企业基本经营情况（2019年）

# Basic Conditions of Enterprises above Designated Size in Hotels and Catering Services(2019)

| 项目 | Item | 连锁总店数（个）Number of Head Chain Stores (unit) | 连锁门店数（个）Number of Stores (unit) | 直营店 Regular Chain | 加盟店 Franchis e | 营业面积（平方米）Operation Area (sq.m) | 年末从业人员（人）Persons Employed (person) | 营业收入（万元）Total Sales (10000 yuan) |
|---|---|---|---|---|---|---|---|---|
| **总计** | **Total** | **23** | **821** | **677** | **144** | **253243** | **29710** | **457069** |
| 住宿业 | Hotels | | | | | | | |
| 餐饮业 | Catering Services | 23 | 821 | 677 | 144 | 253243 | 29710 | 457069 |
| **按登记注册类型分** | **Grouped by Status of Registration** | | | | | | | |
| 内资企业 | Domestic Funded Enterprises | 15 | 329 | 185 | 144 | 48428 | 5131 | 120445 |
| #有限责任公司 | Limited-Liability Corporations | 6 | 124 | 41 | 83 | 28301 | 3221 | 94262 |
| 私营企业 | Private Enterprises | 9 | 205 | 144 | 61 | 20127 | 1910 | 26184 |
| 港澳台商投资企业 | Funds from HongKong, Macao,TaiWan | 4 | 160 | 160 | | 86941 | 8823 | 121440 |
| 外商投资企业 | Foreign Funded Enterprises | 4 | 332 | 332 | | 117874 | 15756 | 215183 |

# 14-16 入境游客人数

## Foreign Tourists

单位：人次 (person-time)

| 年份 Year | 合计 Total | 外国人 Foreigner | 台湾同胞 Compatriots from Taiwan | 港澳同胞 Compatriots from Hong Kong and Macao | #香港同胞 Compatriots from Hong Kong |
|---|---|---|---|---|---|
| 1979 | 115214 | 37522 | 59 | 77633 | |
| 1980 | 135059 | 43724 | 119 | 91216 | |
| 1981 | 173351 | 50498 | 874 | 121979 | |
| 1982 | 177835 | 52130 | 1670 | 124035 | |
| 1983 | 211529 | 69628 | 6832 | 135069 | |
| 1984 | 270443 | 82996 | 6654 | 180793 | |
| 1985 | 355748 | 102190 | 8593 | 244965 | |
| 1986 | 362320 | 126183 | 8709 | 227428 | |
| 1987 | 410821 | 135488 | 15693 | 259640 | |
| 1988 | 522082 | 110338 | 145838 | 265906 | |
| 1989 | 504594 | 81734 | 209491 | 213369 | |
| 1990 | 707903 | 105374 | 362815 | 239714 | |
| 1991 | 686023 | 141137 | 282003 | 262883 | |
| 1992 | 816076 | 182252 | 333290 | 300534 | |
| 1993 | 880344 | 211919 | 348037 | 320388 | |
| 1994 | 844503 | 228404 | 272194 | 343905 | |
| 1995 | 906406 | 256940 | 251509 | 397957 | |
| 1996 | 1045658 | 311861 | 271798 | 461999 | |
| 1997 | 1173932 | 360091 | 312767 | 501074 | |
| 1998 | 1217795 | 373884 | 355626 | 488285 | |
| 1999 | 1356042 | 409035 | 414622 | 532385 | |
| 2000 | 1613349 | 497466 | 477894 | 637989 | |
| 2001 | 1634841 | 465152 | 494211 | 675478 | 598004 |
| 2002 | 1848214 | 528015 | 571668 | 748531 | 685742 |
| 2003 | 1497164 | 459448 | 475220 | 562496 | 517123 |
| 2004 | 1728997 | 629173 | 491526 | 608298 | 565927 |
| 2005 | 1973894 | 723621 | 589373 | 660900 | 608059 |
| 2006 | 2298960 | 791160 | 740232 | 767568 | 706215 |
| 2007 | 2687453 | 1007969 | 801587 | 877897 | 799571 |
| 2008 | 2931908 | 986440 | 984761 | 960707 | 894813 |
| 2009 | 3120348 | 978350 | 1234255 | 907743 | 841895 |
| 2010 | 3681353 | 1152748 | 1569186 | 959419 | 879506 |
| 2011 | 4274232 | 1400156 | 1850715 | 1023361 | 928931 |
| 2012 | 4936738 | 1670078 | 2111586 | 1155074 | 1050746 |
| 2013 | 5121304 | 1782769 | 2136279 | 1202256 | 1091397 |
| 2014 | 5449833 | 1950628 | 2253899 | 1245306 | 1140972 |
| 2015 | 5914501 | 2142819 | 2381467 | 1390215 | 1279323 |
| 2016 | 6807912 | 2541193 | 2671983 | 1594736 | 1440834 |
| 2017 | 7754066 | 2928733 | 3132741 | 1692592 | 1523146 |
| 2018 | 9012403 | 3441938 | 3634961 | 1935504 | 1722028 |
| 2019 | 9582756 | 3732298 | 3876409 | 1974049 | 1735036 |

注：2000年起合计项含接待海外一日游游客人数。

Note:The data of total from 2000 include the foreign tourists of one day.

# 14-17 接待游客人数及旅游收入

## Number of Tourists and Exchange Earnings

| 年份 Year | 入境旅游人数（人次） Number of International Tourists(person-time) | #外国人 Foreigners | 国际旅游外汇收入（万美元） Foreigners Exchange Earnings(USD 10000) | 国内旅游人数（万人次） Domestic Tourists (10000 person-time) | 国内旅游收入（亿元） Domestic Tourism Earnings (100 million yuan) | 国内游客人均花费（元） Domestic Per Capita Expenditure (yuan) |
|---|---|---|---|---|---|---|
| 1979 | 115214 | 37522 | | | | |
| 1980 | 135059 | 43724 | | | | |
| 1981 | 173351 | 50498 | | | | |
| 1982 | 177835 | 52130 | | | | |
| 1983 | 211529 | 69628 | | | | |
| 1984 | 270443 | 82996 | | | | |
| 1985 | 355748 | 102190 | | | | |
| 1986 | 362320 | 126183 | | | | |
| 1987 | 410821 | 135488 | | | | |
| 1988 | 522082 | 110338 | | | | |
| 1989 | 504594 | 81734 | | | | |
| 1990 | 707903 | 105374 | | | | |
| 1991 | 686023 | 141137 | | | | |
| 1992 | 816076 | 182252 | | | | |
| 1993 | 880344 | 211919 | | | | |
| 1994 | 844503 | 228404 | | | | |
| 1995 | 906406 | 256940 | | | | |
| 1996 | 1045658 | 311861 | 55486 | | | |
| 1997 | 1173932 | 360091 | 61373 | 1900 | 110 | 579 |
| 1998 | 1217795 | 373884 | 65109 | 2100 | 146 | 695 |
| 1999 | 1356042 | 409035 | 72536 | 2513 | 190 | 756 |
| 2000 | 1613349 | 497466 | 89382 | 2942 | 231 | 785 |
| 2001 | 1634841 | 465152 | 94202 | 3322 | 268 | 806 |
| 2002 | 1848214 | 528015 | 110022 | 3931 | 333 | 848 |
| 2003 | 1497164 | 459448 | 91487 | 3711 | 311 | 839 |
| 2004 | 1728997 | 629173 | 106507 | 4643 | 463 | 996 |
| 2005 | 1973894 | 723621 | 130529 | 5684 | 578 | 1017 |
| 2006 | 2298960 | 791160 | 147100 | 6779 | 694 | 1023 |
| 2007 | 2687453 | 1007969 | 216918 | 8041 | 838 | 1042 |
| 2008 | 2931908 | 986440 | 239353 | 8690 | 875 | 1007 |
| 2009 | 3120348 | 978350 | 259900 | 9851 | 981 | 996 |
| 2010 | 3681353 | 1152748 | 297824 | 11957 | 1202 | 1005 |
| 2011 | 4274232 | 1400156 | 363444 | 14230 | 1444 | 1015 |
| 2012 | 4936738 | 1670078 | 422567 | 16660 | 1702 | 1022 |
| 2013 | 5121304 | 1782769 | 457338 | 19542 | 2003 | 1025 |
| 2014 | 5449833 | 1950628 | 491179 | 22888 | 2406 | 1051 |
| 2015 | 5914501 | 2142819 | 556140 | 26129 | 2798 | 1071 |
| 2016 | 6807912 | 2541193 | 662569 | 30864 | 3495 | 1132 |
| 2017 | 7754066 | 2928733 | 758803 | 37534 | 4571 | 1218 |
| 2018 | 9012403 | 3441938 | 909162 | 45139 | 6033 | 1337 |
| 2019 | 9582756 | 3732298 | 1024348 | 52697 | 7393 | 1403 |

注：由于2012年泉州市旅游局进行旅游普查，故调整从2008-2011年国内旅游人数和国内旅游收入。

Note:Due to quanzhou tourism census,the domestic tourism and domestic tourism income have been adjusted from 2008 to 2011.

# 14-18 入境外国游客人数

## Number of Foreign Tourists Arrivals by Country

单位：人次 (Person-time)

| 国别(地区) Country (Region) | 2000 | 2005 | 2010 | 2015 | 2017 | 2018 | 2019 |
|---|---|---|---|---|---|---|---|
| **合计 Total** | **497466** | **723621** | **1152748** | **2142819** | **2928733** | **3441938** | **3732298** |
| **亚洲小计 Total of Asia** | **324260** | **478130** | **554661** | **1235503** | **1848225** | **2205587** | **2447527** |
| #日本 Japan | 97816 | 163198 | 169913 | 258934 | 429246 | 395819 | 402769 |
| 菲律宾 Philippines | 31974 | 30668 | 36655 | 79534 | 130415 | 128474 | 148893 |
| 新加坡 Singapore | 83667 | 79658 | 95030 | 215959 | 301589 | 330029 | 375140 |
| 泰国 Thailand | 4960 | 23093 | 12967 | 29860 | 46757 | 50260 | 71135 |
| 印度尼西亚 Indonesia | 15748 | 16840 | 38728 | 65965 | 87355 | 110532 | 125055 |
| 马来西亚 Malaysia | 69303 | 78826 | 94515 | 318983 | 442061 | 534660 | 622773 |
| **美洲小计 Total of Amercia** | **66832** | **151136** | **426759** | **391121** | **439290** | **510542** | **534026** |
| #美国 United Kingdom | 59256 | 136804 | 373081 | 285481 | 315287 | 363662 | 387726 |
| 加拿大 Canada | 5727 | 11275 | 43576 | 58021 | 73972 | 81815 | 78756 |
| **欧洲小计 Total of Europe** | **29824** | **75692** | **132425** | **365247** | **433969** | **466796** | **484471** |
| #英国 United Kingdom | 5174 | 11832 | 24050 | 67286 | 69883 | 72020 | 80629 |
| 法国 France | 3494 | 9233 | 15152 | 40255 | 46779 | 47572 | 53733 |
| 德国 German,FR | 6887 | 17644 | 27639 | 69749 | 69094 | 71940 | 67545 |
| 意大利 Italy | 3080 | 8414 | 15623 | 33051 | 41501 | 40660 | 43696 |
| 俄罗斯 Russia | 1626 | 3063 | 8027 | 17428 | 41359 | 47138 | 49638 |
| **大洋洲小计 Total of Oceanic** | **5845** | **12485** | **26010** | **100762** | **125027** | **149596** | **158850** |
| #澳大利亚 Australia | 4587 | 10195 | 20125 | 69907 | 81087 | 100043 | 106058 |
| 新西兰 New Zealand | 663 | 1606 | 5036 | 24782 | 27001 | 31077 | 34473 |
| **非洲小计 Total of Africa** | **2185** | **6178** | **12895** | **50186** | **82222** | **109417** | **107424** |

# 14-19 国内旅游人数及旅游收入

## Number of Domestic Tourists and Exchange Earnings

| 项目 Item | 2000 | 2005 | 2010 | 2015 | 2017 | 2018 | 2019 |
|---|---|---|---|---|---|---|---|
| **国内旅游者人数（万人次）Total Number of Domestic Tourist (10000 person-time)** | **2942.00** | **5683.92** | **11956.61** | **26128.60** | **37534.00** | **45138.93** | **52697.08** |
| 住宿设施接待人数 In Hotel | 2010.00 | 3556.00 | 5935.03 | 11088.24 | 15446.41 | 17798.79 | 20442.93 |
| 居民家庭接待人数 In Household | 262.00 | 373.36 | 736.47 | 2077.49 | 3459.48 | 4417.20 | 5212.22 |
| 一日游游客人数 For One Day | 670.00 | 1754.56 | 5285.11 | 12962.87 | 18628.18 | 22922.93 | 27041.92 |
| **国内旅游收入（亿元）Domestic Tourism Receipts(100 million yuan)** | **230.80** | **578.03** | **1202.25** | **2798.16** | **4570.77** | **6032.95** | **7393.43** |
| 外省游客消费 Consumption of Tourists from Other Provinces | 143.70 | 320.91 | 655.16 | 1285.42 | 2327.09 | 3011.85 | 3394.37 |
| 本省多日游游客消费 Consumption of Tourists Inside the Province | 77.20 | 208.87 | 342.28 | 1047.21 | 1535.40 | 2010.35 | 2605.38 |
| 一日游游客消费 Consumption of Tourists for One Day | 9.90 | 48.25 | 204.81 | 465.53 | 708.28 | 1010.75 | 1393.68 |

注：由于2012年泉州市旅游局进行旅游普查，故调整2010年和2011年国内旅游人数和收入及分项数。

Note:Due to quanzhou tourism census, the domestic tourism and domestic tourism income have been adjusted in 2010 and 2011

# 14-20 国内游客消费构成

## Consumption Composition of Domestic Tourists

单位：%　(%)

| 项目 Item | 2000 | 2005 | 2010 | 2015 | 2017 | 2018 | 2019 |
|---|---|---|---|---|---|---|---|
| 交给旅行社 Fees Paid to Tour Agencies | 12.3 | 14.4 | 11.5 | 6.1 | 5.5 | 5.1 | 5.5 |
| 长途交通 Long Distance Transportation | 13.3 | 14.3 | 24.0 | 23.9 | 21.7 | 22.7 | 21.9 |
| 住宿 Accommodation | 19.2 | 12.6 | 17.1 | 22.4 | 22.5 | 22.7 | 19.8 |
| 餐饮 Food | 14.1 | 11.6 | 12.5 | 16.6 | 17.5 | 17.1 | 17.5 |
| 购物 Shopping | 16.5 | 16.6 | 17.0 | 14.0 | 16.0 | 16.1 | 17.3 |
| 游览 Visiting | 5.6 | 6.8 | 5.9 | 5.8 | 6.5 | 6.1 | 6.5 |
| 娱乐 Entertainment | 5.5 | 5.0 | 5.1 | 4.9 | 5.2 | 4.5 | 5.8 |
| 市区交通 Transport within the City | 3.0 | 2.5 | 2.3 | 4.2 | 4.0 | 4.1 | 3.8 |
| 邮电通讯 Postal and Telecommunications | 2.0 | 1.8 | 1.2 | | | | |
| 其他 Others | 8.5 | 14.4 | 3.4 | 2.2 | 1.1 | 1.6 | 1.8 |

注：2014年及以后年份"邮电通讯"归入"其他"类。

Note:Since 2014,Postal and Telecommunications Classified to Others.

# 14-21 国内游客构成

# Composition of Domestic Tourists

单位：% (%)

| 项目 Item | 2000 | 2005 | 2010 | 2015 | 2017 | 2018 | 2019 |
|---|---|---|---|---|---|---|---|
| **按性别分 By Sex** | | | | | | | |
| 男 Male | 65.1 | 59.3 | 57.0 | 53.7 | 52.5 | 49.2 | 48.7 |
| 女 Female | 34.9 | 40.7 | 43.0 | 46.3 | 47.5 | 50.8 | 51.3 |
| **按年龄分 By Age** | | | | | | | |
| 14岁以下 14 and under | 1.3 | 1.5 | 0.9 | 0.9 | 1.0 | 1.4 | 1.3 |
| 15-24岁 Aged 15-24 | 26.9 | 25.6 | 18.8 | 27.2 | 30.2 | 31.6 | 31.0 |
| 25-44岁 Aged 25-44 | 48.8 | 50.9 | 54.9 | 58.0 | 57.6 | 56.3 | 55.8 |
| 45-59岁 Aged 45-59 | 18.1 | 17.7 | 20.4 | 12.6 | 10.1 | 9.7 | 10.6 |
| 60岁以上 60 and over | 4.9 | 4.3 | 5.0 | 1.4 | 1.1 | 1.0 | 1.2 |
| **按旅游目的分 By Aim of Tourist** | | | | | | | |
| 休闲观光渡假 Sightseeing and Holiday | 44.0 | 52.0 | 54.2 | 76.4 | 77.3 | 79.8 | 78.8 |
| 探亲访友 Visiting Relatives and Friends | 12.3 | 13.1 | 10.7 | 6.8 | 7.0 | 6.1 | 6.8 |
| 公务 Offical | 15.4 | 11.8 | 13.9 | 6.8 | 6.7 | 5.6 | 6.6 |
| 经商 Bussiness | 11.1 | 8.1 | 7.5 | 1.7 | 1.1 | 0.7 | 0.8 |
| 会议 Meeting | 4.7 | 4.4 | 6.1 | | | | |
| 医疗 Medical Care | 0.9 | 0.9 | 0.7 | 1.1 | 0.8 | 0.7 | 0.8 |
| 宗教朝拜 Religious Worship | 2.8 | 1.9 | 1.6 | 2.2 | 2.6 | 2.6 | 1.9 |
| 文化科技交流 Exchange of Culture, Science and Technology | 2.5 | 1.6 | 1.2 | | | | |
| 其他 Others | 6.3 | 6.2 | 4.0 | 4.9 | 4.4 | 4.5 | 4.3 |
| **按出游方式分 By Mode** | | | | | | | |
| 单位组织 Organized by Unit | 20.9 | 20.8 | 24.4 | 7.6 | 6.9 | 6.6 | 7.3 |
| 旅行社 Travel Agency | 10.3 | 13.2 | 13.8 | 4.6 | 3.9 | 3.4 | 3.2 |
| 个人亲友结伴 Relatives and Friends as Accompaniers | 60.0 | 58.6 | 52.2 | 85.1 | 86.7 | 88.0 | 87.5 |
| 其他 Others | 8.8 | 7.4 | 9.6 | 2.6 | 3.2 | 2.0 | 2.0 |

## 14-22 各设区市国际旅游外汇收入

## Foreign Exchange Earnings from International Tourism by City

单位：万美元　　(USD 10000)

| 地区 | Area | 2000 | 2005 | 2010 | 2015 | 2017 | 2018 | 2019 |
|---|---|---|---|---|---|---|---|---|
| 福州市 | Fuzhou | 22173 | 27266 | 84299 | 119980 | 150076 | 180638 | 220559 |
| 厦门市 | Xiamen | 29920 | 55233 | 108552 | 238009 | 334758 | 389671 | 423821 |
| 莆田市 | Putian | 3476 | 2585 | 12922 | 23611 | 41055 | 41229 | 48904 |
| 三明市 | Sanming | 79 | 541 | 2034 | 4839 | 7169 | 9726 | 11719 |
| 泉州市 | Quanzhou | 25428 | 37728 | 66737 | 112834 | 135166 | 178411 | 178892 |
| 漳州市 | Zhangzhou | 2902 | 1400 | 15455 | 32168 | 50195 | 57202 | 79335 |
| 南平市 | Nanping | 4792 | 5434 | 6680 | 17012 | 25765 | 31963 | 33887 |
| 龙岩市 | Longyan | 427 | 277 | 983 | 6002 | 11180 | 15421 | 20403 |
| 宁德市 | Ningde | 186 | 65 | 162 | 1434 | 2801 | 3413 | 4702 |
| 平潭综合实验区 | Pingtan | | | | 251 | 639 | 1488 | 2127 |

注：2012年以前，福州数据含平潭。
Note:Before 2012,The data of Fuzhou include Pingtan.

## 14-23 各设区市入境游客人数

## Number of Foreign Tourists by City

单位：人次　　(Person-time)

| 地区 | Area | 2000 | 2005 | 2010 | 2015 | 2017 | 2018 | 2019 |
|---|---|---|---|---|---|---|---|---|
| 福州市 | Fuzhou | 300269 | 308883 | 698607 | 966198 | 1314816 | 1619542 | 1734022 |
| 厦门市 | Xiamen | 494920 | 803144 | 1551864 | 2655924 | 3260269 | 3595810 | 3765050 |
| 莆田市 | Putian | 103103 | 110665 | 184737 | 269872 | 449281 | 468560 | 554651 |
| 三明市 | Sanming | 3037 | 9776 | 29018 | 5274 | 77705 | 95589 | 104261 |
| 泉州市 | Quanzhou | 485788 | 535381 | 770457 | 1110946 | 1452592 | 1780388 | 1762125 |
| 漳州市 | Zhangzhou | 49886 | 42089 | 247469 | 424399 | 610788 | 703945 | 813381 |
| 南平市 | Nanping | 162104 | 153595 | 173400 | 303955 | 370262 | 464815 | 493592 |
| 龙岩市 | Longyan | 8961 | 7969 | 22417 | 98168 | 164086 | 194664 | 252569 |
| 宁德市 | Ningde | 5281 | 2392 | 3384 | 25029 | 40067 | 48164 | 55035 |
| 平潭综合实验区 | Pingtan | | | | 6836 | 14200 | 40926 | 48070 |

注：2012年以前，福州数据含平潭。
Note:Before 2012,The data of Fuzhou include Pingtan.

# 主要统计指标解释

**社会消费品零售总额** 指企业（单位、个体户）通过交易直接售给个人、社会集团非生产、非经营用的实物商品金额，以及提供餐饮服务所取得的收入金额。个人包括城乡居民和入境人员，社会集团包括机关、社会团体、部队、学校、企事业单位、居委会或村委会等。

**商品购进额** 指从本企业以外的单位和个人购进（包括从国外直接进口）作为转卖或加工后转卖的商品金额（含增值税）。商品购进包括：（1）从工农业生产者、批发和零售业、住宿和餐饮业、出版社或报社的出版发行部门和其他服务业等企事业单位和个体经营户购进的商品；（2）从机关、社会团体购进的商品；（3）从海关、市场管理部门购进的缉私和没收的商品；（4）从居民收购的废旧商品等。

**商品销售额** 指对本单位以外的单位和个人出售的商品金额（包括售给本单位消费用的商品，含增值税）。商品销售包括：（1）售给个人和社会集团消费用的商品；（2）售给农业、工业、建筑业、服务业等国民经济各行业用于生产、经营用的商品，包括售予批发和零售业作为转卖或加工后转卖的商品；（3）对国（境）外直接出口的商品。

**期末商品库存额** 对于批发和零售业法人单位和个体经营户，是指报告期末取得所有权的全部商品金额（含增值税）；对于批发和零售业产业活动单位，是指报告期末实际在库且归属法人具有所有权的全部商品金额（含增值税）。库存商品包括：（1）存放在本单位（如门市部、批发站、采购站、经营处）的仓库、货场、货柜和货架中的商品；（2）挑选、整理、包装中的商品；（3）已记入购进而尚未运到本单位的商品，即发货单或银行承兑凭证已到而货未到的商品；（4）寄放他处的商品，如因购货方拒绝付款而暂时存在购货方的商品；（5）委托其他单位代销（未作销售或调出）尚未售出的商品；（6）代其他单位购进尚未交付的商品。

**亿元商品交易市场成交额** 指年成交额在亿元及以上的商品交易市场。商品交易市场是指经有关部门和组织批准设立，有固定场所、设施，有经营管理部门和监管人员，若干市场经营者入内，常年或实际开业三个月以上，集中、公开、独立地进行生活消费品、生产资料等现货商品交易以及提供相关服务的交易场所，包括各类消费品市场、生产资料市场等。

**连锁企业（或称连锁店、连锁公司）** 指在核心企业或总店的领导下，由分散的、经营同类商品或服务的企业或活动单位，采取共同方针，实行集中采购和分散销售的有机结合，通过规范化经营，实现规模效益的经济联合组织形式。一般连锁店应由若干个分店组成。其经营特征：(1)经营同类商品；(2)使用统一商号；(3)统一采购配送，采购与销售相分离（部分商品可根据物流合理和保质保鲜原则，由供应商直接送货到门店，其余均由总部统一配送）。

连锁门店包括下列两种形式：

直营连锁：指正规连锁。连锁门店均由总部独资或控股开设，在总部的直接领导下统一经营。

加盟连锁：指特许连锁。各连锁门店（被特许人）通过合同形式，取得使用总部（特许人）商标、商号、经营技术和销售总部开发的商品的特许权，各加盟连锁门店为独立法人，在总部指导下统一经营。

**入境国际旅游者人数** 指来中国参观、访问、旅行、探亲、访友、休养、考察、参加会议和从事经济、科技、文化、教育、宗教等活动的外国人、华侨、港澳同胞和台湾同胞的人数。不包括外国在我国的常驻机构，如使领馆、通讯社、企业办事处的工作人员；来我国常住的外国专家、留学生以及在岸逗留不过夜人员。

**国际旅游(外汇)收入** 指入境旅游的外国人、华侨、港澳同胞和台湾同胞在中国大陆旅游过程中发生的一切旅游支出，对于国家来说就是国际旅游(外汇)收入。

# Explanatory Notes on Main Statistical Indicators

**Total Retail Sales of Consumer Goods** refer to the sum of retail sales of commodities sold by wholesale and retail trades, hotel and catering services, and other industries to urban and rural households for household consumption and to social institutions for public consumption. Of which, the ratail sales to households refer to the amount of money of commodities of daily use sold to the urban and rural households. The ratail sales to social institutions refer to the amount of money of commodities sold to the government agencies, social organizations, military units, schools, institutions, neighbourhood (village) committees on public funds for the pupose of non-production and non-operation usage and public consumption. Total retail sale of consumer goods include the amount of money of commodities sold to the urban and rural households for daily consumption and the amount of money of construction materials for building and repairing houses, the amount of money of comsumer goods sold to foreigners, overseas Chinese and Chinese compatriots from Hong Kong, Macao and Taiwan, the amount of money of commodities sold to the social organizations for the purpose of non-production and non-operation usage and public consumption.

**Total Purchases of Commodities** refer to the total value of purchases of commodities by enterprises (establishments) from other establishments or individuals (including direct import from abroad) for the purpose of re-selling, either with or without further processing of the commodities purchased. The commodities include: (1) commodities purchased from agricultural and industrial producer, wholesaler, retailer, publishing hourse and other service business; (2) commodities purchased from institutions and government departments; (3) confiscated goods purchased from the custums authorities or market management agencies; (4) second-hand goods and wastes purchased from residents.

**Total Sales of Commodities** refer to value of commodities sold by the establishments to other establishments and individuals (including goods sold for self consumption, including the value-added tax). The commodities include: (1) commodities sold to urban and rural residents and social groups for their consumption; (2) commodities sold to establishments in all industries for their production and operation, including agriculture, industry, construction, transportation, post and telecommunications, catering services, and public utility including commodities sold to wholesale and retail establishments for re-selling, with or without further processing; and (3) commodities for direct export to abroad.

**Total Stock of Commodities** refers to total commodities possessed by wholesaler and retailer of various types of registration status at the end of the reference period, reflecting the commodity stock level of various wholesaler and retailer and the potential for market supply. It includes: (1) commodities located in storage, garages, counters, and shelves of operating places (such as sale stores, wholesale centres, and operating offices); (2) commodities in the process of being selected, sorted, and packed; (3) commodities not arrived but recorded as purchase in the account, i.e. commodities not arrived but payment receipts for the commodities from the sellers or the banks arrived; (4) commodities deposited in other places rather than places mentioned above, for instance: commodities in the hold of purchasers temporarily due to the refusal of payment and commodities not taken back after going through the formalities; (5) commodities entrusted to other units to sell but not sold yet; (6) commodities purchased for other units but not delivered yet. Commodities not included as stock are those not owned by the enterprises (units), commodities on commission for processing but not yet delivered, imported commodities of agency of foreign trade enterprise but not yet delivered to ordering units and finally those put in stock on behalf of the state material reserves units.

**Volume of Transaction at Large Commodity Markets with Transaction Value over 100 Million Yuan** refers to the commodity markets with an annual transaction of over 100 million. The commodity market refers to the markets approved and managed by related departments, where there are fixed sites, facilities, managers and administration offices, where there are a certain number of traders to operate for three month and above or all the year, where the commodities including the articles for daily comsuption and capital goods and services are traded in a centralized, independent and open way., Such market includes markets of daily goods and market of capital goods, etc.

**Chain Enterprises(also called chain stores or chain corporations)** refer to a form of joint economic entities under which scattered enterprises or establishments engaged in providing homogeneous commodities or services, with the central leadership of core enterprise or headquarters and guided by common policies, conduct centralized purchase and distributed selling of commodities, in order to gain better efficiency through standardized operation. Consisting of a number of branch stores, the chain stores have in general following features: 1) homogeneous commodities, 2) unique name of stores, 3) centralized purchase and delivery which is separated from distributed selling operation (most commodities are delivered from the headquarters except some items which, from logistics, quality or freshness considerations, might be delivered by the suppliers directly).

Chain stores have two categories:

a) Chain stores under direct management: These are formal chain stores invested or controlled by the headquarters. They operate under the direct and unified management from the headquarters.

b) Chain stores through license arrangement: Through contracts, chain stores (their owners) obtain licenses from the headquarters to use designated Trades marks, names, operation know-how, and to sell the commodity developed by the headquarters. Under this arrangement, each store in the chain is an independent legal entity and operates under the guidance from the headquarters.

**Number of Tourists** Visitor arrivals refer to the number of foreigners, Chinese compatriots from Hong Kong, Macao and Taiwan Chinese (mainland) who come to China (mainland) for sight-seeing, vacation, visiting relatives, medical treatment, shopping, attending conference, or to engage in economic, cultural, sports and religious activities. In compiling statistics, each time of entering China is counted as one person-time.

**Foreign Exchange Earnings from International Tourism** refer to the total expenditures of foreigners, overseas Chinese, Chinese compatriots from Hong Kong, Macao and Taiwan during their stay in the mainland of China, which are earnings of foreign exchange from international tourism from the point of view from China.

# 第十五篇 科学和教育

# Chapter 15 Science and Education

资料整理：廖捷 陈昉

Database Editor:Liaojie Chenfang

## 简要说明

本篇资料的主要内容及来源

本篇反映全省科学技术活动和教育事业的发展情况。

科学技术部分主要包括了全省科技活动的规模、构成、布局和发展状况的资料，收录了全省有关部门年度的科技统计数据。反映科研机构、大中型工业企业和高等院校三大科技活动主体单位的机构数、人员数和经费收支等情况，根据省科技厅、省教育厅、省人力资源和社会保障厅、省统计局科技统计综合年报汇总。专利申请受理量和授权量由省知识产权局提供。

教育部分包括高等教育、中等教育、初等教育、幼儿教育和各种类型的各级成人教育等，主要指标有各级各类学校的校数、在校学生数、招生数、毕业生数、教职工数、教师数等。教育统计资料主要由省教育厅提供，技工学校的资料来源于省人力资源和社会保障厅。

本篇资料由省统计局社会和科技统计处整理提供。

## Brief Introduction

Main Content and Source of Data

Data in this chapter show the basic conditions of the activities of science and technology and development of Fujian’s education.

In addition, data on the technical training schools are provided by the Department of Labor and Social Security.Data on science and technology cover mainly the scale, composition, distribution and development of the scientific and technological activities, including the statistical data of the departments concerned under the provincial government on science and technology in the table on the basic conditions of the scientific and technological activities show in a summary way the number of institutions and personnel in scientific and technological institutions, large and medium-sized industrial enterprises and universities and colleges, the three main bodies engaged in the scientific and technological activities as well as their income and expenditure. Data are collected and tabulated in accordance with the annual reporting scheme on science and technology statistics of the Provincial Commission of Science, Provincial Commission of Education, Provincial Human Resource and Social Guarantee Bureau,Provincial Office of Science, Technology and Industry for National Defence and the provincial Statistical Bureau.Data on the number of patent applications examined and certified are provided by Fujian Patent Office.

Data on education cover the situations on higher education, secondary education, primary education, kindergartens and all kinds of adult education etc. The main indicators cover the number of schools of various levels and categories, students enrolled, new students enrolled, graduates, staff and workers and number of teachers etc. Data on education are mainly provided by the Provincial Commission of Education.

Data in this chapter are provided and compiled by the Division of Social, Science and Technology Statistics of Fujian Provincial Bureau of Statistics.

# 15-1 研究与试验发展（R&D）人员情况

## Conditions of R&D Personnel

单位：人　　　　(person)

| 年份 Year | 合计 Total | 科研机构 Science Research & Technical Development Institutions | 高等院校 Higher Education Institutions | 规模以上工业企业 Industrial Enterprises above Designated Size | 大中型 Large-scale and Medium-scale Industrial Enterprises | 其他 Others |
|---|---|---|---|---|---|---|
| 2009 | 85745 | 3266 | 10144 | 59897 | 42766 | 12438 |
| 2010 | 101374 | 3358 | 12290 | 71222 | 54133 | 14504 |
| 2011 | 128614 | 3294 | 13198 | 94942 | 78297 | 17180 |
| 2012 | 158089 | 3587 | 14414 | 120671 | 95342 | 19417 |
| 2013 | 167041 | 4382 | 16633 | 130227 | 102040 | 15799 |
| 2014 | 185044 | 4791 | 18170 | 144021 | 112076 | 18062 |
| 2015 | 182811 | 4977 | 26035 | 134111 | 97605 | 17688 |
| 2016 | 201090 | 5405 | 28985 | 145083 | 104073 | 21617 |
| 2017 | 207608 | 5703 | 31827 | 145529 | 104536 | 24549 |
| 2018 | 243391 | 5781 | 35239 | 172832 | 118359 | 29539 |

# 15-2 各单位技术买卖情况（2019年）

## Basic Statistics of Technology Trade by Unit(2019)

| 项目 Item | 买卖项数（项） Number(unit) | 买卖金额（万元） Value (10000 yuan) |
|---|---|---|
| **总计 Total** | **17572** | **2918834** |
| 机关法人 Government Agencies | 922 | 105872 |
| 事业法人 Institutions | 3224 | 119752 |
| 社团法人 Mass Organizations | 54 | 1131 |
| 企业法人 Enterprises | 13209 | 2673588 |
| 自然人 Natural Person | 79 | 4045 |
| 其他组织 Other Corporation | 84 | 14447 |

# 15-3 研究与试验发展（R&D）活动指标

## Indicators of Research and Development Activities

| 项目　Item | 2000 | 2005 | 2010 | 2018 |
|---|---|---|---|---|
| **R&D人员折合全时人员（人）<br>R&D Personnel(person)** | **22420** | **35815** | **76737** | **160922** |
| 基础研究<br>Fundamental Research | 2033 | 1452 | 3435 | 6557 |
| 应用研究<br>Applied Research | 3635 | 7005 | 8090 | 16742 |
| 试验发展<br>Experimental Development | 16752 | 27358 | 65218 | 137623 |
| #科学研究与开发机构<br>Science Research & Technical Development Institutions | 1635 | 1336 | 2756 | 5158 |
| 高等院校<br>Higher Education Institutions | 964 | 1332 | 5892 | 13251 |
| 大中型工业企业<br>Large-scale and Medium-scale Industrial Enterprises | | 14621 | 44062 | 84144 |
| **R&D经费内部支出（亿元）<br>Intramural Expenditure for R&D(100 million yuan)** | **21.19** | **53.73** | **170.90** | **642.79** |
| 基础研究<br>Fundamental Research | 0.66 | 1.17 | 4.19 | 24.88 |
| 应用研究<br>Applied Research | 1.41 | 5.13 | 9.49 | 47.28 |
| 试验发展<br>Experimental Development | 18.30 | 46.82 | 157.22 | 570.63 |
| #科学研究与开发机构<br>Science Research & Technical Development Institutions | 1.38 | 2.35 | 6.54 | 28.82 |
| 基础研究<br>Fundamental Research | | 0.56 | 1.99 | 11.30 |
| 应用研究<br>Applied Research | | 0.80 | 2.80 | 8.49 |
| 试验发展<br>Experimental Development | | 0.78 | 1.75 | 9.03 |
| 高等院校<br>Higher Education Institutions | 1.31 | 2.31 | 6.94 | 43.67 |
| 基础研究<br>Fundamental Research | | 0.59 | 1.82 | 12.64 |
| 应用研究<br>Applied Research | | 1.11 | 4.31 | 26.28 |
| 试验发展<br>Experimental Development | | 0.57 | 0.82 | 4.76 |
| 大中型工业企业<br>Large-scale and Medium-scale Industrial Enterprises | | 34.89 | 116.12 | 382.17 |
| 基础研究<br>Fundamental Research | | | | 0.010 |
| 应用研究<br>Applied Research | | 1.34 | 0.43 | 5.48 |
| 试验发展<br>Experimental Development | | 33.36 | 115.68 | 376.68 |
| R&D经费内部支出按支出来源分<br>Intramural Expenditure for R&D by Expenditure Source | | | | |
| 政府资金<br>Government Funds | 3.09 | 5.32 | 17.61 | 68.52 |
| 企业资金<br>Enterprises Funds | 15.79 | 47.14 | 148.45 | 556.70 |
| 国外资金<br>Abroad Funds | 0.37 | 0.13 | 1.38 | 1.41 |
| 其他<br>Others | 1.94 | 1.14 | 3.46 | 16.16 |
| **R&D经费内部支出占GDP比重（%）<br>Proportion of Intramural R&D Expenditure to GDP(%)** | **0.56** | **0.82** | **1.16** | **1.66** |

# 15-4 规模以上工业企业研究与试验发展（R&D）活动情况（2019年）

# Research and Development Activities of Industrial Enterprises above Designated Size(2019)

| 项目<br>Item | 规模以上工业企业数（个）<br>Number of Enterprises (unit) | 有R&D活动<br>With R&D Activities | 有研发机构<br>With R&D Institutions | R&D人员（人）<br>R&D Personnel (person) | R&D人员折合全时当量（人年）<br>Full-time Equivalent of R&D Personnel | R&D经费内部支出（万元）<br>Intramural Expenditure for R&D (10000 yuan) | R&D经费外部支出（万元）<br>External Expenditure for R&D (10000 yuan) |
|---|---|---|---|---|---|---|---|
| **总计**<br>**Total** | **18365** | **5305** | **1703** | **180365** | **126089** | **5985139** | **203130** |
| **按企业规模分**<br>**Grouped by Size of Enterprises** | | | | | | | |
| 大型<br>Large | 451 | 292 | 172 | 63815 | 43970 | 2370376 | 99005 |
| 中型<br>Medium | 2538 | 1209 | 408 | 55072 | 39320 | 1735006 | 52342 |
| 小型<br>Small | 14183 | 3741 | 1112 | 59657 | 41189 | 1775685 | 49250 |
| 微型企业<br>Micro | 1193 | 63 | 11 | 1821 | 1609 | 104073 | 2533 |
| **按隶属关系分**<br>**Grouped by Subordination** | | | | | | | |
| 中央<br>Central | 89 | 34 | 12 | 3168 | 1615 | 150203 | 21864 |
| 地方<br>Region | 408 | 129 | 59 | 9944 | 7915 | 391450 | 27789 |
| 其他<br>Others | 17868 | 5142 | 1632 | 167253 | 116558 | 5443486 | 153477 |
| **按登记注册类型分**<br>**Grouped by Status of Registration** | | | | | | | |
| 内资企业<br>Sole Funded | 15100 | 4234 | 1318 | 124327 | 85619 | 4058879 | 136960 |
| 国有企业<br>State-owned Enterprises | 26 | 2 | 1 | 232 | 137 | 1802 | 174 |
| 集体企业<br>Collective-owned Enterprises | 54 | 3 | 1 | 87 | 31 | 900 | 7 |
| 股份合作企业<br>Cooperative Enterprises | 25 | 5 | | 88 | 75 | 1348 | 32 |
| 联营<br>Joint Ownership Enterprises | 3 | | | | | | |
| 国有联营企业<br>State Joint Ownership Enterprises | | | | | | | |
| 集体联营企业<br>Collective-owned Joint Ownership Enterprises | 2 | | | | | | |
| 国有与集体联营企业<br>State and Collective-owned Joint Ownership Enterprises | | | | | | | |
| 其他联营企业<br>Other Joint Ownership Enterprises | 1 | | | | | | |
| 有限责任公司<br>Limited-Liability Corporations | 1518 | 486 | 201 | 25796 | 18335 | 950803 | 67687 |
| 国有独资公司<br>State Sole Funded Corporations | 96 | 24 | 6 | 1571 | 513 | 16924 | 17513 |
| 其他责任有限公司<br>Other Limited-Liability Corporations | 1422 | 462 | 195 | 24225 | 17822 | 933879 | 50174 |
| 股份有限公司<br>Share Holding Corporations Ltd. | 180 | 121 | 64 | 12962 | 8623 | 438961 | 22178 |
| 私营企业<br>Private Enterprises | 13292 | 3617 | 1051 | 85162 | 58419 | 2665065 | 46882 |
| 私营独资企业<br>Private Sole Funded Enterprises | 245 | 33 | 9 | 382 | 281 | 20241 | 20 |

# 15-4 续表1

## Continued

| 项目<br>Item | 规模以上工业企业数（个）<br>Number of Enterprises (unit) | 有R&D活动<br>With R&D Activities | 有研发机构<br>With R&D Institutions | R&D人员（人）<br>R&D Personnel (person) | R&D人员折合全时当量（人年）<br>Full-time Equivalent of R&D Personnel | R&D经费内部支出（万元）<br>Intramural Expenditure for R&D (10000 yuan) | R&D经费外部支出（万元）<br>External Expenditure for R&D (10000 yuan) |
|---|---|---|---|---|---|---|---|
| 私营合伙企业<br>Private Joint-venture Enterprises | 57 | 3 | | 14 | 6 | 628 | 50 |
| 私营有限责任公司<br>Private Limited-Liability Corporations | 12619 | 3318 | 931 | 66555 | 46703 | 1999418 | 22696 |
| 私营股份有限公司<br>Private Share Holding Corporations Ltd. | 371 | 263 | 111 | 18211 | 11428 | 644779 | 24117 |
| 其他企业<br>Other Enterprises | 2 | | | | | | |
| 港澳台商投资企业<br>Funds from HongKong, Macao,TaiWan | 2104 | 680 | 224 | 35060 | 25551 | 1196932 | 21742 |
| 合资经营企业（港或澳、台资）<br>Joint-venture Enterprises | 458 | 182 | 64 | 10544 | 7906 | 336637 | 10554 |
| 合作经营企业（港或澳、台资）<br>Cooperative Enterprises | 9 | 2 | | 12 | 6 | 1049 | |
| 港、澳、台商独资经营企业<br>Enterprises with Sole Fund | 1590 | 460 | 140 | 21474 | 15205 | 769636 | 10384 |
| 港、澳、台商投资股份有限公司<br>Share Holding Corporations Ltd. | 42 | 33 | 17 | 2908 | 2348 | 86545 | 804 |
| 其他港澳台商投资企业<br>Others | 5 | 3 | 3 | 122 | 86 | 3066 | |
| 外商投资企业<br>Foreign Funded Enterprises | 1161 | 391 | 161 | 20978 | 14918 | 729328 | 44428 |
| #中外合资<br>Joint Venture | 305 | 125 | 50 | 5657 | 3843 | 213458 | 14571 |
| 中外合作<br>Cooperative Operation | 12 | 5 | 1 | 422 | 167 | 12966 | 1754 |
| 外商独资<br>Venture Exclusively with Foreign Investment | 813 | 247 | 102 | 12680 | 8961 | 396138 | 26072 |
| 外商投资股份有限公司<br>Share Holding Corporations Ltd. | 18 | 11 | 6 | 2141 | 1887 | 105721 | 2031 |
| 其他外商投资企业<br>Others | 13 | 3 | 2 | 78 | 61 | 1046 | |
| **按行业分**<br>**Grouped by Sector** | | | | | | | |
| 采矿业<br>Mining | 333 | 46 | 8 | 924 | 621 | 22600 | 2777 |
| 煤炭开采和洗选业<br>Coal Mining and Dressing | 56 | 6 | 5 | 79 | 31 | 644 | 19 |
| 黑色金属矿采选业<br>Ferrous Metals Mining and Dressing | 68 | 14 | | 245 | 194 | 7902 | 2047 |
| 有色金属矿采选业<br>Nonferrous Metals Mining and Dressing | 41 | 7 | 2 | 187 | 143 | 6377 | 661 |
| 非金属矿采选业<br>Nonmetal Minerals Mining and Dressing | 168 | 19 | 1 | 413 | 253 | 7677 | 50 |
| 制造业<br>Manufacturing | 17670 | 5208 | 1684 | 176906 | 124373 | 5890731 | 176293 |

# 15-4 续表2
# Continued

| 项目<br>Item | 规模以上工业企业数（个）<br>Number of Enterprises (unit) | 有R&D活动<br>With R&D Activities | 有研发机构<br>With R&D Institutions | R&D人员（人）<br>R&D Personnel (person) | R&D人员折合全时当量（人年）<br>Full-time Equivalent of R&D Personnel | R&D经费内部支出（万元）<br>Intramural Expenditure for R&D (10000 yuan) | R&D经费外部支出（万元）<br>External Expenditure for R&D (10000 yuan) |
|---|---|---|---|---|---|---|---|
| 农副食品加工业<br>Agricultural and Sideline Products Processing | 1167 | 299 | 108 | 5904 | 4085 | 217374 | 3039 |
| 食品制造业<br>Food Manufacturing | 632 | 195 | 88 | 4114 | 2962 | 112413 | 2442 |
| 酒、饮料和精制茶制造业<br>Wine，Drink and Tea Manufacturing | 575 | 136 | 34 | 2753 | 1988 | 91221 | 1090 |
| 烟草制品业<br>Tobacco Processing | 7 | 5 | 1 | 219 | 111 | 4263 | 415 |
| 纺织业<br>Textile Industry | 985 | 232 | 74 | 6867 | 5018 | 221035 | 980 |
| 纺织服装、服饰业<br>Textile Garments Products | 1378 | 169 | 21 | 5012 | 3757 | 143160 | 820 |
| 皮革、毛皮、羽毛及其制品和制鞋业<br>Leather , Furs , Down and Relate Products | 1342 | 232 | 46 | 9795 | 6938 | 251726 | 14662 |
| 木材加工和木、竹、藤、棕、草制品业<br>Timber Processing,Bamboo,Cane,Palm Fiber and Straw Products | 829 | 191 | 29 | 2438 | 1782 | 70104 | 591 |
| 家具制造业<br>Furniture Manufacturing | 373 | 77 | 25 | 1666 | 1227 | 39425 | 78 |
| 造纸和纸制品业<br>Papermaking and Paper Products | 455 | 102 | 35 | 3046 | 2282 | 114483 | 188 |
| 印刷和记录媒介复制业<br>Printing and Record Medium Reproduction | 264 | 50 | 15 | 1217 | 894 | 37331 | 101 |
| 文教、工美、体育和娱乐用品制造业<br>Cultural , Educational and Sports Goods | 1019 | 217 | 55 | 5374 | 3714 | 132567 | 806 |
| 石油加工、炼焦和核燃料加工业<br>Petroleum Processing , Coking and Nuclear Fuel Processing | 43 | 13 | 5 | 287 | 135 | 22979 | 2743 |
| 化学原料和化学制品制造业<br>Raw Chemical Materials and Chemical Products | 750 | 302 | 91 | 6505 | 4509 | 257644 | 5769 |
| 医药制造业<br>Medical and Pharmaceutical Products | 178 | 122 | 55 | 3357 | 2269 | 101255 | 24664 |
| 化学纤维制造业<br>Chemical Fiber | 104 | 49 | 13 | 3064 | 2206 | 138759 | 1600 |
| 橡胶和塑料制品业<br>Rubber and Plastic Products | 868 | 276 | 93 | 7571 | 5198 | 223883 | 391 |
| 非金属矿物制品业<br>Nonmetal Minerals Products | 1819 | 475 | 100 | 10921 | 7167 | 356146 | 2725 |
| 黑色金属冶炼和压延加工业<br>Smelting and Pressing of Ferrous Metals | 140 | 23 | 13 | 3294 | 2787 | 289103 | 4563 |
| 有色金属冶炼和压延加工业<br>Smelting and Pressing of Nonferrous Metals | 144 | 52 | 20 | 3711 | 2549 | 213038 | 4787 |
| 金属制品业<br>Metal Products | 906 | 261 | 85 | 7137 | 5066 | 184824 | 690 |
| 通用设备制造业<br>General Equipment | 654 | 255 | 96 | 8326 | 6260 | 219550 | 20392 |
| 专用设备制造业<br>Special Purpose Equipment | 625 | 325 | 113 | 9115 | 6526 | 233430 | 8047 |

# 15-4 续表3

## Continued

| 项目<br>Item | 规模以上工业企业数（个）<br>Number of Enterprises (unit) | 有R&D活动<br>With R&D Activities | 有研发机构<br>With R&D Institutions | R&D人员（人）<br>R&D Personnel (person) | R&D人员折合全时当量（人年）<br>Full-time Equivalent of R&D Personnel | R&D经费内部支出（万元）<br>Intramural Expenditure for R&D (10000 yuan) | R&D经费外部支出（万元）<br>External Expenditure for R&D (10000 yuan) |
|---|---|---|---|---|---|---|---|
| 汽车制造业<br>Car Manufacturing | 378 | 175 | 68 | 6586 | 5030 | 250299 | 8860 |
| 铁路、船舶、航空航天和其他运输设备制造业<br>Railway,Watercraft,Aviation and others transportation Manufacturing | 167 | 46 | 24 | 1821 | 1397 | 38405 | 1270 |
| 电气机械和器材制造业<br>Electric Equipment and Machinery | 708 | 317 | 132 | 18058 | 10913 | 688929 | 10285 |
| 计算机、通信和其他电子设备制造业<br>Computer,Communication and other Electronic Equipment | 709 | 454 | 192 | 34478 | 24563 | 1145418 | 48955 |
| 仪器仪表制造业<br>Instruments and Meters Machinery | 192 | 107 | 37 | 3023 | 2079 | 61697 | 3882 |
| 其他制造业<br>Others Manufacturing | 153 | 28 | 13 | 890 | 714 | 20827 | 420 |
| 废弃资源综合利用业<br>Waste Resources and Materials Recovering | 77 | 16 | 2 | 193 | 134 | 6918 | 943 |
| 金属制品、机械和设备修理业<br>Metals,Machinery and Equipment maintenance | 29 | 7 | 1 | 164 | 113 | 2527 | 96 |
| 电力、热力、燃气及水生产和供应业<br>Production and Supply of Electric Power and Hot Power | 362 | 51 | 11 | 2535 | 1095 | 71808 | 24060 |
| 电力、热力生产和供应业<br>Production and Supply of Electric Power and Hot Power | 233 | 28 | 5 | 1869 | 677 | 56138 | 23318 |
| 燃气生产和供应业<br>Production and Supply of Gas | 52 | 10 | 5 | 421 | 330 | 12583 | 644 |
| 水的生产和供应业<br>Production and Supply of Water | 77 | 13 | 1 | 245 | 89 | 3087 | 98 |
| **按地市分类**<br>**Grouped by City** | | | | | | | |
| 福州市<br>Fuzhou | 2539 | 841 | 242 | 35573 | 23665 | 1261201 | 40250 |
| 厦门市<br>Xiamen | 2308 | 921 | 461 | 45800 | 34997 | 1196832 | 62623 |
| 莆田市<br>Putian | 1159 | 194 | 115 | 7305 | 5124 | 342799 | 5125 |
| 三明市<br>Sanming | 1741 | 348 | 74 | 6640 | 4730 | 261038 | 6503 |
| 泉州市<br>Quanzhou | 5080 | 1284 | 262 | 36282 | 24945 | 1116149 | 40225 |
| 漳州市<br>Zhangzhou | 2318 | 804 | 272 | 22545 | 16165 | 689059 | 17399 |
| 南平市<br>Nanping | 1031 | 365 | 78 | 7551 | 5471 | 212736 | 2820 |
| 龙岩市<br>Longyan | 1129 | 454 | 152 | 10920 | 7609 | 495741 | 18059 |
| 宁德市<br>Ningde | 1060 | 94 | 47 | 7749 | 3382 | 409584 | 10126 |

# 15-5 各类型专利申请和授权情况

## Patents Applicated and Granted by Category

单位：项 (unit)

| 年份 Year | 专利申请数 Number of Patent Applicated Accepted | 发明 Creation and Inventions | 实用新型 Utility Models | 外观设计 Designs | 专利授权数 Number Of Patent Applicated Granted | 发明 Creation and Inventions | 实用新型 Utility Models | 外观设计 Designs |
|---|---|---|---|---|---|---|---|---|
| 1985 | 137 | 74 | 63 | | 1 | 1 | | |
| 1986 | 195 | 67 | 125 | 3 | 23 | | 23 | |
| 1987 | 305 | 84 | 206 | 15 | 78 | 3 | 73 | 2 |
| 1988 | 420 | 90 | 320 | 10 | 132 | 13 | 114 | 5 |
| 1989 | 445 | 90 | 318 | 37 | 203 | 20 | 176 | 7 |
| 1990 | 540 | 95 | 374 | 71 | 276 | 25 | 239 | 12 |
| 1991 | 672 | 102 | 512 | 58 | 277 | 21 | 206 | 50 |
| 1992 | 928 | 171 | 661 | 96 | 352 | 17 | 295 | 40 |
| 1993 | 1271 | 199 | 729 | 343 | 850 | 36 | 697 | 117 |
| 1994 | 1510 | 202 | 725 | 583 | 733 | 22 | 455 | 256 |
| 1995 | 1979 | 200 | 816 | 963 | 933 | 17 | 439 | 477 |
| 1996 | 2626 | 224 | 971 | 1431 | 1196 | 15 | 468 | 713 |
| 1997 | 3018 | 226 | 1113 | 1679 | 1547 | 24 | 468 | 1055 |
| 1998 | 3393 | 201 | 1071 | 2121 | 2318 | 20 | 689 | 1609 |
| 1999 | 3381 | 240 | 1099 | 2042 | 2934 | 32 | 1089 | 1813 |
| 2000 | 4211 | 377 | 1516 | 2318 | 3003 | 93 | 1074 | 1836 |
| 2001 | 4971 | 361 | 1757 | 2853 | 3296 | 82 | 1107 | 2107 |
| 2002 | 6521 | 562 | 2233 | 3726 | 4001 | 63 | 1306 | 2632 |
| 2003 | 7236 | 797 | 2554 | 3885 | 5377 | 137 | 1658 | 3582 |
| 2004 | 7498 | 850 | 2524 | 4124 | 4758 | 160 | 1776 | 2822 |
| 2005 | 9460 | 1202 | 3182 | 5076 | 5147 | 242 | 1793 | 3112 |
| 2006 | 10351 | 1437 | 3445 | 5469 | 6412 | 310 | 2578 | 3524 |
| 2007 | 11341 | 2170 | 3878 | 5293 | 7761 | 336 | 3323 | 4102 |
| 2008 | 13181 | 2701 | 5141 | 5339 | 7937 | 530 | 3921 | 3486 |
| 2009 | 17559 | 3842 | 7844 | 5873 | 11282 | 824 | 4939 | 5519 |
| 2010 | 21994 | 5117 | 10846 | 6031 | 18063 | 1224 | 9664 | 7175 |
| 2011 | 32325 | 6896 | 16688 | 8741 | 21857 | 1945 | 12697 | 7215 |
| 2012 | 42773 | 8492 | 22081 | 12200 | 30497 | 2977 | 17708 | 9812 |
| 2013 | 53701 | 9884 | 25769 | 18048 | 37511 | 2941 | 22152 | 12418 |
| 2014 | 58075 | 12529 | 25410 | 20136 | 37857 | 3426 | 21013 | 13418 |
| 2015 | 83146 | 17663 | 44339 | 21144 | 61621 | 5730 | 34086 | 21805 |
| 2016 | 130376 | 27041 | 78176 | 25159 | 67142 | 7170 | 42110 | 17862 |
| 2017 | 128079 | 26460 | 76724 | 24895 | 68304 | 8718 | 39608 | 19978 |
| 2018 | 166610 | 37216 | 96225 | 33169 | 102622 | 9858 | 67822 | 24942 |
| 2019 | 153279 | 30083 | 87377 | 35819 | 98955 | 8963 | 61530 | 28462 |

注：2017年起，国家知识产权局对专利统计数据口径进行调整。

Note:Since 2017,Intellectual Property Office adjusted the calibre of Data.

# 15-6 各单位专利申请授权情况

# Partents Applicated and Granted by Unit

单位：项 (unit)

| 项目<br>Item | 合计<br>Total | 个人<br>Individual | 大专院校<br>Universities and College | 科研单位<br>Research Institutions | 企业<br>Enterprises | 机关团体<br>Government Agencies and Organizations |
|---|---|---|---|---|---|---|
| **申请专利数<br>Number of Patent Applicated Accepted** | | | | | | |
| 1990 | 540 | 371 | 22 | 27 | 71 | 49 |
| 1991 | 672 | 493 | 30 | 20 | 75 | 54 |
| 1992 | 928 | 699 | 29 | 11 | 76 | 113 |
| 1993 | 1271 | 853 | 36 | 29 | 163 | 190 |
| 1994 | 1510 | 964 | 25 | 33 | 157 | 331 |
| 1995 | 1979 | 1246 | 16 | 27 | 512 | 178 |
| 1996 | 2626 | 1608 | 47 | 22 | 923 | 26 |
| 1997 | 3018 | 1748 | 27 | 30 | 1202 | 11 |
| 1998 | 3393 | 2069 | 32 | 39 | 1245 | 8 |
| 1999 | 3381 | 2257 | 14 | 31 | 1074 | 5 |
| 2000 | 4211 | 2839 | 58 | 34 | 1271 | 9 |
| 2001 | 4971 | 3511 | 49 | 38 | 1361 | 12 |
| 2002 | 6521 | 4849 | 84 | 85 | 1493 | 10 |
| 2003 | 7236 | 5312 | 165 | 69 | 1677 | 13 |
| 2004 | 7498 | 5713 | 182 | 56 | 1536 | 11 |
| 2005 | 9460 | 7276 | 259 | 105 | 1812 | 8 |
| 2006 | 10351 | 7500 | 360 | 95 | 2376 | 20 |
| 2007 | 11341 | 7437 | 486 | 141 | 3249 | 28 |
| 2008 | 13181 | 7553 | 639 | 295 | 4632 | 62 |
| 2009 | 17559 | 7960 | 732 | 257 | 8552 | 58 |
| 2010 | 21994 | 8267 | 1035 | 422 | 12129 | 141 |
| 2011 | 32325 | 10625 | 1470 | 590 | 19340 | 300 |
| 2012 | 42773 | 14959 | 1863 | 650 | 25093 | 208 |
| 2013 | 53701 | 20771 | 2474 | 775 | 29362 | 319 |
| 2014 | 58075 | 17335 | 3632 | 807 | 35881 | 420 |
| 2015 | 83146 | 30317 | 5085 | 1200 | 45861 | 683 |
| 2016 | 130376 | 53104 | 6890 | 1560 | 68042 | 780 |
| 2017 | 128079 | 39718 | 7980 | 1688 | 77694 | 999 |
| 2018 | 166610 | 50159 | 11139 | 1571 | 102443 | 1298 |
| 2019 | 153279 | 36365 | 12744 | 1482 | 101515 | 1173 |

注：2017年起，国家知识产权局对专利统计数据口径进行调整。
Note:Since 2017,Intellectual Property Office adjusted the calibre of Data.

# 15-6 续表

## Continued

单位：项 (unit)

| 项目<br>Item | 合计<br>Total | 个人<br>Individual | 大专院校<br>Universities and College | 科研单位<br>Research Institutions | 企业<br>Enterprises | 机关团体<br>Government Agencies and Organizations |
|---|---|---|---|---|---|---|
| **授权专利数**<br>**Number Of Patent Applicated Granted** | | | | | | |
| 1990 | 276 | 192 | 25 | 16 | 38 | 5 |
| 1991 | 277 | 168 | 19 | 15 | 39 | 36 |
| 1992 | 352 | 247 | 18 | 12 | 42 | 33 |
| 1993 | 850 | 589 | 29 | 14 | 93 | 125 |
| 1994 | 733 | 477 | 20 | 16 | 82 | 138 |
| 1995 | 933 | 534 | 19 | 10 | 154 | 216 |
| 1996 | 1196 | 638 | 13 | 9 | 395 | 141 |
| 1997 | 1547 | 776 | 21 | 10 | 722 | 18 |
| 1998 | 2318 | 1232 | 9 | 2 | 1071 | 4 |
| 1999 | 2934 | 1712 | 29 | 22 | 1158 | 13 |
| 2000 | 3003 | 1945 | 30 | 13 | 1006 | 9 |
| 2001 | 3296 | 2078 | 38 | 28 | 1144 | 8 |
| 2002 | 4001 | 2930 | 35 | 19 | 1006 | 11 |
| 2003 | 5377 | 3979 | 58 | 34 | 1298 | 8 |
| 2004 | 4758 | 3465 | 82 | 33 | 1170 | 8 |
| 2005 | 5147 | 3903 | 87 | 25 | 1125 | 7 |
| 2006 | 6412 | 4827 | 146 | 43 | 1391 | 5 |
| 2007 | 7761 | 5531 | 177 | 39 | 2001 | 13 |
| 2008 | 7937 | 5214 | 275 | 57 | 2382 | 9 |
| 2009 | 11282 | 6385 | 376 | 82 | 4402 | 37 |
| 2010 | 18063 | 7714 | 535 | 135 | 9587 | 92 |
| 2011 | 21857 | 7501 | 703 | 173 | 13334 | 146 |
| 2012 | 30497 | 10161 | 652 | 197 | 18703 | 784 |
| 2013 | 37511 | 13666 | 1207 | 408 | 22106 | 124 |
| 2014 | 37857 | 11176 | 1671 | 439 | 24381 | 190 |
| 2015 | 61621 | 21007 | 3256 | 689 | 36321 | 348 |
| 2016 | 67142 | 24738 | 3395 | 708 | 38026 | 275 |
| 2017 | 68304 | 19279 | 4055 | 733 | 43814 | 423 |
| 2018 | 102622 | 27014 | 5180 | 986 | 68917 | 525 |
| 2019 | 98955 | 21311 | 6627 | 911 | 69323 | 783 |

# 15-7 技术市场基本情况

## Basic Statistics of Technical Market

| 项目<br>Item | 合计<br>Total | 技术开发<br>Technical Development | 技术转让<br>Technical Transfer | 技术咨询<br>Technical Advisory | 技术服务<br>Technical Service |
|---|---|---|---|---|---|
| **合同数（项）**<br>**Number of Contract(unit)** | | | | | |
| 1990 | 8397 | 151 | 69 | 1029 | 7148 |
| 1991 | 3943 | 262 | 104 | 450 | 3127 |
| 1992 | 6140 | 354 | 270 | 782 | 4734 |
| 1993 | 4220 | 355 | 350 | 1172 | 2343 |
| 1994 | 5992 | 438 | 158 | 1010 | 4386 |
| 1995 | 4266 | 642 | 444 | 1051 | 2129 |
| 1996 | 6819 | 605 | 284 | 1310 | 4620 |
| 1997 | 6310 | 613 | 326 | 1812 | 3559 |
| 1998 | 5698 | 531 | 312 | 1094 | 3761 |
| 1999 | 6506 | 1041 | 404 | 1653 | 3408 |
| 2000 | 5597 | 731 | 393 | 1296 | 3177 |
| 2001 | 4589 | 688 | 346 | 567 | 2988 |
| 2002 | 4668 | 868 | 492 | 623 | 2685 |
| 2003 | 5496 | 1113 | 242 | 1149 | 2992 |
| 2004 | 5656 | 1191 | 204 | 1406 | 2855 |
| 2005 | 6510 | 1457 | 200 | 1503 | 3350 |
| 2006 | 5673 | 1585 | 122 | 1059 | 2907 |
| 2007 | 5047 | 1752 | 98 | 996 | 2201 |
| 2008 | 5196 | 1906 | 135 | 1173 | 1982 |
| 2009 | 4799 | 2265 | 231 | 781 | 1522 |
| 2010 | 5137 | 2811 | 290 | 639 | 1397 |
| 2011 | 4839 | 2954 | 272 | 575 | 1038 |
| 2012 | 5390 | 3654 | 216 | 926 | 594 |
| 2013 | 5361 | 3463 | 218 | 1135 | 545 |
| 2014 | 3797 | 2591 | 235 | 692 | 279 |
| 2015 | 4209 | 3064 | 314 | 327 | 504 |
| 2016 | 5220 | 3090 | 345 | 356 | 1429 |
| 2017 | 6008 | 3717 | 326 | 260 | 1705 |
| 2018 | 7753 | 4372 | 320 | 183 | 2878 |
| 2019 | 8786 | 4553 | 360 | 188 | 3685 |

# 15-7 续表

# Continued

| 项目<br>Item | 合计<br>Total | 技术开发<br>Technical Development | 技术转让<br>Technical Transfer | 技术咨询<br>Technical Advisory | 技术服务<br>Technical Service |
|---|---|---|---|---|---|
| **合同金额（万元）<br>Amount of Contracts(10000 yuan)** | | | | | |
| 1991 | 6485 | 2942 | 848 | 407 | 2288 |
| 1992 | 13545 | 2935 | 2472 | 1124 | 7014 |
| 1993 | 18758 | 4058 | 4437 | 3113 | 7150 |
| 1994 | 25118 | 7629 | 1938 | 2783 | 12768 |
| 1995 | 30550 | 8960 | 6404 | 3914 | 11272 |
| 1996 | 46206 | 12635 | 7766 | 4477 | 21328 |
| 1997 | 57459 | 12924 | 9836 | 9066 | 25633 |
| 1998 | 69363 | 17323 | 9228 | 6063 | 36749 |
| 1999 | 80868 | 28268 | 6888 | 12477 | 33235 |
| 2000 | 172601 | 25411 | 75045 | 6701 | 65444 |
| 2001 | 136941 | 26488 | 62482 | 7752 | 40219 |
| 2002 | 128988 | 53778 | 41271 | 7399 | 26540 |
| 2003 | 166778 | 65108 | 47015 | 13001 | 41654 |
| 2004 | 141395 | 46021 | 59653 | 8989 | 26732 |
| 2005 | 171959 | 51837 | 79761 | 12574 | 27787 |
| 2006 | 144122 | 64191 | 46261 | 11288 | 22382 |
| 2007 | 168662 | 68989 | 72069 | 9696 | 17908 |
| 2008 | 191223 | 95052 | 35414 | 12954 | 47803 |
| 2009 | 262349 | 132945 | 64562 | 9691 | 55151 |
| 2010 | 381217 | 194219 | 84986 | 8519 | 93494 |
| 2011 | 534130 | 247146 | 194359 | 9176 | 83450 |
| 2012 | 735768 | 305585 | 328475 | 9120 | 92588 |
| 2013 | 539868 | 290407 | 145476 | 12237 | 91747 |
| 2014 | 508271 | 240243 | 239584 | 8142 | 20301 |
| 2015 | 538645 | 332784 | 169587 | 2792 | 33382 |
| 2016 | 1057125 | 731769 | 201710 | 4075 | 119570 |
| 2017 | 1032793 | 460102 | 402225 | 2676 | 167790 |
| 2018 | 1109488 | 598017 | 322392 | 4681 | 184399 |
| 2019 | 1459417 | 600920 | 191035 | 3365 | 664097 |

# 15-8 技术市场合同数与合同金额情况（2019年）

# Basic Statistics of Technical Market Contract and Contract Amount(2019)

| 项目<br>Item | 合同数<br>（项）<br>Number of Contracts(unit) | 合同金额<br>（万元）<br>Amount of Contracts<br>(10000 yuan) |
|---|---|---|
| **合　计**<br>**Total** | **8786** | **1459417.15** |
| **按合同类别分**<br>**By Kind of Contract** | | |
| 技术开发合同<br>Contract of Technical Development | 4553 | 600920.12 |
| 技术转让合同<br>Contract of Technical Transfer | 360 | 191034.65 |
| 技术咨询合同<br>Contract of Technical Advisory | 188 | 3365.03 |
| 技术服务合同<br>Contract of Technical Service | 3685 | 664097.35 |
| **按服务目标分**<br>**By Service Aim** | | |
| 农、林、牧、渔业发展<br>Development of Farming, Forestry Animal Husbandry and Fishery | 878 | 12303.08 |
| 工商业发展<br>Development of Industry | 952 | 578463.40 |
| 能源生产、分配和合理利用<br>Production, Distribution and Use for Energy | 273 | 13183.35 |
| 基础设施以及城市和农村规划<br>Infrastructure and Planning of Urban and Rural | 171 | 7694.42 |
| 环境保护、生态建设及污染防治<br>Environmental Protection | 263 | 13395.10 |
| 卫生事业发展<br>Health | 197 | 29625.69 |
| 教育事业发展<br>Education | 172 | 9275.41 |
| 社会发展和社会经济发展<br>Development of Social and Social Economy | 3957 | 538496.04 |
| 非定向研究<br>Nondirectional Research | 93 | 2953.65 |
| 民用空间探测及开发<br>Civil Space | 40 | 1056.65 |
| 地球和大气层的探索与利用<br>Probe and Utilize of Earth and atmasphere | 40 | 4479.47 |
| 国防<br>National defense | 24 | 4347.32 |
| 其他民用目标<br>Others | 1726 | 244143.55 |
| **按技术流向分**<br>**By the Flaw of Technology** | | |
| 本省<br>Native Province | 5782 | 541633.78 |
| 省外<br>Outside the Province | 3004 | 917783.37 |

# 15-9 地方国有企事业单位专业技术人员数

# Number of Professional and Technical Personnel in local State-owned Enterprises and Institutions

单位：人 (person)

| 年份 Year | 合计 Total | #工程技术人员 Engineering | #农业技术人员 Agriculture | #卫生技术人员 Health Care | #科学研究人员 Scientific Research | #教学人员 Teaching |
|---|---|---|---|---|---|---|
| 1978 | 84117 | 30363 | 9290 | 24326 | 2789 | 17349 |
| 1979 | 89501 | 33507 | 10019 | 23181 | 3281 | 19513 |
| 1980 | 154241 | 39546 | 8292 | 25713 | 3186 | 49666 |
| 1981 | 168096 | 43823 | 9501 | 27664 | 3000 | 55607 |
| 1982 | 185383 | 51431 | 10602 | 30376 | 3232 | 59759 |
| 1983 | 291400 | 57852 | 13158 | 32492 | 2553 | 153274 |
| 1984 | 291913 | 52345 | 13670 | 32085 | 3663 | 158318 |
| 1985 | 308855 | 57986 | 15642 | 32697 | 3719 | 159859 |
| 1986 | 326646 | 65826 | 15351 | 35670 | 2711 | 169990 |
| 1987 | 363237 | 76424 | 15746 | 37189 | 2969 | 185971 |
| 1988 | 429162 | 78854 | 15800 | 40134 | 3005 | 201603 |
| 1989 | 470772 | 82248 | 16316 | 41377 | 3369 | 225623 |
| 1990 | 500783 | 88457 | 16211 | 44560 | 3571 | 240899 |
| 1991 | 478923 | 81500 | 13244 | 46346 | 2737 | 247627 |
| 1992 | 487634 | 83165 | 13290 | 45895 | 2695 | 255783 |
| 1993 | 484192 | 82631 | 12852 | 44972 | 2733 | 262393 |
| 1994 | 499806 | 84673 | 12854 | 46851 | 2519 | 269232 |
| 1995 | 509638 | 86132 | 12868 | 46421 | 3073 | 282294 |
| 1996 | 534016 | 87619 | 13500 | 50092 | 3179 | 300406 |
| 1997 | 555600 | 88338 | 14425 | 52211 | 3397 | 315846 |
| 1998 | 577184 | 88184 | 14517 | 54153 | 3652 | 337086 |
| 1999 | 590289 | 89012 | 14462 | 55498 | 3758 | 349978 |
| 2000 | 592765 | 86683 | 14495 | 56703 | 3798 | 354760 |
| 2001 | 587761 | 81635 | 14498 | 57343 | 4218 | 357930 |
| 2002 | 582288 | 74776 | 13844 | 58521 | 4128 | 361832 |
| 2003 | 574834 | 68822 | 13859 | 60623 | 4132 | 363626 |
| 2004 | 575058 | 65732 | 14218 | 61973 | 4232 | 363405 |
| 2005 | 581281 | 66294 | 14212 | 62967 | 4165 | 368136 |
| 2006 | 579696 | 65723 | 15425 | 64213 | 4411 | 363814 |
| 2007 | 586516 | 67607 | 13540 | 65439 | 4568 | 368380 |
| 2008 | 610062 | 67969 | 13023 | 85944 | 5836 | 370156 |
| 2009 | 611313 | 69135 | 13247 | 85901 | 6458 | 368590 |
| 2010 | 599406 | 66621 | 11781 | 90431 | 5070 | 361339 |
| 2011 | 626371 | 74246 | 11848 | 95128 | 6034 | 372207 |
| 2012 | 656091 | 71218 | 12617 | 97324 | 7144 | 367184 |
| 2013 | 672667 | 74872 | 13001 | 103566 | 8485 | 367894 |
| 2014 | 688199 | 76157 | 12962 | 106517 | 8771 | 372909 |
| 2015 | 677624 | 80289 | 13247 | 113119 | 9058 | 375467 |
| 2016 | 694074 | 86827 | 11973 | 114527 | 8798 | 380590 |
| 2017 | 702224 | 89515 | 12950 | 116238 | 8565 | 380596 |
| 2018 | 721428 | 95893 | 12841 | 116666 | 7519 | 363947 |
| 2019 | 729248 | 86129 | 12486 | 121358 | 7674 | 380581 |

# 15-10 地方国有企事业单位各行业技术人员数

# Number of Specialized Technical Personnel in local state-owned Enterprises and Institutions by Sector

单位：人 (person)

| 行业 Sector | 2005 | 2010 | 2015 | 2018 | 2019 |
|---|---|---|---|---|---|
| **合　计 Total** | **581281** | **599406** | **677624** | **721428** | **729248** |
| **按行业分 By Sectors** | | | | | |
| 农、林、牧、渔业 Farming, Forestry, Animal Husbandy and Fishery | 25496 | 22813 | 22558 | 21325 | 21712 |
| 采矿业 Mining and Quarrying | 3233 | 3635 | 3240 | 2528 | 2336 |
| 制造业 Manufacturing | 16425 | 13744 | 12627 | 15096 | 16575 |
| 电力、燃气及水的生产和供应业 Production and Supply of Electricity Gas and Water | 4987 | 4175 | 5267 | 6426 | 7042 |
| 建筑业 Construction | 10719 | 8766 | 12809 | 17436 | 18962 |
| 交通运输、仓储和邮政业 Transport, Storage and Post Services | 12918 | 12670 | 18627 | 18210 | 19445 |
| 信息传输、计算机服务和软件业 Information Transmission, Computer Software and Services | 1772 | 5261 | 7926 | 12177 | 13359 |
| 批发和零售业 Wholesale and Retail Trade | 6301 | 5253 | 4804 | 4960 | 4831 |
| 住宿和餐饮业 Lodgings and Catering Services | 829 | 703 | 765 | 618 | 616 |
| 金融业 Finance | 3690 | 6641 | 23748 | 27412 | 27199 |
| 房地产业 Real Estate | 4100 | 3783 | 5963 | 7153 | 7412 |
| 租赁和商务服务业 Rent and Business Services | 1936 | 2052 | 2955 | 3570 | 4027 |
| 科学研究、技术服务和地质勘查业 Scientific Reseach, Ploytechnic Services and Geological Prospecting | 11919 | 11925 | 14618 | 14613 | 15093 |
| 水利、环境和公共设施管理业 Water Conservancy, Environment and Public Facilities Management | 8304 | 7971 | 9983 | 9961 | 11347 |
| 居民服务和其他服务业 Resident Services and Others | 3220 | 3674 | 3962 | 14155 | 15840 |
| 教育 Education | 374351 | 370279 | 389241 | 389974 | 385199 |
| 卫生、社会保障和社会福利业 Health Care, Social Ensure and Walfare | 63307 | 94348 | 133027 | 118584 | 122375 |
| 文化、体育和娱乐业 Culture, Sports and Entertainment | 17116 | 14193 | 16601 | 18353 | 16425 |
| 公共管理和社会组织 Public Management and Social Organizations | 10658 | 7520 | 15229 | 18877 | 19453 |
| **按三次产业分 By Three Strata of Industry** | | | | | |
| 第一产业 Primary Industry | 25496 | 22813 | 22558 | 21325 | 21712 |
| 第二产业 Secondary Industry | 35364 | 30320 | 33943 | 41486 | 44915 |
| 第三产业 Tertiary Industry | 520421 | 546273 | 647449 | 658617 | 662621 |

# 15-11 专任教师数和在校学生数

## Number of Full-time Teachers and Students

| 年份 Year | 专任教师数（人） Full-time Teachers(person) | | | | 在校学生数（万人） Student Enrollment(10000 persons) | | | | 每万常住人口拥有大学在校学生数（人） University & College Student Enrollment per 10000 Population (person) |
|---|---|---|---|---|---|---|---|---|---|
| | 普通高等学校 Regular Institutions Of Higher Educations | 普通中等学校 Regular Institutions Of Secondary Educations | #普通中学 Regular Secondary Schools | 普通小学 Primary Schools | 普通高等学校 Regular Institutions Of Higher Educations | 普通中等学校 Regular Institutions Of Secondary Educations | #普通中学 Regular Secondary Schools | 普通小学 Primary Schools | |
| 1952 | 611 | 5242 | 4159 | 31937 | 0.47 | 11.55 | 9.64 | 102.59 | 3.9 |
| 1957 | 1811 | 7929 | 6727 | 42442 | 0.75 | 18.69 | 16.78 | 137.61 | 5.4 |
| 1962 | 3484 | 14609 | 12328 | 61998 | 1.91 | 23.81 | 21.74 | 157.81 | 17.1 |
| 1965 | 3033 | 19170 | 14294 | 127368 | 1.52 | 35.34 | 27.54 | 290.11 | 17.5 |
| 1970 | 1783 | 18684 | 18683 | 85294 | 0.07 | 38.68 | 38.67 | 238.19 | 0.4 |
| 1975 | 3142 | 35782 | 34680 | 140353 | 1.03 | 80.49 | 79.34 | 398.32 | 6.9 |
| 1980 | 6106 | 61128 | 57124 | 141812 | 3.86 | 114.73 | 109.41 | 376.42 | 22.7 |
| 1985 | 8137 | 64848 | 55465 | 138673 | 4.41 | 121.39 | 109.92 | 372.40 | 27.8 |
| 1990 | 8926 | 84535 | 69000 | 148789 | 5.56 | 120.69 | 104.85 | 337.08 | 28.6 |
| 1995 | 8354 | 109879 | 90400 | 166191 | 7.17 | 185.82 | 155.25 | 379.96 | 38.7 |
| 1996 | 8373 | 117657 | 98558 | 170791 | 7.34 | 212.91 | 181.85 | 392.01 | 40.8 |
| 1997 | 8646 | 124842 | 105279 | 176591 | 7.81 | 240.46 | 207.36 | 404.91 | 42.9 |
| 1998 | 8279 | 131910 | 111986 | 180587 | 8.52 | 253.42 | 220.05 | 401.97 | 45.7 |
| 1999 | 8853 | 138044 | 117312 | 183601 | 10.26 | 264.11 | 228.14 | 386.85 | 50.4 |
| 2000 | 9779 | 140769 | 120667 | 183547 | 13.14 | 269.46 | 233.50 | 369.10 | 61.0 |
| 2001 | 10716 | 145152 | 125866 | 181816 | 16.74 | 275.04 | 238.30 | 354.62 | 74.7 |
| 2002 | 12701 | 149963 | 131263 | 181457 | 19.73 | 279.19 | 240.76 | 339.18 | 88.0 |
| 2003 | 16663 | 155858 | 135778 | 177248 | 25.74 | 291.62 | 247.19 | 311.98 | 110.8 |
| 2004 | 20980 | 159838 | 139549 | 170962 | 32.57 | 299.84 | 252.10 | 286.94 | 123.5 |
| 2005 | 24919 | 164888 | 144310 | 166465 | 40.70 | 302.74 | 250.17 | 273.27 | 148.8 |
| 2006 | 28724 | 169568 | 148055 | 163350 | 46.13 | 300.26 | 243.07 | 269.22 | 172.9 |
| 2007 | 31444 | 172288 | 150636 | 160911 | 50.95 | 291.76 | 233.71 | 258.29 | 186.6 |
| 2008 | 33637 | 172904 | 151271 | 160347 | 56.26 | 284.82 | 226.18 | 247.15 | 201.6 |
| 2009 | 35841 | 173887 | 151785 | 156779 | 60.63 | 276.25 | 213.43 | 239.76 | 203.9 |
| 2010 | 37733 | 172901 | 151469 | 156601 | 64.78 | 260.22 | 198.21 | 238.89 | 214.4 |
| 2011 | 39747 | 171636 | 150170 | 155337 | 67.48 | 260.61 | 186.68 | 246.09 | 220.2 |
| 2012 | 41119 | 170041 | 148687 | 153941 | 70.14 | 255.09 | 181.09 | 252.73 | 230.0 |
| 2013 | 42905 | 169245 | 148564 | 154490 | 73.05 | 235.84 | 176.47 | 259.84 | 241.8 |
| 2014 | 43902 | 169151 | 148856 | 158698 | 74.85 | 224.53 | 175.48 | 274.63 | 251.3 |
| 2015 | 44791 | 168453 | 148428 | 162496 | 75.85 | 221.09 | 175.97 | 288.31 | 250.8 |
| 2016 | 44751 | 168992 | 149213 | 165910 | 75.64 | 222.91 | 178.95 | 298.67 | 243.8 |
| 2017 | 45398 | 170370 | 150600 | 168857 | 75.10 | 226.83 | 185.28 | 307.09 | 232.8 |
| 2018 | 46555 | 173068 | 152990 | 172012 | 77.24 | 233.77 | 192.10 | 321.39 | 233.8 |
| 2019 | 49120 | 177006 | 156590 | 177930 | 86.12 | 242.69 | 200.38 | 334.40 | 256.7 |

# 15-12 各级各类民办教育基本情况（2019年）

## Basic Statistics on Private Schools by Level and Type of Schools(2019)

单位：人 (person)

| 项目 | Item | 学校数（所） Number of Schools(unit) | 毕业生数 Number of Graduates | 招生数 New Enrollment | 在校学生数 Total Enrollment | 教职工数 Teachers and Staff | #专任教师数 Full-time Teachers |
|---|---|---|---|---|---|---|---|
| **民办高等教育** | **Private Higher Education** | **36** | **59798** | **98871** | **263549** | **18688** | **13228** |
| 民办高校 | Private Institutions of Higher Education | 36 | 43876 | 80871 | 199010 | 13729 | 9394 |
| 本科 | Undergraduate Courses | 11 | 19477 | 29382 | 97278 | 8043 | 5443 |
| 专科 | Specialized Courses | 20 | 24399 | 51489 | 101732 | 5686 | 3951 |
| 独立学院 | Non-university Tertiary | 5 | 15922 | 18000 | 64539 | 4959 | 3834 |
| 本科 | Undergraduate Courses | 5 | 15922 | 18000 | 64539 | 4959 | 3834 |
| **高中阶段教育** | **Senior Secondary Education** | **109** | **37702** | **42243** | **105163** | **20991** | **6886** |
| 高中 | Private Regular Senior Secondary Schools | 80 | 23290 | 28375 | 76754 | 19786 | 5990 |
| 中等职业学校 | Private Vocational Secondary Education | 29 | 14412 | 13868 | 28409 | 1205 | 896 |
| **初中阶段教育** | **Junior Secondary Education** | **74** | **48877** | **60274** | **169871** | **13076** | **10599** |
| 初中 | Private Regular Junior Secondary Schools | 74 | 48877 | 60274 | 169871 | 13076 | 10599 |
| **民办普通小学** | **Private Regular Primary Schools** | **94** | **20351** | **24672** | **137924** | **5139** | **3973** |
| **民办幼儿园** | **Private Kindergartens** | **5929** | **313005** | **324834** | **869067** | **115410** | **60201** |

# 15-13 各类学校数

## Number of Schools by Field of Study

单位：所 (unit)

| 年份<br>Year | 普通高等学校<br>Regular Institutions Of Higher Educations | 成人高等学校<br>Adult Instititions of Higher Educations | 中等职业教育<br>Secondary Vocational Education | 普通中学<br>Regular Secondary Schools | #高中<br>Senior Secondary Schools | 技工学校<br>Technical Schools | 小学<br>Primary Schools | 幼儿园<br>Kinder gartens |
|---|---|---|---|---|---|---|---|---|
| 1952 | 5 | | 51 | 178 | 67 | | 9081 | 320 |
| 1957 | 4 | | 41 | 213 | 101 | | 12850 | 1144 |
| 1962 | 18 | 19 | 52 | 408 | 150 | | 15550 | 1373 |
| 1965 | 10 | 2 | 67 | 429 | 152 | 4 | 34583 | 1916 |
| 1970 | 3 | | 1 | 1301 | 199 | | 25743 | |
| 1975 | 7 | 43 | 36 | 1089 | 767 | 1 | 33946 | 1902 |
| 1980 | 16 | 25 | 82 | 1148 | 821 | 28 | 28170 | 3608 |
| 1985 | 36 | 18 | 94 | 1180 | 451 | 35 | 26607 | 5210 |
| 1990 | 36 | 20 | 103 | 1362 | 415 | 43 | 19472 | 7958 |
| 1995 | 30 | 20 | 109 | 1771 | 404 | 54 | 15765 | 12748 |
| 1996 | 30 | 20 | 110 | 1834 | 397 | 85 | 15603 | 13315 |
| 1997 | 30 | 20 | 111 | 1880 | 409 | 135 | 15535 | 13033 |
| 1998 | 30 | 20 | 112 | 1902 | 427 | 138 | 14824 | 12612 |
| 1999 | 30 | 20 | 118 | 1893 | 440 | 110 | 14355 | 12522 |
| 2000 | 28 | 18 | 118 | 1921 | 477 | 119 | 13935 | 11885 |
| 2001 | 32 | 17 | 109 | 1988 | 523 | 101 | 13664 | 7398 |
| 2002 | 33 | 16 | 106 | 1998 | 559 | 93 | 12924 | 7329 |
| 2003 | 49 | 15 | 355 | 2006 | 592 | 93 | 12406 | 7064 |
| 2004 | 53 | 13 | 389 | 2022 | 614 | 98 | 11614 | 7200 |
| 2005 | 66 | 9 | 391 | 2030 | 627 | 93 | 10560 | 7541 |
| 2006 | 67 | 10 | 403 | 2020 | 636 | 95 | 9867 | 7550 |
| 2007 | 74 | 8 | 364 | 1984 | 616 | 96 | 9388 | 7567 |
| 2008 | 83 | 7 | 350 | 1963 | 610 | 91 | 8566 | 7508 |
| 2009 | 86 | 7 | 312 | 1936 | 606 | 94 | 7849 | 7137 |
| 2010 | 84 | 4 | 298 | 1903 | 575 | 95 | 6974 | 6179 |
| 2011 | 85 | 4 | 262 | 1830 | 559 | 71 | 5947 | 6813 |
| 2012 | 86 | 4 | 251 | 1783 | 543 | 71 | 5414 | 7183 |
| 2013 | 87 | 3 | 230 | 1782 | 544 | 69 | 5228 | 7419 |
| 2014 | 88 | 3 | 226 | 1781 | 542 | 66 | 5167 | 7591 |
| 2015 | 88 | 3 | 217 | 1780 | 540 | 62 | 5141 | 7748 |
| 2016 | 88 | 3 | 207 | 1778 | 533 | 62 | 5188 | 7791 |
| 2017 | 89 | 3 | 184 | 1774 | 534 | 62 | 5190 | 8041 |
| 2018 | 89 | 3 | 180 | 1784 | 538 | 62 | 5189 | 8161 |
| 2019 | 90 | 3 | 180 | 1793 | 544 | 62 | 5160 | 8664 |

# 15-14 各类学校专任教师数

## Number of Full-time Teachers by Type of School

单位：人 (person)

| 年份<br>Year | 普通高等学校<br>Regular Institutions Of Higher Educations | 中等职业教育<br>Secondary Vocational Education | 普通中学<br>Regular Secondary Schools | #高中<br>Senior Secondary Schools | 技工学校<br>Technical Schools | 小学<br>Primary Schools | 幼儿园<br>Kinder gartens |
|---|---|---|---|---|---|---|---|
| 1952 | 611 | 1083 | 4159 | 892 | | 31937 | 641 |
| 1957 | 1811 | 1202 | 6727 | 1790 | | 42442 | 2127 |
| 1962 | 3484 | 2030 | 12328 | 3039 | | 61998 | 3200 |
| 1965 | 3033 | 1729 | 14294 | 3201 | 111 | 127368 | 4300 |
| 1970 | 1783 | | 18683 | | | 85294 | |
| 1975 | 3142 | 1081 | 34680 | 9607 | | 140353 | 3789 |
| 1980 | 6106 | 3017 | 57124 | 12555 | 800 | 141812 | 14026 |
| 1985 | 8137 | 4721 | 55465 | 13025 | 1300 | 138673 | 18586 |
| 1990 | 8926 | 5969 | 69000 | 13641 | 2100 | 148789 | 26907 |
| 1995 | 8354 | 6703 | 90400 | 13306 | 2300 | 166191 | 40640 |
| 1996 | 8373 | 6739 | 98558 | 13727 | 2100 | 170791 | 41409 |
| 1997 | 8646 | 6927 | 105279 | 14632 | 2100 | 176591 | 42446 |
| 1998 | 8279 | 7149 | 111986 | 16394 | 2100 | 180587 | 41771 |
| 1999 | 8853 | 7162 | 117312 | 19295 | 2800 | 183601 | 40033 |
| 2000 | 9779 | 6920 | 120667 | 23170 | 2463 | 183547 | 39409 |
| 2001 | 10716 | 6798 | 125866 | 27411 | 2506 | 181816 | 26647 |
| 2002 | 12701 | 6100 | 131263 | 31514 | 2521 | 181457 | 25790 |
| 2003 | 16663 | 17357 | 135778 | 35853 | 2716 | 177248 | 27238 |
| 2004 | 20980 | 17266 | 139549 | 40132 | 2982 | 170962 | 28846 |
| 2005 | 24919 | 17457 | 144310 | 45328 | 3144 | 166465 | 31228 |
| 2006 | 28724 | 18216 | 148055 | 49593 | 3268 | 163350 | 31845 |
| 2007 | 31444 | 18197 | 150636 | 52169 | 3404 | 160911 | 33381 |
| 2008 | 33637 | 18229 | 151271 | 52531 | 3812 | 160347 | 33774 |
| 2009 | 35841 | 18290 | 151785 | 52339 | 3879 | 156779 | 36750 |
| 2010 | 37733 | 18000 | 151469 | 52100 | 3439 | 156601 | 38900 |
| 2011 | 39747 | 17781 | 150170 | 52375 | 3685 | 155337 | 53216 |
| 2012 | 41119 | 17710 | 148687 | 52049 | 3644 | 153941 | 59163 |
| 2013 | 42905 | 17187 | 148403 | 51578 | 3655 | 154474 | 65226 |
| 2014 | 43902 | 17102 | 148856 | 50923 | 3193 | 158698 | 70405 |
| 2015 | 44791 | 17103 | 148428 | 50463 | 2922 | 162496 | 74840 |
| 2016 | 44751 | 16732 | 149213 | 50424 | 3047 | 165910 | 79381 |
| 2017 | 45398 | 16479 | 150600 | 50720 | 3291 | 168857 | 85310 |
| 2018 | 46555 | 16485 | 152990 | 51144 | 3593 | 172012 | 90917 |
| 2019 | 49120 | 16780 | 156590 | 51950 | 3640 | 177930 | 97910 |

# 15-15 各类学校在校学生数

## Number of Students Enrollment by Type of School

单位：万人 (10000 persons)

| 年份<br>Year | 普通高等学校<br>Regular Institutions Of Higher Educations | 成人高等学校<br>Adult Institions of Higher Educations | 中等职业教育<br>Secondary Vocational Education | 普通中学<br>Regular Secondary Schools | #高中<br>Senior Secondary Schools | 技工学校<br>Technical Schools | 小学<br>Primary Schools | 幼儿园<br>Kinder Gartens |
|---|---|---|---|---|---|---|---|---|
| 1952 | 0.47 | | 1.91 | 9.64 | 1.46 | | 102.59 | 2.26 |
| 1957 | 0.75 | | 1.91 | 16.78 | 3.88 | | 137.61 | 7.11 |
| 1962 | 1.91 | 0.82 | 1.56 | 21.74 | 4.79 | | 157.81 | 9.94 |
| 1965 | 1.52 | 1.46 | 2.00 | 27.54 | 5.18 | 0.14 | 290.11 | 12.52 |
| 1970 | 0.07 | | 0.01 | 38.67 | 2.23 | | 238.19 | 12.47 |
| 1975 | 1.03 | 0.52 | 1.10 | 79.34 | 20.76 | 0.05 | 398.32 | 12.38 |
| 1980 | 3.86 | 1.78 | 3.84 | 109.41 | 20.58 | 1.27 | 376.42 | 41.88 |
| 1985 | 4.41 | 2.94 | 4.34 | 109.92 | 19.90 | 1.61 | 372.40 | 52.03 |
| 1990 | 5.56 | 2.58 | 5.89 | 104.85 | 15.47 | 2.83 | 337.08 | 74.32 |
| 1995 | 7.17 | 4.71 | 9.68 | 155.25 | 16.52 | 4.55 | 379.96 | 103.24 |
| 1996 | 7.34 | 5.32 | 10.59 | 181.85 | 18.16 | 4.43 | 392.01 | 102.63 |
| 1997 | 7.81 | 5.70 | 11.27 | 207.36 | 21.38 | 4.73 | 404.91 | 92.11 |
| 1998 | 8.52 | 5.96 | 11.83 | 220.05 | 25.37 | 4.69 | 401.97 | 83.78 |
| 1999 | 10.26 | 5.79 | 12.89 | 228.14 | 30.78 | 5.02 | 386.85 | 81.91 |
| 2000 | 13.14 | 6.37 | 12.90 | 233.50 | 37.24 | 4.57 | 369.10 | 78.64 |
| 2001 | 16.74 | 7.17 | 13.40 | 238.30 | 44.04 | 4.88 | 354.62 | 73.40 |
| 2002 | 19.73 | 8.59 | 13.09 | 240.76 | 50.78 | 5.59 | 339.18 | 66.71 |
| 2003 | 25.74 | 9.86 | 37.76 | 247.19 | 57.52 | 6.64 | 311.98 | 69.58 |
| 2004 | 32.57 | 6.96 | 40.08 | 252.10 | 65.98 | 7.66 | 286.94 | 74.82 |
| 2005 | 40.70 | 7.45 | 44.77 | 250.17 | 73.25 | 7.87 | 273.27 | 82.67 |
| 2006 | 46.13 | 10.12 | 48.67 | 243.07 | 78.04 | 8.52 | 269.22 | 87.11 |
| 2007 | 50.95 | 10.11 | 49.43 | 233.71 | 77.68 | 8.62 | 258.29 | 91.93 |
| 2008 | 56.26 | 10.39 | 49.83 | 226.18 | 74.88 | 8.94 | 247.15 | 99.27 |
| 2009 | 60.63 | 9.95 | 54.00 | 213.43 | 71.91 | 8.29 | 239.76 | 107.72 |
| 2010 | 64.78 | 9.90 | 53.60 | 198.21 | 70.64 | 8.40 | 238.89 | 116.63 |
| 2011 | 67.48 | 10.37 | 57.31 | 186.68 | 70.95 | 8.72 | 246.09 | 131.92 |
| 2012 | 70.14 | 11.86 | 58.30 | 181.09 | 69.05 | 6.95 | 252.73 | 139.98 |
| 2013 | 73.05 | 14.39 | 52.51 | 176.47 | 65.65 | 5.68 | 259.84 | 143.29 |
| 2014 | 74.85 | 16.08 | 43.76 | 175.48 | 62.91 | 5.29 | 274.63 | 145.63 |
| 2015 | 75.85 | 15.47 | 39.67 | 175.97 | 62.63 | 5.45 | 288.31 | 151.26 |
| 2016 | 75.64 | 13.67 | 38.05 | 178.95 | 63.47 | 5.90 | 298.67 | 156.61 |
| 2017 | 75.10 | 10.34 | 34.55 | 185.28 | 63.71 | 7.00 | 307.09 | 165.49 |
| 2018 | 77.24 | 8.91 | 33.58 | 192.10 | 63.39 | 8.08 | 321.39 | 168.41 |
| 2019 | 86.12 | 9.18 | 33.48 | 200.38 | 63.93 | 8.83 | 334.40 | 169.59 |

# 15-16 各类学校招生数

# New Students Enrollment by Type of School

单位：万人　　(10000 persons)

| 年份<br>Year | 普通高等学校<br>Regular Institutions Of Higher Educations | 成人高等学校<br>Adult Institions of Higher Educations | 中等职业教育<br>Secondary Vocational Education | 普通中学<br>Regular Secondary Schools | #高中<br>Senior Secondary Schools | 技工学校<br>Technical Schools | 小学<br>Primary Schools | 幼儿园<br>Kinder gartens |
|---|---|---|---|---|---|---|---|---|
| 1952 | 0.19 | | 1.11 | 5.36 | 0.85 | | 30.77 | |
| 1957 | 0.19 | | 0.34 | 5.65 | 1.26 | | 28.32 | |
| 1962 | 0.27 | | 0.06 | 8.39 | 1.63 | | 34.24 | |
| 1965 | 0.34 | | 0.91 | 10.53 | 1.83 | 0.04 | 85.86 | |
| 1970 | 0.08 | | 0.01 | 20.05 | 1.65 | | 63.74 | |
| 1975 | 0.38 | | 0.56 | 48.49 | 11.08 | 0.04 | 81.97 | |
| 1980 | 0.78 | | 1.55 | 29.86 | 0.01 | 0.79 | 72.59 | |
| 1985 | 1.79 | | 1.73 | 40.81 | 7.18 | 0.91 | 63.22 | 39.68 |
| 1990 | 1.72 | 0.77 | 1.91 | 40.17 | 5.69 | 1.16 | 56.74 | 50.12 |
| 1995 | 2.36 | 1.91 | 3.37 | 63.42 | 6.16 | 1.90 | 68.49 | 63.53 |
| 1996 | 2.47 | 1.97 | 3.57 | 69.85 | 7.05 | 1.84 | 71.45 | 61.89 |
| 1997 | 2.67 | 1.97 | 3.73 | 75.15 | 8.65 | 2.19 | 74.77 | 55.21 |
| 1998 | 2.91 | 2.04 | 3.93 | 77.16 | 10.18 | 1.95 | 63.50 | 49.71 |
| 1999 | 3.87 | 2.34 | 4.30 | 79.93 | 12.54 | 1.97 | 52.86 | 46.37 |
| 2000 | 5.06 | 2.56 | 3.48 | 81.81 | 15.18 | 2.12 | 49.34 | 43.67 |
| 2001 | 5.95 | 3.24 | 3.28 | 82.52 | 17.14 | 2.19 | 50.62 | 42.22 |
| 2002 | 6.89 | 3.54 | 4.23 | 82.49 | 19.35 | 2.60 | 47.52 | 36.86 |
| 2003 | 10.67 | 3.90 | 14.51 | 87.48 | 21.84 | 3.19 | 40.23 | 37.46 |
| 2004 | 11.99 | 3.73 | 15.46 | 87.10 | 25.57 | 3.36 | 36.49 | 40.09 |
| 2005 | 14.67 | 3.57 | 17.59 | 81.01 | 27.21 | 3.46 | 35.88 | 40.45 |
| 2006 | 15.17 | 3.62 | 19.45 | 79.78 | 27.41 | 3.60 | 41.24 | 42.36 |
| 2007 | 16.74 | 3.62 | 19.14 | 78.69 | 25.93 | 3.55 | 41.93 | 42.81 |
| 2008 | 18.91 | 3.55 | 18.94 | 73.84 | 24.25 | 3.58 | 39.91 | 44.78 |
| 2009 | 19.37 | 3.27 | 23.40 | 66.46 | 23.85 | 3.22 | 40.40 | 47.32 |
| 2010 | 20.25 | 3.60 | 20.15 | 62.62 | 24.31 | 3.30 | 42.60 | 52.91 |
| 2011 | 20.84 | 3.87 | 25.17 | 60.40 | 24.06 | 3.46 | 44.79 | 59.47 |
| 2012 | 21.35 | 4.71 | 24.08 | 60.05 | 21.87 | 2.79 | 46.75 | 60.94 |
| 2013 | 22.61 | 5.70 | 15.50 | 59.54 | 20.94 | 2.58 | 49.57 | 59.48 |
| 2014 | 21.91 | 6.07 | 14.09 | 58.04 | 20.86 | 2.13 | 52.95 | 59.86 |
| 2015 | 21.79 | 5.00 | 14.08 | 59.77 | 21.57 | 2.41 | 53.63 | 64.03 |
| 2016 | 21.16 | 3.37 | 13.70 | 62.60 | 21.71 | 3.22 | 53.08 | 62.48 |
| 2017 | 21.38 | 2.48 | 11.65 | 64.16 | 20.89 | 3.34 | 53.40 | 63.82 |
| 2018 | 23.86 | 3.56 | 12.29 | 66.25 | 21.08 | 3.78 | 60.84 | 65.78 |
| 2019 | 30.21 | 3.47 | 13.01 | 70.51 | 22.19 | 4.06 | 62.17 | 63.43 |

# 15-17 各类学校毕业生数

## Number of Graduates by Type of School

单位：万人 (10000 persons)

| 年份<br>Year | 普通高等学校<br>Regular Institutions of Higher Educations | 成人高等学校<br>Adult Institions of Higher Educations | 中等职业教育<br>Secondary Vocational Education | 普通中学<br>Regular Secondary Schools | #高中<br>Senior Secondary Schools | 技工学校<br>Technical Schools | 小学<br>Primary Schools |
|---|---|---|---|---|---|---|---|
| 1952 | 0.09 | | 0.20 | 1.75 | 0.33 | | 3.90 |
| 1957 | 0.08 | | 0.37 | 3.85 | 0.97 | | 9.05 |
| 1962 | 0.46 | | 0.94 | 5.29 | 1.48 | | 11.89 |
| 1965 | 0.43 | | 0.38 | 5.38 | 1.24 | 0.01 | 15.34 |
| 1970 | 0.47 | | | 1.48 | 0.28 | | 46.66 |
| 1975 | 0.21 | | 0.34 | 22.20 | 7.75 | | 44.03 |
| 1978 | 0.35 | | 0.19 | 46.16 | 12.54 | | 47.62 |
| 1979 | 0.08 | | 0.61 | 51.52 | 17.90 | 0.05 | 43.29 |
| 1980 | 0.90 | | 1.49 | 14.33 | 13.63 | 0.30 | 44.37 |
| 1981 | 1.56 | | 1.64 | 40.40 | 16.30 | 0.47 | 47.29 |
| 1982 | 1.16 | | 1.60 | 25.06 | 3.54 | 0.78 | 48.07 |
| 1983 | 0.73 | | 1.35 | 27.15 | 7.84 | 0.72 | 50.82 |
| 1984 | 0.76 | | 1.06 | 23.41 | 4.55 | 0.48 | 51.97 |
| 1985 | 0.79 | | 1.01 | 24.65 | 4.48 | 0.60 | 55.43 |
| 1986 | 0.94 | | 1.34 | 27.95 | 5.45 | 0.68 | 58.66 |
| 1987 | 1.44 | | 1.77 | 28.70 | 6.47 | 0.81 | 59.11 |
| 1988 | 1.68 | | 1.74 | 30.01 | 6.51 | 0.75 | 51.60 |
| 1989 | 1.73 | | 1.69 | 28.59 | 6.22 | 0.80 | 49.52 |
| 1990 | 1.79 | 0.54 | 1.64 | 27.11 | 5.45 | 1.05 | 53.33 |
| 1991 | 1.80 | 0.87 | 1.93 | 25.16 | 4.57 | 1.11 | 51.52 |
| 1992 | 1.73 | 0.65 | 1.83 | 28.21 | 4.78 | 0.98 | 51.53 |
| 1993 | 1.65 | 0.65 | 1.89 | 32.90 | 5.37 | 1.07 | 51.05 |
| 1994 | 1.69 | 0.53 | 1.87 | 34.43 | 5.68 | 1.12 | 56.06 |
| 1995 | 2.04 | 0.85 | 2.25 | 38.43 | 5.57 | 1.49 | 62.56 |
| 1996 | 2.23 | 1.07 | 2.61 | 40.51 | 4.94 | 1.73 | 64.67 |
| 1997 | 2.14 | | 3.02 | 47.25 | 4.95 | 1.70 | 67.57 |
| 1998 | 2.15 | | 3.29 | 58.75 | 5.60 | 1.64 | 68.63 |
| 1999 | 2.07 | 1.67 | 3.21 | 64.24 | 6.40 | 1.55 | 69.59 |
| 2000 | 2.19 | 1.67 | 3.31 | 69.04 | 7.84 | 1.59 | 68.64 |
| 2001 | 2.84 | 1.58 | 2.60 | 69.65 | 9.37 | 1.41 | 67.44 |
| 2002 | 3.68 | 1.80 | 3.78 | 71.72 | 11.58 | 1.51 | 64.77 |
| 2003 | 4.78 | 2.33 | 11.12 | 73.33 | 13.95 | 1.68 | 66.97 |
| 2004 | 5.28 | 2.76 | 11.03 | 75.03 | 15.92 | 1.86 | 62.58 |
| 2005 | 6.48 | 2.83 | 11.00 | 75.94 | 18.26 | 2.56 | 54.71 |
| 2006 | 9.50 | 1.01 | 12.49 | 80.41 | 20.18 | 2.75 | 52.61 |
| 2007 | 11.41 | 3.24 | 12.37 | 79.88 | 23.40 | 2.51 | 53.51 |
| 2008 | 13.04 | 3.07 | 13.65 | 73.75 | 24.22 | 2.55 | 50.50 |
| 2009 | 14.28 | 3.11 | 14.97 | 72.69 | 24.90 | 2.62 | 43.90 |
| 2010 | 15.34 | 3.47 | 15.53 | 71.88 | 24.03 | 2.63 | 39.60 |
| 2011 | 17.37 | 3.23 | 16.20 | 68.98 | 22.63 | 2.38 | 37.20 |
| 2012 | 17.85 | 2.93 | 17.59 | 63.03 | 22.56 | 1.91 | 39.13 |
| 2013 | 18.72 | 3.45 | 15.08 | 60.32 | 23.18 | 3.13 | 39.85 |
| 2014 | 19.01 | 4.12 | 15.21 | 57.03 | 22.72 | 1.76 | 37.89 |
| 2015 | 19.47 | 4.30 | 13.84 | 57.13 | 20.81 | 1.69 | 38.84 |
| 2016 | 19.95 | 4.38 | 13.17 | 57.21 | 19.70 | 1.75 | 41.56 |
| 2017 | 20.44 | 5.29 | 11.78 | 55.74 | 19.65 | 1.62 | 43.83 |
| 2018 | 20.43 | 4.54 | 10.78 | 57.75 | 20.61 | 1.92 | 45.70 |
| 2019 | 20.02 | 3.00 | 11.04 | 60.96 | 21.02 | 2.24 | 48.79 |

# 15-18 平均每一专任教师负担学生数

## Student-Teacher Ratio

单位：人 (person)

| 年份 Year | 普通高等学校 Regular Institutions of Higher Education | 成人高等学校 Adult Institions of Higher Educations | 中等职业教育 Specialized Vocational Education | 普通中学 Regular Secondary Schools | #高中 Senior Secondary Schools | 技工学校 Technical Schools | 小学 Primary Schools | 幼儿园 Kinder Gartens |
|---|---|---|---|---|---|---|---|---|
| 1952 | 7.76 | | 17.62 | 23.19 | 16.42 | | 32.12 | 35.29 |
| 1957 | 4.17 | | 15.91 | 24.94 | 21.70 | | 32.42 | 33.42 |
| 1962 | 5.49 | | 7.67 | 17.64 | 15.77 | | 25.45 | 31.32 |
| 1965 | 5.01 | | 11.56 | 19.27 | 16.20 | 12.79 | 22.78 | 29.23 |
| 1970 | 0.41 | | 89.00 | 20.70 | | | 27.93 | |
| 1975 | 3.29 | | 10.22 | 22.88 | 21.61 | 23.81 | 28.38 | 32.67 |
| 1978 | 4.97 | | 12.02 | 21.99 | 21.91 | 17.17 | 26.86 | 34.15 |
| 1980 | 6.31 | | 11.70 | 19.15 | 16.39 | 15.27 | 26.54 | 29.86 |
| 1985 | 5.42 | | 9.19 | 19.82 | 15.28 | 12.58 | 26.85 | 27.99 |
| 1990 | 6.23 | 29.21 | 9.86 | 14.83 | 11.34 | 13.67 | 22.65 | 27.62 |
| 1995 | 8.58 | 29.21 | 14.45 | 17.04 | 12.42 | 19.60 | 22.86 | 25.40 |
| 1996 | 8.77 | 38.76 | 15.71 | 18.45 | 13.23 | 20.64 | 23.00 | 24.80 |
| 1997 | 9.03 | 42.01 | 16.26 | 19.70 | 14.61 | 22.83 | 22.90 | 21.70 |
| 1998 | 10.28 | 45.97 | 16.55 | 19.65 | 15.47 | 17.30 | 22.26 | 20.06 |
| 1999 | 11.53 | 48.03 | 18.00 | 19.45 | 15.95 | 18.07 | 21.07 | 20.48 |
| 2000 | 13.40 | 44.98 | 18.70 | 19.35 | 16.05 | 16.32 | 20.11 | 19.96 |
| 2001 | 15.62 | 48.16 | 19.72 | 18.93 | 16.07 | 19.52 | 19.50 | 27.55 |
| 2002 | 15.78 | 47.80 | 21.44 | 18.34 | 16.12 | 22.16 | 18.69 | 25.86 |
| 2003 | 15.88 | 50.53 | 21.70 | 18.20 | 16.02 | 24.46 | 17.61 | 25.58 |
| 2004 | 15.36 | 46.95 | 22.68 | 18.07 | 16.44 | 25.69 | 16.78 | 25.98 |
| 2005 | 16.35 | 34.80 | 25.58 | 17.34 | 16.17 | 25.03 | 16.41 | 26.50 |
| 2006 | 16.07 | 35.94 | 26.74 | 16.41 | 15.73 | 26.07 | 16.48 | 27.39 |
| 2007 | 16.23 | 59.35 | 27.16 | 15.52 | 14.88 | 24.95 | 16.05 | 27.52 |
| 2008 | 16.74 | 103.90 | 27.38 | 14.95 | 14.26 | 23.45 | 15.42 | 29.37 |
| 2009 | 17.92 | 90.45 | 29.53 | 14.06 | 13.74 | 21.38 | 15.29 | 29.31 |
| 2010 | 17.18 | 162.89 | 29.77 | 13.08 | 13.56 | 24.44 | 15.25 | 29.98 |
| 2011 | 17.00 | 165.00 | 32.20 | 12.43 | 13.54 | 17.82 | 15.85 | 24.80 |
| 2012 | 17.07 | 197.00 | 32.84 | 12.18 | 13.28 | 14.37 | 16.42 | 23.65 |
| 2013 | 17.03 | 310.00 | 30.55 | 11.08 | 12.73 | 15.54 | 16.82 | 21.97 |
| 2014 | 17.05 | 369.58 | 25.58 | 11.79 | 12.35 | 16.56 | 17.30 | 20.68 |
| 2015 | 16.93 | 345.35 | 23.19 | 11.86 | 12.41 | 18.66 | 17.74 | 20.21 |
| 2016 | 16.90 | 630.09 | 22.74 | 11.99 | 12.59 | 19.37 | 18.00 | 19.73 |
| 2017 | 16.54 | 429.00 | 20.97 | 12.30 | 12.56 | 21.28 | 18.19 | 19.40 |
| 2018 | 16.59 | 383.92 | 20.37 | 12.56 | 12.39 | 22.50 | 18.68 | 18.52 |
| 2019 | 17.53 | 392.18 | 19.96 | 12.80 | 12.30 | 23.71 | 18.79 | 17.32 |

# 15-19 研究生数

## Number of Postgraduates

单位：人 (person)

| 年份<br>Year | 在校学生数<br>Stuent Enrollment | 招生数<br>New Student Enrollment | 毕业生数<br>Graduates | 年份<br>Year | 在校学生数<br>Stuent Enrollment | 招生数<br>New Student Enrollment | 毕业生数<br>Graduates |
|---|---|---|---|---|---|---|---|
| 1978 | 90 | 90 | | 2002 | 8862 | 3667 | 1452 |
| 1980 | 261 | 70 | | 2003 | 13266 | 5860 | 1871 |
| 1985 | 1064 | 564 | 324 | 2004 | 18273 | 7275 | 2820 |
| 1986 | 1246 | 460 | 226 | 2005 | 19500 | 7442 | 3222 |
| 1987 | 1520 | 557 | 268 | 2006 | 22798 | 8150 | 4560 |
| 1988 | 1490 | 499 | 504 | 2007 | 25580 | 8741 | 5725 |
| 1989 | 1350 | 364 | 462 | 2008 | 27062 | 8781 | 6899 |
| 1990 | 1198 | 366 | 497 | 2009 | 29012 | 9934 | 7790 |
| 1991 | 1122 | 403 | 425 | 2010 | 30933 | 10313 | 8159 |
| 1992 | 1268 | 445 | 275 | 2011 | 33896 | 11561 | 8207 |
| 1993 | 1372 | 512 | 394 | 2012 | 36035 | 11927 | 9511 |
| 1994 | 1967 | 806 | 374 | 2013 | 38190 | 12620 | 10179 |
| 1995 | 2248 | 739 | 434 | 2014 | 39312 | 12505 | 10878 |
| 1996 | 2445 | 933 | 694 | 2015 | 41338 | 13288 | 10969 |
| 1997 | 2773 | 1026 | 661 | 2016 | 42731 | 14088 | 11968 |
| 1998 | 3281 | 1218 | 701 | 2017 | 47587 | 17620 | 11973 |
| 1999 | 3907 | 1562 | 889 | 2018 | 53129 | 18803 | 12245 |
| 2000 | 5134 | 2179 | 929 | 2019 | 58710 | 20050 | 13301 |
| 2001 | 6828 | 2877 | 1119 | | | | |

# 15-20 职业技术培训机构基本情况（2019年）

## Basic Statistics on Vocational/Technical Training Institutions(2019)

| 项目<br>Item | 学校数（所）<br>Number of Schools(unit) | 注册学生数（人）<br>Registered Students (person) | 结业学生数（人）<br>Graduates (person) | 教职工数（人）<br>Teachers and Staff (person) | #专任教师数<br>Full-time Teachers |
|---|---|---|---|---|---|
| **总计 Total** | **1648** | **765683** | **1011374** | **13910** | **8135** |
| **职工技术培训学校(机构) Vocational/Technical Training Schools** | **59** | **141185** | **205852** | **1739** | **1595** |
| #教育部门和集体办 Run by Education Departments and Collectives | 57 | 140878 | 202467 | 1692 | 1563 |
| 民办 Run by Private Institutions | 2 | 307 | 3385 | 47 | 32 |
| **农村成人文化技术培训学校(机构) Technical Training Schools for Adult Farmers** | **1050** | **382584** | **552588** | **2832** | **384** |
| #教育部门和集体办 Run by Education Departments and Collectives | 1050 | 382584 | 552588 | 2832 | 384 |
| 民办 Run by Private Institutions | | | | | |
| **其他培训机构(含社会培训机构) Others** | **539** | **241914** | **252934** | **9339** | **6156** |
| #教育部门和集体办 Run by Education Departments and Collectives | 15 | 37295 | 46967 | 399 | 337 |
| 民办 Run by Private Institutions | 516 | 201435 | 202878 | 8907 | 5809 |

# 15-21 分科研究生数(2019年)

## Number of Postgraduates by Field of Study(2019)

单位：人　　(person)

| 项目 | Item | 在校学生数 Student Enrollment | 招生数 New Student Enrollment | 毕业生数 Graduates | 博士生 Doctor | | | 硕士生 Master | | |
|---|---|---|---|---|---|---|---|---|---|---|
| | | | | | 在校生数 Student Enrollment | 招生数 New Student Enrollment | 毕业生数 Graduates | 在校生数 Student Enrollment | 招生数 New Student Enrollment | 毕业生数 Graduates |
| **合计** | **Total** | **58710** | **20050** | **13301** | **7536** | **1818** | **1019** | **51174** | **18232** | **12282** |
| **学术型学位** | **Academic Degree** | **27905** | **8863** | **6972** | **7335** | **1738** | **1008** | **20570** | **7125** | **5964** |
| 哲学 | Philosophy | 280 | 75 | 59 | 113 | 23 | 12 | 167 | 52 | 47 |
| 经济学 | Economics | 1570 | 472 | 416 | 466 | 97 | 57 | 1104 | 375 | 359 |
| 法学 | Law | 1679 | 549 | 452 | 451 | 99 | 61 | 1228 | 450 | 391 |
| 教育学 | Education | 801 | 242 | 231 | 151 | 28 | 19 | 650 | 214 | 212 |
| 文学 | Literature | 1507 | 431 | 423 | 369 | 68 | 48 | 1138 | 363 | 375 |
| 历史学 | History | 465 | 141 | 101 | 159 | 35 | 16 | 306 | 106 | 85 |
| 理学 | Science | 7604 | 2470 | 1848 | 2543 | 680 | 363 | 5061 | 1790 | 1485 |
| 工学 | Engineering | 6937 | 2244 | 1607 | 1547 | 373 | 203 | 5390 | 1871 | 1404 |
| 农学 | Agriculture | 1611 | 505 | 369 | 399 | 90 | 48 | 1212 | 415 | 321 |
| 医学 | Medicine | 2509 | 848 | 712 | 404 | 106 | 89 | 2105 | 742 | 623 |
| 管理学 | Management | 2429 | 700 | 613 | 651 | 120 | 84 | 1778 | 580 | 529 |
| 艺术学 | Art | 513 | 186 | 141 | 82 | 19 | 8 | 431 | 167 | 133 |
| **专业学位** | **Professional Degree** | **30805** | **11187** | **6329** | **201** | **80** | **11** | **30604** | **11107** | **6318** |
| 哲学 | Philosophy | | | | | | | | | |
| 经济学 | Economics | 1336 | 555 | 321 | | | | 1336 | 555 | 321 |
| 法学 | Law | 1728 | 644 | 354 | | | | 1728 | 644 | 354 |
| 教育学 | Education | 2878 | 1222 | 966 | 122 | 25 | 11 | 2756 | 1197 | 955 |
| 文学 | Literature | 788 | 350 | 247 | | | | 788 | 350 | 247 |
| 历史学 | History | 45 | 16 | 10 | | | | 45 | 16 | 10 |
| 理学 | Science | | | | | | | | | |
| 工学 | Engineering | 8856 | 3471 | 1325 | | | | 8856 | 3471 | 1325 |
| 农学 | Agriculture | 1518 | 654 | 373 | | | | 1518 | 654 | 373 |
| 医学 | Medicine | 4247 | 1537 | 1090 | 79 | 55 | | 4168 | 1482 | 1090 |
| 管理学 | Management | 8447 | 2372 | 1493 | | | | 8447 | 2372 | 1493 |
| 艺术学 | Art | 962 | 366 | 150 | | | | 962 | 366 | 150 |

# 15-22 普通高等学校本科分科学生情况

# Basic Statistics of Students in Higher Educational Institutions by Field of Study

单位：人 (person)

| 项目 | Item | 2015 | 2016 | 2017 | 2018 | 2019 |
|---|---|---|---|---|---|---|
| **在校学生数** | **Number of Student Enrollment** | **491779** | **499185** | **497440** | **505489** | **518096** |
| 哲学 | Philosophy | 516 | 530 | 157 | 163 | 154 |
| 经济学 | Economics | 39163 | 39882 | 39518 | 41029 | 41845 |
| 法学 | Law | 16423 | 16626 | 15963 | 15420 | 15159 |
| 教育学 | Education | 15040 | 15852 | 16618 | 18142 | 20050 |
| 文学 | Literature | 46540 | 44445 | 44496 | 45654 | 48111 |
| 历史学 | History | 1726 | 1447 | 1413 | 1432 | 1466 |
| 理学 | Science | 31260 | 29282 | 28564 | 27918 | 27621 |
| 工学 | Engineering | 165067 | 170337 | 171578 | 173511 | 175820 |
| 农学 | Agriculture | 9273 | 9766 | 9958 | 9969 | 9686 |
| 医学 | Medicine | 25768 | 26403 | 26677 | 27396 | 28705 |
| 管理学 | Management | 100154 | 102647 | 101017 | 101900 | 103551 |
| 艺术学 | Art | 40849 | 41968 | 41481 | 42955 | 44385 |
| **招生数** | **Number of New Student Enrollment** | **128633** | **124729** | **125798** | **134812** | **140108** |
| 哲学 | Philosophy | 194 | 215 | 18 | 25 | 18 |
| 经济学 | Economics | 9918 | 9969 | 10525 | 11283 | 10864 |
| 法学 | Law | 4078 | 3618 | 3364 | 3589 | 3687 |
| 教育学 | Education | 4266 | 4332 | 4601 | 5515 | 6403 |
| 文学 | Literature | 11474 | 10749 | 11330 | 12098 | 13122 |
| 历史学 | History | 382 | 334 | 312 | 341 | 358 |
| 理学 | Science | 7910 | 6828 | 6544 | 6867 | 7096 |
| 工学 | Engineering | 44798 | 44124 | 43450 | 46053 | 46573 |
| 农学 | Agriculture | 2655 | 2555 | 2481 | 2523 | 2397 |
| 医学 | Medicine | 5682 | 5570 | 5956 | 6867 | 7201 |
| 管理学 | Management | 26263 | 25795 | 26500 | 28317 | 29009 |
| 艺术学 | Art | 11013 | 10640 | 10717 | 11334 | 11837 |
| **毕业生数** | **Number of Graduates** | **109789** | **112010** | **121774** | **120998** | **121645** |
| 哲学 | Philosophy | 39 | 29 | 46 | 45 | 43 |
| 经济学 | Economics | 10395 | 9944 | 10531 | 9598 | 9602 |
| 法学 | Law | 3604 | 3799 | 4199 | 4368 | 4269 |
| 教育学 | Education | 3345 | 3375 | 3630 | 3871 | 4321 |
| 文学 | Literature | 11937 | 12087 | 11900 | 11076 | 10937 |
| 历史学 | History | 497 | 398 | 407 | 367 | 355 |
| 理学 | Science | 7765 | 7231 | 7006 | 7327 | 7103 |
| 工学 | Engineering | 35760 | 36261 | 39465 | 39357 | 40634 |
| 农学 | Agriculture | 2414 | 2042 | 2111 | 2319 | 2474 |
| 医学 | Medicine | 4654 | 4797 | 5596 | 6041 | 5747 |
| 管理学 | Management | 22561 | 24107 | 27062 | 26272 | 26232 |
| 艺术学 | Art | 6818 | 7940 | 9821 | 10357 | 9928 |

# 15-23 普通高等学校专科分科学生数（2019年）

# Basic Statistics of Students in Higher Educational Institutions by Field of Study(2019)

单位：人 (person)

| 项目 | Item | 在校学生数 Total Enrollment | 招生数 New Enrollment | 毕业生数 Graduates |
|---|---|---|---|---|
| **合计** | **Total** | **343135** | **161941** | **78524** |
| 农林牧渔大类 | Agriculture, Forestry, Animal Husbandry and Fishery | 4369 | 1839 | 1214 |
| 资源环境与安全大类 | Resource Environment and Security | 3396 | 1492 | 708 |
| 能源动力与材料大类 | Material and Energy | 3661 | 1709 | 608 |
| 土木建筑大类 | Construction | 32838 | 15652 | 8885 |
| 水利大类 | Water Conservancy | 1653 | 769 | 411 |
| 装备制造大类 | Manufacturing | 26785 | 14185 | 6233 |
| 生物与化工大类 | Biology and Chemical Industry | 1750 | 846 | 489 |
| 轻工纺织大类 | Light and Textile Industry | 4029 | 1909 | 617 |
| 食品药品与粮食大类 | Food,Medicine and Food | 9369 | 4496 | 1978 |
| 交通运输大类 | Transport | 16945 | 9026 | 3289 |
| 电子信息大类 | Electronic Information | 50351 | 24785 | 9432 |
| 医药卫生大类 | Medicine and Health | 40740 | 17587 | 9016 |
| 财经商贸大类 | Financial and Commercial Business | 61838 | 28069 | 17373 |
| 旅游大类 | Touring | 10549 | 5015 | 2648 |
| 文化艺术大类 | Culture and Art | 25318 | 12500 | 4686 |
| 新闻传播大类 | News Media | 4438 | 1960 | 864 |
| 教育与体育大类 | Education and Sports | 40923 | 18124 | 9284 |
| 公安与司法大类 | Public Security and Judicature | 33 |  | 48 |
| 公共管理与服务大类 | Public Management and Service | 4150 | 1978 | 741 |

# 15-24 成人高等学校分科学生情况

# Basic Statistics of Students in Adult Higher Educational Institutions by Field of Study

单位：人 (person)

| 项目 | Item | 2000 | 2005 | 2010 | 2018 | 2019 |
|---|---|---|---|---|---|---|
| **招生数** | **Number of New Student Enrollment** | **25629** | **35695** | **36025** | **18598** | **17993** |
| 经济学 | Economics | 7577 | 3284 | 1904 | 294 | 239 |
| 法　学 | Law | 2232 | 1618 | 798 | 298 | 395 |
| 教育学 | Education | 1876 | 3626 | 5063 | 2506 | 2949 |
| 文　学 | Literature | 5090 | 5952 | 2226 | 331 | 399 |
| 历史学 | History | 384 | 209 | 36 | | |
| 理　学 | Science | 1962 | 3052 | 352 | 56 | 33 |
| 工　学 | Engineering | 4733 | 6381 | 9142 | 4746 | 4468 |
| 农　学 | Agriculture | 359 | 429 | 338 | 298 | 352 |
| 医　学 | Medicine | 1416 | 2811 | 4545 | 4252 | 3761 |
| 管理学 | Manage | | 8333 | 11621 | 5727 | 5310 |
| 艺术学 | Art | | | | 90 | 87 |
| **在校学生数** | **Number of Student Enrollment** | **63663** | **74472** | **99038** | **45813** | **48231** |
| 经济学 | Economics | 19437 | 6464 | 5821 | 694 | 636 |
| 法　学 | Law | 5802 | 3897 | 2352 | 610 | 710 |
| 教育学 | Education | 3991 | 7151 | 11746 | 6424 | 7271 |
| 文　学 | Literature | 11496 | 13501 | 7489 | 812 | 959 |
| 历史学 | History | 774 | 556 | 116 | 6 | 3 |
| 理　学 | Science | 3636 | 6404 | 1012 | 138 | 103 |
| 工　学 | Engineering | 13469 | 14255 | 24131 | 12243 | 12492 |
| 农　学 | Agriculture | 1054 | 725 | 1190 | 820 | 940 |
| 医　学 | Medicine | 4004 | 5722 | 13041 | 9877 | 9953 |
| 管理学 | Manage | | 15797 | 32140 | 13966 | 14925 |
| 艺术学 | Art | | | | 223 | 239 |
| **毕业生数** | **Number of Graduates** | **16742** | **28262** | **34699** | **19784** | **15204** |
| 经济学 | Economics | 6231 | 2765 | 2854 | 422 | 268 |
| 法　学 | Law | 2149 | 2018 | 1120 | 310 | 292 |
| 教育学 | Education | 681 | 3266 | 4537 | 2162 | 2020 |
| 文　学 | Literature | 3368 | 5432 | 4309 | 456 | 253 |
| 历史学 | History | 245 | 307 | 75 | 16 | 3 |
| 理　学 | Science | 520 | 2970 | 1178 | 118 | 63 |
| 工　学 | Engineering | 2526 | 4812 | 6323 | 5997 | 4162 |
| 农　学 | Agriculture | 235 | 357 | 508 | 440 | 184 |
| 医　学 | Medicine | 787 | 1618 | 4025 | 4977 | 3653 |
| 管理学 | Manage | | 4717 | 9770 | 4792 | 4239 |
| 艺术学 | Art | | | | 94 | 67 |

注：1.由于学科分类变化，2015年起数据只含本科生。2.2000、2005、2010年文学中含艺术学。

Note:1.Due to the subject classification change, Since 2015,the data of contained only an undergraduate. 2.Literature of 2000、2005 and 2010 contains Art.

# 15-25 成人高等学校专科分科学生数（2019年）

# Basic Statistics of Students in Adult Higher Educational Institutions by Field of Study(2019)

单位：人 (person)

| 项目 | Item | 在校学生数 Total Enrollment | 招生数 New Enrollment | 毕业生数 Graduates |
|---|---|---|---|---|
| **合计** | **Total** | **43539** | **16722** | **14815** |
| 农林牧渔大类 | Agriculture, Forestry, Animal Husbandry and Fishery | 5524 | 1527 | 1542 |
| 资源环境与安全大类 | Resource Environment and Security | 51 | 24 | 18 |
| 材料与能源大类 | Material and Energy | 57 | | 62 |
| 土木建筑大类 | Construction | 4122 | 1523 | 1468 |
| 水利大类 | Water Conservancy | | | 11 |
| 装备制造大类 | Manufacturing | 2604 | 683 | 1190 |
| 生物与化工大类 | Biology and Chemical Industry | 326 | 74 | 67 |
| 轻工纺织大类 | Light and Textile Industry | 31 | 14 | 20 |
| 食品药品与粮食大类 | Food,Medicine and Food | 113 | 61 | |
| 交通运输大类 | Transport | 394 | 108 | 64 |
| 电子信息大类 | Electronic Information | 1948 | 627 | 395 |
| 医药卫生大类 | Medicine and Health | 4968 | 1655 | 2817 |
| 财经商贸大类 | Financial and Commercial Business | 15973 | 7285 | 5079 |
| 旅游大类 | Touring | 323 | 135 | 91 |
| 文化艺术大类 | Culture and Art | 421 | 218 | 235 |
| 新闻传播大类 | News Media | | | |
| 教育与体育大类 | Education and Sports | 5279 | 2122 | 1298 |
| 公安与司法大类 | Public Security and Judicature | 22 | 22 | 13 |
| 公共管理与服务大类 | Public Management and Service | 1383 | 644 | 445 |

# 15-26 技工学校数、学生数和专任教师数

## Number of Technical Schools,Students,Full-time Teachers

| 年份<br>Year | 学校数（所）<br>Schools (unit) | 招生数（人）<br>New Enrollment (person) | 在校学生数（人）<br>Total Enrollment (person) | 毕业生数（人）<br>Graduates (person) | 专任教师数（人）<br>Number of Full-time Teachers (person) |
|---|---|---|---|---|---|
| 1985 | 35 | 9100 | 16100 | 6000 | 1300 |
| 1990 | 43 | 11600 | 28300 | 10500 | 2100 |
| 1995 | 54 | 19000 | 45500 | 14900 | 2300 |
| 1996 | 85 | 18400 | 44300 | 17300 | 2100 |
| 1997 | 135 | 21900 | 47300 | 17000 | 2100 |
| 1998 | 138 | 19500 | 46900 | 16400 | 2100 |
| 1999 | 110 | 19700 | 50200 | 15500 | 2800 |
| 2000 | 119 | 21180 | 45672 | 15939 | 2463 |
| 2001 | 101 | 21938 | 48832 | 14074 | 2506 |
| 2002 | 93 | 26000 | 55864 | 15140 | 2521 |
| 2003 | 93 | 31872 | 66439 | 16826 | 2716 |
| 2004 | 98 | 33568 | 76606 | 18621 | 2982 |
| 2005 | 93 | 34589 | 78691 | 25625 | 3144 |
| 2006 | 95 | 36003 | 85199 | 27466 | 3268 |
| 2007 | 96 | 35452 | 86221 | 25123 | 3404 |
| 2008 | 91 | 35811 | 89429 | 25518 | 3812 |
| 2009 | 94 | 32190 | 82922 | 26220 | 3879 |
| 2010 | 95 | 32965 | 84040 | 26263 | 3439 |
| 2011 | 71 | 34606 | 87225 | 23763 | 3685 |
| 2012 | 71 | 27855 | 69457 | 19142 | 3644 |
| 2013 | 69 | 21102 | 56811 | 55546 | 3655 |
| 2014 | 66 | 26913 | 76678 | 27602 | 3193 |
| 2015 | 62 | 24130 | 54524 | 16948 | 2922 |
| 2016 | 62 | 32244 | 59016 | 17500 | 3047 |
| 2017 | 62 | 33381 | 70021 | 16203 | 3291 |
| 2018 | 62 | 37794 | 80832 | 19219 | 3593 |
| 2019 | 62 | 40590 | 88270 | 22410 | 3640 |

注：2013年起毕业生数含非全日制教育。

Note:Since 2013,The graduates exclude full-time education.

# 15-27 中等职业教育分科学生数（2019年）

## Students in Secondary Vocational Schools by Field of Study (2019)

单位：人 (person)

| 项目 | Item | 毕业生数 Graduates | 招生数 New Enrollment | #招初中毕业生数 Junior Secondary School Graduates | 在校学生数 Total Enrollment |
|---|---|---|---|---|---|
| **合计** | **Total** | **110432** | **130126** | **118115** | **334826** |
| 农林牧渔类 | Agriculture, Forestry, Animal Husbandry and Fishery | 9239 | 6551 | 3297 | 17540 |
| 资源环境类 | Resources and Environment | 8 | 121 | 121 | 183 |
| 能源与新能源类 | Energy and New Energy | 182 | 94 | 92 | 409 |
| 土木水利类 | Civil and Hydraulic Engineering | 5378 | 7508 | 6332 | 17622 |
| 加工制造类 | Manufacturing | 8747 | 11233 | 10200 | 27743 |
| 石油化工类 | Petroleum and Chemical | 365 | 484 | 375 | 1130 |
| 轻纺食品类 | Light Industry, Textile, and Food | 1656 | 1905 | 1854 | 4425 |
| 交通运输类 | Transport | 13012 | 13305 | 10707 | 31153 |
| 信息技术类 | Information Technologies | 17482 | 24459 | 23584 | 61599 |
| 医药卫生类 | Medicine and Health | 7716 | 7284 | 6717 | 21348 |
| 休闲保健类 | Leisure and Health | 1056 | 2059 | 2055 | 4822 |
| 财经商贸类 | Finance and Trade | 17666 | 20389 | 19699 | 52578 |
| 旅游服务类 | Tourism Services | 7038 | 8868 | 8161 | 22960 |
| 文化艺术类 | Culture and Arts | 7121 | 9592 | 9367 | 23931 |
| 体育与健身 | Sports and Fitness | 936 | 1373 | 1365 | 3588 |
| 教育类 | Education | 12013 | 13723 | 13151 | 41314 |
| 公共管理与服务类 | Public Management and Services | 632 | 674 | 534 | 1352 |
| 其他 | Others | 125 | 504 | 504 | 1129 |

# 15-28 小学学龄儿童入学率升学率和初中升学率

## Enrollment Ratio of Primary School and Promotion Rate of Junior middle School

单位：% (%)

| 年份 Years | 小学学龄儿童入学率 Enrollment Ratio of Primary School | 小学升学率 Promotion Rate of Primary School | 初中升学率 Promotion Rate of Junior middle School | 年份 Years | 小学学龄儿童入学率 Enrollment Ratio of Primary School | 小学升学率 Promotion Rate of Primary School | 初中升学率 Promotion Rate of Junior middle School |
|---|---|---|---|---|---|---|---|
| 1990 | 99.10 | 64.96 | 49.71 | 2005 | 99.79 | 98.34 | 77.66 |
| 1991 | 99.32 | 70.64 | 58.58 | 2006 | 99.84 | 99.57 | 77.80 |
| 1992 | 99.47 | 76.24 | 58.20 | 2007 | 99.93 | 98.59 | 87.80 |
| 1993 | 99.63 | 83.77 | 59.99 | 2008 | 99.97 | 98.20 | 94.14 |
| 1994 | 99.68 | 82.63 | 57.40 | 2009 | 99.97 | 97.05 | 98.86 |
| 1995 | 99.70 | 91.89 | 57.29 | 2010 | 100.00 | 96.70 | 92.90 |
| 1996 | 99.75 | 97.51 | 55.32 | 2011 | 99.98 | 97.69 | 84.08 |
| 1997 | 99.80 | 97.80 | 53.80 | 2012 | 99.99 | 97.60 | 89.57 |
| 1998 | 99.84 | 97.80 | 47.60 | 2013 | 99.90 | 96.89 | 84.42 |
| 1999 | 99.83 | 97.02 | 49.88 | 2014 | 99.99 | 98.10 | 92.79 |
| 2000 | 99.86 | 97.27 | 49.97 | 2015 | 100.00 | 98.36 | 88.28 |
| 2001 | 100.08 | 97.05 | 40.60 | 2016 | 99.99 | 98.38 | 87.80 |
| 2002 | 99.40 | 97.68 | 58.70 | 2017 | 99.97 | 98.73 | 85.51 |
| 2003 | 99.65 | 98.03 | 65.60 | 2018 | 99.99 | 98.85 | 86.16 |
| 2004 | 99.72 | 98.34 | 69.42 | 2019 | 99.98 | 99.05 | 88.12 |

# 主要统计指标解释

**科技活动** 指在自然科学、农业科学、医药科学、工程与技术科学、人文与社会科学领域(简称科学技术领域)中，与科技知识的产生、发展、传播和应用密切相关的有组织的活动。可分为研究与试验发展(R&D)、研究与试验发展成果应用及相关的科技服务三类活动。该定义是联合国教科文组织考虑成员国特别是发展中国家开展科技统计工作的需要，而对科技活动所作的统计界定。

**科技活动人员** 指直接从事科技活动、以及专门从事科技活动管理和为科技活动提供直接服务，累计的实际工作时间占全年制度工作时间 10%及以上的人员。(1)直接从事科技活动的人员包括: 在独立核算的科学研究与技术开发机构、高等学校、各类企业及其他事业单位内设的研究室、实验室、技术开发中心及中试车间(基地)等机构中从事科技活动的研究人员、工程技术人员、技术工人及其它人员; 虽不在上述机构工作，但编入科技活动项目(课题)组的人员; 科技信息与文献机构中的专业技术人员; 从事论文设计的研究生等。(2)专门从事科技活动管理和为科技活动提供直接服务的人员，包括: 独立核算的科学研究与技术开发机构、科技信息与文献机构、高等学校、各类企业及其他事业单位主管科技工作的负责人，专门从事科技活动的计划、行政、人事、财务、物资供应、设备维护、图书资料管理等工作的各类人员，但不包括保卫、医疗保健人员、司机、食堂人员、茶炉工、水暖工、清洁工等为科技活动提供间接服务的人员。该指标用来反映投入科技活动人力的规模。

**研究与试验发展(R&D)** 指在科学技术领域，为增加知识总量、以及运用这些知识去创造新的应用进行的系统的创造性的活动，包括基础研究、应用研究、试验发展三类活动。国际上通常采用 R&D 活动的规模和强度指标反映一国的科技实力和核心竞争力。

**基础研究** 指为了获得关于现象和可观察事实的基本原理的新知识(揭示客观事物的本质、运动规律，获得新发现、新学说)而进行的实验性或理论性研究，它不以任何专门或特定的应用或使用为目的。其成果以科学论文和科学著作为主要形式。用来反映知识的原始创新能力。

**应用研究** 指为获得新知识而进行的创造性研究，主要针对某一特定的目的或目标。应用研究是为了确定基础研究成果可能的用途，或是为达到预定的目标探索应采取的新方法(原理性)或新途径。其成果形式以科学论文、专著、原理性模型或发明专利为主。用来反映对基础研究成果应用途径的探索。

**试验发展** 指利用从基础研究、应用研究和实际经验所获得的现有知识，为产生新的产品、材料和装置，建立新的工艺、系统和服务，以及对已产生和建立的上述各项作实质性的改进而进行的系统性工作。其成果形式主要是专利、专有技术、具有新产品基本特征的产品原型或具有新装置基本特征的原始样机等。在社会科学领域，试验发展是指把通过基础研究、应用研究获得的知识转变成可以实施的计划(包括为进行检验和评估实施示范项目)的过程。人文科学领域没有对应的试验发展活动。主要反映将科研成果转化为技术和产品的能力，是科技推动经济社会发展的物化成果。

**研究与试验发展人员** 指参与研究与试验发展项目研究、管理和辅助工作的人员， 包括项目(课题)组人员， 企业科技行政管理人员和直接为项目(课题)活动提供服务的辅助人员。反映投入从事拥有自主知识产权的研究开发活动的人力规模。

**研究与试验发展人员全时当量** 指全时人员数加非全时人员按工作量折算为全时人员数的总和。例如: 有两个全时人员和三个非全时人员( 工作时间分别为 20%、30% 和 70%)，则全时当量为 2+0.2+0.3+0.7=3.2 人年。为国际上比较科技人力投入而制定的可比指标。

**专业技术人员** 指从事专业技术工作和专业技术管理工作的人员，即企事业单位中已经聘任专业技术职务从事专业技术工作和专业技术管理工作的人员，以及未聘任专业技术职务，现在专业技术岗位上工作的人员。包括工程技术人员，农业技术人员，科学研究人员，卫生技术人员，教学人×100%员，经济人员，会计人员，统计人员，翻译人员，图书资料、档案、文博人员，新闻出版人员，律师、公证人员，广播电视播音人员，工艺美术人员，体育人员，艺术人员及企业政治思想工作人员，共十七个专业技术职务类别。用来反映科技人力资源情况。

**专利** 是专利权的简称，是对发明人的发明创造经审查合格后，由专利局依据专利法授予发明人和设计人对该项发明创造享有的专有权。包括发明、实用新型和外观设计。反映拥有自主知识产权的科技和设计成果情况。

**发明**　指对产品、方法或者其改进所提出的新的技术方案。是国际通行的反映拥有自主知识产权技术的核心指标。

**实用新型**　指对产品的形状、构造或者其结合所提出的适于实用的新的技术方案。反映具有一定技术含量的技术成果情况。

**外观设计**　指对产品的形状、图案、色彩或者其结合所作出的富有美感并适于工业上应用的新设计。反映拥有自主知识产权的外观设计成果情况。

**普通高等学校**　指按照国家规定的设置标准和审批程序批准举办的，通过全国普通高等学校统一招生考试，招收高中毕业生为主要培养对象，实施高等教育的全日制大学、独立设置的学院和高等专科学校、高等职业学校和其他机构。大学、独立设置的学院主要实施本科层次以上教育，高等专科学校、高等职业学校实施专科层次教育，其他机构是承担国家普通招生计划任务不计校数的机构。包括普通高等学校分校和批准筹建的普通高等学校等。

**成人高等学校**　指按照国家规定的设置标准和审批程序批准举办的，通过全国成人高等学校统一招生考试，招收具有高中毕业或同等学历的在职从业人员为主要培养对象，利用函授、业余、脱产等多种形式对其实施高等学历教育的学校。包括职工高等学校、农民高等学校、管理干部学院、教育学院、独立函授学院、广播电视大学、其他机构等。其他机构是承担国家成人招生计划任务不计校数的机构。

**小学学龄儿童入学率**　指调查范围内已入小学学习的学龄儿童占校内外学龄儿童总数(包括弱智儿童，不包括盲聋哑儿童)的比重。计算公式为:

小学学龄儿童入学率=已入小学学习的学龄儿童数/校内外学龄儿童总数×100%

# Explanatory Notes on Main Statistical Indicators

**Scientific and Technological Activities (S&T Activities)** refer to organized activities which are closely related with the creation, development, dissemination and application of the scientific and technical knowledge in the fields of natural sciences, agricultural science, medical science, engineering and technological science, humanities and social sciences (referred to as scientific and technological fields). S&T activities can be classified into 3 categories: research and development (R&D) activities, application of R&D results, and related S&T services. This statistical definition is made by UNICHIEF for scientific and technological activities to meet the need of carrying out statistical work in this field for its member countries in particular those developing countries.

**Personnel Engaged in S&T Activities** refer to personnel directly engaged in S&T activities, in the management of S&T activities, and in providing direct service to S&T activities, who sp end over 10% of the total working hours in a year in S&T activities. (1) Personnel directly engaged in S&T activities include researchers, engineers, technicians and other related personnel engaged in S&T activities in independent-accounting R&D institutions, institutions of higher learning, and in research institutes, laboratories, technology development centers and central experiment workshops under enterprises and institutions. Also included are people working in S&T research project teams, professional and technical personnel working in S&T information archiving institutes, and graduate students working on the design of their thesis. (2) Personnel engaged in the management of S&T activities and in providing direct service to S&T activities include senior management people responsible for S&T activities in independent -accounting R&D institutions, S&T information archiving institutes, institutions of higher learning, and in enterprises and institutions where S&T activities are undertaken. Also included are people responsible for the planning, administration, personnel management, financial management, logistics supply, equipment maintenance, information and library management that are related with S&T activities. People providing indirect services are excluded, such as security, medical service, drivers, plumbers, cleaners and those providing catering and related service. This indicator reflects the size of personnel engaged in S&T activities.

**Research and Development (R&D)** refers to systematic and creative activities in the field of science and technology aiming at increasing the knowledge and using the knowledge for new application. R&D includes 3 categories of activities: basic research, applied research and experiments and development. The scale and intensity of R&D are widely used internationally to reflect the strength of S&T and the core competitiveness of a country in the world.

**Basic Research** refers to empirical or theoretical research aiming at obtaining new knowledge on the fundament al principles of phenomena of observable facts to reveal the nature and law of movement of objects and to acquire new discoveries or new theories. Basic research takes no specific or designated application as the aim of the research. Results of basic research are mainly released or disseminated in the form of scientific papers or monographs. This indicator reflects the original innovation capacity for original knowledge.

**Applied research** refers to creative research aiming at obtaining new knowledge on a specific objective or target. Purpose of the applied research is to identify the possible use of results from basic research, or to explore new (fundamental) methods or new approaches. Results of applied research are expressed in the form of scientific papers , monographs, fundamental models or invention patents. This indicator reflects the exploration of ways to apply the results of basic research.

**Experiments and Development** refer to systematic activities aiming at using the knowledge from basic and applied researches or from practical experience to develop new products, materials and equipment, to establish new production process, systems and services, or to make substantial improvement on the existing products, process or services. Results of experiment and development activities are embodied in patents, exclusive technology, and monotype of new products or equipment. In social sciences, experiment and development activities refer to the process of converting the knowledge from basic or applied researches in to feasible programs (including conduct of demonstration projects for assessment and evaluation). There are no experiment and development activities in the science of humanities. This indicator reflects the capability of transferring the results of S&T into technique and products, which is the materialized measurement of S&T pushing forward the economic and social development.

**R&D Personnel** refer to persons engaged in research, management and supporting activities of R&D, including persons in the project teams, persons engaged in the management of S&T activities of enterprises and sup porting staff providing direct service to the research projects. This indicator reflects the size of personnel engaged in R&D activities with independent intellectual property.

**Full-time Equivalent of R&D Personnel** refers to the sum of the full-time persons and the full-time equivalent of part time persons converted by workload. For instance, if there are 2full-time persons and 3 part time workers (20%, 30% and 70%of working hours respectively on R&D activities), the full-time equivalent is 2+0.2+0.3+0.7=3.2 person-years. This is an internationally comp arable indicator of input of personnel in S&T activities.

**Professional and Technical Personnel** refer to persons engaged in professional and technical work or in the management of professional and technical activities, i.e., people with professional or technical posit ions who are engaged in professional and technical work or in the management of professional and technical activities, and people without professional or technical positions but are working on professional or technical posts. They include professionals and technicians working in 17 categories of technical occupations including engineering, agriculture, scientific researches, medical service, teaching, economic research and application, accounting, statistics, translation, libraries, archives, cultural and museum service, journalism and publication, lawyers, notarization service, radio and television broadcasting, handicraft and fine arts, sports, performing art, and political workers in enterprises. This indicator reflects the condition of human resources in S&T.

**Patent** is an abbreviation for the patent right and refers to the exclusive right of ownership by the inventors or designers for the creation or inventions, given from the patent offices after due process of assessment and approval in accordance wit h the Patent Law. Patents are grant ed for inventions, utility model sand designs. This indicator reflects the achievements of S&T and design with in dependent intellectual property.

**Inventions** refer to the new technical proposals to the products or methods or their modifications. This is universal core Indicator reflecting the technologies with independent intellectual property.

**Utility Models** refer to t he practical and new technical proposals on the shape and structure of the product or the combination of both. This indicator reflects the condition of technological results with certain technical content.

**Designs** refer to the aesthetics and industrially applicable new designs for the shape, pattern and color of the product, or their combinations. This indicator reflects the appearance design achievements with independent intellectual property.

**Regular Institutions of Higher Learning** refer to educational establishments set up according to the government evaluation and approval procedures, enrolling graduates from senior secondary schools and providing higher education courses and training for senior professionals. They include full-time universities, colleges, high professional schools, high professional vocational schools and others.Universities and colleges are mainly providing undergraduate courses; those high professional schools and high professional vocational schools are mainly providing professional trainings; and others refer to educational establishments, which hare responsible for enrolling students but not covered in the total number of schools, including: branch schools of universities and colleges, and universities and colleges that have been proved and prepared to construct.

**Institutions of Higher Learning for Adults** refer to educational establishments, set up in line with relevant rules approved by the government, enrolling staff and workers wit h senior secondary school or equivalent education, and providing higher education courses in many forms of correspondence, spare time, or full time for adults. Professionals thus trained receive a qualification equivalent to graduates studying regular courses at regular universities, colleges and professional colleges. Institutions of higher learning for adults include schools of high education for staff and workers, schools of high education for peasants, colleges for management cadres, pedagogical colleges, independent correspondence colleges, Radio and TV universities and other educational establishments. Other educational establishments are responsible for enrolling adult students but not covered in the number of schools.

**Enrollment Rate of Primary School Age Children** refers to the proportion of school age children enrolled at schools to the total number of school age children both in and outside schools (including retarded children, but excluding blind, deaf and mute children ). The formula is:

Enrollment Rate of Primary School-age Children = (Total Primary School-age Children at Schools/Total Primary School-age Children Both at and Outside Schools) × 100%

# 第十六篇　文化和体育

# Chapter 16　Culture and Sports

资料整理：廖捷

Database Editor:Liaojie

# 简 要 说 明

本篇资料的主要内容及来源

本篇主要反映全省文化和体育事业发展情况。文化部分主要包括艺术、图书馆、群众文化、文物、广播、电视、新闻出版等文化事业的机构、人员及业务活动情况。体育部分包括群众体育和竞技体育，主要内容有竞技体育情况、运动员、教练员和裁判员人数等。

上述资料分别由省文化和旅游厅、省新闻出版广电局、省体育局等部门提供，是根据有关部门制定的统计报表制度进行统计、汇总整理而成的。

本篇资料由省统计局社会和科技统计处整理提供。

# Brief Introduction

Main Content and Source of Data

Data in this chapter show the development of culture, sports and public health. Data on culture cover mainly the situations on institutions, personnel and business activities of arts, libraries, mass culture, cultural relics, broadcasting, films, televisions, news and publication etc. Data on Sports cover mass sports (sports for all) and athletics sports, including mainly the number of staff and workers in sports departments, number of athletes, coaches and referees etc.Data on Public health include mainly the number of institutions, personnel, hospital beds, number of patients treated and inpatients.

The above mentioned data are provide By the Provincial Department of Culture and Tourism，Provincial Administration of Broadcasting, film and Television，Provincial Press and Publication House，the Provincial Commission of Sports, Department of Public Health. Data are collected and tabulated in accordance with the statistical reporting schemes stipulated by the departments concerned.

Data in this chapter are provided and compiled by the Division of Social, Science and Technology Statistics of Fujian Provincial Bureau of Statistics.

# 16-1 文化事业情况

## Statistics on Culture

| 年份<br>Year | 艺术表演团体(个)<br>Art Performance Troupes(unit) | 公共图书馆(座)<br>Public Libraries(unit) | 博物馆(座)<br>Museums(unit) | 图书出版总印数(万份)<br>Number of Books Published (10000 copies) | 期刊出版总印数(万份)<br>Number of Magazines Published (10000 copies) | 报纸出版总印数(万份)<br>Number of Newspapers Published (10000 copies) | 广播综合人口覆盖率(%)<br>Listener Rating (%) | 电视综合人口覆盖率(%)<br>Viewer Rating (%) |
|---|---|---|---|---|---|---|---|---|
| 1952 | 62 | 2 | | 127 | 109 | 1916 | | |
| 1957 | 113 | 10 | 1 | 1041 | 63 | 3559 | | |
| 1962 | 119 | 10 | 9 | 1846 | 96 | 4221 | | |
| 1965 | 115 | 12 | 13 | 3956 | | | | |
| 1970 | 66 | 10 | 6 | | | | | |
| 1975 | 77 | 14 | 10 | | | | | |
| 1978 | 101 | 23 | 13 | 6818 | 388 | 14784 | 1.00 | |
| 1980 | 107 | 26 | 15 | 8246 | 960 | 14913 | 40.00 | 60.00 |
| 1985 | 104 | 65 | 24 | 15603 | 3375 | 35847 | 55.00 | 65.00 |
| 1986 | 101 | 68 | 25 | 12465 | 3450 | 39596 | 63.00 | 76.00 |
| 1987 | 98 | 70 | 34 | 17101 | 4177 | 44858 | 63.00 | 80.00 |
| 1988 | 97 | 71 | 42 | 17047 | 3429 | 44135 | 63.00 | 80.00 |
| 1989 | 92 | 73 | 51 | 15859 | 2765 | 36961 | 63.00 | 80.00 |
| 1990 | 91 | 74 | 58 | 16312 | 3157 | 41455 | 67.00 | 82.00 |
| 1991 | 89 | 74 | 61 | 17667 | 3688 | 44176 | 71.00 | 84.00 |
| 1992 | 89 | 75 | 64 | 19399 | 4258 | 45021 | 73.00 | 87.00 |
| 1993 | 90 | 75 | 63 | 17044 | 4350 | 45845 | 76.00 | 88.00 |
| 1994 | 91 | 75 | 62 | 19745 | 4004 | 49208 | 84.00 | 89.00 |
| 1995 | 91 | 78 | 64 | 18448 | 4239 | 51526 | 86.00 | 90.00 |
| 1996 | 91 | 79 | 70 | 21348 | 3891 | 53608 | 90.00 | 91.00 |
| 1997 | 92 | 78 | 76 | 23282 | 3974 | 55027 | 91.00 | 94.00 |
| 1998 | 94 | 80 | 76 | 21596 | 3899 | 59543 | 93.00 | 95.00 |
| 1999 | 93 | 82 | 77 | 21875 | 3990 | 64195 | 95.00 | 97.00 |
| 2000 | 96 | 81 | 81 | 20298 | 4463 | 68897 | 95.81 | 97.14 |
| 2001 | 93 | 82 | 80 | 17891 | 4470 | 73185 | 95.97 | 97.47 |
| 2002 | 94 | 82 | 80 | 19953 | 4089 | 79061 | 96.12 | 97.62 |
| 2003 | 94 | 82 | 79 | 15595 | 3937 | 79809 | 96.44 | 97.82 |
| 2004 | 94 | 83 | 79 | 13907 | 3450 | 89681 | 96.45 | 97.83 |
| 2005 | 91 | 84 | 82 | 10643 | 2841 | 87962 | 96.96 | 98.10 |
| 2006 | 92 | 85 | 84 | 9840 | 2902 | 97246 | 96.99 | 98.13 |
| 2007 | 92 | 85 | 85 | 8463 | 2870 | 99836 | 97.05 | 98.25 |
| 2008 | 90 | 85 | 89 | 7793 | 2935 | 103791 | 97.37 | 98.34 |
| 2009 | 90 | 85 | 93 | 7689 | 2828 | 82900 | 97.64 | 98.41 |
| 2010 | 93 | 86 | 94 | 7749 | 2940 | 99982 | 97.80 | 98.45 |
| 2011 | 93 | 86 | 96 | 8294 | 3677 | 111850 | 98.00 | 98.54 |
| 2012 | 74 | 87 | 94 | 9078 | 3660 | 118783 | 98.04 | 98.58 |
| 2013 | 77 | 88 | 98 | 8870 | 4920 | 120576 | 98.20 | 98.63 |
| 2014 | 72 | 88 | 98 | 8619 | 4426 | 111945 | 98.31 | 98.70 |
| 2015 | 70 | 90 | 98 | 8800 | 3970 | 106072 | 98.68 | 98.94 |
| 2016 | 70 | 90 | 98 | 9709 | 4215 | 90608 | 98.96 | 99.12 |
| 2017 | 426 | 90 | 123 | 10809 | 3032 | 83957 | 99.01 | 99.15 |
| 2018 | 454 | 91 | 128 | 11461 | 2481 | 78555 | 99.04 | 99.19 |
| 2019 | 453 | 93 | 130 | 14385 | 2158 | 73810 | 99.62 | 99.71 |

注：2017年起艺术表演团体中含民间艺术表演团体。下同。

Note:Number of Art Performance Troupes include Folk Performance Troupes Since 2017.

# 16-2 各类文化事业机构数

## Number of Cultural Institutions

单位：个 (unit)

| 年份 Year | 艺术事业 Art Institutions | | 公共图书馆 Public Libraries | 博物馆 Museums | 群众文化事业 Mass Culture | |
|---|---|---|---|---|---|---|
| | 艺术表演团体 Art Performance Troups | 表演场馆 Art Centers | | | 艺术（文化）馆 Art(Cultural) Centers | 文化站 Cultural Stations |
| 1952 | 62 | 32 | 2 | | 72 | 152 |
| 1957 | 113 | 74 | 10 | 1 | 69 | 149 |
| 1962 | 119 | 48 | 10 | 9 | 80 | 47 |
| 1965 | 115 | 52 | 12 | 13 | 81 | 40 |
| 1970 | 66 | 31 | 10 | 6 | 56 | 34 |
| 1975 | 77 | 31 | 14 | 10 | 74 | 37 |
| 1978 | 101 | | 23 | 13 | 82 | 35 |
| 1980 | 107 | 26 | 26 | 15 | 85 | 55 |
| 1985 | 104 | 55 | 65 | 24 | 88 | 134 |
| 1986 | 101 | 64 | 68 | 25 | 88 | 140 |
| 1987 | 98 | 67 | 70 | 34 | 88 | 143 |
| 1988 | 97 | 71 | 71 | 42 | 88 | 144 |
| 1989 | 92 | 71 | 73 | 51 | 89 | 145 |
| 1990 | 91 | 75 | 74 | 58 | 90 | 145 |
| 1991 | 89 | 75 | 74 | 61 | 90 | 128 |
| 1992 | 89 | 77 | 75 | 64 | 90 | 143 |
| 1993 | 90 | 77 | 75 | 63 | 90 | 126 |
| 1994 | 91 | 78 | 75 | 62 | 90 | 115 |
| 1995 | 91 | 78 | 78 | 64 | 90 | 159 |
| 1996 | 91 | 79 | 79 | 70 | 90 | 146 |
| 1997 | 92 | 78 | 78 | 76 | 90 | 149 |
| 1998 | 94 | 79 | 80 | 76 | 90 | 142 |
| 1999 | 93 | 79 | 82 | 77 | 90 | 143 |
| 2000 | 96 | 80 | 81 | 81 | 90 | 995 |
| 2001 | 93 | 83 | 82 | 80 | 90 | 1042 |
| 2002 | 94 | 78 | 82 | 80 | 90 | 1042 |
| 2003 | 94 | 76 | 82 | 79 | 88 | 1066 |
| 2004 | 94 | 74 | 83 | 79 | 88 | 1001 |
| 2005 | 91 | 76 | 84 | 82 | 90 | 1026 |
| 2006 | 92 | 69 | 85 | 84 | 90 | 1018 |
| 2007 | 92 | 67 | 85 | 85 | 91 | 1050 |
| 2008 | 90 | 68 | 85 | 89 | 92 | 1090 |
| 2009 | 90 | 53 | 85 | 93 | 94 | 1093 |
| 2010 | 93 | 51 | 86 | 94 | 95 | 1095 |
| 2011 | 93 | 49 | 86 | 96 | 95 | 1104 |
| 2012 | 74 | 53 | 87 | 94 | 95 | 1104 |
| 2013 | 77 | 49 | 88 | 98 | 98 | 1139 |
| 2014 | 72 | 57 | 88 | 98 | 97 | 1118 |
| 2015 | 70 | 56 | 90 | 98 | 97 | 1125 |
| 2016 | 70 | 58 | 90 | 98 | 97 | 1125 |
| 2017 | 426 | 59 | 90 | 123 | 97 | 1126 |
| 2018 | 454 | 54 | 91 | 128 | 97 | 1126 |
| 2019 | 453 | 57 | 93 | 130 | 97 | 1122 |

# 16-3 群众文化（艺术）馆站业务活动及经费情况（2019年）

## Basic Statistics on Activities and Expenditures of Mass Art Centers and Cultural(2019)

| 项目 | Item | 总计<br>Total | 群众文化（艺术）馆<br>Mass Cultural(Art) Centers | 文化站<br>Cultural Stations |
|---|---|---|---|---|
| 单位数（个） | Number of Units(unit) | 1219 | 97 | 1122 |
| 从业人员（人） | Persons Employed(person) | 4097 | 901 | 3196 |
| 举办展览（个） | Number of Exhibitions(unit) | 4561 | 1143 | 3418 |
| 组织文艺活动（次） | Art Performances and Story-telling Sessions(time) | 22273 | 4456 | 17817 |
| 举办训练班（次） | Training Courses(time) | 23046 | 12363 | 10683 |
| 培训人次（千人次） | Number of Persons Completing Courses(1000 person-times) | 1302 | 787 | 515 |
| 组织公益性讲座次数（次） | Number of Organization Public Lectures(time) | 785 | 785 | |
| 本年收入总额（千元） | Total Income(1000 yuan)(1000 yuan) | 601037 | 313928 | 287109 |
| 本年支出合计（千元） | Total Expenditures(1000 yuan) | 630996 | 329114 | 301882 |

# 16-4 艺术表演团体按剧种分演出情况（2019年）

## Basic Statistics on Performance of Art Troupes in Culture(2019)

| 项目 | Item | 剧团数（个）<br>Number of Institutions (unit) | 从业人员（人）<br>Number of Employed Persons (person) | 本年新排上演剧目（个）<br>Plays Showed this Year (unit) | 演出场次（千场）<br>Total Number of Performance (1000 shows) | 演出观众人数（千人次）<br>Number of Audience (1000 person-times) | 艺术表演团体演出收入（千元）<br>Total Income (1000 yuan) |
|---|---|---|---|---|---|---|---|
| **艺术表演团体** | **State-owned Art Performance Group** | **453** | **13404** | **93** | **86.67** | **42989** | **471394** |
| 话剧、儿童剧、滑稽剧种 | Drama, Children's play and Comedy Troupes | 53 | 937 | 4 | 6.78 | 860 | 26305 |
| 歌舞、音乐类 | Class of Song, Dance and Music | 38 | 1454 | 18 | 4.52 | 1560 | 26419 |
| 杂技、魔术、马戏类 | Class of Acrobatics, Magic and Circus | 2 | 120 | 1 | 0.18 | 162 | 2216 |
| 京剧、昆曲类 | Class of Beijing Opera and Kunqu Opera | 4 | 159 | 2 | 0.20 | 130 | 2636 |
| 京剧 | Beijing Opera | 4 | 159 | 2 | 0.20 | 130 | 2636 |
| 地方戏曲类 | Local Opera | 300 | 9581 | 60 | 65.92 | 35823 | 392426 |
| 曲艺类 | Folk Art | 20 | 442 | 5 | 2.96 | 1329 | 7881 |
| 综合性艺术表演团体 | Comprehensive Performing Arts Groups | 36 | 711 | 3 | 6.11 | 3125 | 13511 |

# 16-5 图书、博物馆情况

## Basic Statistics on Libraries and Museums

| 项目　Item | 2015 | 2016 | 2017 | 2018 | 2019 |
|---|---|---|---|---|---|
| **图书馆** **Libraries** | | | | | |
| 公共图书馆图书总藏量（千册） Total Collections of Public Library(1000 volumes) | 28211 | 30510 | 33220 | 37450 | 42419 |
| #图书藏量（千册） Total Collections of Books(1000 volumes) | 22076 | 24140 | 26500 | 30006 | 34238 |
| 报刊藏量（千册） Total Collections of Newspapers(1000 volumes) | 2341 | 2437 | 2550 | 2659 | 2910 |
| 视听文献、缩微制品藏量（千册） Total Collections of Public Library(1000 volumes) | 696 | 712 | 755 | 787 | 808 |
| 电子图书（千册） Electronic Books(1000 volumes) | 18543 | 21516 | 26270 | 31945 | 33126 |
| 组织各类讲座次数（次） All kinds of Sessions for reader(time) | 2891 | 3384 | 2327 | 2451 | 3055 |
| 各类讲座参加人次（千人次） Number of Visitors(1000 person-times) | 287 | 416 | 290 | 293 | 403 |
| 举办展览次数（次） Number of Exhibitions(time) | 712 | 836 | 1092 | 971 | 1048 |
| 参观展览人次（千人次） Number of Exhibitions Persons (1000 person-times) | 1420 | 1738 | 2420 | 2653 | 2112 |
| 举办培训班次数（次） Training Courses(time) | 1083 | 1368 | 2396 | 2395 | 2165 |
| 参加培训班人次（千人次） Number of Persons Completing Courses (1000 person-times) | 58 | 119 | 1100 | 199 | 171 |
| 总流通人次（千人次） Total Number of Circulation(1000 person-times) | 23963 | 26035 | 29701 | 33549 | 38912 |
| **博物馆** **Museums** | | | | | |
| 文物藏品（件） Collection of Cultural Relics(piece) | 514057 | 496026 | 606176 | 670838 | 679751 |
| #一级品 Grade one | 1081 | 1083 | 1097 | 1094 | 1094 |
| 二级品 Grade two | 3043 | 2988 | 3045 | 3055 | 3056 |
| 三级品 Grade three | 97883 | 99682 | 103260 | 103022 | 104482 |
| 参观人次（千人次） Number of Visitors(1000 person-times) | 24121 | 25454 | 29330 | 37154 | 41668 |
| #文物机构青少年参观人次 Number of Visitors | 8451 | 9068 | 9780 | 10720 | 11822 |

# 16-6 图书出版情况
# Basic Statistics of Book Published

| 年份<br>Year | 图书种数(种)<br>Number of Publications (kind) | 本版图书种数<br>Book Publications of Original Edition | #新出<br>New Publications | 总印数(万册、万张)<br>Total Printed Copies (10000 copies) | #租型<br>Copies for Rent | 总印张(千印张)<br>Total Pointed Sheets (1000 sheets) | #租型<br>Copies for Rent | 定价总金额(万元)<br>Total Priced Value (10000 yuan) |
|---|---|---|---|---|---|---|---|---|
| 1978 | 347 | 180 | 150 | 6818 | 3709 | 258719 | 160714 | |
| 1979 | 335 | 157 | 152 | 7316 | 4557 | 293006 | 174064 | |
| 1980 | 448 | 224 | 197 | 8246 | 5459 | 318718 | 230922 | |
| 1981 | 606 | 405 | 358 | 12113 | 5716 | 448673 | 220433 | 3377 |
| 1982 | 620 | 430 | 376 | 9988 | 5324 | 335147 | 196042 | 2747 |
| 1983 | 903 | 694 | 520 | 11757 | 5084 | 374473 | 182416 | 3293 |
| 1984 | 979 | 782 | 588 | 11870 | 4523 | 424764 | 168286 | 4107 |
| 1985 | 1219 | 976 | 783 | 15603 | 5339 | 609847 | 183552 | 8495 |
| 1986 | 1341 | 1119 | 874 | 12465 | 5132 | 443306 | 192474 | 6572 |
| 1987 | 1454 | 1207 | 823 | 17101 | 5431 | 609655 | 203602 | 9702 |
| 1988 | 1434 | 1183 | 716 | 17047 | 5233 | 614164 | 202373 | 13970 |
| 1989 | 1734 | 1449 | 1035 | 15859 | 5164 | 579815 | 195930 | 16998 |
| 1990 | 1799 | 1518 | 1034 | 16312 | 5370 | 588903 | 198660 | 18774 |
| 1991 | 1956 | 1709 | 1096 | 17667 | 5367 | 687789 | 212078 | 26176 |
| 1992 | 2200 | 1939 | 1089 | 19399 | 6229 | 747055 | 255252 | 28563 |
| 1993 | 2237 | 1988 | 1404 | 17044 | 5820 | 692582 | 269185 | 33137 |
| 1994 | 2658 | 2379 | 1548 | 19745 | 6316 | 786552 | 306980 | 52794 |
| 1995 | 2346 | 2041 | 1285 | 18448 | 6554 | 799268 | 350580 | 60411 |
| 1996 | 2765 | 2456 | 1457 | 21348 | 7316 | 923246 | 392633 | 87917 |
| 1997 | 2713 | 2403 | 1400 | 23282 | 7740 | 1012534 | 444673 | 94820 |
| 1998 | 2864 | 2545 | 1551 | 21596 | 8188 | 1004826 | 475610 | 105493 |
| 1999 | 3250 | 2956 | 1688 | 21875 | 7942 | 1021736 | 458774 | 107293 |
| 2000 | 2879 | 2637 | 1518 | 20298 | 7062 | 969527 | 444525 | 99604 |
| 2001 | 2395 | 2140 | 1464 | 17891 | 7470 | 933277 | 475153 | 83157 |
| 2002 | 3011 | 2692 | 2127 | 19953 | 7752 | 1079027 | 511177 | 106245 |
| 2003 | 2950 | 2591 | 1881 | 15595 | 7236 | 935650 | 496601 | 96910 |
| 2004 | 3049 | 2641 | 1771 | 13907 | 6306 | 1123920 | 726166 | 91232 |
| 2005 | 2943 | 2623 | 1693 | 10643 | 5066 | 691813 | 394674 | 74571 |
| 2006 | 3002 | 2692 | 1793 | 9840 | 4458 | 687082 | 346972 | 71235 |
| 2007 | 2966 | 2678 | 2009 | 8463 | 3902 | 622153 | 285318 | 68507 |
| 2008 | 3471 | 3259 | 2265 | 7793 | 2501 | 491166 | 152947 | 76128 |
| 2009 | 3422 | 3246 | 2052 | 7689 | 2197 | 561484 | 147631 | 83165 |
| 2010 | 3574 | 3415 | 2320 | 7749 | 2169 | 585841 | 146601 | 86650 |
| 2011 | 3774 | 3568 | 2401 | 8294 | 2621 | 591332 | 182355 | 94065 |
| 2012 | 3629 | 3417 | 2329 | 9078 | 3078 | 683578 | 217612 | 106475 |
| 2013 | 3547 | 3320 | 2283 | 8870 | 3208 | 699137 | 233615 | 109569 |
| 2014 | 3653 | 3456 | 2442 | 8619 | 3099 | 660192 | 226916 | 108127 |
| 2015 | 3579 | 3395 | 2318 | 8800 | 3197 | 700447 | 234302 | 116504 |
| 2016 | 4154 | 3954 | 2620 | 9709 | 3309 | 792968 | 246575 | 143426 |
| 2017 | 4493 | 4289 | 2545 | 10809 | 3709 | 856126 | 262909 | 163964 |
| 2018 | 4568 | 4359 | 2372 | 11461 | 3677 | 927633 | 267531 | 180039 |
| 2019 | 4587 | 4379 | 2226 | 14385 | 4208 | 1112785 | 296365 | 213280 |

# 16-7 图书出版分类情况（2019年）

## Composition of Books Published(2019)

| 项目<br>Item | 图书种数（种）<br>Publications of Original Edition (kind) | #本版图书新出<br>New Publica-tions | 总印数（万册、万张）<br>Printed Copies (10000 copies) | #新出<br>New Publica-tions | 总印张（千印张）<br>Printed sheets (1000 sheets) | #新出<br>New Publica-tions |
|---|---|---|---|---|---|---|
| **总　计**<br>**Total** | **4587** | **2226** | **14385** | **3310** | **1112785** | **292054** |
| **#使用“中国标准书号”合计**<br>**Publications with "China International Standard Book Number"** | **4587** | **2226** | **14385** | **3309** | **1112703** | **291972** |
| 马列主义、毛泽东思想<br>Marxism-Leninism,Mao Zedong Thought | 2 | 1 | 1 |  | 117 | 81 |
| 哲学<br>Philosophy | 76 | 52 | 48 | 19 | 6878 | 2900 |
| 社会科学总论<br>General Social Sciences | 34 | 25 | 20 | 17 | 2783 | 2208 |
| 政治、法律<br>Politics and Law | 161 | 111 | 73 | 29 | 8721 | 4150 |
| 军事<br>Military Affairs | 10 | 8 | 21 |  | 4973 | 4576 |
| 经济<br>Economics | 176 | 104 | 54 | 32 | 12619 | 8252 |
| 文化、科学、教育、体育<br>Culture, Science, Education and Sports | 2457 | 770 | 13008 | 2420 | 963606 | 198693 |
| 语言、文字<br>Languages | 85 | 48 | 40 | 17 | 4536 | 1928 |
| 文学<br>Literature | 599 | 405 | 543 | 346 | 49669 | 32715 |
| 艺术<br>Arts | 221 | 173 | 102 | 92 | 8083 | 7513 |
| 历史、地理<br>History and Geography | 258 | 204 | 100 | 65 | 12076 | 8297 |
| 自然科学总论<br>General Natural Sciences | 9 | 8 | 4 | 3 | 280 | 227 |
| 数理科学、化学<br>Mathematics and Chemistry | 29 | 6 | 7 | 2 | 1230 | 257 |
| 天文学、地球科学<br>Astronomy and Geology | 19 | 15 | 11 | 8 | 752 | 577 |
| 生物科学<br>Biology | 19 | 11 | 8 | 6 | 797 | 572 |
| 医学、卫生<br>Medicine and Health Care | 132 | 95 | 94 | 47 | 13506 | 5602 |
| 农业科学<br>Agricultural Science | 53 | 26 | 22 | 10 | 2059 | 985 |
| 工业技术<br>Industrial Technology | 170 | 96 | 84 | 37 | 12507 | 5271 |
| 交通运输<br>Transportation | 5 | 4 | 3 | 3 | 234 | 225 |
| 环境科学<br>Environmental Science | 18 | 13 | 128 | 122 | 5321 | 5177 |
| 综合性图书<br>General Books | 53 | 50 | 13 | 12 | 1861 | 1674 |

# 16-8 书刊报纸出版情况

# Books, Magazines and Newspapers Published

| 年份 Year | 出版社（个） Publishing Houses (unit) | 出版种数（种） Number of Publications(kinds) | | | 总印数（万份） Printed Copies(10000 copies) | | |
|---|---|---|---|---|---|---|---|
| | | 图书 Books | 期刊 Magazines | 报纸 Newspaper | 图书 Books | 期刊 Magazines | 报纸 Newspaper |
| 1978 | 1 | 347 | 8 | 4 | 6818 | 388 | 14784 |
| 1980 | 4 | 448 | 28 | 6 | 8246 | 960 | 14913 |
| 1985 | 9 | 1219 | 114 | 32 | 15603 | 3375 | 35847 |
| 1986 | 9 | 1341 | 119 | 31 | 12465 | 3450 | 39596 |
| 1987 | 9 | 1454 | 124 | 38 | 17101 | 4177 | 44858 |
| 1988 | 10 | 1434 | 126 | 31 | 17047 | 3429 | 44135 |
| 1989 | 10 | 1734 | 128 | 31 | 15859 | 2765 | 36961 |
| 1990 | 10 | 1799 | 123 | 31 | 16312 | 3157 | 41455 |
| 1991 | 10 | 1956 | 126 | 32 | 17667 | 3688 | 44176 |
| 1992 | 10 | 2200 | 134 | 35 | 19399 | 4258 | 45021 |
| 1993 | 10 | 2237 | 139 | 41 | 17044 | 4350 | 45845 |
| 1994 | 11 | 2658 | 150 | 43 | 19745 | 4004 | 49208 |
| 1995 | 11 | 2346 | 159 | 47 | 18448 | 4239 | 51526 |
| 1996 | 11 | 2765 | 159 | 47 | 21348 | 3891 | 53608 |
| 1997 | 11 | 2713 | 157 | 48 | 23282 | 3974 | 55027 |
| 1998 | 11 | 2864 | 159 | 48 | 21596 | 3899 | 59543 |
| 1999 | 11 | 3250 | 134 | 49 | 21875 | 3990 | 64195 |
| 2000 | 11 | 2879 | 187 | 61 | 20298 | 4463 | 68897 |
| 2001 | 11 | 2395 | 189 | 64 | 17891 | 4470 | 73185 |
| 2002 | 11 | 3011 | 186 | 66 | 19953 | 4089 | 79061 |
| 2003 | 11 | 2950 | 186 | 66 | 15595 | 3937 | 79809 |
| 2004 | 11 | 3049 | 176 | 58 | 13907 | 3450 | 89681 |
| 2005 | 11 | 2943 | 174 | 58 | 10643 | 2841 | 87962 |
| 2006 | 11 | 3002 | 174 | 59 | 9840 | 2902 | 97246 |
| 2007 | 11 | 2966 | 176 | 59 | 8463 | 2870 | 99836 |
| 2008 | 12 | 3471 | 174 | 59 | 7793 | 2935 | 103791 |
| 2009 | 12 | 3422 | 175 | 59 | 7689 | 2828 | 82900 |
| 2010 | 12 | 3574 | 175 | 59 | 7749 | 2940 | 99982 |
| 2011 | 12 | 3774 | 177 | 60 | 8294 | 3677 | 111850 |
| 2012 | 12 | 3629 | 176 | 46 | 9078 | 3660 | 118783 |
| 2013 | 11 | 3547 | 176 | 42 | 8870 | 4920 | 120576 |
| 2014 | 11 | 3653 | 176 | 42 | 8619 | 4426 | 111945 |
| 2015 | 11 | 3579 | 176 | 45 | 8800 | 3970 | 106072 |
| 2016 | 11 | 4154 | 176 | 42 | 9709 | 4215 | 90608 |
| 2017 | 11 | 4493 | 176 | 42 | 10809 | 3032 | 83957 |
| 2018 | 11 | 4568 | 176 | 43 | 11461 | 2481 | 78555 |
| 2019 | 11 | 4587 | 174 | 42 | 14385 | 2158 | 73810 |

注：2012年起报纸出版种类及印数不含校报。

Note:Since 2012,Newspaper exclude school-paper.

## 16-9 音像电子出版物出版情况

## Publication of Video Products and E-journals

| 项目 | Item | 2016 | | 2017 | | 2018 | | 2019 | |
|---|---|---|---|---|---|---|---|---|---|
| | | 种数（种）Type (kinds) | 数量（万张）Volume (10000 sheets) | 种数（种）Type (kinds) | 数量（万张）Volume (10000 sheets) | 种数（种）Type (kinds) | 数量（万张）Volume (10000 sheets) | 种数（种）Type (kinds) | 数量（万张）Volume (10000 sheets) |
| **出版** | **Publication** | | | | | | | | |
| 录音制品 | Audio Products | 32 | 9.60 | 44 | 8.41 | 26 | 27.18 | 29 | 7.87 |
| 录像制品 | Video Products | 42 | 7.43 | 50 | 18.55 | 48 | 17.78 | 32 | 5.87 |
| 电子出版物 | E-journals | 52 | 21.33 | 22 | 10.08 | 30 | 10.15 | 26 | 8.55 |
| **复制** | **Reproduction** | | | | | | | | |
| 磁带制品 | Tape Products | | 7.89 | | 0.31 | | 1.93 | | 1.27 |
| 光盘制品 | CD Products | | 1201.53 | | 899.04 | | 148.16 | | 93.75 |

## 16-10 广播电视事业发展情况

## Statistics on Broadcasting and Television

| 项目 | Item | 2017 | 2018 | 2019 |
|---|---|---|---|---|
| 广播电台数量（座） | Number of Radio and TV(unit) | | | |
| 广播电台 | Radio | 4 | 4 | 4 |
| 电视台 | TV | 5 | 5 | 5 |
| 广播电视台 | Radio and TV | 68 | 68 | 76 |
| 节目套数（套） | Number of Radio Programs(sets) | | | |
| 广播 | Radio | 91 | 93 | 93 |
| 电视 | TV | 101 | 101 | 101 |
| 全年播出节目时间（万小时） | Length of Public Radio Programs Broadcasted (10000 hours) | | | |
| 广播 | Radio | 52.07 | 52.88 | 53.15 |
| 电视 | TV | 39.52 | 39.54 | 41.28 |
| 全年节目制作时间（万小时） | Length of Radio Programs Produced(10000 hours) | | | |
| 广播 | Radio | 26.37 | 26.63 | 26.17 |
| 电视 | TV | 7.84 | 6.24 | 7.02 |
| 人口覆盖率（%） | Coverage Rate of the Population(%) | | | |
| 广播 | Radio | 99.01 | 99.04 | 99.62 |
| 电视 | TV | 99.15 | 99.19 | 99.71 |
| 有线广播电视用户（万户） | Users of Cable Radio and TV(10000 households)(10000 household) | 727.02 | 716.23 | 727.40 |
| #数字电视用户 | Users of Digital TV | 727.02 | 716.20 | 727.40 |
| 付费数字电视用户 | Paying Users | 307.77 | 411.30 | 474.10 |
| #双向电视用户 | Both-way Users | 153.90 | 193.20 | 255.80 |
| 广播电视网络互联网用户数（万户） | Indicator(10000 household) | 111.23 | 144.70 | 174.20 |
| 有线电视入户率（%） | Coverage Rate of the Population(%) | 67.18 | 66.19 | 64.79 |
| 广播电视总收入（亿元） | Income of Radio and TV(100 million yuan) | 135.21 | 140.18 | 162.79 |
| 实际创收收入（亿元） | Realized Income(100 million yuan) | 93.72 | 116.25 | 130.38 |
| #广告收入 | Advertising Income | 17.18 | 21.12 | 21.86 |
| #广播广告收入 | Radio | 3.94 | 3.26 | 2.83 |
| 电视广告收入 | TV | 10.74 | 8.11 | 10.98 |
| 网络收入 | Network Income | 30.39 | 32.50 | 35.40 |
| 广播电视节目销售收入 | Sales Revenue | 5.24 | 3.27 | 4.28 |

# 16-11 广播电视制作播出情况

## Statisticts on Wireless Broadcasting and Television

| 项目 Item | 2015 | 2016 | 2017 | 2018 | 2019 |
|---|---|---|---|---|---|
| **广播 Broadcasting** | | | | | |
| 本年广播节目制作（小时） Produced Programs of Broadcasting the Current Year(hours) | 253719 | 258355 | 263745 | 266335 | 261696 |
| #新闻资讯类 News and Messages | 52818 | 55549 | 52563 | 54873 | 55971 |
| 专题服务类 Special Servics | 66807 | 66184 | 75490 | 72725 | 62328 |
| 综艺益智类 General arts | 76749 | 83184 | 77036 | 81901 | 66473 |
| 广告类 Adierticsement | 17001 | 16435 | 12161 | 9081 | 10890 |
| 平均每日播音时间（小时） Average Broadcasting Time per-day(hours) | 1436 | 1434 | 1426 | 1449 | 1456 |
| #播出自制节目 Homemade Program | 855 | 853 | 897 | 880 | 864 |
| 购买交换节目 Purchased Exchange Program | 86 | 95 | 84 | 106 | 116 |
| **电视 Television** | | | | | |
| 有线广播电视用户数（万户） Users of Cable TV(10000 household) | 730.68 | 738.89 | 727.02 | 716.23 | 727.40 |
| #数字电视用户数 Users of Digital TV | 689.18 | 715.37 | 727.02 | 716.20 | 727.40 |
| 本年电视节目制作（小时） Programs of Television the Current Year(hours) | 73986 | 68977 | 78353 | 62379 | 70246 |
| #新闻资讯类 News and Messages | 25814 | 25769 | 26973 | 25051 | 25215 |
| 专题服务类 Special Servics | 18265 | 15473 | 16253 | 15578 | 17811 |
| 综艺益智类 General arts | 5519 | 5983 | 4666 | 4263 | 3611 |
| 影视剧类 Films and Plays | 495 | 627 | 295 | 268 | 491 |
| 广告类 Adierticsement | 5914 | 5365 | 7183 | 6782 | 6523 |
| 本年制作电视剧（集） Produced Television Plays the Current Year(volumes) | 108 | 192 | 119 | 280 | 80 |
| 平均每周播出时间（小时） Average Television Time Per-week(hours) | 6997 | 7100 | 7600 | 7605 | 7938 |
| 全年电视剧播出数（集） Number of Television Plays the Current Year(volumes) | 108101 | 106744 | 108329 | 109600 | 121161 |

# 16-12 各设区市有线电视用户数

## Number of Users of Cable Television by City

单位：万户 (10000 households)

| 地区 | Area | 2000 | 2005 | 2010 | 2015 | 2016 | 2017 | 2018 | 2019 |
|---|---|---|---|---|---|---|---|---|---|
| **全　省** | **Total** | **280.00** | **422.98** | **613.16** | **730.68** | **738.89** | **727.02** | **716.23** | **727.40** |
| 福州市 | Fuzhou | 67.82 | 111.75 | 163.91 | 187.66 | 187.21 | 153.47 | 153.64 | 152.47 |
| 厦门市 | Xiamen | 25.19 | 37.28 | 64.60 | 80.83 | 80.01 | 82.63 | 83.59 | 77.38 |
| 莆田市 | Putian | 19.85 | 25.34 | 36.70 | 45.82 | 46.87 | 49.51 | 33.10 | 48.66 |
| 三明市 | Sanming | 19.98 | 31.20 | 39.69 | 49.93 | 49.79 | 49.99 | 50.95 | 51.54 |
| 泉州市 | Quanzhou | 41.64 | 68.07 | 97.47 | 126.48 | 135.25 | 139.83 | 140.05 | 140.19 |
| 漳州市 | Zhangzhou | 19.57 | 37.86 | 73.04 | 81.80 | 79.62 | 83.41 | 85.56 | 86.18 |
| 南平市 | Nanping | 35.31 | 44.69 | 55.58 | 64.85 | 65.64 | 69.52 | 67.55 | 66.80 |
| 龙岩市 | Longyan | 24.35 | 29.04 | 33.20 | 41.33 | 40.88 | 44.74 | 46.50 | 47.92 |
| 宁德市 | Ningde | 26.29 | 37.75 | 48.97 | 51.98 | 53.62 | 53.93 | 55.30 | 56.27 |

# 16-13 各设区市电视节目综合人口覆盖率

## Television Coverage of Population by City

单位：% (%)

| 地区 | Area | 2000 | 2005 | 2010 | 2015 | 2016 | 2017 | 2018 | 2019 |
|---|---|---|---|---|---|---|---|---|---|
| **全　省** | **Total** | **97.14** | **98.10** | **98.45** | **98.94** | **99.12** | **99.15** | **99.19** | **99.71** |
| 福州市 | Fuzhou | 97.65 | 98.28 | 98.59 | 99.17 | 100.00 | 100.00 | 100.00 | 100.00 |
| 厦门市 | Xiamen | 97.05 | 99.59 | 98.68 | 100.00 | 100.00 | 100.00 | 100.00 | 100.00 |
| 莆田市 | Putian | 97.35 | 98.09 | 98.30 | 98.59 | 98.60 | 98.70 | 98.73 | 100.00 |
| 三明市 | Sanming | 98.28 | 98.59 | 99.08 | 99.17 | 99.24 | 99.33 | 99.35 | 99.56 |
| 泉州市 | Quanzhou | 97.60 | 98.15 | 98.18 | 98.39 | 98.43 | 98.48 | 98.51 | 99.62 |
| 漳州市 | Zhangzhou | 97.30 | 98.11 | 99.02 | 99.15 | 99.18 | 99.19 | 99.21 | 99.65 |
| 南平市 | Nanping | 96.07 | 97.44 | 98.13 | 98.64 | 98.71 | 98.73 | 98.77 | 99.32 |
| 龙岩市 | Longyan | 96.00 | 98.48 | 98.92 | 98.57 | 98.62 | 98.63 | 98.88 | 99.52 |
| 宁德市 | Ningde | 95.95 | 96.93 | 97.34 | 99.30 | 99.42 | 99.47 | 99.48 | 99.55 |

# 16-14 当年在聘技术等级运动员人数

## Full-time Technological Athletes by Grade

单位：人 (person)

| 项目 | Item | 2015 | 2016 | 2017 | 2018 | 2019 |
|---|---|---|---|---|---|---|
| **等级运动员** | **Number of Athletes in Grades** | **1469** | **1544** | **1163** | **1578** | **2161** |
| #女 | Female | 585 | 606 | 451 | 646 | 861 |
| 国际级运动健将 | International Master of Sports | 7 | | | | |
| #女 | Female | 5 | | | | |
| 国家级运动健将 | National Master of Sports | 66 | 8 | 2 | | |
| #女 | Female | 32 | 2 | 2 | | |
| 一级运动员 | First Grade Sportsman | 405 | 398 | 313 | 421 | 555 |
| #女 | Female | 163 | 165 | 104 | 186 | 230 |
| 二级运动员 | Second Grade Sportsman | 991 | 1138 | 848 | 1157 | 1606 |
| #女 | Female | 365 | 439 | 345 | 460 | 631 |

# 16-15 竞技体育比赛奖牌情况

## Medals of Athletic Games

单位：枚

| 项目 | Item | 2000 | 2005 | 2010 | 2015 | 2016 | 2017 | 2018 | 2019 |
|---|---|---|---|---|---|---|---|---|---|
| **世界比赛** | **International Games** | **8** | **25** | **37** | **18** | **12** | **10.0** | **19** | **20** |
| 金牌 | Gold Medals | 6 | 15 | 15 | 12 | 8 | 2.0 | 9 | 16 |
| 银牌 | Silver Medals | 1 | 8 | 12 | 4 | 1 | 4.0 | 6 | 1 |
| 铜牌 | Bronze Medals | 1 | 2 | 10 | 2 | 2 | 4.0 | 4 | 3 |
| **亚洲比赛** | **Asia Games** | **20** | **19** | **40** | **25** | **24** | **14.0** | **12** | **28** |
| 金牌 | Gold Medals | 10 | 8 | 22 | 15 | 12 | 5.0 | 4 | 17 |
| 银牌 | Silver Medals | 6 | 8 | 7 | 5 | 9 | 4.0 | 2 | 8 |
| 铜牌 | Bronze Medals | 4 | 3 | 11 | 5 | 3 | 4.0 | 6 | 3 |
| **全国比赛** | **National Games** | **191** | **134** | **111** | **108** | **97** | **114.5** | **129** | **93** |
| 金牌 | Gold Medals | 67 | 46 | 48 | 40 | 39 | 38.5 | 44 | 38 |
| 银牌 | Silver Medals | 59 | 51 | 32 | 34 | 32 | 39.5 | 39 | 32 |
| 铜牌 | Bronze Medals | 65 | 37 | 31 | 34 | 26 | 36.5 | 46 | 23 |

注：2017年在全运会上与其他省份合作取得奖牌按0.5枚统计。

Note:In 2017,The Number of Medals in cooperation with other provinces in the National Games is calculated by 0.5.

## 主要统计指标解释

**文化事业机构**　指从事专业文化工作和为专业文化工作服务的独立建制的单位。不包括这些单位另外举办独立核算的其他机构和各部门的业余文化组织。该指标主要反映文化事业机构发展规模水平。

**艺术表演团体**　指从事戏曲、音乐、舞蹈、杂技等专业艺术表演，有独立帐户的单位，不包括半工半艺、半农半艺和民间职业剧团。该指标主要反映专业艺术表演团体发展规模水平。

**艺术表演观众人数（人次）**　指售票、包场演出或民族地区免费演出的艺术表演观众人次数，不包括彩排审查和内部观摩演出的观看人次数。该指标主要反映观看专业艺术表演团体演出的效益规模。

**等级运动员人数**　指经考核正式批准授予等级运动员称号的人数。运动员等级分为国际级运动健将、运动健将、一级运动员、二级运动员、三级运动员、少年级运动员。该指标主要反映运动员队伍的技术质量水平。

**等级裁判员人数**　指经考核正式批准授予等级裁判员称号的人数。裁判员等级分为国际裁判、国家级裁判、一级裁判、二级裁判、三级裁判。该指标主要反映裁判员队伍的技术质量水平。

# Explanatory Notes on Main Statistical Indicators

**Cultural Institutions** refer to units, which have their own organizational system and independent accounting system and specialize in or serve cultural development. They exclude other establishments run by these cultural institutions and amateur cultural groups established by various departments. This indicator reflects the development of cultural units.

**Art Troupe** refers to t he troupe which is engaged in drama, opera, music, dance, acrobatics or other art performance, opens independent accounts with banks and has self-supporting accounting system; excluding the troupes which are engaged partly in industrial or agricultural activities, partly in art performance and the professional troupes organized by the people. This indicator reflects the development of national professional art troupes.

**Number of Spectators at Art Performance** refers to the number of attendants at commercial shows, completely booked shows or free shows given in minority national areas, and does not include the number of spectators at rehearsals for examination and internal shows for study. This indicator reflects beneficial results of.

**Number of Athletes in Grades** refers to the number of athletes who have been given titles through examination. The titles of athletes include international masters of sports, masters of sports, first-grade, second- grade and third-grade sportsmen and young athletes. This indicator reflects skill of the athletes.

**Number of Referees in Grades** refers to the number of referees who have been given titles after examination. They are classified as international referees, national referees and referees of the first, second and third grades. This indicator reflects the skill of referees.

# 第十七篇　卫生事业

# Chapter 17　Health

资料整理：廖捷

Database Editor:Liaojie

# 简 要 说 明

本篇资料的主要内容及来源

本篇主要反映全省卫生事业发展情况。主要内容为卫生机构、人员、床位数，医院诊疗人次及入院人数。

上述资料由省卫生和健康委员会提供，是根据有关部门制定的统计报表制度进行统计、汇总整理而成的。

本篇资料由省统计局社会和科技统计处整理提供。

# Brief Introduction

Main Content and Source of Data

Data in this chapter show the development of culture, sports and public health. Data on culture cover mainly the situations on institutions, personnel and business activities of arts, libraries, mass culture, cultural relics, broadcasting, films, televisions, news and publication etc. Data on Sports cover mass sports (sports for all) and athletics sports, including mainly the number of staff and workers in sports departments, number of athletes, coaches and referees, number of stadiums and gymnasiums etc.Data on Public health include mainly the number of institutions, personnel, hospital beds, number of patients treated and inpatients.

The above mentioned data are provide By the Provincial Department of Hygiene and Health. Data are collected and tabulated in accordance with the statistical reporting schemes stipulated by the departments concerned.

Data in this chapter are provided and compiled by the Division of Social, Science and Technology Statistics of Fujian Provincial Bureau of Statistics.

# 17-1 卫生机构和人员情况

## Statistics of Health Institutions and Personnels

| 项目 Item | 卫生机构数（个） Number of Health Institutions (unit) | #医院、卫生院 Hospitals | 卫生机构床位数（张） Number of Beds in Health Institution (set) | #医院、卫生院 Hospitals | 卫生机构技术人员数（人） Medical Technical Personnel (person) | #医生 Doctors | 每千人口拥有 Per 1000 Persons 卫生机构床位数（张） Number of Beds (set) | 医生数（人） Doctors (persons) |
|---|---|---|---|---|---|---|---|---|
| 1952 | 633 | 113 | 6933 | 5902 | 17281 | 11416 | 0.5 | 0.9 |
| 1957 | 2068 | 132 | 10898 | 9902 | 26076 | 15022 | 0.7 | 1.0 |
| 1962 | 7434 | 211 | 27058 | 16958 | 40560 | 18001 | 1.7 | 1.1 |
| 1965 | 6757 | 420 | 28246 | 21818 | 42692 | 20437 | 1.6 | 1.2 |
| 1970 | 4297 | 922 | 31520 | 25322 | 34876 | 15795 | 1.6 | 0.8 |
| 1975 | 3403 | 1070 | 44905 | 38746 | 47059 | 20404 | 1.9 | 0.9 |
| 1978 | 3809 | 1111 | 51505 | 45331 | 54855 | 22097 | 2.1 | 0.9 |
| 1979 | 4118 | 1117 | 52779 | 46121 | 56913 | 21393 | 2.1 | 0.9 |
| 1980 | 4191 | 1130 | 53001 | 46772 | 58764 | 21033 | 2.1 | 0.8 |
| 1985 | 4816 | 1154 | 58414 | 52041 | 74204 | 26992 | 2.1 | 1.0 |
| 1990 | 4885 | 1198 | 68073 | 60664 | 86772 | 35696 | 2.2 | 1.2 |
| 1995 | 4537 | 1257 | 73644 | 65919 | 92811 | 39130 | 2.3 | 1.2 |
| 1996 | 4543 | 1298 | 83684 | 75676 | 93614 | 40253 | 2.6 | 1.2 |
| 1997 | 10059 | 1306 | 88710 | 80935 | 94993 | 40775 | 2.7 | 1.2 |
| 1998 | 10159 | 1315 | 89280 | 81759 | 97361 | 41924 | 2.7 | 1.3 |
| 1999 | 10154 | 1313 | 90091 | 82259 | 97548 | 31652 | 2.7 | 1.0 |
| 2000 | 9807 | 1323 | 90091 | 82389 | 97569 | 41461 | 2.6 | 1.2 |
| 2001 | 9765 | 1331 | 89769 | 82125 | 99440 | 42414 | 2.6 | 1.2 |
| 2002 | 8740 | 1318 | 84599 | 80463 | 95059 | 40253 | 2.5 | 1.2 |
| 2003 | 8525 | 1323 | 86634 | 79503 | 96902 | 41252 | 2.5 | 1.2 |
| 2004 | 8672 | 1315 | 87836 | 80523 | 100502 | 43586 | 2.5 | 1.2 |
| 2005 | 7932 | 1318 | 88239 | 81268 | 100937 | 44309 | 2.5 | 1.2 |
| 2006 | 9652 | 1307 | 91533 | 84289 | 106586 | 46051 | 2.6 | 1.3 |
| 2007 | 9230 | 1307 | 89366 | 82603 | 111192 | 46628 | 2.5 | 1.3 |
| 2008 | 7773 | 1302 | 98482 | 90811 | 119250 | 50659 | 2.7 | 1.4 |
| 2009 | 6984 | 1288 | 104222 | 95980 | 127446 | 51959 | 2.8 | 1.4 |
| 2010 | 6999 | 1325 | 112334 | 103933 | 140133 | 55402 | 3.0 | 1.5 |
| 2011 | 7285 | 1355 | 123784 | 114824 | 155729 | 59225 | 3.3 | 1.6 |
| 2012 | 7584 | 1399 | 139172 | 129194 | 172532 | 63449 | 3.7 | 1.7 |
| 2013 | 7672 | 1421 | 156149 | 144132 | 189187 | 67087 | 4.1 | 1.8 |
| 2014 | 27913 | 1437 | 164781 | 152529 | 206545 | 75372 | 4.3 | 1.9 |
| 2015 | 27921 | 1450 | 173199 | 160011 | 213162 | 78173 | 4.5 | 2.0 |
| 2016 | 27658 | 1470 | 178902 | 165177 | 220889 | 80131 | 4.6 | 2.1 |
| 2017 | 27217 | 1489 | 183418 | 170440 | 231546 | 84045 | 4.7 | 2.1 |
| 2018 | 27588 | 1522 | 192513 | 178757 | 247346 | 91100 | 4.9 | 2.3 |
| 2019 | 27788 | 1560 | 202374 | 188146 | 263427 | 99532 | 5.1 | 2.5 |

注：1.2002年及以后卫生机构数为登记注册数，医生系执业(助理)医师数。2.2014年起数据含村卫生室。

Note:a)Number of health institutions are the number of registeration since 2002, doctors also refer to the certified (assistant) doctors. b)The data includes village Health Institutions Since 2014.

# 17-2 各类卫生机构数

## Number of Health Institutions

单位：个 (unit)

| 项目 Item | 2000 | 2005 | 2010 | 2015 | 2016 | 2017 | 2018 | 2019 |
|---|---|---|---|---|---|---|---|---|
| **合 计 Total** | **9807** | **7932** | **6999** | **27921** | **27658** | **27217** | **27588** | **27788** |
| **医院 Hospitals** | **333** | **365** | **457** | **570** | **590** | **608** | **641** | **678** |
| **基层医疗卫生机构 Grassroots Health Institutions** | **9059** | **7220** | **6174** | **25875** | **26190** | **26074** | **26421** | **26596** |
| 社区卫生服务中心(站) Health service centers in Communities | | 392 | 499 | 528 | 555 | 676 | 692 | 663 |
| 卫生院 Rural Township Hospitals | 990 | 953 | 868 | 880 | 880 | 881 | 881 | 882 |
| 门诊部 Clinics | 87 | 303 | 432 | 512 | 615 | 781 | 1021 | 1181 |
| 诊所、卫生所、医务室 Clinigues,Health Clinic,Infirmaries | 7982 | 5572 | 4375 | 4945 | 5195 | 5127 | 5547 | 6274 |
| 村卫生室 Village Clinics | | | | 19010 | 18945 | 18609 | 18280 | 17596 |
| **专业公共卫生机构 Professional Public Health Institutions** | **218** | **276** | **296** | **1402** | **808** | **471** | **450** | **420** |
| 疾病预防控制中心 Sanitation and Antiepidemic Stations | 101 | 93 | 94 | 96 | 96 | 96 | 97 | 96 |
| 专科疾病防治院 Specialized Prevention & Treatment Centers | 73 | 34 | 25 | 23 | 24 | 25 | 25 | 24 |
| 健康教育所 Health Education Centers | 33 | 7 | 1 | | | | | |
| 妇幼保健院、所、站 Maternity and Child Care Centers | 11 | 89 | 87 | 87 | 87 | 89 | 90 | 91 |
| 急救中心 First-aid Centers | | 10 | 7 | 7 | 7 | 7 | 6 | 11 |
| 采供血机构 Blood Collected and Supplied Centers | | 10 | 9 | 9 | 9 | 9 | 9 | 9 |
| 卫生监督所 Sanitation Supervision Centers | | 33 | 73 | 86 | 86 | 87 | 86 | 87 |
| 计划生育技术服务机构 Family Planning Technical Service Institution | | | | 1094 | 499 | 158 | 137 | 102 |
| **其他卫生机构 Other Health Institutions** | **197** | **71** | **72** | **74** | **70** | **64** | **76** | **94** |
| 疗养院 Sanatorium | 12 | 16 | 11 | 11 | 11 | 8 | 8 | 7 |
| 医学科学研究机构 Research Institutions of Medical Science | 13 | 9 | 8 | 8 | 8 | 8 | 8 | 8 |
| 医学在职培训机构 Sanitation Supervision and Inspection Centers | 36 | 26 | 25 | 23 | 22 | 20 | 19 | 16 |
| 其他 Other Institutions | 136 | 20 | 28 | 32 | 29 | 28 | 41 | 63 |

注：2014年前各类卫生机构数不含村卫生室。

Note:Before 2014,The Data of Health Institutions exclude Village Clinics.

# 17-3 各类卫生机构床位数

## Number of Beds in Health Institutions

单位：张 (set)

| 项目 Item | 2000 | 2005 | 2010 | 2015 | 2016 | 2017 | 2018 | 2019 |
|---|---|---|---|---|---|---|---|---|
| **合　计 Total** | **90091** | **88239** | **112334** | **173199** | **178902** | **183418** | **192513** | **202374** |
| #医院 Hospitals | 58505 | 58694 | 80938 | 129609 | 134790 | 140213 | 147897 | 156893 |
| 疗养院 Sanatorium | | 2497 | 1769 | 2527 | 2600 | 1761 | 1559 | 1558 |
| 社区卫生服务中心(站) Health service centers in Communities | | 516 | 2426 | 3201 | 3377 | 3455 | 3639 | 3983 |
| 卫生院 Rural Township Hospitals | 23884 | 22574 | 22995 | 30402 | 30387 | 30227 | 30860 | 31523 |
| 门诊部 Clinics | 485 | 116 | 77 | 39 | 26 | 7 | | |
| 妇幼保健院、所、站 Maternity and Child Care Centers | | 2107 | 3383 | 5709 | 6036 | 6015 | 6524 | 6628 |
| 专科疾病防治院 Specialized Prevention & Treatment Centers | | 1628 | 706 | 1681 | 1655 | 1709 | 2003 | 1743 |

# 17-4 各类卫生技术人员数

## Number of Medical Technical Personnel by Category

单位：人 (person)

| 项目 Item | 2000 | 2005 | 2010 | 2015 | 2016 | 2017 | 2018 | 2019 |
|---|---|---|---|---|---|---|---|---|
| **合　计 Total** | **97569** | **100937** | **140133** | **213162** | **220889** | **231546** | **247346** | **263427** |
| #执业医师 Chartered Doctors | 31966 | 36668 | 48789 | 66162 | 69307 | 73377 | 78738 | 85089 |
| 执业助理医师 Assistant Chartered Doctors | 9495 | 7641 | 6613 | 12011 | 10824 | 10668 | 12362 | 14443 |
| 注册护士 Certified Nurses | 31430 | 34195 | 53820 | 90503 | 96250 | 101285 | 109327 | 116284 |
| 药师（士） Pharmacists | 9212 | 9128 | 10027 | 13865 | 14410 | 14597 | 14805 | 15475 |
| 检验人员 Laboratory Technicians | 3764 | 4620 | 7582 | 7720 | 8145 | 8653 | 9334 | 9895 |

注：2014年起各类卫生技术人员数含村卫生室卫生技术人员。

Note:The data includes village Health Institutions Since 2014.

# 17-5 各类卫生机构情况（2019年）

## Statistics of Health Institutions by Category(2019)

| 项目<br>Item | 卫生机构（个）<br>Number of Health Institutions (unit) | 医疗床位（张）<br>Hospital Beds (set) | 卫生技术人员（人）<br>Medical Technical Personnel (person) | #医生<br>Doctors | #注册护士<br>Certified Nurses |
|---|---|---|---|---|---|
| **合　计<br>Total** | **27788** | **202374** | **263427** | **99532** | **116284** |
| **医院<br>Hospitals** | **678** | **156893** | **161335** | **52924** | **82361** |
| 综合医院<br>Integrated Hospitals | 376 | 103222 | 115909 | 38139 | 59917 |
| 中医医院<br>Hospitals of Traditional Chinese Medicine | 82 | 19697 | 21170 | 7488 | 9492 |
| 中西医结合医院<br>Hospitals Integrating Traditional Chinese Medicine with Western Medicine | 11 | 2939 | 3261 | 1118 | 1628 |
| 民族医院<br>National Hospital | 1 | 60 | 35 | 14 | 15 |
| 专科医院<br>Specialized Hospitals | 200 | 30475 | 20697 | 6089 | 11193 |
| 护理院<br>Nursing Home | 8 | 500 | 263 | 76 | 116 |
| **基层医疗卫生机构<br>Grassroots Health Institutions** | **26596** | **35506** | **83817** | **39765** | **28196** |
| 社区卫生服务中心(站)<br>Health service centers in Communities | 663 | 3983 | 13008 | 5390 | 4719 |
| 卫生院<br>Rural Township Hospitals | 882 | 31523 | 32865 | 11826 | 11515 |
| 门诊部<br>Clinics | 1181 | | 16152 | 8428 | 5783 |
| 诊所、卫生所、医务室<br>Clinigues,Health Clinic,Infirmaries | 6274 | | 16158 | 8948 | 5718 |
| 村卫生室<br>Village Clinics | 17596 | | 5634 | 5173 | 461 |
| **专业公共卫生机构<br>Professional Public Health Institutions** | **420** | **8417** | **16934** | **6452** | **5254** |
| 疾病预防控制中心<br>Sanitation and Antiepidemic Stations | 96 | | 3597 | 2036 | 228 |
| 专科疾病防治院<br>Specialized Prevention & Treatment Centers | 24 | 1743 | 870 | 351 | 240 |
| 妇幼保健院、所、站<br>Maternity and Child Care Centers | 91 | 6628 | 9945 | 3767 | 4211 |
| 急救中心<br>First-aid Centers | 11 | 46 | 369 | 140 | 184 |
| 采供血机构<br>Blood Collected and Supplied Centers | 9 | | 596 | 67 | 326 |
| 卫生监督所<br>Sanitation Supervision Centers | 87 | | 1330 | | |
| 计划生育技术服务机构<br>Family Planning Technical Service Institution | 102 | | 227 | 91 | 65 |
| **其他卫生机构<br>Other Institutions** | **94** | **1558** | **1341** | **391** | **473** |
| 疗养院<br>Sanatorium | 7 | 1558 | 332 | 83 | 204 |
| 医学科学研究机构<br>Research Institutions of Medical Science | 8 | | 66 | 42 | 6 |
| 医学在职培训机构<br>Sanitation Supervision and Inspection Centers | 16 | | 45 | 20 | 14 |
| 其他<br>Others | 63 | | 898 | 246 | 249 |

注：医生为执业（助理）医师数。

Note:The Doctors is Medical Practitoner.

# 17-6 基层医疗卫生机构情况（2019年）

# Statistics of Grassroots Health Institutions by Category(2019)

| 项目<br>Item | 社区卫生服务中心(站)<br>Health Service Stations in Communities | 卫生院<br>Health Institutes | 门诊部<br>Outpatient Department | 诊所、卫生所、医务室<br>Clinic,Health Clinic,Infirmaries | 村卫生室<br>Village Clinics |
|---|---|---|---|---|---|
| **机构数（个）**<br>**Number of Institutions(unit)** | **663** | **882** | **1181** | **6274** | **17596** |
| **卫生技术人员数（人）**<br>**Number of Health Technical Personnel (person)** | **13008** | **32865** | **16152** | **16158** | **5634** |
| #执业医师<br>Chartered Doctors | 4462 | 8217 | 7075 | 7495 | 1461 |
| 执业助理医师<br>Assistant Chartered Doctors | 928 | 3609 | 1353 | 1453 | 3712 |
| 注册护士<br>Certified Nurses | 4719 | 11515 | 5783 | 5718 | 461 |
| 药师（士）<br>Pharmacists | 1226 | 3113 | 805 | 1088 | |
| 检验人员<br>Laboratory Technicians | 487 | 1472 | 537 | 14 | |

# 17-7 农村村级卫生组织情况

# Health Organizations in Rural Areas at Village Level

| 项目 Item | 2000 | 2005 | 2010 | 2015 | 2016 | 2017 | 2018 | 2019 |
|---|---|---|---|---|---|---|---|---|
| **村设置医疗点数（个）**<br>**Medical Treatment Stations of Villages(unit)** | **17476** | **18222** | **19976** | **19010** | **18945** | **18609** | **18280** | **17596** |
| 执业（助理）医师（人）<br>Chartered(Assistant) Doctors | | 2478 | 3390 | 3513 | 3809 | 3731 | 4192 | 3790 |
| 注册护士（人）<br>Certified Nurses(person) | | | 264 | 329 | 361 | 373 | 443 | 461 |
| **乡村医生和卫生人员数（人）**<br>**Number of Rural Doctors and Medical Personnel (person)** | **30769** | **30384** | **28868** | **26902** | **26502** | **25261** | **23295** | **21161** |
| 乡村医生<br>Rural Doctors | 20974 | 29139 | 28405 | 26113 | 25697 | 24540 | 22527 | 20586 |
| 卫生员<br>Medical Personnel | 9795 | 1245 | 463 | 789 | 805 | 721 | 768 | 575 |

# 17-8 各类医院医疗服务情况

## Medical Services of Hospitals

| 年份<br>Year | 诊疗人数（万人次）<br>Total Number Of Patients Treated | #门急诊<br>Out-patients And Emergency Patients | 入院人数（万人）<br>Hospital Admissions (10000 persons) | 出院人数（万人）<br>Hospital Discharged (10000 persons) | 病床周转数（次）<br>Turnover of Beds (time) |
|---|---|---|---|---|---|
| 1980 | 1561.87 | 1543.53 | 51.58 | 51.47 | 22.90 |
| 1985 | 1895.08 | 1794.93 | 70.98 | 58.39 | 24.60 |
| 1986 | 1931.00 | 1828.71 | 72.62 | 72.43 | 24.30 |
| 1987 | 2425.69 | 2293.21 | 83.22 | 68.38 | 24.90 |
| 1988 | 2460.94 | 2428.99 | 88.62 | 88.56 | 25.70 |
| 1989 | 2299.53 | 2272.22 | 89.57 | 89.65 | 25.00 |
| 1990 | 2410.01 | 2380.83 | 91.62 | 57.60 | 24.70 |
| 1991 | 2471.20 | 2328.25 | 97.55 | 79.39 | 26.00 |
| 1992 | 2496.94 | 2488.74 | 93.18 | 93.14 | 24.90 |
| 1993 | 2930.23 | 2629.02 | 94.29 | 94.33 | 22.60 |
| 1994 | 2749.75 | 2614.02 | 100.03 | 98.29 | 23.50 |
| 1995 | 2709.47 | 2580.12 | 91.68 | 91.19 | 21.70 |
| 1996 | 2838.69 | 2565.51 | 79.10 | 79.09 | 19.00 |
| 1997 | 3249.23 | 2772.14 | 81.58 | 81.44 | 17.60 |
| 1998 | 3351.09 | 2932.52 | 85.10 | 84.54 | 18.10 |
| 1999 | 3157.56 | 2984.98 | 89.91 | 89.57 | 18.40 |
| 2000 | 3326.20 | 3097.08 | 98.76 | 99.26 | 20.77 |
| 2001 | 3201.92 | 2990.75 | 105.81 | 105.81 | 22.21 |
| 2002 | 3288.68 | 3027.07 | 128.70 | 110.23 | 22.73 |
| 2003 | 3430.00 | 3315.44 | 115.45 | 116.29 | 23.72 |
| 2004 | 3767.08 | 3685.85 | 129.57 | 129.53 | 24.79 |
| 2005 | 4248.77 | 4039.31 | 137.95 | 139.26 | 26.26 |
| 2006 | 4421.39 | 4305.12 | 152.28 | 152.13 | 26.81 |
| 2007 | 4674.58 | 4522.88 | 167.07 | 166.15 | 30.30 |
| 2008 | 5872.06 | 5786.21 | 205.17 | 204.78 | 30.97 |
| 2009 | 5850.61 | 5785.27 | 206.81 | 207.10 | 32.53 |
| 2010 | 6558.16 | 6525.56 | 271.45 | 270.89 | 34.08 |
| 2011 | 7200.56 | 7161.82 | 308.97 | 308.37 | 35.12 |
| 2012 | 8182.96 | 8121.59 | 364.95 | 364.41 | 37.32 |
| 2013 | 8772.14 | 8683.32 | 390.81 | 388.85 | 35.90 |
| 2014 | 9333.62 | 9238.56 | 411.46 | 410.71 | 35.20 |
| 2015 | 9310.82 | 9230.45 | 409.86 | 408.94 | 33.73 |
| 2016 | 9642.67 | 9569.44 | 425.27 | 424.45 | 33.49 |
| 2017 | 9881.51 | 9775.34 | 446.10 | 444.37 | 33.90 |
| 2018 | 10157.32 | 10038.41 | 467.93 | 467.77 | 33.70 |
| 2019 | 10851.16 | 10752.37 | 497.43 | 496.28 | 33.40 |

# 17-9 医院、卫生院、妇幼保健院医疗服务情况（2019年）

# Medical Services of Hospitals,Institutes of Health and Health-Centers(2019)

| 项目<br>Item | 诊疗人数（万人次）<br>Number of Patients Treated (10000 person-times) | #门急诊<br>Out-patients And Emergency Patients | 入院人数（万人）<br>Hospital Admissions (10000 persons) | 出院人数（万人）<br>Hospital Discharged (10000 persons) | 死亡率（%）<br>Death Rate (%) | 病床周转数（次）<br>Turnover of Beds (time) | 病床使用率（%）<br>Usage of Beds (%) |
|---|---|---|---|---|---|---|---|
| **医院 Hospitals** | **10851.16** | **10752.37** | **497.43** | **496.28** | **0.15** | **33.40** | **82.16** |
| #综合医院 Integrated Hospitals | 7974.06 | 7892.84 | 375.11 | 374.02 | 0.17 | 38.10 | 82.90 |
| 中医医院 Hospitals of Traditional Chinese Medicine | 1723.74 | 1715.58 | 61.19 | 60.97 | 0.13 | 32.10 | 79.46 |
| 专科医院 Specialized Hospitals | 919.99 | 918.35 | 50.69 | 50.91 | 0.04 | 18.20 | 81.24 |
| **卫生院 Rural Township Hospitals** | **3350.31** | **3173.33** | **80.91** | **80.70** | **0.01** | **26.80** | **45.49** |
| **妇幼保健院 Maternity and Child Care Centers** | **1023.77** | **970.38** | **22.82** | **22.78** | **0.01** | **40.70** | **57.49** |

注：本表死亡率是指入院后死亡人数与入院人数之比。

Note:The Death Rate is the proportion deaths after admissions.

# 17-10 防病工作情况

# Basic Condition of Disease Prevention and Cure

| 项目 | Item | 2010 | 2015 | 2016 | 2017 | 2018 | 2019 |
|---|---|---|---|---|---|---|---|
| 甲乙类传染病发病总例数（万个） | Number of Incidence from infectious disease(A、B) (10000 unit) | 10.61 | 22.82 | 22.63 | 23.46 | 25.08 | 22.12 |
| 传染病发病率(1/10万) | Incidence Disease Rate (1/100 000) | 559.18 | 599.62 | 589.38 | 605.45 | 641.18 | 561.28 |
| 传染病死亡总人数（人） | Number of Death from infectious disease(person) | 231 | 172 | 184 | 205 | 273 | 261 |
| 传染病死亡率(1/10万) | Death Rate (1/100 000) | 0.64 | 0.45 | 0.48 | 0.53 | 0.70 | 0.66 |
| 结核病登记病人数(例) | Number of register of Tuberculosis (person) | 20850 | 16602 | 15922 | 14798 | 16575 | 15998 |
| 登记患病率（‰） | Register sicken Rate(‰) | 0.57 | 0.44 | 0.42 | 0.38 | 0.43 | 0.41 |
| 结核病新发病人数(例) | Number of New Incidence from Tuberculosis(person) | 19439 | 16016 | 15063 | 13786 | 14194 | 14467 |
| 结核病登记新发病率(1/10万) | Register New Incidence Disease Rate (1/100 000) | 54.00 | 42.44 | 39.58 | 35.91 | 36.64 | 36.99 |
| "五苗"接种率（%） | Five Type of bacterins inoculability Rate (%) | 99.50 | 99.91 | 99.88 | 99.78 | 98.90 | 99.70 |
| 乙肝疫苗全程接种率（%） | Hepatitis B Bacterins Quite inoculability Rate(%) | 99.75 | 99.94 | 99.91 | 99.86 | 99.84 | 99.76 |

# 17-11 法定报告传染病发病及死亡情况（2019年）
# Incidence and Death from Infectious Diseases(2019)

| 项目 | Item | 发病率(1/10万)<br>Incidence Disease Rate (per100 000) | 死亡率(1/10万)<br>Death Rate(per 100 000) | 病死率(%)<br>Mortality Rate (%) |
|---|---|---|---|---|
| **总计** | **Total** | **561.28** | **0.66** | **0.12** |
| 病毒性肝炎 | Viral Hepatitis | 120.30 | 0.03 | 0.02 |
| 痢疾 | Dysentery | 0.69 | | |
| 伤寒副伤寒 | Typhoid and Paratyphoid Fever | 1.81 | | |
| 艾滋病 | AIDS | 2.96 | 0.51 | 17.25 |
| 淋病 | Gonorrhea | 14.81 | | |
| 梅毒 | Syphilis | 69.12 | 0.01 | 0.02 |
| 麻疹 | Measles | 0.23 | | |
| 百日咳 | Whooping Cough | 0.98 | | |
| 流脑 | Epidemic Encephalitis | | | |
| 猩红热 | Scarlet Fever | 2.85 | | |
| 出血热 | Hemorrhage Fever | 0.94 | | |
| 狂犬病 | Hydrophobia | | | |
| 布氏杆菌病 | Brucellosis | 0.37 | | |
| 乙脑 | Encephalitis B | | | |
| 疟疾 | Malaria | 0.29 | 0.01 | 2.65 |
| 新生儿破伤风 | Newborn Tetanus | 0.01 | | 33.33 |
| 肺结核 | Pulmonary Tuberculosis | 43.86 | 0.09 | 0.16 |

注：传染病死亡率指传染病死亡人数与全省常住人口之比，病死率指传染病死亡人数与患病人数之比。
Note:The Death Rate is the proportion deaths of Total Population.

# 17-12 前十位疾病死亡原因及构成（2019年）
# Death Rate of 10 Major Diseases(2019)

| 项目<br>Item | 占疾病死亡总人数比重(%)<br>Mortality(%) | 项目<br>Item | 占疾病死亡总人数比重(%)<br>Mortality(%) |
|---|---|---|---|
| **城市**<br>**Urban** | **93.09** | **农村**<br>**Rural** | **92.85** |
| 恶性肿瘤<br>Malignant Tumour | 29.19 | 恶性肿瘤<br>Malignment Tumour | 31.17 |
| 心脏病<br>Heart Trouble | 19.10 | 脑血管病<br>Cerebrovasular Disease | 16.45 |
| 脑血管病<br>Cerebrovasular Disease | 15.88 | 心脏病<br>Heart Trouble | 15.29 |
| 呼吸系统疾病<br>Diseases of the Respi- ratory System | 9.55 | 损伤和中毒<br>Trauma and Toxicosis | 10.75 |
| 损伤和中毒<br>Trauma and Toxicosis | 9.16 | 呼吸系统疾病<br>Diseases of the Respiratory System | 10.49 |
| 内分泌、营养和代谢疾病<br>Endocrine,Nutritional & Metabolite Disease | 4.01 | 内分泌、营养和代谢疾病<br>Endocrine,Nutritional & Metabolite Disease | 2.73 |
| 消化系统疾病<br>Disease of the Digestive System | 2.30 | 消化系统疾病<br>Disease of the Digestive System | 2.38 |
| 神经系统疾病<br>Diseases of the Nervous System | 1.91 | 神经系统疾病<br>Nervous System | 1.84 |
| 精神障碍<br>Mental Disorders | | 泌尿生殖系统疾病<br>Diseases of the Genitou- rinary System | 0.95 |
| 泌尿生殖系统疾病<br>Diseases of the Genitou-rinary System | 1.21 | 传染病<br>Infectious Diseases | 0.80 |

# 主要统计指标解释

**卫生机构** 包括医疗机构、疾病预防控制中心(防疫站)、采供血机构、卫生监督及监测(检验)机构、医学科研和在职培训机构、健康教育所等。医疗机构包括医院、社区卫生服务中心(站)、疗养院、卫生院、门诊部、诊所(卫生所、医务室)、妇幼保健院(所、站)、专科疾病防治院(所、站)、急救中心(站)和临床检验中心。医疗机构分为非赢利性医疗机构和赢利性医疗机构。

**医院** 指设有固定床位，能收容病人住院并能为病人提供医疗、护理服务的医疗机构，包括县及县以上医院、农村乡卫生院和其他医院。医院按业务性质不同分为综合医院、中医医院、中西医结合医院、民族医院和专科医院。

**卫生技术人员** 包括执业（助理）医师、注册护士、药剂人员、检验和影像技师（士、员）等卫生专业人员，不包括从事管理工作的卫生技术人员。

**医生** 指在医疗、预防保健机构工作且取得《执业医师证书》的执业医师和执业助理医师。

# Explanatory Notes on Main Statistical Indicators

**Health Care Institutions** refer to the units which have been qualified the Certification of Health Care Institution by the administration of public health, or qualified the Certification of Corporate Unit by the civil affairs, administration for industry and commerce, commission office for public sector reform, and engaging in medical care, disease prevention and control, health supervision and inspection, medicine research and health education, etc., including: hospitals, sanatoriums, community health service centers (stations), health centers, clinics (health stations and infirmaries), first-aid centres (stations), blood gathering and supplying institutions, women and children care agencies (centres and stations), special disease prevention and curing agencies (centres and stations), disease prevention and control centres (epidemic prevention stations), health supervision and inspection agencies, sanitary inspection institutions, medicinal scientific research and on-job training institutions, health education centres and so on.

**Hospitals** include: polyclinics, traditional Chinese medical hospitals, hospitals integrated with traditional Chinese therapeutics and western therapeutics, ethical hospitals, various specialties hospitals and nursing hospitals.

**Medical Technical Personnel** refers to doctors, assistant nurses, pharmacists, and laboratory technicians working in medical institutions.

**Doctors** refer to certified physicians and certified assistant physicians with certifications working in medical and health care and prevention agencies.

# 第十八篇　环境保护

# Chapter 18　Environment Protection

资料整理：何祥伟

Database Editor:Hexiangwei

# 简 要 说 明

本篇资料的主要内容及来源

本篇主要反映福建环境保护事业情况。主要内容包括城、乡水环境、大气环境、固体废物、生态环境、自然灾害和环境污染治理投资以及分行业工业污染治理情况。

本篇资料来源于省生态环境厅、水利厅、住建厅、交通厅、自然资源厅、林业局、农业农村厅等。

本篇资料由省统计局能源统计处整理提供。

# Brief Introduction

Main Content and Source of Data

This chapter contain information that reflect the condition and natural resources and data on development of environment protection ,Social welfare ,the judicial conditions, basic statistics on traffic accidents and fires etc in Fujian. including natural resources and natural condition, total water resources ,atmospheric environment, solid waste, environment noise , eco- environment protection , natural disasters and investments in the treatment of environmental pollution control ;  the number of institutions and personnel, social welfare relief, and marital status etc.

The above mentioned data are provide By the Provincial Environment Protection Bureau , the Provincial Department of Water Resources, the Construction Bureau, the Transportation Bureau, the National Land Bureau, the Forestry Bureau, the Agriculture Bureau.

Data in this chapter are provided and compiled by the Division of Energy of Fujian Provincial Bureau of Statistics.

# 18-1 环境保护基本情况

# Basic Statistics on Environmental Protection

| 项目 | Item | 2010 | 2015 | 2018 |
|---|---|---|---|---|
| **水环境** | **Water** | | | |
| 降水量（毫米） | Precipitation(millimeters) | 2084.30 | 1992.94 | 1940.18 |
| 水资源总量（亿立方米） | Water Resources(100 million cu.M) | 1652.93 | 1325.93 | 778.45 |
| 地表水 | Surface Water Resources | 1651.68 | 1324.67 | 777.03 |
| 地下水 | Grounwater Resources | 353.81 | 332.33 | 245.75 |
| 人均水资源量（立方米/人） | Per Capita Water Resources(cu.m/person) | 4480.19 | 3454.00 | 1975.27 |
| 用水总量（亿立方米） | Water Supply(100 million cu.M) | 202.45 | 201.33 | 186.90 |
| #农业 | Agriculture | 98.85 | 93.34 | 87.50 |
| 工业 | Industry | 81.26 | 72.47 | 62.10 |
| 生活 | Living Consumption | 21.05 | 32.22 | 21.27 |
| 废水排放总量（亿吨） | Waste Water Discharge(100 million ton) | 23.85 | 25.69 | 32.61 |
| 化学需氧量排放量（万吨） | Discharge Amount of COD(10000 tons) | 37.26 | 60.94 | 40.07 |
| 氨氮排放量（万吨） | Ammounia Nitrogen Discharge(10000 tons) | 2.98 | 8.51 | 5.41 |
| **大气环境** | **Atmosphere Environment** | | | |
| 二氧化硫排放量（万吨） | Sulphur Dioxide Emission(10000 tons) | 40.91 | 33.79 | 12.19 |
| 工业 | Industry | 39.12 | 31.71 | 10.00 |
| 城镇生活 | Urban Living Consumption | 1.78 | 2.08 | 2.19 |
| 氮氧化物排放量（万吨） | Nitrogen and Oxide(10000 tons) | | 37.90 | 28.41 |
| 工业 | Industry | | 27.98 | 16.92 |
| 城镇生活 | Urban Living Consumption | | 0.30 | 0.31 |
| 烟（粉）尘排放量（万吨） | Smoke Dust(10000 tons) | | 34.17 | 17.48 |
| 工业 | Industry | 24.01 | 32.18 | 15.47 |
| 城镇生活 | Urban Living Consumption | | 1.15 | 1.15 |

# 18-1 续表

# Continued

| 项目 | Item | 2010 | 2015 | 2018 |
| --- | --- | --- | --- | --- |
| **固体废物** | **Solid Waste** | | | |
| 工业固体废物产生量（万吨） | Industrial Solid Wastes Produced(10000 tons) | 7486.58 | 4956.27 | 6117.60 |
| 工业固体废物综合利用量（万吨） | Industrial Solid Wastes Utilizeed(10000 tons) | 6214.89 | 3784.27 | 3861.21 |
| 危险废物产生量（万吨） | Hazardous Wastes(10000 tons) | 8.01 | 37.31 | 98.47 |
| **生态环境** | **Eco-Environment Protection** | | | |
| 森林覆盖率（%） | Forest Coverage(%) | 63.10 | 65.95 | 66.80 |
| 当年造林面积（万公顷） | Area of Reforestation of the Year(10000 hectare) | 2.99 | 8.73 | 9.78 |
| 自然保护区数（个） | Number of Nature Reserves(unit) | 92 | 92 | 93 |
| #国家级 | National Level | 12 | 16 | 17 |
| 自然保护区面积（万公顷） | Area of Nature Reserves(10000 hectare) | 45.36 | 45.50 | 45.80 |
| **自然灾害** | **Natural Disaster** | | | |
| 发生地质灾害起数（起） | Geological Disaster | 4189 | 225 | 29 |
| 发生地震灾害次数（次） | Seismic Disaster(time) | | | |
| 海洋灾害发生次数（次） | Red Tide(time) | 21 | 35 | 38 |
| 森林火灾次数（次） | Forest Fire(time) | 131 | 114 | 89 |
| **环境污染治理投资** | **Investment in the Treatment of Environmental Pollution** | | | |
| 城市环境基础设施投资（亿元） | Investment in Urban Environmental Infrastructure(100 million yuan) | 78.04 | 137.61 | 167.39 |
| 燃气 | Gas Supply | 6.08 | 12.34 | 6.49 |
| 排水 | Drainage Works | 14.54 | 40.29 | 83.77 |
| 园林绿化 | Gardening and Greening | 36.06 | 73.85 | 54.62 |
| 市容环境卫生 | Environmental Sanitation | 21.35 | 11.13 | 22.50 |

# 18-2 城市环境情况

# Basic Statistics on City Enviroment

| 项目 | Item | 2010 | 2015 | 2018 |
|---|---|---|---|---|
| **城市个数（个）** | **Number of Cities(unit)** | **23** | **22** | **21** |
| **城区人口（万人）** | **Population of City(10000 persons)** | **750.41** | **1181.23** | **967.64** |
| **城市基础设施投资额（亿元）** | **Investment on Fundation Facilities (100 million yuan)** | **385.08** | **597.17** | **1303.03** |
| **城市面积（平方公里）** | **Area of City(sq km)** | **4361.84** | **4368.15** | **4048.41** |
| #建成区面积（平方公里） | Developed Area(sq.km) | 1059.00 | 1413.54 | 1587.54 |
| **年底供水综合生产能力(万立方米/日)** | **Production Capacity of Top Water Supply at the Year-end(10000 cu.m/day)** | **676.42** | **717.03** | **781.26** |
| 全年供水总量（亿立方米） | Volume of Top Water Supply(100 million cu. m) | 13.26 | 16.16 | 17.52 |
| #生活用量 | Water Consumption for Residential Use (100 million cu.m) | 6.75 | 7.59 | 6.87 |
| 人均日生活用水量（升） | Per Capital Water Consumption for Residential Use(L) | 186.62 | 176.93 | 210.10 |
| 用水普及率（%） | Percentage of Population with Access to Tap Water(%) | 99.5 | 99.6 | 99.7 |
| **公交车标准运营车数（标台）** | **Number of Standard Public Vehicles under Operation(set)** | **11917** | **18783** | **20027** |
| 出租车运营车数（辆） | Number of Taxis under Operation at the Year-end(unit) | 18684 | 24785 | 20363 |
| **煤气供应总量（亿立方米）** | **Gaswork Gas Supply(100 million cu.m)** | **0.27** | **0.30** | **0.17** |
| #家庭用量（亿立方米） | Consumption of Gaswork Gas for Residential Use(100 million cu.m) | 0.19 | 0.23 | 0.13 |
| 液化石油气家庭用量（万吨） | Consumption of Liguefied Petroleum Gas for Residential Use(10000 tons) | 18.89 | 18.79 | 17.61 |
| 用气普及率（%） | Percentage of City Population with Access to Gas(%) | 98.9 | 98.6 | 98.3 |
| **道路长度（公里）** | **Length of Paved Roads(km)** | **6756** | **8415** | **13325** |
| 道路面积（万平方米） | Area of Paved Roads(10000 sq.m) | 12560 | 16303 | 26995 |
| 排水管道长度（公里） | Length of Sewage Pipes(km) | 9686 | 13340 | 16760 |
| 建成区绿化覆盖率（%） | Ratio of Green Areas to City Areas(%) | 41.0 | 43.0 | 44.3 |
| 公园绿地面积（公顷） | Green Areas of Park(hectare) | 10972 | 15327 | 19173 |
| 人均公园绿地面积（平方米） | Per Capita Public Green Areas(sq.m) | 10.99 | 12.98 | 14.62 |
| **公园个数（个）** | **Number of Parks and Zoos(unit)** | **392** | **555** | **675** |
| 公园面积（公顷） | Area of Parks and Zoos(hectare) | 8819 | 11913 | 15379 |
| **生活垃圾清运量（万吨）** | **Volume of Garbage, Excrement and Urine Disposal(10000 tons)** | **417.30** | **608.06** | **874.94** |
| 城市生活垃圾无害化处理率(%) | Percentage of Garbage Disposal with Standard(%) | 92.0 | 99.2 | 99.9 |
| **城市污水处理率(%)** | **Percentage of Sewage Disposal of City(%)** | **84.4** | **89.5** | **93.6** |
| 城市污水处理厂集中处理率(%) | Percentage of Sewage Collection Disposal in Factory of City(%) | 76.9 | 87.5 | 92.3 |

注：2011年以前城区人口不含城区暂住人口。

Note:Before 2011,Population of City is excluding Temporary Population.

# 18-3 工业污染排放及处理利用情况

## Emission and Treatment of Industrial Pollution

| 项目 | Item | 2010 | 2015 | 2018 |
|---|---|---|---|---|
| **企业基本情况** | **Enterprises Status** | | | |
| 汇总企业数（个） | Number of Enterprises(unit) | 6080 | 5971 | 4760 |
| **工业废水** | **Industrial Waste Water** | | | |
| 废水治理设施数（套） | Number of Facilities for Treatment of Waste Water(sets) | 3153 | 3547 | 3354 |
| 废水治理设施处理能力（万吨/日） | Handling Ability of Facilities for Treatment of Waste Water (10000 tons-day) | 1135.44 | 661.44 | 1170.38 |
| 废水治理设施设备运行费用（亿元） | Operation Expenditure of Facilities(100 million yuan) | 12.68 | 17.36 | 22.19 |
| 工业废水排放量（万吨） | Volume of Waste Water Discharged(10000 tons) | 124168.21 | 90741.41 | 147005.37 |
| #直接排入环境的 | Discharged Directly | 59215.46 | 76350.78 | 128425.14 |
| 工业废水中污染物排放量（吨） | Volume of Pollutants in Waste Water Discharged(ton) | | | |
| 汞 | Hydrargyrum | 0.06 | 0.02 | |
| 镉 | Cadmium | 0.45 | 0.62 | 0.07 |
| 六价铬 | Hexadic Chromium | 62.13 | 0.92 | 0.19 |
| 铅 | Plumum | 2.05 | 3.55 | 0.49 |
| 砷 | Arsenic | 1.32 | 3.08 | 0.57 |
| 挥发酚 | Volatile Hydroxybenzene | 10.06 | 1.97 | 0.81 |
| 氰化物 | Cyanide | 58.95 | 6.68 | 1.83 |
| 化学需氧量 | Volume of Oxygen Required chemically | 82946.13 | 72646.00 | 23577.83 |
| 石油类 | Petroleum | 565.24 | 335.38 | 81.07 |
| 氨氮 | Ammonia and Nitrogen | 6613.60 | 4066.34 | 1612.29 |
| **工业废气** | **Industrial Waste Gas** | | | |
| 工业废气排放总量（亿立方米） | Total Volume of Waste Gas Emission(100 million cu.m) | | 17204.24 | 19854.87 |
| 废气治理设施数（套） | Number of Facilities for Treatment for Waste Gas(sets) | 6470 | 9016 | 11227 |
| #脱硫设施数 | Number of Sulphur Removed Facilities | 159 | 257 | 1303 |
| 废气治理设施设备运行费用（亿元） | Expenditure on Facilities for Treatment of Waste Gas(100 million yuan) | 23.73 | 43.21 | 48.03 |

注：2010年以前工业废水中直接排入环境的只含直接排入海的，2011年工业固体废物只含一般工业固体废物。

Note:Before 2010,Discharged Directly only contained Discharged Directly into sea.2011,Industrial Solid Wastes only contained ordinary Solid Wastes.

# 18-3 续表

# Continued

| 项目 | Item | 2010 | 2015 | 2018 |
| --- | --- | --- | --- | --- |
| 工业二氧化硫排放量（万吨） | Volume of Sulphur Dioxide Emission(10000 tons) | | 31.71 | 10.00 |
| 工业烟（粉）尘排放量（万吨） | Volume of soot Emission and Dust Emission (10000 tons) | 24.01 | 32.18 | 15.47 |
| **工业固体废物** | **Industrial Solid Wastes** | | | |
| 工业固体废物产生量（万吨） | Volume of Industrial Solid Wastes Produced (10000 tons) | 7486.58 | 4956.27 | 6117.60 |
| 工业固体废物综合利用量（万吨） | Volume of Industrial Solid Wastes Utilized in a Comprehesive way(10000 tons) | 6214.89 | 3784.27 | 3861.21 |
| 综合利用往年贮存量（万吨） | Volume of Industrial Solid Wastes Accumulated in Previous Years and utilized in a Comprehensive way(10000 tons) | 10.88 | 71.92 | 111.84 |
| 工业危险废物产生量（万吨） | Volume of Dangerous Wastes Produced (10000 tons)(10000 tons) | 8.01 | 37.31 | 98.47 |
| 危险废物综合利用量（万吨） | Volume of Dangerous Wastes Utilized in a Comprehesive way(10000 tons) | 3.44 | 12.05 | 48.42 |
| 工业固体废物贮存量（万吨） | Volume of Industrial Solid Wastes Accumulated(10000 tons) | 107.73 | 86.78 | 190.68 |
| 危险废物贮存量（吨） | Volume of Dangerous Wastes Accumulated (ton) | 393.31 | 61916.02 | 30900.00 |
| 工业固体废物处置量（万吨） | Volume of Industrial Solid Wastes Treated (10000 tons) | 1181.14 | 1157.39 | 2188.41 |
| #处置往年贮存量 | Volume of Industrial Solid Wastes Treated, Which have been Accumulated in Previous years | 8.55 | 0.25 | 11.52 |
| 危险废物处置量（万吨） | Volume of Dangerous Wastes Treated (10000 tons) | 4.98 | 22.84 | 53.97 |
| 工业固体废物倾倒丢弃量（万吨） | Volume of Industrial Solid Wastes Discharged(10000 tons) | 3.52 | 0.01 | 0.66 |

# 18-4 设区市废气排放情况（2018年）

单位：吨

| 项目 | Item | 二氧化硫排放量 Sulfur Dioxide | 工业 Industry | 城镇生活 Urban Living Consumption | 集中式治理设施 Centralized Treatment Facilities | 氮氧化物排放量 Nitrogen and Oxide |
|---|---|---|---|---|---|---|
| **全 省** | **Total** | **121925** | **99962** | **21946** | **16** | **284072** |
| 福州市 | Fuzhou | 34770 | 32441 | 2329 | 1 | 30615 |
| 厦门市 | Xiamen | 1035 | 847 | 188 | 1 | 2835 |
| 莆田市 | Putian | 5022 | 2986 | 2036 | | 6368 |
| 三明市 | Sanming | 17908 | 13731 | 4177 | | 29611 |
| 泉州市 | Quanzhou | 17599 | 14826 | 2764 | 9 | 47126 |
| 漳州市 | Zhangzhou | 12280 | 11421 | 859 | | 16560 |
| 南平市 | Nanping | 8550 | 5416 | 3130 | 4 | 4993 |
| 龙岩市 | Longyan | 13109 | 8553 | 4556 | | 19646 |
| 宁德市 | Ningde | 11628 | 9724 | 1902 | 1 | 14679 |
| 平潭综合实验区 | Pingtan | 24 | 18 | 6 | | 58 |

# 18-5 设区市废水排放情况（2018年）

| 项目 | Item | 废水排放总量（万吨） Waste Water Discharge (10000 tons) | 工业 Industry | 城镇生活 Urban Living Consumption | 集中式治理设施 Centralized Treatment Facilities | 化学需氧量排放量（吨） Discharge Amount of COD (ton) | 工业 Industry |
|---|---|---|---|---|---|---|---|
| **全 省** | **Total** | **326118.74** | **147005.37** | **178858.52** | **254.85** | **400650** | **23578** |
| 福州市 | Fuzhou | 51881.98 | 4709.55 | 47074.50 | 97.93 | 77035 | 2160 |
| 厦门市 | Xiamen | 51632.41 | 23546.83 | 28072.24 | 13.34 | 21207 | 1435 |
| 莆田市 | Putian | 13507.60 | 2911.28 | 10590.40 | 5.92 | 32756 | 1569 |
| 三明市 | Sanming | 13722.92 | 4625.14 | 9073.86 | 23.92 | 31283 | 3378 |
| 泉州市 | Quanzhou | 45995.57 | 9565.96 | 36400.18 | 29.43 | 100708 | 5586 |
| 漳州市 | Zhangzhou | 112860.46 | 93814.00 | 19019.03 | 27.43 | 52307 | 4461 |
| 南平市 | Nanping | 12127.28 | 3021.56 | 9084.16 | 21.55 | 30866 | 1992 |
| 龙岩市 | Longyan | 11787.48 | 3523.74 | 8252.29 | 11.45 | 21093 | 1181 |
| 宁德市 | Ningde | 10929.27 | 1203.89 | 9701.51 | 23.87 | 29536 | 1667 |
| 平潭综合实验区 | Pingtan | 1673.77 | 83.43 | 1590.34 | | 3858 | 149 |

# Waste Gas Discharge by City(2018)

(ton)

| 工业<br>Industry | 城镇生活<br>Urban Living Consumption | 集中式治理设施<br>Centralized Treatment Facilities | 烟（粉）尘排放量<br>Smoke Dust | 工业<br>Industry | 城镇生活<br>Urban Living Consumption | 集中式治理设施<br>Centralized Treatment Facilities |
|---|---|---|---|---|---|---|
| **169245** | **3082** | **164** | **174798** | **154733** | **11521** | **21** |
| 30258 | 340 | 16 | 56398 | 55301 | 1096 | 1 |
| 2765 | 58 | 13 | 729 | 639 | 88 | 1 |
| 6060 | 307 | 1 | 2270 | 965 | 1303 | 1 |
| 28993 | 618 | 1 | 25381 | 23045 | 2336 | |
| 46606 | 439 | 80 | 27290 | 25730 | 1553 | 8 |
| 16420 | 137 | 3 | 8992 | 8486 | 505 | |
| 4568 | 393 | 33 | 8392 | 6837 | 1550 | 5 |
| 19101 | 544 | 1 | 27810 | 25664 | 2146 | |
| 14418 | 245 | 16 | 8918 | 7972 | 942 | 4 |
| 56 | 2 | | 93 | 93 | | |

# Waste Water Discharge by City(2018)

| 农业<br>Agriculture | 城镇生活<br>Urban Living Consumption | 集中式治理设施<br>Centralized Treatment Facilities | 氨氮排放量（吨）<br>Ammounia Nitrogen Discharge (ton) | 工业<br>Industry | 农业<br>Agriculture | 城镇生活<br>Urban Living Consumption | 集中式治理设施<br>Centralized Treatment Facilities |
|---|---|---|---|---|---|---|---|
| **5562** | **371024** | **487** | **54142** | **1612** | **218** | **52293** | **20** |
| 3427 | 71390 | 58 | 9812 | 78 | 111 | 9620 | 3 |
| | 19767 | 4 | 5624 | 70 | | 5554 | |
| 197 | 30990 | | 4000 | 96 | 9 | 3895 | |
| 355 | 27348 | 203 | 3817 | 258 | 33 | 3514 | 12 |
| 52 | 95042 | 28 | 12765 | 412 | 7 | 12346 | |
| 107 | 47588 | 151 | 7172 | 238 | 7 | 6926 | 1 |
| 136 | 28733 | 6 | 3795 | 224 | 22 | 3548 | 1 |
| 69 | 19839 | 4 | 3083 | 120 | 13 | 2950 | |
| 1219 | 26617 | 34 | 3561 | 104 | 17 | 3438 | 3 |
| | 3710 | | 515 | 13 | | 502 | |

# 18-6 设区市一般工业固体废物产生和处置情况（2018年）

# Discharge and Treatment of Industrial Sold Waste by City(2018)

单位：万吨 (10000 tons)

| 项目 | Item | 工业固体废物产生量 Volume of Industrial Solid Wastes Produced | 工业固体废物综合利用量 Industrial Solid Wastes Utilized | 综合利用往年工业固体废物贮存量 Industrial Solid Wastes Utilized in Stocks | 工业固体废物处置量 Volume of Industrial Solid Wastes Treated | 处置往年工业固体废物贮存量 Industrial Solid Wastes Treated in Stocks | 工业固体废物贮存量 Volume of Industrial Solid Wastes in Stocks | 一般工业固体废物倾倒丢弃量 Volume of Industrial Solid Wastes Discharged |
|---|---|---|---|---|---|---|---|---|
| **全　省** | **Total** | **6117.60** | **3861.21** | **111.84** | **2188.41** | **11.52** | **190.68** | **0.66** |
| 福州市 | Fuzhou | 695.27 | 678.87 | 8.03 | 19.17 | 0.17 | 5.43 | |
| 厦门市 | Xiamen | 86.43 | 75.55 | 0.07 | 10.50 | 0.03 | 0.48 | |
| 莆田市 | Putian | 158.96 | 134.43 | 0.21 | 24.63 | 0.09 | 0.19 | 0.01 |
| 三明市 | Sanming | 857.30 | 803.63 | 10.70 | 57.17 | 0.25 | 7.11 | 0.34 |
| 泉州市 | Quanzhou | 687.05 | 663.60 | 7.63 | 21.67 | 0.45 | 9.86 | |
| 漳州市 | Zhangzhou | 441.36 | 427.05 | 0.58 | 13.51 | 0.14 | 1.22 | 0.30 |
| 南平市 | Nanping | 200.08 | 200.01 | 0.56 | 0.58 | | 0.05 | |
| 龙岩市 | Longyan | 2399.00 | 531.41 | 3.71 | 1815.84 | 2.36 | 57.83 | |
| 宁德市 | Ningde | 589.22 | 346.54 | 80.35 | 222.53 | 8.03 | 108.52 | 0.01 |
| 平潭综合实验区 | Pintan | 2.93 | 0.12 | | 2.81 | | | |

## 主要统计指标解释

**水资源总量** 一定区域内的水资源总量指当地降水形成的地表和地下产水量，即地表径流量与降水入渗补给量之和，不包括过境水量。

**地表水资源量** 指河流、湖泊、冰川等地表水体中由当地降水形成的、可以逐年更新的动态水量，即天然河川径流量。

**地下水资源量** 指当地降水和地表水对饱水岩土层的补给量。

**地表水与地下水资源重复量** 指地表水和地下水相互转化的部分，即在河川径流量中包括一部分地下水排泄量，地下水补给量中包括一部分来源于地表水的入渗量。

**供水总量** 指各种水源工程为用户提供的包括输水损失在内的毛供水量。

**用水总量** 指分配给用户的包括输水损失在内的毛用水量。按用户特性分为农业、工业、生活和生态用水四大类。

**农业用水** 包括农田灌溉和林牧渔业用水。林牧渔业用水指林果地灌溉、草地灌溉和鱼塘补水。

**工业用水** 按新水取用量计，不包括企业内部的重复利用水量。

**生活用水** 包括城镇生活用水和农村生活用水。城镇生活用水由居民用水和公共用水（含服务业、商饮业、货运邮电业及建筑业等用水）组成；农村生活用水除居民生活用水外，还包括畜用水在内。

**城镇生活污水排放量** 指城镇居民每年排放的生活污水。用人均系数法测算。测算公式为：

城镇生活污水排放量=城镇生活污水排放系数×市镇非农业人口×365

**城镇生活污水中化学需氧量（COD）产生量** 指城镇居民每年排放的生活污水中的COD的产生量。用人均系数法测算。测算公式为：

城镇生活污水中 COD 产生量=城镇生活污水中 COD 产生系数×市镇非农业人口×365

**化学需氧量（COD）** 测量有机和无机物质化学所消耗氧的质量浓度的水污染指数。

**工业固体废物产生量** 指报告期内企业在生产过程中产生的固体状、半固体状和高浓度液体状废弃物的总量，包括危险废物、冶炼废渣、粉煤灰、炉渣、煤矸石、尾矿、放射性废物和其他废物等；不包括矿山开采的剥离废石和掘进废石(煤矸石和呈酸性或碱性的废石除外)。酸性或碱性废石指采掘的废石其流经水、雨淋水的 pH 值小于 4 或 pH 值大于 10.5 者。

**危险废物** 指列入国家危险废物名录或根据国家规定的危险废物鉴别标准和鉴别方法认定的，具有爆炸性、易燃性、易氧化性、毒性、腐蚀性、易传染疾病等危险特性之一的废物。

**工业固体废物综合利用量** 指报告期内企业通过回收、加工、循环、交换等方式，从固体废物中提取或者使其转化为可以利用的资源、能源和其他原材料的固体废物量(包括当年利用往年的工业固体废物贮存量)，如用作农业肥料、生产建筑材料、筑路等。综合利用量由原产生固体废物的单位统计。

**工业固体废物综合利用率** 指工业固体废物综合利用量占工业固体废物产生量(包括综合利用往年贮存量)的百分率。计算公式为：

工业固体废物综合利用率=工业固体废物综合利用量/（工业固体废物产生量+综合利用往年贮存量）×100%

**工业固体废物贮存量** 指报告期内企业以综合利用或处置为目的，将固体废物暂时贮存或堆存在专设的贮存设施或专设的集中堆存场所内的数量。专设的固体废物贮存场所或贮存设施必须有防扩散、防流失、防渗漏、防止污染大气、水体的措施。

**工业固体废物处置量** 指报告期内企业将固体废物焚烧或者最终置于符合环境保护规定要求的场所，并不再回取的工业固体废物量(包括当年处置往年的工业固体废物贮存量)。处置方式有填埋(其中危险废物应安全填埋)、焚烧、专业贮存场(库)封场处理、深层灌注、回填矿井及海洋处置(经海洋管理部门同意投海处置)等。

**工业固体废物排放量**

指报告期内企业将所产生的固体废物排到固

体废物污染防治设施、场所以外的数量，不包括矿山开采的剥离废石和掘进废石(煤矸石和呈酸性或碱性的废石除外)。

**生活垃圾清运量**　指报告期内收集和运送到垃圾处理厂(场)的生活垃圾数量。生活垃圾指城市日常生活或为城市日常生活提供服务的活动中产生的固体废物以及法律行政规定的视为城市生活垃圾的固体废物。包括：居民生活垃圾、商业垃圾、集市贸易市场垃圾、街道清扫垃圾、公共场所垃圾和机关、学校、厂矿等单位的生活垃圾。

**生活垃圾无害化处理率**　指报告期生活垃圾无害化处理量与生活垃圾产生量比率。在统计上，由于生活垃圾产生量不易取得，可用清运量代替。计算公式为：

生活垃圾无害化处理率=生活垃圾无害化处理量/生活垃圾产生量×100%

**环境污染治理投资**　指在工业污染源治理和城市环境基础设施建设的资金投入中，用于形成固定资产的资金。包括工业新老污染源治理工程投资、建设项目“三同时”环保投资，以及城市环境基础设施建设所投入的资金。

# Explanatory Notes on Main Statistical Indicators

**Total Water Resources** refers to total volume of water resources measured as run-off for surface water from rainfall and recharge for groundwater in a given area, excluding transit water.

**Surface Water Resources** refers to total renewable resources which exist in rivers, lakes, glaciers and other collectors from rainfall and are measured as run-off of rivers.

**Groundwater Resources** refers to replenishment of aquifers with rainfall and surface water.

**Duplicated Measurement Between Surface Water and Groundwater** refers to mutual exchange between surface water and groundwater, i.e. run-off of rivers includes some depletion with groundwater while groundwater includes some replenishment with surface water.

**Water Supply** refers to gross water supply by supply systems from sources to consumers, including losses during distribution.

**Water Use** refers to gross water use distributed to users, including loss during transportation, broken down with use by agriculture, industry, living consumption and biological protection.

**Water Use by Agriculture** includes uses of water by irrigation of farming fields and by forestry, animal husbandry and fishing. Water use by forestry, animal husbandry and fishing includes irrigation of forestry and orchards, irrigation of grassland and replenishment of fishing pools.

**Water Use by Industry** refers to new withdrawals of water, excluding reuse of water within enterprises.

**Water Use by Living Consumption** includes use of water for living consumption in both urban and rural areas. Urban water use by living consumption is composed of household use and public use (including services, commerce, restaurants, cargo transportation, posts, telecommunication and construction). Rural water use by living consumption includes both households and animals.

**Urban Non-industrial Waste Water Discharge** refers to annual discharge of non-industrial waste water by urban households. It is estimated by per capita coefficient using the formula:

Urban non-industrial waste water discharge = urban non-industrial waste water discharge coefficient urban non-agricultural population 365

**Volume of Chemical Oxygen Demand (COD) Generated by Urban Non-industrial Waster Water** refers to chemical oxygen demand generated through the annual discharge of non-industrial waste water by urban households. It is estimated as:

Volume of chemical oxygen demand (cod) generated by urban non-industrial waster water = Coefficient of COD generated through urban non-industrial waste water × urban non-agricultural population ×365

**Chemical Oxygen Demand (COD)** refers to index of water pollution measuring the mass concentration of oxygen consumed by the chemical breakdown of organic and inorganic matter.

**Industrial Solid Wastes Produced** refers to total volume of solid, semi-solid and high concentration liquid residues produced by industrial enterprises from production process in a given period of time, including hazardous wastes, slag, coal ash, gangue, tailings, radioactive residues and other wastes, but excluding stones stripped or dug out in mining (gangue and acid or alkaline stones not included). A stone is acid or alkaline depending on the pH value of the water below 4 or above 10.5 when the stone is in, or soaked by, the water.

**Hazardous Wastes** refers to those included in the national hazardous wastes catalogue or specified as any one of the following properties in the national hazardous wastes identification standards: explosive, ignitable, oxidizable, toxic, corrosive or liable to cause infectious diseases or lead to other dangers.

**Industrial Solid Wastes Utilized** refers to volume of solid wastes from which useful materials can be extracted or which can be converted into usable resources, energy or other materials by means of reclamation, processing, recycling and exchange (including utilizing in the year the stocks of industrial solid wastes of the previous year). Examples of such utilizations include fertilizers, building materials and road materials. The information shall be collected by the producing units of the wastes.

**Ratio of Industrial Solid Wastes Utilized** refers to the percentage of industrial solid wastes utilized over industrial solid wastes produced (including stocks of the previous years). It is calculated as:

Ratio of industrial solid wastes utilized = volume of industrial solid wastes utilized / (industrial solid wastes produced + stock of previous years) 100%

**Stocks of Industrial Solid Wastes** refers to volume of solid wastes placed in special facilities or special sites for purposes of utilization or disposal. The sites or facilities should take measures against dispersion, loss, seepage, and air and water contamination.

**Industrial Solid Wastes Disposed** refers to quantity of industrial solid wastes which are burnt or placed ultimately in the sites meeting the requirements for environmental protection and not salvaged or recycled (including disposition in the year of those wastes of previous years). The disposition includes landfill (Safe landfills should be conducted for hazardous wastes), incineration, containment spaces, deep underground disposal, backfill in mining pits and disposal at sea.

**Industrial Solid Wastes Discharged** refers to volume of industrial solid wastes discharged by producing enterprises to disposal facilities or to other sites. The wastes exclude stones stripped or dug from mining (gangue and acid or alkaline waste stones not included).

**Consumption Wastes Transported** refers to volume of consumption wastes collected and transported to disposal factories or sites. Consumption wastes are solid wastes produced from urban households or from service activities for urban households, and solid wastes regarded by laws and regulations as urban consumption wastes, including those from households, commercial activities, markets, cleaning of streets, public sites, offices, schools, factories, mining units and other sources.

**Ratio of Consumption Wastes Treated** refers to consumption wastes treated over that produced. In practical statistics, as it is difficult to estimate, the volume of consumption wastes produced is replaced with that transported. It is calculated as:

Ratio of consumption wastes treated = (consumption wastes treated / consumption wastes produced) ×100%

**Investment in Environment Pollution Harnessing Projects** refers to the proportion of investment in fixed assets in the total investment in harnessing industrial pollution and in the construction of urban environment infrastructure facilities. It includes investment in harnessing sources of industrial pollution, investment in environment protection facilities designed concurrently with construction projects, and investment in urban environment infrastructure facilities.

# 第十九篇　公共管理及其他社会活动

# Chapter 19  Publish Administration and Others

资料整理：廖捷

Database Editor:Liaojie

# 简 要 说 明

本篇资料的主要内容及来源

本篇主要反映全省社会福利，司法情况、交通事故、火灾事故等情况。主要内容包括社会福利事业的单位机构、社会福利救济、婚姻状况等。

本篇资料来源于省民政厅、省司法厅等。

本篇资料由省统计局社会和科技统计处整理提供。

# Brief Introduction

Main Content and Source of Data

This chapter contain information that reflect the condition and natural resources and data on development of environment protection ,Social welfare ,the judicial conditions, basic statistics on traffic accidents and fires etc in Fujian. including natural resources and natural condition, total water resources ,atmospheric environment, solid waste, environment noise , eco- environment protection , natural disasters and investments in the treatment of environmental pollution control ; the number of institutions and personnel, social welfare relief, and marital status etc.

The above mentioned data are provide By the Department of Public Security and the Provincial Meteorological Bureau.

Data in this chapter are provided and compiled by the Division of Social, Science and Technology Statistics of Fujian Provincial Bureau of Statistics.

# 19-1 婚姻登记情况

## Statistics of Marriages

单位：对

| 年份<br>Year | 结婚登记对数<br>Total number of Registered Marriages | 内地居民登记结婚<br>Registered Marriages of Mainland | 涉外及华侨、港澳台居民登记结婚<br>Regisered Marriages with Foreigner and the Citizen of Hong Kong,Macao,Taiwan | 离婚登记对数<br>Total Number of Divorces | 内地居民登记离婚<br>Divorces Marriages of Mainland | 涉外及华侨、港澳台居民登记离婚<br>Divorces with Foreigner and the Citizen of Hong Kong,Macao,Taiwan |
|---|---|---|---|---|---|---|
| 2000 | 261314 | 246171 | 15143 | 12035 | 11982 | 53 |
| 2001 | 252815 | 231327 | 21488 | 11546 | 11392 | 154 |
| 2002 | 256323 | 236695 | 19628 | 15321 | 15175 | 146 |
| 2003 | 280770 | 256112 | 24658 | 21541 | 21058 | 483 |
| 2004 | 294973 | 279488 | 15485 | 26515 | 25553 | 962 |
| 2005 | 272172 | 258551 | 13621 | 25786 | 23536 | 2250 |
| 2006 | 328698 | 314784 | 13914 | 35227 | 33759 | 1468 |
| 2007 | 350877 | 342916 | 7961 | 32646 | 30112 | 2534 |
| 2008 | 364892 | 356814 | 8078 | 33251 | 31414 | 1837 |
| 2009 | 360613 | 351989 | 8624 | 41441 | 40272 | 1169 |
| 2010 | 378792 | 371045 | 7747 | 43935 | 42703 | 1232 |
| 2011 | 382772 | 372761 | 10011 | 48413 | 47132 | 1281 |
| 2012 | 381887 | 371041 | 10846 | 56815 | 55467 | 1348 |
| 2013 | 395926 | 386043 | 9883 | 65007 | 63749 | 1258 |
| 2014 | 375330 | 368993 | 6337 | 70341 | 69168 | 1173 |
| 2015 | 349417 | 344309 | 5108 | 72589 | 71632 | 957 |
| 2016 | 314648 | 309569 | 5079 | 80169 | 79323 | 846 |
| 2017 | 291447 | 286595 | 4852 | 89801 | 88965 | 836 |
| 2018 | 273649 | 268292 | 5357 | 91597 | 90664 | 933 |
| 2019 | 240345 | 235234 | 5111 | 97560 | 96724 | 836 |

注：离婚对数不包括法院判决数。

Note:Number of divorce not including court number

# 19-2 社会救济情况

# Statistics of Social Relief

| 项目 | Item | 2010 | 2018 | 2019 |
|---|---|---|---|---|
| **社会救济** | **Social Relief** | | | |
| 城镇居民最低生活保障人数（人） | Number of Family Receiving Minimum Living Allowance in Urban Areas(household) | 181530 | 60851 | 61852 |
| #女性 | Female | 59498 | 27157 | 28412 |
| #老年人 | Old People | 35936 | 14568 | 15044 |
| #残疾人 | Disabled Persons | 19764 | 16757 | 16938 |
| 城市居民最低保障家庭数（户） | Number of Family Receiving Minimum Living Allowance in Urban Areas(household) | 84876 | 38989 | 40319 |
| 城市低保资金全年计划支出（万元） | The Annual Plan Expenditure of Minimum Living Allowance in Urban Areas(10000 yuan) | 28851 | 36884 | 35814 |
| 农村最低生活保障人数（人） | Number of Persons Receiving Minimum Living Allowance in Rural Areas(person) | 713217 | 378088 | 414534 |
| #女性 | Female | 194465 | 158368 | 175247 |
| #老年人 | Old People | 174188 | 108627 | 119928 |
| #未成年人 | Minors | 80935 | 51916 | 59506 |
| #残疾人 | Disabled Persons | 85429 | 68775 | 79005 |
| 农村居民最低生活保障家庭数（户） | Number of Family Receiving Minimum Living Allowance in Rural Areas(household) | 305692 | 206531 | 228283 |
| 农村低保资金全年计划支出（万元） | The Annual Plan Expenditure of Minimum Living Allowance in Rural Areas(10000 yuan) | 64367 | 176064 | 189387 |
| 城市特困人员供养人数（人） | Number of destitute People in Urban Areas(person) | | 4482 | 5062 |
| 城市特困人员全年供养支出（万元） | Support Expenditure of destitute People in Urban Areas(10000 yuan) | | 5495 | 6806 |
| 农村特困人员供养人数（人） | Number of destitute People in Rural Areas(person) | | 65803 | 63038 |
| 农村特困人员全年供养支出（万元） | Support Expenditure of destitute People in Rural Areas(10000 yuan) | | 82613 | 81562 |

# 19-3 提供住宿的社会服务机构数

## Number of Social Service agency of Accommodation Provider

单位：个 (unit)

| 项目 | Item | 2015 | 2016 | 2017 | 2018 | 2019 |
|---|---|---|---|---|---|---|
| **合计** | **Total** | **440** | **432** | **440** | **363** | **609** |
| #光荣院 | Homes for Disabled Veterans | 26 | 25 | 24 | 24 | |
| 社会福利院 | Social Welfare Homes | 66 | 65 | 65 | 63 | 65 |
| 城市养老服务机构 | City endowment service agencies | 118 | 117 | 117 | | |
| 农村养老服务机构 | Rural endowment service agencies | 94 | 88 | 97 | | |
| 养老公寓等各类养老机构 | Pension Apartment | | | | 123 | 202 |
| 社会福利医院 | Social Welfare Hospitals | 14 | 15 | 14 | 13 | 13 |
| 儿童福利机构 | Baby Welfare Homes | 11 | 11 | 11 | 11 | 10 |
| 救助类服务机构（救助管理站） | Salvage Service Agencies | 42 | 43 | 43 | 42 | 41 |
| 特困人员救助供养机构 | Extremely Poor People Salvage Agencies | | | | 80 | 268 |

注：1.2014年起农村养老服务机构中不含未登记的乡镇敬老院。2.2018年起城市养老服务机构和农村养老服务机构不再单独统计，合并至养老公寓等各类养老机构。

Note:1.Since2014,The Rural endowment service agencies excludes village Gerocomium.2.Since 2018,City endowment service agencies and Rural endowment service agencies are merge into Pension Apartment.

# 19-4 提供住宿的社会服务机构基本情况（2019年）

## Basic Statistics on Social Service agency of Accommodation Provider(2019)

| 项目 | Item | 床位数（张）<br>Number of Beds (set) | 年末在院人数（人）<br>Number of Persons Housed in the year-end (person) | 社会（助理）工作师人数（人）<br>Social(Assistant) Staff (person) |
|---|---|---|---|---|
| **总计** | **Total** | **73845** | **30994** | **479** |
| #养老公寓等各类养老机构 | Pension Institutions | 41601 | 17878 | 143 |
| 社会福利院 | Social Welfare Homes | 12869 | 4195 | 163 |
| 社会福利医院 | Social Welfare Hospitals | 3714 | 3337 | 37 |
| 儿童福利机构 | Baby Welfare Homes | 1138 | 581 | 32 |
| 救助类服务机构 | Salvage Service Agencies | 2029 | 74 | 72 |
| 特困人员救助供养机构 | Extremely Poor People Salvage Agencies | 11823 | 4462 | 15 |

# 19-5 主要年份律师 公证 调解工作情况

## Basic Statistics on Lawyers, Notarization and Mediation in Select year

| 项目　Item | 2000 | 2005 | 2010 | 2015 | 2018 | 2019 |
|---|---|---|---|---|---|---|
| **律师工作**<br>**Lawyers** | | | | | | |
| 律师事务所（个）<br>Number of Law Office(unit) | 269 | 333 | 454 | 660 | 918 | 1039 |
| 专职律师（人）<br>Full-time Lawyers(person) | 1803 | 3115 | 4455 | 7211 | 9512 | 10676 |
| 兼职律师（人）<br>Part-time Lawyers(person) | 544 | 230 | 332 | 426 | 446 | 450 |
| 聘请常年法律顾问单位（个）<br>Number of Units with Permanent Legal Advisors(unit) | 8384 | 9889 | 12876 | 16310 | 24020 | 25470 |
| **律师业务情况**<br>**Status of Lawyers'Business** | | | | | | |
| 民事诉讼（件）<br>Civil Cases(case) | 41213 | 56352 | 78765 | 128245 | 156693 | 191690 |
| 行政诉讼（件）<br>Administrative Action(case) | 2321 | 2221 | 2280 | 4010 | 7870 | 11070 |
| 非诉讼法律事务（件）<br>Agent of Non-Litigious Legal Affairs(case) | 14649 | 12259 | 10331 | 16905 | 22966 | 32829 |
| 解答法律咨询和代写法律事务文书（件）<br>Agent of Legal Advisory Services (cases) | 139391 | 129436 | 148256 | 180682 | 83353 | 77523 |
| **公证工作**<br>**Notarization** | | | | | | |
| 公证处（个）<br>Number of Notary Offices(unit) | 95 | 94 | 90 | 90 | 93 | 93 |
| 公证人员（人）<br>Notarial Personnel(person) | 612 | 644 | 726 | 979 | 1202 | 1297 |
| #公证员<br>Notaries | 397 | 373 | 374 | 417 | 427 | 442 |
| 办理公证书（件）<br>Number of Notarized Documents(piece) | 400748 | 418052 | 422154 | 491618 | 554978 | 547063 |
| 国内公证<br>Domestic Notarization | 108344 | 79364 | 130143 | 229152 | 337075 | 317111 |
| 涉外及港澳台<br>Notarization of Foreign-related,Hongkong, Macao & Taiwan Affairs | 292404 | 338688 | 292011 | 262466 | 217903 | 229952 |
| **调解工作**<br>**Number of Mediation** | | | | | | |
| 人民调解委员会（个）<br>Number of People's Mediation Committees(unit) | 17180 | 18354 | 18868 | 19817 | 20298 | 20480 |
| 调解人员（万人）<br>Number of Mediators(10000 persons) | 26.16 | 19.15 | 12.40 | 9.60 | 9.71 | 9.41 |
| 调解纠纷（万件）<br>Number of Disputes Mediated(10000 cases) | 15.87 | 14.52 | 15.30 | 17.26 | 12.41 | 13.32 |
| 专职司法助理员（人）<br>Number of Full-time Judicial Assistants(person) | 1103 | 1356 | 1842 | 2481 | 2253 | 2575 |

注：1.调解纠纷数不含口头达成协议。2.民事诉讼代理已包括经济诉讼代理.

Note:a)Disputes Mediated do mot exclude those mediated by oral agreements. b)The data Number of Lawyers in 2007 is the number of lawyers with license.

# 19-6 国内公证业务分类情况（2019年）

# Domestic Notarial Services by Type(2019)

单位：件　　(piece)

| 项目 | Item | 办证件数 Number of Certificates Handling |
|---|---|---|
| **合计** | **Total** | **547063** |
| 合同（协议） | Contract(Agreement) | 7804 |
| 继承 | Inheritance | 32435 |
| 委托 | Delegation | 112392 |
| 声明 | Statement | 56180 |
| 赠与 | Bestowal | 720 |
| 遗嘱 | Testament | 8638 |
| 现场监督 | Supervision | 1534 |
| 婚姻状况、亲属关系、收养关系 | Marriage,Relatives,Adoption | 42491 |
| 出生、生存、死亡 | Birth,Survival,Death | 43854 |
| 身份、经历、学历、学位、职务、职称 | Identity,Experience,Degree,Job | 4908 |
| 有无违法犯罪记录 | Criminal Record | 30548 |
| 公司章程 | Article of association | 26 |
| 保全证据 | Evidence preservation | 38222 |
| 证书（执照） | Certificate(license) | 46766 |
| 签名（印章） | Certificate | 19617 |
| 文本相符 | Text consistent | 80741 |
| 赋予执行效力 | Effectiveness | 9696 |
| 执行证书 | Perform certificate | 69 |
| 抵押登记 | Mortgage registration | 5 |
| 提存 | Escrow | 88 |
| 保管 | Safekeeping | 4 |
| 其他 | Others | 10325 |

# 19-7 全省安全生产情况（2019年）

## Basic Statistics of Safety Production(2019)

| 项目 Item | 安全生产事故起数（起） Number of Safety Production Accidents | | | | 安全生产事故死亡人数（人） Death of Safety Production Accidents(person) | | | |
|---|---|---|---|---|---|---|---|---|
| | 合计 Total | 一般事故 General accident | 较大事故 Larger accident | 重大事故 Major accident | 合计 Total | 一般事故 General accident | 较大事故 Larger accident | 重大事故 Major accident |
| **总计 Total** | **1420** | **1406** | **14** | | **850** | **800** | **50** | |
| 按行业类型分 Grouped by Sector | | | | | | | | |
| 农林牧渔业 Farming, Forestry, Animal Husbandy and Fishery | 12 | 12 | | | 13 | 13 | | |
| #农业机械 Agriculture Machinery | | | | | | | | |
| 渔业船舶 Fishery | 6 | 6 | | | 7 | 7 | | |
| 采矿业 Mining and Quarrying | 7 | 7 | | | 7 | 7 | | |
| #煤矿 Coal Mine | | | | | | | | |
| 金属非金属矿山 Metal and Nonmetal Mine | 7 | 7 | | | 7 | 7 | | |
| 商贸制造业 Manufacturing | 78 | 75 | 3 | | 82 | 72 | 10 | |
| #化工 Chemical Industry | 5 | 4 | 1 | | 7 | 4 | 3 | |
| 冶金机械 Metallurgical Machinery | 46 | 44 | 2 | | 48 | 41 | 7 | |
| 建筑业 Construction | 117 | 115 | 2 | | 122 | 114 | 8 | |
| #房建市政 Housing Construction | 49 | 49 | | | 48 | 48 | | |
| 交通建设 Traffic Construction | 23 | 23 | | | 25 | 25 | | |
| 交通运输和仓储业 Transport and Storage Services | 1175 | 1167 | 8 | | 591 | 562 | 29 | |
| #铁路 Railway | 28 | 28 | | | 26 | 26 | | |
| 道路 Road | 1128 | 1122 | 6 | | 533 | 515 | 18 | |
| 水上 Waterway | 11 | 9 | 2 | | 24 | 13 | 11 | |
| 其他行业 Others | 31 | 30 | 1 | | 35 | 32 | 3 | |

## 主要统计指标解释

**社会福利事业单位** 指集中收养社会孤老、残、幼的机构，包括由民政部门管理的社会福利院、儿童福利院、精神病人福利院和城镇集体举办的福利院及农村集体举办的敬老院以及优抚医院和具有收养能力的社区服务中心等。该指标主要反映我国在社会福利性单位投入的水平。

**社会福利事业单位收养人数** 包括民政部门管理和城镇、农村集体举办的社会福利事业单位中收养的老人、少年儿童、缺乏生活自理能力的残疾人员和精神病人。该指标主要反映收养性社会福利单位的收养能力。

**社会福利企业单位** 指以安置城镇有一定劳动能力的盲、聋、哑和肢体残疾人员就业为目的，享受国家减免税待遇的国有或集体企业。包括福利工厂、福利商业和服务业、假肢厂和安置农场等单位。该指标主要反映我国对残疾人照顾的特殊政策。

**农村五保户** 指农村中既无劳动能力，又无经济来源的老、弱、孤、残的农民，其生活由集体供养，实行保吃、保穿、保住、保医、保葬(孤儿保教)，简称“五保”，享受五保待遇的家庭叫五保户。该指标主要反映农村弱势群体的人员数量。

**律师** 指依法取得律师执业证书，担任法律顾问，民事(刑事、行政)案件代理人、刑事案件辩护人、办理非诉讼业务，解答法律询问，代写法律事务文书等，为社会提供法律服务的人员。

**公证人员** 指在公证处工作的人员总称，包括公证处主任、副主任、公证员、公证员助理(助理公证员)和其他从事辅助性工作的人员。

**公证文书** 指公证处根据当事人申请，依照事实和法律，按照法定程序制作的，具有法律效力的司法证明文书。根据公证书用途和使用地，公证书分为国内公证书、国内经济公证书、涉外民事公证书、涉外经济公证书四类。

# Explanatory Notes on Main Statistical Indicators

**Social Welfare Institutions** refer to institutions taking care of old pople without children, handicapped people and orphans. They include social welfare institutions run by civil affairs departments, children welfare institutions, social welfare institutions for mental patients, collective-owned old peoples homes in rural areas, convalescent homes and community service centers with the capaCity of receiving those people. This indicator reflects the input in social welfare institutions.

**Number of People Taken in by Social Welfare Institutions** refers to the number of old people, children, totally dependent handicapped people and mental patients taken in by social welfare institutions run by civil affairs departments and those run by collective units in urban and rural areas. This indicator reflects the cap a City of social welfare institutions.

**Social Welfare Enterprises** are collective owned enterprises which employ the blind, deaf-mute, and other handicapped people who are able to work in cities and towns and enjoy exemption from state taxes, including welfare plants, welfare commercial services, artificial limb plants and farms, etc. This indicator reflects the preferential policies toward disabled persons.

**Rural Households with Livelihood Guaranteed in Five Aspects** refer to the households in which there are old people without child, orphans and handicapped people who are unable to work and without financial resources in rural areas. They are taken care of by the collective units and their food, clothing, housing, medical care, funeral expenses (or schooling for orphans) are guaranteed to be provided for. This indicator reflects the total number of disadvantageous groups of rural population.

**Lawyers** are certified legal workers according to law, and who are employed by legal counseling firms to act as legal advisers, agents in criminal or civil lawsuits, or defenders in criminal lawsuits, or to handle non-litigious legal affairs, to advise on matters of law or t o write legal papers for others, and provide service to the public.

**Notary Personnel** refers to people working for notary offices including: directors, deputy direct or, notaries, assistant notaries, and other people providing assistance.

**Notary Documents** refer to the judicatory notary documents drawn up by the request of the party and are in accordance with facts and laws and following certain legal proceedings. According to usage and locality, the notary documents are divided into following 4 types: domestic notary documents, domestic economic notary documents, foreign-related civil notary documents and foreign-related economic notary documents.

# 第二十篇　企业调查

# Chapter 20　Enterprise Survey

资料整理：林武兴 洪永华 陈彧

Database Editor: Linwuxing Hongyonghua Chenyu

# 简 要 说 明

本篇资料的主要内容及来源

本篇资料主要包括工业、建筑业和贸易企业的主要企业名录。

销售额前 300 家工业企业由省统计局工业交通统计处整理提供，建筑业总产值前 300 家建筑企业由省统计局固定资产投资统计处提供，主营业务收入前 300 家贸易企业由省统计局贸易外经统计处提供。

# Brief Introduction

Main Content and Source of Data

The data in this chapter mainly include main enterprises group in Industrial Enterprises, Construction Enterprises and Sale Enterprises.

Data on Industrial Enterprises before the three hunderdth by Main Operating Income are provided by the Division of Industry and Transport Statistics of Fujian Provincial Bureau of Statistics. Data on Construction Enterprises before the three hunderdth by Output Value Completed by self , are provided by the Division of Investment in Fixed Assets Statistics of Fujian Provincial Bureau of Statistics. Data on Sale Enterprises before the three hunderdth by Main Operating Income are provided by the Division of Trade and Extermal Economic Relations Statistics of Fujian Provincial Bureau of Statistics.

# 20-1 营业收入前300家工业企业(2019年)

# Industrial Enterprises before the three hunderdth by Main Operating Income(2019)

| 位次<br>No. | 企业名称<br>Name | 位次<br>No. | 企业名称<br>Name |
|---|---|---|---|
| 1 | 国网福建省电力有限公司 | 51 | 福建福清核电有限公司 |
| 2 | 福建联合石油化工有限公司 | 52 | 纬恒(福建)轻纺有限公司 |
| 3 | 中化泉州石化有限公司 | 53 | 福建中锦新材料有限公司 |
| 4 | 紫金矿业集团黄金冶炼有限公司 | 54 | 福建吴航不锈钢制品有限公司 |
| 5 | 戴尔（中国）有限公司 | 55 | 福建元成豆业有限公司 |
| 6 | 宁德时代新能源科技股份有限公司 | 56 | 福建百宏聚纤科技实业有限公司 |
| 7 | 福建青拓镍业有限公司 | 57 | 福建省辉源金属制品有限公司 |
| 8 | 福建省三钢（集团）有限责任公司 | 58 | 厦门银鹭食品集团有限公司 |
| 9 | 宁德新能源科技有限公司 | 59 | 福建龙净环保股份有限公司 |
| 10 | 宸美（厦门）光电有限公司 | 60 | 福建大东海实业集团有限公司 |
| 11 | 福建鼎信科技有限公司 | 61 | 飞毛腿（福建）电子有限公司 |
| 12 | 宸鸿科技（厦门）有限公司 | 62 | 金莱克（中国）体育用品有限公司 |
| 13 | 福建青拓实业股份有限公司 | 63 | 福建圣农发展股份有限公司 |
| 14 | 福建三宝钢铁有限公司 | 64 | 柯林(福建)服饰有限公司 |
| 15 | 正兴车轮集团有限公司 | 65 | 捷星显示科技（福建）有限公司 |
| 16 | 福建捷联电子有限公司 | 66 | 福建省长乐市山力化纤有限公司 |
| 17 | 紫金铜业有限公司 | 67 | 中国重汽集团福建海西汽车有限公司 |
| 18 | 厦门天马微电子有限公司 | 68 | 石狮市佳龙石化纺纤有限公司 |
| 19 | 福建省金纶高纤股份有限公司 | 69 | 福建省金燕海洋生物科技股份有限公司 |
| 20 | 戴尔（厦门）有限公司 | 70 | 福建罗源小蕉轧钢有限公司 |
| 21 | 长乐恒申合纤科技有限公司 | 71 | 华阳电业有限公司 |
| 22 | 特步（中国）有限公司 | 72 | 厦门太古飞机工程有限公司 |
| 23 | 翔鹭石化（漳州）有限公司 | 73 | 福建长源纺织有限公司 |
| 24 | 龙岩烟草工业有限责任公司 | 74 | 福建亿鑫钢铁有限公司 |
| 25 | 友达光电（厦门）有限公司 | 75 | 南靖万利达科技有限公司 |
| 26 | 连江清禄鞋业有限公司 | 76 | 福建省长乐市锦源纺织有限公司 |
| 27 | 中铜东南铜业有限公司 | 77 | 福建华锦实业有限公司 |
| 28 | 福建福欣特殊钢有限公司 | 78 | 厦门金龙联合汽车工业有限公司 |
| 29 | 联想移动通信科技有限公司 | 79 | 莆田市鑫龙鞋业有限公司 |
| 30 | 福建鼎信实业有限公司 | 80 | 福建华峰新材料有限公司 |
| 31 | 厦门烟草工业有限责任公司 | 81 | 福建省联盛纸业有限责任公司 |
| 32 | 宝钢德盛不锈钢有限公司 | 82 | 福建圣农食品有限公司 |
| 33 | 福建罗源闽光钢铁有限责任公司 | 83 | 泉州市泉港富兴钢板有限公司 |
| 34 | 福建锦江科技有限公司 | 84 | 厦门厦钨新能源材料有限公司 |
| 35 | 冠捷显示科技（厦门）有限公司 | 85 | 莆田市永丰鞋业有限公司 |
| 36 | 福建三宝特钢有限公司 | 86 | 百威雪津啤酒有限公司 |
| 37 | 福建泉州闽光钢铁有限责任公司 | 87 | 福建省晋江福源食品有限公司 |
| 38 | 泉州明恒纺织有限公司 | 88 | 福建金源纺织有限公司 |
| 39 | 中海福建天然气有限责任公司 | 89 | 福建景丰科技有限公司 |
| 40 | 福州京东方光电科技有限公司 | 90 | 福建泉州宝辉珠宝首饰有限公司 |
| 41 | 福建省长汀金龙稀土有限公司 | 91 | 福建省长乐市第二棉纺织厂 |
| 42 | 福建奔驰汽车有限公司 | 92 | 厦门金龙旅行车有限公司 |
| 43 | 联盛纸业(龙海)有限公司 | 93 | 福建恒利集团有限公司 |
| 44 | 福建甬金金属科技有限公司 | 94 | 福建省中江石化有限公司 |
| 45 | 安踏体育用品集团有限公司 | 95 | 珠穆朗玛（中国）有限公司 |
| 46 | 福建宁德核电有限公司 | 96 | 福建中景石化有限公司 |
| 47 | 福建省石狮市通达电子有限公司 | 97 | 福建上杭太阳铜业有限公司 |
| 48 | 福建宏旺实业有限公司 | 98 | 捷太格特转向系统（厦门）有限公司 |
| 49 | 福建申远新材料有限公司 | 99 | 漳州立达信光电子科技有限公司 |
| 50 | 长乐力恒锦纶科技有限公司 | 100 | 福建美明达鞋业发展有限公司 |

# 20-1 续表1
## Continued

| 位次<br>No. | 企业名称<br>Name | 位次<br>No. | 企业名称<br>Name |
|---|---|---|---|
| 101 | 九牧厨卫股份有限公司 | 151 | 福建正麒高纤科技股份有限公司 |
| 102 | 锐捷网络股份有限公司 | 152 | 福建德通金属容器股份有限公司 |
| 103 | 中铝瑞闽股份有限公司 | 153 | 福建大唐国际宁德发电有限责任公司 |
| 104 | 福耀玻璃工业集团股份有限公司 | 154 | 福建省永安万年水泥有限公司 |
| 105 | 泉州市燃气有限公司 | 155 | 国电泉州热电有限公司 |
| 106 | 福建三钢小蕉实业发展有限公司 | 156 | 福建省晋江市陈埭安盛鞋服有限公司 |
| 107 | 明达实业(厦门)有限公司 | 157 | 蜡笔小新(福建)食品工业有限公司 |
| 108 | 福建公元食品有限公司 | 158 | 宝宸(厦门)光学科技有限公司 |
| 109 | 福建省东鑫石油化工有限公司 | 159 | 万利（中国）有限公司 |
| 110 | 福建省长乐市泰源纺织实业有限公司 | 160 | 神华福能发电有限责任公司 |
| 111 | 福建省晋江市浩沙制衣有限公司 | 161 | 福建上润精密仪器有限公司 |
| 112 | 福建经纬新纤科技实业有限公司 | 162 | 福建省闽中有机食品有限公司 |
| 113 | 福建傲农生物科技集团股份有限公司 | 163 | 福州大通机电有限公司 |
| 114 | 申鹭达股份有限公司 | 164 | 福建省源威涤锦科技有限公司 |
| 115 | 泉州福海粮油工业有限公司 | 165 | 腾龙芳烃（漳州）有限公司 |
| 116 | 福建凯邦锦纶科技有限公司 | 166 | 龙工(福建)机械有限公司 |
| 117 | 新大陆数字技术股份有限公司 | 167 | 达利食品集团有限公司 |
| 118 | 稻兴电子科技（厦门）有限公司 | 168 | 福建恒利纸业有限公司 |
| 119 | 厦门太古发动机服务有限公司 | 169 | 晋江市慷慨橡塑制品有限公司 |
| 120 | 福建省闽发铝业股份有限公司 | 170 | 福建省鸿山热电有限责任公司 |
| 121 | 福建圣农发展（浦城）有限公司 | 171 | 盈丰食品股份有限公司 |
| 122 | 漳州鼎鑫工贸有限公司 | 172 | 厦门三安光电有限公司 |
| 123 | 福建欧美龙体育用品有限公司 | 173 | 厦门盈趣科技股份有限公司 |
| 124 | 国投云顶湄洲湾电力有限公司 | 174 | 中平神马（福建）科技发展有限公司 |
| 125 | 漳州蒙发利实业有限公司 | 175 | 福建凯航再生资源有限责任公司 |
| 126 | 福建南平太阳电缆股份有限公司 | 176 | 福建泉州群发包装纸品有限公司 |
| 127 | 福建天辰耀隆新材料有限公司 | 177 | 福建铂阳精工设备有限公司 |
| 128 | 紫金矿业集团股份有限公司 | 178 | 福建龙麟集团有限公司 |
| 129 | 福州旭福光电科技有限公司 | 179 | 福州翔隆纺织有限公司 |
| 130 | 厦门海峡黄金珠宝产业园有限公司 | 180 | 福建省石狮市通达电器有限公司 |
| 131 | 仙游县元生智汇科技有限公司 | 181 | 福建翔升纺织有限公司 |
| 132 | 福州龙福食品有限公司 | 182 | 厦门厦顺铝箔有限公司 |
| 133 | 三明厦钨新能源材料有限公司 | 183 | 福州吴航钢铁制品有限公司 |
| 134 | 林德（中国）叉车有限公司 | 184 | 福建龙峰纺织科技实业有限公司 |
| 135 | 福建省南平铝业股份有限公司 | 185 | 福建星网锐捷通讯股份有限公司 |
| 136 | 厦门银祥油脂有限公司 | 186 | 福建佳新创辉集团有限公司 |
| 137 | 祥达光学（厦门）有限公司 | 187 | 泉州华星燃气有限公司 |
| 138 | 厦门市三安半导体科技有限公司 | 188 | 厦门ABB开关有限公司 |
| 139 | 华能国际电力股份有限公司福州电厂 | 189 | 福建唐源合纤科技有限公司 |
| 140 | 福建固美金属有限公司 | 190 | 泉州星竹鞋材有限公司 |
| 141 | 金保利（泉州）科技实业有限公司 | 191 | 赛得利（福建）纤维有限公司 |
| 142 | 辉煌水暖集团有限公司 | 192 | 石狮市斯舒朗体育用品有限公司 |
| 143 | 路达（厦门）工业有限公司 | 193 | 福建力道鞋服有限公司 |
| 144 | 福建新华源纺织集团有限公司 | 194 | 福建荣盛钢结构实业有限公司 |
| 145 | 福建省国联混凝土有限责任公司 | 195 | 漳州旗滨玻璃有限公司 |
| 146 | 厦门正新橡胶工业有限公司 | 196 | 福建省长乐市正隆纺织有限公司 |
| 147 | 福建华电可门发电有限公司 | 197 | 三六一度（中国）有限公司 |
| 148 | 匹克(中国)有限公司 | 198 | 厦门固杰科技有限公司 |
| 149 | 欧浦登（顺昌）光学有限公司 | 199 | 福建莱克石化有限公司 |
| 150 | 福建图图服饰有限公司 | 200 | 福建佳通轮胎有限公司 |

# 20-1 续表2
# Continued

| 位次<br>No. | 企业名称<br>Name | 位次<br>No. | 企业名称<br>Name |
|---|---|---|---|
| 201 | 厦门ABB低压电器设备有限公司 | 251 | 福建省辉源达钢铁制品有限公司 |
| 202 | 福建晶安光电有限公司 | 252 | 福建南安市万家美针织有限公司 |
| 203 | 福建青拓上克不锈钢有限公司 | 253 | 福建申利卡铝业发展有限公司 |
| 204 | 泉州市闽泰华工艺品有限公司 | 254 | 金冠(中国）食品有限公司 |
| 205 | 厦门正新海燕轮胎有限公司 | 255 | 福建时代包装材料有限公司 |
| 206 | 福建冠睿电子科技有限公司 | 256 | 安踏（中国）有限公司 |
| 207 | 漳州大北农农牧科技有限公司 | 257 | 中港（福建）水产食品有限公司 |
| 208 | 福建省长乐市华源纺织有限公司 | 258 | 厦门钨业股份有限公司 |
| 209 | 福建森源家具有限公司 | 259 | 晋江新奥燃气有限公司 |
| 210 | 福建战地吉普户外服饰有限公司 | 260 | 厦门华特集团有限公司 |
| 211 | 漳州天福茶业有限公司 | 261 | 泉州欣林包袋有限公司 |
| 212 | 福建乐隆隆食品科技有限公司 | 262 | 泉州源利鞋材有限公司 |
| 213 | 晋江市锦福化纤聚合有限公司 | 263 | 福建长德蛋白科技有限公司 |
| 214 | 福建南平南孚电池有限公司 | 264 | 华辉科技(中国)有限公司 |
| 215 | 福建东海漆业有限公司 | 265 | 福建万华实业有限公司 |
| 216 | 厦门金鹭特种合金有限公司 | 266 | 福州恒展电子有限公司 |
| 217 | 福建省长乐市华亚纺织有限公司 | 267 | 福建省天然气管网有限责任公司 |
| 218 | 中宇建材集团有限公司 | 268 | 福建顺昌和兴实业有限公司 |
| 219 | 福建源盛纺织服装城有限公司 | 269 | 福建万鸿纺织有限公司 |
| 220 | 厦门翔鹭化纤股份有限公司 | 270 | 漳州顶津食品有限公司 |
| 221 | 福建祥鑫股份有限公司 | 271 | 福建宝华鞋业有限公司 |
| 222 | 福建省谋成水泥发展有限公司 | 272 | 福州摩实达电子科技有限公司 |
| 223 | 米亚索乐装备集成（福建）有限公司 | 273 | 连天红（福建）家具有限公司 |
| 224 | 泉州来亚丝卫生用品有限公司 | 274 | 福建东山县顺发水产有限公司 |
| 225 | 莆田新飞天鞋业有限公司 | 275 | 福建源光电装有限公司 |
| 226 | 泉州闽华电器有限公司 | 276 | 福建省长乐金沙港纺织有限公司 |
| 227 | 中海福建燃气发电有限公司 | 277 | 福州通尔达电线电缆有限公司 |
| 228 | 厦门宝钢精密钢材科技有限公司 | 278 | 福建省信达光电科技有限公司 |
| 229 | 金强（福建）建材科技股份有限公司 | 279 | 福建新福达汽车工业有限公司 |
| 230 | 福建晋江天然气发电有限公司 | 280 | 漳州片仔癀药业股份有限公司 |
| 231 | 福建东山县海之星水产食品有限公司 | 281 | 福建省万达汽车玻璃工业有限公司 |
| 232 | 三六一度(福建)体育用品有限公司 | 282 | 福建省闽华电源股份有限公司 |
| 233 | 福建金德尚黄金有限公司 | 283 | 福州兴广恒玻璃有限公司 |
| 234 | 腾龙特种树脂(厦门)有限公司 | 284 | 福建三山（集团）南平市钢铁有限公司 |
| 235 | 福建省莆田荔兴轻工实业有限责任公司 | 285 | 漳州市旭利照明电器有限公司 |
| 236 | 福建金磊纺织有限公司 | 286 | 玖龙纸业（泉州）有限公司 |
| 237 | 泉州东风鞋帽有限公司 | 287 | 福建思嘉环保材料科技有限公司 |
| 238 | 福建鸿圣箱包有限公司 | 288 | 荣兴（福建）特种钢业有限公司 |
| 239 | 厦门松下电子信息有限公司 | 289 | 锐珂(厦门)医疗器材有限公司 |
| 240 | 福建龙马环卫装备股份有限公司 | 290 | 长乐聚泉食品有限公司 |
| 241 | 普立优高分子（福建）有限公司 | 291 | 漳平红狮水泥有限公司 |
| 242 | 上海电气风电设备莆田有限公司 | 292 | 福建省海安橡胶有限公司 |
| 243 | 泉州鸿圣轻工有限公司 | 293 | 厦门TDK有限公司 |
| 244 | 泉州华尔宝树脂有限公司 | 294 | 东南（福建）汽车工业有限公司 |
| 245 | 福建三宏环保科技有限公司 | 295 | 中纺粮油（福建）有限公司 |
| 246 | 厦门亿联网络技术股份有限公司 | 296 | 福建省清流县东莹化工有限公司 |
| 247 | 福建亚伦电子电器科技有限公司 | 297 | 开发晶照明（厦门）有限公司 |
| 248 | 福建省马尾造船股份有限公司 | 298 | 福建联迪商用设备有限公司 |
| 249 | 奥佳华智能健康科技集团股份有限公司 | 299 | 晋江市七彩狐服装织造有限公司 |
| 250 | 华昌珠宝有限公司 | 300 | 石狮市大帝集团有限公司 |

# 20-2 建筑业总产值前300家企业(2019年)

## Construction Enterprises before the three hunderdth by Output Value Completed by self(2019)

| 位次<br>No. | 企业名称<br>Name | 位次<br>No. | 企业名称<br>Name |
|---|---|---|---|
| 1 | 中建海峡建设发展有限公司 | 51 | 福建新华夏建工有限公司 |
| 2 | 福建六建集团有限公司 | 52 | 中核工建设集团第四工程局有限公司 |
| 3 | 福建建工集团有限责任公司 | 53 | 中铁二十四局集团福建铁路建设有限公司 |
| 4 | 福建省沈澄建设集团有限公司 | 54 | 福建远舟港湾建设工程有限公司 |
| 5 | 中建四局第四建筑工程有限公司 | 55 | 福建七建集团有限公司 |
| 6 | 中建海峡（厦门）建设发展有限公司 | 56 | 福建联泰建设工程有限公司 |
| 7 | 福建省永泰建筑工程公司 | 57 | 福建省兴创建设集团有限公司 |
| 8 | 福建省闽南建筑工程有限公司 | 58 | 福建森正建设有限公司 |
| 9 | 福建九鼎建设集团有限公司 | 59 | 厦门源昌城建集团有限公司 |
| 10 | 福建省永富建设集团有限公司 | 60 | 中建诺成有限公司 |
| 11 | 中交建宏峰集团有限公司 | 61 | 中铁十七局集团第六工程有限公司 |
| 12 | 中交一公局厦门工程有限公司 | 62 | 福建省同源建设工程有限公司 |
| 13 | 福建省华荣建设集团有限公司 | 63 | 中建三局（厦门）建设有限公司 |
| 14 | 中建鑫宏鼎环境集团有限公司 | 64 | 福建省百盛建设发展有限公司 |
| 15 | 福建省九龙建设集团有限公司 | 65 | 中国水利水电第十六工程局有限公司 |
| 16 | 中城建设有限责任公司 | 66 | 福建才溪建设集团有限公司 |
| 17 | 海峡宏基建工集团有限公司 | 67 | 福建省八方建筑工程有限公司 |
| 18 | 福建宏盛建设集团有限公司 | 68 | 福建惠丰建筑工程有限公司 |
| 19 | 福建闽清一建建设发展有限公司 | 69 | 福建荣建集团有限公司 |
| 20 | 福建发展集团有限公司 | 70 | 中建凯源集团有限公司 |
| 21 | 福建省惠东建筑工程有限公司 | 71 | 新纪建工集团有限公司 |
| 22 | 福建省第五建筑工程公司 | 72 | 方圆建设集团有限公司 |
| 23 | 中铁一局集团厦门建设工程有限公司 | 73 | 中晟海峡建设有限公司 |
| 24 | 福建路港（集团）有限公司 | 74 | 福建博业建设集团有限公司 |
| 25 | 福建省二建建设集团有限公司 | 75 | 恒晟集团有限公司 |
| 26 | 厦门特房建设工程集团有限公司 | 76 | 鑫泰建设集团有限公司 |
| 27 | 福建磊鑫（集团）有限公司 | 77 | 福建省工业设备安装有限公司 |
| 28 | 福建金鼎建筑发展有限公司 | 78 | 中铁海峡建设集团有限公司 |
| 29 | 泉发建设股份有限公司 | 79 | 福建省恒基建设股份有限公司 |
| 30 | 福建璟榕工程建设发展有限公司 | 80 | 福建省雄盛建筑工程有限公司 |
| 31 | 福建省东霖建设工程有限公司 | 81 | 福建省五洲建设集团有限公司 |
| 32 | 福建一建集团有限公司 | 82 | 中建力天集团有限公司 |
| 33 | 福建省日誉建设集团有限公司 | 83 | 福建拓海建设工程有限公司 |
| 34 | 中铁二十二局集团第三工程有限公司 | 84 | 中建富林集团有限公司 |
| 35 | 福建省兴岩建设集团有限公司 | 85 | 福建省透堡建筑工程有限公司 |
| 36 | 中交三航（厦门）工程有限公司 | 86 | 福建省中马建设工程有限公司 |
| 37 | 名筑建工集团有限公司 | 87 | 福州市第三建筑工程公司 |
| 38 | 厦门中联永亨建设集团有限公司 | 88 | 福建铭泰集团有限公司 |
| 39 | 福建来宝建设集团有限公司 | 89 | 福建省隆盛建设工程有限公司 |
| 40 | 中建协和建设有限公司 | 90 | 福州建工(集团)总公司 |
| 41 | 福建省融旗建设工程有限公司 | 91 | 福州市一建建设股份有限公司 |
| 42 | 福建省惠五建设工程有限公司 | 92 | 福建三建工程有限公司 |
| 43 | 福建省安泰建筑工程有限公司 | 93 | 福建省顺安建筑工程有限公司 |
| 44 | 福建巨岸建设工程有限公司 | 94 | 福建路桥建设有限公司 |
| 45 | 福建省涵城建设工程有限公司 | 95 | 福建永东南建设集团有限公司 |
| 46 | 福建卓越建设工程开发有限公司 | 96 | 福建省泉州市东海建筑有限公司 |
| 47 | 福建华航建设集团有限公司 | 97 | 福建华建工程建设有限公司 |
| 48 | 福建成森建设集团有限公司 | 98 | 福建省杭辉建设工程有限公司 |
| 49 | 福建省民益建设工程有限公司 | 99 | 福建恒盛建筑集团有限公司 |
| 50 | 福建省荔隆建设工程有限公司 | 100 | 中大（福建）工程建设集团有限公司 |

# 20-2 续表1

## Continued

| 位次<br>No. | 企业名称<br>Name | 位次<br>No. | 企业名称<br>Name |
|---|---|---|---|
| 101 | 向阳建设实业有限公司 | 151 | 中建闽泰建设开发有限公司 |
| 102 | 中建远南集团有限公司 | 152 | 福建冶地恒元建设有限公司 |
| 103 | 福建登凯成龙建设集团有限公司 | 153 | 福建省中木建设集团有限公司 |
| 104 | 宏禹建设有限公司 | 154 | 福建省盛威建设发展有限公司 |
| 105 | 中铁（厦门）投资有限公司 | 155 | 福建联谊建筑工程有限公司 |
| 106 | 海环科技集团股份有限公司 | 156 | 中建八局(厦门)建设有限公司 |
| 107 | 福建省海天建设工程有限公司 | 157 | 闽晟集团城建发展有限公司 |
| 108 | 福建省晓沃建设工程有限公司 | 158 | 福建省高速公路养护工程有限公司 |
| 109 | 中建（福建）建设有限公司 | 159 | 神州建设集团有限公司 |
| 110 | 中东建设集团有限公司 | 160 | 福能联信建设集团有限公司 |
| 111 | 飞阳建设工程有限公司 | 161 | 福建省隆恩建设集团有限公司 |
| 112 | 福建省利恒建设工程有限公司 | 162 | 紫金矿业建设有限公司 |
| 113 | 福建大华鑫建设工程有限公司 | 163 | 厦门市吉兴集团建设有限公司 |
| 114 | 福建省长鸿建筑工程有限公司 | 164 | 福建普尔泰集团有限公司 |
| 115 | 福建弘祥建设工程有限公司 | 165 | 福建省龙津建筑工程有限公司 |
| 116 | 中交四航局第五工程有限公司 | 166 | 福建勤马集团有限公司 |
| 117 | 福建巨铸建筑工程有限公司 | 167 | 福建恒声建设集团有限公司 |
| 118 | 福建省亿方建设工程有限公司 | 168 | 厦门安能建设有限公司 |
| 119 | 福建省禹澄建设工程有限公司 | 169 | 福建泉润建设工程有限公司 |
| 120 | 福建省榕源建设工程有限公司 | 170 | 龙岩市西安建筑工程有限公司 |
| 121 | 福州市城投建筑有限公司 | 171 | 中国电建集团福建工程有限公司 |
| 122 | 莆田中建建设发展有限公司 | 172 | 福建筑兆建设有限公司 |
| 123 | 中城投集团第八工程局有限公司 | 173 | 福建省泰宏建设工程有限公司 |
| 124 | 永太建设集团有限公司 | 174 | 中建八达建设有限公司 |
| 125 | 福建省隧道工程有限公司 | 175 | 福建中凯建设工程有限公司 |
| 126 | 中建大闽台建设发展有限公司 | 176 | 福建省国筑建设工程有限公司 |
| 127 | 中铁(福州)投资有限公司 | 177 | 福建省金通建设集团有限公司 |
| 128 | 福建旭建市政园林工程有限公司 | 178 | 中庚汇建设发展有限公司 |
| 129 | 中交鹭建有限公司 | 179 | 福建省闽楚建设工程有限公司 |
| 130 | 福建省南安市第一建设有限公司 | 180 | 恒亿集团有限公司 |
| 131 | 泉州亿兴电力工程建设有限公司 | 181 | 厦门市建安集团有限公司 |
| 132 | 福建第一公路工程集团有限公司 | 182 | 福建建中建设科技股份有限公司 |
| 133 | 福建省中嘉建设工程有限公司 | 183 | 厦门市大方舟建设有限公司 |
| 134 | 福建省水利水电工程局有限公司 | 184 | 漳州市建筑工程有限公司 |
| 135 | 福建泉州市二建工程有限公司 | 185 | 福建互助建筑工程有限公司 |
| 136 | 恒富建设集团有限公司 | 186 | 中建华鸿建设发展有限公司 |
| 137 | 福建祥荣建设投资集团有限公司 | 187 | 福建上杭广厦建设有限公司 |
| 138 | 福建省惠三建设发展有限公司 | 188 | 中磐建设集团有限公司 |
| 139 | 乐嘉建设工程有限公司 | 189 | 福建省惠一建设工程有限公司 |
| 140 | 中建旷博（福建）有限公司 | 190 | 福建省恒鼎建筑工程有限公司 |
| 141 | 福建省高华建设工程有限公司 | 191 | 福建兴万祥建设集团有限公司 |
| 142 | 福建省国泰建设有限公司 | 192 | 福建省实盛建设工程有限公司 |
| 143 | 福州第七建筑工程有限公司 | 193 | 厦门华宇众城建设工程有限公司 |
| 144 | 厦门树鑫建设集团有限公司 | 194 | 福建胜奇工程建设有限公司 |
| 145 | 福建省交建集团工程有限公司 | 195 | 福建晟亿集团有限公司 |
| 146 | 中汇建筑集团有限公司 | 196 | 福建省吴航建筑工程有限公司 |
| 147 | 大成工程建设集团有限公司 | 197 | 福州铁建建筑有限公司 |
| 148 | 福建联美建设集团有限公司 | 198 | 福州亿力电力工程有限公司 |
| 149 | 厦门海投工程建设有限公司 | 199 | 福建省汀江水电工程有限公司 |
| 150 | 福建中浩市政园林有限公司 | 200 | 海峡建工集团有限公司 |

# 20-2 续表2

# Continued

| 位次<br>No. | 企业名称<br>Name | 位次<br>No. | 企业名称<br>Name |
|---|---|---|---|
| 201 | 福建省永泰县第三建筑工程有限公司 | 251 | 福建省明丰建设集团有限公司 |
| 202 | 福建省桃城建设工程有限公司 | 252 | 福建省榕圣市政工程股份有限公司 |
| 203 | 福建大舟建设集团有限公司 | 253 | 福建省宏旺建设有限公司 |
| 204 | 厦门电力工程集团有限公司 | 254 | 亿晟建设有限公司 |
| 205 | 福建省嘉晟建设发展有限公司 | 255 | 福建省福新建设工程有限公司 |
| 206 | 福建省惠裕建设工程有限公司 | 256 | 福建省顺天亿建设有限公司 |
| 207 | 福建省邮电工程有限公司 | 257 | 福建省新华都工程有限责任公司 |
| 208 | 福建蓝海市政园林建筑有限公司 | 258 | 福建汇达建筑工程有限公司 |
| 209 | 厦门集三建设集团有限公司 | 259 | 华辉建工集团有限公司 |
| 210 | 福建京源建设工程有限公司 | 260 | 福建省上杭县宏庄建筑工程有限公司 |
| 211 | 福建华轩建设有限公司 | 261 | 锦禾建设集团有限公司 |
| 212 | 砖文建设集团有限公司 | 262 | 福建中联建设工程有限公司 |
| 213 | 福建省中禹水利水电工程有限公司 | 263 | 福建兴港建工有限公司 |
| 214 | 福建省世新工程营造有限公司 | 264 | 福建海瑞工程建设有限公司 |
| 215 | 海峡福环建工集团有限公司 | 265 | 宏晖建设工程有限公司 |
| 216 | 福建中冶永行建设工程有限公司 | 266 | 至永建设集团有限公司 |
| 217 | 福建省明通建设集团有限公司 | 267 | 福州闽铄水利水电工程有限公司 |
| 218 | 福建华通路桥建设有限公司 | 268 | 福建闽东建工投资有限公司 |
| 219 | 中星联丰建设集团有限公司 | 269 | 福建广耀建设工程有限公司 |
| 220 | 福建省涵禹建设工程有限公司 | 270 | 华宇（福建）置业集团有限公司 |
| 221 | 中国电建集团航空港建设有限公司 | 271 | 福建新纪建设集团有限公司 |
| 222 | 厦门鲁班源房屋营造有限公司 | 272 | 福建省华舜水利水电工程有限公司 |
| 223 | 福建呈星建设工程有限公司 | 273 | 福州闽龙铁路工程有限公司 |
| 224 | 广田建设工程有限公司 | 274 | 福建永宏建设工程有限公司 |
| 225 | 福建永旺建设集团有限公司 | 275 | 福建省晋南建设集团有限公司 |
| 226 | 聚煌集团有限公司 | 276 | 福建省樟榕建设工程有限公司 |
| 227 | 福建创邦建筑工程有限公司 | 277 | 福建省盛达建设有限公司 |
| 228 | 凯辉集团（福建）有限公司 | 278 | 福建省筑信建设集团有限公司 |
| 229 | 福建省汤头建筑工程有限公司 | 279 | 福建省东风建筑工程有限公司 |
| 230 | 福建省送变电工程有限公司 | 280 | 福建星原建设工程发展有限公司 |
| 231 | 福建承昌建设工程有限公司 | 281 | 福建省浦口建筑工程有限公司 |
| 232 | 福建省莆田市联发建筑工程有限公司 | 282 | 中港城建（福建）建设发展有限公司 |
| 233 | 福建省崇禹水利水电建设工程有限公司 | 283 | 福建省新越建工有限公司 |
| 234 | 福建省龙祥建设集团有限公司 | 284 | 福建国辉建设工程有限公司 |
| 235 | 福建众诚建设工程有限公司 | 285 | 福州市中霖工程建设有限公司 |
| 236 | 宇旺建工集团有限公司 | 286 | 福建省华实建设工程有限公司 |
| 237 | 福建省冠辉建设工程有限公司 | 287 | 福建金川建筑工程有限公司 |
| 238 | 仙游县建工投资集团有限公司 | 288 | 福建省鑫茂建设发展有限公司 |
| 239 | 泉州市亿民建设发展有限公司 | 289 | 福建省燕城建设工程有限公司 |
| 240 | 福建平祥建设工程有限公司 | 290 | 福建地矿建设集团公司 |
| 241 | 福建屹立建设工程有限公司 | 291 | 福建实联建设有限公司 |
| 242 | 福建九翔龙建设工程有限公司 | 292 | 亿耀（福建）建设有限公司 |
| 243 | 福建省高德工程建设有限公司 | 293 | 福建省天钧建设发展有限公司 |
| 244 | 厦门思总建设有限公司 | 294 | 武夷隆鑫集团有限公司 |
| 245 | 厦门市政工程有限公司 | 295 | 福建鑫远建工有限公司 |
| 246 | 福建博成建筑工程有限公司 | 296 | 福建西南建设有限公司 |
| 247 | 福建红珊瑚景观建设有限公司 | 297 | 福建金田建设工程有限公司 |
| 248 | 福建省麒麟建设工程集团有限公司 | 298 | 中锦骏业建设有限公司 |
| 249 | 福建省昊立建设工程有限公司 | 299 | 三明客家源建设工程有限公司 |
| 250 | 厦门卓毅建筑工程有限公司 | 300 | 福建正宇市政园林工程有限公司 |

# 20-3 主营业务收入前300家贸易企业(2019年)

# Sale Enterprises before the three hunderdth by Main Operating Income(2019)

| 位次<br>No. | 企业名称<br>Name |
|---|---|
| 1 | 厦门国贸集团股份有限公司 |
| 2 | 厦门象屿物流集团有限责任公司 |
| 3 | 厦门信达股份有限公司 |
| 4 | 福建省福化工贸股份有限公司 |
| 5 | 福建闽光云商有限公司 |
| 6 | 中石化森美（福建）石油有限公司 |
| 7 | 福建兴大进出口贸易有限公司 |
| 8 | 福建中烟工业有限责任公司 |
| 9 | 福建炼油化工有限公司 |
| 10 | 厦门海翼国际贸易有限公司 |
| 11 | 福建闽海石化有限公司 |
| 12 | 厦门建发矿业资源有限公司 |
| 13 | 中化石油成品油销售有限公司 |
| 14 | 厦门象屿铝晟有限公司 |
| 15 | 厦门象屿速传供应链发展股份有限公司 |
| 16 | 厦门建发金属有限公司 |
| 17 | 福化工贸（漳州）有限公司 |
| 18 | 建发物流集团有限公司 |
| 19 | 厦门建发纸业有限公司 |
| 20 | 中国石油天然气股份有限公司福建销售分公司 |
| 21 | 成大物产（厦门）有限公司 |
| 22 | 厦门京东东和贸易有限公司 |
| 23 | 中石化化工销售（福建）有限公司 |
| 24 | 永辉超市股份有限公司 |
| 25 | 均和（厦门）控股有限公司 |
| 26 | 福建阳光集团有限公司 |
| 27 | 福建省烟草公司泉州市公司 |
| 28 | 福清中金有色金属材料有限公司 |
| 29 | 福建信通贸易有限公司 |
| 30 | 厦门建发物产有限公司 |
| 31 | 中国石化销售有限公司福建石油分公司 |
| 32 | 厦门象屿化工有限公司 |
| 33 | 盛屯金属有限公司 |
| 34 | 福建达利发展有限公司 |
| 35 | 盛屯矿业集团股份有限公司 |
| 36 | 福建省烟草公司福州市公司 |
| 37 | 漳州路桥物资发展有限公司 |
| 38 | 厦门黄金投资有限公司 |
| 39 | 厦门建发物资有限公司 |
| 40 | 福建传祺海油石化有限公司 |
| 41 | 海峡石化产品交易中心有限公司 |
| 42 | 晋江锦兴贸易有限公司 |
| 43 | 福建三钢国贸有限公司 |
| 44 | 厦门港务贸易有限公司 |
| 45 | 福建省烟草公司漳州市公司 |
| 46 | 泉州展志钢材有限公司 |
| 47 | 斐乐服饰有限公司 |
| 48 | 福州民天实业有限公司 |
| 49 | 福安市青拓商贸有限公司 |
| 50 | 厦门航空开发股份有限公司 |
| 51 | 斐乐体育有限公司 |
| 52 | 福建湛华智能科技有限公司 |
| 53 | 福建永辉超市有限公司 |
| 54 | 均和（厦门）能源有限公司 |
| 55 | 福建百纳实业有限公司 |
| 56 | 福建省榕江进出口有限公司 |
| 57 | 厦门市信达安贸易有限公司 |
| 58 | 厦门市明穗粮油贸易有限公司 |
| 59 | 晋江辉豪化工有限公司 |
| 60 | 福建省烟草公司厦门市公司 |
| 61 | 福建华锦贸易有限公司 |
| 62 | 福建力聚物流有限公司 |
| 63 | 福建闽侯永辉商业有限公司 |
| 64 | 中化石油福建有限公司 |
| 65 | 福建青企实业有限公司 |
| 66 | 厦门海峡供应链发展有限公司 |
| 67 | 青拓集团有限公司 |
| 68 | 厦门安踏电子商务有限公司 |
| 69 | 厦门建发轻工有限公司 |
| 70 | 福建永荣控股集团有限公司 |
| 71 | 晋江市大长江钢管实业有限公司 |
| 72 | 中国工艺福建实业有限公司 |
| 73 | 龙工（中国）机械销售有限公司 |
| 74 | 厦门特步投资有限公司 |
| 75 | 厦门建发原材料贸易有限公司 |
| 76 | 厦门万翔物流投资有限公司 |
| 77 | 福建省超盛化工工贸有限公司 |
| 78 | 厦门乔丹发展有限公司 |
| 79 | 厦门合兴包装印刷股份有限公司 |
| 80 | 国投京闽（莆田）工贸有限公司 |
| 81 | 福州喜盈门实业有限公司 |
| 82 | 厦门建发化工有限公司 |
| 83 | 象屿宏大供应链有限责任公司 |
| 84 | 福建山福国际能源有限责任公司 |
| 85 | 中拓（福建）实业有限公司 |
| 86 | 厦门路桥国际贸易有限公司 |
| 87 | 厦门宝拓资源有限公司 |
| 88 | 福建省烟草公司三明市公司 |
| 89 | 全骏达实业有限公司 |
| 90 | 均达升（厦门）控股有限公司 |
| 91 | 厦门安踏有限公司 |
| 92 | 厦门国贸纸业有限公司 |
| 93 | 厦门信和达电子有限公司 |
| 94 | 中国航油集团福建石油有限公司 |
| 95 | 厦门嘉晟供应链股份有限公司 |
| 96 | 福建省长乐市创造者锦纶实业有限公司 |
| 97 | 福清江阴港银河国际汽车进出口贸易有限公司 |
| 98 | 厦门金圆产业发展有限公司 |
| 99 | 鑫东森集团有限公司 |
| 100 | 厦门同歆贸易有限公司 |

# 20-3 续表1

## Continued

| 位次 No. | 企业名称 Name | 位次 No. | 企业名称 Name |
|---|---|---|---|
| 101 | 福建省烟草公司南平市公司 | 151 | 福建昊润石化有限公司 |
| 102 | 福建省烟草公司龙岩市公司 | 152 | 厦门宝达纺织有限公司 |
| 103 | 福建恒安集团厦门商贸有限公司 | 153 | 晋江裕福集团有限公司 |
| 104 | 福建南方建材发展有限公司 | 154 | 福州中宝汽车销售服务有限公司 |
| 105 | 福建匹克能源有限公司 | 155 | 漳州市龙文区好又鲜贸易有限公司 |
| 106 | 平潭青拓金属材料有限公司 | 156 | 漳州市龙文区鲜鲜旺贸易有限公司 |
| 107 | 福建锦江泓晟贸易有限公司 | 157 | 瑞幸咖啡（中国）有限公司 |
| 108 | 福建省烟草公司莆田市公司 | 158 | 福建东铭国际贸易有限公司 |
| 109 | 厦门象屿农产品有限责任公司 | 159 | 恒浩能源（厦门）有限公司 |
| 110 | 紫金矿业物流有限公司 | 160 | 福州麒铠商贸发展有限公司 |
| 111 | 均和（厦门）供应链管理有限公司 | 161 | 福建闽讯实业有限公司 |
| 112 | 福建国海燃料有限公司 | 162 | 厦门晟茂有限责任公司 |
| 113 | 福建申远贸易有限公司 | 163 | 厦门新纸源电子商务有限公司 |
| 114 | 福州麦多万嘉超市有限公司 | 164 | 福建省南安市华龙石油有限公司 |
| 115 | 福建新华发行（集团）有限责任公司 | 165 | 厦门夏商国际贸易有限公司 |
| 116 | 紫金矿业集团（厦门）金属材料有限公司 | 166 | 福建阳光集团厦门进出口有限公司 |
| 117 | 福建泉州市嘉晟供应链有限公司 | 167 | 福建省润通汽车销售服务有限责任公司 |
| 118 | 厦门西海控股有限公司 | 168 | 福建省三明钢联有限责任公司 |
| 119 | 晋江市恒丰进出口贸易有限公司 | 169 | 福建省粮油食品进出口集团有限公司 |
| 120 | 福建三棵树建筑材料有限公司 | 170 | 福建达亿贸易有限公司 |
| 121 | 厦门象盛镍业有限公司 | 171 | 厦门路桥工程物资有限公司 |
| 122 | 福建省路路达石油制品有限公司 | 172 | 福建亚升石化有限公司 |
| 123 | 福建嘉木沥青有限公司 | 173 | 厦门世拓矿业有限公司 |
| 124 | 厦门市嘉晟对外贸易有限公司 | 174 | 福建苏闽石油有限公司 |
| 125 | 福建省烟草公司宁德市公司 | 175 | 福建盛世欣兴格力贸易有限公司 |
| 126 | 厦门禹港有限公司 | 176 | 厦门育哲集团有限公司 |
| 127 | 厦门恒兴集团有限公司 | 177 | 厦门元庆生贸易有限公司 |
| 128 | 上杭县紫金金属资源有限公司 | 178 | 福州开发区益商贸易有限公司 |
| 129 | 厦门海易航供应链物流有限公司 | 179 | 福建省晋江市长城石化有限公司 |
| 130 | 晋江市进出口有限公司 | 180 | 福建长隆石油化工有限公司 |
| 131 | 国药控股福州有限公司 | 181 | 漳州兴路贸易有限公司 |
| 132 | 宁德海螺水泥有限责任公司 | 182 | 福建联众化工有限公司 |
| 133 | 福建福泰钢铁有限公司 | 183 | 厦门大正贸易有限公司 |
| 134 | 莆田市众鞋网络科技有限公司 | 184 | 厦门金资金属有限公司 |
| 135 | 隆鑫集团（福建）有限公司 | 185 | 厦门金钼电子科技有限公司 |
| 136 | 新中冠智能科技股份有限公司 | 186 | 福建世德久晟贸易有限公司 |
| 137 | 厦门建发能源有限公司 | 187 | 厦门恒兴晟贸易有限公司 |
| 138 | 福州开发区新电燃料有限公司 | 188 | 神华（福建）能源有限责任公司 |
| 139 | 泉州港丰能源有限公司 | 189 | 厦门启铭贸易有限公司 |
| 140 | 泰地集团（厦门）石油有限公司 | 190 | 中国石油天然气股份有限公司福建泉州销售分公司 |
| 141 | 福建苏宁易购商贸有限公司 | 191 | 厦门瑞悦隆供应链管理有限公司 |
| 142 | 厦门嘉联恒进出口有限公司 | 192 | 晋江宝华钢材有限公司 |
| 143 | 福建省长乐市中海石化储运有限责任公司 | 193 | 福建三木建设发展有限公司 |
| 144 | 昌富利（厦门）有限公司 | 194 | 厦门盛屯金属销售有限公司 |
| 145 | 福建新孚能源有限公司 | 195 | 福建高速中化石油有限公司 |
| 146 | 紫森（厦门）供应链管理有限公司 | 196 | 福州开发区恒成实业有限公司 |
| 147 | 厦门信和达供应链有限公司 | 197 | 鹭燕医药股份有限公司 |
| 148 | 厦门象屿同道供应链有限公司 | 198 | 福建省福农农资集团有限公司 |
| 149 | 福清市众汇汽车进出口贸易有限公司 | 199 | 国药控股福建有限公司 |
| 150 | 厦门宏发电声科技有限公司 | 200 | 连江县永盛恒诚供应链管理合伙企业（普通合伙） |

# 20-3 续表2

## Continued

| 位次<br>No. | 企业名称<br>Name | 位次<br>No. | 企业名称<br>Name |
|---|---|---|---|
| 201 | 福建同春药业股份有限公司 | 251 | 冠捷(福州保税区)贸易有限公司 |
| 202 | 厦门大亮贸易有限公司 | 252 | 连江县一福再生资源有限公司 |
| 203 | 福建科宝金属制品有限公司 | 253 | 住重中骏（厦门）建机有限公司 |
| 204 | 福清市驰辰汽车进出口贸易有限公司 | 254 | 道普（厦门）石化有限公司 |
| 205 | 厦门翔熙供应链管理有限公司 | 255 | 福州德英杰贸易有限公司 |
| 206 | 厦门航开保税贸易有限公司 | 256 | 福建省南平市立远贸易有限公司 |
| 207 | 厦门三裕丰能源有限公司 | 257 | 厦门华铸实业有限公司 |
| 208 | 厦门信息集团商贸有限公司 | 258 | 福州朴朴电子商务有限公司 |
| 209 | 中粮粮油厦门有限公司 | 259 | 福州钜森实业有限公司 |
| 210 | 莆田启峰木业有限公司 | 260 | 厦门建益达有限公司 |
| 211 | 福建省福能物流有限责任公司 | 261 | 厦门伟美义贸易有限公司 |
| 212 | 福州智硕商贸发展有限公司 | 262 | 漳州大正企业发展有限公司 |
| 213 | 厦门融银贸易有限公司 | 263 | 中国厦门国际经济技术合作公司 |
| 214 | 福建省平行进口汽车交易中心有限公司 | 264 | 厦门市锋荣达贸易有限责任公司 |
| 215 | 福州联合闽津茶业有限公司 | 265 | 龙骏信息科技有限公司 |
| 216 | 厦门誉联集团有限公司 | 266 | 福建省宝旺进出口贸易有限公司 |
| 217 | 晋江市新长江精密钢管制造有限公司 | 267 | 厦门合兴供应链管理有限公司 |
| 218 | 坤健控股（厦门）有限公司 | 268 | 福建九州通医药有限公司 |
| 219 | 荣鑫盛(厦门)商贸有限公司 | 269 | 福州鹭燕医药有限公司 |
| 220 | 福建漳龙三宝进出口有限公司 | 270 | 中矿（宁德）有限公司 |
| 221 | 紫金矿业集团黄金珠宝有限公司 | 271 | 福建闽侯苏宁贸易有限公司 |
| 222 | 福州永力通汽车贸易有限公司 | 272 | 福州轻工进出口有限公司 |
| 223 | 厦门市鹭欣嘉贸易有限公司 | 273 | 福州威石艺术品贸易有限公司 |
| 224 | 福州中维实业有限公司 | 274 | 中国卷烟销售公司厦门卷烟调拨站 |
| 225 | 厦门启润实业有限公司 | 275 | 福建省医药有限责任公司 |
| 226 | 中国石油天然气股份有限公司福建福州销售分公司 | 276 | 厦门博钦贸易有限公司 |
| 227 | 福建青拓再生资源开发有限公司 | 277 | 厦门夏商农产品集团有限公司 |
| 228 | 厦门艾德蒙电子科技有限公司 | 278 | 厦门建发农产品有限公司 |
| 229 | 福建华峰实业有限公司 | 279 | 福州朝畅贸易有限公司 |
| 230 | 厦门海投经济贸易有限公司 | 280 | 华米（永安）企业管理有限公司 |
| 231 | 厦门欧美勒贸易有限公司 | 281 | 厦门上国石材有限公司 |
| 232 | 福建和锦贸易有限公司 | 282 | 福建汇丰物流有限公司 |
| 233 | 福建三安集团有限公司 | 283 | 福建斯兰供应链服务有限公司 |
| 234 | 晋江昌博贸易有限公司 | 284 | 福建省福润水泥销售有限公司 |
| 235 | 厦门芗江进出口有限公司 | 285 | 福建星之宝汽车销售服务有限公司 |
| 236 | 福建佳兆燃料油有限公司 | 286 | 福州福杭电子有限公司 |
| 237 | 福州锦泽化纤有限公司 | 287 | 厦门安踏贸易有限公司 |
| 238 | 新储（厦门）农业有限公司 | 288 | 漳州伊莱福食品有限公司 |
| 239 | 厦门鑫通贸易有限公司 | 289 | 福州新港石化有限公司 |
| 240 | 福建亿汇化工有限公司 | 290 | 福建璟旭宏发有限公司 |
| 241 | 福州开发区鸿宇实业有限公司 | 291 | 泉州亲亲商贸有限公司 |
| 242 | 福建省建筑材料设备有限责任公司 | 292 | 中国石油天然气股份有限公司福建厦门销售分公司 |
| 243 | 中国石油天然气股份有限公司华南化工销售厦门分公 | 293 | 厦门万翔网络商务有限公司 |
| 244 | 中海石油福建新能源有限公司 | 294 | 厦门夏商粮食发展有限公司 |
| 245 | 泉州晟创商贸有限公司 | 295 | 启润物流（厦门）有限公司 |
| 246 | 福建华峰贸易有限公司 | 296 | 厦门展志钢铁有限公司 |
| 247 | 泉州新华都购物广场有限公司 | 297 | 厦门市东之星汽车销售有限公司 |
| 248 | 福建虹鑫实业有限公司 | 298 | 北新集团厦门国际贸易有限公司 |
| 249 | 福建省莆田富力进出口有限公司 | 299 | 福州天赐建材有限公司 |
| 250 | 福州展志钢铁有限公司 | 300 | 厦门国林林产品有限公司 |

# 第二十一篇　市县国民经济主要指标

# Chapter 21　Main Economic Indicators of City Prefecture and County

资料整理：孙晶洁 李丽精 林增武 范李功 杨威 饶晓燕 陈玲 陈洁 廖捷 戴斌 周万春 郭宏杨

Database Editor: Sunjingjie Lilijing linzengwu Fanligong Yangwei Raoxiaoyan Chenling Chenjie Liaojie Daibin Zhouwanchun Guohongyang

# 简 要 说 明

本篇资料的主要内容及来源

本篇资料反映了全省各市（县）经济社会事业发展基本情况，主要包括地区生产总值、人口、从业人员、工业、投资、社会消费品零售总额、财政、职工工资和教育、卫生等方面的内容。

本篇资料由省统计局各相关专业处室整理提供。

# Brief Introduction

Main Content and Source of Data

Data in this chapter show the development in society and economy of Urban districts or counties or cities on the county level, mainly including GDP, population, employed persons,, industry, investment, total retail sales of consumer good，finance, income of rural households, wage of staff and works, education and public health.

Data on this chapter are compiled and provided by the related department of Bureau of Fujian Provincial Bureau of Statistics.

# 21-1 地区生产总值（2019年）

## Gross Domestic Products(2019)

单位：亿元 (100 million yuan)

| 地区 | Area | 地区生产总值 Gross Domestic Product | 第一产业 Primary Industry | 第二产业 Secondary Industry | 第三产业 Tertiary Industry | 工业 Industry | 建筑业 Construction | 人均GDP（元） Per Capita GDP(yuan) |
|---|---|---|---|---|---|---|---|---|
| **全　省** | **Fujian** | **42395.00** | **2596.23** | **20581.74** | **19217.03** | **16170.45** | **4482.03** | **107139** |
| **福州市** | **Fuzhou** | **9392.30** | **526.47** | **3830.99** | **5034.84** | **2610.31** | **1241.22** | **120879** |
| 福州市辖区 | District under Fuzhou | | | | | | | |
| 鼓楼区 | Gulou | 1916.75 | | 373.84 | 1542.91 | 110.50 | 263.51 | 260782 |
| 台江区 | Taijiang | 538.60 | | 87.55 | 451.05 | 5.82 | 81.96 | 111511 |
| 仓山区 | Cangshan | 824.87 | 1.65 | 333.79 | 489.43 | 272.94 | 62.37 | 97387 |
| 马尾区 | Mawei | 576.26 | 5.76 | 339.14 | 231.36 | 230.05 | 109.53 | 219946 |
| 晋安区 | Jin'an | 884.80 | 7.38 | 261.76 | 615.67 | 171.64 | 90.42 | 101294 |
| 长乐区 | Changle | 951.52 | 58.44 | 605.93 | 287.15 | 560.91 | 45.19 | 127806 |
| 福清市 | Fuqing | 1150.15 | 100.55 | 604.25 | 445.35 | 477.77 | 126.76 | 86935 |
| 闽侯县 | Minhou | 740.22 | 45.71 | 394.53 | 299.98 | 317.41 | 77.40 | 101053 |
| 连江县 | Lianjiang | 591.56 | 137.64 | 249.05 | 204.87 | 190.04 | 70.83 | 99171 |
| 罗源县 | Luoyuan | 303.40 | 46.18 | 170.28 | 86.94 | 151.31 | 19.22 | 140463 |
| 闽清县 | Minqing | 329.17 | 34.31 | 180.78 | 114.07 | 79.38 | 103.84 | 135739 |
| 永泰县 | Yongtai | 282.62 | 52.94 | 134.43 | 95.25 | 21.69 | 112.80 | 111048 |
| 平潭县 | Pingtan | 282.85 | 35.90 | 80.64 | 166.31 | 7.65 | 73.18 | 61489 |
| **厦门市** | **Xiamen** | **5995.04** | **26.49** | **2493.99** | **3474.56** | **1908.94** | **613.99** | **142739** |
| 厦门市辖区 | District under Xiamen | | | | | | | |
| 思明区 | Siming | 1896.46 | 2.69 | 313.50 | 1580.27 | 82.01 | 231.49 | 186110 |
| 海沧区 | Haicang | 796.87 | 1.64 | 480.70 | 314.53 | 400.77 | 79.93 | 201483 |
| 湖里区 | Huli | 1297.29 | | 549.52 | 747.77 | 419.19 | 159.27 | 126134 |
| 集美区 | Jimei | 789.37 | 2.99 | 386.31 | 400.06 | 320.91 | 65.41 | 109029 |
| 同安区 | Tong'an | 551.23 | 10.46 | 298.72 | 242.05 | 279.72 | 19.00 | 86535 |
| 翔安区 | Xiang'an | 663.83 | 8.71 | 465.23 | 189.89 | 406.34 | 58.89 | 167634 |
| **莆田市** | **Putian** | **2595.39** | **123.65** | **1377.98** | **1093.76** | **1094.55** | **286.10** | **89342** |
| 莆田市辖区 | District under Putian | | | | | | | |
| 城厢区 | Chengxiang | 475.64 | 9.86 | 180.92 | 284.85 | 114.50 | 66.70 | 109720 |
| 涵江区 | Hanjiang | 545.22 | 15.44 | 356.31 | 173.46 | 295.58 | 61.46 | 111840 |
| 荔城区 | Licheng | 565.79 | 17.58 | 309.21 | 239.00 | 242.76 | 67.06 | 107975 |
| 秀屿区 | Xiuyu | 475.22 | 59.94 | 242.69 | 172.59 | 193.07 | 50.05 | 79869 |
| 仙游县 | Xianyou | 533.52 | 20.83 | 288.85 | 223.85 | 248.62 | 40.83 | 61679 |
| **三明市** | **Sanming** | **2601.56** | **303.11** | **1402.92** | **895.52** | **1044.37** | **362.56** | **100641** |
| 三明市辖区 | District under Sanming | | | | | | | |
| 梅列区 | Meilie | 343.94 | 5.35 | 168.35 | 170.24 | 145.76 | 22.66 | 183434 |
| 三元区 | Sanyuan | 238.96 | 12.67 | 146.57 | 79.72 | 105.47 | 41.37 | 116284 |
| 永安市 | Yong'an | 431.65 | 35.93 | 264.93 | 130.80 | 220.67 | 44.75 | 120742 |
| 明溪县 | Mingxi | 107.34 | 20.04 | 53.60 | 33.70 | 35.68 | 18.00 | 104212 |
| 清流县 | Qingliu | 147.18 | 23.19 | 81.16 | 42.83 | 42.85 | 38.52 | 107823 |
| 宁化县 | Ninghua | 195.14 | 28.24 | 89.11 | 77.79 | 49.04 | 40.56 | 67876 |
| 大田县 | Datian | 217.81 | 43.39 | 115.62 | 58.79 | 103.61 | 12.38 | 67747 |
| 尤溪县 | Youxi | 215.05 | 50.19 | 84.45 | 80.42 | 71.39 | 13.36 | 59325 |
| 沙县 | Shaxian | 314.04 | 31.42 | 190.98 | 91.65 | 139.53 | 52.54 | 134495 |
| 将乐县 | Jiangle | 157.96 | 19.64 | 80.92 | 57.40 | 59.54 | 21.66 | 102905 |
| 泰宁县 | Taining | 99.51 | 14.51 | 49.75 | 35.26 | 30.40 | 19.47 | 86160 |
| 建宁县 | Jianning | 132.97 | 18.56 | 77.49 | 36.92 | 40.44 | 37.29 | 109890 |
| **泉州市** | **Quanzhou** | **9946.66** | **218.61** | **5855.27** | **3872.78** | **5167.98** | **695.92** | **114067** |
| 泉州市辖区 | District under Quanzhou | | | | | | | |
| 鲤城区 | Licheng | 648.41 | 0.19 | 341.88 | 306.34 | 314.86 | 27.14 | 146038 |
| 丰泽区 | Fengze | 723.85 | 1.84 | 155.34 | 566.67 | 90.53 | 64.96 | 122065 |
| 洛江区 | Luojiang | 282.10 | 5.20 | 183.47 | 93.43 | 154.78 | 28.69 | 129109 |
| 泉港区 | Quangang | 720.99 | 11.08 | 576.54 | 133.37 | 510.66 | 66.02 | 214581 |
| 石狮市 | Shishi | 917.84 | 25.06 | 429.78 | 463.00 | 379.63 | 50.31 | 132349 |

# 21-1 续表

## Continued

单位：亿元 (100 million yuan)

| 地区 | Area | 地区生产总值 Gross Domestic Product | 第一产业 Primary Industry | 第二产业 Secondary Industry | 第三产业 Tertiary Industry | 工业 Industry | 建筑业 Construction | 人均GDP（元） Per Capita GDP(yuan) |
|---|---|---|---|---|---|---|---|---|
| 晋江市 | Jinjiang | 2546.18 | 20.43 | 1586.89 | 938.86 | 1511.75 | 81.97 | 120387 |
| 南安市 | Nan'an | 1295.44 | 30.55 | 770.36 | 494.53 | 711.44 | 59.56 | 85847 |
| 惠安县 | Hui'an | 1318.11 | 32.88 | 961.22 | 324.00 | 783.77 | 177.77 | 129163 |
| 安溪县 | Anxi | 731.49 | 52.58 | 377.38 | 301.53 | 311.62 | 65.94 | 71296 |
| 永春县 | Yongchun | 484.10 | 25.17 | 305.58 | 153.35 | 269.18 | 36.49 | 103439 |
| 德化县 | Dehua | 278.15 | 13.62 | 166.83 | 97.69 | 129.77 | 37.07 | 93810 |
| **漳州市** | **Zhangzhou** | **4741.83** | **480.90** | **2315.26** | **1945.67** | **1862.24** | **457.10** | **92074** |
| 漳州市辖区 | District under Zhangzhou | | | | | | | |
| 芗城区 | Xiangcheng | 771.36 | 11.21 | 335.27 | 424.87 | 250.04 | 85.23 | 128271 |
| 龙文区 | Longwen | 361.36 | 6.00 | 138.30 | 217.05 | 100.80 | 37.50 | 185121 |
| 龙海市 | Longhai | 1100.46 | 79.22 | 641.77 | 379.47 | 486.51 | 155.26 | 114661 |
| 云霄县 | Yunxiao | 260.72 | 37.32 | 124.30 | 99.09 | 109.52 | 14.78 | 62068 |
| 漳浦县 | Zhangpu | 520.30 | 83.68 | 188.57 | 248.05 | 158.35 | 34.30 | 61061 |
| 诏安县 | Zhao'an | 284.87 | 51.66 | 138.21 | 95.01 | 123.57 | 14.64 | 45456 |
| 长泰县 | Changtai | 357.74 | 18.14 | 247.81 | 91.79 | 208.84 | 38.97 | 156903 |
| 东山县 | Dongshan | 257.68 | 38.03 | 132.30 | 87.35 | 105.21 | 27.09 | 114372 |
| 南靖县 | Nanjing | 374.84 | 69.60 | 185.13 | 120.11 | 161.99 | 23.14 | 106459 |
| 平和县 | Pinghe | 276.68 | 52.37 | 89.31 | 135.00 | 73.83 | 15.47 | 52913 |
| 华安县 | Hua'an | 175.83 | 33.67 | 94.29 | 47.87 | 83.57 | 10.71 | 105573 |
| **南平市** | **Nanping** | **1991.57** | **315.43** | **831.32** | **844.82** | **611.55** | **220.13** | **74036** |
| 南平市辖区 | District under Nanping | | | | | | | |
| 延平区 | Yanping | 405.83 | 34.60 | 173.90 | 197.33 | 82.84 | 91.15 | 86072 |
| 建阳区 | Jianyang | 248.52 | 39.73 | 108.23 | 100.56 | 86.45 | 21.83 | 76232 |
| 邵武市 | Shaowu | 244.25 | 30.18 | 117.66 | 96.40 | 94.88 | 22.83 | 88018 |
| 武夷山市 | Wuyishan | 207.12 | 27.76 | 82.09 | 97.26 | 64.78 | 17.32 | 87024 |
| 建瓯市 | Jian'ou | 291.72 | 51.72 | 120.14 | 119.86 | 96.97 | 23.24 | 64044 |
| 顺昌县 | Shunchang | 133.18 | 20.74 | 56.74 | 55.70 | 48.49 | 8.28 | 69362 |
| 浦城县 | Pucheng | 166.62 | 35.65 | 60.22 | 70.74 | 47.74 | 12.51 | 55540 |
| 光泽县 | Guangze | 114.53 | 43.14 | 38.67 | 32.72 | 32.88 | 5.80 | 83294 |
| 松溪县 | Songxi | 81.54 | 14.11 | 33.00 | 34.43 | 22.18 | 10.83 | 66292 |
| 政和县 | Zhenghe | 98.27 | 17.79 | 40.66 | 39.82 | 34.33 | 6.34 | 58146 |
| **龙岩市** | **Longyan** | **2678.96** | **288.23** | **1218.00** | **1172.73** | **838.39** | **379.61** | **101476** |
| 龙岩市辖区 | District under Longyan | | | | | | | |
| 新罗区 | Xinluo | 946.50 | 49.05 | 463.18 | 434.27 | 356.94 | 106.24 | 128165 |
| 永定区 | Yongding | 267.05 | 35.78 | 108.88 | 122.39 | 60.71 | 48.17 | 73975 |
| 漳平市 | Zhangping | 259.05 | 35.22 | 113.36 | 110.47 | 80.75 | 32.61 | 107269 |
| 长汀县 | Changting | 289.75 | 38.05 | 132.10 | 119.60 | 91.18 | 40.92 | 72167 |
| 上杭县 | Shanghang | 402.46 | 55.20 | 171.70 | 175.56 | 94.73 | 76.97 | 107467 |
| 武平县 | Wuping | 255.49 | 37.08 | 110.75 | 107.66 | 71.32 | 39.43 | 92400 |
| 连城县 | Liancheng | 258.66 | 37.85 | 118.03 | 102.78 | 82.76 | 35.27 | 104932 |
| **宁德市** | **Ningde** | **2451.70** | **313.33** | **1256.01** | **882.36** | **1032.12** | **225.40** | **84251** |
| 宁德市辖区 | District under Ningde | | | | | | | |
| 蕉城区 | Jiaocheng | 679.37 | 41.29 | 418.52 | 219.56 | 349.80 | 69.06 | 149312 |
| 福安市 | Fu'an | 569.01 | 51.65 | 361.97 | 155.40 | 316.89 | 45.50 | 98616 |
| 福鼎市 | Fuding | 418.04 | 58.46 | 229.66 | 129.91 | 194.93 | 35.17 | 77128 |
| 霞浦县 | Xiapu | 254.61 | 67.44 | 70.11 | 117.06 | 52.71 | 17.64 | 54462 |
| 古田县 | Gutian | 196.80 | 46.85 | 52.05 | 97.89 | 38.29 | 13.78 | 59277 |
| 屏南县 | Pingnan | 89.45 | 14.50 | 24.73 | 50.22 | 17.10 | 7.66 | 62995 |
| 寿宁县 | Shouning | 100.57 | 16.73 | 40.05 | 43.79 | 24.71 | 15.35 | 55718 |
| 周宁县 | Zhouning | 72.44 | 7.88 | 26.48 | 38.08 | 14.54 | 11.93 | 58891 |
| 柘荣县 | Zherong | 71.42 | 8.53 | 32.44 | 30.45 | 23.15 | 9.32 | 78483 |

# 21-2 地区生产总值指数（2019年）

# Indices of Gross Domestic Products(2019)

单位：以上年为100 (preceding year=100)

| 地区 | Area | 地区生产总值 Gross Domestic Product | 第一产业 Primary Industry | 第二产业 Secondary Industry | 第三产业 Tertiary Industry | 工业 Industry | 建筑业 Construction | 人均GDP Per Capita GDP |
|---|---|---|---|---|---|---|---|---|
| **全　省** | **Fujian** | **107.6** | **103.5** | **108.3** | **107.3** | **108.7** | **106.4** | **106.7** |
| **福州市** | **Fuzhou** | **107.9** | **103.8** | **107.8** | **108.3** | **108.6** | **105.7** | **106.9** |
| 福州市辖区 | District under Fuzhou | | | | | | | |
| 鼓楼区 | Gulou | 107.6 | 100.0 | 106.8 | 107.7 | 108.7 | 105.9 | 107.9 |
| 台江区 | Taijiang | 108.4 | 100.0 | 102.3 | 109.5 | 105.0 | 102.1 | 108.7 |
| 仓山区 | Cangshan | 108.4 | 100.5 | 108.3 | 108.5 | 108.7 | 106.4 | 106.3 |
| 马尾区 | Mawei | 105.2 | 103.6 | 103.9 | 107.2 | 105.2 | 100.8 | 104.6 |
| 晋安区 | Jin'an | 107.6 | 103.7 | 105.8 | 108.4 | 108.6 | 99.6 | 107.3 |
| 长乐区 | Changle | 107.7 | 103.8 | 108.6 | 106.4 | 108.6 | 108.2 | 106.2 |
| 福清市 | Fuqing | 107.6 | 104.0 | 108.7 | 106.8 | 108.6 | 109.5 | 106.6 |
| 闽侯县 | Minhou | 107.9 | 104.0 | 109.6 | 105.9 | 108.9 | 113.8 | 106.0 |
| 连江县 | Lianjiang | 107.5 | 104.7 | 107.6 | 109.5 | 108.3 | 105.4 | 106.4 |
| 罗源县 | Luoyuan | 108.5 | 104.0 | 108.9 | 110.3 | 108.8 | 109.6 | 106.3 |
| 闽清县 | Minqing | 109.6 | 104.7 | 108.3 | 113.1 | 108.7 | 108.0 | 108.5 |
| 永泰县 | Yongtai | 110.8 | 104.0 | 110.7 | 115.8 | 107.4 | 111.5 | 110.6 |
| 平潭县 | Pingtan | 108.1 | 102.2 | 97.5 | 115.3 | 103.6 | 96.8 | 107.0 |
| **厦门市** | **Xiamen** | **107.9** | **100.7** | **109.7** | **106.6** | **108.4** | **115.1** | **104.3** |
| 厦门市辖区 | District under Xiamen | | | | | | | |
| 思明区 | Siming | 107.2 | 121.6 | 112.9 | 106.1 | 105.2 | 116.8 | 106.4 |
| 海沧区 | Haicang | 107.8 | 96.1 | 108.2 | 107.4 | 108.3 | 107.4 | 99.7 |
| 湖里区 | Huli | 108.3 | 100.0 | 112.4 | 105.3 | 110.3 | 118.7 | 108.6 |
| 集美区 | Jimei | 107.7 | 103.5 | 108.3 | 106.9 | 106.9 | 118.6 | 102.2 |
| 同安区 | Tong'an | 108.3 | 100.7 | 107.1 | 110.4 | 106.1 | 130.8 | 101.3 |
| 翔安区 | Xiang'an | 109.3 | 94.5 | 109.4 | 110.1 | 110.2 | 103.1 | 101.8 |
| **莆田市** | **Putian** | **106.6** | **102.8** | **107.3** | **106.2** | **108.5** | **102.3** | **106.4** |
| 莆田市辖区 | District under Putian | | | | | | | |
| 城厢区 | Chengxiang | 106.1 | 103.8 | 106.9 | 105.7 | 109.5 | 101.9 | 106.0 |
| 涵江区 | Hanjiang | 106.1 | 104.3 | 105.8 | 107.0 | 106.6 | 101.3 | 106.0 |
| 荔城区 | Licheng | 106.8 | 102.4 | 108.0 | 105.5 | 109.4 | 102.2 | 106.6 |
| 秀屿区 | Xiuyu | 106.5 | 101.7 | 109.0 | 104.9 | 110.2 | 103.5 | 106.3 |
| 仙游县 | Xianyou | 107.5 | 104.8 | 107.4 | 108.0 | 107.9 | 103.3 | 107.3 |
| **三明市** | **Sanming** | **108.0** | **103.8** | **109.0** | **108.0** | **108.7** | **110.2** | **107.6** |
| 三明市辖区 | District under Sanming | | | | | | | |
| 梅列区 | Meilie | 110.3 | 103.5 | 108.1 | 112.7 | 108.2 | 108.0 | 108.8 |
| 三元区 | Sanyuan | 107.6 | 103.5 | 109.0 | 105.9 | 108.5 | 110.2 | 107.1 |
| 永安市 | Yong'an | 107.5 | 103.1 | 109.4 | 105.1 | 109.1 | 111.1 | 107.1 |
| 明溪县 | Mingxi | 108.5 | 103.3 | 109.9 | 109.7 | 108.7 | 112.7 | 108.5 |
| 清流县 | Qingliu | 107.9 | 103.8 | 108.9 | 108.2 | 109.2 | 108.6 | 108.3 |
| 宁化县 | Ninghua | 108.7 | 104.2 | 109.9 | 109.2 | 109.3 | 110.7 | 108.4 |
| 大田县 | Datian | 106.8 | 103.3 | 108.5 | 106.1 | 108.2 | 111.0 | 106.3 |
| 尤溪县 | Youxi | 106.6 | 104.4 | 108.7 | 105.6 | 108.3 | 111.1 | 106.3 |
| 沙县 | Shaxian | 107.7 | 104.1 | 108.8 | 106.7 | 108.7 | 108.9 | 107.2 |
| 将乐县 | Jiangle | 108.7 | 104.5 | 109.8 | 108.4 | 109.5 | 110.8 | 107.9 |
| 泰宁县 | Taining | 107.8 | 103.4 | 109.3 | 107.7 | 108.3 | 110.9 | 106.9 |
| 建宁县 | Jianning | 108.2 | 104.2 | 109.4 | 107.9 | 108.4 | 110.5 | 109.1 |
| **泉州市** | **Quanzhou** | **108.0** | **102.4** | **108.3** | **107.8** | **108.6** | **105.5** | **107.4** |
| 泉州市辖区 | District under Quanzhou | | | | | | | |
| 鲤城区 | Licheng | 109.0 | 106.1 | 108.2 | 110.0 | 108.1 | 109.1 | 108.2 |
| 丰泽区 | Fengze | 107.2 | 95.2 | 102.8 | 108.5 | 101.6 | 105.1 | 105.0 |
| 洛江区 | Luojiang | 108.8 | 103.4 | 110.4 | 105.5 | 112.1 | 100.0 | 107.8 |
| 泉港区 | Quangang | 107.6 | 101.6 | 108.1 | 105.9 | 107.8 | 110.7 | 107.3 |
| 石狮市 | Shishi | 107.6 | 97.6 | 105.3 | 110.5 | 104.9 | 108.6 | 107.3 |

# 21-2 续表

## Continued

单位：以上年为100 (preceding year=100)

| 地区 | Area | 地区生产总值 Gross Domestic Product | 第一产业 Primary Industry | 第二产业 Secondary Industry | 第三产业 Tertiary Industry | 工业 Industry | 建筑业 Construction | 人均GDP Per Capita GDP |
|---|---|---|---|---|---|---|---|---|
| 晋江市 | Jinjiang | 108.0 | 98.1 | 108.3 | 107.7 | 108.3 | 106.3 | 107.6 |
| 南安市 | Nan'an | 108.0 | 105.5 | 108.1 | 108.0 | 108.5 | 102.9 | 107.6 |
| 惠安县 | Hui'an | 108.7 | 103.7 | 108.8 | 108.8 | 109.4 | 105.7 | 108.2 |
| 安溪县 | Anxi | 107.9 | 104.1 | 108.3 | 108.0 | 109.0 | 104.3 | 107.4 |
| 永春县 | Yongchun | 108.2 | 103.8 | 108.9 | 107.3 | 110.9 | 93.2 | 107.8 |
| 德化县 | Dehua | 108.5 | 103.7 | 109.9 | 106.5 | 109.1 | 113.4 | 107.7 |
| **漳州市** | **Zhangzhou** | **106.5** | **103.9** | **107.6** | **105.5** | **109.0** | **101.2** | **105.8** |
| 漳州市辖区 | District under Zhangzhou | | | | | | | |
| 芗城区 | Xiangcheng | 106.6 | 105.4 | 106.8 | 106.5 | 109.1 | 99.0 | 106.2 |
| 龙文区 | Longwen | 107.2 | 100.3 | 109.3 | 106.0 | 109.3 | 107.6 | 106.5 |
| 龙海市 | Longhai | 106.9 | 102.9 | 108.2 | 105.3 | 109.0 | 102.6 | 106.1 |
| 云霄县 | Yunxiao | 104.5 | 103.8 | 106.7 | 101.7 | 107.8 | 97.1 | 105.9 |
| 漳浦县 | Zhangpu | 107.2 | 103.9 | 105.2 | 109.9 | 109.7 | 95.9 | 105.7 |
| 诏安县 | Zhao'an | 104.4 | 104.4 | 108.3 | 98.8 | 109.1 | 99.7 | 103.7 |
| 长泰县 | Changtai | 106.3 | 105.7 | 106.9 | 104.6 | 108.2 | 98.2 | 105.4 |
| 东山县 | Dongshan | 106.3 | 103.1 | 108.3 | 104.6 | 109.2 | 103.3 | 105.6 |
| 南靖县 | Nanjing | 106.9 | 104.1 | 109.1 | 105.1 | 109.3 | 107.4 | 106.1 |
| 平和县 | Pinghe | 105.4 | 104.8 | 107.6 | 104.2 | 109.2 | 99.1 | 104.8 |
| 华安县 | Hua'an | 107.1 | 104.1 | 108.2 | 106.9 | 109.1 | 100.6 | 107.1 |
| **南平市** | **Nanping** | **106.0** | **103.4** | **105.8** | **107.1** | **107.1** | **101.8** | **105.8** |
| 南平市辖区 | District under Nanping | | | | | | | |
| 延平区 | Yanping | 105.4 | 105.6 | 103.9 | 106.7 | 106.7 | 101.1 | 106.3 |
| 建阳区 | Jianyang | 104.5 | 103.5 | 103.0 | 106.7 | 105.9 | 91.2 | 102.7 |
| 邵武市 | Shaowu | 105.2 | 103.4 | 103.0 | 108.8 | 103.2 | 102.2 | 105.2 |
| 武夷山市 | Wuyishan | 107.8 | 104.3 | 108.0 | 108.8 | 108.5 | 105.8 | 107.6 |
| 建瓯市 | Jian'ou | 106.2 | 103.9 | 106.6 | 107.0 | 108.8 | 96.9 | 106.2 |
| 顺昌县 | Shunchang | 107.6 | 104.6 | 108.2 | 108.1 | 108.6 | 106.0 | 107.3 |
| 浦城县 | Pucheng | 107.4 | 102.3 | 111.4 | 106.9 | 109.2 | 122.2 | 107.2 |
| 光泽县 | Guangze | 104.7 | 101.0 | 109.9 | 103.9 | 108.4 | 121.4 | 103.9 |
| 松溪县 | Songxi | 106.5 | 104.0 | 107.5 | 106.6 | 108.7 | 104.8 | 106.0 |
| 政和县 | Zhenghe | 105.7 | 102.8 | 107.5 | 105.1 | 108.8 | 100.2 | 105.4 |
| **龙岩市** | **Longyan** | **107.1** | **103.4** | **108.2** | **106.7** | **107.9** | **108.9** | **107.1** |
| 龙岩市辖区 | District under Longyan | | | | | | | |
| 新罗区 | Xinluo | 106.6 | 103.4 | 107.5 | 105.7 | 107.4 | 108.0 | 106.0 |
| 永定区 | Yongding | 106.1 | 103.2 | 106.0 | 106.9 | 103.5 | 110.0 | 106.5 |
| 漳平市 | Zhangping | 106.0 | 103.2 | 107.8 | 104.9 | 107.3 | 109.3 | 106.2 |
| 长汀县 | Changting | 107.4 | 103.5 | 108.8 | 106.9 | 108.5 | 109.4 | 107.5 |
| 上杭县 | Shanghang | 108.6 | 103.7 | 109.4 | 109.1 | 110.1 | 108.4 | 108.7 |
| 武平县 | Wuping | 107.4 | 103.5 | 108.7 | 107.2 | 108.8 | 108.6 | 107.6 |
| 连城县 | Liancheng | 108.4 | 103.2 | 110.5 | 107.8 | 110.4 | 110.6 | 108.6 |
| **宁德市** | **Ningde** | **109.2** | **103.8** | **112.2** | **107.1** | **114.2** | **101.9** | **109.1** |
| 宁德市辖区 | District under Ningde | | | | | | | |
| 蕉城区 | Jiaocheng | 116.5 | 101.1 | 123.3 | 107.8 | 128.1 | 100.0 | 115.0 |
| 福安市 | Fu'an | 110.0 | 104.0 | 111.3 | 109.1 | 112.6 | 101.2 | 109.9 |
| 福鼎市 | Fuding | 101.2 | 104.9 | 97.7 | 106.7 | 98.0 | 95.4 | 101.1 |
| 霞浦县 | Xiapu | 105.1 | 104.3 | 104.6 | 106.0 | 104.6 | 104.6 | 105.1 |
| 古田县 | Gutian | 107.3 | 104.0 | 118.4 | 103.3 | 123.9 | 102.4 | 107.7 |
| 屏南县 | Pingnan | 110.5 | 104.7 | 121.1 | 107.3 | 122.9 | 116.5 | 110.1 |
| 寿宁县 | Shouning | 107.7 | 104.1 | 110.4 | 106.6 | 113.9 | 104.1 | 108.3 |
| 周宁县 | Zhouning | 110.7 | 104.7 | 118.3 | 107.0 | 117.5 | 119.4 | 110.2 |
| 柘荣县 | Zherong | 110.4 | 104.0 | 112.7 | 109.8 | 114.8 | 106.6 | 111.0 |

# 21-3 年末户籍统计人口数（2019年）

## Total Population at the Year-end(2019)

单位：万人 (10000 persons)

| 地区 | Area | 年末户籍统计总人口 Total Population at the Year-end | 按城乡分 By Residence 城镇 Annual | 乡村 Annual | 按性别分 By sex 男 Male | 女 Female |
|---|---|---|---|---|---|---|
| **全　省** | **Fujian** | **3896.47** | **1960.06** | **1936.41** | **2003.26** | **1893.21** |
| **福州市** | **Fuzhou** | **710.08** | **408.59** | **301.50** | **361.72** | **348.36** |
| 福州市辖区 | District under Fuzhou | 289.66 | 242.73 | 46.93 | 144.61 | 145.04 |
| 鼓楼区 | Gulou | 58.90 | 58.90 | | 28.97 | 29.93 |
| 台江区 | Taijiang | 31.83 | 31.83 | | 15.66 | 16.17 |
| 仓山区 | Cangshan | 62.07 | 62.07 | | 30.33 | 31.74 |
| 马尾区 | Mawei | 18.28 | 13.32 | 4.96 | 9.07 | 9.20 |
| 晋安区 | Jin'an | 42.47 | 39.04 | 3.43 | 20.78 | 21.69 |
| 长乐区 | Changle | 76.11 | 37.57 | 38.54 | 39.80 | 36.31 |
| 福清市 | Fuqing | 139.12 | 60.13 | 79.00 | 71.66 | 67.47 |
| 闽侯县 | Minhou | 70.33 | 31.97 | 38.37 | 35.82 | 34.52 |
| 连江县 | Lianjiang | 67.82 | 30.23 | 37.59 | 35.16 | 32.66 |
| 罗源县 | Luoyuan | 26.96 | 10.22 | 16.74 | 14.06 | 12.90 |
| 闽清县 | Minqing | 32.49 | 10.52 | 21.97 | 17.10 | 15.39 |
| 永泰县 | Yongtai | 38.57 | 9.93 | 28.65 | 20.47 | 18.10 |
| 平潭县 | Pingtan | 45.12 | 12.85 | 32.27 | 22.84 | 22.28 |
| **厦门市** | **Xiamen** | **259.24** | **224.22** | **35.02** | **127.54** | **131.70** |
| 厦门市辖区 | District under Xiamen | 259.24 | 224.22 | 35.02 | 127.54 | 131.70 |
| 思明区 | Siming | 84.75 | 84.75 | | 41.20 | 43.54 |
| 海沧区 | Haicang | 23.88 | 23.88 | | 11.56 | 12.32 |
| 湖里区 | Huli | 36.39 | 36.39 | | 18.11 | 18.28 |
| 集美区 | Jimei | 36.22 | 28.64 | 7.58 | 17.69 | 18.53 |
| 同安区 | Tong'an | 40.39 | 21.01 | 19.38 | 20.18 | 20.21 |
| 翔安区 | Xiang'an | 37.61 | 29.55 | 8.06 | 18.80 | 18.82 |
| **莆田市** | **Putian** | **363.50** | **169.04** | **194.46** | **185.71** | **177.79** |
| 莆田市辖区 | District under Putian | 245.82 | 119.43 | 126.39 | 124.89 | 120.93 |
| 城厢区 | Chengxiang | 43.67 | 21.84 | 21.83 | 21.89 | 21.79 |
| 涵江区 | Hanjiang | 45.10 | 29.33 | 15.76 | 22.39 | 22.71 |
| 荔城区 | Licheng | 60.59 | 37.36 | 23.22 | 30.30 | 30.29 |
| 秀屿区 | Xiuyu | 96.46 | 30.89 | 65.57 | 50.32 | 46.15 |
| 仙游县 | Xianyou | 117.68 | 49.61 | 68.07 | 60.82 | 56.86 |
| **三明市** | **Sanming** | **288.52** | **107.21** | **181.31** | **150.86** | **137.65** |
| 三明市辖区 | District under Sanming | 28.85 | 23.33 | 5.52 | 14.33 | 14.52 |
| 梅列区 | Meilie | 15.33 | 14.06 | 1.27 | 7.53 | 7.80 |
| 三元区 | Sanyuan | 13.52 | 9.27 | 4.25 | 6.80 | 6.72 |
| 永安市 | Yong'an | 32.95 | 18.02 | 14.93 | 16.93 | 16.03 |
| 明溪县 | Mingxi | 11.80 | 3.78 | 8.02 | 6.13 | 5.67 |
| 清流县 | Qingliu | 15.46 | 4.65 | 10.81 | 8.10 | 7.36 |
| 宁化县 | Ninghua | 37.52 | 9.13 | 28.39 | 19.69 | 17.82 |
| 大田县 | Datian | 41.61 | 13.78 | 27.82 | 22.63 | 18.98 |
| 尤溪县 | Youxi | 45.21 | 11.89 | 33.32 | 24.31 | 20.90 |
| 沙县 | Shaxian | 27.12 | 9.40 | 17.73 | 13.94 | 13.19 |
| 将乐县 | Jiangle | 18.68 | 6.09 | 12.59 | 9.71 | 8.97 |
| 泰宁县 | Taining | 13.81 | 3.66 | 10.14 | 7.14 | 6.67 |
| 建宁县 | Jianning | 15.51 | 3.48 | 12.04 | 7.96 | 7.55 |
| **泉州市** | **Quanzhou** | **760.70** | **400.90** | **359.80** | **393.86** | **366.85** |
| 泉州市辖区 | District under Quanzhou | 140.86 | 95.16 | 45.70 | 70.64 | 70.21 |
| 鲤城区 | Licheng | 27.11 | 27.11 | | 13.23 | 13.89 |
| 丰泽区 | Fengze | 28.50 | 28.50 | | 13.72 | 14.77 |

注：泉州市辖区户籍人口数包括台商投资区。漳州市辖区户籍人口数包括漳州市台商投资区和漳州开发区。

Note:District under Quanzhou contains Taiwan investment zone.District under Zhangzhou contains Taiwan investment zone and Zhangzhou investment zone.

# 21-3 续表

## Continued

单位：万人 (10000 persons)

| 地区 | Area | 年末户籍统计总人口 Total Population at the Year-end | 按城乡分 By Residence 城镇 Annual | 乡村 Annual | 按性别分 By sex 男 Male | 女 Female |
|---|---|---|---|---|---|---|
| 洛江区 | Luojiang | 20.54 | 6.38 | 14.16 | 10.67 | 9.87 |
| 泉港区 | Quangang | 42.19 | 22.77 | 19.42 | 21.70 | 20.50 |
| 石狮市 | Shishi | 35.11 | 27.38 | 7.73 | 17.80 | 17.30 |
| 晋江市 | Jinjiang | 119.37 | 69.85 | 49.52 | 60.95 | 58.42 |
| 南安市 | Nan'an | 166.51 | 90.62 | 75.89 | 87.74 | 78.77 |
| 惠安县 | Hui'an | 104.72 | 51.34 | 53.38 | 52.94 | 51.78 |
| 安溪县 | Anxi | 121.10 | 35.43 | 85.67 | 64.48 | 56.62 |
| 永春县 | Yongchun | 60.36 | 28.69 | 31.67 | 31.96 | 28.41 |
| 德化县 | Dehua | 35.19 | 12.84 | 22.35 | 18.67 | 16.51 |
| **漳州市** | **Zhangzhou** | **522.31** | **259.22** | **263.08** | **267.87** | **254.44** |
| 漳州市辖区 | District under Zhangzhou | 82.41 | 66.05 | 16.36 | 40.30 | 42.11 |
| 芗城区 | Xiangcheng | 47.46 | 40.50 | 6.96 | 23.24 | 24.22 |
| 龙文区 | Longwen | 16.95 | 14.98 | 1.97 | 8.35 | 8.60 |
| 龙海市 | Longhai | 90.16 | 40.50 | 49.66 | 45.27 | 44.89 |
| 云霄县 | Yunxiao | 46.78 | 18.64 | 28.14 | 24.65 | 22.13 |
| 漳浦县 | Zhangpu | 94.43 | 48.55 | 45.89 | 48.56 | 45.87 |
| 诏安县 | Zhao'an | 68.49 | 25.63 | 42.86 | 35.75 | 32.74 |
| 长泰县 | Changtai | 21.19 | 11.33 | 9.87 | 10.76 | 10.43 |
| 东山县 | Dongshan | 22.17 | 13.14 | 9.03 | 11.15 | 11.02 |
| 南靖县 | Nanjing | 36.05 | 15.17 | 20.87 | 18.45 | 17.60 |
| 平和县 | Pinghe | 61.88 | 23.21 | 38.67 | 32.99 | 28.90 |
| 华安县 | Hua'an | 16.74 | 7.59 | 9.16 | 8.69 | 8.05 |
| **南平市** | **Nanping** | **318.26** | **113.92** | **204.34** | **164.18** | **154.07** |
| 南平市辖区 | District under Nanping | 85.69 | 38.13 | 47.56 | 43.86 | 41.83 |
| 延平区 | Yanping | 49.76 | 24.90 | 24.86 | 25.48 | 24.28 |
| 建阳区 | Jianyang | 35.93 | 13.23 | 22.70 | 18.37 | 17.56 |
| 邵武市 | Shaowu | 30.39 | 12.53 | 17.87 | 15.54 | 14.85 |
| 武夷山市 | Wuyishan | 24.67 | 10.77 | 13.90 | 12.52 | 12.15 |
| 建瓯市 | Jian'ou | 54.91 | 17.29 | 37.62 | 28.36 | 26.55 |
| 顺昌县 | Shunchang | 23.25 | 8.34 | 14.91 | 11.99 | 11.26 |
| 浦城县 | Pucheng | 42.58 | 9.71 | 32.86 | 21.95 | 20.62 |
| 光泽县 | Guangze | 16.24 | 4.50 | 11.74 | 8.47 | 7.77 |
| 松溪县 | Songxi | 16.76 | 4.80 | 11.96 | 8.75 | 8.01 |
| 政和县 | Zhenghe | 23.77 | 7.85 | 15.92 | 12.75 | 11.02 |
| **龙岩市** | **Longyan** | **318.24** | **144.55** | **173.69** | **165.22** | **153.02** |
| 龙岩市辖区 | District under Longyan | 107.10 | 59.92 | 47.18 | 54.55 | 52.55 |
| 新罗区 | Xinluo | 58.13 | 44.89 | 13.25 | 28.84 | 29.29 |
| 永定区 | Yongding | 48.97 | 15.04 | 33.93 | 25.71 | 23.26 |
| 漳平市 | Zhangping | 29.36 | 12.23 | 17.13 | 15.45 | 13.91 |
| 长汀县 | Changting | 54.91 | 21.79 | 33.12 | 29.09 | 25.83 |
| 上杭县 | Shanghang | 52.48 | 21.02 | 31.46 | 27.07 | 25.41 |
| 武平县 | Wuping | 39.93 | 17.24 | 22.69 | 20.76 | 19.17 |
| 连城县 | Liancheng | 34.45 | 12.36 | 22.10 | 18.30 | 16.16 |
| **宁德市** | **Ningde** | **355.63** | **132.41** | **223.22** | **186.31** | **169.32** |
| 宁德市辖区 | District under Ningde | 51.76 | 24.67 | 27.08 | 26.19 | 25.57 |
| 蕉城区 | Jiaocheng | 51.76 | 24.67 | 27.08 | 26.19 | 25.57 |
| 福安市 | Fu'an | 67.67 | 26.28 | 41.39 | 35.62 | 32.04 |
| 福鼎市 | Fuding | 60.49 | 20.67 | 39.82 | 31.36 | 29.14 |
| 霞浦县 | Xiapu | 55.09 | 20.03 | 35.06 | 28.98 | 26.11 |
| 古田县 | Gutian | 42.75 | 13.75 | 29.01 | 22.60 | 20.16 |
| 屏南县 | Pingnan | 19.08 | 6.45 | 12.63 | 10.20 | 8.88 |
| 寿宁县 | Shouning | 26.52 | 8.97 | 17.55 | 14.20 | 12.32 |
| 周宁县 | Zhouning | 21.26 | 7.37 | 13.89 | 11.44 | 9.82 |
| 柘荣县 | Zherong | 11.00 | 4.22 | 6.79 | 5.73 | 5.27 |

# 21-4 年末常住人口数（2019年）

# Total Population at the Year-end(2019)

单位：万人 (10000 persons)

| 地区 | Area | 常住人口数 Total Population on Census | 城镇人口 Urban | 乡村人口 Rural | 城镇化水平(%) Lever of Township (%) |
|---|---|---|---|---|---|
| **全　省** | **Fujian** | **3973.00** | **2642.05** | **1330.95** | **66.5** |
| **福州市** | **Fuzhou** | **780.00** | **549.90** | **230.10** | **70.5** |
| 福州市辖区 | District under Fuzhou | 395.00 | 354.23 | 40.77 | 98.0 |
| 鼓楼区 | Gulou | 73.00 | 73.00 | | 100.0 |
| 台江区 | Taijiang | 48.00 | 48.00 | | 100.0 |
| 仓山区 | Cangshan | 85.80 | 85.80 | | 100.0 |
| 马尾区 | Mawei | 26.20 | 20.54 | 5.66 | 78.4 |
| 晋安区 | Jin'an | 87.00 | 86.39 | 0.61 | 99.3 |
| 长乐区 | Changle | 75.00 | 40.50 | 34.50 | 54.0 |
| 福清市 | Fuqing | 133.00 | 69.16 | 63.84 | 52.0 |
| 闽侯县 | Minhou | 74.00 | 42.48 | 31.52 | 57.4 |
| 连江县 | Lianjiang | 60.00 | 28.80 | 31.20 | 48.0 |
| 罗源县 | Luoyuan | 22.00 | 10.82 | 11.18 | 49.2 |
| 闽清县 | Minqing | 24.50 | 10.05 | 14.45 | 41.0 |
| 永泰县 | Yongtai | 25.50 | 10.74 | 14.76 | 42.1 |
| 平潭县 | Pingtan | 46.00 | 23.69 | 22.31 | 51.5 |
| **厦门市** | **Xiamen** | **429.00** | **382.67** | **46.33** | **89.2** |
| 厦门市辖区 | District under Xiamen | 429.00 | 382.67 | 46.33 | 89.2 |
| 思明区 | Siming | 102.30 | 102.30 | | 100.0 |
| 海沧区 | Haicang | 41.60 | 37.90 | 3.70 | 91.1 |
| 湖里区 | Huli | 102.60 | 102.60 | | 100.0 |
| 集美区 | Jimei | 74.80 | 65.82 | 8.98 | 88.0 |
| 同安区 | Tong'an | 66.30 | 47.87 | 18.43 | 72.2 |
| 翔安区 | Xiang'an | 41.40 | 26.16 | 15.24 | 63.2 |
| **莆田市** | **Putian** | **291.00** | **179.55** | **111.45** | **61.7** |
| 莆田市辖区 | District under Putian | 204.30 | 136.11 | 68.19 | 66.6 |
| 城厢区 | Chengxiang | 43.40 | 30.81 | 12.59 | 71.0 |
| 涵江区 | Hanjiang | 48.80 | 38.36 | 10.44 | 78.6 |
| 荔城区 | Licheng | 52.50 | 38.75 | 13.75 | 73.8 |
| 秀屿区 | Xiuyu | 59.60 | 28.19 | 31.41 | 47.3 |
| 仙游县 | Xianyou | 86.70 | 43.44 | 43.26 | 50.1 |
| **三明市** | **Sanming** | **259.00** | **157.80** | **101.20** | **60.9** |
| 三明市辖区 | District under Sanming | 39.50 | 36.75 | 2.75 | 93.0 |
| 梅列区 | Meilie | 18.90 | 18.64 | 0.26 | 98.6 |
| 三元区 | Sanyuan | 20.60 | 18.11 | 2.49 | 87.9 |
| 永安市 | Yong'an | 35.80 | 25.20 | 10.60 | 70.4 |
| 明溪县 | Mingxi | 10.30 | 5.60 | 4.70 | 54.4 |
| 清流县 | Qingliu | 13.60 | 6.80 | 6.80 | 50.0 |
| 宁化县 | Ninghua | 28.80 | 13.30 | 15.50 | 46.2 |
| 大田县 | Datian | 32.20 | 17.00 | 15.20 | 52.8 |
| 尤溪县 | Youxi | 36.30 | 17.20 | 19.10 | 47.4 |
| 沙县 | Shaxian | 23.40 | 15.50 | 7.90 | 66.2 |
| 将乐县 | Jiangle | 15.40 | 8.70 | 6.70 | 56.5 |
| 泰宁县 | Taining | 11.60 | 6.07 | 5.53 | 52.3 |
| 建宁县 | Jianning | 12.10 | 5.70 | 6.40 | 47.1 |
| **泉州市** | **Quanzhou** | **874.00** | **587.33** | **286.67** | **67.2** |
| 泉州市辖区 | District under Quanzhou | 160.30 | 135.89 | 24.41 | 84.8 |
| 鲤城区 | Licheng | 44.50 | 44.50 | | 100.0 |
| 丰泽区 | Fengze | 60.30 | 60.30 | | 100.0 |
| 洛江区 | Luojiang | 21.90 | 13.05 | 8.85 | 59.6 |

# 21-4 续表
# Continued

单位：万人 (10000 persons)

| 地区 | Area | 常住人口数 Total Population on Census | 城镇人口 Urban | 乡村人口 Rural | 城镇化水平(%) Lever of Township (%) |
|---|---|---|---|---|---|
| 泉港区 | Quangang | 33.60 | 18.04 | 15.56 | 53.7 |
| 石狮市 | Shishi | 69.40 | 55.45 | 13.95 | 79.9 |
| 晋江市 | Jinjiang | 211.90 | 142.82 | 69.08 | 67.4 |
| 南安市 | Nan'an | 151.00 | 91.36 | 59.64 | 60.5 |
| 惠安县 | Hui'an | 102.20 | 60.86 | 41.34 | 59.6 |
| 安溪县 | Anxi | 102.70 | 50.32 | 52.38 | 49.0 |
| 永春县 | Yongchun | 46.80 | 28.17 | 18.63 | 60.2 |
| 德化县 | Dehua | 29.70 | 22.45 | 7.25 | 75.6 |
| **漳州市** | **Zhangzhou** | **516.00** | **309.60** | **206.40** | **60.0** |
| 漳州市辖区 | District under Zhangzhou | 79.79 | 72.55 | 7.24 | 90.9 |
| 芗城区 | Xiangcheng | 60.23 | 54.93 | 5.30 | 91.2 |
| 龙文区 | Longwen | 19.56 | 17.62 | 1.94 | 90.1 |
| 龙海市 | Longhai | 96.31 | 58.27 | 38.04 | 60.5 |
| 云霄县 | Yunxiao | 41.23 | 21.73 | 19.50 | 52.7 |
| 漳浦县 | Zhangpu | 86.05 | 46.98 | 39.07 | 54.6 |
| 诏安县 | Zhao'an | 62.80 | 29.52 | 33.28 | 47.0 |
| 长泰县 | Changtai | 22.87 | 12.88 | 9.99 | 56.3 |
| 东山县 | Dongshan | 22.60 | 13.58 | 9.02 | 60.1 |
| 南靖县 | Nanjing | 35.34 | 19.26 | 16.08 | 54.5 |
| 平和县 | Pinghe | 52.40 | 25.94 | 26.46 | 49.5 |
| 华安县 | Hua'an | 16.61 | 8.89 | 7.72 | 53.5 |
| **南平市** | **Nanping** | **269.00** | **154.68** | **114.32** | **57.5** |
| 南平市辖区 | District under Nanping | 79.80 | 52.19 | 27.61 | 65.4 |
| 延平区 | Yanping | 47.00 | 32.38 | 14.62 | 68.9 |
| 建阳区 | Jianyang | 32.80 | 19.81 | 12.99 | 60.4 |
| 邵武市 | Shaowu | 27.70 | 19.28 | 8.42 | 69.6 |
| 武夷山市 | Wuyishan | 23.80 | 14.04 | 9.76 | 59.0 |
| 建瓯市 | Jian’ou | 45.50 | 23.89 | 21.61 | 52.5 |
| 顺昌县 | Shunchang | 19.20 | 9.85 | 9.35 | 51.3 |
| 浦城县 | Pucheng | 30.00 | 14.70 | 15.30 | 49.0 |
| 光泽县 | Guangze | 13.80 | 6.62 | 7.18 | 48.0 |
| 松溪县 | Songxi | 12.30 | 5.99 | 6.31 | 48.7 |
| 政和县 | Zhenghe | 16.90 | 8.11 | 8.79 | 48.0 |
| **龙岩市** | **Longyan** | **264.00** | **153.12** | **110.88** | **58.0** |
| 龙岩市辖区 | District under Longyan | 110.20 | 73.99 | 36.21 | 67.1 |
| 新罗区 | Xinluo | 74.20 | 56.39 | 17.81 | 76.0 |
| 永定区 | Yongding | 36.00 | 17.60 | 18.40 | 48.9 |
| 漳平市 | Zhangping | 24.10 | 13.54 | 10.56 | 56.2 |
| 长汀县 | Changting | 40.10 | 21.09 | 19.01 | 52.6 |
| 上杭县 | Shanghang | 37.40 | 18.40 | 19.00 | 49.2 |
| 武平县 | Wuping | 27.60 | 14.13 | 13.47 | 51.2 |
| 连城县 | Liancheng | 24.60 | 11.96 | 12.64 | 48.6 |
| **宁德市** | **Ningde** | **291.00** | **167.62** | **123.38** | **57.6** |
| 宁德市辖区 | District under Ningde | 46.00 | 30.64 | 15.36 | 66.6 |
| 蕉城区 | Jiaocheng | 46.00 | 30.64 | 15.36 | 66.6 |
| 福安市 | Fu'an | 57.70 | 37.45 | 20.25 | 64.9 |
| 福鼎市 | Fuding | 54.20 | 33.06 | 21.14 | 61.0 |
| 霞浦县 | Xiapu | 46.70 | 23.02 | 23.68 | 49.3 |
| 古田县 | Gutian | 33.00 | 16.10 | 16.90 | 48.8 |
| 屏南县 | Pingnan | 14.20 | 6.55 | 7.65 | 46.1 |
| 寿宁县 | Shouning | 17.90 | 8.88 | 9.02 | 49.6 |
| 周宁县 | Zhouning | 12.30 | 6.36 | 5.94 | 51.7 |
| 柘荣县 | Zherong | 9.00 | 5.56 | 3.44 | 61.8 |

# 21-5 城镇单位年末从业人员数（2019年）

# Persons Employed in Urban Units at the Year-end (2019)

单位：人 (person)

| 地区 | Area | 单位从业人员数 Number of persons Employed in Units | 在岗职工（含劳务派遣人员） Number of Staff and Workers on the Job | | | | 其他从业人员 Other Employed Persons |
|---|---|---|---|---|---|---|---|
| | | | | 国有 State-Owned Units | 城镇集体 Urban Collective - Owned Units | 其他 Units of Other Types of Ownerships | |
| **全　省** | **Fujian** | **6395845** | **5787681** | **1362670** | **70960** | **4354051** | **608164** |
| **福州市** | **Fuzhou** | **1761930** | **1504112** | **312566** | **27039** | **1164507** | **257818** |
| 福州市辖区 | District under Fuzhou | 1237197 | 1043832 | 192576 | 18469 | 832787 | 193365 |
| 鼓楼区 | Gulou | 531540 | 456177 | 81756 | 3572 | 370849 | 75363 |
| 台江区 | Taijiang | 177552 | 122777 | 23541 | 1109 | 98127 | 54775 |
| 仓山区 | Cangshan | 163714 | 151621 | 31922 | 7293 | 112406 | 12093 |
| 马尾区 | Mawei | 123941 | 121425 | 11496 | 324 | 109605 | 2516 |
| 晋安区 | Jin'an | 138031 | 94502 | 24903 | 3795 | 65804 | 43529 |
| 长乐区 | Changle | 102419 | 97330 | 18958 | 2376 | 75996 | 5089 |
| 福清市 | Fuqing | 177997 | 168616 | 31062 | 2072 | 135482 | 9381 |
| 闽侯县 | Minhou | 84969 | 80827 | 35477 | 2797 | 42553 | 4142 |
| 连江县 | Lianjiang | 41944 | 37389 | 14903 | 1461 | 21025 | 4555 |
| 罗源县 | Luoyuan | 36462 | 34363 | 8246 | 391 | 25726 | 2099 |
| 闽清县 | Minqing | 69917 | 66161 | 9230 | 1358 | 55573 | 3756 |
| 永泰县 | Yongtai | 84197 | 47214 | 9271 | 238 | 37705 | 36983 |
| 平潭县 | Pingtan | 29247 | 25710 | 11801 | 253 | 13656 | 3537 |
| **厦门市** | **Xiamen** | **1269027** | **1209043** | **176356** | **2353** | **1030334** | **59984** |
| 厦门市辖区 | District under Xiamen | 1269027 | 1209043 | 176356 | 2353 | 1030334 | 59984 |
| 思明区 | Siming | 454445 | 416763 | 79506 | 1115 | 336142 | 37682 |
| 海沧区 | Haicang | 182115 | 177499 | 14713 | 56 | 162730 | 4616 |
| 湖里区 | Huli | 223833 | 218639 | 28462 | 290 | 189887 | 5194 |
| 集美区 | Jimei | 181663 | 178495 | 24506 | 208 | 153781 | 3168 |
| 同安区 | Tong'an | 104848 | 99716 | 19132 | 488 | 80096 | 5132 |
| 翔安区 | Xiang'an | 122123 | 117931 | 10037 | 196 | 107698 | 4192 |
| **莆田市** | **Putian** | **451454** | **414642** | **80484** | **7049** | **327109** | **36812** |
| 莆田市辖区 | District under Putian | 401243 | 366121 | 62038 | 4722 | 299361 | 35122 |
| 城厢区 | Chengxiang | 96975 | 85747 | 27191 | 2422 | 56134 | 11228 |
| 涵江区 | Hanjiang | 91267 | 83185 | 11927 | 975 | 70283 | 8082 |
| 荔城区 | Licheng | 158802 | 145770 | 10670 | 435 | 134665 | 13032 |
| 秀屿区 | Xiuyu | 54199 | 51419 | 12250 | 890 | 38279 | 2780 |
| 仙游县 | Xianyou | 50211 | 48521 | 18446 | 2327 | 27748 | 1690 |
| **三明市** | **Sanming** | **252104** | **226469** | **113250** | **5795** | **107424** | **25635** |
| 三明市辖区 | District under Sanming | 103346 | 89225 | 30037 | 1013 | 58175 | 14121 |
| 梅列区 | Meilie | 59839 | 47151 | 21811 | 790 | 24550 | 12688 |
| 三元区 | Sanyuan | 43507 | 42074 | 8226 | 223 | 33625 | 1433 |
| 永安市 | Yong'an | 32345 | 30139 | 14702 | 492 | 14945 | 2206 |
| 明溪县 | Mingxi | 8422 | 7110 | 5150 | 188 | 1772 | 1312 |
| 清流县 | Qingliu | 10457 | 9455 | 6656 | 86 | 2713 | 1002 |
| 宁化县 | Ninghua | 11641 | 10369 | 7416 | 225 | 2728 | 1272 |
| 大田县 | Datian | 17867 | 17212 | 11397 | 2384 | 3431 | 655 |
| 尤溪县 | Youxi | 19457 | 17787 | 11267 | 473 | 6047 | 1670 |
| 沙县 | Shaxian | 20234 | 18964 | 8998 | 879 | 9087 | 1270 |
| 将乐县 | Jiangle | 10020 | 9486 | 6963 | 22 | 2501 | 534 |
| 泰宁县 | Taining | 6928 | 6256 | 5232 | | 1024 | 672 |
| 建宁县 | Jianning | 11387 | 10466 | 5432 | 33 | 5001 | 921 |
| **泉州市** | **Quanzhou** | **1292809** | **1234437** | **209825** | **11928** | **1012684** | **59372** |
| 泉州市辖区 | District under Quanzhou | 360753 | 339687 | 99192 | 1984 | 238511 | 21066 |
| 鲤城区 | Licheng | 154452 | 144549 | 45526 | 1106 | 97917 | 9903 |
| 丰泽区 | Fengze | 135038 | 126682 | 39222 | 524 | 86936 | 8356 |
| 洛江区 | Luojiang | 43036 | 41763 | 4839 | 321 | 36603 | 1273 |
| 泉港区 | Quangang | 28227 | 26693 | 9605 | 33 | 17055 | 1534 |
| 石狮市 | Shishi | 100581 | 95693 | 7308 | 584 | 87801 | 4888 |
| 晋江市 | Jinjiang | 269953 | 262613 | 27720 | 3206 | 231687 | 7340 |

# 21-5 续表

## Continued

单位：人 (person)

| 地区 | Area | 单位从业人员数 Number of persons Employed in Units | 在岗职工（含劳务派遣人员）Number of Staff and Workers on the Job | 国有 State-Owned Units | 城镇集体 Urban Collective - Owned Units | 其他 Units of Other Types of Ownerships | 其他从业人员 Other Employed Persons |
|---|---|---|---|---|---|---|---|
| 南安市 | Nan'an | 130168 | 122160 | 22368 | 1036 | 98756 | 8008 |
| 惠安县 | Hui'an | 213592 | 209493 | 18608 | 2130 | 188755 | 4099 |
| 安溪县 | Anxi | 129842 | 122343 | 15409 | 1432 | 105502 | 7499 |
| 永春县 | Yongchun | 60064 | 55312 | 9167 | 854 | 45291 | 4752 |
| 德化县 | Dehua | 27856 | 27136 | 10053 | 702 | 16381 | 720 |
| **漳州市** | **Zhangzhou** | **517320** | **448016** | **142972** | **4847** | **300197** | **69304** |
| 漳州市辖区 | District under Zhangzhou | 178180 | 150970 | 42284 | 1066 | 107620 | 27210 |
| 芗城区 | Xiangcheng | 134829 | 115129 | 34756 | 1041 | 79332 | 19700 |
| 龙文区 | Longwen | 43351 | 35841 | 7528 | 25 | 28288 | 7510 |
| 龙海市 | Longhai | 118259 | 97569 | 22159 | 890 | 74520 | 20690 |
| 云霄县 | Yunxiao | 24633 | 21477 | 11319 | 53 | 10105 | 3156 |
| 漳浦县 | Zhangpu | 58199 | 48813 | 18278 | 458 | 30077 | 9386 |
| 诏安县 | Zhao'an | 31369 | 27314 | 10602 | 599 | 16113 | 4055 |
| 长泰县 | Changtai | 35272 | 34682 | 6935 | 558 | 27189 | 590 |
| 东山县 | Dongshan | 14697 | 12989 | 7272 | 101 | 5616 | 1708 |
| 南靖县 | Nanjing | 23252 | 21980 | 8731 | 257 | 12992 | 1272 |
| 平和县 | Pinghe | 17312 | 16545 | 9876 | 326 | 6343 | 767 |
| 华安县 | Hua'an | 16147 | 15677 | 5516 | 539 | 9622 | 470 |
| **南平市** | **Nanping** | **239662** | **211858** | **106890** | **3895** | **101073** | **27804** |
| 南平市辖区 | District under Nanping | 109030 | 91925 | 41014 | 1194 | 49717 | 17105 |
| 延平区 | Yanping | 64847 | 65017 | 25186 | 722 | 39109 | 9040 |
| 建阳区 | Jianyang | 44183 | 26908 | 15828 | 472 | 10608 | 8065 |
| 邵武市 | Shaowu | 27019 | 24943 | 10247 | 776 | 13920 | 2076 |
| 武夷山市 | Wuyishan | 22864 | 20118 | 10998 | 130 | 8990 | 2746 |
| 建瓯市 | Jian'ou | 20021 | 18453 | 10478 | 924 | 7051 | 1568 |
| 顺昌县 | Shunchang | 12384 | 10905 | 7399 | 459 | 3047 | 1479 |
| 浦城县 | Pucheng | 19131 | 17919 | 9219 | 129 | 8571 | 1212 |
| 光泽县 | Guangze | 7479 | 7065 | 5775 | 110 | 1180 | 414 |
| 松溪县 | Songxi | 9451 | 9174 | 5673 | 126 | 3375 | 277 |
| 政和县 | Zhenghe | 12283 | 11356 | 6087 | 47 | 5222 | 927 |
| **龙岩市** | **Longyan** | **304249** | **276454** | **111023** | **4786** | **160645** | **27795** |
| 龙岩市辖区 | District under Longyan | 137877 | 117730 | 54987 | 1837 | 60906 | 20147 |
| 新罗区 | Xinluo | 114132 | 95230 | 40651 | 1612 | 52967 | 18902 |
| 永定区 | Yongding | 23745 | 22500 | 14336 | 225 | 7939 | 1245 |
| 漳平市 | Zhangping | 43019 | 42032 | 9416 | 381 | 32235 | 987 |
| 长汀县 | Changting | 41956 | 39067 | 11052 | 1249 | 26766 | 2889 |
| 上杭县 | Shanghang | 41751 | 39900 | 13987 | 561 | 25352 | 1851 |
| 武平县 | Wuping | 23578 | 22348 | 11185 | 511 | 10652 | 1230 |
| 连城县 | Liancheng | 16068 | 15377 | 10396 | 247 | 4734 | 691 |
| **宁德市** | **Ningde** | **274055** | **229726** | **109304** | **3268** | **117154** | **44329** |
| 宁德市辖区 | District under Ningde | 121919 | 85772 | 30481 | 448 | 54843 | 36147 |
| 蕉城区 | Jiaocheng | 121919 | 85772 | 30481 | 448 | 54843 | 36147 |
| 福安市 | Fu'an | 38917 | 37859 | 17823 | 243 | 19793 | 1058 |
| 福鼎市 | Fuding | 37951 | 37000 | 14119 | 1016 | 21865 | 951 |
| 霞浦县 | Xiapu | 18722 | 17460 | 12636 | 581 | 4243 | 1262 |
| 古田县 | Gutian | 19136 | 18077 | 9999 | 748 | 7330 | 1059 |
| 屏南县 | Pingnan | 9656 | 8045 | 6152 | 127 | 1766 | 1611 |
| 寿宁县 | Shouning | 11758 | 10647 | 7036 | 61 | 3550 | 1111 |
| 周宁县 | Zhouning | 8644 | 7800 | 6198 | 8 | 1594 | 844 |
| 柘荣县 | Zherong | 7352 | 7066 | 4860 | 36 | 2170 | 286 |

# 21-6 城镇单位在岗职工（含劳务派遣人员）平均工资（2019年）

# Average Annual Wages of Staff and Worker(including labor dispatch personnel) on the Job in Urban Areas(2019)

单位：元 (yuan)

| 地区 | Area | 在岗职工平均工资 Total Wages of Staff and Workers on the Job | 国有 State-Owned Units | 城镇集体 Urban Collective-Owned Unit | 其他 Units of Other Types of Ownerships | 在岗职工平均工资比上年增长(%) Ratio(%) |
|---|---|---|---|---|---|---|
| **全　省** | **Fujian** | **84374** | **111211** | **79508** | **76019** | **10.6** |
| **福州市** | **Fuzhou** | **88952** | **113272** | **83183** | **82572** | **6.9** |
| 福州市辖区 | District under Fuzhou | 92178 | 116493 | 87950 | 86664 | 7.6 |
| 鼓楼区 | Gulou | 97108 | 119427 | 77912 | 92348 | 4.2 |
| 台江区 | Taijiang | 94105 | 141477 | 59925 | 83007 | 19.5 |
| 仓山区 | Cangshan | 84065 | 107418 | 78417 | 77800 | 8.4 |
| 马尾区 | Mawei | 92875 | 108612 | 73385 | 91376 | 10.4 |
| 晋安区 | Jin'an | 93818 | 112818 | 146499 | 83712 | 9.1 |
| 长乐区 | Changle | 76529 | 97593 | 54235 | 71867 | 7.1 |
| 福清市 | Fuqing | 76075 | 89594 | 101128 | 72564 | -0.6 |
| 闽侯县 | Minhou | 102339 | 135430 | 64525 | 77904 | 16.9 |
| 连江县 | Lianjiang | 82725 | 95565 | 83005 | 73963 | 11.7 |
| 罗源县 | Luoyuan | 72091 | 98236 | 50101 | 63935 | 2.7 |
| 闽清县 | Minqing | 78400 | 93786 | 46268 | 76617 | -0.9 |
| 永泰县 | Yongtai | 71254 | 94185 | 52916 | 65588 | |
| 平潭县 | Pingtan | 89644 | 120168 | 67257 | 64383 | 14.3 |
| **厦门市** | **Xiamen** | **97779** | **170030** | **93056** | **85449** | **14.8** |
| 厦门市辖区 | District under Xiamen | 97779 | 170030 | 93056 | 85449 | 14.8 |
| 思明区 | Siming | 107047 | 188182 | 83412 | 88129 | 10.7 |
| 海沧区 | Haicang | 85023 | 150798 | 77333 | 78723 | 9.2 |
| 湖里区 | Huli | 111669 | 153773 | 65921 | 105348 | 35.4 |
| 集美区 | Jimei | 89770 | 167788 | 86360 | 77721 | 12.7 |
| 同安区 | Tong'an | 83811 | 136362 | 127667 | 71560 | 10.1 |
| 翔安区 | Xiang'an | 81992 | 169872 | 126730 | 73944 | 15.0 |
| **莆田市** | **Putian** | **70204** | **91736** | **87872** | **64390** | **7.3** |
| 莆田市辖区 | District under Putian | 71069 | 96544 | 97400 | 65228 | 6.8 |
| 城厢区 | Chengxiang | 85160 | 107571 | 127536 | 72069 | 6.9 |
| 涵江区 | Hanjiang | 61941 | 90102 | 60278 | 60638 | 1.8 |
| 荔城区 | Licheng | 65214 | 89166 | 65035 | 63279 | 2.1 |
| 秀屿区 | Xiuyu | 74005 | 84681 | 72719 | 70537 | 14.6 |
| 仙游县 | Xianyou | 63734 | 75478 | 98526 | 55413 | 7.2 |
| **三明市** | **Sanming** | **86559** | **96123** | **62264** | **76998** | **9.3** |
| 三明市辖区 | District under Sanming | 94843 | 105697 | 87843 | 88511 | 8.3 |
| 梅列区 | Meilie | 104331 | 103705 | 97867 | 105104 | 13.0 |
| 三元区 | Sanyuan | 81840 | 111017 | 52093 | 72893 | 20.9 |
| 永安市 | Yong'an | 82143 | 100878 | 41590 | 65411 | 7.7 |
| 明溪县 | Mingxi | 84454 | 90016 | 49858 | 70739 | 22.2 |
| 清流县 | Qingliu | 81826 | 94360 | 66155 | 51503 | 12.9 |
| 宁化县 | Ninghua | 100724 | 105418 | 27244 | 94364 | 27.3 |
| 大田县 | Datian | 73950 | 84474 | 51606 | 51725 | 6.3 |
| 尤溪县 | Youxi | 82322 | 93365 | 92267 | 59704 | 10.1 |
| 沙县 | Shaxian | 75449 | 86731 | 62138 | 65637 | 1.4 |
| 将乐县 | Jiangle | 78147 | 84981 | 55682 | 58795 | 3.0 |
| 泰宁县 | Taining | 94645 | 96229 | | 86705 | 10.1 |
| 建宁县 | Jianning | 75390 | 84486 | 64758 | 65497 | 9.8 |
| **泉州市** | **Quanzhou** | **72321** | **111390** | **82408** | **64132** | **9.7** |
| 泉州市辖区 | District under Quanzhou | 81696 | 110751 | 82642 | 69535 | 9.3 |
| 鲤城区 | Licheng | 74854 | 96985 | 87065 | 64268 | 19.6 |
| 丰泽区 | Fengze | 96716 | 131672 | 71417 | 81206 | 40.6 |

# 21-6 续表

## Continued

单位：元　　(yuan)

| 地区 | Area | 在岗职工平均工资 Total Wages of Staff and Workers on the Job | 国有 State-Owned Units | 城镇集体 Urban Collective-Owned Unit | 其他 Units of Other Types of Ownerships | 在岗职工平均工资比上年增长(%) Ratio(%) |
|---|---|---|---|---|---|---|
| 洛江区 | Luojiang | 62304 | 113266 | 94926 | 55296 | 7.1 |
| 泉港区 | Quangang | 76791 | 89011 | 17884 | 69827 | 6.2 |
| 石狮市 | Shishi | 71679 | 131076 | 85031 | 66625 | 16.2 |
| 晋江市 | Jinjiang | 73550 | 134186 | 94815 | 66062 | 13.5 |
| 南安市 | Nan'an | 68930 | 96710 | 59571 | 62876 | 10.3 |
| 惠安县 | Hui'an | 63652 | 106730 | 90609 | 59065 | 2.7 |
| 安溪县 | Anxi | 70496 | 113485 | 96212 | 63941 | 6.6 |
| 永春县 | Yongchun | 59601 | 107111 | 46570 | 50427 | 4.5 |
| 德化县 | Dehua | 61989 | 81441 | 50833 | 50498 | 11.9 |
| **漳州市** | **Zhangzhou** | **83421** | **104995** | **90028** | **73226** | **11.9** |
| 漳州市辖区 | District under Zhangzhou | 87187 | 125707 | 80776 | 71790 | 12.4 |
| 芗城区 | Xiangcheng | 88923 | 129948 | 81603 | 70670 | 12.1 |
| 龙文区 | Longwen | 81561 | 105996 | 45083 | 74952 | 16.2 |
| 龙海市 | Longhai | 88778 | 106878 | 150539 | 83136 | 14.4 |
| 云霄县 | Yunxiao | 74100 | 83523 | 40566 | 63453 | 10.9 |
| 漳浦县 | Zhangpu | 77978 | 86520 | 76183 | 72742 | 5.9 |
| 诏安县 | Zhao'an | 69118 | 90420 | 78158 | 54988 | 10.2 |
| 长泰县 | Changtai | 74385 | 107368 | 70043 | 66213 | 9.9 |
| 东山县 | Dongshan | 89123 | 106055 | 82406 | 68203 | 7.2 |
| 南靖县 | Nanjing | 84030 | 104693 | 65864 | 70956 | 9.8 |
| 平和县 | Pinghe | 82972 | 85274 | 76512 | 79587 | 22.8 |
| 华安县 | Hua'an | 81664 | 103707 | 75145 | 70016 | 6.6 |
| **南平市** | **Nanping** | **76230** | **90645** | **59476** | **61773** | **8.9** |
| 南平市辖区 | District under Nanping | 79151 | 96617 | 56150 | 65410 | 7.0 |
| 延平区 | Yanping | 79389 | 99580 | 52653 | 66994 | 7.0 |
| 建阳区 | Jianyang | 78570 | 91887 | 61342 | 59495 | 7.3 |
| 邵武市 | Shaowu | 72833 | 86450 | 64749 | 63134 | 11.5 |
| 武夷山市 | Wuyishan | 75698 | 85625 | 64447 | 63671 | 10.9 |
| 建瓯市 | Jian’ou | 75976 | 88369 | 61353 | 59055 | 6.6 |
| 顺昌县 | Shunchang | 76491 | 89869 | 54721 | 52579 | 10.5 |
| 浦城县 | Pucheng | 74836 | 90579 | 58938 | 58672 | 12.2 |
| 光泽县 | Guangze | 83227 | 90897 | 59241 | 48209 | 12.7 |
| 松溪县 | Songxi | 68195 | 84416 | 49667 | 41481 | 1.7 |
| 政和县 | Zhenghe | 65362 | 77180 | 69957 | 51224 | 9.4 |
| **龙岩市** | **Longyan** | **78850** | **96621** | **73053** | **66088** | **12.5** |
| 龙岩市辖区 | District under Longyan | 88703 | 102457 | 88064 | 76313 | 14.0 |
| 新罗区 | Xinluo | 91260 | 107372 | 93992 | 78836 | 12.3 |
| 永定区 | Yongding | 77972 | 88637 | 48073 | 59601 | 21.3 |
| 漳平市 | Zhangping | 61488 | 90254 | 52244 | 52093 | 9.9 |
| 长汀县 | Changting | 68377 | 90254 | 60632 | 59019 | 14.3 |
| 上杭县 | Shanghang | 82647 | 98743 | 87623 | 73083 | 12.7 |
| 武平县 | Wuping | 72287 | 95587 | 54028 | 46230 | 9.3 |
| 连城县 | Liancheng | 71769 | 76703 | 60608 | 61237 | 8.8 |
| **宁德市** | **Ningde** | **82982** | **83995** | **56985** | **82756** | **13.7** |
| 宁德市辖区 | District under Ningde | 93649 | 96129 | 73112 | 92440 | 14.8 |
| 蕉城区 | Jiaocheng | 93649 | 96129 | 73112 | 92440 | 14.8 |
| 福安市 | Fu'an | 84337 | 81471 | 36215 | 87567 | 6.8 |
| 福鼎市 | Fuding | 73817 | 84565 | 54968 | 67242 | 10.1 |
| 霞浦县 | Xiapu | 74161 | 71202 | 51912 | 86162 | 22.5 |
| 古田县 | Gutian | 70127 | 81026 | 60346 | 55787 | 9.3 |
| 屏南县 | Pingnan | 84151 | 85872 | 84134 | 77742 | 12.9 |
| 寿宁县 | Shouning | 70666 | 76499 | 19082 | 58980 | 2.2 |
| 周宁县 | Zhouning | 74568 | 74441 | 20000 | 75335 | 21.4 |
| 柘荣县 | Zherong | 73254 | 75829 | 39250 | 68166 | 9.6 |

# 21-7 城乡居民人均可支配收入（2019年）

# Annual Per Capita Disposable Income of Urban and Rural Households(2019)

单位：元　　(yuan)

| 项目 | Item | 城镇居民人均可支配收入 Annual Per Capita Disposable Income of Urban Households | | 农村居民人均可支配收入 Per Capita Net Income of Rural Residence | |
|---|---|---|---|---|---|
| | | 数值 Value | 比上年增长（%） Ratio(%) | 数值 Value | 比上年增长（%） Ratio(%) |
| **全　省** | **Fujian** | **45620** | **8.3** | **19568** | **9.8** |
| **福州市** | **Fuzhou** | **47920** | **7.8** | **21320** | **9.8** |
| 福州市辖区 | District under Fuzhou | | | | |
| 鼓楼区 | Gulou | 56446 | 7.7 | | |
| 台江区 | Taijiang | 52399 | 8.0 | | |
| 仓山区 | Cangshan | 44495 | 7.9 | | |
| 马尾区 | Mawei | 53119 | 8.3 | 27599 | 9.7 |
| 晋安区 | Jin'an | 48327 | 7.6 | 21799 | 10.2 |
| 长乐区 | Changle | 49226 | 7.6 | 24315 | 9.5 |
| 福清市 | Fuqing | 48559 | 8.1 | 25212 | 10.0 |
| 闽侯县 | Minhou | 45177 | 8.8 | 20434 | 10.5 |
| 连江县 | Lianjiang | 39176 | 7.5 | 19537 | 9.6 |
| 罗源县 | Luoyuan | 35756 | 8.6 | 16449 | 10.6 |
| 闽清县 | Minqing | 34230 | 8.7 | 16101 | 9.4 |
| 永泰县 | Yongtai | 33475 | 8.2 | 15856 | 10.7 |
| 平潭县 | Pingtan | 41646 | 7.8 | 17577 | 9.8 |
| **厦门市** | **Xiamen** | **59018** | **8.5** | **24802** | **10.7** |
| 厦门市辖区 | District under Xiamen | | | | |
| 思明区 | Siming | 71162 | 8.8 | | |
| 海沧区 | Haicang | 53925 | 8.5 | 30557 | 10.1 |
| 湖里区 | Huli | 57995 | 8.1 | | |
| 集美区 | Jimei | 52999 | 8.7 | 29948 | 10.6 |
| 同安区 | Tong'an | 49818 | 8.5 | 22942 | 10.7 |
| 翔安区 | Xiang'an | 41968 | 8.3 | 22467 | 10.8 |
| **莆田市** | **Putian** | **40065** | **7.8** | **19687** | **9.4** |
| 莆田市辖区 | District under Putian | | | | |
| 城厢区 | Chengxiang | 45848 | 7.8 | 21709 | 9.0 |
| 涵江区 | Hanjiang | 38062 | 8.5 | 18972 | 8.9 |
| 荔城区 | Licheng | 44771 | 7.3 | 22145 | 9.4 |
| 秀屿区 | Xiuyu | 33587 | 7.9 | 20564 | 10.0 |
| 仙游县 | Xianyou | 34519 | 7.7 | 17910 | 9.9 |
| **三明市** | **Sanming** | **37942** | **8.8** | **18312** | **10.3** |
| 三明市辖区 | District under Sanming | | | | |
| 梅列区 | Meilie | 44015 | 9.3 | 20187 | 10.1 |
| 三元区 | Sanyuan | 41212 | 8.8 | 21001 | 9.3 |
| 永安市 | Yong'an | 38910 | 8.0 | 19671 | 10.1 |
| 明溪县 | Mingxi | 32596 | 8.4 | 16962 | 11.2 |
| 清流县 | Qingliu | 33268 | 8.8 | 17423 | 10.0 |
| 宁化县 | Ninghua | 30469 | 9.1 | 16783 | 10.5 |
| 大田县 | Datian | 37678 | 9.2 | 18309 | 9.6 |
| 尤溪县 | Youxi | 36429 | 10.0 | 18729 | 10.3 |
| 沙县 | Shaxian | 38698 | 8.2 | 20528 | 9.7 |
| 将乐县 | Jiangle | 36386 | 9.0 | 18395 | 12.3 |
| 泰宁县 | Taining | 34777 | 8.5 | 17307 | 10.3 |
| 建宁县 | Jianning | 31424 | 8.7 | 17073 | 10.4 |
| **泉州市** | **Quanzhou** | **49592** | **7.5** | **22142** | **9.2** |
| 泉州市辖区 | District under Quanzhou | | | | |
| 鲤城区 | Licheng | 47755 | 7.6 | | |
| 丰泽区 | Fengze | 58405 | 7.2 | | |
| 洛江区 | Luojiang | 43268 | 7.2 | 18777 | 9.2 |
| 泉港区 | Quangang | 37951 | 7.6 | 21471 | 9.1 |
| 石狮市 | Shishi | 62881 | 6.7 | 27380 | 9.7 |

# 21-7 续表
# Continued

单位：元 (yuan)

| 项目 | Item | 城镇居民人均可支配收入 Annual Per Capita Disposable Income of Urban Households | | 农村居民人均可支配收入 Per Capita Net Income of Rural Residence | |
|---|---|---|---|---|---|
| | | 数值 Value | 比上年增长（%） Ratio(%) | 数值 Value | 比上年增长（%） Ratio(%) |
| 晋江市 | Jinjiang | 53185 | 7.0 | 25965 | 9.2 |
| 南安市 | Nan'an | 49340 | 7.1 | 23698 | 9.6 |
| 惠安县 | Hui'an | 46743 | 7.8 | 22711 | 9.9 |
| 安溪县 | Anxi | 34579 | 8.2 | 18028 | 9.1 |
| 永春县 | Yongchun | 34448 | 7.5 | 17142 | 8.4 |
| 德化县 | Dehua | 36608 | 8.1 | 16984 | 9.8 |
| **漳州市** | **Zhangzhou** | **38975** | **8.3** | **19885** | **9.3** |
| 漳州市辖区 | District under Zhangzhou | | | | |
| 芗城区 | Xiangcheng | 43720 | 8.8 | 19762 | 8.9 |
| 龙文区 | Longwen | 44420 | 8.4 | 21378 | 9.1 |
| 龙海市 | Longhai | 40053 | 8.1 | 20935 | 10.1 |
| 云霄县 | Yunxiao | 34686 | 6.9 | 18388 | 9.4 |
| 漳浦县 | Zhangpu | 39447 | 9.4 | 21700 | 9.8 |
| 诏安县 | Zhao'an | 32124 | 8.6 | 17734 | 9.2 |
| 长泰县 | Changtai | 40251 | 7.3 | 20950 | 9.4 |
| 东山县 | Dongshan | 38928 | 8.2 | 22436 | 7.9 |
| 南靖县 | Nanjing | 35426 | 8.6 | 18895 | 9.3 |
| 平和县 | Pinghe | 34424 | 8.3 | 19285 | 9.3 |
| 华安县 | Hua'an | 36309 | 8.3 | 19610 | 10.4 |
| **南平市** | **Nanping** | **35148** | **8.2** | **17385** | **9.6** |
| 南平市辖区 | District under Nanping | | | | |
| 延平区 | Yanping | 36161 | 8.1 | 19162 | 9.7 |
| 建阳区 | Jianyang | 35796 | 8.3 | 17347 | 9.1 |
| 邵武市 | Shaowu | 37111 | 7.9 | 19991 | 9.5 |
| 武夷山市 | Wuyishan | 36298 | 8.1 | 18791 | 8.7 |
| 建瓯市 | Jian’ou | 35139 | 9.2 | 19031 | 10.3 |
| 顺昌县 | Shunchang | 32045 | 7.9 | 16582 | 9.1 |
| 浦城县 | Pucheng | 33191 | 8.9 | 15908 | 9.8 |
| 光泽县 | Guangze | 31849 | 8.5 | 15124 | 10.5 |
| 松溪县 | Songxi | 31001 | 8.5 | 13428 | 9.5 |
| 政和县 | Zhenghe | 31081 | 7.7 | 13823 | 10.3 |
| **龙岩市** | **Longyan** | **38815** | **8.5** | **18859** | **9.9** |
| 龙岩市辖区 | District under Longyan | | | | |
| 新罗区 | Xinluo | 43405 | 8.3 | 22560 | 9.6 |
| 永定区 | Yongding | 40820 | 9.4 | 19843 | 9.8 |
| 漳平市 | Zhangping | 36945 | 8.4 | 18945 | 9.2 |
| 长汀县 | Changting | 27846 | 9.2 | 16883 | 10.0 |
| 上杭县 | Shanghang | 42288 | 8.5 | 18444 | 9.9 |
| 武平县 | Wuping | 36593 | 8.7 | 18036 | 10.4 |
| 连城县 | Liancheng | 33392 | 7.8 | 17132 | 10.3 |
| **宁德市** | **Ningde** | **35887** | **9.0** | **17804** | **10.3** |
| 宁德市辖区 | District under Ningde | | | | |
| 蕉城区 | Jiaocheng | 37784 | 9.8 | 18022 | 10.6 |
| 福安市 | Fu'an | 38203 | 8.9 | 18514 | 9.7 |
| 福鼎市 | Fuding | 38307 | 8.7 | 17933 | 9.3 |
| 霞浦县 | Xiapu | 35602 | 9.0 | 18051 | 10.2 |
| 古田县 | Gutian | 33746 | 9.4 | 18894 | 10.4 |
| 屏南县 | Pingnan | 30021 | 9.2 | 16159 | 10.5 |
| 寿宁县 | Shouning | 28023 | 9.1 | 15359 | 10.2 |
| 周宁县 | Zhouning | 30809 | 8.3 | 16547 | 10.4 |
| 柘荣县 | Zherong | 29229 | 8.8 | 15791 | 10.3 |

# 21-8 地方一般公共预算收入（2019年）

# Budgetary Revenue of Local Government(2019)

单位：万元 (10000 yuan)

| 地区 | Area | 地方一般公共预算收入 Budgetary Revenue of Local Government | #增值税 Value-added Tax | #企业所得税 Enterprises' Income Tax | #个人所得税 Individual Income Tax |
|---|---|---|---|---|---|
| **全　省** | **Fujian** | **30529297** | **8500081** | **3990164** | **1689055** |
| 福州市 | Fuzhou | 6680760 | 1838682 | 943425 | 388228 |
| 福州市辖区 | District under Fuzhou | | | | |
| 鼓楼区 | Gulou | 300739 | 86845 | 81008 | |
| 台江区 | Taijiang | 170946 | 47451 | 34437 | |
| 仓山区 | Cangshan | 285059 | 88610 | 43202 | |
| 马尾区 | Mawei | 228435 | 63307 | 36604 | 1573 |
| 晋安区 | Jin'an | 242515 | 73764 | 45911 | |
| 长乐区 | Changle | 494172 | 168427 | 36971 | 41065 |
| 福清市 | Fuqing | 850410 | 215953 | 115782 | 85031 |
| 闽侯县 | Minhou | 732343 | 197697 | 85701 | 11879 |
| 连江县 | Lianjiang | 334057 | 121063 | 27916 | 18444 |
| 罗源县 | Luoyuan | 112775 | 35058 | 24358 | 2798 |
| 闽清县 | Minqing | 157736 | 100605 | 14958 | 4625 |
| 永泰县 | Yongtai | 122908 | 37940 | 21687 | 6013 |
| 平潭县 | Pingtan | 455138 | 121520 | 48395 | 32357 |
| **厦门市** | **Xiamen** | **7683751** | **1855726** | **1061536** | **841427** |
| 厦门市辖区 | District under Xiamen | | | | |
| 思明区 | Siming | 586246 | 154760 | 99934 | 124777 |
| 海沧区 | Haicang | 398351 | 83419 | 45082 | 13041 |
| 湖里区 | Huli | 495977 | 119230 | 93677 | 89901 |
| 集美区 | Jimei | 378859 | 77117 | 42024 | 21779 |
| 同安区 | Tong'an | 256692 | 77109 | 42781 | 13791 |
| 翔安区 | Xiang'an | 208952 | 50634 | 29224 | 6284 |
| **莆田市** | **Putian** | **1431215** | **416952** | **154876** | **38155** |
| 莆田市辖区 | District under Putian | | | | |
| 城厢区 | Chengxiang | 243619 | 55021 | 29630 | 4322 |
| 涵江区 | Hanjiang | 234420 | 77443 | 37679 | 3992 |
| 荔城区 | Licheng | 283776 | 94747 | 30782 | 5350 |
| 秀屿区 | Xiuyu | 209746 | 78143 | 23457 | 2879 |
| 仙游县 | Xianyou | 262014 | 79053 | 18956 | 17196 |
| **三明市** | **Sanming** | **1077607** | **353335** | **92087** | **34401** |
| 三明市辖区 | District under Sanming | | | | |
| 梅列区 | Meilie | 76620 | 18052 | 4802 | 1879 |
| 三元区 | Sanyuan | 45925 | 16287 | 4604 | 879 |
| 永安市 | Yong'an | 182449 | 51799 | 19378 | 2676 |
| 明溪县 | Mingxi | 32774 | 12047 | 3710 | 1028 |
| 清流县 | Qingliu | 41239 | 14705 | 9877 | 1029 |
| 宁化县 | Ninghua | 67141 | 16219 | 6241 | 1156 |
| 大田县 | Datian | 72148 | 26209 | 5524 | 1468 |
| 尤溪县 | Youxi | 81209 | 26024 | 5237 | 2052 |
| 沙县 | Shaxian | 99156 | 24158 | 6022 | 2482 |
| 将乐县 | Jiangle | 64629 | 15939 | 5983 | 11330 |
| 泰宁县 | Taining | 27052 | 6102 | 2199 | 460 |
| 建宁县 | Jianning | 33185 | 8609 | 3267 | 584 |
| **泉州市** | **Quanzhou** | **4577535** | **1499390** | **581410** | **239626** |
| 泉州市辖区 | District under Quanzhou | | | | |
| 鲤城区 | Licheng | 112443 | 42308 | 12898 | 3212 |
| 丰泽区 | Fengze | 200597 | 62315 | 26915 | 8808 |
| 洛江区 | Luojiang | 119918 | 46366 | 16042 | 2715 |

# 21-8 续表

## Continued

单位：万元　　(10000 yuan)

| 地区 | Area | 地方一般公共预算收入 Budgetary Revenue of Local Government | #增值税 Value-added Tax | #企业所得税 Enterprises' Income Tax | #个人所得税 Individual Income Tax |
|---|---|---|---|---|---|
| 泉港区 | Quangang | 253158 | 116842 | 19542 | 4158 |
| 石狮市 | Shishi | 367535 | 125622 | 36940 | 14080 |
| 晋江市 | Jinjiang | 1379111 | 369559 | 174873 | 98924 |
| 南安市 | Nan'an | 500506 | 196356 | 54787 | 46983 |
| 惠安县 | Hui'an | 379288 | 156377 | 56094 | 23632 |
| 安溪县 | Anxi | 310195 | 78311 | 67858 | 4146 |
| 永春县 | Yongchun | 122700 | 45199 | 11206 | 2152 |
| 德化县 | Dehua | 119735 | 39824 | 12122 | 3459 |
| **漳州市** | **Zhangzhou** | **2194126** | **655135** | **269293** | **53326** |
| 漳州市辖区 | District under Zhangzhou | | | | |
| 芗城区 | Xiangcheng | 160635 | 61862 | 18330 | 7541 |
| 龙文区 | Longwen | 115252 | 32633 | 14956 | 3869 |
| 龙海市 | Longhai | 240225 | 76167 | 47741 | 3289 |
| 云霄县 | Yunxiao | 67748 | 15376 | 7321 | 2176 |
| 漳浦县 | Zhangpu | 260106 | 60927 | 29382 | 4134 |
| 诏安县 | Zhao'an | 63580 | 23694 | 7531 | 1611 |
| 长泰县 | Changtai | 127798 | 54095 | 14920 | 4153 |
| 东山县 | Dongshan | 104443 | 34530 | 8344 | 2328 |
| 南靖县 | Nanjing | 89769 | 33838 | 12328 | 2176 |
| 平和县 | Pinghe | 63191 | 19837 | 5352 | 1414 |
| 华安县 | Hua'an | 49299 | 22565 | 3170 | 651 |
| **南平市** | **Nanping** | **962277** | **289630** | **88613** | **24503** |
| 南平市辖区 | District under Nanping | | | | |
| 延平区 | Yanping | 72854 | 26254 | 9354 | 1993 |
| 建阳区 | Jianyang | 131769 | 34744 | 15194 | 2339 |
| 邵武市 | Shaowu | 127802 | 37638 | 10460 | 2738 |
| 武夷山市 | Wuyishan | 90399 | 23952 | 4944 | 3264 |
| 建瓯市 | Jian’ou | 99908 | 27621 | 6714 | 2390 |
| 顺昌县 | Shunchang | 54930 | 22134 | 3669 | 722 |
| 浦城县 | Pucheng | 67912 | 18409 | 6328 | 1133 |
| 光泽县 | Guangze | 45291 | 8550 | 5694 | 3036 |
| 松溪县 | Songxi | 27441 | 8038 | 1870 | 452 |
| 政和县 | Zhenghe | 37456 | 11302 | 3352 | 870 |
| **龙岩市** | **Longyan** | **1556192** | **468354** | **156620** | **33078** |
| 龙岩市辖区 | District under Longyan | | | | |
| 新罗区 | Xinluo | 243513 | 69475 | 23499 | 5490 |
| 永定区 | Yongding | 108694 | 30049 | 11987 | 2521 |
| 漳平市 | Zhangping | 90804 | 32719 | 10148 | 2144 |
| 长汀县 | Changting | 95600 | 27190 | 10435 | 2252 |
| 上杭县 | Shanghang | 273774 | 51625 | 35152 | 7226 |
| 武平县 | Wuping | 96033 | 23077 | 11858 | 1980 |
| 连城县 | Liancheng | 65285 | 19414 | 7399 | 1996 |
| **宁德市** | **Ningde** | **1268005** | **451307** | **241680** | **36302** |
| 宁德市辖区 | District under Ningde | | | | |
| 蕉城区 | Jiaocheng | 221848 | 82540 | 57480 | 8075 |
| 福安市 | Fu'an | 267124 | 112910 | 72103 | 4416 |
| 福鼎市 | Fuding | 185988 | 69373 | 18181 | 7156 |
| 霞浦县 | Xiapu | 87113 | 25482 | 7610 | 1915 |
| 古田县 | Gutian | 80385 | 23449 | 7971 | 1629 |
| 屏南县 | Pingnan | 43296 | 14727 | 3826 | 1280 |
| 寿宁县 | Shouning | 31086 | 12271 | 3845 | 988 |
| 周宁县 | Zhouning | 37037 | 11798 | 3472 | 460 |
| 柘荣县 | Zherong | 25810 | 12798 | 2266 | 656 |

# 21-9 一般公共预算支出（2019年）

# Budgetary Expenditures of Local Government(2019)

单位：万元 (10000 yuan)

| 地区 | Area | 一般公共预算支出 Budgetary Expenditure | #一般公共服务支出 Expenditure for General Public Service | #教育支出 Expenditure for Education | #科学技术支出 Expenditure for Science | #农林水事务支出 Expenditure for Agriculture Forestry and Water Conservancey |
|---|---|---|---|---|---|---|
| **全　省** | **Fujian** | **50779329** | **4587841** | **9685449** | **1334065** | **4420628** |
| 福州市 | Fuzhou | 9497604 | 896747 | 1819641 | 287913 | 650620 |
| 福州市辖区 | District under Fuzhou | | | | | |
| 鼓楼区 | Gulou | 379484 | 48641 | 101196 | 12776 | 5243 |
| 台江区 | Taijiang | 211978 | 29419 | 61532 | 5280 | 3865 |
| 仓山区 | Cangshan | 409674 | 61152 | 112591 | 11219 | 10008 |
| 马尾区 | Mawei | 346398 | 47033 | 81770 | 22741 | 12915 |
| 晋安区 | Jin'an | 315252 | 33467 | 64786 | 7371 | 16006 |
| 长乐区 | Changle | 649809 | 54803 | 140277 | 12632 | 50764 |
| 福清市 | Fuqing | 1170408 | 78607 | 232567 | 15442 | 82179 |
| 闽侯县 | Minhou | 1062951 | 87277 | 193972 | 38041 | 66322 |
| 连江县 | Lianjiang | 714604 | 119069 | 162617 | 6488 | 90412 |
| 罗源县 | Luoyuan | 323621 | 34110 | 50746 | 2475 | 66373 |
| 闽清县 | Minqing | 322649 | 25775 | 61921 | 2793 | 44179 |
| 永泰县 | Yongtai | 316190 | 35011 | 66830 | 1305 | 61410 |
| 平潭县 | Pingtan | 953051 | 80476 | 102355 | 92130 | 57081 |
| **厦门市** | **Xiamen** | **9129770** | **824299** | **1476725** | **384332** | **235384** |
| 厦门市辖区 | District under Xiamen | | | | | |
| 思明区 | Siming | 1003757 | 78536 | 229409 | 38100 | 1378 |
| 海沧区 | Haicang | 809526 | 66942 | 189620 | 20951 | 24553 |
| 湖里区 | Huli | 584885 | 72660 | 137383 | 8830 | 3960 |
| 集美区 | Jimei | 679858 | 54656 | 183657 | 26317 | 45668 |
| 同安区 | Tong'an | 646202 | 41757 | 173373 | 62283 | 42642 |
| 翔安区 | Xiang'an | 519428 | 59250 | 139766 | 5619 | 20365 |
| **莆田市** | **Putian** | **2358640** | **236478** | **580855** | **24260** | **253290** |
| 莆田市辖区 | District under Putian | | | | | |
| 城厢区 | Chengxiang | 272430 | 21457 | 78980 | 3410 | 21323 |
| 涵江区 | Hanjiang | 296786 | 42878 | 79664 | 6662 | 28633 |
| 荔城区 | Licheng | 331825 | 27198 | 92088 | 3453 | 24687 |
| 秀屿区 | Xiuyu | 321349 | 45246 | 103435 | 1132 | 36551 |
| 仙游县 | Xianyou | 566535 | 42724 | 146494 | 1069 | 81505 |
| **三明市** | **Sanming** | **3165751** | **323135** | **642519** | **32087** | **477811** |
| 三明市辖区 | District under Sanming | | | | | |
| 梅列区 | Meilie | 112054 | 9312 | 22348 | 374 | 14239 |
| 三元区 | Sanyuan | 112573 | 11099 | 28368 | 2049 | 16080 |
| 永安市 | Yong'an | 325338 | 57105 | 72152 | 6115 | 41131 |
| 明溪县 | Mingxi | 161976 | 17358 | 29493 | 1928 | 36329 |
| 清流县 | Qingliu | 213200 | 17477 | 40486 | 3097 | 43184 |
| 宁化县 | Ninghua | 315575 | 29124 | 65429 | 4051 | 54843 |
| 大田县 | Datian | 280108 | 21455 | 81628 | 569 | 34517 |
| 尤溪县 | Youxi | 303687 | 22048 | 75358 | 821 | 61263 |
| 沙县 | Shaxian | 275426 | 47759 | 58671 | 1449 | 45482 |
| 将乐县 | Jiangle | 214377 | 17861 | 42464 | 2587 | 36481 |
| 泰宁县 | Taining | 170666 | 14990 | 26683 | 793 | 34216 |
| 建宁县 | Jianning | 177346 | 11942 | 27770 | 797 | 39377 |
| **泉州市** | **Quanzhou** | **6582451** | **525129** | **1509125** | **157351** | **653081** |
| 泉州市辖区 | District under Quanzhou | | | | | |
| 鲤城区 | Licheng | 155154 | 14499 | 48182 | 7363 | 2536 |
| 丰泽区 | Fengze | 235792 | 21866 | 61568 | 10065 | 7735 |
| 洛江区 | Luojiang | 173601 | 21587 | 40686 | 4437 | 15576 |

# 21-9 续表

# Continued

单位：万元 (10000 yuan)

| 地区 | Area | 一般公共预算支出 Budgetary Expenditure | #一般公共服务支出 Expenditure for General Public Service | #教育支出 Expenditure for Education | #科学技术支出 Expenditure for Science | #农林水事务支出 Expenditure for Agriculture Forestry and Water Conservancey |
|---|---|---|---|---|---|---|
| 泉港区 | Quangang | 329826 | 28968 | 82313 | 6696 | 29505 |
| 石狮市 | Shishi | 432758 | 38450 | 86346 | 10204 | 41988 |
| 晋江市 | Jinjiang | 1387888 | 77325 | 311067 | 42984 | 139629 |
| 南安市 | Nan'an | 793271 | 60864 | 203612 | 17989 | 81150 |
| 惠安县 | Hui'an | 552158 | 41791 | 135696 | 10930 | 60315 |
| 安溪县 | Anxi | 723848 | 56806 | 190066 | 7643 | 75235 |
| 永春县 | Yongchun | 333014 | 31379 | 87048 | 3488 | 47093 |
| 德化县 | Dehua | 282641 | 25461 | 70242 | 5197 | 47267 |
| **漳州市** | **Zhangzhou** | **4404412** | **417634** | **836216** | **55114** | **430439** |
| 漳州市辖区 | District under Zhangzhou | | | | | |
| 芗城区 | Xiangcheng | 259006 | 31574 | 48351 | 5521 | 12541 |
| 龙文区 | Longwen | 153401 | 21626 | 37713 | 5208 | 5123 |
| 龙海市 | Longhai | 421745 | 41667 | 98219 | 4889 | 40868 |
| 云霄县 | Yunxiao | 264443 | 22482 | 70165 | 1565 | 35521 |
| 漳浦县 | Zhangpu | 573275 | 38275 | 116910 | 8244 | 60876 |
| 诏安县 | Zhao'an | 282448 | 25437 | 61876 | 1435 | 51503 |
| 长泰县 | Changtai | 225755 | 22294 | 46339 | 10847 | 27215 |
| 东山县 | Dongshan | 229187 | 32336 | 37734 | 1844 | 39629 |
| 南靖县 | Nanjing | 277625 | 29629 | 46895 | 2649 | 45678 |
| 平和县 | Pinghe | 354841 | 28397 | 65281 | 1338 | 58542 |
| 华安县 | Hua'an | 160840 | 21050 | 24841 | 785 | 21164 |
| **南平市** | **Nanping** | **3104115** | **252564** | **570662** | **33879** | **474508** |
| 南平市辖区 | District under Nanping | | | | | |
| 延平区 | Yanping | 247210 | 18412 | 53166 | 2793 | 46423 |
| 建阳区 | Jianyang | 290176 | 24958 | 60662 | 3194 | 46057 |
| 邵武市 | Shaowu | 288934 | 24614 | 60111 | 1710 | 43560 |
| 武夷山市 | Wuyishan | 277761 | 21642 | 42666 | 2341 | 60690 |
| 建瓯市 | Jian’ou | 355301 | 22885 | 85231 | 6978 | 55533 |
| 顺昌县 | Shunchang | 218210 | 22051 | 39098 | 2147 | 38060 |
| 浦城县 | Pucheng | 333055 | 23109 | 60103 | 2580 | 68023 |
| 光泽县 | Guangze | 187604 | 16540 | 42812 | 1792 | 37450 |
| 松溪县 | Songxi | 156810 | 15000 | 29147 | 1998 | 24472 |
| 政和县 | Zhenghe | 182068 | 15071 | 30772 | 2187 | 41911 |
| **龙岩市** | **Longyan** | **3222765** | **306069** | **687776** | **133880** | **461801** |
| 龙岩市辖区 | District under Longyan | | | | | |
| 新罗区 | Xinluo | 458178 | 44820 | 125746 | 32211 | 61089 |
| 永定区 | Yongding | 291505 | 23985 | 76213 | 4186 | 50466 |
| 漳平市 | Zhangping | 246869 | 26462 | 61556 | 5506 | 40750 |
| 长汀县 | Changting | 381248 | 26477 | 84697 | 20889 | 77016 |
| 上杭县 | Shanghang | 503896 | 40061 | 97185 | 41478 | 72066 |
| 武平县 | Wuping | 329565 | 32455 | 71530 | 17264 | 70689 |
| 连城县 | Liancheng | 296182 | 27008 | 65168 | 3843 | 67218 |
| **宁德市** | **Ningde** | **3394394** | **318283** | **629459** | **102543** | **506115** |
| 宁德市辖区 | District under Ningde | | | | | |
| 蕉城区 | Jiaocheng | 392411 | 42354 | 76608 | 30598 | 79465 |
| 福安市 | Fu'an | 470453 | 59365 | 113353 | 29788 | 68833 |
| 福鼎市 | Fuding | 404935 | 29748 | 88536 | 1123 | 75742 |
| 霞浦县 | Xiapu | 378853 | 31333 | 78568 | 738 | 83623 |
| 古田县 | Gutian | 285567 | 24265 | 57904 | 794 | 45965 |
| 屏南县 | Pingnan | 214035 | 16887 | 43932 | 898 | 40906 |
| 寿宁县 | Shouning | 209307 | 17070 | 39311 | 1144 | 35111 |
| 周宁县 | Zhouning | 176942 | 14070 | 30954 | 2702 | 26698 |
| 柘荣县 | Zherong | 134025 | 13458 | 26119 | 1276 | 26621 |

# 21-10 金融机构货币存贷款余额（2019年）

## Deposits and Loans of Financial institutions by Country and City(2019)

单位：亿元 (100 million yuan)

| 地区 | Area | 金融机构人民币各项存款余额 RMB Deposits of National Banking System | #非金融企业存款 Non-Financial Enterprises | 住户存款 Household Deposits | 金融机构人民币各项贷款余额 RMB Loans of National Banking System | #短期贷款 Short-term Loans | #中长期贷款 Medium-term & Long-term Loans |
|---|---|---|---|---|---|---|---|
| **全　省** | **Fujian** | **48754.92** | **14338.22** | **20954.92** | **51396.64** | **16552.98** | **32205.10** |
| 福州市 | Fuzhou | 15367.47 | 4758.16 | 6027.11 | 17137.37 | 3700.40 | 12764.72 |
| 福州市辖区 | District under Fuzhou | 11956.66 | 4141.42 | 3882.08 | 14156.13 | 3019.86 | 10480.76 |
| 鼓楼区 | Gulou | | | | | | |
| 台江区 | Taijiang | | | | | | |
| 仓山区 | Cangshan | | | | | | |
| 马尾区 | Mawei | 741.64 | 170.43 | 419.96 | 723.00 | 174.49 | 526.72 |
| 晋安区 | Jin'an | | | | | | |
| 长乐区 | Changle | 948.48 | 218.77 | 530.86 | 1035.84 | 470.73 | 541.91 |
| 福清市 | Fuqing | 1340.41 | 243.35 | 913.89 | 1025.21 | 255.02 | 762.22 |
| 闽侯县 | Minhou | 655.69 | 136.25 | 344.22 | 508.05 | 115.30 | 390.01 |
| 连江县 | Lianjiang | 450.49 | 47.82 | 315.85 | 466.69 | 89.86 | 376.22 |
| 罗源县 | Luoyuan | 146.33 | 19.59 | 92.45 | 210.09 | 55.64 | 153.06 |
| 闽清县 | Minqing | 166.76 | 16.3 | 133.09 | 101.23 | 36.36 | 64.87 |
| 永泰县 | Yongtai | 169.34 | 22.02 | 108.4 | 144.34 | 27.92 | 116.39 |
| 平潭县 | Pingtan | 481.79 | 131.41 | 237.13 | 525.63 | 100.44 | 421.19 |
| **厦门市** | **Xiamen** | **11095.94** | **4464.13** | **3062.21** | **11041.56** | **3429.52** | **6905.55** |
| 厦门市辖区 | District under Xiamen | 11095.94 | 4464.13 | 3062.21 | 11041.56 | 3429.52 | 6905.55 |
| 思明区 | Siming | | | | | | |
| 海沧区 | Haicang | | | | | | |
| 湖里区 | Huli | | | | | | |
| 集美区 | Jimei | | | | | | |
| 同安区 | Tong'an | | | | | | |
| 翔安区 | Xiang'an | | | | | | |
| **莆田市** | **Putian** | **2020.95** | **298.34** | **1380.05** | **1969.50** | **570.87** | **1386.68** |
| 莆田市辖区 | District under Putian | 1613.88 | 270.85 | 1054.54 | 1695.72 | 476.83 | 1207.13 |
| 城厢区 | Chengxiang | | | | | | |
| 涵江区 | Hanjiang | | | | | | |
| 荔城区 | Licheng | | | | | | |
| 秀屿区 | Xiuyu | | | | | | |
| 仙游县 | Xianyou | 407.08 | 27.49 | 325.51 | 273.78 | 94.04 | 179.55 |
| **三明市** | **Sanming** | **1890.59** | **375.04** | **1066.82** | **1523.33** | **414.16** | **1033.10** |
| 三明市辖区 | District under Sanming | 600.31 | 185.72 | 233.12 | 592.78 | 146.53 | 392.93 |
| 梅列区 | Meilie | | | | | | |
| 三元区 | Sanyuan | | | | | | |
| 永安市 | Yong'an | 223.14 | 38.19 | 146.7 | 205.37 | 67.72 | 135.29 |
| 明溪县 | Mingxi | 87.97 | 12.41 | 51.26 | 33.03 | 14.01 | 18.17 |
| 清流县 | Qingliu | 73.33 | 12.47 | 43.38 | 38.88 | 14.06 | 24.23 |
| 宁化县 | Ninghua | 161.95 | 22.07 | 96.06 | 87.54 | 17.80 | 67.09 |
| 大田县 | Datian | 126.68 | 15.09 | 86.52 | 95.92 | 30.61 | 63.47 |
| 尤溪县 | Youxi | 161.50 | 13.55 | 126.4 | 124.78 | 39.23 | 79.02 |
| 沙县 | Shaxian | 197.61 | 51.58 | 124.73 | 182.27 | 42.32 | 135.09 |
| 将乐县 | Jiangle | 93.94 | 10.53 | 63.58 | 66.59 | 16.09 | 49.51 |
| 泰宁县 | Taining | 76.30 | 6.26 | 45.74 | 49.03 | 12.94 | 34.59 |
| 建宁县 | Jianning | 87.86 | 7.17 | 49.31 | 47.14 | 12.85 | 33.71 |
| **泉州市** | **Quanzhou** | **7647.23** | **1983.08** | **4290.6** | **7110.15** | **2518.30** | **4159.21** |
| 泉州市辖区 | District under Quanzhou | 2409.65 | 740.55 | 1015.26 | 2704.28 | 801.35 | 1615.38 |
| 鲤城区 | Licheng | | | | | | |
| 丰泽区 | Fengze | | | | | | |
| 洛江区 | Luojiang | | | | | | |
| 泉港区 | Quangang | | | | | | |

# 21-10 续表

## Continued

单位：亿元 (100 million yuan)

| 地区 | Area | 金融机构人民币各项存款余额 RMB Deposits of National Banking System | #非金融企业存款 Non-Financial Enterprises | 住户存款 Household Deposits | 金融机构人民币各项贷款余额 RMB Loans of National Banking System | #短期贷款 Short-term Loans | #中长期贷款 Medium-term & Long-term Loans |
|---|---|---|---|---|---|---|---|
| 石狮市 | Shishi | 722.86 | 126.28 | 491.11 | 701.57 | 280.08 | 401.12 |
| 晋江市 | Jinjiang | 1793.11 | 543.93 | 1027.26 | 1503.15 | 647.88 | 813.59 |
| 南安市 | Nan'an | 1082.22 | 183.41 | 767.47 | 844.54 | 355.60 | 468.99 |
| 惠安县 | Hui'an | 683.95 | 227.47 | 367.42 | 504.51 | 152.40 | 297.94 |
| 安溪县 | Anxi | 501.74 | 101.12 | 340.61 | 476.48 | 141.82 | 332.50 |
| 永春县 | Yongchun | 234.72 | 24.32 | 167.27 | 154.01 | 48.55 | 100.90 |
| 德化县 | Dehua | 218.98 | 36 | 114.2 | 221.60 | 90.62 | 128.78 |
| **漳州市** | **Zhangzhou** | **3147.40** | **783.56** | **1770.14** | **2917.67** | **857.51** | **1967.12** |
| 漳州市辖区 | District under Zhangzhou | 1236.65 | 458.04 | 525.15 | 1261.01 | 392.56 | 786.97 |
| 芗城区 | Xiangcheng | | | | | | |
| 龙文区 | Longwen | | | | | | |
| 龙海市 | Longhai | 602.73 | 135.16 | 360.52 | 712.98 | 136.42 | 571.46 |
| 云霄县 | Yunxiao | 159.52 | 22.87 | 112.31 | 118.21 | 36.60 | 81.11 |
| 漳浦县 | Zhangpu | 357.13 | 78.93 | 217.91 | 296.59 | 74.76 | 220.95 |
| 诏安县 | Zhao'an | 145.13 | 13.62 | 106.27 | 95.57 | 44.40 | 51.04 |
| 长泰县 | Changtai | 153.28 | 24.85 | 96.38 | 104.17 | 40.17 | 63.23 |
| 东山县 | Dongshan | 106.39 | 12.99 | 77.99 | 117.92 | 32.79 | 85.05 |
| 南靖县 | Nanjing | 141.30 | 13.58 | 97.12 | 83.00 | 39.39 | 41.86 |
| 平和县 | Pinghe | 181.20 | 16.34 | 130.67 | 95.37 | 42.00 | 52.18 |
| 华安县 | Hua'an | 64.06 | 7.18 | 45.82 | 32.86 | 18.43 | 13.26 |
| **南平市** | **Nanping** | **2022.73** | **398.83** | **1225.32** | **1533.00** | **440.32** | **1044.34** |
| 南平市辖区 | District under Nanping | 800.77 | 205.22 | 410.04 | 753.40 | 182.58 | 538.52 |
| 延平区 | Yanping | | | | | | |
| 建阳区 | Jianyang | 253.82 | 73.26 | 140.23 | 236.46 | 42.44 | 193.49 |
| 邵武市 | Shaowu | 210.17 | 41.02 | 132.65 | 152.65 | 45.35 | 105.84 |
| 武夷山市 | Wuyishan | 187.14 | 30.29 | 120.92 | 150.54 | 37.59 | 110.88 |
| 建瓯市 | Jian'ou | 251.78 | 38.36 | 178.18 | 155.53 | 44.51 | 110.17 |
| 顺昌县 | Shunchang | 116.65 | 15.02 | 82.88 | 76.34 | 23.51 | 45.76 |
| 浦城县 | Pucheng | 187.87 | 22.56 | 133.94 | 84.45 | 31.11 | 50.73 |
| 光泽县 | Guangze | 91.58 | 22.06 | 52.8 | 70.56 | 34.92 | 35.63 |
| 松溪县 | Songxi | 74.92 | 10.59 | 52.04 | 42.21 | 18.42 | 21.82 |
| 政和县 | Zhenghe | 101.85 | 13.7 | 61.87 | 47.33 | 22.33 | 24.99 |
| **龙岩市** | **Longyan** | **2095.92** | **569.23** | **1085.82** | **2123.29** | **629.45** | **1443.52** |
| 龙岩市辖区 | District under Longyan | 1211.20 | 382.01 | 564.77 | 1415.66 | 352.45 | 1027.63 |
| 新罗区 | Xinluo | | | | | | |
| 永定区 | Yongding | 173.02 | 26.88 | 113.08 | 122.96 | 41.07 | 81.87 |
| 漳平市 | Zhangping | 138.43 | 18.9 | 90.79 | 109.71 | 40.24 | 69.27 |
| 长汀县 | Changting | 207.18 | 29.24 | 127.45 | 156.49 | 61.27 | 93.30 |
| 上杭县 | Shanghang | 296.16 | 101.01 | 146.57 | 225.01 | 89.63 | 122.79 |
| 武平县 | Wuping | 135.91 | 23.05 | 86.64 | 121.74 | 44.40 | 77.33 |
| 连城县 | Liancheng | 107.04 | 15.02 | 69.59 | 94.68 | 41.46 | 53.21 |
| **宁德市** | **Ningde** | **2035.26** | **592.21** | **1015.6** | **2000.95** | **453.18** | **1432.95** |
| 宁德市辖区 | District under Ningde | 837.81 | 414.16 | 224.2 | 725.02 | 142.66 | 507.89 |
| 蕉城区 | Jiaocheng | | | | | | |
| 福安市 | Fu'an | 282.08 | 56.46 | 179.92 | 257.14 | 48.16 | 179.33 |
| 福鼎市 | Fuding | 282.43 | 48.95 | 197.66 | 463.42 | 76.12 | 386.09 |
| 霞浦县 | Xiapu | 163.68 | 19.62 | 103.28 | 183.56 | 53.90 | 129.46 |
| 古田县 | Gutian | 187.79 | 19.82 | 131.51 | 154.95 | 47.78 | 102.25 |
| 屏南县 | Pingnan | 78.81 | 9.83 | 52.01 | 80.95 | 25.89 | 54.65 |
| 寿宁县 | Shouning | 79.22 | 7.12 | 54.56 | 51.37 | 29.33 | 21.54 |
| 周宁县 | Zhouning | 71.19 | 8.47 | 44.32 | 46.67 | 13.64 | 29.86 |
| 柘荣县 | Zherong | 52.24 | 7.77 | 28.14 | 37.89 | 15.70 | 21.89 |

# 21-11 主要农产品产量（2019年）
# Output of Major Agricultural Products(2019)

单位：吨 (ton)

| 地区 | Area | 粮食 Grain Crops | 油料 Oil-bearing | 蔬菜 Vegetables | 食用菌 Edible Fungus | 茶叶 Tea | 园林水果 Fruit | 肉类 Meat | 水产品 Aquatic Products |
|---|---|---|---|---|---|---|---|---|---|
| **全 省** | **Fujian** | **4938996** | **220345** | **14373288** | **1333623** | **439931** | **6816149** | **2551507** | **8145762** |
| **福州市** | **Fuzhou** | **468813** | **52167** | **4106955** | **239383** | **42399** | **837424** | **167695** | **2715228** |
| 福州市辖区 | District under Fuzhou | 72268 | 1917 | 838258 | 8218 | 2298 | 56697 | 26287 | 314902 |
| 鼓楼区 | Gulou | | | | | | | | 95620 |
| 台江区 | Taijiang | | | | | | | | |
| 仓山区 | Cangshan | | | 39789 | | | 1364 | | 4512 |
| 马尾区 | Mawei | 1642 | 49 | 40900 | | | 10671 | 2522 | 26644 |
| 晋安区 | Jin'an | 2835 | | 142885 | 590 | 2157 | 6016 | 3866 | 906 |
| 长乐区 | Changle | 67791 | 1868 | 614684 | 7628 | 141 | 38646 | 19899 | 187220 |
| 福清市 | Fuqing | 103317 | 30828 | 762695 | 2961 | 452 | 123855 | 40616 | 542849 |
| 闽侯县 | Minhou | 56621 | 2292 | 1130219 | 22099 | 1686 | 158217 | 43127 | 21236 |
| 连江县 | Lianjiang | 40925 | 766 | 122152 | 4737 | 12498 | 28423 | 11687 | 1169106 |
| 罗源县 | Luoyuan | 32581 | 289 | 130978 | 148006 | 7753 | 57845 | 10207 | 207855 |
| 闽清县 | Minqing | 52194 | 2780 | 481277 | 30076 | 3284 | 170683 | 13835 | 7109 |
| 永泰县 | Yongtai | 93697 | 6477 | 580214 | 23286 | 14428 | 238668 | 12216 | 10920 |
| 平潭县 | Pingtan | 17210 | 6818 | 61162 | | | 3036 | 9720 | 441251 |
| **厦门市** | **Xiamen** | **24332** | **4122** | **557477** | **28982** | **1577** | **66579** | **31757** | **74662** |
| 厦门市辖区 | District under Xiamen | 24332 | 4122 | 557477 | 28982 | 1577 | 66579 | 31757 | 74662 |
| 思明区 | Siming | | | | | | | | 49332 |
| 海沧区 | Haicang | 347 | 48 | 35991 | | | 3308 | 874 | 1457 |
| 湖里区 | Huli | | | | | | | | |
| 集美区 | Jimei | 1218 | 182 | 44852 | 14 | 4 | 29021 | 1474 | 7146 |
| 同安区 | Tong'an | 12574 | 1409 | 250537 | 2480 | 1560 | 25871 | 12276 | 3643 |
| 翔安区 | Xiang'an | 10193 | 2483 | 226097 | 26488 | 13 | 8379 | 17133 | 13084 |
| **莆田市** | **Putian** | **182997** | **39099** | **624999** | **37646** | **3721** | **190041** | **94612** | **979833** |
| 莆田市辖区 | District under Putian | 100073 | 31098 | 510185 | 11416 | 793 | 79670 | 70530 | 964546 |
| 城厢区 | Chengxiang | 11894 | 2225 | 17912 | 1 | 41 | 22126 | 32419 | 57024 |
| 涵江区 | Hanjiang | 22552 | 2336 | 92600 | 11415 | 733 | 36675 | 10990 | 57500 |
| 荔城区 | Licheng | 25753 | 3627 | 331863 | | 19 | 19823 | 9543 | 87975 |
| 秀屿区 | Xiuyu | 39874 | 22910 | 67810 | | | | 17578 | 762047 |
| 仙游县 | Xianyou | 82924 | 8001 | 114814 | 26230 | 2928 | 110371 | 24082 | 15287 |
| **三明市** | **Sanming** | **930924** | **13064** | **1877128** | **139789** | **46104** | **842368** | **186435** | **111786** |
| 三明市辖区 | District under Sanming | 19070 | 365 | 171205 | 1971 | 540 | 138104 | 21633 | 2560 |
| 梅列区 | Meilie | 3812 | 173 | 46198 | 568 | 20 | 41651 | 4934 | 1330 |
| 三元区 | Sanyuan | 15258 | 192 | 125007 | 1403 | 520 | 96453 | 16699 | 1230 |
| 永安市 | Yong'an | 63369 | 1172 | 298426 | 6639 | 2176 | 99172 | 22499 | 13170 |
| 明溪县 | Mingxi | 79114 | 1663 | 94209 | 8019 | 3335 | 58547 | 7594 | 7680 |
| 清流县 | Qingliu | 78676 | 1989 | 100361 | 3087 | 2288 | 73525 | 11937 | 26249 |
| 宁化县 | Ninghua | 174780 | 2920 | 168578 | 8128 | 5340 | 17921 | 19869 | 10300 |
| 大田县 | Datian | 86155 | 1034 | 480207 | 20230 | 12831 | 97518 | 22000 | 8120 |
| 尤溪县 | Youxi | 133800 | 824 | 220496 | 45306 | 12453 | 99526 | 26751 | 10100 |
| 沙县 | Shaxian | 74073 | 1227 | 167733 | 8251 | 3908 | 97813 | 27592 | 8360 |
| 将乐县 | Jiangle | 76112 | 877 | 69763 | 17141 | 721 | 29267 | 10934 | 4855 |
| 泰宁县 | Taining | 57033 | 704 | 25362 | 13613 | 852 | 1326 | 7795 | 13250 |
| 建宁县 | Jianning | 88742 | 289 | 80788 | 7404 | 1660 | 129649 | 7831 | 7142 |
| **泉州市** | **Quanzhou** | **489759** | **45586** | **971183** | **93661** | **87134** | **139475** | **178289** | **1069982** |
| 泉州市辖区 | District under Quanzhou | 22490 | 5510 | 72883 | 147 | 515 | 7483 | 19056 | 103701 |
| 鲤城区 | Licheng | 238 | 27 | 9813 | 57 | | 355 | 173 | 85 |
| 丰泽区 | Fengze | 210 | 71 | 5456 | 46 | 3 | 446 | 66 | 13887 |
| 洛江区 | Luojiang | 10887 | 2355 | 29133 | | 90 | 3657 | 9857 | 1598 |
| 泉港区 | Quangang | 11155 | 3057 | 28481 | 44 | 422 | 3025 | 8960 | 88131 |

注：本表粮食产量中的稻谷产量为原报面积推算的抽样调查数，非稻谷部分产量为全面统计数，肉类产量中猪、禽产量全省为抽样调查数。

Note:The grain output in this table is calculated on spot check basis,including medium-pig production and poultry production.Part of rice production is comprehensive.

# 21-11 续表

# Continued

单位：吨 (ton)

| 地区 | Area | 粮食 Grain Crops | 油料 Oil-bearing | 蔬菜 Vegetables | 食用菌 Edible Fungus | 茶叶 Tea | 园林水果 Fruit | 肉类 Meat | 水产品 Aquatic Products |
|---|---|---|---|---|---|---|---|---|---|
| 石狮市 | Shishi | 4836 | 625 | 27142 | 88 | | 2433 | 25 | 408340 |
| 晋江市 | Jinjiang | 23252 | 6909 | 192388 | 9460 | | 4413 | 5505 | 245483 |
| 南安市 | Nan'an | 150738 | 8175 | 116416 | 17232 | 1166 | 23518 | 68849 | 57460 |
| 惠安县 | Hui'an | 54456 | 20029 | 71646 | 1265 | 39 | 2453 | 27714 | 251069 |
| 安溪县 | Anxi | 87367 | 3213 | 246892 | 1056 | 73428 | 11179 | 24376 | 1587 |
| 永春县 | Yongchun | 88322 | 574 | 132330 | 62673 | 10446 | 63941 | 16354 | 875 |
| 德化县 | Dehua | 58298 | 551 | 111486 | 1740 | 1540 | 24055 | 16410 | 1467 |
| **漳州市** | **Zhangzhou** | **408181** | **32230** | **2326746** | **402909** | **55932** | **3457727** | **343960** | **2029642** |
| 漳州市辖区 | District under Zhangzhou | 3383 | 642 | 82256 | 39967 | 425 | 57738 | 19207 | 19802 |
| 芗城区 | Xiangcheng | 2932 | 550 | 42047 | 39067 | 158 | 56064 | 14838 | 11706 |
| 龙文区 | Longwen | 451 | 92 | 40209 | 900 | 267 | 1674 | 4369 | 8096 |
| 龙海市 | Longhai | 49824 | 1800 | 258776 | 166455 | 145 | 179091 | 43655 | 421188 |
| 云霄县 | Yunxiao | 49291 | 2697 | 175744 | 17629 | 1474 | 275326 | 15158 | 260376 |
| 漳浦县 | Zhangpu | 110514 | 13397 | 691659 | 39788 | 310 | 204194 | 50692 | 399871 |
| 诏安县 | Zhao'an | 70285 | 5393 | 278761 | 7383 | 13055 | 241860 | 25731 | 435740 |
| 长泰县 | Changtai | 37974 | 2894 | 140521 | 4656 | 2776 | 115099 | 16863 | 24305 |
| 东山县 | Dongshan | 8863 | 2319 | 71250 | | | 8457 | 4418 | 440617 |
| 南靖县 | Nanjing | 36227 | 1642 | 329807 | 86839 | 7344 | 302747 | 126836 | 17587 |
| 平和县 | Pinghe | 24268 | 361 | 192255 | 8020 | 11683 | 1911061 | 21411 | 6625 |
| 华安县 | Hua'an | 17552 | 1085 | 105717 | 32172 | 18720 | 162154 | 19988 | 3531 |
| **南平市** | **Nanping** | **1157794** | **11022** | **1435382** | **144264** | **75537** | **366601** | **851355** | **87232** |
| 南平市辖区 | District under Nanping | 264516 | 1650 | 389846 | 33553 | 6096 | 53210 | 77239 | 18307 |
| 延平区 | Yanping | 57477 | 742 | 183671 | 14537 | 172 | 11628 | 61500 | 9164 |
| 建阳区 | Jianyang | 207039 | 908 | 206175 | 19016 | 5924 | 41582 | 15739 | 9143 |
| 邵武市 | Shaowu | 176425 | 4128 | 103565 | 12301 | 9257 | 10691 | 22271 | 16729 |
| 武夷山市 | Wuyishan | 98140 | 1649 | 147405 | 10780 | 20782 | 18762 | 12920 | 6598 |
| 建瓯市 | Jian'ou | 208393 | 1153 | 301929 | 9509 | 16348 | 199546 | 25938 | 12991 |
| 顺昌县 | Shunchang | 45169 | 309 | 47662 | 61428 | 244 | 70928 | 12957 | 4579 |
| 浦城县 | Pucheng | 205842 | 1428 | 90997 | 3594 | 1886 | 1719 | 220199 | 10329 |
| 光泽县 | Guangze | 60706 | 383 | 79067 | 4710 | 1321 | 1524 | 408562 | 11000 |
| 松溪县 | Songxi | 49815 | 170 | 110364 | 7451 | 7310 | 4416 | 6190 | 4927 |
| 政和县 | Zhenghe | 48788 | 152 | 164547 | 938 | 12293 | 5805 | 65077 | 1772 |
| **龙岩市** | **Longyan** | **806745** | **16724** | **1489440** | **48991** | **23234** | **407078** | **621099** | **60285** |
| 龙岩市辖区 | District under Longyan | 147626 | 3370 | 259672 | 3607 | 2691 | 170846 | 244359 | 10368 |
| 新罗区 | Xinluo | 49520 | 2063 | 124875 | 1396 | 1065 | 15915 | 162731 | 6070 |
| 永定区 | Yongding | 98106 | 1307 | 134797 | 2211 | 1626 | 154931 | 81628 | 4298 |
| 漳平市 | Zhangping | 59833 | 992 | 242806 | 24755 | 12450 | 52935 | 29840 | 6106 |
| 长汀县 | Changting | 167671 | 4470 | 246591 | 5391 | 1835 | 17562 | 76012 | 11787 |
| 上杭县 | Shanghang | 154410 | 2897 | 348586 | 4657 | 1721 | 95787 | 142337 | 8040 |
| 武平县 | Wuping | 152803 | 1135 | 165372 | 7577 | 3153 | 52132 | 78193 | 12521 |
| 连城县 | Liancheng | 124402 | 3860 | 226413 | 3004 | 1384 | 17816 | 50358 | 11463 |
| **宁德市** | **Ningde** | **469451** | **6331** | **983978** | **197998** | **104293** | **508856** | **76306** | **1017112** |
| 宁德市辖区 | District under Ningde | 30828 | 1458 | 106186 | 431 | 10306 | 38714 | 11796 | 211147 |
| 蕉城区 | Jiaocheng | 30828 | 1458 | 106186 | 431 | 10306 | 38714 | 11796 | 211147 |
| 福安市 | Fu'an | 75126 | 1876 | 282043 | 6911 | 25117 | 212794 | 9751 | 101200 |
| 福鼎市 | Fuding | 60887 | 292 | 174460 | 16995 | 29172 | 40195 | 5454 | 221618 |
| 霞浦县 | Xiapu | 41663 | 1656 | 113883 | 6260 | 7035 | 65939 | 8972 | 456282 |
| 古田县 | Gutian | 114061 | 432 | 76548 | 125294 | 935 | 97508 | 13836 | 18402 |
| 屏南县 | Pingnan | 45799 | | 66526 | 22131 | 584 | 11730 | 12030 | 2955 |
| 寿宁县 | Shouning | 52038 | 113 | 97615 | 11876 | 19074 | 28980 | 5306 | 2239 |
| 周宁县 | Zhouning | 26104 | 328 | 42418 | 2332 | 6819 | 9812 | 5538 | 2041 |
| 柘荣县 | Zherong | 22945 | 176 | 24299 | 5768 | 5251 | 3184 | 3624 | 1228 |

# 21-12 农作物播种面积（2019年）

## Sown Areas of Farm Crops(2019)

单位：千公顷 (1000 hectares)

| 项目 | Item | 农作物播种面积 Sown Areas of Farm Crops | 粮食作物 Grain Crops | 稻谷 Rice | 薯类 Sweet Potato | 豆类 Bean | 非粮作物 Non-grain Crops |
|---|---|---|---|---|---|---|---|
| **全　省** | **Fujian** | **1648.03** | **822.43** | **599.23** | **148.50** | **39.93** | **825.60** |
| **福州市** | **Fuzhou** | **255.87** | **84.30** | **38.99** | **37.14** | **6.23** | **171.58** |
| 福州市辖区 | District under Fuzhou | 42.79 | 12.16 | 5.58 | 6.51 | 0.06 | 30.63 |
| 鼓楼区 | Gulou | | | | | | |
| 台江区 | Taijiang | | | | | | |
| 仓山区 | Cangshan | 1.92 | | | | | 1.92 |
| 马尾区 | Mawei | 2.29 | 0.27 | 0.14 | 0.12 | 0.00 | 2.02 |
| 晋安区 | Jin'an | 6.34 | 0.43 | 0.08 | 0.34 | 0.01 | 5.91 |
| 长乐区 | Changle | 32.24 | 11.46 | 5.36 | 6.05 | 0.04 | 20.78 |
| 福清市 | Fuqing | 55.55 | 18.50 | 6.70 | 9.97 | 1.69 | 37.05 |
| 闽侯县 | Minhou | 49.93 | 10.78 | 4.99 | 4.17 | 1.14 | 39.15 |
| 连江县 | Lianjiang | 13.46 | 7.05 | 4.23 | 2.17 | 0.58 | 6.41 |
| 罗源县 | Luoyuan | 13.96 | 6.05 | 3.08 | 2.35 | 0.59 | 7.91 |
| 闽清县 | Minqing | 28.34 | 9.35 | 6.33 | 2.01 | 0.93 | 18.98 |
| 永泰县 | Yongtai | 42.33 | 16.81 | 8.06 | 6.54 | 1.09 | 25.52 |
| 平潭县 | Pingtan | 9.52 | 3.60 | 0.01 | 3.43 | 0.16 | 5.92 |
| **厦门市** | **Xiamen** | **22.10** | **4.01** | **1.88** | **1.75** | **0.12** | **18.09** |
| 厦门市辖区 | District under Xiamen | 22.10 | 4.01 | 1.88 | 1.75 | 0.12 | 18.09 |
| 思明区 | Siming | | | | | | |
| 海沧区 | Haicang | 1.26 | 0.06 | 0.05 | 0.01 | 0.01 | 1.19 |
| 湖里区 | Huli | | | | | | |
| 集美区 | Jimei | 2.64 | 0.20 | 0.14 | 0.06 | 0.01 | 2.44 |
| 同安区 | Tong'an | 9.40 | 2.15 | 1.30 | 0.53 | 0.07 | 7.24 |
| 翔安区 | Xiang'an | 8.81 | 1.59 | 0.40 | 1.15 | 0.03 | 7.22 |
| **莆田市** | **Putian** | **65.84** | **30.11** | **18.03** | **8.11** | **2.78** | **35.73** |
| 莆田市辖区 | District under Putian | 44.78 | 16.77 | 7.62 | 6.74 | 1.77 | 28.01 |
| 城厢区 | Chengxiang | 3.28 | 1.89 | 1.01 | 0.46 | 0.21 | 1.39 |
| 涵江区 | Hanjiang | 8.68 | 3.68 | 2.78 | 0.62 | 0.24 | 5.00 |
| 荔城区 | Licheng | 15.83 | 4.35 | 2.88 | 1.00 | 0.45 | 11.48 |
| 秀屿区 | Xiuyu | 16.98 | 6.84 | 0.96 | 4.66 | 0.87 | 10.14 |
| 仙游县 | Xianyou | 21.06 | 13.34 | 10.41 | 1.37 | 1.00 | 7.72 |
| **三明市** | **Sanming** | **299.47** | **158.90** | **119.09** | **18.50** | **10.60** | **140.56** |
| 三明市辖区 | District under Sanming | 9.55 | 3.03 | 2.18 | 0.39 | 0.26 | 6.52 |
| 梅列区 | Meilie | 3.39 | 0.69 | 0.38 | 0.14 | 0.08 | 2.71 |
| 三元区 | Sanyuan | 6.15 | 2.34 | 1.80 | 0.25 | 0.18 | 3.81 |
| 永安市 | Yong'an | 22.76 | 10.46 | 8.27 | 0.80 | 0.65 | 12.30 |
| 明溪县 | Mingxi | 24.88 | 14.10 | 9.06 | 1.58 | 2.46 | 10.78 |
| 清流县 | Qingliu | 39.36 | 14.60 | 9.33 | 2.24 | 1.50 | 24.77 |
| 宁化县 | Ninghua | 53.26 | 31.23 | 21.09 | 3.03 | 3.62 | 22.03 |
| 大田县 | Datian | 38.23 | 16.04 | 9.83 | 4.30 | 1.00 | 22.19 |
| 尤溪县 | Youxi | 34.35 | 22.27 | 17.45 | 3.72 | 0.44 | 12.09 |
| 沙县 | Shaxian | 21.30 | 11.67 | 9.84 | 1.01 | 0.19 | 9.62 |
| 将乐县 | Jiangle | 18.94 | 12.09 | 10.68 | 0.67 | 0.21 | 6.85 |
| 泰宁县 | Taining | 14.20 | 9.51 | 8.15 | 0.52 | 0.07 | 4.70 |
| 建宁县 | Jianning | 22.64 | 13.91 | 13.20 | 0.24 | 0.22 | 8.73 |
| **泉州市** | **Quanzhou** | **159.68** | **85.87** | **55.34** | **27.75** | **1.28** | **73.81** |
| 泉州市辖区 | District under Quanzhou | 8.97 | 3.86 | 1.66 | 1.77 | 0.10 | 5.10 |
| 鲤城区 | Licheng | 0.42 | 0.05 | 0.01 | 0.03 | 0.01 | 0.37 |
| 丰泽区 | Fengze | 0.47 | 0.05 | 0.01 | 0.04 | | 0.43 |
| 洛江区 | Luojiang | 3.84 | 1.79 | 0.93 | 0.60 | 0.04 | 2.05 |

# 21-12 续表

## Continued

单位：千公顷　　(1000 hectares)

| 项目 | Item | 农作物播种面积 Sown Areas of Farm Crops | 粮食作物 Grain Crops | 稻谷 Rice | 薯类 Sweet Potato | 豆类 Bean | 非粮作物 Non-grain Crops |
|---|---|---|---|---|---|---|---|
| 泉港区 | Quangang | 4.24 | 1.98 | 0.71 | 1.11 | 0.06 | 2.26 |
| 石狮市 | Shishi | 3.02 | 1.07 | 0.10 | 0.90 | 0.05 | 1.95 |
| 晋江市 | Jinjiang | 15.76 | 3.59 | 0.48 | 2.67 | 0.15 | 12.16 |
| 南安市 | Nan'an | 36.32 | 25.32 | 22.04 | 3.06 | 0.13 | 11.00 |
| 惠安县 | Hui'an | 20.71 | 10.65 | 3.18 | 6.57 | 0.49 | 10.07 |
| 安溪县 | Anxi | 34.17 | 18.10 | 9.69 | 7.92 | 0.25 | 16.08 |
| 永春县 | Yongchun | 24.71 | 14.34 | 11.70 | 2.58 | 0.06 | 10.37 |
| 德化县 | Dehua | 16.02 | 8.94 | 6.49 | 2.27 | 0.04 | 7.08 |
| **漳州市** | **Zhangzhou** | **172.36** | **60.62** | **46.98** | **8.24** | **2.79** | **111.74** |
| 漳州市辖区 | District under Zhangzhou | 4.82 | 0.63 | 0.27 | 0.15 | 0.21 | 4.19 |
| 芗城区 | Xiangcheng | 2.87 | 0.56 | 0.27 | 0.09 | 0.21 | 2.30 |
| 龙文区 | Longwen | 1.95 | 0.07 |  | 0.06 | 0.01 | 1.88 |
| 龙海市 | Longhai | 21.51 | 7.20 | 5.88 | 1.13 | 0.02 | 14.31 |
| 云霄县 | Yunxiao | 17.14 | 7.07 | 6.20 | 0.65 | 0.19 | 10.07 |
| 漳浦县 | Zhangpu | 49.46 | 15.84 | 11.69 | 2.91 | 0.88 | 33.62 |
| 诏安县 | Zhao'an | 22.31 | 10.26 | 8.82 | 1.01 | 0.38 | 12.05 |
| 长泰县 | Changtai | 12.46 | 5.88 | 3.05 | 0.35 | 0.67 | 6.58 |
| 东山县 | Dongshan | 4.96 | 1.36 | 0.05 | 1.26 | 0.05 | 3.60 |
| 南靖县 | Nanjing | 20.72 | 5.79 | 5.35 | 0.18 | 0.22 | 14.93 |
| 平和县 | Pinghe | 10.20 | 4.04 | 3.61 | 0.23 | 0.10 | 6.16 |
| 华安县 | Hua'an | 8.78 | 2.55 | 2.06 | 0.37 | 0.06 | 6.23 |
| **南平市** | **Nanping** | **293.78** | **184.16** | **148.94** | **12.80** | **8.88** | **109.62** |
| 南平市辖区 | District under Nanping | 66.71 | 41.31 | 35.95 | 2.26 | 0.98 | 25.40 |
| 延平区 | Yanping | 20.43 | 9.88 | 8.08 | 0.68 | 0.55 | 10.55 |
| 建阳区 | Jianyang | 46.28 | 31.43 | 27.87 | 1.58 | 0.43 | 14.85 |
| 邵武市 | Shaowu | 45.04 | 30.90 | 22.07 | 3.51 | 2.06 | 14.14 |
| 武夷山市 | Wuyishan | 26.04 | 14.76 | 12.49 | 0.80 | 0.69 | 11.28 |
| 建瓯市 | Jian’ou | 49.50 | 33.05 | 22.15 | 3.42 | 3.87 | 16.45 |
| 顺昌县 | Shunchang | 12.53 | 7.81 | 6.72 | 0.28 | 0.39 | 4.71 |
| 浦城县 | Pucheng | 42.22 | 31.21 | 27.90 | 0.93 | 0.55 | 11.01 |
| 光泽县 | Guangze | 19.19 | 9.71 | 9.16 | 0.16 | 0.24 | 9.48 |
| 松溪县 | Songxi | 14.18 | 7.62 | 6.60 | 0.24 | 0.02 | 6.56 |
| 政和县 | Zhenghe | 18.37 | 7.78 | 5.91 | 1.21 | 0.08 | 10.58 |
| **龙岩市** | **Longyan** | **210.63** | **125.13** | **111.27** | **9.88** | **2.26** | **85.49** |
| 龙岩市辖区 | District under Longyan | 39.06 | 23.57 | 21.69 | 0.84 | 0.11 | 15.49 |
| 新罗区 | Xinluo | 14.05 | 7.74 | 6.55 | 0.31 | 0.05 | 6.31 |
| 永定区 | Yongding | 25.01 | 15.83 | 15.14 | 0.53 | 0.06 | 9.18 |
| 漳平市 | Zhangping | 21.11 | 9.21 | 8.35 | 0.70 | 0.08 | 11.90 |
| 长汀县 | Changting | 40.11 | 24.89 | 21.37 | 2.47 | 0.70 | 15.22 |
| 上杭县 | Shanghang | 44.03 | 23.80 | 21.38 | 1.47 | 0.67 | 20.24 |
| 武平县 | Wuping | 34.05 | 23.82 | 23.14 | 0.38 | 0.25 | 10.23 |
| 连城县 | Liancheng | 32.26 | 19.84 | 15.33 | 4.02 | 0.45 | 12.41 |
| **宁德市** | **Ningde** | **168.30** | **89.33** | **58.72** | **24.32** | **4.99** | **78.97** |
| 宁德市辖区 | District under Ningde | 12.56 | 6.22 | 3.81 | 1.98 | 0.29 | 6.35 |
| 蕉城区 | Jiaocheng | 12.56 | 6.22 | 3.81 | 1.98 | 0.29 | 6.35 |
| 福安市 | Fu'an | 35.70 | 15.93 | 7.75 | 6.59 | 1.53 | 19.76 |
| 福鼎市 | Fuding | 30.23 | 12.66 | 5.57 | 5.28 | 1.58 | 17.57 |
| 霞浦县 | Xiapu | 17.53 | 8.24 | 4.13 | 3.53 | 0.48 | 9.29 |
| 古田县 | Gutian | 25.51 | 19.71 | 17.72 | 1.74 | 0.16 | 5.80 |
| 屏南县 | Pingnan | 12.39 | 7.75 | 6.82 | 0.66 | 0.10 | 4.65 |
| 寿宁县 | Shouning | 16.97 | 10.14 | 5.94 | 3.22 | 0.63 | 6.83 |
| 周宁县 | Zhouning | 8.16 | 4.57 | 3.46 | 0.83 | 0.17 | 3.60 |
| 柘荣县 | Zherong | 9.25 | 4.12 | 3.52 | 0.49 | 0.06 | 5.13 |

# 21-13 规模以上工业增加值增速（2019年）

# Growth Rate of Value-added of Industrial Enterprises above Designated Size(2019)

单位：% (%)

| 地区 | Area | 工业增加值比上年增长 Ratio | 轻工业 Light Industy | 重工业 Heavy Industry |
|---|---|---|---|---|
| **全　省** | **Fujian** | **8.8** | **7.6** | **10.2** |
| **福州市** | **Fuzhou** | **8.7** | **9.0** | **8.5** |
| 福州市辖区 | District under Fuzhou | 8.1 | 7.4 | 11.3 |
| 鼓楼区 | Gulou | 8.8 | 5.6 | 9.4 |
| 台江区 | Taijiang | 5.0 | 2.2 | 8.2 |
| 仓山区 | Cangshan | 8.7 | 10.6 | 6.2 |
| 马尾区 | Mawei | 5.2 | 4.1 | 13.0 |
| 晋安区 | Jin'an | 8.7 | 8.3 | 9.4 |
| 长乐区 | Changle | 8.9 | 7.2 | 16.6 |
| 福清市 | Fuqing | 8.7 | 12.6 | 6.4 |
| 闽侯县 | Minhou | 8.7 | 16.2 | 3.8 |
| 连江县 | Lianjiang | 8.3 | 4.5 | 16.8 |
| 罗源县 | Luoyuan | 8.8 | -2.5 | 10.1 |
| 闽清县 | Minqing | 8.8 | 15.3 | 7.9 |
| 永泰县 | Yongtai | 8.0 | 10.2 | 4.8 |
| 平潭县 | Pingtan | 3.1 | -51.2 | 16.8 |
| **厦门市** | **Xiamen** | **8.6** | **6.1** | **9.8** |
| 厦门市辖区 | District under Xiamen | 8.6 | 6.1 | 9.8 |
| 思明区 | Siming | 5.1 | -0.4 | 6.2 |
| 海沧区 | Haicang | 8.5 | 8.5 | 8.5 |
| 湖里区 | Huli | 10.5 | 3.6 | 11.4 |
| 集美区 | Jimei | 6.8 | 0.3 | 10.9 |
| 同安区 | Tong'an | 6.0 | 10.0 |  |
| 翔安区 | Xiang'an | 10.4 | 11.5 | 10.2 |
| **莆田市** | **Putian** | **8.6** | **6.7** | **13.1** |
| 莆田市辖区 | District under Putian | 8.7 | 7.3 | 11.9 |
| 城厢区 | Chengxiang | 9.9 | 9.2 | 12.1 |
| 涵江区 | Hanjiang | 6.9 | 5.0 | 11.2 |
| 荔城区 | Licheng | 9.8 | 8.7 | 17.5 |
| 秀屿区 | Xiuyu | 10.9 | 9.4 | 12.1 |
| 仙游县 | Xianyou | 8.2 | 4.4 | 19.5 |
| **三明市** | **Sanming** | **8.8** | **9.9** | **6.9** |
| 三明市辖区 | District under Sanming | 8.4 | 10.9 | 4.9 |
| 梅列区 | Meilie | 8.2 | 12.3 | 4.7 |
| 三元区 | Sanyuan | 8.7 | 10.4 | 5.1 |
| 永安市 | Yong'an | 9.1 | 11.1 | 4.3 |
| 明溪县 | Mingxi | 8.9 | 9.1 | 8.4 |
| 清流县 | Qingliu | 9.3 | 10.3 | 7.1 |
| 宁化县 | Ninghua | 9.5 | 10.3 | 8.9 |
| 大田县 | Datian | 8.3 | 9.2 | 4.8 |
| 尤溪县 | Youxi | 8.5 | 15.5 | 6.1 |
| 沙县 | Shaxian | 8.8 | 9.0 | 8.5 |
| 将乐县 | Jiangle | 9.7 | 10.2 | 9.0 |
| 泰宁县 | Taining | 8.5 | 9.2 | 7.9 |
| 建宁县 | Jianning | 8.6 | 8.2 | 9.0 |
| **泉州市** | **Quanzhou** | **8.6** | **7.7** | **10.2** |
| 泉州市辖区 | District under Quanzhou | 7.9 | 6.0 | 9.9 |
| 鲤城区 | Licheng | 8.1 | 7.3 | 11.9 |
| 丰泽区 | Fengze | -2.3 | -4.2 | 0.9 |
| 洛江区 | Luojiang | 12.9 | 13.3 | 11.6 |

# 21-13 续表

# Continued

单位：%　　(%)

| 地区 | Area | 工业增加值比上年增长 Ratio | 轻工业 Light Industy | 重工业 Heavy Industry |
|---|---|---|---|---|
| 泉港区 | Quangang | 7.8 | -1.4 | 10.3 |
| 石狮市 | Shishi | 4.7 | -0.6 | 20.1 |
| 晋江市 | Jinjiang | 8.6 | 8.0 | 11.0 |
| 南安市 | Nan'an | 6.3 | 4.9 | 7.2 |
| 惠安县 | Hui'an | 11.4 | 14.6 | 7.5 |
| 安溪县 | Anxi | 9.0 | 7.6 | 11.5 |
| 永春县 | Yongchun | 11.0 | 10.9 | 11.2 |
| 德化县 | Dehua | 9.1 | 7.3 | 17.9 |
| **漳州市** | **Zhangzhou** | **9.1** | **5.4** | **13.2** |
| 漳州市辖区 | District under Zhangzhou | 9.3 | 1.1 | 14.1 |
| 芗城区 | Xiangcheng | 9.1 | -7.8 | 15.5 |
| 龙文区 | Longwen | 9.7 | 7.4 | 13.9 |
| 龙海市 | Longhai | 9.3 | 7.2 | 12.6 |
| 云霄县 | Yunxiao | 5.2 | 1.0 | 10.3 |
| 漳浦县 | Zhangpu | 10.6 | 2.0 | 19.5 |
| 诏安县 | Zhao'an | 9.4 | 9.5 | 9.0 |
| 长泰县 | Changtai | 8.4 | 11.0 | 6.2 |
| 东山县 | Dongshan | 9.5 | 10.6 | 4.1 |
| 南靖县 | Nanjing | 9.6 | 7.4 | 11.4 |
| 平和县 | Pinghe | 9.4 | 4.1 | 15.1 |
| 华安县 | Hua'an | 9.2 | 12.5 | 6.6 |
| **南平市** | **Nanping** | **7.1** | **11.7** | **0.4** |
| 南平市辖区 | District under Nanping | 4.5 | 10.4 | -2.5 |
| 延平区 | Yanping | 6.7 | 14.9 | 2.1 |
| 建阳区 | Jianyang | 2.1 | 7.1 | -3.5 |
| 邵武市 | Shaowu | 0.8 | 8.7 | -9.1 |
| 武夷山市 | Wuyishan | 7.6 | 8.2 | 0.1 |
| 建瓯市 | Jian'ou | 8.0 | 8.9 | 6.6 |
| 顺昌县 | Shunchang | 8.1 | 13.2 | 5.7 |
| 浦城县 | Pucheng | 8.5 | 7.3 | 15.3 |
| 光泽县 | Guangze | 7.0 | 7.1 | 5.6 |
| 松溪县 | Songxi | 7.8 | 7.3 | 9.0 |
| 政和县 | Zhenghe | 8.2 | 6.0 | 13.2 |
| **龙岩市** | **Longyan** | **8.2** | **5.6** | **9.8** |
| 龙岩市辖区 | District under Longyan | 7.1 | 4.9 | 8.0 |
| 新罗区 | Xinluo | 7.6 | 7.2 | 7.9 |
| 永定区 | Yongding | 3.5 | -12.7 | 8.4 |
| 漳平市 | Zhangping | 7.7 | 5.7 | 9.0 |
| 长汀县 | Changting | 9.2 | 5.0 | 12.5 |
| 上杭县 | Shanghang | 10.9 | -11.6 | 11.6 |
| 武平县 | Wuping | 9.3 | 6.8 | 10.5 |
| 连城县 | Liancheng | 11.2 | 9.4 | 13.2 |
| **宁德市** | **Ningde** | **14.6** | **19.5** | **12.7** |
| 宁德市辖区 | District under Ningde | 46.8 | 41.7 | 123.9 |
| 蕉城区 | Jiaocheng | 53.8 | 37.6 | 147.5 |
| 福安市 | Fu'an | 12.3 | -28.7 | 14.4 |
| 福鼎市 | Fuding | -19.0 | -23.3 | -18.3 |
| 霞浦县 | Xiapu | -13.0 | -16.4 | -3.0 |
| 古田县 | Gutian | 14.0 | 17.4 | 10.5 |
| 屏南县 | Pingnan | 21.3 | 27.1 | 19.4 |
| 寿宁县 | Shouning | 12.3 | -4.0 | 25.0 |
| 周宁县 | Zhouning | 16.4 | -10.8 | 42.0 |
| 柘荣县 | Zherong | 10.0 | 8.9 | 11.7 |

# 21-14 规模以上工业企业主要财务指标（2019年）

# Finacial Indicators of Industrial Enterprises above Designated Size(2019)

单位：亿元 (100 million)

| 地区 | Area | 固定资产净值 Total Value of Fixed Assets | 流动资产合计 Circulating Funds | 营业收入 Sale of Products | 利润总额 Total Profits | 利税总额 Total Pre-tax Profits |
|---|---|---|---|---|---|---|
| **全　省** | **Fujian** | **11515.84** | **20046.89** | **57552.52** | **4326.54** | **5830.19** |
| **福州市** | **Fuzhou** | **2597.84** | **3682.95** | **9996.41** | **595.12** | **770.07** |
| 福州市辖区 | District under Fuzhou | 1021.90 | 1772.94 | 5481.27 | 266.85 | 349.60 |
| 鼓楼区 | Gulou | 306.20 | 133.24 | 452.30 | 6.68 | 21.08 |
| 台江区 | Taijiang | 1.63 | 15.88 | 9.17 | 0.82 | 1.03 |
| 仓山区 | Cangshan | 69.87 | 309.99 | 952.18 | 40.78 | 66.41 |
| 马尾区 | Mawei | 93.28 | 387.62 | 761.16 | 26.21 | 35.31 |
| 晋安区 | Jin'an | 44.35 | 123.38 | 578.07 | 18.64 | 28.98 |
| 长乐区 | Changle | 506.58 | 802.84 | 2728.38 | 173.74 | 196.80 |
| 福清市 | Fuqing | 942.51 | 1060.60 | 1851.13 | 114.84 | 147.59 |
| 闽侯县 | Minhou | 153.27 | 374.99 | 1114.08 | 59.50 | 93.94 |
| 连江县 | Lianjiang | 208.34 | 219.28 | 726.27 | 112.41 | 120.06 |
| 罗源县 | Luoyuan | 155.99 | 150.47 | 508.07 | 13.43 | 19.28 |
| 闽清县 | Minqing | 61.06 | 67.15 | 221.50 | 26.22 | 35.36 |
| 永泰县 | Yongtai | 23.10 | 21.06 | 67.78 | 2.54 | 4.31 |
| 平潭县 | Pingtan | 31.67 | 16.46 | 26.31 | -0.67 | -0.06 |
| **厦门市** | **Xiamen** | **1501.52** | **3948.59** | **6678.77** | **357.80** | **552.90** |
| 厦门市辖区 | District under Xiamen | 1501.52 | 3948.59 | 6678.77 | 357.80 | 552.90 |
| 思明区 | Siming | 194.87 | 244.22 | 400.73 | 26.28 | 37.79 |
| 海沧区 | Haicang | 308.01 | 910.14 | 1306.59 | 105.82 | 210.78 |
| 湖里区 | Huli | 143.83 | 805.53 | 1836.62 | 92.64 | 109.67 |
| 集美区 | Jimei | 178.22 | 699.71 | 914.20 | 60.15 | 82.39 |
| 同安区 | Tong'an | 198.89 | 592.33 | 922.24 | 48.71 | 68.08 |
| 翔安区 | Xiang'an | 477.70 | 696.67 | 1298.39 | 24.20 | 44.18 |
| **莆田市** | **Putian** | **745.22** | **979.52** | **3645.82** | **306.23** | **382.51** |
| 莆田市辖区 | District under Putian | 651.00 | 791.36 | 2961.25 | 255.53 | 321.77 |
| 城厢区 | Chengxiang | 78.93 | 89.41 | 429.18 | 31.66 | 39.26 |
| 涵江区 | Hanjiang | 181.98 | 202.76 | 1041.45 | 92.60 | 126.37 |
| 荔城区 | Licheng | 42.23 | 219.04 | 724.37 | 43.67 | 55.10 |
| 秀屿区 | Xiuyu | 347.85 | 280.15 | 766.24 | 87.60 | 101.03 |
| 仙游县 | Xianyou | 94.22 | 188.16 | 684.57 | 50.70 | 60.74 |
| **三明市** | **Sanming** | **658.18** | **783.20** | **5011.70** | **197.65** | **269.98** |
| 三明市辖区 | District under Sanming | 267.09 | 218.15 | 1209.00 | 84.78 | 115.03 |
| 梅列区 | Meilie | 157.96 | 153.49 | 723.88 | 50.53 | 66.23 |
| 三元区 | Sanyuan | 109.13 | 64.66 | 485.12 | 34.25 | 48.80 |
| 永安市 | Yong'an | 119.38 | 166.36 | 1090.77 | 20.20 | 30.68 |
| 明溪县 | Mingxi | 17.38 | 17.80 | 140.30 | 6.56 | 8.63 |
| 清流县 | Qingliu | 21.30 | 20.80 | 153.55 | 18.21 | 21.93 |
| 宁化县 | Ninghua | 27.85 | 17.50 | 167.50 | 6.06 | 8.50 |
| 大田县 | Datian | 56.39 | 58.04 | 503.92 | 6.29 | 13.50 |
| 尤溪县 | Youxi | 33.28 | 59.13 | 345.02 | 6.66 | 10.62 |
| 沙县 | Shaxian | 52.93 | 152.85 | 863.35 | 32.38 | 38.58 |
| 将乐县 | Jiangle | 25.99 | 37.62 | 222.42 | 5.89 | 8.79 |
| 泰宁县 | Taining | 19.10 | 16.71 | 122.00 | 3.56 | 4.72 |
| 建宁县 | Jianning | 17.49 | 18.23 | 193.86 | 7.07 | 8.99 |
| **泉州市** | **Quanzhou** | **2706.08** | **5144.84** | **17332.59** | **1470.80** | **2029.04** |
| 泉州市辖区 | District under Quanzhou | 820.77 | 1032.09 | 3892.40 | 312.40 | 463.34 |
| 鲤城区 | Licheng | 297.01 | 447.20 | 1175.90 | 63.11 | 91.22 |
| 丰泽区 | Fengze | 19.88 | 86.30 | 196.48 | 24.38 | 28.40 |
| 洛江区 | Luojiang | 98.09 | 121.51 | 604.07 | 71.32 | 78.68 |
| 泉港区 | Quangang | 405.78 | 377.08 | 1915.96 | 153.59 | 265.04 |
| 石狮市 | Shishi | 256.77 | 423.64 | 1251.91 | 81.76 | 101.88 |

# 21-14 续表

## Continued

单位：亿元 (100 million)

| 地区 | Area | 固定资产净值 Total Value of Fixed Assets | 流动资产合计 Circulating Funds | 营业收入 Sale of Products | 利润总额 Total Profits | 利税总额 Total Pre-tax Profits |
|---|---|---|---|---|---|---|
| 晋江市 | Jinjiang | 437.31 | 1978.52 | 5125.76 | 321.95 | 450.19 |
| 南安市 | Nan'an | 231.80 | 811.01 | 2580.09 | 243.90 | 288.73 |
| 惠安县 | Hui'an | 657.74 | 559.81 | 2483.02 | 282.75 | 453.27 |
| 安溪县 | Anxi | 227.35 | 185.78 | 890.24 | 119.78 | 138.19 |
| 永春县 | Yongchun | 37.88 | 102.50 | 790.20 | 94.60 | 109.84 |
| 德化县 | Dehua | 36.48 | 51.49 | 318.97 | 13.66 | 23.60 |
| **漳州市** | **Zhangzhou** | **1228.61** | **2106.94** | **6275.27** | **658.49** | **785.75** |
| 漳州市辖区 | District under Zhangzhou | 233.97 | 358.40 | 1329.26 | 133.63 | 165.46 |
| 芗城区 | Xiangcheng | 187.73 | 247.43 | 985.42 | 102.13 | 126.60 |
| 龙文区 | Longwen | 46.24 | 110.97 | 343.84 | 31.50 | 38.86 |
| 龙海市 | Longhai | 344.42 | 623.06 | 1633.32 | 163.55 | 201.35 |
| 云霄县 | Yunxiao | 32.04 | 78.84 | 323.41 | 30.29 | 34.25 |
| 漳浦县 | Zhangpu | 300.34 | 356.14 | 592.30 | 67.63 | 77.26 |
| 诏安县 | Zhao'an | 54.30 | 90.20 | 375.55 | 46.39 | 52.14 |
| 长泰县 | Changtai | 91.47 | 197.83 | 628.03 | 70.30 | 84.92 |
| 东山县 | Dongshan | 41.33 | 105.35 | 373.12 | 29.91 | 37.63 |
| 南靖县 | Nanjing | 61.11 | 169.47 | 539.05 | 68.25 | 75.02 |
| 平和县 | Pinghe | 23.22 | 44.05 | 226.97 | 20.16 | 25.02 |
| 华安县 | Hua'an | 46.40 | 83.60 | 254.27 | 28.36 | 32.71 |
| **南平市** | **Nanping** | **417.91** | **565.54** | **2153.82** | **174.45** | **217.50** |
| 南平市辖区 | District under Nanping | 150.81 | 208.51 | 616.39 | 37.14 | 51.84 |
| 延平区 | Yanping | 117.50 | 119.11 | 340.75 | 18.53 | 27.00 |
| 建阳区 | Jianyang | 33.31 | 89.40 | 275.64 | 18.61 | 24.84 |
| 邵武市 | Shaowu | 48.29 | 87.30 | 382.77 | 33.50 | 45.23 |
| 武夷山市 | Wuyishan | 16.27 | 24.28 | 150.51 | 5.57 | 6.87 |
| 建瓯市 | Jian'ou | 25.19 | 60.42 | 304.01 | 14.45 | 20.30 |
| 顺昌县 | Shunchang | 24.86 | 31.43 | 176.51 | 9.70 | 11.54 |
| 浦城县 | Pucheng | 47.87 | 43.64 | 181.67 | 20.34 | 23.55 |
| 光泽县 | Guangze | 58.05 | 63.23 | 149.69 | 37.08 | 37.80 |
| 松溪县 | Songxi | 9.73 | 20.48 | 94.58 | 8.19 | 10.01 |
| 政和县 | Zhenghe | 36.84 | 26.26 | 97.70 | 8.48 | 10.38 |
| **龙岩市** | **Longyan** | **517.44** | **1044.13** | **3025.57** | **179.91** | **362.34** |
| 龙岩市辖区 | District under Longyan | 283.26 | 563.34 | 1258.45 | 73.70 | 217.58 |
| 新罗区 | Xinluo | 217.68 | 501.30 | 1102.38 | 66.88 | 206.21 |
| 永定区 | Yongding | 65.58 | 62.04 | 156.06 | 6.82 | 11.38 |
| 漳平市 | Zhangping | 61.70 | 78.73 | 224.79 | 18.19 | 24.81 |
| 长汀县 | Changting | 30.74 | 59.86 | 258.09 | 27.23 | 41.07 |
| 上杭县 | Shanghang | 88.57 | 252.84 | 848.53 | 24.79 | 33.33 |
| 武平县 | Wuping | 30.14 | 50.72 | 192.35 | 18.85 | 24.53 |
| 连城县 | Liancheng | 23.02 | 38.64 | 243.36 | 17.15 | 21.01 |
| **宁德市** | **Ningde** | **1143.05** | **1791.18** | **3432.58** | **386.09** | **460.10** |
| 宁德市辖区 | District under Ningde | 402.74 | 973.81 | 1187.53 | 174.06 | 203.02 |
| 蕉城区 | Jiaocheng | 402.74 | 973.81 | 1187.53 | 174.06 | 203.02 |
| 福安市 | Fu'an | 181.41 | 498.72 | 1379.38 | 142.25 | 156.58 |
| 福鼎市 | Fuding | 479.84 | 195.49 | 570.23 | 48.15 | 72.35 |
| 霞浦县 | Xiapu | 26.55 | 52.23 | 106.49 | 6.11 | 7.93 |
| 古田县 | Gutian | 16.23 | 23.83 | 59.60 | 5.09 | 6.67 |
| 屏南县 | Pingnan | 12.94 | 13.00 | 13.12 | 1.15 | 1.89 |
| 寿宁县 | Shouning | 11.98 | 14.46 | 45.12 | 3.40 | 4.23 |
| 周宁县 | Zhouning | 4.07 | 5.36 | 14.23 | 0.74 | 1.02 |
| 柘荣县 | Zherong | 7.29 | 14.28 | 56.88 | 5.15 | 6.41 |

# 21-15 运输邮电基本情况（2019年）

# Basic Indicators of Transportation and Post(2019)

单位：公里 (KM)

| 地区 | Area | 农村投递路线总长度 Rural Delivery Routes | 公路通车里程 Length of Highways in Operation |
|---|---|---|---|
| **全 省** | **Fujian** | **116760** | **109785** |
| **福州市** | **Fuzhou** | **15067** | **12300** |
| 福州市辖区 | District under Fuzhou | 3420 | 2011 |
| 鼓楼区 | Gulou | | |
| 台江区 | Taijiang | | |
| 仓山区 | Cangshan | | 114 |
| 马尾区 | Mawei | | 242 |
| 晋安区 | Jin'an | | 506 |
| 长乐区 | Changle | 1704 | 1150 |
| 福清市 | Fuqing | 3327 | 2141 |
| 闽侯县 | Minhou | 3044 | 1754 |
| 连江县 | Lianjiang | 1147 | 1255 |
| 罗源县 | Luoyuan | 1180 | 994 |
| 闽清县 | Minqing | 1024 | 1538 |
| 永泰县 | Yongtai | 1010 | 1966 |
| 平潭县 | Pingtan | 916 | 641 |
| **厦门市** | **Xiamen** | **12180** | **2182** |
| 厦门市辖区 | District under Xiamen | | 2182 |
| 思明区 | Siming | | 68 |
| 海沧区 | Haicang | | 214 |
| 湖里区 | Huli | | 66 |
| 集美区 | Jimei | | 291 |
| 同安区 | Tong'an | | 1063 |
| 翔安区 | Xiang'an | | 481 |
| **莆田市** | **Putian** | **4927** | **6554** |
| 莆田市辖区 | District under Putian | 3320 | 3842 |
| 城厢区 | Chengxiang | | 706 |
| 涵江区 | Hanjiang | | 1200 |
| 荔城区 | Licheng | | 637 |
| 秀屿区 | Xiuyu | | 1298 |
| 仙游县 | Xianyou | 1607 | 2712 |
| **三明市** | **Sanming** | **11309** | **15393** |
| 三明市辖区 | District under Sanming | 878 | 992 |
| 梅列区 | Meilie | | 387 |
| 三元区 | Sanyuan | | 605 |
| 永安市 | Yong'an | 1447 | 1776 |
| 明溪县 | Mingxi | 550 | 1155 |
| 清流县 | Qingliu | 803 | 948 |
| 宁化县 | Ninghua | 989 | 1526 |
| 大田县 | Datian | 1493 | 1806 |
| 尤溪县 | Youxi | 1446 | 2651 |
| 沙县 | Shaxian | 1536 | 1261 |
| 将乐县 | Jiangle | 802 | 1216 |
| 泰宁县 | Taining | 531 | 952 |
| 建宁县 | Jianning | 835 | 1109 |
| **泉州市** | **Quanzhou** | **31049** | **17740** |
| 泉州市辖区 | District under Quanzhou | 4263 | 1505 |
| 鲤城区 | Licheng | | 181 |
| 丰泽区 | Fengze | | 316 |
| 洛江区 | Luojiang | | 512 |
| 泉港区 | Quangang | | 496 |
| 石狮市 | Shishi | 1138 | 553 |
| 晋江市 | Jinjiang | 9581 | 2022 |
| 南安市 | Nan'an | 8278 | 3370 |
| 惠安县 | Hui'an | 3047 | 1147 |
| 安溪县 | Anxi | 1996 | 4127 |
| 永春县 | Yongchun | 1623 | 2703 |
| 德化县 | Dehua | 1124 | 2314 |
| **漳州市** | **Zhangzhou** | **12650** | **12596** |
| 漳州市辖区 | District under Zhangzhou | 2318 | 688 |
| 芗城区 | Xiangcheng | | 374 |
| 龙文区 | Longwen | | 314 |
| 龙海市 | Longhai | 2780 | 1553 |
| 云霄县 | Yunxiao | 563 | 811 |
| 漳浦县 | Zhangpu | 2274 | 1696 |
| 诏安县 | Zhao'an | 984 | 1270 |
| 长泰县 | Changtai | 506 | 1079 |
| 东山县 | Dongshan | 806 | 429 |
| 南靖县 | Nanjing | 1181 | 2041 |
| 平和县 | Pinghe | 765 | 1656 |
| 华安县 | Hua'an | 473 | 1373 |
| **南平市** | **Nanping** | **9911** | **16027** |
| 南平市辖区 | District under Nanping | 2575 | 3761 |
| 延平区 | Yanping | | 2251 |
| 建阳区 | Jianyang | 1324 | 1509 |
| 邵武市 | Shaowu | 827 | 1721 |
| 武夷山市 | Wuyishan | 843 | 1358 |
| 建瓯市 | Jian'ou | 1204 | 2616 |
| 顺昌县 | Shunchang | 869 | 1268 |
| 浦城县 | Pucheng | 1221 | 1977 |
| 光泽县 | Guangze | 614 | 1095 |
| 松溪县 | Songxi | 436 | 820 |
| 政和县 | Zhenghe | 1291 | 1412 |
| **龙岩市** | **Longyan** | **8668** | **14752** |
| 龙岩市辖区 | District under Longyan | 2341 | 4126 |
| 新罗区 | Xinluo | | 2263 |
| 永定区 | Yongding | 982 | 1864 |
| 漳平市 | Zhangping | 1376 | 2131 |
| 长汀县 | Changting | 1285 | 2559 |
| 上杭县 | Shanghang | 1185 | 2134 |
| 武平县 | Wuping | 1465 | 1748 |
| 连城县 | Liancheng | 1017 | 2054 |
| **宁德市** | **Ningde** | **10999** | **12240** |
| 宁德市辖区 | District under Ningde | 997 | 1258 |
| 蕉城区 | Jiaocheng | | 1258 |
| 福安市 | Fu'an | 2715 | 2164 |
| 福鼎市 | Fuding | 1191 | 1688 |
| 霞浦县 | Xiapu | 2037 | 1480 |
| 古田县 | Gutian | 1154 | 1650 |
| 屏南县 | Pingnan | 758 | 938 |
| 寿宁县 | Shouning | 924 | 1415 |
| 周宁县 | Zhouning | 625 | 948 |
| 柘荣县 | Zherong | 598 | 697 |

# 21-16 普通教育专任教师及在校学生数（2019年）

## Number of Full-time Teachers and Students Enrollment in Regular Schools(2019)

单位：人 (person)

| 地区 | Aera | 专任教师数 Full-time Teachers | | | 在校生数 Students Enrollment | | |
|---|---|---|---|---|---|---|---|
| | | 普通高中 Regular Senior Secondary Schools | 普通初中 Regular Junior Secondary Schools | 小学 Primary Schools | 普通高中 Regular Senior Secondary School | 普通初中 Regular Junior Secondary Schools | 小学 Primary Schools |
| **全　省** | **Fujian** | **51952** | **104637** | **177930** | **639259** | **1364564** | **3343976** |
| **福州市** | **Fuzhou** | **8770** | **18165** | **32240** | **112689** | **257483** | **619568** |
| 福州市辖区 | District under Fuzhou | 4065 | 7451 | 14456 | 55852 | 118863 | 296419 |
| 鼓楼区 | Gulou | 1351 | 1787 | 2978 | 18683 | 29406 | 58576 |
| 台江区 | Taijiang | 454 | 698 | 1262 | 6733 | 11025 | 26902 |
| 仓山区 | Cangshan | 818 | 1775 | 4400 | 11860 | 29712 | 84604 |
| 马尾区 | Mawei | 369 | 612 | 963 | 4171 | 7080 | 17106 |
| 晋安区 | Jin'an | 399 | 986 | 2008 | 5328 | 18696 | 52502 |
| 长乐区 | Changle | 674 | 1593 | 2845 | 9077 | 22944 | 56729 |
| 福清市 | Fuqing | 1654 | 3753 | 6259 | 21310 | 53935 | 122102 |
| 闽侯县 | Minhou | 684 | 1681 | 2876 | 8694 | 24542 | 61058 |
| 连江县 | Lianjiang | 755 | 1774 | 2939 | 8854 | 20638 | 51075 |
| 罗源县 | Luoyuan | 269 | 612 | 1309 | 2835 | 6743 | 19307 |
| 闽清县 | Minqing | 358 | 932 | 1439 | 3931 | 9464 | 19415 |
| 永泰县 | Yongtai | 361 | 867 | 1206 | 4184 | 9598 | 19742 |
| 平潭县 | Pingtan | 624 | 1095 | 1756 | 7029 | 13700 | 30450 |
| **厦门市** | **Xiamen** | **4057** | **8890** | **18264** | **52050** | **125920** | **347811** |
| 厦门市辖区 | District under Xiamen | 4057 | 8890 | 18264 | 52050 | 125920 | 347811 |
| 思明区 | Siming | 1734 | 2531 | 4360 | 22148 | 36670 | 79072 |
| 海沧区 | Haicang | 269 | 928 | 2036 | 3519 | 12402 | 38217 |
| 湖里区 | Huli | 151 | 1261 | 3202 | 2076 | 19392 | 60552 |
| 集美区 | Jimei | 819 | 1620 | 3356 | 9462 | 23153 | 65005 |
| 同安区 | Tong'an | 721 | 1734 | 3765 | 9481 | 23404 | 67038 |
| 翔安区 | Xiang'an | 363 | 816 | 1545 | 5364 | 10899 | 37927 |
| **莆田市** | **Putian** | **5048** | **8710** | **15644** | **66812** | **122223** | **276975** |
| 莆田市辖区 | District under Putian | 3530 | 5863 | 11155 | 46612 | 86856 | 200052 |
| 城厢区 | Chengxiang | 902 | 1444 | 2367 | 10831 | 20905 | 42011 |
| 涵江区 | Hanjiang | 682 | 1157 | 2056 | 9369 | 13742 | 34093 |
| 荔城区 | Licheng | 1096 | 1529 | 3071 | 14902 | 26450 | 64215 |
| 秀屿区 | Xiuyu | 850 | 1733 | 3661 | 11510 | 25759 | 59733 |
| 仙游县 | Xianyou | 1518 | 2847 | 4489 | 20200 | 35367 | 76923 |
| **三明市** | **Sanming** | **3879** | **7700** | **12470** | **46718** | **84845** | **213929** |
| 三明市辖区 | District under Sanming | 606 | 992 | 1525 | 8721 | 12520 | 29218 |
| 梅列区 | Meilie | 244 | 560 | 800 | 3866 | 7190 | 16602 |
| 三元区 | Sanyuan | 362 | 432 | 725 | 4855 | 5330 | 12616 |
| 永安市 | Yong'an | 515 | 1013 | 1598 | 5730 | 11496 | 26704 |
| 明溪县 | Mingxi | 152 | 274 | 481 | 1472 | 2276 | 5975 |
| 清流县 | Qingliu | 193 | 345 | 675 | 2174 | 4191 | 10585 |
| 宁化县 | Ninghua | 465 | 785 | 1309 | 5583 | 9369 | 23637 |
| 大田县 | Datian | 412 | 998 | 1902 | 4606 | 11223 | 34700 |
| 尤溪县 | Youxi | 534 | 1207 | 1625 | 6226 | 9521 | 26947 |
| 沙县 | Shaxian | 453 | 968 | 1323 | 5816 | 11277 | 24769 |
| 将乐县 | Jiangle | 243 | 462 | 770 | 2802 | 5322 | 13330 |
| 泰宁县 | Taining | 158 | 302 | 620 | 1806 | 3675 | 8802 |
| 建宁县 | Jianning | 148 | 354 | 642 | 1782 | 3975 | 9262 |
| **泉州市** | **Quanzhou** | **10847** | **21923** | **36203** | **136594** | **308407** | **801744** |
| 泉州市辖区 | District under Quanzhou | 2759 | 4718 | 7921 | 33034 | 64653 | 148309 |
| 鲤城区 | Licheng | 1278 | 1822 | 2843 | 15981 | 27753 | 51738 |
| 丰泽区 | Fengze | 563 | 1151 | 2284 | 7133 | 17334 | 43374 |
| 洛江区 | Luojiang | 376 | 582 | 1076 | 4290 | 7956 | 19754 |

# 21-16 续表

## Continued

单位：人 (person)

| 地区 | Aera | 专任教师数 Full-time Teachers 普通高中 Regular Senior Secondary Schools | 普通初中 Regular Junior Secondary Schools | 小学 Primary Schools | 在校生数 Students Enrollment 普通高中 Regular Senior Secondary School | 普通初中 Regular Junior Secondary Schools | 小学 Primary Schools |
|---|---|---|---|---|---|---|---|
| 泉港区 | Quangang | 542 | 1163 | 1718 | 5630 | 11610 | 33443 |
| 石狮市 | Shishi | 754 | 1255 | 2252 | 11738 | 24934 | 66296 |
| 晋江市 | Jinjiang | 1902 | 3905 | 6800 | 27572 | 66497 | 188304 |
| 南安市 | Nan'an | 1848 | 3861 | 5728 | 21312 | 46935 | 134273 |
| 惠安县 | Hui'an | 1304 | 2793 | 4028 | 15205 | 29557 | 86911 |
| 安溪县 | Anxi | 1199 | 3101 | 6088 | 14647 | 49582 | 112556 |
| 永春县 | Yongchun | 656 | 1443 | 2096 | 7637 | 15502 | 38456 |
| 德化县 | Dehua | 425 | 847 | 1290 | 5449 | 10747 | 26639 |
| **漳州市** | **Zhangzhou** | **7105** | **14087** | **21618** | **82638** | **175779** | **384335** |
| 漳州市辖区 | District under Zhangzhou | 1576 | 2405 | 3612 | 19964 | 38278 | 72437 |
| 芗城区 | Xiangcheng | 1302 | 1859 | 2323 | 16913 | 29880 | 48745 |
| 龙文区 | Longwen | 274 | 546 | 1289 | 3051 | 8398 | 23692 |
| 龙海市 | Longhai | 1399 | 2485 | 3998 | 15188 | 29065 | 72227 |
| 云霄县 | Yunxiao | 606 | 1312 | 2124 | 7415 | 16071 | 31086 |
| 漳浦县 | Zhangpu | 1036 | 2467 | 3238 | 12589 | 29596 | 66559 |
| 诏安县 | Zhao'an | 632 | 1459 | 2393 | 7424 | 18738 | 46251 |
| 长泰县 | Changtai | 252 | 589 | 895 | 2419 | 5635 | 16967 |
| 东山县 | Dongshan | 303 | 520 | 869 | 2841 | 5775 | 15477 |
| 南靖县 | Nanjing | 399 | 808 | 1318 | 4424 | 8925 | 19916 |
| 平和县 | Pinghe | 648 | 1599 | 2416 | 8103 | 17987 | 33807 |
| 华安县 | Hua'an | 254 | 443 | 755 | 2271 | 5709 | 9608 |
| **南平市** | **Nanping** | **3776** | **8031** | **13124** | **45559** | **98490** | **204931** |
| 南平市辖区 | District under Nanping | 1015 | 2222 | 3921 | 12601 | 28641 | 58855 |
| 延平区 | Yanping | 601 | 1333 | 2267 | 7120 | 15915 | 33189 |
| 建阳区 | Jianyang | 414 | 889 | 1654 | 5481 | 12726 | 25666 |
| 邵武市 | Shaowu | 343 | 859 | 1203 | 4012 | 8835 | 19192 |
| 武夷山市 | Wuyishan | 267 | 645 | 1132 | 3468 | 8118 | 19133 |
| 建瓯市 | Jian'ou | 610 | 1275 | 2118 | 6847 | 17100 | 36239 |
| 顺昌县 | Shunchang | 441 | 712 | 837 | 5684 | 5615 | 11164 |
| 浦城县 | Pucheng | 443 | 1052 | 1542 | 5798 | 13858 | 22329 |
| 光泽县 | Guangze | 220 | 409 | 812 | 2655 | 5337 | 9585 |
| 松溪县 | Songxi | 190 | 367 | 633 | 1966 | 4627 | 11488 |
| 政和县 | Zhenghe | 247 | 490 | 926 | 2528 | 6359 | 16946 |
| **龙岩市** | **Longyan** | **4323** | **8476** | **13627** | **45558** | **87684** | **227519** |
| 龙岩市辖区 | District under Longyan | 1596 | 3183 | 5836 | 18208 | 36628 | 95323 |
| 新罗区 | Xinluo | 969 | 1852 | 3725 | 12002 | 24276 | 64733 |
| 永定区 | Yongding | 627 | 1331 | 2111 | 6206 | 12352 | 30590 |
| 漳平市 | Zhangping | 318 | 838 | 1346 | 4139 | 7847 | 21809 |
| 长汀县 | Changting | 726 | 1279 | 2062 | 8177 | 15029 | 38578 |
| 上杭县 | Shanghang | 749 | 1223 | 1725 | 6398 | 11992 | 30648 |
| 武平县 | Wuping | 457 | 993 | 1397 | 4622 | 8627 | 21451 |
| 连城县 | Liancheng | 477 | 960 | 1261 | 4014 | 7561 | 19710 |
| **宁德市** | **Ningde** | **4147** | **8655** | **14740** | **50641** | **103733** | **267164** |
| 宁德市辖区 | District under Ningde | 740 | 1410 | 2920 | 8669 | 18074 | 53473 |
| 蕉城区 | Jiaocheng | 740 | 1410 | 2920 | 8669 | 18074 | 53473 |
| 福安市 | Fu'an | 944 | 1710 | 2865 | 11802 | 24854 | 55941 |
| 福鼎市 | Fuding | 640 | 1396 | 2241 | 8539 | 16913 | 46481 |
| 霞浦县 | Xiapu | 529 | 1192 | 2093 | 7093 | 14903 | 44067 |
| 古田县 | Gutian | 418 | 1090 | 1503 | 4762 | 9115 | 22219 |
| 屏南县 | Pingnan | 213 | 484 | 794 | 2157 | 4317 | 10998 |
| 寿宁县 | Shouning | 287 | 665 | 948 | 3441 | 7085 | 12960 |
| 周宁县 | Zhouning | 236 | 473 | 828 | 2596 | 5166 | 12240 |
| 柘荣县 | Zherong | 140 | 235 | 548 | 1582 | 3306 | 8785 |

# 21-17 卫生主要指标（2019年）

# Main Indicators of Sanitation(2019)

| 地区 | Area | 卫生机构数（个） Number of Health Institutions (unit) | 卫生机构床位数（张） Number of Beds in Health Institutions (set) | 卫生技术人员数（人） Medical Technical Personnel (person) | #执业医师 Medical practitioner | #注册护士 Registered Nurse |
|---|---|---|---|---|---|---|
| **全　省** | **Fujian** | **27788** | **202374** | **263427** | **85089** | **116284** |
| **福州市** | **Fuzhou** | **4635** | **39665** | **63194** | **22013** | **27902** |
| 福州市辖区 | District under Fuzhou | 1973 | 26819 | 45016 | 16623 | 20102 |
| 鼓楼区 | Gulou | 404 | 10485 | 18676 | 7201 | 8240 |
| 台江区 | Taijiang | 256 | 5061 | 9364 | 3526 | 4363 |
| 仓山区 | Cangshan | 477 | 4538 | 7545 | 2763 | 3369 |
| 马尾区 | Mawei | 122 | 548 | 1052 | 360 | 462 |
| 晋安区 | Jin'an | 330 | 3676 | 5127 | 1786 | 2406 |
| 长乐区 | Changle | 384 | 2511 | 3252 | 987 | 1262 |
| 福清市 | Fuqing | 709 | 4159 | 6249 | 1919 | 2800 |
| 闽侯县 | Minhou | 410 | 1800 | 2958 | 886 | 1127 |
| 连江县 | Lianjiang | 427 | 1580 | 2646 | 862 | 1015 |
| 罗源县 | Luoyuan | 249 | 1198 | 1302 | 353 | 576 |
| 闽清县 | Minqing | 291 | 1482 | 1464 | 394 | 684 |
| 永泰县 | Yongtai | 273 | 1221 | 1238 | 379 | 534 |
| 平潭县 | Pingtan | 303 | 1406 | 2321 | 597 | 1064 |
| **厦门市** | **Xiamen** | **2111** | **18784** | **36957** | **14048** | **16302** |
| 厦门市辖区 | District under Xiamen | 2111 | 18784 | 36957 | 14048 | 16302 |
| 思明区 | Siming | 570 | 8163 | 14679 | 5526 | 6680 |
| 海沧区 | Haicang | 320 | 1556 | 3617 | 1461 | 1452 |
| 湖里区 | Huli | 184 | 1623 | 3251 | 1180 | 1473 |
| 集美区 | Jimei | 398 | 4001 | 8924 | 3401 | 3996 |
| 同安区 | Tong'an | 426 | 1713 | 3618 | 1390 | 1495 |
| 翔安区 | Xiang'an | 213 | 1728 | 2868 | 1090 | 1206 |
| **莆田市** | **Putian** | **1339** | **14794** | **16016** | **5030** | **7268** |
| 莆田市辖区 | District under Putian | 999 | 10995 | 12368 | 4116 | 5550 |
| 城厢区 | Chengxiang | 201 | 3042 | 3718 | 1290 | 1787 |
| 涵江区 | Hanjiang | 255 | 4521 | 4889 | 1592 | 2286 |
| 荔城区 | Licheng | 272 | 1290 | 2085 | 700 | 844 |
| 秀屿区 | Xiuyu | 271 | 2142 | 1676 | 534 | 633 |
| 仙游县 | Xianyou | 340 | 3799 | 3648 | 914 | 1718 |
| **三明市** | **Sanming** | **2627** | **15251** | **17537** | **5375** | **7678** |
| 三明市辖区 | District under Sanming | 278 | 3484 | 4490 | 1557 | 2001 |
| 梅列区 | Meilie | 144 | 1887 | 2922 | 1051 | 1290 |
| 三元区 | Sanyuan | 134 | 1597 | 1568 | 506 | 711 |
| 永安市 | Yong'an | 362 | 2620 | 3039 | 1009 | 1428 |
| 明溪县 | Mingxi | 109 | 504 | 593 | 167 | 222 |
| 清流县 | Qingliu | 133 | 590 | 768 | 191 | 340 |
| 宁化县 | Ninghua | 276 | 1372 | 1474 | 456 | 632 |
| 大田县 | Datian | 477 | 1555 | 1433 | 380 | 652 |
| 尤溪县 | Youxi | 360 | 1744 | 1887 | 516 | 778 |
| 沙县 | Shaxian | 249 | 1277 | 1497 | 447 | 655 |
| 将乐县 | Jiangle | 151 | 875 | 964 | 262 | 402 |
| 泰宁县 | Taining | 115 | 726 | 777 | 227 | 308 |
| 建宁县 | Jianning | 117 | 504 | 615 | 163 | 260 |
| **泉州市** | **Quanzhou** | **5039** | **36797** | **44710** | **14535** | **19218** |
| 泉州市辖区 | District under Quanzhou | 751 | 11783 | 17474 | 5651 | 8247 |
| 鲤城区 | Licheng | 176 | 6725 | 8855 | 2743 | 4515 |
| 丰泽区 | Fengze | 246 | 3089 | 6099 | 2112 | 2696 |
| 洛江区 | Luojiang | 144 | 683 | 896 | 278 | 350 |
| 泉港区 | Quangang | 185 | 1286 | 1624 | 518 | 686 |
| 石狮市 | Shishi | 359 | 1830 | 3160 | 1161 | 1336 |

# 21-17 续表

# Continued

| 地区 | Area | 卫生机构数（个）Number of Health Institutions (unit) | 卫生机构床位数（张）Number of Beds in Health Institutions (set) | 卫生技术人员数（人）Medical Technical Personnel (person) | #执业医师 Medical practitioner | #注册护士 Registered Nurse |
|---|---|---|---|---|---|---|
| 晋江市 | Jinjiang | 1058 | 5235 | 7553 | 2556 | 2829 |
| 南安市 | Nan'an | 974 | 6070 | 4895 | 1586 | 1967 |
| 惠安县 | Hui'an | 475 | 3612 | 3989 | 1261 | 1588 |
| 安溪县 | Anxi | 726 | 4524 | 4014 | 1132 | 1771 |
| 永春县 | Yongchun | 380 | 2424 | 2033 | 639 | 797 |
| 德化县 | Dehua | 316 | 1319 | 1592 | 549 | 683 |
| **漳州市** | **Zhangzhou** | **4035** | **27882** | **29054** | **7966** | **12627** |
| 漳州市辖区 | District under Zhangzhou | 565 | 9484 | 11090 | 3447 | 5205 |
| 芗城区 | Xiangcheng | 359 | 8344 | 9319 | 2907 | 4450 |
| 龙文区 | Longwen | 206 | 1140 | 1771 | 540 | 755 |
| 龙海市 | Longhai | 938 | 4068 | 4270 | 1237 | 1917 |
| 云霄县 | Yunxiao | 277 | 1919 | 1749 | 434 | 825 |
| 漳浦县 | Zhangpu | 689 | 3504 | 3641 | 863 | 1538 |
| 诏安县 | Zhao'an | 427 | 2540 | 2316 | 541 | 861 |
| 长泰县 | Changtai | 163 | 1024 | 1115 | 295 | 478 |
| 东山县 | Dongshan | 161 | 1030 | 1124 | 278 | 422 |
| 南靖县 | Nanjing | 364 | 1290 | 1628 | 404 | 516 |
| 平和县 | Pinghe | 288 | 2356 | 1575 | 360 | 673 |
| 华安县 | Hua'an | 163 | 667 | 546 | 107 | 192 |
| **南平市** | **Nanping** | **2175** | **16339** | **17491** | **4868** | **7828** |
| 南平市辖区 | District under Nanping | 504 | 6043 | 6441 | 1830 | 3047 |
| 延平区 | Yanping | 265 | 3752 | 3970 | 1237 | 1809 |
| 建阳区 | Jianyang | 239 | 2291 | 2471 | 593 | 1238 |
| 邵武市 | Shaowu | 190 | 1986 | 2015 | 582 | 955 |
| 武夷山市 | Wuyishan | 230 | 1173 | 1297 | 427 | 461 |
| 建瓯市 | Jian'ou | 334 | 2572 | 2599 | 698 | 1176 |
| 顺昌县 | Shunchang | 191 | 681 | 992 | 260 | 425 |
| 浦城县 | Pucheng | 290 | 1724 | 1553 | 417 | 640 |
| 光泽县 | Guangze | 159 | 686 | 781 | 212 | 337 |
| 松溪县 | Songxi | 152 | 633 | 828 | 193 | 359 |
| 政和县 | Zhenghe | 125 | 841 | 985 | 249 | 428 |
| **龙岩市** | **Longyan** | **2950** | **18709** | **20489** | **6053** | **9441** |
| 龙岩市辖区 | District under Longyan | 953 | 8906 | 10625 | 3548 | 5065 |
| 新罗区 | Xinluo | 594 | 6871 | 8842 | 3003 | 4351 |
| 永定区 | Yongding | 359 | 2035 | 1783 | 545 | 714 |
| 漳平市 | Zhangping | 290 | 1329 | 1482 | 402 | 627 |
| 长汀县 | Changting | 431 | 2961 | 2607 | 559 | 1191 |
| 上杭县 | Shanghang | 580 | 2056 | 2179 | 632 | 873 |
| 武平县 | Wuping | 448 | 1840 | 1889 | 498 | 851 |
| 连城县 | Liancheng | 248 | 1617 | 1707 | 414 | 834 |
| **宁德市** | **Ningde** | **2877** | **14153** | **17979** | **5201** | **8020** |
| 宁德市辖区 | District under Ningde | 483 | 3330 | 4698 | 1501 | 2276 |
| 蕉城区 | Jiaocheng | 483 | 3330 | 4698 | 1501 | 2276 |
| 福安市 | Fu'an | 548 | 2391 | 3153 | 1029 | 1462 |
| 福鼎市 | Fuding | 452 | 2245 | 3406 | 966 | 1479 |
| 霞浦县 | Xiapu | 300 | 1899 | 2363 | 578 | 1022 |
| 古田县 | Gutian | 424 | 1392 | 1576 | 429 | 651 |
| 屏南县 | Pingnan | 181 | 765 | 673 | 181 | 285 |
| 寿宁县 | Shouning | 207 | 926 | 920 | 216 | 395 |
| 周宁县 | Zhouning | 162 | 702 | 719 | 152 | 283 |
| 柘荣县 | Zherong | 120 | 503 | 471 | 149 | 167 |

# 21-18 社会消费品零售总额（2019年）

# Total Retail Sales of Consumer Goods(2019)

单位：万元 (10000 yuan)

| 地区 | Area | 社会消费品零售总额 Total Retail Sales of Consumer Goods 数量 Value | 比上年增长(%) Ratio(%) |
|---|---|---|---|
| **全　省** | **Fujian** | **188968344** | **10.0** |
| **福州市** | **Fuzhou** | **41989358** | **9.6** |
| 福州市辖区 | District under Fuzhou | 32504092 | 9.3 |
| 鼓楼区 | Gulou | 12802198 | 6.9 |
| 台江区 | Taijiang | 2369600 | 12.1 |
| 仓山区 | Cangshan | 4894360 | 11.0 |
| 马尾区 | Mawei | 1892825 | 11.6 |
| 晋安区 | Jin'an | 8944672 | 11.7 |
| 长乐区 | Changle | 1600436 | 5.1 |
| 福清市 | Fuqing | 3079752 | 10.4 |
| 闽侯县 | Minhou | 3093994 | 10.2 |
| 连江县 | Lianjiang | 1296801 | 12.5 |
| 罗源县 | Luoyuan | 488660 | 13.8 |
| 闽清县 | Minqing | 439114 | 13.8 |
| 永泰县 | Yongtai | 427797 | 11.5 |
| 平潭县 | Pingtan | 659147 | 4.7 |
| **厦门市** | **Xiamen** | **22579165** | **12.2** |
| 厦门市辖区 | District under Xiamen | 22579165 | 12.2 |
| 思明区 | Siming | 8179500 | 13.5 |
| 海沧区 | Haicang | 2940909 | 10.1 |
| 湖里区 | Huli | 4720654 | 14.0 |
| 集美区 | Jimei | 1901865 | 12.1 |
| 同安区 | Tong'an | 3650540 | 8.7 |
| 翔安区 | Xiang'an | 1185697 | 12.5 |
| **莆田市** | **Putian** | **16255693** | **9.0** |
| 莆田市辖区 | District under Putian | 12635918 | 8.7 |
| 城厢区 | Chengxiang | 5184315 | 15.5 |
| 涵江区 | Hanjiang | 1732933 | 11.7 |
| 荔城区 | Licheng | 4497416 | 1.1 |
| 秀屿区 | Xiuyu | 1221254 | 7.3 |
| 仙游县 | Xianyou | 3619775 | 10.2 |
| **三明市** | **Sanming** | **7840850** | **10.2** |
| 三明市辖区 | District under Sanming | 1923084 | 12.1 |
| 梅列区 | Meilie | 1114761 | 11.9 |
| 三元区 | Sanyuan | 808324 | 12.5 |
| 永安市 | Yong'an | 1256195 | 7.8 |
| 明溪县 | Mingxi | 239745 | 8.2 |
| 清流县 | Qingliu | 486936 | 11.5 |
| 宁化县 | Ninghua | 612128 | 12.0 |
| 大田县 | Datian | 532738 | 6.8 |
| 尤溪县 | Youxi | 655118 | 9.5 |
| 沙县 | Shaxian | 948211 | 10.2 |
| 将乐县 | Jiangle | 513835 | 12.8 |
| 泰宁县 | Taining | 312017 | 4.8 |
| 建宁县 | Jianning | 360840 | 12.4 |
| **泉州市** | **Quanzhou** | **53518677** | **10.2** |
| 泉州市辖区 | District under Quanzhou | 11226699 | 9.5 |
| 鲤城区 | Licheng | 3686149 | 5.1 |
| 丰泽区 | Fengze | 5293524 | 11.4 |
| 洛江区 | Luojiang | 658180 | 14.1 |
| 泉港区 | Quangang | 1588846 | 11.9 |
| 石狮市 | Shishi | 5594823 | 11.6 |
| 晋江市 | Jinjiang | 15115615 | 8.0 |
| 南安市 | Nan'an | 7733795 | 9.6 |
| 惠安县 | Hui'an | 5201542 | 13.8 |
| 安溪县 | Anxi | 5631972 | 14.0 |
| 永春县 | Yongchun | 1735040 | 10.0 |
| 德化县 | Dehua | 1279192 | 12.1 |
| **漳州市** | **Zhangzhou** | **17863470** | **9.8** |
| 漳州市辖区 | District under Zhangzhou | 5586202 | 7.7 |
| 芗城区 | Xiangcheng | 3244944 | 10.0 |
| 龙文区 | Longwen | 2341258 | 4.7 |
| 龙海市 | Longhai | 2791215 | 9.3 |
| 云霄县 | Yunxiao | 1317119 | 11.4 |
| 漳浦县 | Zhangpu | 2491007 | 12.3 |
| 诏安县 | Zhao'an | 1055675 | 9.6 |
| 长泰县 | Changtai | 894321 | 10.9 |
| 东山县 | Dongshan | 872445 | 12.1 |
| 南靖县 | Nanjing | 1355039 | 12.2 |
| 平和县 | Pinghe | 1064475 | 7.0 |
| 华安县 | Hua'an | 435971 | 13.9 |
| **南平市** | **Nanping** | **7306224** | **10.7** |
| 南平市辖区 | District under Nanping | 2010678 | 8.6 |
| 延平区 | Yanping | 1090231 | 11.6 |
| 建阳区 | Jianyang | 923727 | 5.6 |
| 邵武市 | Shaowu | 1176940 | 11.9 |
| 武夷山市 | Wuyishan | 668428 | 10.1 |
| 建瓯市 | Jian'ou | 1526617 | 11.6 |
| 顺昌县 | Shunchang | 328050 | 10.3 |
| 浦城县 | Pucheng | 445467 | 11.8 |
| 光泽县 | Guangze | 217370 | 10.7 |
| 松溪县 | Songxi | 352764 | 11.7 |
| 政和县 | Zhenghe | 576631 | 11.7 |
| **龙岩市** | **Longyan** | **13129634** | **7.7** |
| 龙岩市辖区 | District under Longyan | 6301638 | 5.0 |
| 新罗区 | Xinluo | 4988982 | 3.9 |
| 永定区 | Yongding | 1312656 | 9.5 |
| 漳平市 | Zhangping | 1040156 | 7.4 |
| 长汀县 | Changting | 1567875 | 8.5 |
| 上杭县 | Shanghang | 1619807 | 9.4 |
| 武平县 | Wuping | 1380257 | 13.8 |
| 连城县 | Liancheng | 1219900 | 12.0 |
| **宁德市** | **Ningde** | **8485274** | **10.4** |
| 宁德市辖区 | District under Ningde | 1733106 | 8.8 |
| 蕉城区 | Jiaocheng | 1733106 | 8.8 |
| 福安市 | Fu'an | 1460828 | 11.0 |
| 福鼎市 | Fuding | 2040801 | 11.0 |
| 霞浦县 | Xiapu | 992497 | 10.6 |
| 古田县 | Gutian | 943913 | 9.7 |
| 屏南县 | Pingnan | 384180 | 11.4 |
| 寿宁县 | Shouning | 313579 | 11.4 |
| 周宁县 | Zhouning | 276783 | 10.9 |
| 柘荣县 | Zherong | 339588 | 11.2 |

# 21-19 社会保险和低保情况（2019年）

# Statistics of People in Social Insurance and Subsistence(2019)

单位：万人 (10000 persons)

| 地区 | Area | 期末参加基本养老保险职工人数 People Participated in Basic Pension Insurance at the Year-end | 期末参加城乡居民社会养老保险人数 People Participated in Residents of Social Endowment Insurance in Urban and Rural Areas | 期末参加基本医疗保险人数 People Participated in Basic Medical Insurance at the Year-end | 城镇居民最低生活保障人数 People Receiving Minimum Living Allowance in Urban Areas | 农村居民最低生活保障人数 People Receiving Minimum Living Allowance in Rural Areas |
|---|---|---|---|---|---|---|
| **全　省** | **Fujian** | **938.21** | **1554.14** | **3788.10** | **6.19** | **41.45** |
| **福州市** | **Fuzhou** | **177.26** | **244.02** | **661.25** | **0.71** | **4.92** |
| 福州市辖区 | District under Fuzhou | 130.02 | 53.89 | 282.47 | 0.41 | 0.87 |
| 鼓楼区 | Gulou | | 1.22 | 62.47 | 0.03 | |
| 台江区 | Taijiang | | 1.19 | 34.99 | 0.12 | |
| 仓山区 | Cangshan | | 5.91 | 61.24 | 0.11 | 0.14 |
| 马尾区 | Mawei | 10.56 | 5.06 | 20.30 | 0.05 | 0.11 |
| 晋安区 | Jin'an | | 4.67 | 40.39 | 0.06 | 0.07 |
| 长乐区 | Changle | 7.74 | 35.84 | 63.07 | 0.03 | 0.56 |
| 福清市 | Fuqing | 16.61 | 68.12 | 127.53 | 0.08 | 0.74 |
| 闽侯县 | Minhou | 10.22 | 30.04 | 70.82 | 0.03 | 0.72 |
| 连江县 | Lianjiang | 5.72 | 30.34 | 56.31 | 0.03 | 0.70 |
| 罗源县 | Luoyuan | 3.04 | 11.01 | 23.68 | 0.03 | 0.45 |
| 闽清县 | Minqing | 4.00 | 14.56 | 28.28 | 0.03 | 0.37 |
| 永泰县 | Yongtai | 3.29 | 16.91 | 32.48 | 0.05 | 0.51 |
| 平潭县 | Pingtan | 4.37 | 19.15 | 39.69 | 0.04 | 0.56 |
| **厦门市** | **Xiamen** | **259.02** | **27.43** | **421.88** | **0.69** | **0.37** |
| 厦门市辖区 | District under Xiamen | 259.02 | 27.43 | 421.88 | 0.69 | 0.37 |
| 思明区 | Siming | 53.22 | 1.41 | | 0.19 | |
| 海沧区 | Haicang | 45.63 | 0.87 | | 0.04 | 0.03 |
| 湖里区 | Huli | 23.68 | 2.58 | | 0.08 | |
| 集美区 | Jimei | 14.38 | 12.32 | | 0.05 | 0.03 |
| 同安区 | Tong'an | 32.72 | 1.73 | | 0.11 | 0.24 |
| 翔安区 | Xiang'an | 24.35 | 8.52 | | 0.22 | 0.06 |
| **莆田市** | **Putian** | **38.35** | **161.41** | **331.03** | **0.17** | **4.17** |
| 莆田市辖区 | District under Putian | 30.91 | 116.56 | 226.45 | 0.15 | 2.46 |
| 城厢区 | Chengxiang | 5.54 | 16.77 | 38.35 | 0.03 | 0.39 |
| 涵江区 | Hanjiang | 7.56 | 22.12 | 42.91 | 0.07 | 0.42 |
| 荔城区 | Licheng | 10.42 | 21.59 | 53.03 | 0.04 | 0.47 |
| 秀屿区 | Xiuyu | 3.54 | 56.08 | 85.93 | | 1.18 |
| 仙游县 | Xianyou | 7.44 | 44.85 | 104.58 | 0.03 | 1.71 |
| **三明市** | **Sanming** | **44.40** | **124.62** | **262.73** | **0.46** | **3.28** |
| 三明市辖区 | District under Sanming | 12.75 | 5.00 | 45.14 | 0.08 | 0.06 |
| 梅列区 | Meilie | 3.20 | 1.39 | 5.19 | 0.03 | 0.02 |
| 三元区 | Sanyuan | 2.58 | 3.61 | 9.35 | 0.05 | 0.05 |
| 永安市 | Yong'an | 7.61 | 12.07 | 30.48 | 0.07 | 0.20 |
| 明溪县 | Mingxi | 1.57 | 5.91 | 10.81 | 0.03 | 0.17 |
| 清流县 | Qingliu | 1.85 | 6.94 | 13.63 | 0.02 | 0.23 |
| 宁化县 | Ninghua | 2.85 | 16.94 | 31.62 | 0.05 | 0.53 |
| 大田县 | Datian | 3.90 | 18.72 | 35.46 | 0.02 | 0.53 |
| 尤溪县 | Youxi | 3.37 | 22.82 | 40.26 | 0.03 | 0.62 |
| 沙县 | Shaxian | 4.80 | 12.11 | 25.75 | 0.06 | 0.26 |
| 将乐县 | Jiangle | 2.36 | 9.44 | 17.11 | 0.03 | 0.19 |
| 泰宁县 | Taining | 1.68 | 6.87 | 13.01 | 0.03 | 0.18 |
| 建宁县 | Jianning | 1.65 | 7.79 | 14.00 | 0.03 | 0.30 |
| **泉州市** | **Quanzhou** | **152.65** | **370.96** | **703.16** | **0.84** | **6.14** |
| 泉州市辖区 | District under Quanzhou | 54.87 | 41.04 | 120.14 | 0.30 | 0.84 |
| 鲤城区 | Licheng | 10.48 | 4.32 | 18.19 | 0.08 | |
| 丰泽区 | Fengze | 16.35 | 6.01 | 26.61 | 0.09 | |
| 洛江区 | Luojiang | 4.63 | 9.10 | 19.71 | 0.02 | 0.16 |
| 泉港区 | Quangang | 4.14 | 21.62 | 36.66 | 0.11 | 0.68 |

注：1.期末参加基本养老保险职工人数及期末参加基本医疗保险人数中，全省总数含省本级，市辖区总数含市本级；2.期末参加基本养老保险职工人数不含离退休。

Note:a)In number of People Participated in Basic Pension Insurance at the year-end,the entire province total including provincial level, the entire city total including city level.b)Number of People Participated in Basic Pension Insurance at the year-end exclude Retirees.

# 21-19 续表

## Continued

单位：万人 (10000 persons)

| 地区 | Area | 期末参加基本养老保险职工人数 People Participated in Basic Pension Insurance at the Year-end | 期末参加城乡居民社会养老保险人数 People Participated in Residents of Social Endowment Insurance in Urban and Rural Areas | 期末参加基本医疗保险人数 People Participated in Basic Medical Insurance at the Year-end | 城镇居民最低生活保障人数 People Receiving Minimum Living Allowance in Urban Areas | 农村居民最低生活保障人数 People Receiving Minimum Living Allowance in Rural Areas |
|---|---|---|---|---|---|---|
| 石狮市 | Shishi | 10.98 | 18.93 | 34.39 | 0.17 | |
| 晋江市 | Jinjiang | 39.03 | 59.95 | 115.36 | 0.20 | 0.60 |
| 南安市 | Nan'an | 16.26 | 86.18 | 147.60 | 0.04 | 1.58 |
| 惠安县 | Hui'an | 12.84 | 57.35 | 97.83 | 0.05 | 0.86 |
| 安溪县 | Anxi | 7.84 | 61.19 | 102.25 | 0.04 | 1.26 |
| 永春县 | Yongchun | 5.90 | 30.43 | 53.04 | 0.03 | 0.60 |
| 德化县 | Dehua | 4.92 | 15.89 | 32.55 | 0.02 | 0.40 |
| **漳州市** | **Zhangzhou** | **84.46** | **216.76** | **480.33** | **1.45** | **7.95** |
| 漳州市辖区 | District under Zhangzhou | 32.60 | 18.31 | 103.59 | 0.37 | 0.25 |
| 芗城区 | Xiangcheng | 10.65 | 10.71 | 24.43 | 0.24 | 0.21 |
| 龙文区 | Longwen | 0.28 | 7.60 | 12.29 | 0.14 | 0.04 |
| 龙海市 | Longhai | 11.43 | 42.74 | 79.42 | 0.30 | 1.16 |
| 云霄县 | Yunxiao | 5.24 | 19.17 | 42.19 | 0.24 | 1.63 |
| 漳浦县 | Zhangpu | 9.33 | 40.73 | 86.57 | 0.14 | 1.25 |
| 诏安县 | Zhao'an | 4.12 | 24.52 | 61.32 | 0.13 | 1.34 |
| 长泰县 | Changtai | 5.62 | 8.54 | 20.91 | 0.03 | 0.34 |
| 东山县 | Dongshan | 4.23 | 9.05 | 20.12 | 0.10 | 0.22 |
| 南靖县 | Nanjing | 4.85 | 17.47 | 32.77 | 0.05 | 0.50 |
| 平和县 | Pinghe | 4.85 | 27.78 | 54.35 | 0.08 | 1.04 |
| 华安县 | Hua'an | 2.19 | 8.46 | 15.82 | 0.02 | 0.23 |
| **南平市** | **Nanping** | **49.41** | **134.78** | **287.76** | **0.81** | **4.46** |
| 南平市辖区 | District under Nanping | 21.33 | 33.08 | 78.77 | 0.24 | 0.93 |
| 延平区 | Yanping | 7.17 | 16.94 | 36.83 | 0.18 | 0.54 |
| 建阳区 | Jianyang | 5.35 | 16.14 | 33.03 | 0.06 | 0.40 |
| 邵武市 | Shaowu | 5.56 | 12.58 | 28.01 | 0.12 | 0.46 |
| 武夷山市 | Wuyishan | 3.78 | 10.37 | 22.76 | 0.06 | 0.27 |
| 建瓯市 | Jian'ou | 4.57 | 23.71 | 49.47 | 0.10 | 0.77 |
| 顺昌县 | Shunchang | 3.65 | 10.20 | 20.36 | 0.08 | 0.33 |
| 浦城县 | Pucheng | 4.34 | 19.69 | 38.80 | 0.05 | 0.59 |
| 光泽县 | Guangze | 2.70 | 7.40 | 14.74 | 0.06 | 0.28 |
| 松溪县 | Songxi | 1.68 | 7.78 | 14.51 | 0.03 | 0.32 |
| 政和县 | Zhenghe | 1.80 | 9.97 | 20.34 | 0.06 | 0.51 |
| **龙岩市** | **Longyan** | **47.62** | **138.67** | **280.94** | **0.30** | **4.55** |
| 龙岩市辖区 | District under Longyan | 25.43 | 41.16 | 98.35 | 0.09 | 1.15 |
| 新罗区 | Xinluo | 11.96 | 17.74 | 45.03 | 0.07 | 0.30 |
| 永定区 | Yongding | 5.15 | 23.42 | 40.79 | 0.01 | 0.85 |
| 漳平市 | Zhangping | 3.62 | 14.45 | 26.44 | 0.05 | 0.53 |
| 长汀县 | Changting | 4.72 | 23.96 | 46.31 | 0.10 | 0.75 |
| 上杭县 | Shanghang | 6.55 | 24.59 | 46.21 | 0.02 | 0.81 |
| 武平县 | Wuping | 3.92 | 19.63 | 34.59 | 0.02 | 0.74 |
| 连城县 | Liancheng | 3.37 | 14.87 | 29.05 | 0.03 | 0.58 |
| **宁德市** | **Ningde** | **49.12** | **135.48** | **321.21** | **0.74** | **5.61** |
| 宁德市辖区 | District under Ningde | 15.82 | 16.11 | 52.71 | 0.09 | 0.47 |
| 蕉城区 | Jiaocheng | 9.65 | 16.11 | 45.88 | 0.09 | 0.47 |
| 福安市 | Fu'an | 10.07 | 26.91 | 57.96 | 0.15 | 1.16 |
| 福鼎市 | Fuding | 8.54 | 24.68 | 56.68 | 0.09 | 0.82 |
| 霞浦县 | Xiapu | 4.13 | 21.29 | 48.71 | 0.12 | 0.74 |
| 古田县 | Gutian | 3.64 | 16.22 | 36.71 | 0.06 | 0.53 |
| 屏南县 | Pingnan | 1.53 | 8.27 | 16.72 | 0.02 | 0.45 |
| 寿宁县 | Shouning | 2.43 | 9.39 | 23.24 | 0.07 | 0.66 |
| 周宁县 | Zhouning | 1.41 | 8.43 | 18.23 | 0.03 | 0.50 |
| 柘荣县 | Zherong | 1.55 | 4.16 | 10.24 | 0.10 | 0.28 |

# 中国统计出版社有限公司最新图书简目

(仅供参考,以实际出版为准)

## 统计资料

中国统计年鉴　中国统计摘要　中国第三产业统计年鉴
中国第三次全国农业普查综合资料　国际统计年鉴　金砖国家联合统计手册
中国-东盟国家统计手册　中国农村统计年鉴　中国县域统计年鉴
中国农产品价格调查年鉴　中国城市统计年鉴　中国价格统计年鉴
中国贸易外经统计年鉴　中国零售和餐饮连锁企业统计年鉴　中国商品交易市场统计年鉴
大中型批发零售和住宿餐饮企业统计年鉴　中国住户调查年鉴　中国工业统计年鉴
中国环境统计年鉴　中国能源统计年鉴　中国建筑业统计年鉴
中国房地产统计年鉴　投资领域统计年鉴　中国对外直接投资统计公报
中国人口和就业统计年鉴　中国劳动统计年鉴　中国社会统计年鉴
中国科技统计年鉴　中国高技术产业统计年鉴　全国企业创新调查年鉴
中国文化及相关产业统计年鉴　2018年时间利用调查资料　中国妇女儿童状况统计资料
中国基本单位统计年鉴　中国教育统计年鉴　中国教育经费统计年鉴
中国民族统计年鉴　中国残疾人事业统计年鉴　长江经济带发展统计年鉴

## 省级综合统计年鉴系列

北京 天津 河北 山西 内蒙古 辽宁 吉林 黑龙江 上海 江苏 浙江 安徽 福建 江西 山东 河南 湖北 湖南 广东 广西 海南 重庆 四川 贵州 云南 西藏 陕西 甘肃 青海 宁夏 新疆 新疆生产建设兵团

## 市(县)级综合统计年鉴系列

滨海新区 石家庄 唐山 邯郸 保定 沧州 邢台 廊坊 承德 衡水 秦皇岛 张家口 太原 大同 阳泉 长治 晋城 朔州 晋中 运城 忻州 临汾 吕梁 呼和浩特 鄂尔多斯 包头 沈阳 大连 长春 延吉 四平 白山 通化 哈尔滨 齐齐哈尔 黑龙江垦区 上海浦东新区 南京 无锡 徐州 常州 苏州 南通 连云港 淮安 盐城 扬州 镇江 泰州 宿迁 江阴 丹阳 海门 张家港 杭州 宁波 温州 嘉兴 湖州 绍兴 金华 衢州 舟山 台州 丽水 合肥 安庆 福州 厦门 宁德 漳州 龙岩 莆田 泉州 三明 南平 南昌 九江 上饶 新余 抚州 赣州 景德镇 济南 青岛 枣庄 潍坊 聊城 郑州 洛阳 平顶山 三门峡 南阳 商丘 信阳 济源 汝州 武汉 十堰 荆州 宜昌 荆门 咸宁 黄冈 长沙 鹰潭 广州 深圳 惠州 东莞 汕尾 湛江 肇庆 南宁 柳州 桂林 贵港 梧州 来宾 河池 防城港 海口 三亚 儋州 成都 内江 贵阳 黔南 毕节 昆明 文山 德宏 西安 延安 安康 铜川 汉中 商洛 银川 兰州 庆阳 乌鲁木齐 昌吉 阿勒泰 兵团一师、二师、三师、四师、六师、七师、八师、十师、十三师、十四师

## 调查年鉴系列

天津 内蒙古 上海 河南 湖北 湖南 广东 广西 重庆 四川 云南 甘肃 宁夏 南宁 贵港 昆明

## 统计方法应用/实用手册

Python数据分析基础（第二版）　非参数统计（第五版）　现代金融投资统计分析（第四版）
国民经济核算初级教程（第二版）　国民经济核算教程（第五版）　概率统计基础
全国统计专业技术资格考试系列考试用书：统计业务知识（第四版修订版）　统计业务知识学习指导与习题
全国统计专业技术资格考试系列考试用书：统计相关知识（第四版）　统计相关知识学习指导与习题

## 统计通俗读物/统计科普图书

领导干部统计知识问答　统计公文写作及会议办理实用手册　大数据在统计工作中的应用案例汇编
中国国民经济核算知识问答（修订版）　地区生产总值核算国际比较研究　新中国统计制度方法的发展与改革

## 重点图书

中国农业统计资料1949-2019　第四次全国经济普查地图集　中国经济普查年鉴2018
新编英汉汉英统计大词典　中国国民经济核算体系2016　国民经济行业分类注释
挑大学选专业2020—考研择校指南　挑大学选专业2020—高考志愿填报指南　中华医学统计百科全书

## 《福建统计年鉴-2020》光盘（CD-ROM）介绍

《福建统计年鉴—2020》（光盘）是一部信息高度密集的统计资料书的电子版。全书系统收录了 2019 年福建省全省及各地区、各部门经济和社会发展各方面的统计数据，以及重要年份福建国民经济主要指标的统计数据，是一部全面反映福建经济和社会发展情况的资料性年刊。

全书内容分为21个部分：1.综合；2.国民经济核算；3.人口、就业和职工工资；4.对外经济；5.能源；6.人民生活；7.价格指数；8.城市概况；9.财政金融；10.农业；11.工业；12.建筑业和房地产投资；13.交通运输和邮电通信业；14.批发零售、住宿餐饮和旅游业；15.科学和教育；16.文化和体育；17.卫生事业；18.环境保护；19.公共管理和其他社会活动；20.企业调查；21.市县国民经济主要指标。各篇末均附有《主要统计指标解释》。

《福建统计年鉴—2020》（光盘）为中英文双语版，操作简便，还设有转换Excel文件功能。

## Introduction to CD-ROM

*Fujian Statistical Yearbook 2020* (CD-ROM) is an annual statistic publication of comprehensive information with highly density. The yearbook covers very comprehensive data in 2019 and some selected data series in important years of provincial and regional levels and in different departments , reflects various aspects of Fujian social and economic development.

The CD-ROM contains the following twenty-one chapters: 1.General Survey； 2.National Economy Accounting；3. Population,Employment and Wages；4.Foreign Trade；5. Energy；6. People's Living Conditions；7.Price Indices；8.General Survey of Cities；9.Finance；10.Agriculture； 11.Industry； 12.Construction and Real Estate；13. Transportation, Postal and Telecommunication Services；14.Wholesale,Retail Trades, Hotels, Catering Services and Tourism；15.Science and Education；16.Culture and Sports；17.Health；18. Environment Protection；19.Publish Administration and Others；20. Enterprise Survey；21.Main Economic Indicators of City Prefecture and County. At the end of each chapter, Explanatory Notes on Main Statistical Indicators are included.

*Fujian Statistical Yearbook 2020* (CD-ROM) is Compiled in Chinese and English and is Easy to used. The Tables in the CD-ROM can be converted to Excel Documents.

## 光盘（CD-ROM）操作说明

系统要求：Windows98及以上版本　IE4.0以上浏览器

显示设置：建议使用800×600像素分辨率

运行方法：光盘插入驱动器后自动运行，或直接运行INDEX.HTM文件

## How to use the CD-ROM

System Requirement: Windows 98 or above versions, IE4.0or above browers.

Monitor:800*600 resolution suggested.

How to Start: The CD-ROM will run automatically once inserted into the driver or run INDEX.htm.